商业舞弊检查

FRAUD EXAMINATION 6E

会计学精选教材译丛

〔美〕
W. 史蒂夫·阿尔布雷克特（W. Steve Albrecht）
查德·O. 阿尔布雷克特（Chad O. Albrecht）
柯南·C. 阿尔布雷克特（Conan C. Albrecht）
马克·F. 津贝尔曼（Mark F. Zimbelman）

著　杨书怀 译

第 6 版

北京大学出版社
PEKING UNIVERSITY PRESS

著作权合同登记号　图字：01-2020-4784

图书在版编目（CIP）数据

商业舞弊检查：第 6 版 /（美）W. 史蒂夫·阿尔布雷克特等著；杨书怀译. -- 北京：北京大学出版社，2025.5. --（会计学精选教材译丛）. -- ISBN 978-7-301-36034-7

Ⅰ. F231.6

中国国家版本馆 CIP 数据核字第 2025QQ6033 号

Fraud Examination, Sixth Edition
W. Steve Albrecht, Chad O. Albrecht, Conan C. Albrecht and Mark F. Zimbelman；杨书怀　译
Copyright © 2019 by CENGAGE Learning.
Original edition published by Cengage Learning. All Rights Reserved.
本书原版由圣智学习出版公司出版。版权所有，盗印必究。
Peking University Press is authorized by Cengage Learning to publish and distribute exclusively this simplified Chinese edition. This edition is authorized for sale in the People's Republic of China only (excluding Hong Kong, Macao SARs and Taiwan). Unauthorized export of this edition is a violation of the Copyright Act. No part of this publication may be reproduced or distributed by any means, or stored in a database or retrieval system, without the prior written permission of the publisher.
本书中文简体字翻译版由圣智学习出版公司授权北京大学出版社独家出版发行。此版本仅限在中华人民共和国境内（不包括中国香港、澳门特别行政区及中国台湾地区）销售。未经授权的本书出口将被视为违反版权法的行为。未经出版者预先书面许可，不得以任何方式复制或发行本书的任何部分。

本书封面贴有 Cengage Learning 防伪标签，无标签者不得销售。

书　　名	商业舞弊检查（第 6 版）
	SHANGYE WUBI JIANCHA（DI-LIU BAN）
著作责任者	〔美〕W. 史蒂夫·阿尔布雷克特（W. Steve Albrecht）　等著
	杨书怀　译
责 任 编 辑	黄炜婷
标 准 书 号	ISBN 978-7-301-36034-7
出 版 发 行	北京大学出版社
地　　址	北京市海淀区成府路 205 号　100871
网　　址	http://www.pup.cn
微信公众号	北京大学经管书苑（pupembook）
电 子 邮 箱	编辑部 em@pup.cn　总编室 zpup@pup.cn
电　　话	邮购部 010-62752015　发行部 010-62750672　编辑部 010-62702926
印 刷 者	河北滦县鑫华书刊印刷厂
经 销 者	新华书店
	787 毫米×1092 毫米　16 开本　32.5 印张　751 千字
	2025 年 5 月第 1 版　2025 年 5 月第 1 次印刷
定　　价	98.00 元

未经许可，不得以任何方式复制或抄袭本书之部分或全部内容。
版权所有，侵权必究
举报电话：010-62752024　电子邮箱：fd@pup.cn
图书如有印装质量问题，请与出版部联系，电话：010-62756370

译者序

商业舞弊犹如寄生在市场经济肌体上的毒瘤，其危害性远超表面可见的创伤——经济损失。2020年瑞幸咖啡财务造假曝光后，不仅自身股价暴跌80%，更引发中概股整体遭遇信任危机，一百多家中国企业赴美IPO进程受阻，直接融资损失超过200亿美元。一直致力于打击和治理舞弊的反舞弊风险管理专业组织——美国注册舞弊检查师协会（ACFE）统计分析了138个国家、22个不同行业类别的私人公司、上市公司、政府和非营利组织发生的1 921起舞弊案例，发布了《2024年ACFE全球职务舞弊调查报告》。报告指出，这些舞弊导致总损失超过31亿美元，各类组织每年因舞弊而产生的经济损失约占其营业收入的5%。

商业舞弊是腐蚀市场根基的隐性之恶，日益成为全球性的焦点问题，防范和治理商业舞弊是一个世界性难题。企业所有者对舞弊深恶痛绝，无一不希望将组织内部的舞弊风险降到最低。阿里巴巴成立"廉政合规部"，直接向董事会汇报，每年处理2 000余起内部举报；德国西门子推行"廉洁增量奖金"，将反舞弊成效与员工收入直接挂钩。防范和治理商业舞弊需要深入了解、调查和洞悉诱发舞弊的动因，然后有针对性地采取反舞弊措施。在全球化与数字化转型的背景下，反舞弊既需要理论体系提供底层逻辑支撑，又离不开实践经验形成应对策略。只有将理论研究的预见性和实践智慧的应变力深度交融，才能锻造出穿透虚实之间界限的反舞弊利剑。作为反舞弊理论指导与实践经验总结的《商业舞弊检查》就是一把利剑。

本书的核心作者W.史蒂夫·阿尔布雷克特（W. Steve Albrecht）博士，曾任马洛特管理学院副院长、杨百翰大学"安达信校友"名誉教授。阿尔布雷克特博士对商业舞弊有着深入且广泛的研究，发表了50多篇相关学术论文。他曾为财富500强公司、大型金融机构、联合国、美国联邦调查局等组织提供财务和管理咨询服务，具有丰富的反舞弊实务工作经验，曾连续4年被 *Accounting Today* 杂志评选为"美国100位最具影响力的会计学教授"。《商业舞弊检查》的理论分析摒弃了纸上谈兵，诸多观点是阿尔布雷克特博士亲身实践的经验总结。为了获得舞弊研究的一手资料，阿尔布雷克特博士曾在一家世界500强公司从事舞弊防范和调查工作长达六年之久。

本书遵循"舞弊防范—舞弊侦查—舞弊调查——处置舞弊"的递进脉络，由浅入深地介绍了舞弊的性质、导因、迹象、实施手段，探讨了不同反舞弊机制中的执行程序、方法、工具及其应用，区分了盗窃、掩盖、转移等舞弊行为的不同调查方法，并辅以现代科技手段的数据驱动的舞弊侦查，凸显了反舞弊理论和实践的结合。

本书全面解释了组织内外不同类型的舞弊问题，包括消费欺诈、破产欺诈、离婚欺诈、税务欺诈、电子商务舞弊等，有助于读者全面认识社会上可能发生的舞弊类型，提高读者的反舞弊能力，维护自身或所在组织的利益不受损害；同时，本书还探讨了舞弊发生后的法律应对措施，使读者了解如何借助和运用法律武器维护自身或所在组织的权益。

为了让更多的国内读者了解、防范、侦查和调查商业舞弊，我们着手引进并精心翻译了本书。在深刻理解作者思想和意图的基础上，我们尽量做到原汁原味地反映原著内容；与此同时，我们也以脚注的形式对部分内容给出说明。

本书可作为审计师、投资者、基金经理、监管者等实务界人士从事资本市场商业舞弊识别、治理与研究的专业指导书，也可作为高等学校会计学和审计学等本科专业及 MPAcc、MAud、MBA 等硕士专业学位"审计学""审计理论与实务""商业伦理与会计职业道德"等主干课程的配套参考书。

杨书怀
2025 年 2 月

目 录
Contents

第Ⅰ部分 舞弊概述

第1章 舞弊的性质 …………… 3
1.1 舞弊行为的严重性 …………… 5
1.2 舞弊内涵 …………………… 7
1.3 舞弊类型 …………………… 11
1.4 与舞弊相关的刑法和民法 …… 16
1.5 如何成为反舞弊专家 ………… 19
1.6 注册舞弊检查师 ……………… 20
1.7 反舞弊相关职业生涯 ………… 21

第2章 舞弊的导因 …………… 24
2.1 谁实施了舞弊 ………………… 26
2.2 舞弊三角 …………………… 27
2.3 舞弊第一个要素：压力 ……… 30
2.4 舞弊第二个要素：机会 ……… 35
2.5 舞弊第三个要素：合理化 …… 49
2.6 舞弊三角小结 ………………… 52
2.7 吸纳舞弊共犯 ………………… 54

第3章 反舞弊概述 …………… 59
3.1 了解反舞弊手段 ……………… 61
3.2 舞弊侦查 …………………… 69
3.3 舞弊调查 …………………… 72
3.4 后续法律行动 ………………… 75

第Ⅱ部分 舞弊防范

第4章 防范舞弊 ……………… 81
4.1 并非每个人都诚实 …………… 83
4.2 营造诚信、公开与互助的氛围 … 83
4.3 消除舞弊产生的机会 ………… 95
4.4 反舞弊综合策略 ……………… 103
4.5 组织和舞弊：通用模式 ……… 105

第Ⅲ部分 舞弊侦查

第5章 识别舞弊迹象 ………… 113
5.1 舞弊迹象 …………………… 115
5.2 会计异常 …………………… 117
5.3 内部控制缺陷 ………………… 123
5.4 分析性异常迹象 ……………… 125
5.5 奢侈的生活方式 ……………… 130
5.6 异常的行为举止 ……………… 131
5.7 举报与投诉 …………………… 135

第6章 数据驱动的舞弊侦查 … 147
6.1 异常和舞弊 …………………… 148
6.2 数据分析流程 ………………… 150
6.3 数据分析软件 ………………… 154
6.4 数据访问 …………………… 154
6.5 数据分析技术 ………………… 157
6.6 异常值调查 …………………… 162
6.7 分层和汇总 …………………… 163
6.8 时间趋势分析 ………………… 163
6.9 模糊匹配 …………………… 165
6.10 实时分析 …………………… 167
6.11 分析会计报表 ……………… 168

第Ⅳ部分 舞弊调查

第7章 盗窃行为调查 ………… 179
7.1 调查时间的确定 ……………… 181
7.2 启动调查 …………………… 182
7.3 编制弱点分析表 ……………… 183
7.4 盗窃调查方法 ………………… 185
7.5 盗窃调查方法案例分析 ……… 195

第8章 掩盖行为调查 ………… 199
8.1 掩盖调查方法概述 …………… 201

8.2　书面证据……………………… 201
　　8.3　获取书面证据 ………………… 204
　　8.4　难以取得的书面证据 ………… 209
第9章　转移行为调查 ………………… 215
　　9.1　转移调查 ……………………… 217
　　9.2　政府信息来源 ………………… 218
　　9.3　私人信息来源 ………………… 223
　　9.4　在线数据库 …………………… 224
　　9.5　互联网搜索 …………………… 226
　　9.6　财产净值法 …………………… 227
第10章　讯问方法和舞弊报告 ……… 231
　　10.1　面谈概述 …………………… 232
　　10.2　了解人们面对危机的反应 … 233
　　10.3　面谈计划 …………………… 237
　　10.4　面谈机制 …………………… 244
　　10.5　诚信测试 …………………… 273
　　10.6　舞弊报告 …………………… 274
　　附录A　书面声明范本 …………… 276
　　附录B　舞弊报告示例 …………… 277

第Ⅴ部分　管理层舞弊

第11章　会计报表舞弊 ……………… 299
　　11.1　会计报表舞弊问题 ………… 301
　　11.2　为什么会产生会计报表舞弊问题
　　　　　………………………………… 302
　　11.3　会计报表舞弊的本质 ……… 307
　　11.4　会计报表舞弊的动机 ……… 313
　　11.5　侦查会计报表舞弊的基本框架 … 314
　　11.6　管理层和董事 ……………… 316
　　11.7　公司的关联方关系 ………… 319
　　11.8　公司的组织形式及所处行业 … 324
　　11.9　财务成果和运营特征 ……… 326
第12章　收入与存货舞弊 …………… 329
　　12.1　收入舞弊 …………………… 331
　　12.2　存货和销售成本舞弊 ……… 345
第13章　负债、资产与未充分披露舞弊
　　　　　………………………………… 357
　　13.1　负债舞弊 …………………… 358
　　13.2　资产舞弊 …………………… 369

　　13.3　未充分披露 ………………… 383
　　13.4　其他类型的会计报表舞弊 … 389

第Ⅵ部分　其他类型的舞弊

第14章　损害组织利益的舞弊 ……… 397
　　14.1　有关舞弊的统计资料 ……… 399
　　14.2　侵吞挪用资产 ……………… 400
　　14.3　腐败行为 …………………… 411
第15章　消费欺诈 …………………… 416
　　15.1　消费欺诈及其严重性 ……… 417
　　15.2　身份盗用 …………………… 418
　　15.3　其他类型的消费欺诈和投资欺诈
　　　　　………………………………… 432
　　15.4　抵押贷款诈骗和次贷危机 … 445
第16章　破产欺诈、离婚欺诈和税务欺诈
　　　　　………………………………… 447
　　16.1　破产欺诈、离婚欺诈和税务欺诈概述
　　　　　………………………………… 448
　　16.2　离婚欺诈 …………………… 454
　　16.3　破产欺诈 …………………… 455
　　16.4　有预谋的破产欺诈和离婚欺诈 … 463
　　16.5　在破产或离婚中欺诈性地掩盖资产
　　　　　或收入 ………………………… 464
　　16.6　欺诈性转移 ………………… 466
　　16.7　虚假指控的民事责任 ……… 467
　　16.8　洗钱 ………………………… 467
第17章　电子商务舞弊 ……………… 472
　　17.1　电子商务中的舞弊风险 …… 474
　　17.2　防范电子商务舞弊 ………… 480
　　17.3　侦查电子商务舞弊 ………… 484

第Ⅶ部分　处置舞弊

第18章　后续法律行动 ……………… 489
　　18.1　司法体系 …………………… 490
　　18.2　民事诉讼程序 ……………… 493
　　18.3　刑事诉讼程序 ……………… 496
　　18.4　专家证人 …………………… 499
附录　会计报表舞弊的相关准则 …… 507

第1部分 舞弊概述

第1章 舞弊的性质 / 3

第2章 舞弊的导因 / 24

第3章 反舞弊概述 / 59

第 1 章

舞弊的性质

寄 语

本章将引领你进入舞弊相关知识的精彩学习旅程。在这一过程,你会发现这门课比你之前修读过的专业课程更有趣味。本章主要介绍舞弊的概况,内容包括舞弊的内涵、严重性,反舞弊职业生涯,与舞弊相关的刑法和民法等。

学习目标

在学习本章之后,你应该能够:
- 知悉舞弊行为的严重性及其对个人、消费者、组织与整个社会的影响;
- 了解舞弊的性质与内涵;
- 熟知不同类型的舞弊;
- 了解以组织为实施对象的舞弊与由组织实施的舞弊,以及两者的差异;
- 了解与舞弊相关的刑法、民法和其他法律规范及其差异;
- 了解当今的反舞弊职业。

现实的教训

2008年12月11日，犯下史上最大投资诈骗案的伯纳德·麦道夫（Bernard Madoff）被美国联邦调查局（FBI）逮捕，因为前一天，麦道夫的两个儿子向有关当局自首，检举麦道夫以合法的财富管理业务充当空壳公司，掩饰其巨额诈骗行径。2009年3月12日，麦道夫对11项联邦罪行全部认罪，坦然承认犯下史上最大的庞氏骗局。2009年6月29日，他被判刑150年，并被没收非法所得170亿美元。

麦道夫出生于纽约市皇后区，1960年毕业于霍夫斯特拉学院。他在毕业之后直到2008年被捕为止的期间，全身心地投入自己创办的"伯纳德·麦道夫投资证券公司"。麦道夫在整个职业生涯的辛勤努力，让他成为华尔街最受尊敬、最值得信赖的人之一；他曾担任全美证券商公会（NASD）的主席及理事，并积极引进新科技，最终促成纳斯达克（NASDAQ）证券交易所的诞生。

麦道夫以高额回报为诱饵来欺骗投资人。麦道夫表示，他能够稳定地支付高额投资回报，全是仰仗一种称为"可转换价差套利"的策略，其投资操作方法相当复杂。在这一投资组合中做多股票，而在股指选择权方面则同时卖出买权与买入卖权，以减少投资组合的波动幅度。尽管麦道夫的"可转换价差套利"策略看似十分复杂，但这只是他为吸引更多投资人落入他设计的庞氏骗局的一个工具罢了。

庞氏骗局是舞弊类型之一，其手法是以奖金或利息形式诱骗受害者投入资金，再用后来进场投资人投入的一部分资金支付早先进场投资人的奖金或利息。如果一切顺利运作，那么一直要到没有投资人再进场之时，整个庞氏骗局才会戛然而止、东窗事发。

全世界有很多人都因被麦道夫的"老鼠会"① 骗局诈骗而损失惨重。许多受害者是辛苦工作的蓝领阶层，有些则是富豪或名人。例如南斯拉夫的米歇尔亲王，曾在欧洲各地奔走，为麦道夫募集资金。其他受害者包括各国的王室成员，甚至有英国上议院的议员，还有演员凯文·贝肯（Kevin Bacon）、大导演史蒂文·斯皮尔伯格（Steven Spielberg），以及其他好莱坞电影明星。麦道夫与犹太人团体关系密切，以至于许多犹太人的慈善团体和机构也因此而损失惨重。

---

① 庞氏骗局俗称"老鼠会"，在中国也叫"挖东墙补西墙"。许多非法传销也是用这一招：利用新进投资人的钱向之前投资者支付利息和短期回报，制造赚钱假象，骗取更多的投资额。

1.1 舞弊行为的严重性

麦道夫是一个典型舞弊者的例子，以不时吹嘘自己及其公司去欺骗他人，如同麦道夫犯下的诈骗案，投资舞弊/诈骗不过是形形色色舞弊中的一种，对世界各地的企业和消费者而言，舞弊的确是很棘手的问题。

尽管大多数民众和研究人员认为舞弊的规模越来越大，发生频率也日益增加，但不可讳言的是，要发现舞弊并不是那么容易的事。首先，我们完全不清楚，所有的舞弊者当中有多少人会被逮捕？是否存在永远无法侦破的完美舞弊案？所有舞弊行为终究都会曝光吗？实际上，在许多舞弊被揭发之后，受害人大多选择庭外和解或私下处理，不愿公之于世。例如，有些员工舞弊案中，公司宁愿隐匿不报，仅仅开除犯案员工，或者转调他处，而不愿让舞弊曝光。与其伸张正义并惩处舞弊犯，受害的公司及个人通常比较在意的是，舞弊曝光后会颜面无光以及调查舞弊所费不赀。

舞弊数量到底有多少？其趋势是在增加还是在减少？舞弊造成的损失有多大？这些统计数据可以从以下四条渠道获取：

- 政府机构，如美国联邦调查局（FBI）、联邦存款保险公司（FDIC）、国税局（IRS）和其他政府机构，都会不定时地发布舞弊的相关统计数据。不过，这些机构只公布与其业务直接相关的数据。因此，即便是在各机构的职责范围之内，这些统计数据仍不够完整，无法让人通盘了解舞弊案件。

- 研究人员，通常只研究某些行业特定类型的舞弊行为。遗憾的是，真实的舞弊数据不易取得，以至于大多数研究即使已选定明确的范围，也只能让人了解整个舞弊问题的皮毛而已。通盘探讨舞弊发生原因的研究少之又少，而且不见得都采用了完备的科学方法进行研究。

- 保险公司，通常针对员工舞弊和其他舞弊行为，提供忠诚险或其他类型的保险。一旦发现舞弊，保险公司就会展开调查，能够收集到有关舞弊的一些统计数据。然而，保险公司的实际统计数据通常仅与其承保的忠诚险或其他保险有关联，依旧无法全面且完整地分析舞弊问题。

- 舞弊受害者，有时候我们可以从受害者的亲身经历中了解舞弊的相关信息。然而，

> **多了解 >>>** 注册舞弊检查师协会（ACFE）是世界上专业的反舞弊培训和教育提供者，其会员遍布 150 多个国家，成立了 200 多个会员分会，超过 80 000 名会员分布在世界各地，是一个有全球代表性的专注于反舞弊风险管理的组织（参见 www.acfe.com）。协会每两年发布一份调查研究报告——《舞弊调查报告》，其数据来自注册舞弊检查师（CFE）提供的真实舞弊案件。

几乎所有的行业都不存在可供受害方检举舞弊的有效途径。即使存在，很多公司也不会将舞弊造成的损失公布于众，即奉行"家丑不可外扬"。

2016 年版《舞弊调查报告》显示，组织因舞弊而蒙受的损失金额约为其年营业收入

的5%。以2015年世界生产总值（GWP）的5%计算，舞弊对全球造成的损失大约为63亿美元。报告还指出，职业舞弊造成的损失金额中位数为15万美元，其中造成损失达100万美元以上的案件数量超过23%。

由于舞弊会影响我们所购买商品及劳务的价格，因此每个人不仅要分摊舞弊造成的损失，还要支付侦查与调查的费用。我们在看报纸或商业杂志的时候，几乎免不了会看到舞弊的相关报道。

比起日益增加的舞弊案件数量，那些已曝光舞弊案件的规模之大，更是令人震惊！早期，如果员工想要从雇主那里盗取财物，就必须转移实物资产。由于舞弊者害怕人赃俱获，因此舞弊规模往往不大。但随着计算机、网络和复杂会计系统的问世，员工现在只需拨通一个电话、故意错开进货发票、贿赂供应商、篡改计算机程序或者敲一下键盘上的某个按键，便可盗取公司的资产。由于不再需要实际占有所盗取的财物，而且篡改计算机程序来贪污100万美元和贪污1 000美元的难度一样，致使舞弊案件的数量和金额都在剧增。

此外，规模庞大的会计报表舞弊爆发的主要原因是企业承受不了实现华尔街盈余预期的压力，而且"达成目标"的压力有增无减。近年来，曾爆发涉案金额上亿美元、上兆美元的公司舞弊，涉案公司股票市值一天之内蒸发数十亿美元。

为了理解舞弊会让公司付出多么高昂的代价，请设想一下当针对某家公司实施舞弊时会发生什么样的情形。舞弊造成的损失有多少，公司的收入就会减少多少。也就是说，舞弊每造成企业1美元的损失，其净利润直接减少1美元。由于舞弊会减少企业的净利润，为了弥补舞弊对净利润的影响，企业势必要大幅增加营业收入。例如，某舞弊事件让美国一家大型汽车制造商蒙受了4.36亿美元的巨额损失。如果净利率（净利润与营业收入的比率）为10%，该汽车制造商就必须额外增加43.6亿美元的营业收入（舞弊损失金额的10倍），才得以让净利润水平维持在未发生舞弊之前。假定每辆汽车的平均售价为3万美元，那么汽车制造商必须额外多生产和销售14.5万辆汽车才能弥补舞弊所造成的损失。从这个角度看，舞弊的确是严重的商业问题。汽车制造商可以选择多生产和销售新车，或者设法降低舞弊发生率，亦可双管齐下。经历这次舞弊之后，该汽车制造商曾向本书作者之一寻求协助。本书作者给汽车制造商高层（管理委员会）的建议是："贵公司面临的舞弊是一项严重的商业问题。贵公司有两种选择，一是阻止这类舞弊再度发生，二是额外多生产数十万辆汽车，这两种方式对净利润的影响是一样的。"汽车制造商高管们都认同上述观点，舞弊的确是个严重的商业问题。

再如，某大型商业银行仅一年内就因几起舞弊而蒙受近1亿美元的损失。以净利率5%计算，假定一个账户一年为银行带来100元的收入，银行必须新增多少新账户才能完全弥补舞弊造成的损失呢？答案是2 000万个新账户（1亿美元损失/ 5% ＝ 20亿美元额外营业收入；20亿美元/每个账户100美元收入 ＝ 2 000万个新账户）。

企业并非舞弊的唯一受害者。就宏观层面而言，大型舞弊和贪污腐败都会危害一国的经济。利用上述汽车制造商案例提及的逻辑，我们可以更清楚地了解就总体经济层面而言，舞弊是如何危害一个国家的。以三种经济实体为例。第一个经济实体的整体净利率是

10%，舞弊造成的总损失为 5 亿美元，要完全弥补舞弊损失，需要额外创造 50 亿美元营业收入。第二个经济实体的整体净利率也是 10%，舞弊造成的总损失为 2 亿美元，它需要额外创造 20 亿美元营业收入。第三个经济实体整体的净利率是 5%，舞弊造成的总损失为 1 亿美元，需要额外创造 20 亿美元的营业收入。舞弊对世界各国的经济都造成了巨大的冲击，若能预防一项舞弊则可省下数十亿美元，这些资金便能再投入社会，从而促进经济发展。纵观这种分析思路，我们不难发现，贪污腐败严重的国家难以与高廉洁度的国家互相竞争。贪污腐败严重的国家必须不断弥补贪污腐败造成的损失，而高廉洁度的国家则能够心无旁骛地持续发展经济。所以许多经济学家、政治人物、主管机关都会投入大量时间和资源在减少舞弊与贪污腐败的工作上。

一国蒙受的舞弊损失，除了会实际侵蚀国内生产总值，更会剧烈冲击投资者投资该国的意愿。举例来说，如果一国的舞弊和贪污腐败情况严重，投资者对该国的廉洁度就会丧失信心，因而不太愿意去投资；对组织而言也是如此。例如，21 世纪初期，美国企业接连曝出严重的舞弊丑闻，导致外国投资者购买美国股票的总金额跌落到 1996 年以来的最低水平，仅 495 亿美元。有些外国投资者将资金转移到其他比较安全国家的股市；有些则按兵不动，持观望态度，静待企业丑闻明朗之后再行动。显然，安然、世通公司和其他公司的舞弊丑闻，重创了美国经济。

> **请记住** >>> 舞弊案件发生数量的统计数字往往难以获取。然而，所有的迹象都表明，舞弊的发生频率和涉案金额都在持续增加。对于组织和国家来说，因舞弊而付出的代价是高昂的。由于舞弊造成的损失通常等于净利润减少的金额，为了弥补舞弊损失，企业必须额外创造的营业收入金额将是损失金额的好几倍。

各公司的成本与营业收入结构各异，为弥补舞弊损失而必须创造的额外营业收入也会随企业、产业及国家的不同而有所差异。然而，显而易见的是，所有的组织和国家都应将消除舞弊列为一项重要目标，只有这样才能获得最高的利润水平。尽可能减少舞弊的最佳方法，正是采取防范措施。本书将讨论如何防范、侦查与调查舞弊。

1.2 舞弊内涵

非法获取他人财物主要有两种方法：一种是通过武力强迫他人交出你想要的东西；另一种是用欺诈手段骗取他人财物。我们把前者称为抢劫，把后者称为舞弊。与舞弊相比，抢劫通常会诉诸暴力，更为火爆和血腥，而且比较容易引起媒体的关注；然而，舞弊所造成的损失往往要远远超过抢劫。

针对舞弊有各种不同的定义，以下定义可能最为常见：

舞弊是一个属类名词，意指人们凭借构思而创造出的各种方法手段，通过虚假陈述来牟取利益的行为。由于舞弊有多种形式，因此我们无法绝对化地定义"舞弊"，只能将其统称为欺诈、欺骗等非诚信行为。

舞弊是指包括以下要素的欺诈行为：(1) 陈述；(2) 重要；(3) 虚假；(4) 蓄意或孤注一掷的行为；(5) 受害者信以为真；(6) 涉及受害者的行动；(7) 令受害者蒙受损失。

> **留意** >>> 如今谁最容易让你受骗上当？谁最容易让你父母受骗上当？切记，你最信任的人，正是最容易欺骗你或者实施欺诈的人。

舞弊有别于无意的过错。例如，某人在会计报表上填错数字，这算舞弊吗？不算，因为他不是故意的，也不是想利用虚报记录而牟利，所以这不是舞弊。但是同样情况下，有人故意将错误的数字列示在会计报表上以欺骗投资者。这就是舞弊！

正如本章开篇讨论的，当今最常见的舞弊手法之一是欺骗受害者投入资金，然后用之后投资人投入的资金支付早期进场受害者的回报或利息。这种流行的骗局也称"庞氏骗局"，这是以20世纪初实施这种诈骗罪行的查尔斯·庞兹（Charles Ponzi）的姓命名的。为了更详细地了解舞弊的特性，我们不妨回顾庞兹的所作所为。

查尔斯·庞兹和臭名昭著的"庞兹计划"

1882年，查尔斯·庞兹出生于意大利的帕玛，随后于1903年11月移民美国。此后的14年中，庞兹在美国各大城市间流窜，换过一个接一个的工作。他当过洗碗工、餐厅服务员、店员，甚至曾担任意大利语翻译。1917年，他终于在波士顿定居下来，并且找到一份打字和回复外国邮件的工作。1919年，庞兹发现一种他认为可让自己和投资者发大财的方法。

当时，庞兹考虑出版一份刊登出口商品的杂志。他写了一封信给西班牙的一位人士。庞兹收到的回函还附上了一张国际邮资券。邮资券的用意很简单，目的是让庞兹拿到当地邮局兑换成美国的邮票，再让他用美国的邮票将杂志邮寄到西班牙。

庞兹注意到，在西班牙购买一张邮资券需要花相当于一美分，但在美国的邮局能兑换到6枚一美分的邮票。于是，庞兹开始思考可能的投资模式。假设这种方法可行，他可以在西班牙购买价值100美元的邮资券，然后在美国兑换成现金或者卖给第三方。和现在一样，20世纪初期，银行根本不可能给这么高的利息。

庞兹的欲望很快就失控了，他想出一个赚大钱的妙计，立志成为富翁。他首先将手上的美元兑换成意大利里拉（或其他汇率较好的货币）。庞兹在外国的代理商利用这些资金到经济落后的国家购买国际邮资券，之后转换成其他强势货币，最后再兑换回美元。他声称，所有这些交易的净利率合计超过400%。

他真的做得到吗？答案是否定的。各国邮政组织的繁文缛节以及冗长的汇款程序会耽搁时间，将庞兹想象中的利润侵蚀殆尽。

计划虽然失败了，但无法阻止庞兹滔滔不绝对外吹嘘自己的旷世奇想。由此，朋友和家人都相信他说的话，都愿意投资。

1919年12月26日，庞兹向市政府申请设立证券公司。他承诺每90天会发放50%的利息，这让全世界的人都想加入他的投资行列。而且，他个人又声称，只要45天就能达成目标。于是，短短90天的时间，投资人投入的资金就增长了不止一倍。

庞兹的旷世奇想迅速传开，短短几个月，他位于司库尔街的办公室门外排队的人龙越来越长。成千上万的人抢购庞兹的本票，价值从10美元到5万美元不等。据估计，平均每人的投资额约 300 美元，在 20 世纪 20 年代，这算是很大一笔钱。

为何会有这么多人愿意将资金投入一个行不通的计划呢？真正的原因是，早期投资者的确收到了 50%的报酬，因为庞兹用后期投资人投入的资金支付前期投资人的利息。这不过是将古老的"老鼠会"骗局以新手法包装罢了！

在这个骗局最鼎盛的时期，庞兹公司每周的收入估计达 100 万美元，现金多到新进员工都收不过来，甚至将办公室里所有的抽屉、垃圾桶及衣橱都塞满了，分公司陆续开张营业。新英格兰地区也出现了类似的诈骗投资公司。

到了 1920 年夏天，庞兹已经赚进数百万美元，开始过着富豪的生活。他穿着名贵的华服，收藏几十把纯金握手的手杖，买下各式珠宝首饰给妻子，购置有 20 个房间的 Lexington 豪宅。

凡是能致富的方案，一定会引起执法机构的注意，庞兹的投资方案也不例外。从一开始，联邦、州和地方政府就在调查他。然而，从来没有人能够找到庞兹恶行的蛛丝马迹。庞兹能够在说好的 45 天内支付利息给投资人，每个人都很高兴收到利息，不曾有人表示不满。

1920 年 7 月 26 日，庞兹脆弱的骗局开始崩盘。《波士顿邮报》在头版头条刊登一篇文章，质疑庞兹投资方案的合法性。当天下午，波士顿市政府设法说服庞兹，在会计师核查账册之后，再开始接收新的投资资金。不到几个小时，庞兹办公室外挤满人群，要求赎回自己的投资款。庞兹不得不向投资人保证，公司财务健全，而且能够偿还所有款项。他把钱还给那些要求赎回的人，截至当天下班，惊恐的投资民众共提出近 1 000 份赎回申请，庞兹全数结清。

由于庞兹一直能准时付息，愤怒的民众人数开始减少，一般民众的支持呼声日益高涨。民众都关注着庞兹的一举一动。许多人敦促他从政，尊称他为英雄，给予他热烈的喝采与掌声，希望能摸摸他的手，保证自己是相信庞兹的。

庞兹受到更多的关注，因而梦想着创设更多的投资业务。例如，庞兹开始规划成立新形态银行，要让股东和存款人平分利润。庞兹还规划以"查尔斯·庞兹公司"的新名称重整旗鼓，主要业务是投资全世界的各种产业。

1920 年 8 月 10 日之前，民众仍持续支持庞兹。但当天，会计师、银行和报纸共同宣告，庞兹实际上已经破产。两天后，庞兹承认在 1908 年曾因类似的高利息事件而触犯伪造文书罪，在加拿大监狱服刑 20 个月；随后又因让 5 名意大利人非法由加拿大边境偷渡进入美国，在佐治亚州亚特兰大市被判 2 年徒刑。

8 月 13 日，庞兹终于被联邦政府逮捕，并以交纳 25 000 美元保释金而被保释。不久，他再度被马萨诸塞州政府逮捕，也以交纳 25 000 美元保释金而被保释。

庞兹被捕之后，接连面对联邦和州的民事与刑事审判案件、破产听证会、控告他的官司、他自己提起的诉讼，还使 5 家银行最终以倒闭收场。据估计，在庞兹诈骗案中，大约有 4 万人共投资近 1 500 万美元（约合现在的 1.4 亿美元）。审计庞兹的账册之后，审计报告的结论是他共募集足以购买约 1.8 亿美元邮资券的资金，但主管机关查到的实际购买记录显示，庞兹只买过2张邮资券。

庞兹的合法收入仅45美元，是5股电话公司股票的股利。虽然他的资产有1 593 834.12美元，但根本不足以偿还积欠的负债。那些持有庞兹本票的人，经过约八年的时间，通过分期付款方式，才收回初始投资款的37%左右。

最终，庞兹被判刑五年。服刑三年之后，庞兹再次被马萨诸塞州政府判处九年徒刑。然而在等待上诉期间，庞兹以14 000美元获得保释，次月便弃保潜逃。

庞兹后来以查尔斯·波雷利（Charles Borelli）的姓名，短暂出现在佛罗里达州。庞兹故伎重演，设计了以土地为标的的"老鼠会"，以每英亩16美元的价格购入土地，分割成23块，每块土地售价为10美元。他承诺10美元的投资额在短短两年内将会变成530万美元。不过，这些土地大部分被水淹没，毫无价值。

庞兹再次触犯诈骗罪，在佛罗里达州被判入狱一年。庞兹再次弃保潜逃，后来有人发现他在得克萨斯州出没。庞兹搭上一艘货轮，企图偷渡到意大利，但1927年6月28日在纽奥良港口被捕。6月30日，他发了一封电报给卡尔文·柯立芝总统，要求被驱逐出境。其请求被驳回，庞兹被送回波士顿继续服刑。七年之后，庞兹因表现良好而获释，并于1934年10月7日被驱逐出境至意大利。回到罗马后，庞兹担任英语翻译。随后，时任总理墨索里尼安排他到意大利的新航空公司任职，并在1939—1942年担任巴西里约热内卢分公司的经理。庞兹发现，有些航空公司主管利用飞机夹带走私外币，他也想分一杯羹。当他们拒绝让庞兹加入时，他向巴西政府检举揭发这种舞弊行为。第二次世界大战使航空业生意萧条，庞兹因而失业。1949年1月，庞兹在里约热内卢的医院去世，身后遗留一份未完成的手稿，名为"庞兹先生的殒落"。

舞弊、贪婪、欺骗和信任

庞兹骗局是帮助我们了解舞弊的绝佳案例。当然，我们在这个骗局中看到了欺诈伎俩、欺诈犯的贪念，更重要的是投资者贪婪的心理——想要获得超高、不合理的投资报酬，以及最后一项因素——信任。庞兹若未能支付报酬给初始投资人，便无人愿意再追加投资金额。庞兹利用提早给付"报酬"的手法，赢得投资人的信赖，并且令他们相信庞兹经营的是合法的投资业务。事实上，信任是舞弊成功最关键的因素之一。"诈骗"（con）一词有欺骗之意，词意源自"信任"（confidence）。除非受害者相信欺骗他的人，否则要欺骗人不是件容易的事。一旦信任企图欺骗我们的人，我们就会受骗上当。同理，要先获得员工的信任，雇主才能欺骗员工。正因为投资人相信了，诈骗公司才能够欺骗到毫无戒心的投资人。以下的例子可以说明"信任"在舞弊中扮演的角色：

> 两名男子走进了一家银行。一个西装革履、衣冠楚楚，另一个则披头散发、双臂布满文身，身着一件破旧牛仔裤，腋下还挟着一顶摩托车安全帽。以社会上多数人心照不宣的判断标准——以貌取人，你认为究竟哪个人能够成功骗过银行职员呢？

大多数人会认为那个西装革履的男子更可能让银行职员受骗上当。原因很简单，受到以貌取人这种成见的影响，他的外表的确比较容易取信于人。因为大部分人认为那个不修边幅的男子实施诈骗不太可能会得逞，至少在开始之时，银行职员就不会相信他。

舞弊受害者常见的反应是自我否认："我无法相信她会这样做。她可是我最信得过的员工……她是我最优质的客户……她是我最好的朋友。"对舞弊了然于胸的人会很悲哀地告诉你："还能是谁呢？如果不是因为你的信任，他们就不会得逞！"事实上，舞弊者往往是受害者周遭最不会遭到怀疑且最值得信任的人。

某项研究表明，舞弊者的年龄大多集中在36—45岁。我们无法确切解释这个统计数字，但原因之一可能是这一年龄段的人员面临的经济压力最大。刚大学毕业的年轻人都会展望未来并设想："到40岁的时候，我要还清房屋贷款和汽车贷款，而且还要有足够的存款供孩子上大学。"然而，真的到40岁时，许多人的房贷和车贷根本没有还清，也没有存下足够供孩子上大学的钱。在

> **请记住 >>>** 舞弊是指一切欺诈行为，即某人利用虚假陈述从他人那里牟取利益。在舞弊案件中，你总可以观察到信任和欺诈伎俩两项要素。舞弊与抢劫的不同之处在于抢劫几乎都使用暴力。
>
> **想一想 >>>** 人们比较信任在网络上认识的人，而非见过面的人。为什么这种现象让人难以理解呢？

这一年龄段（36—45岁），许多人所处的职位也为他实施舞弊提供了良好的机会。本书后续章节还会介绍，只要面临压力及出现机会，发生舞弊的概率便会增大。

1.3 舞弊类型

尽管归纳舞弊类型的方法众多，但最常见的方法是将舞弊区分为：以组织为实施对象的舞弊，由组织实施的舞弊。

第一类以组织为实施对象的舞弊，如员工舞弊，受害者是雇主。第二类由组织实施的舞弊多由高管以组织之名"代替"实施，如会计报表舞弊，通常是高管为了让公司财务报表上的数字比实际结果更优。在这种情况下，公司股价会因此而上涨，或因人为的假象而维持在高位，从中得利之人正是公司高管，受害者则是持有公司股票的股东。有时，高管为确保能获得更高的年终红利而篡改盈余数据。会计报表舞弊常常出现在发生营业亏损或者实际利润远小于预期数额的公司。

另一种舞弊分类根据注册舞弊检查师协会定义的"职业舞弊"。注册舞弊检查师协会将职业舞弊定义为：为了个人利益，利用职业之便，蓄意误用或滥用所在组织的资源或资产的行为。职业舞弊是由员工、管理人员或高管的不当行为造成的，从午餐的公款消费到高科技诈骗都属于职业舞弊范畴。根据注册舞弊检查师协会发布的《全美职业舞弊报告》，职业舞弊的要点是：（1）秘密（暗中）进行的；（2）违背员工对公司的受托责任；（3）目的在于谋求直接或间接的个人利益；（4）使所在组织的资产、收入或留存收益遭受损失。注册舞弊检查师协会将职业舞弊分为三类：（1）挪用资产，指偷窃或滥用组织的资产；（2）贪污，指舞弊者在其经手的组织交易中非法利用自身影响力为自己或他人谋求利益；

(3) 会计报表舞弊，通常指虚假陈述所在组织的会计报表。

按照舞弊受害者的不同，舞弊还可以进一步细分为以下四个类别：

(1) 受害者为公司或组织的舞弊。

    a. 员工贪污盗窃或员工舞弊，舞弊者为组织员工；

    b. 供应商舞弊，舞弊者为组织的供应商；

    c. 客户舞弊，舞弊者为组织的客户。

(2) 管理层舞弊，受害者为组织的股东或债权人。

(3) 投资欺诈及其他消费欺诈，受害者为缺乏警觉性的个人。

(4) 其他舞弊，是指不属于上述三种类型且动机并非谋求经济利益的舞弊。

表1-1是对舞弊类别的总结，我们将在后续章节进一步讨论。

表1-1 舞弊类别

舞弊类别	舞弊者	受害者	解释
员工贪污盗窃或员工舞弊	组织员工	雇主	员工利用职务之便，盗取或挪用雇主所有的资产，这是最常见的职业舞弊形式
供应商舞弊	组织的供应商	销售产品或劳务给组织的供应商	对已购产品索取高价、供应劣质产品或在收款后未发运产品
客户舞弊	组织的客户	向公司采购产品或劳务的客户	客户未付款、少付款，或者使用欺诈手段，从组织处多取得产品或劳务
管理层舞弊（会计报表舞弊）	公司管理层	股东、债权人以及其他财务报告使用者	管理层操纵财务报表，让公司的运营结果看起来比实际情况更好（在税务舞弊中则将结果错报成比实际情况更差）。这是代价最高的舞弊形式
投资欺诈及其他消费欺诈	各种欺诈犯	警觉性较差的投资人	通过个人、组织或网络等渠道宣传并博得他人信任之后，诱使投资者向虚假项目投入资金
其他舞弊	视情况而定	视情况而定	利用他人的信任进行欺诈

1.3.1 员工贪污盗窃

员工贪污盗窃是最常见的职业舞弊形式。如前文所述，这种舞弊手段是员工欺瞒雇主，盗取公司资产。贪污盗窃既可以是直接的，也可以是间接的。直接挪用资产是指员工窃取公司的现金、存货、器具、物料或其他资产；还有一种情况是员工在公司交易系统中虚设交易对象，让雇主在未收到货物的情况下付款。在发生直接贪污盗窃的情况下，公司资产不经第三者而直接落入舞弊员工的腰包。所谓间接挪用资产，是指员工因收受供应商、客户或外界人士的贿赂或回扣而降低产品售价，或者提高采购价格、不交货，或者验收劣质产品等情况。在这些情况下，舞弊员工收到的非法款项，通常不是雇主而是与雇主有业务往来的单位支付的。

CVC建筑公司舞弊事件正是员工直接贪污盗窃的例证。CVC建筑公司主营新住宅建造与旧房修缮。尽管CVC建筑公司的市场占有率很高，其业务却不赚钱。经过调查后发现，几名CVC员工挪用公司的物料和设备，私下承揽整修工程，再将利润中饱私囊，仅仅其中一名员工就窃取价值超过25 000美元的公司资产。

接下来，再看一个有关间接贪污盗窃的例子。

马克供职于BigD广告公司，作为一名采购代表，马克向位于纽约市的一家承包商支付了10万美元的工程承包款，而工程原本只要价5万美元。随后，承包商拿3万美元回扣给马克。直到有人发现纽约承包商的工程质量存在重大问题，BigD广告公司才开始怀疑其中很可能存在舞弊，最终舞弊得以揭发。

1.3.2 供应商舞弊

多年来，由于国防合同和其他政府采购合同的主要供应商漫天要价，让供应商舞弊事件反复被新闻媒体曝光。供应商舞弊在美国极其普遍，其形式主要有两类：（1）供应商单独实施的舞弊；（2）供应商与客户勾结实施的舞弊。供应商舞弊常见的结果有采购价格过高、收到劣质产品，或者给付货款之后却收不到产品，等等。

最近美国国防部发生的一起案件正是典型的供应商舞弊。经联邦调查局与国防部联合侦查，总部位于伊利诺伊州的一家公司涉嫌将高管的个人费用列支于国防部经费，后被认定为虚报、虚列国防经费。该公司同意归还政府1.15亿美元；随后，为了使各项行政及民事诉讼达成和解，并撤销对公司涉案主管的刑事诉讼，该公司同意额外再支付7 130万美元。

1.3.3 客户舞弊

客户舞弊是指客户不支付或少支付所购产品的价款或骗取产品。例如，某个星期六的早晨，一家大型银行的一名客户走进银行分行，说服分行经理签发一张525 000美元的现金支票给她，尽管她的银行账户中只有13 000美元。分行经理认为她十分富有，不想失去这名客户。但遗憾的是，她不过是个白领窃贼，后来该银行共被她诈骗超过50万美元。在另一起客户舞弊案件中，有6人谎称为银行某家大企业客户的代表，从芝加哥的一家饭店拨了三通电话给该银行的芝加哥分行，要求银行从公司账户中汇出7 000万美元到位于新泽西州另一家金融机构的账户。这笔钱刚汇入新泽西州的账户，就立即被转移到瑞士的账户，随即被全数提现用于购买俄罗斯钻石。

1.3.4 管理层舞弊

如前文所述，从实施者的性质到欺诈的手段，管理层舞弊都不同于其他类别的舞弊。最常见的管理层舞弊形式是管理层违法操纵财务报表进行虚假陈述。众所皆知，近年来较有名的管理层舞弊事件包括世通公司、安然、废品管理公司（Waste Management）、光线公司（Sunbeam）、瑞德艾德（Rite-Aid）、法尔莫（Phar-Mor）、帕玛拉（Parmalat）、阿德尔菲亚（Adelphia）、ESM政府证券公司（ESM Government Securities）、瑞吉娜真空公司（Regina Vacuum）、特易购（Tesco）、奥林巴斯（Olympus）、西宾（Penn West）及梵蒂冈银行（Vatican Bank）等。

下面我们通过一个案例说明管理层舞弊。约翰·布卢（John Blue）是一家成长迅速的连锁音乐公司首席执行官（CEO），这家公司几乎每个月

> **想一想>>>** 为什么大家通常认为在一家公司里，管理层比其他人更容易操纵财务报表？

都会开张营业新分店，生意兴隆并以价格低廉闻名，忠实客户很多。公司公开上市时，股票价格暴涨。不过，新股东并不知道公司音乐作品的售价都不敷成本，实际上是亏本销售。约翰·布卢和其他高管以高估存货和虚增营业收入的方式掩饰经营亏损。直到一名会计主管举报舞弊情况，最终才真相大白。这一消息不胫而走，公司股票瞬间变得一文不值。

1.3.5　投资欺诈及其他消费欺诈

投资欺诈与管理层舞弊的关联性很强。这种骗局通常是出售不实且毫无价值的投资产品给警觉性较弱的投资人，电信诈骗案、推销毫无价值的合伙企业股份及其他投资机会都属于这一舞弊类别。前文提及，庞兹被视为投资骗局的始作俑者，模仿其骗术大有人在。时至今日，他的诈骗伎俩已经屡见不鲜。事实上，相关研究显示，每三个美国人中就有一个人曾经是这种骗局的受害者。

美国联邦调查局曾列出最常见的消费欺诈如下：

1. 庞氏骗局。 如本章前面讨论的，这种骗局是以查尔斯·庞兹命名的，手法很简单，即让受害者拿出资金投资，再将后来投资人投入资金的一部分当作红利或利息付给前面的投资人（即受害者）。

2. "老鼠会"。 类似于庞氏骗局，差别在于"老鼠会"骗局的获利方式是吸收其他人入会，而不是经由投资产生利润。

3. 电信诈骗。 电信诈骗形式是受害者寄钱给陌生人或提供个人财务信息给来电的陌生人。通常这些来电的诈骗分子会说："现在要马上决定哦！不然机会稍纵即逝。"诈骗分子一般会向可能的受害者施压，或者让受害者误信自己获得免费的邮轮、旅游或度假之类的行程奖励。受害者必须支付邮寄及处理费用，并提供信用卡卡号和垫资给诈骗犯，才能获取这份奖品。

4. 尼日利亚预付款骗局。 在这种类型的诈骗案中，潜在的受害者通常会收到电子邮件或信件，信中提及愿意提供给受害者一笔巨款作为报酬，请受害者协助将大笔资金从一个国家转移到另一个国家。发件人通常表示，受害者需要预先支付一笔款项以支付税金、贿赂政府官员或缴纳其他法定费用。

5. 身份盗用。 身份盗用是指冒用他人身份购买物品、从事犯罪活动或者诈骗他人。窃贼从债务人的对账单、信用卡、银行对账单、社会保障卡以及驾照等个人证件上获取

个人财务信息，进而冒用他人身份。为了获取这些信息，窃贼有时会翻找受害者的信箱或垃圾桶。

6. 订金诈骗。订金诈骗是指受害者预付一笔钱款却收不到所购买的商品或劳务。这种诈骗中，受害者为了确保获得贷款、签订合约、取得投资或赠品，需要预先支付一笔钱款。诈骗分子收到钱之后，受害者便联系不上他们了，从而损失当初预付的钱款。

7. 补偿/稻草人/合约骗局。在这种骗局中，诈骗分子表示政府已冻结受害者的银行账户，必须向政府官员提出书面申请才能动用账户中的资金。诈骗分子游说受害者购买昂贵的训练课程，只有这样才能了解申请程序，知道如何解冻资金。之后，如果受害者仍然无法动用资金，诈骗分子就会说"申请书填写有误"，受害者需要再交纳额外的训练费用。

8. 信用证诈骗。信用证是指银行根据买方的请求而开立给卖方的一种保证承担货款支付义务的书面凭证。诈骗分子通常会伪造信用证并出售给警觉性较弱的受害者，令他们受骗上当。诈骗分子向受害者谎称可以投资于信用证，而且获利非常高。想要避开这种骗局，消费者必须明白合法的信用证从来不会单独出售或被当作投资工具。

9. 网络诈骗。北美证券管理协会（NASAA）表示，网络诈骗已成为一项蓬勃发展的"事业"。最近美国的联邦、州和地方政府以及外国执法机构的人员共同开展了一项网络扫荡行动，旨在打击网络诈骗。在这项行动中，执法人员发现受害者超过 12.5 万人，估计损失超过 1 亿美元，并已逮捕 125 名犯罪嫌疑人。当今网络上发生的许多诈骗案，不过是将过去真实生活中的诈骗案翻新罢了。

我们以投资诈骗一名大学生受害者布赖恩（Bryan）为例，说明消费欺诈的过程。

> **留意** >>> 您收到这封电子邮件后，恳请尽快与本人联系，我有一笔 2 200 万美元款项要汇出。
>
> 我在检查某家金融机构时，发现有一个三年都没有交易的静止账户，余额有 2 200 万美元。经过调查并证实，这个账户的所有人约翰·多伊（John Doe）已经死亡，且没有留下遗嘱。我目前担任这家银行伦敦分行的投资顾问，如果你同意，则我们可以交易。一旦你回复确定与我配合，我就会提供交易的详细数据。由于我们未曾谋面，因此只有彼此信任之后，我才会把你想知道的一切细节告知你。
>
> 汇款完成后，总金额的 35% 归你，我拿 60%，其余 5% 用来支付相关费用。
>
> 请将你银行收款账户信息按照以下格式提供给我。收到你的银行账户资料后，我会立即申请动用这笔资金。
>
> 收款人姓名：＿＿＿＿＿＿＿＿
> 银行名称：＿＿＿＿＿＿＿＿
> 银行地址：＿＿＿＿＿＿＿＿
> 银行账号：＿＿＿＿＿＿＿＿
> 国际银行代码：＿＿＿＿＿＿＿＿
> 州别与国名：＿＿＿＿＿＿＿＿
> 手机号码/传真号码：＿＿＿＿＿＿
> 盼早日收到您的回复

布赖恩白天上学，晚上在市中心一家餐厅当服务生，半工半读养活自己。如果餐厅晚上生意不错的话，布赖恩一晚大约能收到 100 美元小费。三年下来，布赖恩存下近 1 200 美元。某天午餐时间，布赖恩的朋友兰斯（Lance）告诉他有关加拿大一家初创公司的事。兰斯说："现在进场，你的买价会在股价最低点。几个星期之后，能赚至少 3 倍的钱。"当晚，布赖恩跟兰斯一起出席了投资说明会。隔天，两人各投资 1 000 美元。布赖恩和兰斯从来没有这么兴奋过，简直不敢相信，真的有这么好的机会降临到自己身上！然而，这一切实在太完美了，不可能是真的。整个投资项目只不过是一个圈套，布赖恩和兰斯的 1 000 美元根本无法收回，更不用说拿到人家承诺的巨额报酬了。

我们也收到过这类电子邮件，目的是骗取你银行账户的存款。展示这封电子邮件的内容，是要告诉你永远不要参与这种骗局！

> **请记住 >>>** 舞弊的分类依据有好几种，可以按照受害者、舞弊者或者舞弊形式加以分类。以组织（企业）为对象的舞弊最常见，但会计报表舞弊造成的损失通常是最高的。

有时，当整个产业都充斥着欺诈行为时，最终会危害到整个国家的经济。20 世纪 30 年代的经济大萧条即如此，肇因于当时投机欺诈之风弥漫整条华尔街，随后这股歪风吹到银行业。80 年代和 90 年代初期的储贷合作社危机亦如此。很多人认为，2008 年次贷危机（向信用较差和收入不高的借款人提供贷款）也是因为银行业欺诈之风盛行，导致美国经济衰退。次贷危机的特点是次贷的违约率和赎回权被取消的比例升高，致使以次级房贷为担保的证券价格下跌。不动产抵押贷款债权证券（MBS）和担保债权凭证（CDO）起初能够提供优厚的回报，因为抵押贷款的利率较高，但借款人和这些证券的信用评级较低，最终导致巨额违约。2008 年，好几家大型金融机构因此而倒闭，企业和消费者出现求贷无门的严重情况，最终引发全球经济严重衰退。

酿成次贷危机的原因众多，包括次级贷款的增加或者向信用较差人群发放抵押贷款。另一个原因是房价在 2006 年中期达到峰值之后一路狂跌，使借款人的房贷难以再融资，导致抵押贷款违约率大幅上升。全球金融机构普遍拥有投资性不动产抵押贷款债权证券，其价值由此而崩盘，所剩无几。在贷款市场以惊人速度开始信用紧缩之际，整个抵押贷款系统实际上是靠各种虚假欺瞒的手法来支撑的。借款人用谎言骗取贷款，贷款经纪人鼓励和默许借款人造假，贷款机构则误导低收入群体来借款，许多的贷款机构、投资人与信用评级等机构只要有钱赚，为了省却麻烦，会刻意对这类问题视而不见。

这场危机对美国和欧洲各国的经济造成了长期的严重影响。美国陷入严重的经济衰退，2008—2009 年就有 900 万人失业，约占美国劳动人口总数的 6%。美国的房价平均下跌近三成。2009 年年初，美国股市几乎腰斩。截至 2013 年年初，美国股市才回升到危机发生前的峰值，但住宅价格仍在低位徘徊，失业率仍居高位，经济增长率仍低于危机发生之前。对美国民众而言，助长这场危机的舞弊让他们付出了惨痛代价。

1.4 与舞弊相关的刑法和民法

实施舞弊的人可能会面临刑事或民事诉讼。舞弊受害者要想赢得刑事或民事诉讼，通常必须证明舞弊行为人的作为是一种蓄意欺骗，其最佳方式是收集证据，证明舞弊者确有此意图。证据包括直接相关数据，以及所有收集得到的可证实信息。我们在第 7 章将讨论不同类型的证据，以及证据在成功地应诉舞弊中的作用。

1.4.1 刑法

刑法是保障公共利益或社会整体利益不受侵犯的法律，它通常规范整个社会不认可的犯罪行为。违反刑法所禁止某种行为的相关法条时，会被联邦政府或州政府起诉。联邦和各州政府都颁布了禁止各种舞弊和贪污行为的法律，表1-2列示了联邦政府主要的相关法律。

表1-2 联邦的舞弊相关法律

法律	法条	解释
行贿公务员和证人	《美国法典》第十八章第201节	处15年以下有期徒刑，行贿或受贿金额处以3倍以下的罚金，并对相关责任人员予以撤职
1986年禁止回扣法	《美国法典》第四十一章第51节至第58节	禁止美国政府采购协议的分包商给付或收受主承包商任何财物；蓄意违反此规定者，处以罚金，并处10年以下有期徒刑
电信诈骗	《美国法典》第十八章第1341节	设法或拟设法实施舞弊或通过虚假的借口、陈述或承诺等手段获取财物……为实现上述目的，在任何邮局或合法的储蓄机构存放或指使他人存放物品，并通过个人或州际邮递公司递送……将依本法处以罚款或有期徒刑
银行舞弊	《美国法典》第十八章第1344节	顾客、业主、管理人员和员工对受联邦存款保险机制保护的金融机构实施舞弊、欺诈行为。金融机构是指银行、储蓄和贷款机构以及经政府机构授权批准成立的其他金融机构
反勒索与受贿组织法令（RICO）	《美国法典》第十八章第1961节	禁止任何与"企业"有关人员开展州际贸易，以免其在处理企业事务时发生"欺诈行为"。欺诈行为是指触犯一项以上本法所列举的犯罪行为
计算机舞弊	《美国法典》第十八章第1030节	为了（1）获取国安机密资料；（2）取得机密的财务信息；（3）操作供美国政府专用的计算机；（4）从事舞弊欺诈行为；（5）损害或损毁计算机中存储的信息等，蓄意在未经授权的情况下使用"处于保护模式的计算机"，皆会因违反本法规而受到惩罚
证券舞弊	1934年《证券法》第10条（b）项之5，第17条（a）项	禁止知悉公司重要内幕信息的人员购买或销售本公司的证券。无论他们是直接交易还是通过证券交易所进行交易，均属违法行为。反舞弊条款规定，实施舞弊者或协同实施舞弊者均应承担相应的民事责任
反海外贿赂法案（FCPA）	《美国法典》第十五章第78节，第78节a项（b）款，dd-1、dd-2项及ff项	禁止美国公司出于业务需要行贿外国官员。本法亦规定受证券交易委员会监管的公司，应当设立规范的会计账簿与记录以及完善的内部控制制度，确保"只有在管理层授权批准的情况下才能接触资产"，以防范私设小金库支付贿赂款项的情况
逃税	《美国法典》第二十六章第7201节	未申报舞弊或贿赂所得，可能会以逃税或提交虚假纳税申报表的罪名被起诉；禁止将贿赂款项作为营业费用进行税前抵扣

针对舞弊的相关法律法规很多。舞弊的罪名一旦成立，罪犯一般就会被处以有期徒刑或罚金，或者两者并处。在"排除合理怀疑"的情况下证明犯罪嫌疑人有罪时，只有陪审团全体一致裁定有罪，法官才能将定罪。最近被提起公诉的罪犯包括麦道夫、安然的肯尼斯·雷伊（Kenneth Lay）和杰夫·斯基林（Jeff Skilling）。金融新闻网（FNN）的首席执行官因利用拆分旗下公司的方式虚报 FNN 的营业收入而被判处 5 年有期徒刑。塔楼金融公司（Towers Financial）首席执行官因利用庞氏骗局的手法骗取投资者 4.5 亿美元而被判处 20 年有期徒刑。犯内幕交易罪的罗杰·拉吉拉南（Raj Rajaratnam）被判 11 年有期徒刑，并处 9 280 万美元罚金。

有时，舞弊及其他犯罪嫌疑人还未受审就会先认罪，以换取较轻的判刑。这种认罪条件通常要求其愿意协助检察官查办其他罪犯。例如，在安然事件中，公司前高管迈克尔·柯普（Michael Kopper）承认犯有洗钱和电信欺诈罪。这是首位对刑事指控认罪的前安然员工，标志着美国政府对此类丑闻的调查工作取得重大进展。认罪协商条件之一是柯普同意与检察官合作，并归还 1 200 万美元资产。

1.4.2 民法

民法是保障个人权益在遭受侵犯时获得赔偿的法律，涉及个体间的权利和义务。民事诉讼的起点是一方当事人向另一方当事人提起诉讼，一般是为了获得经济赔偿。民事诉讼的目的在于给予受害方经济补偿。与刑事案件不同，民事案件中陪审团的人数不一定要求有 12 名，但不得少于 6 名。陪审团在裁决时也不一定需要一致决议。通常由法官而非陪审团审理民事案件。因此，民事案件的原告只要具有"证据优势"就能赢得诉讼。也就是说，原告提出的证据要比被告的辩解更具说服力。在民事与刑事案件审理的过程中，双方当事人经常传唤专家证人出庭作证并提供专家意见，以协助陪审员或法官理解专业性的技术问题。在诈骗案中，注册舞弊检查师和注册会计师经常以专家证人身份出庭，提供损害赔偿金额计算与证明的相关服务。在审理舞弊案件时，法院通常会先执行刑事案件审理程序。表 1-3 分析了刑事案件与民事案件的主要差异。

表 1-3 刑事案件与民事案件的差异

比较内容	刑事案件	民事案件
目的	惩戒违法行为	获得赔偿
后果	徒刑或罚款或并处	恢复原状与损害赔偿
举证责任	"排除合理怀疑"	"证据优势"
陪审团	必须由 12 人组成	可以少于 12 人
案件成立时点	由大陪审团做出证据充分、可上诉的裁决	由原告提起诉讼
裁决	一致裁决	可约定不一致裁决
指控	每次只能提起一项指控	可针对同一案件提起多项指控

这里以世通公司为例说明民事诉讼过程。世通公司舞弊事件曝光后，投资人认为某些机构是舞弊的帮凶，于是诉诸法庭。花旗银行是被投资人控告的机构之一，2004 年，其与投资人达成民事和解，同意赔偿投资人 26.5 亿美元。在民事案件中，在实际进入法院审理程序之前，诉讼双方通常就可能达成庭外和解。

> **想一想>>>** 辛普森（Simpson）因涉嫌谋杀妻子而同时面临刑事与民事诉讼。刑事审判结果是无罪，但民事方面被判有罪。结果为什么会不同呢？

1.5 如何成为反舞弊专家

近年来，有些学校已经开设防范、侦查和调查舞弊的课程，然而多数大学还没有成立以反舞弊为主修专业的院系。因此，立志于反舞弊这条职业发展路径的学生，通常必须自己选修这方面的知识与技能课程，以便日后成为合格的反舞弊专家。下面是反舞弊专家应具备的重要技能。

- **分析技能**。舞弊侦查和调查工作本身是一种分析过程。在这一过程中，舞弊检查人员首先要判断舞弊的形式、征状和迹象，并决定检查与追查的方法。舞弊检查人员与医生一样，需要做很多诊断和探究工作才能发掘真相。优秀的舞弊检查师必须具备卓越的分析技能。

- **沟通技能**。在访谈证人和嫌疑人以及与证人、法院和其他人员沟通调查结果等工作方面，舞弊检查师都需要投入大量时间。优秀的沟通者必须知悉收集证据和供词的方法、如何设计问题和访谈内容，并撰写经法院、律师和其他人员认可的报告。优秀的舞弊检查师必须具备精湛的口头和书面沟通技能。

- **科技技能**。在以前的舞弊侦查工作中，运气很重要。然而，随着二十多年来科技的进步和发展，现在我们可以主动搜寻舞弊迹象与罪犯，同时构建合规的、有舞弊嫌疑的对照数据文件。借助科技，舞弊检查师能够有效分析海量资料，协助开展舞弊侦查和调查工作。计算机和其他技术能够提供最适当的证据，以协助判断某人是否实施了舞弊。在不久的将来，实时的、事后的舞弊侦查和调查工作都需要运用科学技术。

对未来的舞弊检查师而言，尽管上述三项技能至关重要，但以下各项能力也非常实用：

- **具备一定的会计知识和商业知识**。舞弊与其他类型的犯罪的主要差异之一是舞弊者始终设法隐匿舞弊行为。通常而言，隐匿行为包括篡改会计记录和文件，因此具备会计知识和商业知识的舞弊检查师未来会很受欢迎。例如，很多联邦调查局的探员都拥有注册舞弊检查师资格证书，这些探员的反舞弊专业知识一直受到联邦调查局的高度肯定。

- **知悉与舞弊相关的民法、刑法和其他法规，以及犯罪学、税务、员工权益等**。在调查和应对舞弊的过程中，舞弊检查师一定会面临一些需要解决的法律问题。例如，某一舞弊诉讼是属于刑事案件还是属于民事案件？某些证据的收集方式合法吗？何时让执法人员接手此案最合适？

- **掌握外语口语及书写能力。**随着交通、通信和科技的进步与发展，现在有许多舞弊是由分散在不同国家的人共同策划实施的，因此跨境办案是十分平常的事，具备外语能力——比如能够说西班牙语或汉语并据以撰写文件报告——的人才会很抢手。
- **对行为学有研究。**行为学解释了人们合理化不诚实行为背后的动机与方式，说明了人在被捕时的反应是怎样的，介绍了遏制舞弊行为最有效的方法是什么。只有在系统学习了诸如心理学、社会心理学或社会学等行为学课程之后，人们才能具备相应的技能。

许多人可能想知道，要主修哪些课程才能掌握这些技能？可惜，答案是否定的。不过，如果你主修信息系统、会计和法律，那么这些知识将有助于你建立反舞弊的基本观念。但不管你主修什么课程，选修并完成与上述能力有关的课程将使你受益匪浅。比如，如果你的专业是会计，你就应该多选修科技和行为学之类的课程。很少有人能具备上述所有技能或能力，但掌握的技能越多，你越有机会成为出色的舞弊检查师。

1.6 注册舞弊检查师

注册舞弊检查师协会负责举办注册舞弊检查师的考试。注册舞弊检查师的行为表现是舞弊检查师协会秉持的最高标准，他们具备全方位的反舞弊专业知识。一般民众公认注册舞弊检查师是引领反舞弊的专业人士，并获得全世界的认定。全球都承认注册舞弊检查师这一资格，许多大型公司也优先录用具备注册舞弊检查师资格的应聘者。注册舞弊检查师协会表示，一旦你成为一名注册舞弊检查师，就能立即从众人之中脱颖而出，成为所属领域的佼佼者。

你拥有注册舞弊检查师资格之后，便自动获得注册舞弊检查师协会的会员资格。注册舞弊检查师协会是全球规模最大的反舞弊组织，提供高质量的反舞弊教育和培训课程。截至 2021 年，注册舞弊检查师协会的宗旨在于减少全球的舞弊和贪腐事件，全球会员人数超过 8 万。

本书作者之一的 W. 史蒂夫·阿尔布雷克特（W. Steve Albrecht）是注册舞弊检查师协会的首任主席，协会办公楼位于奥斯汀（美国得克萨斯州首府）的行政区，其中有一栋办公楼是以他的名字命名的。

注册舞弊检查师协会规定，要成为注册舞弊检查师必须具备下列条件：
- 注册舞弊检查师协会一般会员，会员资格状态为良好；
- 具备一定的学历条件和专业能力；
- 具备高尚的道德品质；
- 注册舞弊检查师认证考试合格；
- 恪守法律规范，以及注册舞弊检查师协会的职业道德与伦理规范。

1.6.1 学历要求

一般而言，申请参加注册舞弊检查师认证考试的人至少要有大学学历（或同等学力），但不限定专业。若你没有大学学历，则可以用两年的舞弊相关专业工作经验折算为一年的大学就读学时。例如，如果你修完两年的大学课程，再加上四年的专业工作经验，就符合上述学历条件要求。

1.6.2 专业能力

要成为一名注册舞弊检查师，必须至少有两年的专业领域工作经验。专业领域是指与舞弊侦查或者与反舞弊直接或与间接相关的工作。下列各项属于舞弊相关工作经验范围：

● **会计与审计**。担任过会计人员或审计人员（例如内部审计人员或外部审计人员），负责舞弊侦查与反舞弊的相关工作。这些工作包括评估会计制度、设计内部控制制度、评估组织的舞弊风险水平、解读财务数据异常原因、追踪舞弊指标，等等。注册舞弊检查师考试合格并具备前述经验者，则可成为一名正式的注册舞弊检查师。

● **犯罪学与社会学**。在犯罪学或社会学方面，已修舞弊及白领犯罪领域课程并获得相关经验，符合本项规定。而一般的社会工作经验，则不在专业领域工作经验范围内。

● **舞弊调查**。在执法机构或私人部门负责舞弊案件的民事或刑事调查工作，或者调查白领犯罪等，均属于专业领域工作经验，具体包括联邦、州政府或地方政府执法人员（如联邦调查局、国税局、地方检察署的调查人员）、保险公司的舞弊调查人员以及公司与其他社会团体中负责舞弊调查工作的人员。

● **损失防范**。公司或其他组织中负责处理损失防范工作的安全主管申请参加注册舞弊检查师考试，其经历可以视为专业领域工作经验。负责处理舞弊相关事项的安全顾问也符合本项资格；但安保人员或者类似的职务不在专业领域工作经验范围内。

● **法律**。有法务相关工作经验的考生，只要有处理舞弊案件相关经验，均可参加考试，例如检察官、专办舞弊案件的律师以及其他以反舞弊工作为职业的人士等。

尽管不具备上述经历，但工作职责包括侦查、调查或遏制舞弊的应考生，可以说明理由并提交注册舞弊检查协会进行审查。

1.6.3 注册舞弊检查师考试

注册舞弊检查师考试旨在测试考生对财务交易和舞弊类型、法律、调查、反舞弊等四大领域的专业知识和技能。考试在线进行，考试题目共 500 道（包括选择题与判断题），完成 4 门科目总共需要约 10 个小时。每科有 125 道题，考试时间最长为 2.6 小时。考生要在 30 天内完成 4 门科目的考试，然后提交注册舞弊检查师协会阅卷评分；每科必须一次性考完，但无须一次性同时考完 4 门科目。

1.7 反舞弊相关职业生涯

由于舞弊案件数量及其造成的损失数额日益增加，反舞弊的职业机会越来越多。《美国新闻与世界报道》(*U. S. News & World Report*) 杂志曾指出，舞弊检查工作是成长最迅速、薪资最优渥的职业之一。美国注册会计师协会（AICPA）最近也将舞弊检查或舞弊审计列为会计领域发展速度最快、收入最高的六大职业之一。反舞弊职业的前景广阔，从雇主的角度看，反舞弊职业大致可分为五大类别，如表1-4所示。

表1-4 反舞弊职业类别

雇主类别	行业类别
政府及执法部门	联邦调查局、邮政调查人员、国税局刑事案件调查处、联邦法院、政府机关检察长、州调查人员和地方执法人员
会计师事务所	执行调查工作、协助事务所处理诉讼事务，与破产清算相关的会计处理工作，就内部审计和内部控制提供咨询意见
公司或企业	企业内部的舞弊防范、侦查和调查工作，职务包括内部审计、企业安全人员以及内部法务人员
独立顾问	在舞弊诉讼案件中担任独立顾问，担任专家证人，针对舞弊防范与侦查提供意见，提供其他有偿服务
律师事务所	为被指控涉嫌舞弊的企业和个人提供诉讼和辩护服务的律师；在涉嫌舞弊时，提供特别的调查服务

表1-5为本书作者之一的史蒂夫·阿尔布雷克特的反舞弊职业经历与成就。

表1-5 反舞弊职业经历与成就

反舞弊工作类型	具体内容
著作与论文	以舞弊的防范、侦查及调查为题，出版过多部著作，也发表过许多相关的学术与专业文章
企业反舞弊培训	向50多家企业提供关于防范、侦查及调查舞弊的内部培训课程
组织顾问	协助组织设置舞弊侦查与调查制度，并提供反舞弊相关意见
担任舞弊案件的专家证人，提供专家意见	担任过近40起重大会计报表舞弊及其他舞弊案件的专家证人，部分案件的涉案金额达数十亿美元
审计委员会事务	担任9家上市公司和私人公司的审计委员会主任委员

从阿尔布雷克特先生的资历中，你会发现反舞弊人员可通过各种方式发挥治理社会的积极作用。事实上，想要踏上收获丰硕、饶有趣味的反舞弊职业生涯，选修反舞弊这门课程只是第一步。综合起来考虑，反舞弊是一项成本高昂的工作。在一些广为人知的民事案件中，被告和原告在对舞弊行为进行指控与辩护的过程中耗费数千万美元的情况屡见不鲜。许多大型舞弊案件需要多家律师事务所协助，每家律师事务所会指派多名律师，还需要多名调查人员、专家证人和大量助理人员参与其中。通常，在耗费巨资、实际进入法庭审理之前，双方可能会达成庭外和解，出于名誉和形象的考虑，和解的条件和金额不会对外公开。

你会发现，不论以后是否从事反舞弊工作，有关舞弊检查的研究都将让你受益匪浅。你应当深谙舞弊行为的巨大代价，并且具备辨识舞弊的能力：如果你是一名商业界人士，那么有朝一日，这或许会成为决定你事业成功的关键因素；如果你担任财务顾问，那么你将更有能力协助客户避开高风险和欺诈性的投资方案；如果你是一名投资人，那么你将学到有助于你分辨欺骗性投资和营利性投资方案的能力；如果你是一名审计人员，那么你会发现你从本书中学到的检查记录和收集证据的技能很有价值；如果你从事税务相关工作，对客户提供的资料有疑虑，那么你立刻会有所警觉。最后，你学到的访谈技巧，在几乎所有的职业中都会派上用场。

> **请记住** >>> 在美国，只有少数大学开设反舞弊相关课程。因此，各位读者需要自行决定学习方向，并从中获得舞弊检查人员最实用的技能。注册舞弊检查师协会是由反舞弊专业人士组成的专业组织，并举办注册舞弊检查师认证考试。反舞弊工作人员的类型多种多样，包括担任审计、查核、顾问、法务、调查和执法等工作。

你可能会惊奇地发现，从事舞弊检查和法务会计工作不但收入丰厚、富有挑战性，而且耐人寻味、其乐无穷。我们衷心希望你在阅读本书的过程中能够体会到这种乐趣，觉得这是一趟愉快的冒险之旅。

■ 重点内容回顾

- **了解舞弊行为的严重性及其对个人、消费者、组织与整个社会的影响**。虽然要掌握精确的舞弊统计数据不易，但现有的统计数据和研究结果表明，舞弊案件在数量上和发生频率上日益增加。舞弊往往会导致企业倒闭，让组织和一国经济付出惨痛代价。当某人盗窃组织的资产时，该组织必须额外创造被挪用金额数倍的营业收入，才足以弥补因舞弊而损失的净利润。

- **定义舞弊**。非法获取他人持有之物的方法有两种：一是通过暴力手段，二是实施欺诈。舞弊是指以欺诈手段窃取他人财物的行为。

- **熟悉不同类型的舞弊**。舞弊可以根据受害者、舞弊者与舞弊形式等三种方式分类。舞弊中最常见的受害者是组织。在员工舞弊、供应商舞弊和客户舞弊案件中，受害者也是组织；管理层舞弊的受害者是股东和债权人；个人是投资欺诈及其他消费欺诈的受害者。

- **了解以组织为实施对象的舞弊和由组织实施的舞弊，两者有何不同**。舞弊最常见的分类方法是：以组织为实施对象的舞弊，由组织实施的舞弊。以组织为实施对象的舞弊通常是由员工（职业舞弊）、供应商或客户实施的舞弊。由组织（企业）实施的舞弊主要指管理层舞弊或会计报表舞弊。

- **了解与舞弊相关的刑法、民法和其他法律规范及其差异**。刑法的目的是惩戒违法行为，处罚方式包括处以罚金或判处徒刑，或者两者并处。民事案件旨在寻求救济，其结果是恢复原状及经济赔偿。

- **了解当今的反舞弊职业**。反舞弊专业人员包括律师、审计师、会计师、顾问和公务员等。学习反舞弊相关技能是反舞弊专业人员进入职场前必要的准备工作。注册舞弊检查师协会负责注册舞弊检查师的考试与资格认证。

第 2 章

舞弊的导因

寄　语

本章将讨论舞弊的基本原则。首先介绍舞弊者的类型；接着探讨使人们实施舞弊的导因，包括舞弊三角理论；最后探究诚实的人为何被蛊惑参与舞弊。在了解这些基本原则之后，你会对舞弊者有不同的看法，同时也会了解值得信赖的朋友或同事如何沦落而作奸犯科。

学习目标

在学习本章之后，你应该能够：
- 了解舞弊者的类型；
- 人们实施舞弊的导因；
- 理解和解释舞弊三角；
- 理解反映舞弊三要素相互关系的"舞弊天平"；
- 了解压力如何助长舞弊的发生；
- 了解舞弊为何总是在有机可乘的情形下发生；
- 了解人们合理化自身行为背后的原因；
- 了解吸纳舞弊共犯的方式。

现实的教训

本人丹尼斯·葛理尔（Dennis Greer），现就本人在甲银行和乙银行开立空头支票套取信用的行为，自愿做出声明。此声明是本人在没有受到胁迫，也不存在任何交易条件下做出的。在开始实施非法腾挪支票之前，我遭遇了感情上与经济上的双重危机。房东出于宗教原因，在未事先告知的情况下要求我即刻搬离住处，使我流离失所，而我唯一的亲人——我的祖母当时生命垂危。我不得不留宿车上三个星期，不久住在俄亥俄州的祖母去世了。我去参加葬礼，带回她遗留给我的1000美元。我租了间公寓，这笔钱仅够支付首月租金、押金和租赁佣金。从6月中旬到8月上旬这段时间，我只能靠在托儿所工作领着微薄的薪水生活，公寓里没有家具，也没有床，我只能勉强度日。失去祖母已让我悲伤不已，而父母和兄弟面临的困境更让我心乱如麻，我感到孤独无助。8月上旬到了交房租的时间，我却无法全数付清。同一周，我在乙银行开立了一个支票账户，由于甲银行的自动取款机（ATM）与分行数量都不多，加之我和甲银行之间又有一些误会，因此想结清甲银行的账户。前面提到，房租到期了，我无法全数付清租金。一时冲动之下，我开出交纳8月份房租的支票给公寓经理，但实际上账户余额根本不足。当时我觉得可以借到钱，最终并没借到。在设法筹钱期间，为了让交房租的那张支票能够兑现，我从乙银行账户开出一张支票并存入甲银行账户。当时我不知道这是违法行为，但很清楚这是不道德行为。不过，我认为两张支票都是开给自己的，不算是违法吧？互开两家银行支票的做法持续了大约一周，我原以为可以拿到一笔钱付清房租，但实际上根本没有。祖母生前有很多财产，原本我期望能够分到更多钱，但事实并非如此。在两家银行间腾挪支票一周后都未接到银行账户异常的通知，于是我如法炮制，取得的钱用于购买其他物品。我需要床和被子以及各种家具，于是购买了一张沙发床、一张桌子、一座组合书架和一些餐具，还清偿了其他债务，包括学费贷款、牙科诊疗费和信用卡透支费等。我觉得我的手段并不高明，但银行方面根本没有人质疑我的行为。我经常到不同的分行存款，以免引起他人的怀疑，在我开户的分行，没有人提出疑问。我以为或许我的行为其实是合法的，于是决定买一辆新车、一套音响和一台在家工作所使用的新电脑。尽管我仍未受到银行的质询，但内心仍深感愧疚。我知道应当收敛一点，少开一些空头支票，并且开始偿还债务。我开始找薪水较高的工作。终于，上周我上班时接到乙银行的来电，他们发现我的账户有问题，我知道违法之事败露了。当天下午，我又接到甲银行的电话，他们告诉我开空头支票的行为是违法的，而且属于重大犯罪。我很震惊，未曾想过事态会如此严重，现在我才意识到自己的所作所为是多么的荒谬。从一开始，我就知道这是不道德行为，只是到现在才知道，这实际上是犯罪行为。我不得不深刻地反思和祈祷，并向周遭的人解释我的所作所为。对于过去的行为，我追悔莫及，以后绝对不会故伎重演。我现在想做的就是弥补银行的损失，然而目前我还没有能力偿还欠款。我知道我伤害了他们，无论是否要入狱服刑，我都希望能弥补过错。不管需要花多长的时间，我都会去工作，再从工资扣除基本的生活费用之后全部用来清偿积欠银行的款项，并加计合理的利息，直到全数清偿为止。我之所以会做出这些蠢事，是因为对人生感到绝望。在心灵空虚、身体疲惫不堪的情况下，我别无选择，也只能这样做了，不然又得重回留宿车上的日子。现在我知道，过去的行为是错的，我深感抱歉。我希望通过心理咨询协助我面对并解决促使我犯错的心理症结。我觉得如果能够在生活上重新出发并成功克服困难，那么我还是可以做很多事来回报社会。我恳请银行员工和管理人员能原谅我的非法行为，对自己的过失给他们带来的麻烦，我愿意做出补偿。过去我做了错事，现在我必须勇敢面对和承担后果。以上陈述由我独立措辞，未受他人威胁，也不存在任何交易条件。

丹尼斯·葛理尔

这是一名开立空头支票套取信用钱款的舞弊者写下的认罪书。开立空头支票套取信用钱款是指利用银行之间的"浮游期"（银行间交换票据的时间差）来制造账户有钱的假象。从本案中我们可以看出，一个人常常会面临各种压力、自圆其说地合理化行为，以及让人实施舞弊的机会。本章将探讨舞弊三角以及人们实施舞弊的各种导因，而压力、合理化和机会将是讨论的重点。

在第1章，我们介绍了舞弊的性质、舞弊问题的严重性、舞弊的不同类型、舞弊给组织带来的损失，以及民法和刑法在舞弊诉讼上的差异。本章将探讨谁实施了舞弊，以及他们为何会舞弊。我们还会讨论一个人一旦实施舞弊，又会如何利用各种权势蛊惑他人加入其中。大家必须了解舞弊行为背后的动机以及为什么诚实的人会做出不道德行为，只有如此才能防范、侦查和调查舞弊。

2.1　谁实施了舞弊

已有研究表明，任何人都有可能实施舞弊。通常我们无法从生理上或利用心理特征将舞弊者与他人区分开。大多数舞弊者的个人信息资料和其他诚实的人并没有什么区别。

多年前，一项研究的目的是找出舞弊者在生理上或行为层面的特征。这项研究针对舞弊者、因偷盗财物而被监禁的罪犯以及尚未构成刑事犯罪的大学生，分析这三组人群的个人信息和心理特征。研究结果显示，虽然同样是因犯法而被监禁，但舞弊者与其他犯罪者截然不同。与其他犯罪者相比，舞弊者被揭发、自首、逮捕、定罪和监禁等的可能性更小，长时间服刑的可能性也更小。此外，舞弊者的年龄相较于其他罪犯也要大很多。偷盗财物的罪犯中只有2%是女性，而舞弊者中却有30%是女性。舞弊者的受教育程度较高，宗教信仰较强，但有犯罪记录、酗酒和吸毒习惯的比较少见。他们具有更强的心理素质。相较于其他犯罪者，舞弊者更乐观、自尊心和上进心更强、事业更成功、家庭也更和睦；而且，舞弊者似乎更遵守社会规范，自我控制力更强，心地善良并富有同情心。

> **请记住** >>> 实施舞弊的人和你我没有两样，都是普通人，只是他们背弃诚信并深陷舞弊漩涡当中。未来进入职场之后，请你牢记，实施舞弊的人很可能就是你信任有加的同事。

舞弊者与大学生存在轻微差异。相较于大学生,舞弊者在精神上承受了更多的痛苦,更具欺诈性,但更独立、更成熟,怀有更强的反社会意识,更有同情心。然而,相较于因偷盗财物而被监禁的罪犯,舞弊者与大学生在各方面比较相近。这三组人群之间的差异如图 2-1 所示。

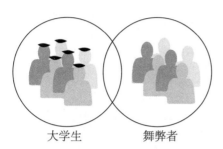

图 2-1 舞弊者的基本数据

了解舞弊者的特征很重要,因为他们很可能是企业的员工、顾客、客户、供应商。这种认知也有助于我们清楚地了解:①大多数员工、顾客、供应商及商业合作伙伴符合舞弊者的特征,而且他们很有可能实施舞弊;②很难事前预测员工、供应商、客户、顾客及其他人中有谁会有欺诈行为,甚至可以说舞弊者的特征信息与你、我、我们的父母或祖父母的差不多。事实上,当舞弊事件曝光时,周遭相关人的典型反应就是否认这件事。对于信任有加的同事或朋友的欺诈行为,受害者往往难以置信。在舞弊发生后,我们常常听到的反应声音有:"我简直不敢相信,他(她)竟然会偷我的钱;他(她)我最信任的朋友(员工/顾客),竟然是他(她)。"反舞弊专家对这种反应一般会这样回应:"你对他(她)当然是深信不疑啦!不是你信任的人,还做不出这种勾当呢!就是因为你太信任他(她)了,对他(她)太放心了,他(她)才胆敢挪用公款。"

2.2 舞弊三角

尽管实施舞弊的手段多种多样,但从丹尼斯·葛理尔一案中,我们看到了所有舞弊案中最常见的三项基本要素。他的诈骗行为反映出:①感受到压力;②发现有机可乘;③将诈骗行为合理化。这三项要素构成了所谓的舞弊三角①,如图 2-2 所示。

葛理尔住进公寓后,却无力支付次月的房租。面对究竟是留宿车上还是实施欺诈这两种选择,他选择了后者。所有舞弊者都曾面临某种现实或未来的压力。尽管非经济压力(例如贪念、虚报财务数据、工作遭遇挫折、挑战现行制度等)也可能诱使人们实施舞弊;然而,大多数压力与经济需求有关。在葛理尔案中,他的确面临实际的也是真正的压力。

---

① 近年来,有研究人员在舞弊三角之外增列了第四项要素"能力",因为在舞弊案中个人的特质与能力也扮演着重要角色。某些情况下,舞弊三角也被称为"舞弊之钻"。

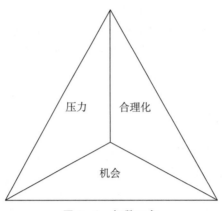

图 2-2 舞弊三角

我们可能认为舞弊者"他并未面临真正的压力啊"。然而，我们是怎么想的并不重要，舞弊者在犯案当时的感受和想法才是重要的。本章后续会探讨可能诱发舞弊的各类压力。

葛理尔的舞弊手段是不断开空头支票，让人误以为一直有钱存入他的账户。他不需要提取现金，不需要诉诸暴力，也完全不需要与受害者接触，只要坐在自己公寓里开支票，再存入两家不同银行账户。他的犯罪工具是一支笔和两家银行提供的支票。葛理尔能否一直逍遥法外？这一点并不重要，重要的是葛理尔认为诈骗行为不会曝光，也就是有机可乘。在本案中，葛理尔利用银行间的"浮游期"开立空头支票套取信用钱款，不断诈骗银行资金，以至于骗局越来越难以掩盖，其诈骗行为迟早会被揭发。虽然葛理尔短期内有骗钱的机会，但时间一久，他根本没有机会掩饰诈骗行为。

舞弊者需要自圆其说以合理解释自己的行为。葛理尔将两件事合理化：①尽管他承认腾挪支票可能是不道德行为，却并不认为是"违法"行为；②他自以为会继承一笔遗产，能够偿还从银行诈骗的钱款。在他看来，他只不过先向银行借钱，虽说借钱方法或许不符合道德标准，但终究会偿还。毕竟，谁没借过钱呢？

感受到压力、自以为有机可乘（可以掩饰欺诈行为）及合理化行为，乃是所有舞弊共有的特征。无论舞弊行为的直接受益者是舞弊者本人（例如员工舞弊），还是舞弊者所在企业（例如管理层舞弊），都存在这三项基本要素。例如，在管理层舞弊的情况下，压力可能源自期望有更高的营业收入或者为满足贷款合同条款，而内部控制薄弱或弱势的审计委员会则提供了舞弊的机会，舞弊者会用"只要能够渡过眼前的难关，我们就不会再做假账"的说辞自圆其说，以合理化不当行为。

舞弊和燃烧有许多相似之处。火焰的燃烧需要具备三个要素：①氧气；②燃料；③温度。这三个要素构成"燃烧三角"，如图 2-3 所示。当这三个要素同时具备时，燃烧就会产生。

消防员知道，只要能消除"燃烧三角"中任何一个要素，火焰就会熄灭。用化学药剂或者在油井失火的情况下制造爆炸，都是用隔绝空气、消耗氧气的方法来灭火。而用大量的水浇注，则是降低温度最常见的方法。建立防火线或切断燃料来源，都是消除燃料的方

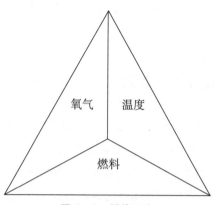

图 2-3 燃烧三角

法。"舞弊三角"三要素和"燃烧三角"中的三个要素一样,都是交互发生作用的。越是易燃的燃料,只需少许氧气而不需要太高的温度就能够燃烧起来;同理,氧气纯度越高,燃料的可燃性即使不高也一样会着火。当人们认为机会很好或者面临巨大的压力时,即使没有充分合理化的理由,其仍然会实施舞弊;同理,当舞弊者本身就是一个品性很差的人时,即使小小的压力或者机会并不很明显,他还是会实施舞弊。舞弊三要素之间的相互关系可被称为"舞弊天平",如图 2-4 所示。

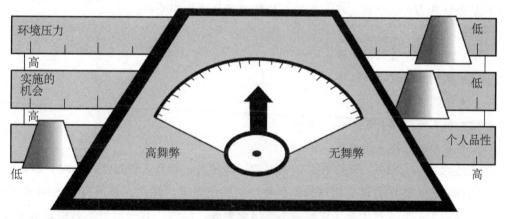

图 2-4 舞弊天平

在后续章节我们会继续探讨,防范舞弊通常只需从舞弊三要素中的"机会"着手。由于反舞弊人员普遍认为完善的内部控制可以消除舞弊机会,因此他们会将全部或大部分防范工作的重点集中在内部控制的贯彻和实施方面,而很少关注蛊惑人们舞弊的压力因素和舞弊者自圆其说的合理化行为方面。

需要注意的是,一项以发达国家民众的诚信为主题的研究表明,民众的诚信和正直水平日趋下降。由于反舞弊三要素交互发生作用,民众的诚信程度下降使得未来的舞弊会越来越猖獗,组织反舞弊的难度也越来越大。诚信水平的下降导致舞弊更容易将行为合理化到可接受的水平,由此机会和压力对舞弊产生的影响不断减弱。

合理化行为、不同的诚信水平、舞弊的机会将在本章的后面部分讨论，我们现在将注意力聚焦于促使个人实施舞弊的压力。

2.3 舞弊第一个要素：压力

实施舞弊是为了使自身受益或使企业受益，或者使自身和企业同时受益。员工舞弊（员工贪污盗窃雇主的财物），受益者通常就是舞弊者本人。管理层舞弊（由企业高管策划，用操纵财务报表的方式欺骗投资人与债权人），受益者通常是企业及其高管，受益形式通常表现为股价上涨、高额奖金以及其他间接利益。在盗窃身份之类的消费欺诈（欺骗者通过设计投资骗局、冒名顶替或者其他犯罪行为欺骗一般民众）中，舞弊者通常也是直接受益者。在本节，我们将探讨促使人们实施舞弊的不同压力类型。多数舞弊研究专家认为，这些压力可以被划分为四个类别：①经济压力，②恶习，③工作压力，④其他压力。

2.3.1 经济压力

本书作者所做的研究表明，大约有95%的舞弊是由经济压力或恶习引起的。前述葛理尔的经济压力包括车上留宿、没有家具及其他生活必需品，还面临失业。下列六种是现实中常见的经济压力，这些压力诱发舞弊而使舞弊者直接从中受益：

- 贪婪；
- 挥霍无度、入不敷出；
- 高额账单或个人债务；
- 信用不良；
- 个人经济损失；
- 意外的经济支出需要。

除上述六种压力以外，还存在其他类型的经济压力，而且人们每次不一定只面临一种压力。当然，由上述压力诱发的舞弊不胜枚举。我们知道，许多人是因穷困潦倒而舞弊，有些人则是因生活方式过于奢侈以致入不敷出而舞弊。例如，有一名员工共盗窃雇主130多万美元，被捕之后，调查人员发现他把大笔金钱花在手工刺绣衬衫和金袖扣上，他还买了两辆奔驰汽车、一幢位于郊外的豪华别墅和一处私人海滩以及乡村俱乐部会员资格；购买皮草、戒指和珠宝给妻子，购买一辆新车给岳父。大多数人会说，这个人并不存在实际的经济压力，但对他而言，拥有这些奢侈品的欲望足以促使其实施舞弊。

有的经济压力会突然出现，有的是存在已久。遗憾的是，几乎没有一个舞弊者会向他人透露自己面临的经济问题和压力。我们来看苏珊·琼斯（Susan Jones）的例子。

琼斯在一家公司服务超过32年，从没有人怀疑过她的诚实和正直。她63岁当上祖母之后，摇身一变成了购物狂。为了两个孙子，只要能买到的，她都会买下来，沉溺于购物网站而无法自拔。琼斯在退休前的3年中从雇主那里盗走超过65万美元。

东窗事发后，她被判处一年有期徒刑。她还签下转让协议，将她和丈夫名下的所有财产转让给前雇主，以赔偿其损失。琼斯转让了住房、退休金及一辆汽车，之后偿清了所盗窃的 65 万美元中的 40 万美元，并签下承诺偿清余下 25 万美元的协议。由于她偿还了所盗窃的 40 万美元，国税局可以认定这笔钱（指 40 万美元）是雇主"借"给她的。但是，由于国税局认为她偿还不了余下的 25 万美元，因而认定这笔钱是她的所得，必须纳税。她出狱之后，每个月不但要赔偿前雇主，还得向国税局缴纳所得税、滞纳金和罚款。

面对沉重的经济压力或者自认为将面临经济压力的情况下，一个品行一直（本例中长达 32 年）很好的员工，从表面上看与一般人并没有什么不同。近年来的研究发现，大约 30% 的员工舞弊发生在员工进入公司任职的前 3 年，大约 70% 的员工舞弊发生在员工进入公司的第 4—35 年，而年龄段介于 35 岁和 44 岁之间的员工实施的舞弊最多。思考之后你会发现，这个年龄段的员工开始面临明显的经济压力（小孩要上大学、背负沉重的房贷等），自己也晋升到职业生涯中受人尊重的某一职位，比之前有更多机会贪污盗窃公司财物。

经济压力是促使人们实施舞弊的常见压力。在管理层舞弊中，企业通常会高估资产负债表中的资产或者利润表中的净利润。这种舞弊的压力来源主要有现金流量状况不佳、应收账款无法收回、失去重要的客户、存货过时陈旧、产品市场衰退、难以达到银行贷款合同的限制性条款等。例如，曾爆发大规模会计报表舞弊的山登公司（Cendant）就面临维持股价的压力。公司的大部分高管持有大量的本公司股票期权，公司面临的主要压力是将股价维持在高位。以下内容摘录自本案的起诉书："舞弊的目的在于确保（山登公司）每股收益不断上涨，达到华尔街证券分析师预测的结果。因为公司管理层很清楚，达到甚至超过每股收益预测数字，是决定公司股价的关键因素，于是拟订计划，不管公司每季度实际的每股收益如何，就是要'做出'达成华尔街预期的每股收益目标的结果。"①

2.3.2 恶习

恶习与经济压力密切相关，例如沉溺于赌博、吸毒、酗酒及不正当的男女关系等。以下是一个因恶习而实施舞弊的例子，主角娓娓道来他因嗜赌而作奸犯科的过程。

由恶习引发的舞弊

我坐在玩 21 点②（扑克牌玩法）的赌桌前，心里明白事情已经无法收场。我将孩子的大学教育基金作为赌注，最后输得精光，我脚步蹒跚地走回旅馆房间，希望一觉醒来时今

---

① 本书作者之一的 W. 史蒂夫·阿尔布雷克特是这起案件的专家证人，因此对罪犯及其动机都非常熟悉。
② 21 点又名 BlackJack，由 2—5 个人参与，使用 4 副扑克除大小王之外的 208 张牌，游戏者的目的是使手中牌的点数之和不超过 21 点且尽量大。

晚发生的事宛如一场噩梦而消逝得无影无踪。星期天早晨，从赌城雷诺开车回圣荷西的路上，我一直不敢想象把实情告诉妻子时的窘境。我一定要设法筹钱，只要能筹到500美元，我肯定就能把输掉的钱赢回来。但是，如何筹到这笔钱呢？星期一上午，我刚进办公室没多久，一名负责应付账款的会计人员找到我要求协助处理一笔款项。这名会计人员在核对发票和采购单时发现发票金额是3 200美元，与采购单金额不符。我立刻想到能"借"到500美元的方法。我所在公司是一家发展迅速的微芯片制造商，其内部控制制度设计得十分完善，但并没有得到真正的贯彻执行。公司政策规定，金额500美元以下的购货发票不需要审核即可付款。于是，我决定虚构一家公司，以便开具500美元以下的发票给这家虚构的公司，我有信心用这些"借来"的钱不仅可以把孩子的教育基金赢回来，还能够偿还这些"借款"。我实在不敢相信，这么容易就可以"借"到钱。几天前，第一张支票已经寄到我新设置的邮政信箱里。我打电话给妻子，谎称周末我必须与会计主管一同飞往洛杉矶，就公司的一些事项与律师面谈。紧接着，我立刻动身前往赌城雷诺，一到那里，我直奔掷骰子的赌桌。到下午四点，我不仅输光所有的钱，还欠赌场600多美元。虽然输钱后我还是很不高兴，但不再像以前那么烦恼，因为只要多开几张发票给"公司"就能解决问题了。接下来的几个月，事态进一步扩大，我又虚构了两家公司及其商号，并要求负责应付账款的会计人员将核对购货发票的金额上调到750美元。由于我在这家公司任职已经超过14年，是深受公司信任的员工，因此没有人质疑我改变公司政策的做法。一年之后，我已从公司盗窃超过75 000美元，不但弥补了输掉的教育基金，还购入了一辆新车。当内部审计人员核对供应商的地址时，他们才发现我虚构的三家公司使用的是同一个邮政信箱，于是东窗事发，我最终被捕入狱了。

在导致舞弊的各种压力中，恶习是最糟糕的一种压力——失控的生活方式常常成为促使以往诚实的人实施舞弊的诱因。我们知道，有些女性员工之所以盗窃公司资产，是因为其子女吸毒，她们又不忍心看到子女要经历戒毒期的痛苦。我们还知道，有些"事业有成"的管理人员，除了贪污盗窃公司资产，还会入室行窃，并实施其他偷窃行为，为的就是满足自己的毒瘾。为了更好地了解上瘾这种恶习的危害性有多严重，不妨听听已经戒赌之人的告白。

- 对我而言，赌博是我最喜爱的事情，性行为或吸毒都比不上。我经历过类似海洛因的毒虫一般的戒毒煎熬折磨。
- 我坏事做绝，比如从自己的公司偷钱，骗走自己六岁孩子的零花钱。
- 一旦赌瘾上头，什么我都能赌。我会和人赌十分钟之内有多少辆汽车开过这座桥。
- 我从保险柜里偷走全家度假用的钱。每天一睁开眼睛，我无时无刻不想着赛马赌注。
- 从阑尾手术中醒来后，伤口还渗着血，我便溜出医院，拿一张假支票去兑现，然后连家都没有回就直奔赌场而去。

- 我永远忘不了晚上下班回家时，从窗子望进去，看到等待我回去的家人，但我继续往前走到赌场再玩了几把。

如果有人会偷走自己六岁孩子的钱，或者伤口还没愈合便溜出医院去一"赌"为快，那么这种人势必会贪污盗窃雇主的钱财，或者实施其他舞弊。很多贪污盗窃公款的人都将其犯罪动机归咎于酗酒、赌博和不正当男女关系等因素。不过，为了毒品而盗窃财物的人数更多。请看以下吸毒者供述的经历：

- 我开始和一个毒瘾很大的男人同居，生了一个孩子，但不久就分手了。此时，我毒瘾已经很大，又酗酒，无法每天去上班。
- 我是一家大型银行的分行经理，但是我整天躲在办公室嗑药，盗窃银行资金买毒品。
- 有一天，我女儿在我面前伸出她的小小双臂，用一支红笔在手肘上画下很多红点。"我将来要跟我爸爸一样。"她自豪地说。
- 我和妻子一看到刚出生的儿子，真的是喜不自胜，体重3.2千克，圆滚滚的脑袋，大大的眼睛，红润的双颊，看上去既正常又健康。但我俩都心知肚明，我们担心害怕的时刻很快就会到来，儿子将经受毒瘾发作的痛苦。我们实在不想因自己有毒瘾而让他倍受折磨，也不能让医生发现他天生就带有毒瘾，否则儿子会和我们分开，被送到安置机构哺养。在别无选择的情况下，我们趁护士离开病房之时把儿子抱在怀里，迅速把一片薄薄的海洛因偷偷塞在他舌下。
- 我失业了，要用抢劫和偷窃的方式才能应付每天500美元购买毒品的开销。

在新生儿舌下偷塞一片海洛因或入室抢劫以满足自己毒瘾的人，一定会想方设法贪污盗窃雇主的财物，或者实施其他舞弊。

2.3.3 工作压力

虽然大多数舞弊行为都是因经济压力和恶习而起，但有些人实施舞弊却是为了向雇主争取平等的权利或者报复雇主或他人。工作表现得不到肯定、对工作有所不满、害怕失业、因不受重视而无法晋升、公司亏待我、薪水给得太低等，都是诱发舞弊的因素。

由工作引发的舞弊

我的第一份工作是在XYZ公司当会计员。我是个虔诚的教徒，事实上，我在一家非营利机构做了一年的义工，主要工作是为一些生活困难群体提供救济食物和住处。因为我担任过义工，加上在公司已经工作六年，大家都认为我的操守没问题，非常值得信赖。公司总裁是个工作狂，在他看来每天工作八小时只能算得上兼职人员的工作量，因此在财务部门这六年里，我每天的平均工作时长为12—14个小时，其间我只领薪水而没有加班费。在刚参加工作时我并不介意加班，因为我认为加班是为了更美好的未来。不久，我晋升为采购部门经理，在这个位置待了两年之后，我意识到公司依然会让我每天工作12—14个小时。对于加班这件事，我开始感到厌烦，在我看来，我的辛勤付出完全没有获得认可和

回报，公司一直亏欠我。于是，我决定自己从公司"领"一些"报酬"。在和一家比较熟悉的供应商接洽时，我收受了回扣，条件是允许他们向公司以高于市价150万美元的价格与公司达成交易。我认为我收受的8万美元回扣是公司本来应该给我的报酬。

2.3.4 其他压力

有时，舞弊是由其他压力造成的，如夫妻中的一方坚持要提高生活品质，或者想要对现行制度发起挑战。例如，第1章介绍过的轰动全球的麦道夫骗局，有专家认为，是麦道夫想让人觉得他的事业经营得有声有色的这种欲望产生的压力使他犯下这桩舞弊案。由于投资成效不佳，为了保住颜面，麦道夫虚报投资回报水平。又如，另一起案件的主角盗窃超过45万美元，好让她丈夫有新车开、享受奢华的生活、能够经常去牛排馆而非只吃汉堡。再如，一名已经和丈夫分居的妇人很希望还能吸引丈夫的注意，于是谎称自己4岁的女儿患有癌症，向一些捐款人募款。她认为募款行动可以让丈夫觉得女儿患癌这件事是真的，进而回心转意，以挽回这场婚姻。还有，一位知名的计算机专家专门协助大型企业防范与侦查计算机舞弊，曾经一度构思实施一项"完美"的犯罪计划。他侵入一家大型企业的信息系统并捏造采购及付款记录，进而取得价值超过150万美元的存货。直到公司一名仓储部门经理发现事情真相，一切才水落石出。

在生活中，大多数人会面临各种压力。我们都有正当的经济需求；我们可能会进行愚蠢或冒险的投资；我们会沉湎于某种恶习而不能自拔；我们会感受到工作压力超负荷，但所得报酬过低；我们可能会像个贪得无厌的人，有时又分不清欲望和需求的差别。事实上，身在市场经济中，大多数人的目标是获取财富。我们常用金钱或财富的多寡去衡量一个人的成功与否。如果你说自己有一个非常成功的亲戚，可能是指他或她住着豪宅、有度假小屋或私人海滩、开着豪车且有足够的钱可以随心所欲地挥霍。

对某些人而言，功成名就比诚实更为重要。如果让他们将人生中最受重视的人格特质一一排序，那么"功成名就"的排名应该会比"做人要诚信"的排名更靠前。心理学家告诉我们，"有钱能使鬼推磨"。对于品格高尚的人而言，当舞弊机会不大时，要有很大的压力他才会做坏事；而对于品格恶劣的人而言，当舞弊机会很多时，只要一点点压力他就会去干坏事。

我们可以设想一下自己有可能实施舞弊的情境。设想自己的孩子快饿死了，而我们正在现金充足却没有得到妥善保管的地方工作。如果偷一些钱便可喂饱孩子，而且自己真心认为会偿还这些钱，就会有人真的去偷钱。美国前总统亚伯拉罕·林肯（Abraham Lincoln）以诚实著称，他曾经很愤怒地拒绝一大笔贿款，并将行贿者赶出办公室。有人问林肯为什么这么愤怒，他说："每个人都有一个属于自己的心理价位，而他提出的条件几乎突破了我的底线。"有一件事可以肯定，那就是消除舞弊三角中的压力因素，效果等同于去除燃烧三要素中的温度。如果人们没有感受到某种压力，舞弊发生概率就会很小。

2.4 舞弊第二个要素：机会

感觉有机会实施舞弊并能够加以掩盖或逃脱惩罚是舞弊三角中的第二个要素。在本节中，我们称之为"机会"，并进一步讨论其内涵。企业中至少存在会促使员工觉得有机可乘而实施舞弊的六大因素，还有其他因素也发挥着作用，在此不逐一列出。这六大因素引发的舞弊案件数量之多，足以说明在舞弊三角中"机会"所扮演的重要角色。

- 缺乏能够防范或侦查舞弊行为的内部控制；
- 无法评判工作的质量；
- 缺乏针对舞弊的惩罚机制；
- 信息沟通不畅或信息不对称；
- 无知、无能或漠不关心；
- 缺乏审计轨迹。

2.4.1 控制因素：防范或侦查舞弊行为的内部控制

建立一个有效的内部控制系统可能是企业防范或侦查员工舞弊最重要的举措。大多数企业在设计内部控制架构时，经常采用COSO委员会[①]制定的《内部控制整合框架》。COSO委员会2013年版的内部控制框架指出，企业的内部控制框架由5项要素和17项原则共同构成。在本节中，我们讨论其中两项要素，一是控制环境，二是控制活动，以及第三项要素"信息与沟通"中的部分内容——会计制度。

控制环境

控制环境是指企业为员工营造的工作氛围。控制环境要素主要包括：管理层的率先垂范；企业中适当、有效的沟通，特别是管理层的沟通方式和方法；合理的员工任用程序；清晰的组织结构；高效的内部审计部门；等等。

管理层的率先垂范。营造积极向上的内部控制环境中最重要的要素是管理层扮演的角色及其率先垂范。在很多案件中，管理层的欺诈行为或不当行为会成为员工效仿的对象。在一起著名的证券基金案件中，管理层先出售保单给虚构的被保险人，再将这些保单卖给其他保险公司。一名员工目睹了公司管理层这种欺诈行为后告诉自己："让这些虚构的人一直存活下去根本是件荒谬的事，如果将他们申报死亡，我就可以领走他们的死亡理赔金。既然公司管理层可以这么做，我也可以这么做。"在另一起案件中，员工发现管理层虚报营业收入，于是群起效尤，在差旅费申请单上虚报费用、虚报加班时数，甚至做出其他的舞弊行为。

---

① COSO委员会是美国反虚假财务报告委员会下属的发起人委员会（The Committee of Sponsoring Organizations of the Treadway Commission）的英文缩写。1985年，由美国管理会计师协会、美国注册会计师协会、美国会计学会、财务经理人协会、内部审计师协会联合创建了反虚假财务报告委员会，旨在探讨财务报告中舞弊产生的原因，并寻求解决之道。1992年9月，COSO委员会发布《内部控制整合框架》，简称COSO报告。

管理层的行为表率和适当的沟通方式是内部控制环境中最重要的两个要素。如果管理层做出不当行为，控制环境就会遭到破坏。同理，如果管理层的行为违反应有的内部控制程序，内部控制制度的有效性就会受损。如果某个经理一边对下属说"千万不要把钥匙借给别人，也不要让别人知道你电脑的登录密码"，一边自己却把钥匙借给别人或者透露电脑登录密码。这种言行不一的行为会让人困惑，最终经理的不当行为会使自己成为员工效仿的对象。换句话说，"坐而言，不如起而行"。管理层树立榜样也就是表明高层管理者的立场，就防范舞弊而言，这是控制环境中最重要的一环。管理层的不当行为很可能成为其他人逾越或者无视内部控制程序的合理借口。以下是主管未能身先士卒、树立良好典范而导致舞弊发生的例子：

一名银行分行经理盗窃客户的定额存单，盗领了36 357美元现金，她利用其他两名员工的密码兑现了其中6张定额存单，第7张用自己的密码提现。被盗领的客户之一向银行反映情况之后，最终该分行经理被绳之以法。那么，为什么分行经理能够拿到其他员工的密码呢？很可能是她平时的行为让人以为密码无安全设置也没有多大关系。

2002年通过的《萨班斯-奥克斯利法案》特别强调高层管理层立场的重要性。法案规定，上市公司要制定行为准则以防范不当行为并推进下列各类事项：

● 行为要诚实并符合道德标准。个人与职业关联公司之间若实际出现或可能出现利益冲突，则其处理方式必须符合道德标准。

● 避免产生利益冲突。公司在向行为准则中指定人员披露重大交易或者重要关系时，应当合理预期可能出现的利益冲突情况。

● 公司在向美国证券交易委员会申报或呈送报表和文件以及对外发布信息时，披露事项的内容要完整、公开、透明、正确、及时且易于理解。

● 遵守相关的政府法律、法规及规范。

● 若发现违反行为准则之事项，则应立即向行为准则中指定人员通报。

● 人人都负有恪守行为准则的责任。

根据上述规定，公司必须在年报中披露是否颁布并实施了行为准则。同时，行为准则有任何变动或免责的情况，公司必须在8-K报表或公司网站上及时披露。事实上，在著名的安然事件中，正因为董事会同意免除遵守行为准则这一重要条款，才导致公司出现严重的舞弊。

管理层的沟通方式。控制环境的第二项要素是管理层的沟通方式。清楚地表达和有效地沟通至关重要。正如父母在教育孩子做人要诚实时必须不厌其烦地与孩子坦诚地沟通，企业也是如此。想要规范员工的行为，企业就必须明文规定什么是可以做的、什么是不可以做的。管理层应在行为准则、新人座谈会、教育培训、主管与下属的会谈以及其他沟通场合明确指明认可与不认可的行为。

为了有效地防范舞弊，沟通的内容必须前后一致。如果管理层传达出的用意经常因时因地制宜而前后不一，那么这不但会混淆员工的认知，还会变相鼓励员工将舞弊行为合理化至可接受水平。某些很糟糕或者仓促上马的项目，经常会出现诸多弊端，原因之一就是未遵循应有的内部控制程序，原因之二可能是内部控制程序与措施的相关信息之间存在大量的不一致。当发生罢工、合并、破产或其他重大事件时，通常会出现沟通不一致的情况而导致舞弊丛生。

主管与员工之间沟通顺畅至关重要。同理，组织与客户、供应商及股东之间的沟通也要保持畅通且前后一致。以下是一家银行和客户因沟通不畅而导致舞弊及其诉讼的例子。

沟通不畅引发的舞弊

一家商业银行寄发新信用卡给持卡人——这些人手上的信用卡即将到期失效。这家银行将某一个持卡人的信用卡寄到另一个人手上，因为这两个人的姓名一模一样，只有地址及社会保障号码（SSN）不同。收到不是自己信用卡的这个人居心不良，马上用这张信用卡预借了约 1 300 美元现金，还用信用卡购买了总金额约 5 000 美元的物品。因为这张信用卡登记的地址已经是错的，所以银行也将信用卡账单寄给了这个人。但是，这个人始终没有按时偿还信用卡欠款。在这张信用卡已累积好几个月的账款未还之后，这家银行才开始联系持卡人（真正的持卡人）。真正的持卡人坚决表示，从未收到这张新信用卡。银行开始查找原因，进而发现使用这张信用卡的并不是真正的持卡人。银行立即向警方报案，最终警方通过全面协查系统（APB）通缉这个盗刷信用卡的窃贼。不久，这名窃贼在附近的一个州被捕。在被解送至银行所在州之前，这名窃贼先被关了三天。窃贼由此控告这家银行非法拘禁，要求赔偿 300 万美元。银行在这起官司达成和解之前就已经花费将近 30 万美元的诉讼费用。所以，组织只有确保与真正的客户进行及时、适当的沟通，才能避免出现这样的纰漏。

员工任用程序合理。建立适当内部控制框架的第三项要素是合理的员工任用程序。已有研究发现，近30%的美国民众是不诚实的，还有约40%的民众会视情况而决定是否要诚实以对（若诚实能获得好处，则表现诚实；若不诚实对自己比较有利，则不诚实），剩下30%的美国民众是诚实可靠的。纵然，大部分企业认为自己的员工、客户及供应商属于那30%诚实可靠的人，但实际上并非如此。

如果企业任用了不诚实的员工，那么即使有再好的内部控制程序也难以防范舞弊的发生。例如，银行里平时经手现金的人员包括柜台人员、主管、放款经理及其他人，每个人都有可能盗窃现金。由于根本无法遏制所有的银行舞弊，因此银行希望结合个人操守，加上有防范与侦查作用的内部控制以及员工对惩罚的畏惧心理，从而最大限度地防范偷窃现金行为的发生。

有关不当任用员工所造成的后果，我们来看看一起数年前著名乡村歌手被性侵的案件。一名歌手住进一家知名的饭店，入住几个小时之后，有人敲门说是客房服务。这名歌手并未点餐，但心想可能是因为自己是名人，或许饭店要送她一盘水果或者提供免费的红酒。她开门之后，三名饭店员工闯进房间对她进行性侵。随后她控告这家饭店，索赔 400 万美元，并最终胜诉。歌手胜诉的原因是这三名员工之前都有前科，并且都是因性侵害罪名而被之前的雇主解雇。显然，这家饭店任用员工的程序不完善，未对拟雇用的员工进行必要的调查和审核。这名歌手随后将 400 万美元捐赠给保护受虐妇女的慈善机构。

如果组织未能仔细筛选应聘人选，不小心聘用了不诚实的员工，那么不论其内部控制程序有多完善，终将招致舞弊而遭受损失。我们以一家采取谨慎防范措施的企业为例，了解完善的任用程序如何协助企业防范舞弊及其他问题。企业首先为所有参与任用决策的招聘主管提供培训课程，使其成为面试专家；接着，针对应聘者的三项背景资料进行彻底的调查。正是采取了上述特别防范措施，800 多名应聘者（占所有应聘者的 13%）因不符合条件而被淘汰。这些应聘者没有主动、诚实地披露自己的一些问题，包括伪造过去的工作经历、之前有被捕的记录、情绪暴躁、酗酒、有毒瘾、多次被公司开除等情况。

企业会因员工任用程序不当而付出惨痛代价。根据注册舞弊检查师协会的估计，小企业因员工舞弊而蒙受的损失平均达 12 万美元。因此，详细审查所有应聘者的背景资料是必要的环节。至少，企业可以确定应聘者提供的资历信息不是造假的。例如，某财经杂志是业界排名前 500 强也是本书作者之一担任董事的公司，最近考虑邀请一名非常出色的商界人士担任董事，在审查其背景资料时，该人士声称自己曾获某大学的 MBA 学位，但是经查发现那所大学并无其获得学位的记录。

清晰的组织结构。第四项防范舞弊的控制环境要素是清晰的组织结构。若企业的所有成员都能够权责分明、各司其职，则他们发生舞弊的可能性将大大减小。因为在这种情况下，企业很容易追查失窃的资产，想要挪用资产又不被发现的确很困难。工作职责的严格划分对一个良好的控制环境是至关重要的。

我们通过一名出纳员的例子说明未进行适当的职责划分如何导致舞弊的发生。

职责划分引发的舞弊

我是一家中型银行 8 名出纳员之一。出纳员都会经手汇票及银行本票，我趁机偷取了 16 张汇票。因为想看看是不是有人会发现汇票失窃，前两个星期，我先按兵不动；之后，我才兑现其中一张 300 美元的汇票；又过了两个星期，还是没人发现异常，于是我又兑现了其中 7 张汇票。

在上例中，银行本应指派这 8 名出纳员以外的人员负责每天对汇票进行独立的清点和核对，遗憾的是银行并没有这么做。

高效的内部审计部门。控制环境的第五项要素是高效的内部审计部门以及配套的安防机制或损失防范方案。尽管大多数研究一致表明，由内部审计人员发现的员工舞弊案件占比约为 20%（其余 80% 来自有人通风报信、员工举报或者意外发现），但只要设置了内部审计部门，就能产生遏制舞弊的明显效果。内部审计部门秉持独立公正的态度执行审核工作，让心存舞弊念头的员工不禁怀疑自己能否得逞并一直逍遥法外。有效的安防机制且运行效率良好，再配合适当的损失防范方案，这些都有助于企业确保能妥善防范、调查和处置舞弊。

综上所述，以下五项要素——管理层的率先垂范、以身作则，管理层的有效沟通方式，合理的员工任用程序，清晰的组织结构，卓有成效的内部审计部门——整合起来营造了一个减少舞弊机会的环境。在这一环境中，员工会意识到所在单位无法接受和容忍舞弊行为，并且会对舞弊严惩不贷。这五项要素缺一不可，任何一项废弛松散都可能导致舞弊接踵而来。

信息与沟通

信息与沟通是COSO委员会《内部控制整合框架》的要素之一，也称"完善的会计系统"。所有舞弊行为的表现形式为：（1）偷窃资产的行为；（2）掩盖舞弊的行为；（3）转移资产或财物，即舞弊者将偷盗所得资产变现或将赃款挥霍一空。然而，完善的会计系统能够提供审计轨迹，让舞弊无所遁形、难以掩盖。与明目张胆的抢劫不同，舞弊最显著的特点就是舞弊者会设法掩盖罪行。

舞弊者一般通过会计记录掩盖其舞弊行为。会计记录的依据是交易凭证，包括书面凭证或电子凭证。要想掩盖舞弊行为，舞弊者必须篡改或隐藏书面凭证或电子文件数据。检查没有附件的会计分录和不合理的会计报表金额，我们可以发现隐藏在会计记录中的舞弊。因此，完善的会计系统有助于区分真正的舞弊与无意的错误。一个完善的会计系统应确保入账的交易：（1）是有效的；（2）经过适当授权；（3）是完整的；（4）分类恰当；（5）归属于恰当的会计期间；（6）正确估价；（7）正确汇总。

控制活动（程序）

控制活动（程序）是COSO委员会《内部控制整合框架》的第三个要素。个体经营者是企业所有者，也是企业唯一的员工，几乎不需要太多的控制活动。尽管他们有机会在自己的企业实施舞弊，但这种行为其实没有好处。他们既没必要偷自己的钱，也不会恶意对待自己的客户。然而，员工众多的企业必须设置有效的内部控制活动，才能确保员工的行为与管理层或雇主的目标趋于一致。此外，适当的内部控制活动可以消除或尽可能减少产生或隐藏舞弊的机会。无论企业的组织形式是托管中心、金融机构、杂货店、财富500强企业还是个体经营者，都要设置下列五项基本控制活动：（1）职责划分或相互牵制；（2）授权审批制度；（3）独立稽核；（4）实物防护；（5）充分的凭证与记录。

虽然企业采取的控制活动五花八门，但全部都是由以上五项基本控制活动衍生而来。卓有成效的舞弊防范和侦查工作涉及将最有效的控制程序与舞弊风险进行匹配。为了更好地说明如何运用控制程序来实现组织目标，让我们查看以下案例。

如何运用控制程序

马克（Mark）是一名七年级学生，其父母在参加年度家长座谈时发现，马克大多数科目的成绩是A，只有德语一科不及格。事后，父母问马克上德语课的情况，他说："我

很讨厌德语老师,她是一个性情古怪的人,我不想上她的课。"在和德语老师、马克分别谈话后,马克的父母决定采取三项控制措施,以确保马克能够按他们的期望去做。马克的父母打印了一张简单的单子,让老师每天勾选。单子上只有两项简单的内容:

(1) 针对今天上课的内容,马克是否做了充分准备?　　　是(　)否(　)
(2) 今天在课堂上,马克是否认真听课?　　　　　　　　是(　)否(　)

德语老师针对这两件事,根据马克每天的实际表现勾选,并在单子上签名,再让马克带回家。马克的父母要求马克每天晚上都必须拿这张单子出来念,这代表他们针对马克的上课表现而执行的独立检查程序。此外,他们还没收了马克的旱冰鞋,不允许他在街头打曲棍球,马克只有在成绩进步后才可以继续这项活动。取消马克穿旱冰鞋在街头打曲棍球的权利是授权批准控制的一种形式,即马克未经授权批准不得使用旱冰鞋。马克父母采取的三项控制措施分别是:(1) 凭证;(2) 独立稽核;(3) 不予授权批准,即取消外出打曲棍球的权利。此后,马克的德语成绩开始有所进步,与父母设定的目标越来越近,学期结束之前,马克的德语成绩已经从不及格进步到 B。

职责划分或相互牵制。职责划分是指将一项工作拆分成两个或两个以上的部分,以避免某个人员完全操纵某项工作而独揽大权、独断专行。相互牵制也有类似的含义,是指两个人相互制约共同完成一项工作。无论采取上述何种方式,目标都是让两个人一起合作,共同完成一项工作。和其他大多数预防性控制措施一样,本项控制措施常用于涉及现金的活动。例如,企业通常指派两名员工共同负责拆封邮寄到公司的现金袋,这种做法正是职责划分和相互牵制的一种体现。经手现金和负责收现会计记录的人员不得为同一人,以免出现管钱又管账的情况。弗雷德(Fred)案正是未落实职责划分而导致舞弊发生的一个好例子。

未落实职责划分引发的舞弊

弗雷德在一家中型建筑公司工作,他既负责签发支票,又负责编制银行存款余额调节表。在一段时间内,他通过篡改支票登记簿以使银行存款余额调节表得以平衡的手段偷窃超过 40 万美元。具体来说,如果公司累计欠下分包商 15 000 美元,弗雷德就会开立 15 000 美元的支票,但支票存根记录的却是 20 000 美元;紧接着再开一张 5 000 美元的支票,收款人则是自己,并在支票存根上注明"作废"。银行会将已兑现的支票随同对账单一起寄给公司,此时他会销毁开给自己的支票,然后篡改银行存款余额调节表中的数字,让调节结果(银行存款余额)正确无误。

即使未采取其他防范措施,只要公司指派另一个人负责编制银行存款余额调节表或者签发支票,就可以轻而易举地发现弗雷德的舞弊行为。规模再小的企业的负责人,至少应当对以下三项关键业务落实职责划分或者亲力亲为:(1) 签发支票;(2) 将款项存入银行;(3) 编制银行存款余额调节表。

不论是职责划分还是相互牵制，由于都需要指派两个或两个以上人员共同负责，因此这项控制措施通常是所有内部控制活动中成本最高的。考虑到人力成本较高，对于某些由两个人共同完成的工作，很多情况下大部分企业自认负担不起高昂的成本。于是，针对这项控制措施，企业一直在增加人力成本和减少错误发生与舞弊机会之间进行取舍。除了增加人力成本，有效的相互牵制通常难以落到实处，因为要两个人同时做同一项工作，他们必须都很专心，且不会因谈事情、接电话或做其他事情而分心并导致工作中断。罗杰（Roger）案反映的正是"相互牵制"环境下发生的舞弊。

"相互牵制"环境下发生的舞弊

2011年1月，我从银行即日存款袋里窃取了3 062美元，并将钱放入一个我同一天处理的信封里，以掩盖我的所作所为，然后夹带出银行。偷窃这笔钱没有什么特别的缘由，只是因为我发现一种可以轻易偷走现金的方法，于是就这么做了。我之所以认为没有人会发现我把现金偷走且不会被抓到，是因为在银行交易室里我坐在客户端，另一个和我一起共同负责这件事的同事的视线刚好被挡住，无法察觉我的行为。今天（2014年1月27日）我已经把3 062美元还给了银行。

授权审批制度。 第二项内部控制活动是适当的授权审批制度。实务中，授权审批这一控制活动有多种形式。例如，个人需要密码才能使用计算机及数据库的数据；到金融机构存取保管箱、兑现支票以及办理其他银行业务都需要核对印鉴；支出限额则是指授权批准某个人支出的最大金额或事先核准的额度。

如果人们未得到某项活动的授权批准，则能有效降低其实施舞弊的概率。例如，没有存取保管箱权限的人无法开启保管箱，更不用说有机会偷取他人放在保管箱里的财物；没有采购权限的人无法订购个人自用物品并由公司支付款项。以下例子很好地说明了未落实授权审批制度容易引发舞弊。

未落实授权审批制度引发的舞弊

玛丽（Mary）和罗恩（Ron）夫妇是一家银行多年的老客户。罗恩经营珠宝生意，在银行租了一个保管箱以存放部分珠宝。他们常去银行存款以及办理银行业务，因此银行多数工作人员都相当熟悉这两名客户，但他们不知道玛丽和罗恩的婚姻已出现问题并最终以离婚收场。离婚后，他们退掉了共同租赁的保管箱。不久之后，罗恩又到银行，和他的女儿联名新租了一个保管箱。玛丽对离婚后的财产分割不满，于是有一天，她到银行告诉负责保管箱业务的工作人员（玛丽和罗恩退租保管箱时，这名银行员工当时休假不在岗），她遗失了保管箱的钥匙，要求银行帮忙打开保管箱。这名工作人员认识玛丽，但并不知道原有保管箱已经退租，现有保管箱是之后由玛丽的前夫和女儿租的，就帮玛丽开启了保管箱。保管箱打开之后，玛丽将里面的物品一扫而空。几天后，罗恩来银行开启保管箱，才得知所发生的事。由于在玛丽强行要求打开保管箱之时她是无权开启的，因此银行对此事负完全责任,最终银行选择与罗恩庭外和解,赔偿20万美元。玛丽的舞弊行为之所以能够得逞,就是因为银行没有落实核对印鉴这项授权审批控制措施。

独立稽核。 独立稽核的理论依据是:如果人们知道自己的工作或活动会受到其他人的监督审查,那么他实施并掩盖舞弊的机会将大大减少。独立稽核的方式多种多样。美国货币监理署(OCC)规定,银行员工每年强制休假一周(连续五个工作日)。在员工休假期间,应当安排其他人员代为处理休假员工负责的所有工作。如果某员工休假的这个星期,其工作没有他人代为处理而堆积如山,强制休假的控制措施就没有发挥应有的作用,从而无法消除舞弊产生的机会。

独立稽核的其他形式包括定期岗位轮换、现金或票证盘点、监督复核、开设举报热线、实施内部审计等。欧洲某大型百货超市专门额外招聘一些员工,以供各连锁营业点实行岗位轮换。当某家连锁营业点有员工离岗休假一个月时,这些额外聘用员工就会到休假员工所属连锁营业点接手工作。这项方案的目的之一就是对连锁营业点员工的业务实施完备的独立稽核。可想而知,如果舞弊者被强制要求离岗一个月,则其违法行为通常会在此期间被揭发。

让我们看看在美国首府华盛顿的巴斯金-罗宾斯(Baskin-Robbins)冰激凌店如何巧妙运用独立稽核这项控制程序。

一走进这家有31种口味的巴斯金-罗宾斯冰激凌店,顾客迎面看见的是笑容可掬的出纳员,还会看到挂在出纳员背后墙上的两块巨大标牌。一块标牌上写着:"若对本店的服务不满意,则请拨打这个电话号码致电经理。"另一块标牌上写着:"如果你的小票上标有一颗小星星,那么本店将免费赠送给你一杯圣代冰激凌。"

冰激凌店以及其他零售商店最容易出现的舞弊之一是收到顾客的现金却未放入收银机,或者未全额放入。如果刚好是冰激凌店平时在卖出冰激凌时每一球少挖一点,积攒多出来的冰激凌可以再卖给其他顾客,那么此时收到的现金没有放入收银机也不会有人发现。巴斯金-罗宾斯冰激凌店中标语的用意是鼓励顾客索取收据并查看,出纳员必须开具小票,顾客才能看看上面是不是有小星星。卖出一支冰激凌会收到4美元,如果出纳员只将2美元放入收款机,那么顾客迟早会举报有人偷钱。同理,如果顾客没有拿到收据便无法得知收据上有没有小星星,就会向经理反映。

实物防护。 实物防护通常指保护资产不被挪用或偷窃。诸如地下室、金库、保险柜、围墙、锁和钥匙等都是为了让人难以接近资产以防范舞弊的装置。除非有人未经授权私自进入金库或者有权进入金库的人监守自盗,否则存放在金库的现金是不会失窃的。存货的实物防护措施通常是将存货存放于上锁的柜子或仓库中;工具或物料等小型资产通常存放于上锁的柜子中;现金则存放于金库或保险柜中。

充分的凭证与记录。 第五项控制活动是指利用凭证与记录建立交易记录并产生审计轨迹。虽然凭证本身很难防范舞弊,但它是非常有效的侦查性控制措施。例如,银行会编制疑似空头支票事件的报告以及员工银行账户进出交易的报告,目的在于侦查客户和员工是否有违法行为。大多数公司要求依照已批准赊销客户名单来决定是否同意接受订单。从某个角度来看，整个会计系统就是"凭证与记录"的控制程序。如果没有凭证，则可靠性将不复存在；而如果没有可靠性，则容易产生控制缺陷，而且让舞弊者逍遥法外。

有时，企业虽有完整的"凭证与记录"控制程序，却没有妥善利用。例如，大多数银行会提供保管箱给客户租用，而且规定客户进入摆放保管箱的区域必须签名，并提供确实为保管箱所有人的证明。但是在某案件中，银行工作人员确实检查并确认了签名与证明文件的一致性，却开错了保管箱。这名工作人员打开的不是客户的保管箱，而是银行存放多余现金的保管箱。在远离工作人员的视线后，客户将银行存放在里面的现金（约11万美元）装入自己的公文包，然后离开银行。该客户进银行之时并没有想要行窃，而银行工作人员虽然仔细检查了签名与证明文件的一致性，却创造了轻易让客户将钱带走的机会。

2.4.2 防范或侦查舞弊的控制因素小结

控制环境、会计系统与五项控制活动和程序共同作用，可以消除或减少员工及其他人员实施舞弊的机会。良好的控制环境能够营造出一种工作氛围，在这一环境下，员工正确的行为被树立为典范并予以明文规定，企业雇用操守良好的员工，并且所有员工均了解自己的工作职责。会计系统提供完整的记录，让心存侥幸的人难以接近资产、掩盖舞弊行为并秘密地转移所盗取的资产。而设计控制活动与程序的目的在于防范或侦查舞弊行为。我们用"SAPID"这个缩写帮助我们记住五项控制活动，分别是职责划分、授权审批、实物防护、独立稽核、凭证与记录。其中，前三个字母（SAP）代表具有防范舞弊发生的作用的控制活动，但也是执行成本最高的控制活动；后两个字母（ID）虽然不具有防范舞弊的作用，但仍有助于在舞弊事态扩大前发现并侦查出舞弊。对于企业而言，预防性控制活动与侦查性控制活动都至关重要。控制环境、会计系统与控制活动共同构成企业内部控制框架，如表2-1所示。

表2-1 内部控制框架

控制环境	会计系统	控制活动或程序
①管理哲学、经营风格与行为表率 ②管理层有效的沟通方式 ③合理的员工招聘和任用程序 ④清晰的组织结构和职责划分 ⑤卓有成效的内部审计部门	①合理的交易活动 ②适当的授权审批 ③完整性 ④恰当的分类 ⑤归属于适当的会计期间 ⑥适当估价 ⑦正确汇总	①职责划分 ②适当的授权审批程序 ③充分的凭证与记录 ④对资产与记录的实物防护 ⑤独立稽核

在某些环境中，虽然企业设计了完善的内部控制制度，却未能有效地贯彻落实，因而会发生许多舞弊。事实上，大多数舞弊的发生都是由于无视或忽视现行的内部控制制度，而不是缺少内部控制制度。我们将讨论导致企业发生舞弊的一些非控制因素，包括无法评判工作质量，缺乏惩处舞弊的机制，信息沟通不畅或信息不对称，无知、无能或漠不关心，缺乏审计轨迹。

2.4.3 非控制因素之一：无法评判工作质量

你请人砌一面围墙，你通常会在完工后进行验收，并评判砌墙质量是否符合要求，以及是否与合约上的标准相符。但是，如果你聘请的是律师、医生、会计师、工程师和维修汽车的技工，此时你难以判断所提供的服务或者产品的质量，也很难判断你是否多花了冤枉钱。签署此类合约比较容易出现超额收费、提供不必要的服务、提供的服务低于标准水平或支付虚报名目的收费等情况。为了说明专业人士利用其工作质量难以评判的特点实施舞弊，请看下面《洛杉矶时报》的报道。

加利福尼亚州有一名皮肤科医生被控涉嫌截留一些皮肤癌病患的皮肤样本，再与做皮肤癌检测的人的皮肤组织调包。这名医生之所以这样做，是因为切除非皮肤癌组织的收费大约是 50 美元，但切除皮肤癌组织的收费超过 150 美元。令人遗憾的是，在执法当局对这名医生签发逮捕令时，这种压力以及相关罪名令他无法承受，导致他选择自杀结束生命。之后，有人向高速公路警察报案，这名医生把车停在高速公路边，直接迎向公路上高速行驶的车辆而被撞死。这名医生的助理表示，数以百计病人的诊断结果其实都是捏造的。

另一个无法评判工作质量的例子是几年前发生在加利福尼亚州的西尔斯（Sears）汽车公司案。

西尔斯汽车公司案

鉴于消费者对西尔斯汽车公司的申诉案件不断增多，加利福尼亚州消费者事务部针对西尔斯汽车维修中心超额收取顾客维修费用一事进行了长达一年的调查。这项秘密调查分为两个阶段：在第一阶段，调查人员物色了 38 辆只存在刹车问题的汽车，将其分别送往分布在加利福尼亚州的 27 家西尔斯汽车维修中心。这些车除刹车有问题之外没有其他任何机械故障。在第二阶段，西尔斯汽车维修中心告诉调查人员，送修的 38 辆车中有 34 辆汽车（占比高达 89%）还有其他需要维修的问题，修车费用会增加，超额收取的费用平均每辆车为 223 美元。超额收费最多的情况发生在旧金山，平均每辆车超收 585 美元，名目包括更换前刹车垫、前后弹簧和雨刷器等。尽管西尔斯汽车公司发言人全盘否认舞弊传闻，并表示会全力应对加利福尼亚州政府取消西尔斯汽车维修中心执照一事。但这起舞弊的证据确凿。其中一个案例是居住在加利福尼亚州史托克市的露丝·埃尔南德斯（Ruth Hernandez）女士，她开车到西尔斯汽车维修中心更换轮胎，维修技师当场告诉她还需要更换一些新的部件，额外增加的费用是 419.95 美元。何女士在询问其他汽车维修厂的技师后得知，这些部件根本不需要更换。西尔斯汽车维修中心的技师后来也承认，他当初的检测结果有误。

为了更好地理解为什么像西尔斯这种金字招牌、信誉卓著的公司也可能会发生舞弊，最重要的是要知道西尔斯汽车公司对每班次的维修技师都规定了零件、服务费及维修费的销售定额,据说一直没有达到业绩目标的维修技师会被扣减工作时数或者被调离所在部门。很显然,一个人在面对是说谎还是达不到目标的压力又认为顾客不懂自己真正需要的维修部件和服务时,许多维修技师会不由自主地选择说谎。

2.4.4 非控制因素之二:缺乏惩处舞弊的机制

犯罪学家普遍认为,性侵犯的重复犯罪率(累犯)是所有罪行中最高的。重复犯罪率次高的是未受到惩处的舞弊者。舞弊者没有受到惩处或者只是被开除,其实都不是很严重的处罚或非常丢脸的事,以至于这些人之后还会故伎重演。

初犯的舞弊者通常是职场、社区、教会或者家族中备受尊敬的人。如果仅受到轻微的惩罚或被开除,那么他们很少会向家人和其他人透露受惩处或被开除的真正原因;反之,如果舞弊者受到指控,一旦让家人、朋友或同事知道自己的所作所为,就会让他们感到颜面扫地。实际上,与其他后果相比,受法律惩处后的羞辱感是导致舞弊者未来不再犯的最主要原因。

由于诉讼过程要耗费大量的金钱与时间,许多企业往往只是开除舞弊员工,希望就此了结此事。企业并没有意识到这是一种目光短浅的做法。虽然企业采取这种做法确实可以摆脱一个舞弊者,但与此同时,此举实际上向企业其他员工传递了一个不良信号,即舞弊者不必对其行为承担严重的后果。事实上,疏于处罚舞弊者相当于给其他人提供了"可乘之机",一旦与压力、合理化行为相结合,就很可能在企业内部引发新的舞弊。如果舞弊者受到惩处的概率很高,无法隐匿自身的舞弊行为,那么"有机可乘"这种情况就不会出现。

当今社会就业人口的流动性很大、更换工作也相当频繁。舞弊者在求职简历上可以将以往因舞弊而被解雇的处分美化为拥有不同的工作经历,而解雇式处分并无法保证舞弊行为不会在未来重新发生。我们以约翰·多伊的典型案例说明仅被开除而未受到法律惩处,反而让约翰·多伊获得更好的工作、薪水也更高。约翰·多伊十四年的工作经历和舞弊不良记录如表2-2所示。

表2-2 约翰·多伊的工作经历和舞弊不良记录

职位	任职时间	盗窃的金额(美元)
保险业务员	10个月	200
办公室主任	2年	1 000
记账员	1年	30 000
会计	2年	20 000
会计	2年	30 000
会计主管兼财务总监	6年	1 363 700
经理	任职至今	?

一份有关约翰·多伊舞弊案的资料显示,从未有人对其提起诉讼。因为受害企业认为,告上法院既耗时又花钱,有的企业只是对约翰·多伊感到失望,有的企业选择将这名

令人头痛的人物丢给别的企业。因此，约翰·多伊这名舞弊者后续找到的工作都比前一个工作更好，最后他当上会计主管甚至财务总监，年薪高达19万美元。因此，只是开除舞弊者——受害者这一行为反而会对舞弊推波助澜，为舞弊者美化履历提供机会，最终让舞弊者找到更好的工作。

2.4.5 非控制因素之三：信息沟通不畅或信息不对称

许多舞弊的发生是因为受害者和舞弊者之间信息沟通不畅或者存在信息不对称。所谓信息不对称，是指仅有一方掌控有关产品或者状况的信息，另一方则一无所悉。特别是针对股东、投资人和债权人实施的大型管理层舞弊中，这种现象尤为明显。例如，在著名的ESM政府证券公司诈骗案中，同一证券被多次出售给不同投资人，原因就是只有ESM管理层掌握投资记录，而受害者根本不知道自己上当受骗。

另一个信息沟通不畅或信息不对称的典型案例是林肯储贷银行案。查尔斯·基廷（Charles Keating）及其儿子因敲诈和勒索分别被指控犯有73项与64项罪名。基廷捏造了虚假交易，虚增林肯储贷银行的营业收入，而审计人员和监管人员并没有察觉此事。由于审计人员和监管人员未能取得完整的交易数据，因此他的诈骗伎俩能够得逞。其中一项名为RA房地产公司的销售交易虚构如下：

被告基廷一伙人以林肯储贷银行子公司的名义，谎称要出售位于亚利桑那州Tucson市西北边一块面积约1 310英亩且尚未开发的土地给RA房地产公司，交易价格约为2 500万美元。支付方式为以500万美元现金作为首付款和2 000万美元期票，担保物就是这块土地。被告基廷一伙人利用这项虚假交易，虚增林肯储贷银行约840万美元净利润。RA房地产公司同意购买这块土地的前提条件是要求基廷以口头形式承诺：（1）林肯储贷银行会退还RA房地产公司支付的500万美元现金首付款；（2）同意林肯储贷银行子公司继续负责开发和营销这块土地；（3）保证RA房地产公司在购入土地后的一年之内，能够再次售出这块土地且获利。

审计人员对所有的口头承诺及私下协议完全不知情。然而，承诺和协议的内容违反了有关房地产销售的会计准则。达成上述口头协议之后，在另一桩看似独立的交易中，基廷向RA房地产公司提供了500万美元贷款（以抵偿前述首付款），然后继续管理、营销与开发这片已经售出的土地。原本取得独家销售权的房地产经纪人，发现基廷已自行售出这块1 310英亩的土地，于是联系基廷索要佣金，得到的答复却是由于这块土地已经"挂在"RA房地产公司名下，他无须支付佣金。林肯储贷银行因这笔交易而虚增利润，进而利用这一信息继续欺骗投资人和其他人员。

大多数投资骗局和管理层舞弊能否得逞取决于舞弊者能否向受害者隐瞒信息。所以，想要避免陷入这种骗局，我们在做出投资决策前，必须坚持要求取得完整的信息。被投资方应当披露的信息包括已审财务报告、企业的经营历史以及能够让人判断企业是否有诈骗意图的其他信息。某些员工舞弊之所以会发生，也是因为只有这些员工掌控某些特有的信息。例如，某家小企业的员工仅利用签发支票给自己的手段，便从雇主处偷走了425 000

美元。由于她同时负责签发支票和编制银行存款余额调节表，因此没有人能够发现她的违法行为。再如，假如企业欠付某供应商 10 000 美元，她会开立一张 10 000 美元的支票给供应商，支票簿上却登记为 20 000 美元；开立的另一张 10 000 美元支票给自己之后，会在支票簿上这张 10 000 美元支票的号码旁边戳记"作废"。由于她是负责存取现金、登记支票簿及银行对账单的唯一员工，因此她利用这种简单手段实施的舞弊能够一直重演而无人发觉。

公开透明是企业运营的一项指导性原则，相关法规也要求企业财务报告应当公开透明，其目的是减少企业内外部的信息不对称。越来越多的证据表明，对于向投资人及分析师提供充分信息披露的企业，市场会给予更高的估值。

2.4.6 非控制因素之四：无知、无能或漠不关心

年纪较大、存在语言障碍的人或其他弱势群体一般欠缺识别舞弊伎俩的能力或知识，他们往往会沦为诈骗案的受害者。以下就是一个例子：

一名手上染有紫色颜料的护士被指控从当地一家医院的病房偷窃病人的钱财。这名护士的手之所以变成紫色，是因为诱捕偷钱的人将一种隐形的紫色染料涂在钞票上，然后再放进皮包。这名护士是从中介机构临时借调过来的。之前有人报案病房有财物失窃，管理人员通过排查人员轮值表，发现这名护士在患者发现钱被偷之前曾独自一人待在失窃的病房。为了收集更多的证据，医院保安部门在病房里放置了一个装着涂有染料钞票的皮包。当天下午，医院科室的一名主管通报这名护士的手沾染了这种染料。在接受询问时，这名护士先是声称她不小心将皮包碰到了地上，因为要把皮包捡起来放回原位，所以手上沾上了这种颜料。但在进一步询问后，这名护士最终承认自己偷走了患者的钱。

这名护士发现，可以轻易窃取住院患者的财物。因为住进病房的患者大部分是上了年纪的人，而且经常需要服用镇静药物，所以并不是每个病人都会察觉自己的财物失窃。

有一种俗称"鸽子跳"（Pigeon Drops）的诈骗案专门针对年纪大的受害者，其舞弊伎俩是诈骗犯假扮银行稽查人员，以追捕涉嫌违法的银行员工为借口，或者利用其他骗术诱骗年纪较大和不以英语为母语的客户去银行提取现金。当他们带着现金离开银行时，诈骗犯并没有像其允诺的那样对钱款进行检查，而是趁机偷走或抢劫现金后逃之夭夭。诈骗犯清楚地知道，这些老年人根本追不上他们。

许多投资骗局也常常利用老年人的弱点实施诈骗。在 AFCO 不动产投资骗局中，诈骗犯诱骗老年人以住宅为抵押去借款，再把钱借给这些诈骗犯。他们常用以下问题和说辞来说服年纪大的受害者。

- 我知道你家里有个"沉睡的巨人"，而你却一直没有好好利用。
- 你的房子值 20 万美元且没有任何贷款，你可以拿房子去贷 15 万美元，而且还不至于会负债。

● 如果你愿意去借15万美元，再把钱拿来投资，我们就可以帮你还房屋贷款，而你投资的15万美元我们会支付10%的利息，你等于平白赚到10%的利息，还能买一部全新轿车给自己代步。

在理财方面很稳健、谨慎的人会发现，诈骗犯根本不可能替你付房贷，再额外付你10%的利息，又让你有新车开。但是许多年纪大的受害者自认为实在无法拒绝这么好的交易。结果，数百名老年人和退休人员总共在AFCO不动产投资骗局上损失了超过3 900万美元。

许多诈骗案都是以老年人和受教育程度低的群体为对象。各种消费诈骗案（例如大型银行诈骗案、老鼠会、网络诈骗、电话诈骗、连锁信件骗局、模特儿经纪骗局、电信诈骗以及尼日利亚预付款骗局等）都是设法让受害者在不知不觉中投入钱财。

以尼日利亚预付款骗局为例，大部分受害者会收到一封信，谎称要共同分享一笔庞大的财产，前提是要先投部分资金或者提供自己的银行账户信息。在美国，据估计尼日利亚预付款类似的诈骗案平均每天造成的损失达100万美元。这种诈骗会分为好几个阶段进行，首先是收到诈骗犯的传真、电子邮件或者信件。以下是一份典型的诈骗信：

尼日利亚拉哥斯市

敬启者

［机密性业务项目］

经本人所在公司商讨并根据尼日利亚工商协会的资料，谨在此恳请您协助将4 750万美元汇入您的银行账户。这笔财产来自一名外国承包商于五年前签订的合同，因合同价格有虚高，这是合同履行完成后收到的款项。合同按原计划履行后，这笔钱一直存放于尼日利亚中央银行，也就是Apex银行的暂记账户里。

我们现在要把这笔资金转移到海外，这就是需要您协助的部分。有件很重要的事情必须让您知道，我们是尼日利亚政府的公务员，根据相关规定不允许开设海外账户，由此需要您的协助。这笔资金的分配比例是：我们拿70%，您拿25%，剩余的5%用于支付本地与国外汇款手续费等。

对双方而言，这项汇款程序不带任何风险，因为我们是尼日利亚国家石油公司的会计人员。若您同意此方案，请您提供下列信息：

(1) 您开户银行的名称、电话、账号和传真号码。

(2) 您的个人电话和传真号码，以求增信和便于沟通。

(3) 盖有您抬头的信笺，并请签名。

我们也可以提供含有上述信息的信笺模板供您参考，并附上详细的说明，以便您了解所需要提供的内容。我们预计在30个工作日内完成这一项目。

唯盼尽速回复

敬祝 钧安

2.4.7 非控制因素之五：缺乏审计轨迹

企业致力于编制能够提供审计轨迹的各种凭证，以便日后可以推断并了解交易活动。然而，有些舞弊是无法追踪的，包括支付现金的交易、伪造记录的情况。狡猾的舞弊者很清楚，必须隐匿或掩盖舞弊行为；他们还知道，所谓隐匿就是操纵会计记录。当需要决定操纵哪一种会计记录时，舞弊者往往会选择篡改利润表，因为利润表的审计轨迹可以被轻易消除。举例说明如下：

琼·里韦拉（Joan Rivera）是一家小银行的会计主管，前后四年的时间，她通过让上游银行替自己支付信用卡账单的方式共计盗窃银行资金超过10万美元。她通过以下会计分录来掩盖自己的舞弊行为：

借：广告费　　　　　　　　　　　　　　　　　　　　　1 000
　　贷：现金　　　　　　　　　　　　　　　　　　　　　　　　1 000

琼·里韦拉之所以采用这种手段，是因为她知道包括广告费在内的所有费用科目到年末都要结转，账户余额最终归零。如果银行的内部审计和管理层在年度终了没有发现这项会计处理弊端，审计轨迹就会消失，舞弊行为便难以被发现。她还知道，如果在银行存款余额调节表上增加流通在外支票的余额来弥补现金短缺，现金短缺额就会逐月不断累积，反而成为一个需要"永久"隐匿的棘手问题。她还知道，如果操纵归属于资产的存货，存货短缺额就会结转到下一期，这也是不会消失的。

上述案例中琼·里韦拉的所作所为一直没有被发觉，直到她变得更加贪得无厌而开始采用其他不易掩盖的舞弊手段，其舞弊行为才被揭发。

2.5　舞弊第三个要素：合理化

到目前为止，我们已经讨论了舞弊三角的前两个要素——压力与机会，舞弊三角的第三个要素是合理化，即合理化行为。我们以吉姆·贝克（Jim Bakker）与理查德·杜奇（Richard Dortch）的欺诈案为例，说明由合理化行为导致的舞弊。这两名男子触犯了23项电汇和邮件欺诈罪以及合谋实施了1项电汇和邮件欺诈罪，从而成为美国史上规模最大、最离奇的诈骗案之一。根据这些罪名，两人均被判入狱服刑。根据法官宣判判决结果之前贝克当庭所做的陈述，检察官杰瑞·米勒（Jerry Miller）对这桩诈骗案发表了看法：

这是本庭审理过的最奸诈狡猾的骗子，这个为了权力和金钱而堕落腐化、在PTL电视频道被奉为"上帝"的人只不过是一名普通的罪犯，而他唯一的特别之处是欺诈手段及其使用的工具。他贪婪、自私自利，并且被贪恋权力的欲望蛊惑，由此产生了作案动机。一旦有机会，他绝对会卷土重来、故伎重演。虽然贝克这个大骗子一开始是仁爱惜物之人，但后来沦落为一个迷恋物质享受并且利用他人的冷血动物。

作为深受爱戴的PTL电视频道节目主持人，贝克如何合理化自己的行为以致犯下滔天罪行？

贝克的骗局

1973年，PTL传媒公司从北卡罗来纳州夏洛特的一间家具展示中心发迹。1975年10月，PTL在当地买下一块25英亩的土地，设立"传统文化村"频道。PTL拥有70个左右的电视台，分别坐落于美国、加拿大与墨西哥，专门播放PTL的牧师布道节目。PTL在组织章程中明确其宗教理念是：(1) 创办一座教堂，从事电视布道活动，开设宗教课程，出版及发送圣经等各种宗教典籍；(2) 致力于出版发行宗教性刊物；(3) 在国内外开展传道事业；(4) 创办宗教学校及圣经教育培训中心。在随后的11年中，PTL扩张成为收入达数百万美元的王国，包括PTL电视频道以及面积达2 300英亩、价值高达1.72亿美元的国家传统文化旅游休闲度假中心。该企业的特色项目包括：一个每周造访超过3 000人次的美国基督教家庭教会活动；提供主餐的祈祷礼仪活动；有4 000名以上志愿者参加的监狱布道活动；一个为游民设置的收容所——希望城堡；演出耶稣生平事迹的圆形露天剧院——热诚剧场；一座提供晚餐服务的电影院；一家日间照管中心；基督教学院；一个夏令营基地——比利·葛拉军之家；工作坊；造访人次超过50万的耶稣降生场景展示中心。PTL旗下还有其他多种业务，国税局最终裁定它们均属于商业性项目。例如，其中一项业务要求PTL电视频道的观众只要交纳1 000美元就可以成为一家饭店的终身合伙人。贝克原先表示终身合伙人的名额只有25 000份，每年可以到这家饭店免费住宿四天三夜，但最后实际售出68 412份。贝克的PTL电视频道利用类似的方案，累计诈骗超过6亿美元，而实际上其中大部分钱财用于支付贝克及其他PTL高管极其奢靡的生活消费。贝克挪用信徒们的慈善捐款，大肆出售所谓的合伙权益，偷税漏税，并且过着奢靡的生活，他一次又一次地欺骗信徒、投资人以及虔诚的追随者。

一名牧师如何假借宗教之名犯下规模如此巨大、性质如此恶劣的诈骗案？大多数人认为，贝克担任牧师初期确实诚心诚意地帮助他人，并虔诚地传教布道。贝克认为自己的所作所为都是善意的，进而将恶行合理化——所有收进来的钱最后都会直接或间接地帮助他人。他甚至一度承认，金钱会腐化自己和整个PTL传媒事业王国。1985年，他曾说："我本来要告诉信徒们'不要再奉献了'。但是我说不出口。"一名心怀真诚初衷的牧师，最终受到金钱的诱惑而腐化。他还在电视布道节目中合理化自己的行为，辩称说："我自己从未贪图过一分钱……因为主永远会关照我。"贝克不断合理化自己的恶行，以至于他的一名辩护律师在终结辩论时说："道理很简单，他就是不能用欺骗的方式让别人拿钱给你。这一个月来，摆在他面前的就是一句句的贪腐谎言、一件件罪孽深重的贪腐行为……本案显示，贝克先生无疑是个世界级的说谎大师，他所说的每一句话都真假参半。"贝克告诉自己，PTL电视频道是在做善事，他也是在帮助别人——他用这种说辞合理化自己的欺诈行为。

几乎没有一项舞弊行为与合理化脱得了关系。大多数舞弊者是没有前科记录的初犯，他们会设法为自己的舞弊行为寻找借口、自圆其说。舞弊者常用的合理化借口如下：

- 这是企业亏欠我的；
- 我现在只不过是先借这笔钱，我以后会归还的；
- 没有人会因此而受到伤害；
- 我有权得到更多；
- 我这样做是出于善意的；
- 只要能渡过目前的财务难关，我就会立即把账调回来；
- 操守或名誉总要牺牲一项（如果我不贪污盗窃或挪用公款，人们就会知道我无力偿还债务，这会让我颜面扫地，因为我是个专业人士啊！）。

当然，还有其他数不尽的合理化行为的说辞。但是，在探讨合理化行为在舞弊中所扮演的角色时，上述几项说辞非常有代表性。

我们应当意识到，几乎没有人会不对自己的行为予以合理化。例如，我们会对体重超标合理化，我们会对运动时间不足合理化，我们会对过度消费合理化，我们会对陪伴配偶和孩子的时间太少合理化。我们总会找一些借口或理由为自己开脱。实际上，在这些合理化的理由中，很多并不是实情。合理化自己错误的行为，目的只是让自己不要有负罪感。这种合理化行为通常会导致舞弊发生。一般而言，舞弊或欺诈就是指对他人说谎；而在此之前，舞弊者一定会先欺骗自己——我的行为是正当的。我们以偷逃个人所得税这件事作为说明合理化行为的例子。许多人会用以下理由来合理化自己少缴个人所得税的行为：

- 我已缴的税比应交的税要多；
- 那些有钱人缴的税太少；
- 政府一直在浪费我们缴纳的税款；
- 我工作是为了赚自己的钱；
- 政府将税收用在我不认同的项目上。

为了更好地理解所得税舞弊，我们来看看这个例子。1988年，国税局首次要求因抚养子女或赡养老人而申报纳税减免的纳税人，在所得税申报表上列示子女或被赡养人的社会保障号码（SSN）。1987年的联邦所得税申报中，被申报受抚养子女或赡养人有7 700万人；而到了1988年，受抚养子女或赡养人只有7 000万人。也就是说，有700万名（约占总数的10%）受抚养子女或赡养人凭空消失了。这些人去哪里了？他们真的存在过吗？国税局认为，1987年及以前年度，超过6万户纳税人虚报四项以上子女抚养或赡养扣除项目，约700万名纳税人虚报一项以上子女抚养或赡养扣除项目。虚报子女抚养或赡养扣除项目是最公然也最容易被发现的所得税欺诈。然而，数以百万计的美国民众会合理化自己的逃税行为，明目张胆地在所得税申报表上虚报信息。

大部分舞弊者在接受访问时，对合理化自己行为所用的说辞包括"我真的有心要还钱，我真的是这么想的"。他们态度真诚，他们真的想过（或者告诉自己）会还钱。他们是从意念而不是行为的角度来评判自己，并不认为自己在犯罪。但是，受害者根据舞弊者的行为做评判，他们会说："你们这些无耻的骗子！你们偷走我的钱，偷走我公司的钱！"

2002—2003年，在美国暴发的一系列企业重大舞弊丑闻中，著名生物技术公司英克隆（ImClone）的首席执行官山姆·伍克索（Sam Waksal）博士是这些舞弊丑闻的白领罪犯中第一批被定罪并入狱服刑的。伍克索因内幕交易罪名而被定罪，同案被定罪的还有玛莎·斯图尔特（Martha Stewart）。伍克索是华尔街的风云人物之一，2000年身为英克隆首席执行官的他决定以20亿美元将癌症新药Erbitux的销售权出售给另一家药厂——必治妥（Bristol）。当时所有人都认为，美国食品和药物管理局（FDA）很快就会核准这项新药上市。然而，不久之后，必治妥的高管告诉伍克索，FDA驳回了这项新药的上市申请，原因并不是Erbitux对适应病症没有疗效，而是临床资料不足。由于英克隆需要再进行新的临床试验，其股价很可能会暴跌。伍克索得知这项内幕消息后，判断英克隆的股价会应声下跌，于是告诉自己的女儿赶快脱手所持英克隆的股票。他自己也卖出79 500股股票（他当时持有英克隆数百万股股票），市价约500万美元。伍克索将79 500股股票转让给女儿，认为如果以女儿的名义卖出应该没有问题。他以股票并非自己出售为借口，合理化自己的不当行为。

> **请记住 >>>** 我们已经了解到，人们之所以会舞弊是因为感受到压力，还发现有机可乘，加上自圆其说的合理化行为。然而，大部分公司反舞弊的重点至今仍放在降低舞弊发生机会这一要素上。尽管这种做法是合理的，但大部分公司忽视了压力与合理化这两个要素。如果组织将反舞弊的重心放在削减员工的压力，并降低员工合理化行为的可能性，那么这样的方案将成为遏制舞弊非常有效的利器。

不久之后，伍克索在为自己的行为辩解时说："我大可坐在这个位置上，想象自己是有史以来最诚实的首席执行官，当然也可以做一些坏事，再找借口合理化那些行为，因为我没有走正途，又不认为内幕交易行为会被拆穿。谁会在乎呢？我犯下了内幕交易罪，这与我做出一大堆不合法事情又有什么差别呢？"事实上，伍克索这种合理化自己不当行为的做法，让他留下了道德瑕疵、行为鲁莽且掩盖事实的不良记录。他过去就曾因行为不检点而数度遭学术和研究单位解聘。他的一名前同事认为："对伍克索而言，投机取巧宛如吸毒，终其一生，他都是以这种态度面对一切。"

2.6　舞弊三角小结

我们用最近发生的一桩舞弊事件作为舞弊三角的总结。21岁的杰瑞·施奈德（Jerry Schneider）是西岸公司的模范经理人，他天资聪颖又受过良好的教育；施奈德仅在一个方面与其外表不符——他从太平洋电话公司盗窃超过100万美元。

施奈德舞弊案

在一个温馨、气氛融洽的晚宴上，施奈德和朋友小聚，喝酒、聊天、联络感情。就是在这个时候，他开始构思这桩舞弊的手法。年轻的施奈德担任自己创建的电子公司的总裁，当晚聊天的内容围绕着组织犯罪以及能否从中获利展开。有个愤世嫉俗的男子这样说："媒体上报道的那些轰动社会的故事以及住在佛罗里达海边豪宅的欺诈犯，只不过是电影里虚构的角色罢了。"

施奈德听出说话的人是一名年轻的编剧，最近他有一部犹太裔黑手党犯罪剧本被退稿。施奈德说："不见得喔！你听说的只是那些被捕的人。有些诈骗犯改过自新、重新做人；有些诈骗犯带着一大笔钱逍遥法外；有些诈骗犯甚至摇身一变，成为受人尊敬的百万富翁。"

有个律师问他："你真的相信有人能犯下完美到天衣无缝的罪行吗？"

"如果你的意思是说未被发现的犯罪行为，我相信是有的。我并不是说有犯罪行为能神不知鬼不觉——当然，一定会有一些犯罪是不为人所知的。但是我肯定，一些聪明的骗子肯定能想出办法来瞒天过海。"

在参加聚会的人全部离开之后，施奈德还在思考，到底有没有可能做到天衣无缝的犯罪。他在计算机方面的知识非常渊博，于是认为或许可以利用计算机技术来谋划完美的犯罪。直到半夜两点左右，他还一直被这个想法弄得心烦意乱。

施奈德后来改变主意的过程不得而知。洛杉矶地方律师办公室的一名调查人员认为，施奈德拿到一本太平洋电话公司失窃的计算机密码集，才让他得以侵入公司的计算机系统。在本案审理的过程中，他的舞弊手段并未被全盘揭露，只知道他利用按键式电话向太平洋电话公司物资部门下了大量订单，再从该公司的计算机系统中虚构更多的采购单，并通过程序篡改数据，让太平洋电话公司支付这些货款。施奈德收到设备后，又会拿到市场上销售。

太平洋电话公司一名对他怀恨在心的员工发现，施奈德出售的设备中有很多是属于他们公司的，于是这名员工向警方报案并揭发施奈德取得这些设备的过程。经调查后发现，太平洋电话公司的仓库中有大量设备不翼而飞。从发票上的信息来看，这些设备都附有订单，已核准发货，并且都打包完成放在出货区，等待买方领取。施奈德总是一大清早亲自去仓库提货。警卫与理货人员会要求他出示提货单，为了躲避盘查，施奈德都是半夜两三点从家里出发，开着一辆漆着太平洋电话公司标识的运货卡车。

施奈德总是将卡车开进成堆的推车与货物当中，不知道他从哪里拿到钥匙和计算机密码，以至于他能够顺利地进入出货区。经验不足的夜班保安不但会让他进去，甚至在施奈德及其手下装运设备后，警卫还会请他们抽烟、喝咖啡。

后来，施奈德感到于心不安，因为自己的行为有悖道德，而且还是欺诈行径。他起初试图把这种盗窃行为看作高科技的智能犯罪，但后来慢慢发现自己在这项犯罪行径上投入的心血远大于获得的报酬。套用施奈德的话来说是"事情发展顺利到令我胆战心惊的地步。万一我以前的员工和熟人发现我的所作所为——他们目睹了这些设备源源不断地运进来，等运出去时就成了我的货物——他们会怎么看我呢？这让我开始感到焦虑和害怕"。偷窃行为造成他失眠、殚精竭虑、身体疲惫、有罪恶感。此外，他窃取的设备价值迅速累积，变得非常庞大。

> **想一想 >>>** 回想一下，你做出违背道德良知行为的那一刻所感受到的压力、有机可乘和合理化行为三个要素是如何影响你决策的？这三个要素是共同产生作用的吗？换句话说，面对沉重压力，即使机会不大，你仍然会做有违良知的事吗？

施奈德最后承认，他从太平洋电话公司盗走价值近 100 万美元的设备。他的犯罪行为很有趣，因为他合理化犯罪行为的理由是"想知道是否存在天衣无缝的犯罪"。实际上，他可能找不出其他理由来合理化自己的罪行。当被问及是否认为自己是个诚实的人时，他很肯定地回答"是的"。当被问及看到一个钱包掉在人行道上，他会据为己有还是设法找到失主时，他的回答与其他人一样——如果可能的话，他会设法还给失主。然而，当被问及如果他发现超市收银机的抽屉是敞开的，里面有 1 万美元且在监视范围之外，他是否会拿走这 1 万美元时，他的回答竟然是："当然，我会把钱拿走。谁让超市这么粗心大意把钱留在那里，我当然可以把钱拿走啊！"

施奈德舞弊的压力源自贪婪、报复的心理（经审讯发现，他非常憎恨太平洋电话公司）以及想证明自己高人一等的欲望。施奈德是个高度自律的人，他纯素食，而且为保持身材而花费很多时间做体能训练。不论做任何事，他都非常努力，而且非常出色。几乎可以确定的是，他原本有机会成为大多数公司中倍受器重和尊敬的高管。施奈德舞弊的机会源自他在计算机方面的渊博知识，以及取得钥匙和密码的能力。

施奈德天衣无缝般的"完美罪行"以失败告终。然而，假如他不是为了挑战自我，假如他不"只是为了玩一场游戏"（一场与不露面的公司展开的斗智游戏）而合理化自己的行为，整件事情根本就不会发生。

2.7 吸纳舞弊共犯

舞弊三角对于帮助我们了解一个人为何会实施舞弊的作用很大。但遗憾的是，当今有许多舞弊并非由一人独自实施，事实上，大多数舞弊尤其是会计报表舞弊通常是一种集体犯罪行为，即由多人共同实施的犯罪行为。由《商业周刊》（*Business Week*）举办的企业首席财务官论坛发现以下现象：

> 在论坛上，询问参会的首席财务官，其所在企业是否曾披露不实的经营成果。其中，有 67% 的首席财务官表示，自己曾拒绝其他高管的要求，不愿披露不实的经营成果；有 12% 的首席财务官承认，自己曾"屈从"其他高管的这种不合法要求；有 55% 的首席财务官则表示，自己拒绝配合企业高管的非法要求。

下面我们将探讨，迫于舞弊三要素而实施舞弊的人如何影响他人并让他人一起参与舞弊。首先，我们探讨这些人利用哪些权力去吸纳其他人共同犯罪。

2.7.1 权力

德国社会学家马克斯·韦伯（Max Weber）在 1947 年提出"权力"这个概念。权力是指一个人即使遭遇抗拒阻力，仍然能按照自己的意愿行事。在舞弊事件中，罪犯无论遇到什么样的抗拒阻力，还是会按照自己的意愿去执行，即让另一个人按照自己的想法做事。1959 年，弗伦奇（French）和雷文（Raven）两名研究人员根据权力与受权力影响的对象之间的不同关系形式将权力细分为五类：（1）甲能够提供给乙奖赏，如福利、休假、想要的礼物、晋升或加薪等（奖励权力）；（2）若乙不遵照甲的意志行事，甲有处罚乙的权力（强制权力）；（3）甲拥有特殊的专业知识和素养（专家权力）；（4）甲拥有法定权力指挥乙的行为（法定权力）；（5）乙认同甲的某些特征或事项（参照权力）。最近的研究显示，真正能够影响到预期结果的是个人心理上感知的权力，而非实质上的权力。因此，如果乙认为甲有权要求他做事，乙就会按照甲的要求做事。这五类权力如图 2-5 所示。

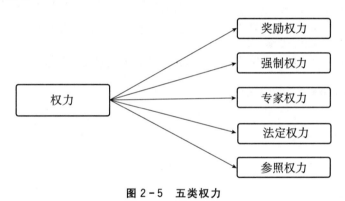

图 2-5　五类权力

奖励权力是指舞弊者能够让受害者相信共同参与舞弊能够获得某些好处。这些好处包括分享舞弊所得、答应给予一笔巨额奖金、获得股权或其他权益证券、晋升的机会等。

强制权力是指舞弊者能够让人认为如果不参与舞弊将会受到惩罚。所谓的惩罚，基本上是因恐惧而产生的。例如，某些人之所以参与舞弊是因为他们深信，如果不参与舞弊可能会面临失业或遭到公开羞辱，被当成揭发者而受到歧视，或者遭受其他形式的惩罚。

专家权力是指舞弊者具备某些专业知识或技能，而且这些知识或技能正是组织所需要的，进而能够影响他人的一种个人权力。以安然事件为例，公司管理层自称拥有复杂商业模式方面的专业知识，其他人原本按照自己的道德操守标准不会参与这项舞弊，但是听信了管理层的这种说法，认为管理层比自己更懂得复杂商业模式的运作，由此他们才参与舞弊。

> **请记住** >>> 在了解权力的五种类型后，未来我们就更有能力保护自己，避免卷入欺诈或者其他违法事件。同时，这种知识有助于我们了解一个人是如何卷入舞弊的。作为一名舞弊调查人员，运用这一知识可以更容易侦查出舞弊。例如，当有人想要我们做一些自己不甚了解的事情（专家权力），而我们对做这件事的合理性有疑问时，我们就应该设法了解这些事的具体内容和后果，同时对自己的行为更小心谨慎，不能只关心能够获得什么报酬（奖励权力）。切记，如果有些事真的好到令人难以置信，那么这些事很可能真的不能相信。

> **想一想** >>> 你认识的人是否曾利用某种权力去影响你的行为？你是否曾因某个人（如上司或老师）具有法定权力就按照其意愿做事？你是否曾因有人要给你奖赏或处罚去做一件事情？你是否曾受好朋友或好同事的影响而参与某件事？譬如，在完成学校的一项小组作业时，你之所以愿意按照某种安排跟随去做事，是因为你觉得某个同学比你更了解这项作业的内容。你是否曾因害怕没有做某件事会受到惩罚而去做这件事？我们都曾遇到他人利用权力影响我们去做某些事的情况。这五类权力无时无刻不在影响着我们的行为。

法定权力是指舞弊者让有机会成为共犯的人相信自己真的有能力指挥他做事。例如，组织首席执行官和管理层的其他高管人员，即使决策的内容和方向可能不符合道德标准，仍自称拥有制定决策与指挥组织的权力。在某种程度上，舞弊者会以权威自居，并且让有机会成为共犯的人相信他们确实拥有法定权力。在这种情形下，潜在共犯常常在对组织要忠心与违背个人道德标准之间艰难地做抉择。在高度集权的管理体制中，法定权力是吸纳舞弊共犯的强大利器。

参照权力是指舞弊者能够让有机会成为共犯的人产生认同感。舞弊者常利用参照权力取得有机会成为共犯的人的信任，迫使其最后参与舞弊。当你信任有加的朋友游说你一起舞弊时，许多人内心会将这种事情合理化成正当行为。

2.7.2 吸纳共犯的过程

从权力的角度观察罪犯吸纳他人参与舞弊的方式，我们不难理解某些舞弊为何会越做越大，为何会有人源源不断地加入其中。吸纳舞弊共犯的具体过程如图2-6所示。

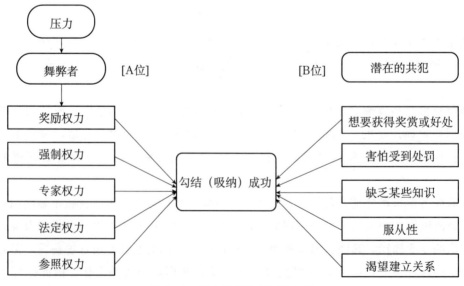

图2-6 权力如何吸纳舞弊共犯

舞弊者对欲吸纳的对象能够有多大的影响力取决于该对象是否具有高度的警觉性，以及舞弊者交叉运用五类权力的能力。和图2-2舞弊三要素的性质类似，图2-6中五类权力也是交叉运用的，被吸纳对象对这五类权力越是抱有怀疑的态度，舞弊者越是无法成功吸纳此人。通常，一旦成功吸纳第一名对象参与舞弊，他便成为第一名共犯，而且会再去影响并吸纳其他人参与舞弊。吸纳其他人参与舞弊的整个过程如图2-7所示。

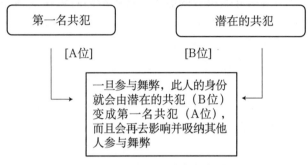

图2-7 吸纳其他人参与舞弊的过程

■■ 重点内容回顾

- **了解舞弊者的类型**。相关研究表明，任何人都有可能实施舞弊。一般来说，我们无法从生理上或利用心理特征将舞弊者与其他人区分。舞弊者常常自认为诚实的好人，只是不幸遭遇压力，发现有机可乘，并找借口合理化自己的行为。
- **知悉人们实施舞弊的导因**。面临压力，发现有机可乘，再加上合理化自己的行为，人们于是开始实施舞弊。绝大多数舞弊源自迫切的经济需求，起初是一些轻微的问题，一旦欺诈行为得逞，这些人就会信心倍增，以至于舞弊的规模越来越大，直到东窗事发。
- **理解和解释舞弊三角**。舞弊三角是由压力、机会和合理化三要素构成。舞弊三角有助于我们分析舞弊的导因，三个要素必须同时起作用舞弊才会发生。
- **理解"舞弊天平"**。"舞弊天平"以简单明了的形式说明了舞弊三要素之间的交互作用关系。如果认为舞弊的机会大，或者面临沉重的压力，仅少许的合理化行为就足以让人实施舞弊。同理，某人的诚信操守很差，只要稍有机会或者有一点点压力，此人就会实施舞弊。
- **了解压力如何助长舞弊的发生**。压力是舞弊三要素之一。压力因素之所以特别重要，是因为存在或自认为有迫切的经济压力人们才会实施舞弊。
- **了解舞弊为何总是在有机可乘的情形下发生**。舞弊三角的第二个要素是自认为有机可乘，或者出现让舞弊者能够隐藏舞弊行为且不会遭受处罚的机会。舞弊者一旦认为没有欺诈机会就不会实施舞弊。对于每一起舞弊事件而言，机会是一项基本要件。我们知道，要消除让人舞弊的所有机会是完全不可能的，但只要能减少或最小化引发舞弊的机会，对组织和个人而言都是一件非常值得做的事情。

- **了解人们合理化自身行为背后的原因。** 合理化行为是舞弊三角的第三个要素。合理化行为是指原本循规蹈矩的人为自己的不道德行为寻找借口,人们利用合理化行为来消除自己的实际行为与原本应有行为之间的差异。
- **了解吸纳舞弊共犯的方式。** 五类权力是指奖励权力、强制权力、专家权力、法定权力和参照权力。舞弊者对欲吸纳的对象能够有多大的影响力取决于该对象是否具有高度的警觉性,以及舞弊者交叉运用五类权力的能力。被吸纳的对象在受到一类或数类权力的影响后,可能会参与舞弊。

第 3 章

反舞弊概述

寄 语

　　大家现在应该对什么样的人会舞弊、为什么会舞弊以及不同的反舞弊职业生涯有所了解。本章将探讨另一个主题，介绍企业如何应对舞弊行为。其一，能够防范舞弊发生的措施是成本-效益最佳的；其二，能够尽早侦查出舞弊、避免舞弊扩大的积极措施。没有情节轻微的舞弊，只有应该尽早发现的重大舞弊。一旦发现舞弊行为，企业就应采取不同的调查方法加以应对。在执行调查程序确定舞弊者之后，后续可诉诸法律。

学习目标

在学习本章之后，你应该能够：
- 熟知组织采用的各种反舞弊手段；
- 理解防范舞弊的重要性；
- 了解如何树立诚信与正直的企业文化；
- 理解招聘优良员工可以降低舞弊风险；
- 了解评估与降低舞弊风险的方法；
- 理解尽早侦查出舞弊的重要性；
- 了解各种舞弊调查方法；
- 熟知企业发生舞弊后如何诉诸法律。

现实的教训

过去两年里，麦肯（Mark-X）公司发生了三起重大舞弊事件。第一起舞弊涉及业务部门经理虚报收入、高估部门利润。面对日益下滑的销售额，这名经理害怕无法达成公司奖励方案中的收入目标，还可能因业绩不佳而被解雇，从而虚报 2 200 万美元的服务合同收入。第二起舞弊的实施者是采购部门经理，他利用为公司员工采购制服的职务之便，向特定供应商提供极其优渥的条件；作为回报，供应商"聘用"采购经理的女儿。然而，供应商提供的制服价高质劣。实际上，经调查采购经理的女儿并没有上班，却拿着 40 万美元的"薪水"。在接受调查时，采购经理的女儿（表面上是供应商的员工）完全不知道供应商办公室的地址和电话号码。这名所谓的供应商"员工"随后将这笔"薪水"转交给父亲。这一回扣舞弊导致麦肯公司以 1 100 万美元的高价购买了制服。第三起舞弊涉及两名仓库经理偷窃公司约 30 万美元产品。他们的舞弊手段是向顾客签发贷项通知单。从表面上看，似乎是顾客退回了有问题的产品并替换了新产品，但实际上并没有发生退货的情况。贷项通知单只不过是仓库经理为掩盖从仓库偷窃高价产品的幌子。

这三起舞弊事件被各大媒体曝光后，不但让公司管理层与董事会颜面无光，还让公司花费了很大一笔调查费。在某次董事会会议上，董事长对首席执行官说："我不想再看到公司的舞弊事件不断登上报纸版面；要是公司再发生一起重大舞弊，我将引咎辞职并建议董事会解聘你这位首席执行官！"

这次董事会会议结束后，首席执行官召集财务总监、内部审计主管、公司法律顾问及安保主管等参加紧急会议。会上他明确告诉所有与会人员，如果公司没有办法实施有效的舞弊防范与侦查方案，大家就将面临失业。首席执行官检讨完这三起舞弊案之后，向与会者转告了董事长所说的话。最后首席执行官说："花再多钱都在所不惜。我要的是防范舞弊的最佳方案，不管你们聘请什么样的顾问，但一定要尽快制订出一套能让我向董事会交代的有效的反舞弊方案！"

本章将逐一介绍不同的反舞弊行动，它们之间的关系如下：

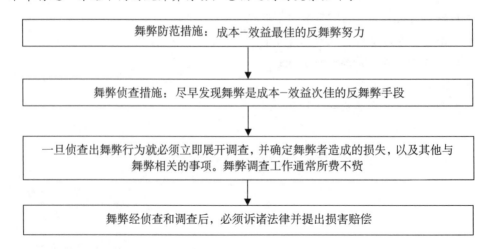

3.1 了解反舞弊手段

如果你是麦肯公司聘请的反舞弊顾问，你会提出哪些建议？你会建议公司采取哪些舞弊防范、侦查与调查方案？你会建议公司执行哪些行为守则、制定什么样的惩罚措施？作为一名反舞弊顾问，首先应当让公司管理层知道，反舞弊工作包括四项措施：舞弊防范、早期舞弊侦查、舞弊调查、后续的法律行动与处置程序。其次应当让公司管理层明白，没有情节轻微的舞弊，只有尽早发现的重大舞弊。随着时间的推移，舞弊的规模会以几何倍数的形式扩大。意思是说，如果舞弊一直没有被揭发，舞弊者就会越来越大胆，以至于在舞弊的最后阶段，企业蒙受的损失或被操纵金额与舞弊发生初期相比简直是天壤之别。此外，反舞弊顾问提供的建议还应当包括：以舞弊为主题的教育培训课程和行为守则、更完善的内部控制措施、薪资与奖金制度的审视，以及对舞弊者更严厉的惩处制度。实际上，一套全方位反舞弊方案的重点应当着眼于反舞弊的四项基本行动：防范措施、积极主动的侦查措施、调查活动、法律行动和后续的处置程序。麦肯公司和其他多数企业一样，往往只将反舞弊工作的重点放在后两项行动上，只有在舞弊事态严重到令人无法忽视的地步时企业才会执行舞弊调查程序，再采取后续的法律行动；然而，这两项行动可以说是成本最高、效果最差的反舞弊措施。

本章将简要介绍全方位反舞弊方案的四项基本行动，便于大家了解反舞弊工作与程序。

3.1.1 防范舞弊

防范舞弊是减少舞弊损失最经济的方法。一旦出现舞弊行为，结果通常是两败俱伤，不会有赢家。舞弊者往往是初犯，面对谴责会产生羞愧感，还要承担法律责任。对于违法行为，舞弊者可能还要缴税，并赔偿他人的损失，其家人可能

> **请记住** >>> 企业采取的反舞弊行动有四项：(1) 舞弊防范措施；(2) 积极主动的侦查措施；(3) 针对疑似舞弊行为展开的调查；(4) 针对舞弊者采取后续法律行动。多数企业往往只重视后两项行动，然而这两项行动实际上是成本最高、效果最差的措施。

也会遭到牵连，最后他们还要支付罚款并承担其他后果，所以舞弊者是输家。受害者则不仅资产遭窃，还要负担诉讼费用，赔上时间、形象受损及承担其他不利后果，所以受害者也是输家。此外，如果企业未对舞弊者采取严厉的惩罚措施，相当于向企业其他员工传递一个不良信号——舞弊者不必对自身行为承担严重的后果，以至于他人很可能群起效尤。采取积极舞弊防范措施的企业与个人会发现，这是一项非常值得的投资；反之，反舞弊工作的成本将非常高昂，而且反舞弊效果不佳。

正如第 2 章提及的，人们实施舞弊源于三个因素在联合起作用：(1) 自认为面临压力；(2) 发现有机可乘；(3) 为舞弊行为找到合理化借口。第 2

> **想一想** >>> 与银行抢劫犯及其他盗窃案的窃贼相比，舞弊者在行为曝光后会遭受更多的谴责以及产生更大的羞愧感。原因是什么？

章还探讨了舞弊三要素不同强弱程度导致不同结果的"舞弊天平"。一个人自认为面临沉重压力，在机会很不错的情况下，即使理由不够充分也会实施舞弊；倘若面临的压力与舞弊的机会都不大，则需要有更充分的理由这个人才会实施舞弊。遗憾的是，不论企业在防范舞弊上投入多少心血，当有人面临的压力沉重且能够找到借口合理化不当行为时，舞弊终究还是会发生。事实上，要杜绝舞弊是根本不可能的事，尤其是还要考虑成本-效益原则。对企业而言，最好的结果就是将舞弊造成的损失最小化。

如果企业能够将舞弊风险纳入考量，并采取相关措施营造积极向上的工作环境，就可以降低舞弊发生概率，成功地防范大多数舞弊。有效的舞弊防范措施包括两项基本行动：(1) 倡导诚实正直的企业文化；(2) 评估舞弊风险并制定具体对策来降低舞弊风险和消除舞弊机会。

3.1.2 倡导诚实正直的企业文化

企业可以通过多种举措来倡导诚实正直的企业文化，其中最重要的方式有五种：(1) 最高管理层率先垂范、以身作则，即高层的立场；(2) 任用诚实正直的员工；(3) 向所有成员正确传达企业期许的行为，并定期签署同意这些期许事项的声明书；(4) 营造积极向上的工作环境；(5) 针对舞弊制定并实施有效的处罚措施。

最高管理层率先垂范、以身作则

有关道德发展的调查结果表明，企业一旦树立正确的典范，诚实原则就会得到巩固和加强——有时候又称"高层的立场"，这也是强化诚实正直这一企业文化的最佳方法。企业管理层不能对自己要求的是一套标准，对其他员工要求的却是另一套标准，而必须通过自己的实际行动，让员工更深刻地体会到企业对不诚实、不道德行为决不宽恕的态度。

遗憾的是，错误示范的例子随处可见。由于信息获取的便捷性（通过网络、论坛、视频、有线电视、广播节目等），与过去相比，报道腐败分子的新闻变得更加巨细靡遗、更容易获取。因此，像第1章麦道夫这样实施重大舞弊的人，所在公司员工及其合作伙伴都对他的恶行恶状了如指掌，还通过各种媒体渠道传播到全球。大多数企业管理层根本无法掩饰自己的罪恶行径，但员工及他人会将这种错误示范解读成"如果管理层都可以这样做，那么我们也可以有样学样，如法炮制"。

任用诚实正直的员工

倡导诚实正直的企业文化的第二项关键要素是任用诚实正直的员工。人们的诚信水平和个人道德素质参差不齐。事实上，调查结果显示，许多人在面临沉重压力和绝佳机会时会表现得不诚实，而不会选择接受诚实行为所带来的"不利后果"（例如名誉扫地、自尊受损、无法达成目标或期望、暴露工作能力缺陷、无力偿还债务等）。如果企业希望有效地防范舞弊，就必须执行主动的员工聘用程序，才能分辨应聘者的品德是否高尚；尤其是在招募高风险关键岗位的人员时，这一点特别重要。主动的员工聘用程序包括：调查应聘者的背景资料、彻底检查应聘者的个人资料、识别和解读应聘者对询问的反应、测试应聘者的诚信水平与其他道德素质。

近年来，相关研究提出一种道德发展模型，有助于分析人们不道德行为背后的成因，如图 3-1 所示。

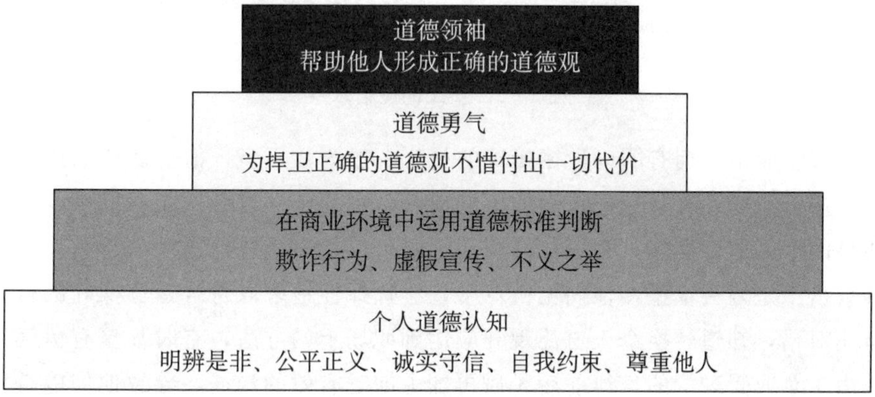

```
┌─────────────────────────────────────┐
│           道德领袖                   │
│    帮助他人形成正确的道德观          │
├─────────────────────────────────────┤
│           道德勇气                   │
│    为捍卫正确的道德观不惜付出一切代价│
├─────────────────────────────────────┤
│     在商业环境中运用道德标准判断     │
│     欺诈行为、虚假宣传、不义之举     │
├─────────────────────────────────────┤
│           个人道德认知               │
│ 明辨是非、公平正义、诚实守信、自我约束、尊重他人 │
└─────────────────────────────────────┘
```

图 3-1　道德发展模型

个人道德认知是道德观的根基，涉及个人行为最基本的规范。这项个人道德认知根基是指能够明辨是非、拥有公平正义的意识，关心他人、尊重他人、对他人富有同情心，了解操守与诚实的基本原则，表现出带有正确价值观的一贯行为，等等。

在商业环境中运用道德标准判断是道德发展模型的第二阶段，是指将个人道德认知应用于职场（如医护人员和工程师等）、商业或其他环境。这种转换应用的过程并非一帆风顺。例如，以很高的道德标准对待家人和朋友的人，也许不能理解如何做假账，或者未向政府申报预缴税如何影响人们的生活、构成不道德或欺诈行为。

在近年来发生的金融诈骗案中，多数涉案人员都自认为诚实、道德操守良好的人，然而这些人在是配合做假账还是揭发不当行为之间进行抉择时，往往会做出错误的决定。因为他们不知道应该如何将个人价值观转换应用到工作与决策上。

道德勇气是道德发展模型的第三阶段，是指在很棘手或模棱两可的状况下采取正确行为的力量与信念。每个人都有自己的道德认知，也懂得将道德认知转换应用到所处的商业环境中。但是在必要时，并不见得人人都有勇气坚持自己的立场。在最近发生的一起舞弊事件中，超过 20 人参与操纵财务报表，所有人在审讯中都表示，知道自己做的是不道德的事，但没有人有勇气坚持自己的道德信念。一个有道德勇气的人，不论后果如何都会采取正确的行动，勇于承担所有可能的后果。

道德领袖是道德发展模型的最高阶段，是指引导或帮助他人培养道德认知与勇气。作为一种更高尚的道德形式，它强调一个人通过言传身教、范例、观点以及良好的管理方式启发和引导他人。根据每个人的诚信水平，我们可以将大多数企业员工划分为三类，如图 3-2 所示。

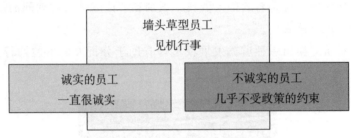

图 3-2　员工的诚信水平

在大多数企业中，拥有明确道德操守的员工一般为数不多，他们懂得如何将自己的价值观转换应用于职场，有坚持做正确的事的勇气，也几乎一直会做正确的事。也有少部分人缺乏明显的个人道德操守，为了自身利益随时可以做出违背道德观的行为。但是，企业中绝大多数员工是墙头草型，他们见机行事，会选择性地采取符合道德操守的行为。他们很清楚是非对错，知道转换个人道德观并应用到职场上的方法，有时甚至有勇气坚持做正确的事。由于企业管理层的言行前后矛盾再加上缺乏有效的沟通，导致他们能否坚持符合道德操守地行事完全取决于所处的环境。一般来说，他们会跟随高管的脚步，也会受到企业文化和经营理念的影响。若公司高管的立场明确、正直，则他们也会跟随做出正确的选择。高管的身先士卒、率先垂范并与员工进行充分、有效的沟通，有助于员工保持诚实正直的理念、做出正确的选择。

企业应尽全力做到任用道德操守良好的员工，并确保高管表现出正确的立场。下面是一家企业因任用不良员工而招致舞弊的案例。

不良员工引发的舞弊

菲利普·克罗斯比（Philip Crosby）是 ITT 公司前任总裁，他在任期间出版了一部著作，书中提出企业可以实现无瑕疵产品的生产，而且这种做法能让企业获得丰厚的利润。从 ITT 公司辞职后，他创办了一家践行自己主张的顾问公司——PCA。这家新公司经营得有声有色、业绩斐然，引起了财富 500 强公司高管们的关注。为了能聆听克罗斯比的见解，这些高管纷纷慷慨解囊，向 PCA 公司支付了大笔顾问费。PCA 公司秉持创始人克罗斯比的价值观，认为企业在相互尊重和认同的工作环境中能够生产出无瑕疵产品。如果员工以公司为荣，同时认为公司在经营方面是公开、透明和诚信的，员工就会施展自己最大的能力，更不会偷窃公司财物。PCA 公司国际事业部开张首年的营业收入高达 200 万美元，次年的营业收入预计可以翻倍。次年 2 月，PCA 公司在比利时的布鲁塞尔设立办事处，并计划在全球范围内设立分公司和办事处以拓展业务。此时，公司急需一位处理新设办事处财务事项的负责人，主要负责编制外币折算报表。通过招聘程序，PCA 公司管理层一致同意聘任约翰·纳尔逊（John Nelson）担任财务负责人。纳尔逊拥有工商管理硕士学位，也相当了解国际市场的技术发展趋势，而且其前任公司提供的推荐信令人非常满意。PCA 公司人力资源副总裁史蒂夫·巴拉斯（Steve Balash）说："他正是我们想招聘的那种诚实的人选。"然而，纳尔逊实际上是一个不折不扣的骗子，他根本不叫纳尔逊，他的本名是罗伯特·利谢夫斯基（Robert Liszewski）。进入 PCA 公司之后，利谢夫斯基在自己办公室醒目的地方陈列伊利诺伊州颁发的注册会计师证书，其实这张证书是他用计算机打印的；他提供给 PCA 公司的工作履历实际上是他妻子（曾是利谢夫斯基之前服务过公司的兼职员工）编造的。利谢夫斯基在 PCA 公司主要是为成长快速的国际事业部负责财务工作，然而他的工作从一开始就碰壁。按美元折算外币报表的工作进度异常缓慢，然而对一名会计师而言，这本来应该是件易如反掌的事；不仅如此，他无法准时完成月报表的编制。在任职一年左右之时，利谢夫斯基首次面临重大挑战——第三季财务报表的上报期限已过，但他仍无法编制和提交报表。他借口说："外部的记账员还没算出期末核验的数据而计算机又经常死机……"公司高管同意他留任，因为后来结账进度似乎慢慢有所改进，而且其他工作他做得还不错。第三年 12 月，记账员辞职后只余他一人独自完成部门所有的财务工作（当年度营业收入约 1 200 万美元），利谢夫斯基的记账进度严重落后，财务总监不得不询问原因。在解释的过程中，利谢夫斯基开始号啕大哭，说自己身患癌症，只剩下 3 个月的生命期，财务总监对他的谎言深信不疑，让他继续留任。此时，PCA 公司的业务开始衰退，年底公司股价从一年前的每股 20 美元下跌到 12 美元；当年 3 月 12 日，财务总监准备从某个银行账户向客户转账 50 万美元，会计主管却告诉他账户余额不足而无法转账。财务总监深信那个账户明明至少应有 100 万美元。经过调查，会计主管发现问题账户的转账记录中有一笔未入账汇款似乎有问题。这笔金额为 82 353 美元的款项汇给一家名为爱立德出口（Allied Exports）的美国公司，但这笔款项原本是支付从印第安纳州南宾市运送产品到布鲁塞尔的费用。会计主管知道南宾市是利谢夫斯基的家乡，除此之外，他并没有联想到其他问题。但在后续追查的过程中，会计主管发现共计超过 425 000 美元的多笔汇款全都汇到南宾市。于是 PCA 公司请求印第安纳州政府办公室协助查询爱立德出口公司的注册信息，数据显示公司总裁为帕特里西娅·福克斯（Patricia Fox）。PCA 公司管理层发现，福克斯正是利谢夫斯基的妻子。在妻子的协助下，利谢夫斯基在印第安纳州南宾市虚设了一家公司，并在 8 个月内以支付各种费用为由将超过 961 000 美元的款项汇至这家虚设公司。福克斯在南宾市提现 23 万美元时被捕。警员在利谢夫斯基家中搜查出从 PCA 公司偷窃钱财的账册，还在一个上锁的箱子里发现了爱立德出口公司的月对账单、已注销的支票与公司执照。警方在搜查利谢夫斯基住宅时，发现他开着一辆白色保时捷从家门口出逃，但是没能追上他。两个星期后，警方的计算机系统记录显示一张新驾照发给了一名叫纳尔逊的人，警方根据地址来到此人家中，发现驾照主人是一位老人——他确实是纳尔逊本人。这位老人指认驾照照片上的人物是他的前任主管，名叫布鲁斯·福克斯（Bruce Fox）。更早之前，印第安纳州一家银行发现布鲁斯·福克斯曾因侵占 40 万美元公款入狱 18 个月而被解雇。

以诚实为主题的相关研究显示，按诚实程度可以将人分为三类：(1) 一直都很诚实（约占 30%）；(2) 见机行事、选择性表现诚实举止的人，即哪种举止对自己有利便呈现哪种举止（约占40%）；(3) 从来都不诚实的人（约占30%）。树立良好典范并完善舞弊防范措施通常可以让第二类人呈现诚实的举止；但想让第三类人呈现诚实的举止，舞弊防范措施通常发挥不了作用。因此，企业只有施行完善的员工甄别政策以消除任用不诚实员工的情况，并且为墙头草型员工树立正确的典范，如此才能让企业防范绝大多数的舞弊行为。

沟通和传达企业期许的诚实与正直行为

第三项关键要素是沟通和传达企业期许的诚实与正直行为。具体包括：(1) 明确正确的价值观和道德标准；(2) 对员工进行培训，帮助他了解日后可能面临的各种问题，并告知如何应对和汇报；(3) 将对违规者的处罚措施和结果广而告之。企业应当通过行为守则、海报、视频及其他方式向员工传达何为诚实与正直行为。沟通和传达的时点首先应是员工入职之时，随后还应定期进行。一个有效的行为守则应当是书面的，有助于员工、供应商和顾客了解其内容，同时还应当有助于增强管理层的"主人翁精神"。要求员工对是否领会管理层的规定定期进行书面汇报，是倡导诚实与正直作风的一个非常有效的手段。事实上，许多优秀企业的成功实践表明，每年定期签署声明书能够在舞弊事态扩大之前防范和侦查出舞弊行为。

管理层应当向所有员工清楚地传达企业设定的行为守则，以及对舞弊行为的处罚措施。例如，舞弊防范方案的利器之一是管理层以书面形式明确对不诚实行为绝不宽待的立场，并且规定违规员工将受到解雇处分并追究一切法律责任。这种书面声明必须与舞弊后照章惩处的实际行动一致，如此才能真正发挥作用。

> **想一想** >>> 你认为企业明文规定行为守则真的能够有效降低企业舞弊发生概率吗？你是否认同这种说法？为什么？

2002年通过的《萨班斯-奥克斯利法案》规定，企业应在行为守则中明确符合与违反行为标准的具体内容。现在，所有美国上市公司都必须制定规范董事与高管人员的行为守则，大多数上市公司甚至将行为守则的适用范围扩大到全体员工。

营造积极向上的工作环境

倡导诚实与正直的企业文化的第四项关键要素是营造积极向上的工作环境。相关研究显示，相对于会遭受不当对待、受到威胁或不受重视的工作环境，若让员工对所在企业有归属感与责任心，则企业发生舞弊行为的概率较低。不利于营造积极向上的工作环境的因素有：

- 最高管理层不关注或不重视良好的行为举止；
- 对员工工作表现只有消极的反馈或未给予充分的认可；
- 让员工感觉企业内部存在不公平现象；
- 采用独裁专制而非参与式的管理模式；
- 对组织的忠诚度低；
- 不合理的预算目标；
- 工资薪酬水平过低；

- 教育培训不足或晋升机会较少；
- 员工流动频繁或旷工现象严重；
- 企业内部缺乏明确的职责权限；
- 企业内部缺乏有效的沟通。

由于企业通常重视短期业绩，特别是季度每股盈余，而忽视长期的市场占有率及其对股价的影响，以至于企业将员工看作可交易的资产而非值得培养与投资的人力资本。由于解雇与重新招聘的情形频发，致使员工因对工作缺乏安全感和责任感而无法全心全意投入工作，在这种工作环境中舞弊会时常发生。也就是说，只重视眼前成果的代价是，管理层对员工以及员工对企业都采取消极的应对态度。

针对舞弊制定并实施有效的处罚措施

倡导诚实正直的企业文化的最后一项关键要素是针对舞弊制定并实施有效的处罚措施。如前所述，无论如何积极倡导诚实正直的作风、完善舞弊防范措施，企业仍有可能发生舞弊。企业处置舞弊的方式会直接影响未来舞弊行为再度发生的概率。有效的舞弊处置政策应当确保彻底调查事实真相、对舞弊者依照明确一致的标准严肃惩处、重新评估导致舞弊产生的风险并弥补相关控制缺陷、进一步加强沟通和培训。所有企业都应当制定反舞弊政策，其内容至少包括：明确舞弊防范、侦查与调查的负责人；处置舞弊事件的内部程序与法律程序；舞弊发生后应采取的补救措施与教育培训；等等。

3.1.3 评估与降低舞弊风险

有效的舞弊防范措施除了要树立和倡导诚实与正直的企业文化，还要杜绝舞弊发生的机会。无论是管理层以企业之名实施的舞弊，还是针对企业实施的舞弊，都不可能在不具备机会的条件下发生。企业可以采取以下四项积极措施来消除或减少舞弊机会：(1) 准确识别舞弊源头并评估风险；(2) 实行适当的预防性与侦查性的控制措施；(3) 建立由员工负责的全面监督机制；(4) 实行独立稽核，包括进行有效的内部审计。

识别舞弊源头并评估风险是指企业应当建立一套程序，以确定舞弊风险最高的领域，并评估和测试用来降低风险的控制措施。在识别舞弊风险时，企业应考虑自身的特征、所属产业的特征、所在国家的特征对舞弊的影响。企业如果希望能有效防范大多数舞弊行为，就应当召集管理层、内部审计人员、资产安全专员和法务人员等一起参加并进行"头脑风暴式"的讨论。讨论的重点事项如下：

- 若企业发生舞弊，则最可能出现在哪个部门或项目？针对你认为最有可能发生的舞弊进行分门别类，并特别关注可能出现的舞弊形式。
- 哪些员工最有机会实施舞弊？企业应针对这些员工设置哪些预防性与侦查性的控制措施？
- 若发生这类舞弊，则企业会出现哪些征兆或迹象？企业如何在计算机系统、管理程序和各部门设置相应的预警机制？

在完成舞弊风险评估程序之后，企业应当制定必要的程序、控制措施和流程来降低相应的舞弊风险。适当的内部控制制度包括良好的控制环境、有效的会计系统、适当的控制程序。

相关研究表明，大多数舞弊是由员工和管理人员发现的，而不是由审计人员发现的。因为员工和管理人员每天与舞弊者一起工作，他们最能察觉到表征可能出现舞弊的一些行为变化，包括生活行为或形态、财务记录、工作表现及其他方面等。由于审计人员或其他人只进行定期或不定期的抽查，难以有机会发现舞弊行为，因此企业应当教会员工和管理人员观察与识别舞弊征兆的方法。效果最好的方法是让员工参与监督，实施检举报告机制，让员工和其他人知道应向何人汇报可疑的行为或迹象。检举报告机制要强调严格保密，确保举报员工不会遭到打击报复。重视舞弊防范的企业应当为员工和其他人的主动检举提供便利，并给予一定的奖励。

> **请记住 >>>** 企业有效的舞弊防范措施由两项基本要素构成：(1) 倡导诚实与正直的企业文化；(2) 评估舞弊风险并制定具体对策以降低舞弊风险、消除或减少舞弊机会。倡导诚实与正直的企业文化最重要的方式有五种：(1) 最高管理层率先垂范、以身作则（高层的立场）；(2) 任用诚实、正直的员工；(3) 向所有成员正确传达企业期许的行为，并定期签署认同这些期许事项的声明书；(4) 营造积极向上的工作环境；(5) 针对舞弊制定并实施有效的处罚措施。企业可以采取四项积极措施来消除或减少舞弊机会：(1) 准确识别舞弊源头并评估风险；(2) 实行适当的预防性与侦查性的控制措施；(3) 建立由员工负责的全面监督机制；(4) 实行独立稽核，包括进行有效的内部审计。

2002 年通过的《萨班斯-奥克斯利法案》特别强调检举制度的积极作用，它是让员工和其他人检举包括舞弊在内的不当行为的一种机制。《美国法典》第 806 部分与第 18 部分的第 1513 条 e 项规定，所有上市公司必须施行检举制度，并不得对检举可疑行为的员工及其他人进行打击报复。促成这项立法的事件之一是安然舞弊案。2001 年 8 月，安然公司前董事长肯尼斯·雷伊收到一名高管的匿名信，信中警示这家曾是美国能源产业巨擘之一的公司可能会曝出一系列财务舞弊丑闻。这封信明确指出，公司高管与外部组织的合作模式非常令人生疑。

事后经证实，这封匿名信是安然公司企业发展部副总裁谢伦·沃特金斯（Sherron Watkins）发出的。如果当时华金斯的检举信被提交到安然董事会，那么安然公司或许至今还能存在；只可惜，当时这封信被寄给首席执行官而非董事或其他人，于是安然公司如今不过是一个历史名词。针对安然公司及其他公司的财务舞弊丑闻，美国国会采取的应对措施是通过立法责成公司审计委员会（董事会下辖委员会之一）针对财务报告披露与遵循证券交易法规方面的事项进行监督、评估、控制并采取适当的应对措施。

消除或减少舞弊机会的最后一项措施是设置内部审计部门，负责定期审计财务报表与会计记录，同时也委托外部审计机构检查财务数据。目前，越来越多的内部审计人员接受侦查与调查舞弊方面的特殊训练。即使内部审计人员没有接受过适当的舞弊检查训练，他们的存在也可以一定程度地发挥遏制舞弊的效果。相关调查表明，大约有 20% 的舞弊是由内部审计人员发现的。

3.2 舞弊侦查

假设在一起由银行出纳员实施的舞弊案中，盗窃金额和对应日期如表3-1所示。

表3-1 盗窃金额与对应日期

日期	盗窃金额（美元）	日期	盗窃金额（美元）	日期	盗窃金额（美元）	日期	盗窃金额（美元）
4/1	10	5/8	20	6/5	50	7/16	600
4/4	20	5/9	30	6/9	30	7/23	600
4/7	20	5/12	30	6/10	40	8/4	20
4/9	20	5/13	30	6/11	30	8/8	20
4/10	20	5/14	30	6/12	50	8/11	30
4/14	40	5/15	30	6/13	50	8/14	30
4/16	30	5/16	40	6/16	50	8/19	20
4/22	30	5/19	40	6/17	50	8/22	40
4/23	30	5/20	40	6/18	30	8/26	400
4/24	30	5/21	40	6/20	70	8/27	600
4/25	30	5/22	20	6/23	100	8/28	400
4/28	30	5/27	30	6/24	200	9/2	400
4/29	30	5/28	40	6/25	400	9/5	100
4/30	30	5/29	40	6/26	600	9/12	100
5/1	20	5/30	50	7/8	400	9/15	200
5/5	30	6/2	40	7/9	700	9/16	400
5/6	30	6/3	50	7/14	400		
5/7	20	6/4	50	7/15	600		

出纳员在盗窃行为曝光之后说："我实在不敢相信，作案期能够持续那么久，尤其是盗窃金额越来越大但竟然没有任何人起疑心。"

正如你看到的，这个案件刚发生时情节相当轻微，随着舞弊行为持续发展，出纳员盗窃的金额越来越大。因为一直无人发现端倪，出纳员的胆子越来越大，变得越来越贪婪。实际上，你可能已经注意到，从7月23日起盗窃行为中断了2个星期，原因是审计人员到银行查账。你可能还注意到，在审计人员查完账离开之后，这名犯案出纳员又开始偷钱，只是金额不大。他测试银行系统一段时间后，确认了审计人员并未发现自己的罪行，也未设置揭发自己罪行的措施。当他再度确认盗窃行为不会曝光之后，盗窃金额又迅速增加到每天数百美元。

虽然这起盗窃案涉及的金额不大，但舞弊形式很典型。大多数舞弊初始的情节都很轻微，但若罪行一直没有曝光，涉案金额就会越来越大。如果舞弊者因某些事项而感到畏惧，就不会继续盗窃公款；一旦畏惧感消失，他们就会继续作案。在大多数案件中，盗窃金额会逐渐增大，因此舞弊东窗事发之前那一次盗窃的金额往往会远远超过案发初期的金额。例如，在某起舞弊案件中，每个月失窃的金额以4倍的速度递增。如前所述，没有情节轻微的舞弊，只有应尽早发现的重大舞弊。表3-2列出了一起持续时间长达9年的舞弊案的盗窃金额，累计高达26亿美元（本书作者之一是案件的专家证人）。与所有的舞弊案如出一辙，长期下来，盗窃金额呈几何倍数暴增。

表3-2　某案件的盗窃金额

舞弊持续期间	累计盗窃金额
第1年	60万美元
第3年	400万美元
第5年	8 000万美元
第7年	6亿美元
第9年	26亿美元

要防范管理层或企业所有者实施的舞弊是相当困难的，因此尽早侦查和发现舞弊至关重要。我们来看下面的案例：

新罕布什尔州一家人力派遣公司的总裁蓄意将公司员工申报为合同工或临时工的类别，从而使公司三年内逃避支付应交的211 201美元工薪税。此外，他还捏造不实数据，隐瞒实际聘用的员工人数，逃避应交的426 463美元工薪保险费。

正如上例所示，如果实施舞弊的是组织所有者或总裁（通常亲自掌管财务工作），那么舞弊将防不胜防。即使企业制定了严明的行为守则，一旦其所有者存心舞弊，恐怕没有人能够阻止他们。因此，处置这类舞弊的重点在于侦查环节。由于无法杜绝一切舞弊，因此企业必须同时实行预防性与侦查性的控制措施。预防性控制措施旨在防范舞弊发生，而侦查性控制措施旨在舞弊扩大之前尽早发现端倪。

舞弊侦查措施包括针对已经发生或正在进行的舞弊而采取的各种程序和行动，但不包括为明确舞弊的动机、程度、手段或其他要素而采取的调查程序。后续章节将介绍舞弊行为和其他犯罪行为的不同之处就在于很难确定其是否会发生。侦查舞弊最困难的工作之一是判断舞弊行为是否真的已经发生，因为舞弊行为从来都是遮遮掩掩进行的。

一般而言，舞弊侦查的起点是识别与舞弊相关的征兆、迹象或危险信号（也称"红旗"）；不过，这些危险信号常常与非舞弊因素相关。侦查舞弊主要有三种途径：(1) 偶然发现；(2) 为检举疑似舞弊行为提供渠道；(3) 有意识地审查交易记录及文件，判断是否存在表征舞弊发生的异常事件（可采取人工处理或运用科技方式处理）。过去，大多数舞弊是偶然发现的。但是等到发现之时，舞弊事态已经扩大，而且已经持续一段时间，受害者已经遭受巨大损失。在大多数情况下，受害组织内部的人员即使怀疑存在舞弊行为也没有主动检举，可能是因为他们不十分确定、不愿冤枉他人、不清楚如何检举、害怕检举后遭到打击报复或者害怕被看作专打小报告的人。

近年来，多数组织实施了积极的舞弊侦查措施。第一种方法是设置举报专线，这也是最常见的侦查措施。如前所述，员工、同事和其他人都可以拨打专线或线上匿名举报疑似舞弊行为的线索。有些组织在内部设置举报热线，有些则是外包给独立机构执行这项工作，例如注册舞弊检查师协会，以及一家名为安乐警示（原名为无声吹哨）提供的付费热线举报服务。已设置举报热线的组织发现了许多原本不会曝光的舞弊，不过也为此付出了不小的代价。不可否认，许多通过举报热线收集到的线索其实与舞弊行为毫无关联，这些无关事项有些是员工担心工作上的事情，有些则是恶作剧，还有些是因嫌隙、不满或蓄意而伤害组织或个人。有些与舞弊无关的事项也有可能被误认为舞弊征兆。

第二种积极的舞弊侦查措施是分析各项交易数据，从中搜寻可疑的趋势、数字、现象及其他异常。近年来，随着科学技术的不断进步，组织可以全面分析并挖掘数据库的信息，主动搜寻舞弊征兆。例如，银行安装计算机程序来识别是否有人涉嫌开具空头支票。这种欺诈伎俩是舞弊者虚构自己在两家或多家金融机构的账户都有余额而不断开出支票，或者在银行账户之间转账以支付自己的支出和费用。计算机程序可以使银行特别留意短期内发生频繁或大额交易的客户。保险公司则安装类似的计算机程序来过滤那些投保后很快就申请理赔的客户。有些组织甚至采取全方位的舞弊侦查程序，根据各种征兆分门别类地识别可能的舞弊形式，并在计算机系统中设置实时查询功能，以便搜寻舞弊征兆。目前，学术界与调查人员在进行舞弊侦查研究时，大多会采用科技化和信息化的搜寻技术。对舞弊与反舞弊有浓厚兴趣的读者应当随时关注相关研究的最新进展。下面举例说明积极的舞弊侦查活动。

> **留意** >>> 在积极侦查舞弊的过程中，反舞弊人员尽到专业应有之警惕是很重要的。第一，所有看似舞弊征兆的事项，几乎永远会有不同的解释方式。例如，有人解释是因为继承过世亲人的遗产，所以生活和行为方式才突然改变。第二，积极的舞弊侦查工作不能妨碍组织的运营。以本书作者之一为例，他曾给一家大型企业开展培训，讲授内部稽核人员如何积极侦查舞弊；几个月之后，那些内部稽核人员因为运用舞弊侦查技巧过了头，甚至影响到其他同事的工作，几乎将整个企业的主管都得罪了。侦查舞弊最好的方式是不露痕迹，让组织里的员工与管理人员完全感受不到这些机制的存在。
>
> 舞弊侦查的目的在于判断是否可能发生舞弊。舞弊侦查让组织得以发现可疑的舞弊或舞弊征兆。过去，多数舞弊是偶然被发现的。现在，大多数组织通过以下两种途径发现舞弊：（1）为检举疑似舞弊行为提供渠道；（2）有意识地审查交易记录及文件，判断是否存在表征舞弊发生的异常事件。

一家美国大型商业银行在后台设置了一项功能，利用计算机程序筛查客户交易中的异常活动。存款、提款交易快速且频繁的客户，尤其是存取都是同一个账户开立的支票，通常可能出现支票腾挪情况。一旦怀疑出现支票腾挪现象，这个可疑账户的开户分行就会接到警示通知，检查是否存在舞弊迹象。有一起案件是某分行接到警示通知，一名开户三年的客户的账户交易似乎有支票腾挪迹象。但是，分行经理很熟悉这名客户，并认为他很诚实。几天后，分行再次接到警示通知，同一名客户的存款、提款交易看起来非常可疑。在收到第三次警示通知之后，分行经理才决定着手调查此事。同时，这名诈骗银行的客户被另一家银行发现确实有腾挪支票诈骗的情况。最终，这家银行独自承担了诈骗损失，经查发现，自发出第一次通知到第三次通知期间，损失金额从 7 万美元增加到 60 万美元。这起真实的案件告诉我们，只有不忽视舞弊征兆，你才会发现积极主动的舞弊侦查措施的价值。

3.3　舞弊调查

马克和珍妮案

马克（Mark）和珍妮（Jane）是一对夫妇，马克是麦当劳公司的首席执行官，珍妮是韦麦联合会计师事务所（Watkiss & McCloy）的合伙人。辛苦工作一天之后，两人相约在当地一家餐厅共进晚餐。马克告诉珍妮白天在公司里发生的事。马克拿出一张匿名纸条给珍妮看，上面写着："你需要好好查清楚毕思强（化名，采购经理）和毕格帝（化名，供应商）的关系，有些事情令人怀疑。"马克告诉珍妮，他不知道是谁留的纸条，也不知道该如何处理这张纸条；他还告诉珍妮，他担心采购经理与供应商勾结，应该根据这条"线索"追查下去。珍妮不敢相信自己听到的并且说："这么巧，我今天也碰到类似的事情。"她说一名新进审计人员来找她，并透露他担心客户有虚报销售收入的情况。这名审计人员发现有些销售收入没有任何记账附件（如销售合同、销售订单、出库单和销售发票等），而且都是在会计期临近结束时才签署。审计人员告诉珍妮，他担心客户为了让公司财务数字变得更好看而故意虚增收入。

虽然马克和珍妮相互透露机密数据的行为可能违反各自所在公司的行为守则，但他们面临的都是必须着手调查的事项。如果没有调查匿名举报的资料，马克或许永远无法发现回扣舞弊，导致公司采购成本虚增；同理，珍妮也需要就新进审计人员提醒注意的销售收入问题进行追踪调查。

上述案例中审计人员必须调查客户是否虚增销售收入，原因至少有三个：第一，公司股东可能因此而遭受重大损失；第二，审计人员未能发现虚增销售收入可能让自己面临法律诉讼以及后续的赔偿；第三，或许也是最重要的一个理由，虚增销售收入意味着管理层的诚信受到严重质疑，会计师事务所甚至可以发表"无法表达意见"或者解除委托关系。

上述两起案件都产生了一种情形——"对舞弊的推断"。推断是指可能导致理性、谨慎的专业人士从整体上认为舞弊已经发生、正在发生或将要发生的情况。舞弊调查工作离不开推断。虽然一方没有必要就另一方涉嫌舞弊提出具体的主张，但应当掌握一定的合理依据来证明可能会发生舞弊。如果像上述两个例子一样存在推断，则通常要进行调查确定舞弊是否真的发生，以及确定与舞弊相关的人、事、时、地与物。调查的目的在于寻求事实真相，确定观察到的种种迹象反映的究竟是舞弊确实存在还是无意的错误或其他问题。

舞弊调查是一项复杂且敏感的工作,如果未能妥善处理,无辜者的名誉就可能遭受无法挽回的损害,真正有罪的人却逍遥法外并再度犯罪,而作为受害方的主体可能无法获取相关信息以防范并发现类似事故或弥补损失。

3.3.1 舞弊调查方法

舞弊调查工作应当事先得到组织管理层的授权批准。调查工作既敏感又昂贵,只有在有充分的理由表明舞弊已经发生(即存在推断)的情况下,才应当执行调查程序。

虽然大多数调查人员非常依赖面谈、通过计算机程序搜寻电子邮件和各项记录、审核会计记录与实施内部控制等方式,但舞弊调查方法可以是多种多样的。舞弊调查方法可以按证据类型或舞弊要素进行分类。按证据类型将在调查过程中收集到的证据分成四大类,如图3-3所示。

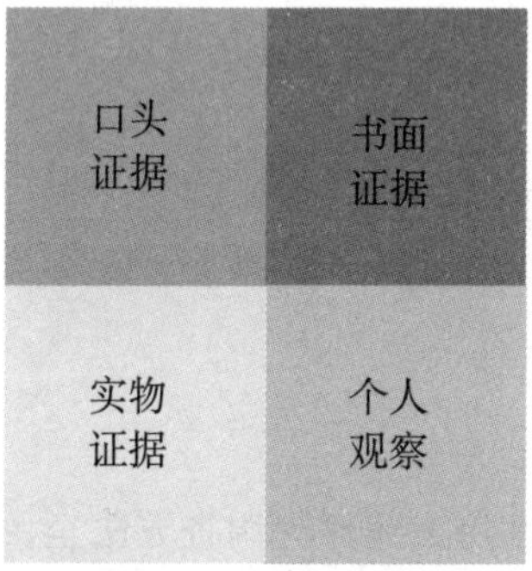

图3-3 证据类型

通过舞弊调查程序可以收集到以下四类证据:

- 口头证据,即从个人那里直接收集的证据。收集口头证据的具体方法有面谈、讯问以及各种测谎技术。

- 书面证据,即获取的文书、凭证、计算机记录等书面文件以及印刷品或电子形式的证据。收集书面证据最常用的方法包括检查凭证、调查公共记录、审计、检测计算机、计算净值与分析财务报表等。近年来,企业的数据库与电子邮件的服务器已经成为书面证据的主要来源之一。

> **留意 >>>** 在进行舞弊调查时,调查人员务必非常小心谨慎,切勿让犯罪嫌疑人警觉到调查工作已经展开;否则,他们很可能会隐藏或者销毁证据。此外,大多数舞弊者是初犯,对他们而言,违法行为被发现就宛如晴天霹雳。在许多案件中,舞弊者在发现自己成为被调查对象之后,选择自杀或采取其他过激行为。

- 实物证据,包括指纹、轮胎印、武器、赃物、失窃物品的识别号或标记,以及与舞弊相关的各种有形证物。收集实物证据的常用方法是专家鉴定分析。

- 个人观察,即调查人员通过自身的感官(包括视觉、听觉、触觉等)收集到的证据。常见的个人观察方法包括监控、监视及秘密调查等。

许多专业人士倾向于按照舞弊三要素对调查方法进行分类。舞弊调查可以根据两种不同的舞弊三角进行划分,一是舞弊动机三角,二是舞弊要素三角。这两种舞弊三角如图3-4所示。两种舞弊调查方法分别根据两种舞弊三角中的不同要素开展工作。若调查人员聚焦于舞弊动机三角，则会收集证人观察到或听到的关于压力、机会与合理化行为的事项。若调查人员聚焦于舞弊要素三角，则调查工作会比较复杂。其中，对"偷窃"行为的调查包括搜查舞弊者和收集信息。对"掩盖"行为的调查重点关注记录、凭证、计算机程序、服务器等舞弊者可能试图隐藏、掩盖其行为的证据。对"转移"行为的调查是指侦查舞弊者挥霍所盗窃财产的途径或销赃渠道。

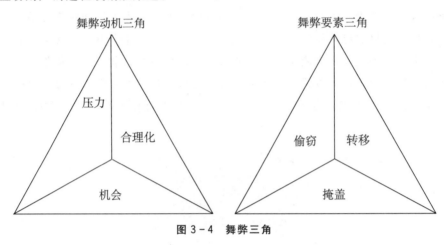

图 3-4　舞弊三角

3.3.2　开展舞弊调查

对舞弊调查人员而言，综合运用上述舞弊调查方法至关重要。某些舞弊案件的证据数量非常庞大，案情也很复杂，一旦调查步骤顺序错误或者不恰当就会使整个调查工作功败垂成，并且衍生出其他问题。因此，调查人员预先了解所面临的重大风险是极为重要的。

我们曾提及，舞弊调查会使每一个当事人都遭受不同程度的损失，当然也包括舞弊者自身。大多数舞弊者是初犯，他们原本在工作单位、社区、朋友圈和家族中颇受尊敬，有时让他们承认自己正在接受舞弊调查或实施了舞弊是他们无法承受的事。我们用以下讣告为例来说明。

> 约翰·琼斯（John Jones）的追悼会将于2001年5月5日（星期四）在斯普林格的威尔森殡仪馆举行。约翰享年35岁，他的母亲珍·琼斯和弟弟汤姆·琼斯都已离世。约翰身后遗有妻子瑞贝卡和四个年龄分别为9岁、7岁、6岁与4岁的孩子，他的父亲、三个兄弟和一个姐姐也都健在。我们为约翰身后留下的这四个孩子建立了一个基金，恳辞鲜花，蒙惠赐奠仪，请改捐赠给进步儿童纪念基金会，以表哀思！

这是一个贪污盗窃了65万美元公款的人的讣告。在七年的时间里，约翰盗窃了公司近一半的现金。当公司客户用支票或信用卡交款时他不会实施盗窃，只有在客户用现金支付时他才这样做。公司发现他侵吞公款，半夜打电话给他，并要求他第二天早上与公司律师会面。约翰接到电话后当晚就做了傻事。他先打电话告诉律师自己盗窃雇主钱财长达七年之久的事情，希望律师能够代理他第二天早上与公司律师会面。几个小时之后他改变了主意，开车驶入附近的山上自杀身亡。

这个真实的案例充分说明了为什么舞弊调查工作必须小心谨慎地开展，调查人员在舞弊调查过程中保持严谨、诚信也非常重要。舞弊调查工作至少应依照下列方式进行：

（1）执行调查的目的在于"探寻可疑问题的真相"。

（2）负责调查工作的人员必须经验丰富且客观公正。如果调查人员在描述事实经过时措辞不当或没有保持中立的态度，其内容的客观性就会遭到管理层和员工的质疑。无论何时，调查人员都不应当直接给出结论。

（3）针对某人是否犯罪的假设。在与他人讨论调查程序时，调查人员对嫌疑人是否实施舞弊所做的任何假设都应当严格保密。虽然优秀的调查人员在进行调查之前通常会持有初步的意见与印象，但他们必须客观评价每项信息和证据，并保持调查工作的机密性。

（4）调查人员应当确保有必要知情的当事人（例如部分管理人员）了解调查工作的进展，并认同所采用的调查手段和方法。

（5）优秀的调查人员必须确保收集的信息都经过独立验证，并确认是真实、正确的。经验不足的调查人员常犯的错误就是未验证收集到的证据。

（6）调查人员应当注意避免采用受质疑的调查技术。经验丰富的调查人员会确保所采用的调查技术或方法在科学与法律上都是正确、合理的。只有经过充分、坚持不懈的调查才能得出正确的结论。

（7）调查人员应当客观公正地反映所有事实和情况。从初步展开调查到最后完成调查报告的整个调查期间，调查人员都应当小心谨慎地对待和控制沟通方式，以避免在表述事实和意见时含糊不清。包括调查报告在内的沟通不仅要包含确定嫌疑人有罪的信息，还应当包含可能证明其无罪的事实与信息。忽视或未对信息进行书面记录是一种调查缺陷，可能导致严重的不利后果。

> **请记住>>>** 只有存在舞弊推断，才能启动舞弊调查工作。舞弊调查的目的在于探寻事实真相，即确定观察到的种种迹象反映的究竟是舞弊确实存在，还是无意的错误或其他问题。舞弊调查方法有很多种，既可以根据收集到的证据类型来分类，又可以根据舞弊动机三角与舞弊要素三角来分类。由于舞弊调查工作的敏感性强，对于如何开展调查工作、能接触案情的人员以及应当如何说明调查工作等事项，调查人员都必须小心谨慎地对待。

3.4 后续法律行动

在舞弊被揭发后，企业、股东或受害者要做出的重要决策之一就是应当采取何种后续的法律行动。企业、股东等必须清楚舞弊发生的原因，并实施防范舞弊再次发生的控制措施或其他措施，例如针对特定人员进行教育培训等。随后，我们需要解决的一个更重要、更棘手的问题就是对于舞弊者是否应诉诸法律以及采取何种法律行动。

大多数组织与舞弊受害者对舞弊通常有以下三种选择：（1）不诉诸法律；（2）要求民事赔偿；（3）提出刑事诉讼，有时由执法机关代为执行。鉴于第1章已经介绍过相关的民事与刑事法律，并在后续章节会再讨论，下面仅简要说明上述三种选择的优缺点。

相关舞弊研究表明，组织针对舞弊者采取法律行动的案件占比不到一半。管理层总是希望越快挥去舞弊的梦魇越好，因为他们知道诉诸法律所费不赀且旷日费时，甚至不是一件光彩的事。管理层常用的做法是解聘舞弊者以终止往来关系，有时还会进行轻微的处罚。但是，当企业不采取法律行动追究舞弊者的责任时，类似"偷窃公司的东西不会受到严厉处分"的传言就会一传十、十传百。相对于那些知道所有舞弊行为都将受到"依法"惩处的员工，收到这一信息的员工更有可能盗窃公款。一家位列财富500强的公司对待舞弊的政策从"如果对舞弊员工提起诉讼，公司就会通知首席执行官"变成"要是舞弊员工没有被起诉，公司就会通知首席执行官"之后，公司的舞弊数量大幅减少。

3.4.1 民事诉讼

正如在第1章提及的，民事诉讼的目的在于给予受害者一定的经济补偿。但实际上除非舞弊者拥有相当的财力（房产、名车或其他资产），否则在员工舞弊案中，企业很少诉诸民事诉讼，因为舞弊者通常就是有财务需求才会犯罪，且多半已将侵吞的钱财挥霍一空。然而，如果舞弊涉及其他组织，那么提起民事诉讼的可能性就会比较大。例如，提供回扣给公司员工的供应商一般是受害公司的民事诉讼对象，特别是让公司蒙受重大损失的情形。以下是一个真实的案件，涉案人员均为化名。

罗明科案

罗明科在一家公司负责批量采购员工制服。罗明科之前一直从三家供应商处采购制服，后来一家韩国供应商开始贿赂他。一旦收受贿款，采购交易的控制权就会由买方转移到卖方，于是该供应商要求罗明科所在公司大量采购单价更高但质量较差的制服。由于质量变差，制服常常破损，洗过之后会褪色，而且经常掉纽扣、掉拉链。同时，这家韩国供应商把生产工厂迁移到人力成本更低廉的国家，其制服成本不断下降。罗明科所在公司以制服质量变差、不符合规格要求控告供应商违反合约。法院调阅采购记录得知，公司从一份开具给罗明科的1099表（其他支出所得税收申报表）上发现采购人员收受了供应商的回扣。罗明科所在公司发现这一端倪后，委托一名注册舞弊检查师负责调查这起疑似舞弊案。随后，罗明科所在公司向这家韩国供应商提起民事诉讼，根据《反勒索与受贿组织法令》(RICO) 相关条款，要求对方赔偿三倍的损失。本案开始审理之前，这家韩国供应商与罗明科所在公司达成和解，同意支付4 600万美元补偿罗明科所在公司遭受的损失以及相关的诉讼费用。

同理，因会计报表舞弊而蒙受损失的股东与债权人几乎都会选择控告管理层，也很可能会起诉会计师事务所及其注册会计师。原告一方的律师通常更愿意代表股东提起集体诉讼，并采用或有收费①的方式提供服务。

---

① 美国联邦法律和一些州法律允许集体诉讼。在集体诉讼案中，相对显得势单力薄的个人可以联合起来以全体受害人的名义起诉，从而争取大额赔偿。例如，在舞弊案件发生后，40名各损失近4万美元的债权人可能会提起集体诉讼，他们可以以所有债权人的名义就损失总额（例如5 000万美元）起诉。在此类案件中，律师更愿意采用或有收费的方式（若原告获得赔偿，则律师将从赔偿中提取一定比例款项作为报酬）。

3.4.2 刑事诉讼

只有执法机构或司法机构才能提起刑事诉讼。决定对舞弊者提起刑事诉讼的企业通过地方、州或联邦政府对员工或其他舞弊者提起诉讼。正如第 1 章提及的，刑事处罚通常包括罚金、有期徒刑，或者两者并处。舞弊者可能会被要求与原告签署赔偿协议，保证在一定期间内退赔侵占的款项。对舞弊者予以刑事处罚的做法越来越普及，实施舞弊的企业高管一般会被判处 10 年以下有期徒刑，并被勒令支付与侵占款项等额的罚金。

下面以世通公司前首席执行官伯纳德·埃伯斯（Bernard Ebbers）案为例说明刑事处罚的内容。

埃伯斯刑事判决的新闻报道

2005 年，世通公司前首席执行官埃伯斯的刑事判决是美国有史以来针对舞弊犯罪处罚最重的。63 岁的埃伯斯因主导美国史上最严重的一起公司舞弊而被判处 25 年有期徒刑。

2005 年 3 月，埃伯斯因世通公司 110 亿美元的会计造假而被定罪。在安然、世通公司、南方保健、阿德尔菲亚公司、帕玛拉特公司等一系列舞弊案中，世通公司舞弊的涉案金额是最大的。

2002 年，已改名为 MCI 的世通公司申请破产保护，成为美国史上规模最大的一宗破产案。世通公司暴发舞弊丑闻之后，给股东及员工造成的损失高达数十亿美元。埃伯斯之前被迫同意由法院没收其财产，包括位于密西西比州的一栋豪宅和自己持有的价值约 4 500 万美元的资产，赔偿世通公司投资人和 MCI 公司的损失。法院同意埃伯斯的配偶保留其位于密西西比州杰克森市的一栋平房以及约 5 万美元的现金。埃伯斯对这项判决提起上诉，但 2006 年 9 月法院最终驳回上诉并维持原判。

需要注意的是，做出刑事判决要比做出民事判决难得多。虽然在民事诉讼中原告只要有"证据优势"（支持原告方的证据必须稍微多于被告方）就可以胜诉，但在刑事诉讼中只有在有充分证据表明舞弊者"蓄意"盗窃财物达到"排除合理怀疑"水平时才能对其做出有罪判决。调查舞弊并判断其与舞弊者之间有何关联是一件非常复杂的事。

> **请记住**>>> 舞弊受害组织在开展调查后，必须决定采取何种法律行动及其他行动。企业至少应当确保防范未来发生类似舞弊的控制措施已经落实，教育培训课程已经有效开展。此外，企业还必须决定是通过民事诉讼（旨在补偿失窃的财物）还是通过刑事诉讼起诉舞弊者，或者两者兼具。在刑事案件中，判决有罪的处罚包括有期徒刑、损害赔偿（即罚金），或者两者并处。

■ 重点内容回顾

- **熟悉组织采用的各种反舞弊手段。** 企业采用的反舞弊手段有四种：(1) 舞弊防范措施；(2) 积极主动的舞弊侦查措施；(3) 针对疑似舞弊行为展开调查；(4) 针对舞弊者采取后续法律行动。

- **理解防范舞弊的重要性**。舞弊防范措施是成本-效益最佳的反舞弊行动。只要发生舞弊，就不会有赢家。有效的舞弊防范措施包括两项基本要素：(1) 倡导诚实与正直的企业文化；(2) 评估舞弊风险并制定具体对策以降低舞弊风险、消除或减少舞弊机会。

- **了解如何树立诚实与正直的企业文化**。树立诚实与正直的企业文化能够有效消除或减少舞弊的发生。企业可以通过多种举措来倡导诚实与正直的企业文化，最重要的方式有五种：(1) 最高管理层率先垂范、以身作则；(2) 任用诚实与正直的员工；(3) 向所有成员正确传达企业期许的行为，并定期签署认同这些期许事项的声明书；(4) 营造积极向上的工作环境；(5) 针对舞弊制定并实施有效的处罚措施。

- **理解招聘优良员工可以降低舞弊风险**。令人遗憾的是，并非所有人都能够做到诚实、正直，具有高尚的个人行为操守。企业只有制定和执行完善的员工任用政策，才能辨别应聘者的品德是否高尚；在招募高风险的关键职位人员时，这一点尤其重要。积极的员工聘任程序包括：调查应聘者的背景资料、彻底检查应聘者的个人资料、识别和解读应聘者对询问的反应、测试应聘者的诚信水平与其他道德素质。

- **了解评估与降低舞弊风险的方法**。评估与降低舞弊风险是指企业应当建立一套程序来确定舞弊风险最高的领域，并评估和测试用来降低风险的控制措施。在识别舞弊风险时，企业应考虑自身的特征、所属产业的特征、所在国家的特征对舞弊的影响。

- **理解尽早侦查出舞弊的重要性**。不论企业的舞弊侦查措施如何完备，舞弊还是会发生。企业应实行检举制度并运用数据搜索工具之类的侦查技术，才能在事态扩大之前侦查出舞弊。

- **了解各种舞弊调查方法**。舞弊调查是确定舞弊是否真的发生，以及与舞弊相关的人、事、时、地与物。调查的目的在于探寻事实真相，即确定观察到的种种迹象反映的究竟是舞弊确实存在，还是无意的错误或其他问题。然而，这是一项所费不赀且旷日费时的工作。

- **熟知企业发生舞弊后如何诉诸法律**。一旦出现舞弊，对内和对外企业都应采取应对措施。对内，企业应实施改进的控制措施和教育培训，如此才能防范类似舞弊行为再次发生；对外，企业应对舞弊者提起民事诉讼、刑事诉讼，或者两者兼具。

第Ⅱ部分

舞弊防范

第4章 防范舞弊 / 81

第 4 章

防范舞弊

寄 语

本章介绍企业防范舞弊的两项主要措施：(1) 营造诚信、公开与互助的氛围；(2) 消除舞弊发生的机会。想要营造诚信、公开与互助的氛围，企业就必须做到：(1) 聘用诚实、正直的员工，因为他们实施舞弊的可能性较小；(2) 营造积极向上的工作环境；(3) 实施员工援助计划（EAP）。要消除舞弊产生的机会，企业应当做到：(1) 制定完善的内部控制制度；(2) 减少勾结串谋的机会；(3) 实施检举制度；(4) 让员工建立受惩处的预期心理；(5) 执行有效的舞弊审计。本章将详细讨论如何落实上述各项措施。但需要注意的是，即使企业舞弊防范工作做得再完善，但受制于成本-效益原则，这些措施也无法完全杜绝所有的舞弊。

学习目标

在学习本章之后，你应该能够：
- 了解如何营造诚信、公开与互助的氛围；
- 了解如何消除舞弊产生的机会；
- 理解如何营造积极向上的组织环境以减少舞弊的发生；
- 理解积极的舞弊审计的必要性；
- 理解制定反舞弊综合策略的重要性。

现实的教训

玛格丽特（Margaret）在第一国家银行工作，三十四年来，她一直是一名既诚实又值得信赖的员工。但在退休之前的三年期间，她侵吞银行资金超过60万美元。事情败露后，玛格丽特和所在银行均面临严重的不利后果。银行失去了很多客户，媒体上也出现了很多关于这起舞弊事件的负面消息，银行要投入相当多的时间去调查舞弊，还要处理舞弊对组织文化造成的负面影响。至于玛格丽特本人，她的住房与退休金都被银行没收了。此前，虽然她的丈夫对这起舞弊并不知情，但还是将自己的退休金交付第一国家银行以抵债。事实上，银行等于没收了这对夫妇的所有财产。此外，玛格丽特因欠银行20万美元而签下一份定期还款的补偿协议。玛格丽特还被起诉，并被判一年有期徒刑。包括自己的子女、孙子女在内的所有亲朋好友都知道她是一个有罪在身的人。根据相关法规的要求，第一国家银行必须提交一份犯罪通报给美国金融管理局，同时美国金融管理局还应抄送副本给联邦调查局与国税局。由于玛格丽特未曾就侵吞的款项缴纳个人所得税（舞弊者当然不会这么做），因此国税局针对该部分收入向玛格丽特追讨应纳税金，还处以罚款、滞纳金并加计利息。玛格丽特自此恐怕很难再找到工作，在就业、购买人身保险和汽车保险时，还必须将犯罪记录告知对方。从各方面来看，玛格丽特及其家人的生活和名誉都遭到极大损害，可能永远无法恢复。

舞弊者即使能够享受奢侈的生活或者公司即使能够继续经营，最多也只能撑一阵子。长期来看，罪行最终会给自己带来巨大的痛苦。舞弊受害者同样遭受了损失，他们的资金被盗了。在玛格丽特案中，第一国家银行的名称不断地登上当地报纸的头版。客户生怕发生"万一银行无法妥善管理，我们存在银行的钱就不安全了"的情况，不再与第一国家银行往来。第一国家银行损失了玛格丽特尚未偿还的部分（超过20万美元），还有被侵吞的60万美元所产生的利息。因为玛格丽特出狱之后即使能够找到工作，其薪金都不会太高，所以她还清所盗用款项的可能性微乎其微。此外，第一国家银行还要在调查工作、准备诉讼材料和作证等方面花费数百小时。因此，这种舞弊行为让受害者与舞弊者付出的代价远比涉案金额高。

由玛格丽特案可知，一旦发生舞弊，所有人都是输家；管理层舞弊的结果也是如此。以阿德尔菲亚公司（Adelphia）为例，约翰·里格斯（John Rigas）和儿子蒂莫西·里格斯（Timothy Rigas）因主导了阿德尔菲亚公司的大规模管理层舞弊而被定罪为诈骗投资人。这位80岁的有线电视公司创办人约翰，被判处15年徒刑。负责刑事诉讼的法官表示，要不是约翰的年纪大，而且健康状况不佳，他会被判得更重。蒂莫西是阿德尔菲亚公司的前任财务主管，被判在联邦监狱服刑20年。这对犯案的父子并非唯一的输家，舞弊发生后，阿德尔菲亚公司宣告破产，股东们损失约250亿美元，让本案成为当时美国史上涉案金额最大的破产案件之一。数以百计的舞弊调查人员、律师、注册会计师和其他人耗时数年，希望能够找出问题的症结。与阿德尔菲亚公司有业务往来的银行、会计师事务所等外部组织也因这桩舞弊而纷纷面临民事诉讼，而且持续数年之久。

显然，防范舞弊能够帮助企业节省大量的资金。如果成功防范了舞弊，相关组织不需要支付侦查和调查舞弊的费用，企业的名誉就不会遭受损失，员工的士气也不会受挫。此外，企业也不需要在解雇员工和提起诉讼的事情上面临痛苦的抉择，可以将更多的精力和时间投入生产活动以实现更大的盈利。

4.1　并非每个人都诚实

我们当然希望看到大部分人和员工是诚实的，不会实施舞弊。但实际上，多数人可能会舞弊，并且会受到环境的影响。身处缺乏诚信、控制措施松散、责任松懈和压力沉重的环境中，人们做出不当行为的概率就会增大。员工效仿管理层实施不当行为的例子比比皆是。在著名的"权益基金舞弊案"中，管理层伪造保险客户并以他们的名义签发保险合同。随后，这些虚假的保险合同又被卖给其他保险公司或再保险公司。不出所料，保险公司一名员工发现管理层的舞弊行为后，心想："我也可以这样做——签发假保单。被保险人永远长命百岁，根本就是件荒唐的事！"于是，他开始着手让一些被保险人"死亡"，而自己收下他们的死亡理赔金。

企业可以选择营造一种舞弊鲜有的环境，也可以创造一种舞弊泛滥的环境。在本章，我们将识别舞弊低发环境的构成因素。其中有两项基本

> **想一想 >>>**　你赞成多数人可能会舞弊这种说法吗？你相信自己会舞弊吗？

要素对防范舞弊很重要，一是营造诚信、公开与互助的氛围，二是消除舞弊发生的机会，并让员工知道舞弊惩罚机制的存在。在本章的最后，我们将探讨如何将舞弊的防范、侦查及调查工作整合为反舞弊综合策略，以及企业目前的舞弊模式。

4.2　营造诚信、公开与互助的氛围

在防范舞弊方面，与营造诚信、公开与互助的氛围有关的三项要素分别是：（1）任用诚实、正直的员工并给予舞弊教育培训；（2）营造积极向上的工作环境，在此环境中有严谨的行为守则可依循、对员工保持良好的心理期望、制定透明和有效的沟通政策、建立积极的人事制度和经营制度；（3）实施员工援助计划，以协助员工处理个人面临的各种压力。它们的相互关系如图 4-1 所示。

4.2.1　任用诚实、正直的员工并给予舞弊教育培训

对应聘者进行合理的筛选以确保企业任用诚实、正直的员工，这一点无疑非常重要。有关研究表明，将近 30% 的美国人是不诚实的，选择性诚实的美国人约占 40%，只有约

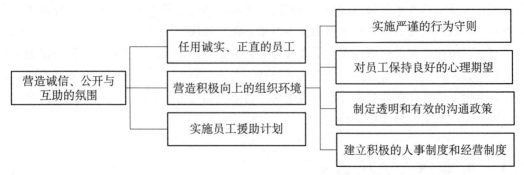

图 4-1　要素之间的关系

30%的人始终是诚实的。本书作者曾担任顾问的企业所做的未公开研究也表明，在所有的员工舞弊事件中，有 25%的实施者是在企业服务不满三年的员工。企业通常不会聘用嗜赌、吸毒、存在经济问题或有犯罪前科的人，如果要聘用这些人员，就必须清楚地了解他们的背景资料和人格特质。

只是，许多人在履历资料中会虚构经历或夸大事实。事实上，雅思宁咨询公司（Accu-Screen）和美国人力资源管理协会在 2012 年联合完成的一项研究中指出，超过 50%的履历表存在虚假不实的信息，具体表现为虚增服务年限、夸大过去的业绩、具备的技能、拥有的头衔、职责范围、教育经历和学历学位等，以及利用"自由职业"填补无法解释的待业期间。

如今隐私权法规加强了对个人隐私的保护，这更凸显企业应该制定有效的员工招聘和甄别政策。即使企业的管控缜密、严格，面临巨大压力的不诚实员工还是会实施舞弊。检查和验证个人履历信息是企业防范舞弊必须采取的重要环节。雇主最重要的职责之一是谨慎招聘和合理任用员工。在当前的就业市场上，员工的流动率很高，其忠诚度则很低。

任用员工决策不当会让企业招募到品行道德低下的员工，进而使企业蒙受损失。当雇主的任用或留用员工的行为有过失时，不论是否在聘用合同范围之内，只要受害方能够明确举证雇主有过失行为，雇主就可能要对自己的过失或疏忽行为承担法律责任。例如，一家运输公司的司机酒驾，将货车开到对向车道与来车相撞，导致对向车辆司机当场死亡，该运输公司需要对这起交通事故负全部法律责任。在本案中，如果运输公司当初对该司机提交的优良驾驶记录进行检查和验证，就会发现肇事者曾有酒驾前科。

在另一起案件中，一名教友在咨询过程中遭到负责咨询的教会人员的性侵害。在随后的诉讼中，这名教友认为教会不应让这种人员负责咨询工作，特别是这名人员曾有利用咨询之便实施性侵害的前科记录。

所有雇主都无法完全避免任用不诚实、不正直的员工，或者因员工任用程序不当而承担法律责任。但是，如果雇主能够将本章后续介绍的一些建议融入员工任用政策，不仅可以让舞弊发生的可能性降到最低，还可以避免因任用程序不当而承担法律责任的情形。

任用员工的政策与做法的总体思路如图 4-2 所示。

图4-2 任用员工的政策与做法

查验应聘者履历与申请的信息

首先,在决定聘用人员之前,尤其是管理层人员,雇主必须查验应聘者履历与申请资料的真实性。查验工作应由企业中勤勉且认真负责的员工完成,以确保查验的有效性和彻底性。不可否认,查验应聘者履历与申请资料是非常耗时费力的过程。如果要招聘公司高管,最好能通过有能力查验这些资料的猎头公司,委托其验证应聘者履历上的信息。这项防范措施一方面可以增进对应聘者的了解,考察其性格倾向的真实性,另一方面可以大幅降低雇用与留用低素质或不具备胜任能力的员工的概率。我们以美国第二大电子产品零售连锁电器商——睿侠(RadioShack)电讯公司首席执行官戴维·艾蒙森(David Edmonson)为例,说明首席执行官在履历表上造假的情形。在睿侠电讯公司通报艾蒙森履历造假之后,他引咎辞职。

艾蒙森表示,他从位于加利福尼亚州太平洋海岸的浸信会学院获得神学与心理学学位。但该校承办人员告诉睿侠电讯公司,校方档案资料显示,艾蒙森在本校只念过两学期,学院未曾授予艾蒙森心理学学位。近年来,伪造履历信息的名人还有加利福尼亚州 Rancho Mirage 的市长、圣母大学(Notre Dame)美式足球队的前教练、美国航空暨太空总署的前任发言人,等等。根据美国国会的一项调查,有463名联邦政府雇员的学历是由野鸡大学提供的假学位。最近一起夸大自己履历的事件是康宝莱(Herbalife)的营运总监(COO)葛瑞格·朴伯特(Gregory Probert),自称获得加利福尼亚大学洛杉矶分校(UCLA)的工商管理硕士学位,在美国舞弊检查师协会公布一份查验报告后,他承认自己没有获得学位并引咎辞职。

> **留意** >>> 负责面试的人员在整个招聘过程都必须非常小心谨慎,不得询问有歧视性的问题,或者根据歧视性的要求评价应聘者。许多应聘者曾检举雇主在面试过程中涉及歧视的行为,并就此提起诉讼。联邦与州政府颁布的各项法令是雇主在面试过程中必须遵守的,其中包括联邦公平就业机会委员会(EEOC)有关平等就业的相关法令,诸如1964年《民权法》的第七条、《年龄歧视雇佣法案》(ADEA)以及《障碍者教育法案》(ADA)等。大多数州都有自己的人权法,企业也必须遵守这些法规。除非有实际工作的需要,否则通常禁止询问涉及应聘者的种族、性别、年龄、宗教、肤色、出生国或残障情况之类的问题。除非雇主能证明询问的内容确实与工作直接相关或者业务上确有必要,否则会被视为有歧视应聘者的嫌疑。例如,雇主在面试时不得询问以下问题:
> 1. 被逮捕的记录;
> 2. 接受传唤的记录;
> 3. 婚姻状态;
> 4. 小孩的看顾方式;
> 5. 避孕方式;
> 6. 是否怀孕或未来的生育计划;
> 7. 身体和心智障碍程度;
> 8. 身高与体重;
> 9. 国籍或家族。

雇主在查验应聘者履历和申请资料的过程中，一件很重要的事是验证应聘者提供的推荐人信息，鉴于隐私权法的规定，这些信息不得随意提供，而且应聘者也希望企业能够保密，因此雇主应该取得应聘者的书面授权或免责协议，才能合法获取推荐人的相关信息。

要求应聘者证明申请书或履历上的资料属实

这项规定可以有效遏制应聘者提供虚假不实或误导性的资料，也可以避免遗漏某些信息。雇主应要求应聘者在申请书上签名，以示了解这项规定，以后如果发现履历和申请书有造假的内容或者刻意隐瞒的事项，雇主就可以据此解聘该员工。

给予参与、负责招聘人员相关培训

这项工作可以协助招聘者高效且有技巧地完成面试。雇主要做的重要工作就是面试应聘者，其目的在于判断应聘者是否适合特定的岗位。面试过程可以让雇主有机会深入了解某个岗位的应聘者的能力、工作经验及其背景资料等。

许多谨慎行事的雇主通常要求负责招聘的人员制作标准化的问卷让应聘者填写，目的在于方便验证相关信息。在后续的面试过程中，主面试官可根据自己的想法，进一步询问更深入的问题。有很多公司（猎头）专注于协助企业招聘员工，这些公司能够提出适当的问题，也可以避免因提出敏感性、触犯法令的问题而招致的法律麻烦。

企业招聘过程也可以采取一些较有创意的做法。例如，目前许多金融机构通过个人征信系统判断应聘者或客户过去是否曾发生信用问题；有些银行采集新进员工或客户的指纹，再与执法机关的记录比对；有些企业会雇用私人调查人员或者利用公开数据库来检索应聘者的背景数据；有些企业会对应聘者做毒品筛查测试；有些企业则利用"雇用前诚信测试"作为筛选应聘者的工具。

> **请记住** >>> 企业可以使用以下方法来验证应聘者在申请书或履历上提供的资料是否属实：
> 1. 确认所有应聘者自行证明的申请书或履历表上所有的信息皆属实；
> 2. 给予参与招聘工作的员工相关培训以协助他们高效且有技巧地完成面试；
> 3. 运用特定的行业特性或其他必要方法（如查询个人征信系统、指纹比对、毒品筛查测试、公开数据库检索、诚信测试等）对应聘者进行查验。

例如，某家公司对招聘人员进行大量严格的培训，以使他们了解按照法律的规定，哪些问题可以询问、哪些问题不可以询问，从而识别应聘者是否欺骗和说谎，并依法调查应聘者的背景资料。根据公司政策的规定，必须对应聘者预先进行三项背景资料的查验（面试人员电话联络与应聘者熟悉的推荐人，而不是联系不熟悉应聘者的人事部门人员）。如果三项查验结果中有一项不令人满意，应聘者就会被淘汰。在三年的时间内，该公司发现有851名应聘者（占所有应聘者的14%）隐瞒了自己的问题，例如在之前任职公司的不良表现，伪造学历和服役经历，有犯罪记录、信用等级不良、酗酒赌博等恶习或因脾气暴躁而情绪失控等情形。有这些问题的应聘者往往会寻找借口合理化自己的不当行为。很显然，若企业能够将他们拒之门外，则能减少舞弊的发生。

我们用以下真实案例说明未严格筛选员工的后果：

一名会计主管诈骗所在公司数百万美元。在调查这桩舞弊的过程中，公司发现在过去 8 年中，这名会计主管的 5 份工作中有 3 份工作是因故被开除的。某天晚上，首席执行官进入办公室发现一个陌生人在会计部门工作，才揭发这名只在夜间出没的陌生人原来是会计主管的替身，也是真正在做会计工作的人，而会计主管本人完全没有会计的工作经验和背景。

新员工加入公司后，公司应当对他们进行舞弊认知教育培训，告诉他们哪些行为是被允许的、哪些行为是被禁止的，若有人舞弊则他们将会蒙受怎样的损失，若他们目睹他人舞弊则应当怎么做。更全面的舞弊教育培训方案还包括告诉员工舞弊将会带来多大的代价。员工应当知道舞弊会直接影响自身利益，还会让公司及其股东遭受损失，无论哪一种舞弊行为都是公司不允许的。在舞弊认知教育培训方面比较成功的公司，通常会将舞弊教育培训和其他一些敏感问题整合在一起，如人身安全、歧视问题、滥用资源以及员工援助计划等。例如，某家公司针对滥用公司资源的情形，对员工进行特殊的教育培训。公司向员工分发了可以放置在钱包里的小卡片以便随身携带。当员工怀疑有舞弊情况发生时，可以采取卡片上列出的四项措施：(1) 向直属主管或高管报告；(2) 致电公司安保部门；(3) 致电公司内部审计部门；(4) 拨打 0800 举报专线。公司还让员工知道上述四种举报方式既可采取实名举报，也可采取匿名举报。这家公司还制作一些关于公司舞弊的影片，并要求所有新员工观看。同时，公司还在办公室醒目的地方定期张贴有关舞弊教育的海报。由于采取了上述措施，公司舞弊数量和其他滥用资源的情形大幅减少。

4.2.2　营造积极向上的工作环境

营造诚信、公开与互助的氛围的第二项要素是营造积极向上的工作环境。良好的工作环境并不是自动生成的，而是需要用心经营和创造的。不可否认的是，相对于其他企业，有些企业会出现较多的员工舞弊现象。在比较各企业的环境之后，你会发现哪些企业比较容易出现舞弊，哪些企业通常不会出现舞弊。营造积极向上的工作环境，可以使企业减少出现舞弊行为，其要素有四项：(1) 实施严谨的行为守则；(2) 对员工保持良好的心理期望；(3) 透明和有效的沟通政策；(4) 积极的人事制度和经营制度。

实施严谨的行为守则

要营造诚信、公开与互助的氛围不能脱离完善的、有影响力的公司行为守则或道德守则。2002 年通过的《萨班斯-奥克斯利法案》（简称《SOX 法案》）第 406 条"高级财务人员的行为守则"规定，所有上市公司必须制定适用于管理层与董事的行为守则。《SOX 法案》通过后不久，美国证券交易委员会随之修订了公开发行股票公司管理办法，规定所有上市公司必须制定适用于全体员工的行为守则，还必须让所有员工都了解其内容。但是，仅制定行为守则还远远不够，公司还必须经常向员工传达以便其清楚内容。有些公司发现，即使仅要求员工一年宣读行为守则一次并签名，表示自己没有违反守则的规定或者未发现其他人有违反守则的行为，这种做法也是很有效果的——确实可以减少舞弊的发生。请参考 Red Hat 公司的《商业道德行为守则》。

Red Hat 公司《商业道德行为守则》

总则

本《商业道德行为守则》（以下简称"守则"）涵盖了广泛的商业实践和程序，虽然它并没有涵盖可能出现的所有问题，但规定了指导公司所有员工、管理人员和董事的基本原则。在形式上和精神上遵守法律是本公司道德标准的基础。公司的所有员工和董事都必须采取相应的行动，尽量避免出现不当行为。所有员工、管理人员和董事都必须尊重并遵守所在城市、州和国家的法律。

利益冲突

当个人利益以任何方式影响到公司利益时，就存在"利益冲突"。所有员工、管理人员和董事都应避免任何个人活动损害公司利益，或不参与任何可能与公司利益产生冲突的合资企业。员工、管理人员和董事应确保其配偶和受抚养人避免从事任何可能构成利益冲突的活动。例如，任何允许你或你的直系亲属因你与公司的雇佣关系而获得个人利益的活动都将被视为利益冲突。

礼品

员工、管理人员、董事或其直系亲属涉及任何供应商、客户或与公司有业务往来的其他人的，不得向其提供或接受任何礼物、贷款或恩惠以影响业务决策。这并不禁止休闲娱乐、符合本公司惯例的商业娱乐，或者在给予或收到有名义价值的礼品的情况下被合理视为礼品。为此，任何低于100美元的实物礼品都将被折算成名义价值。在任何情况下都不应接受现金或现金等价物。例如，作为供应商或客户的客人参加专业体育赛事将构成符合公司惯例的商业娱乐；然而，在供应商或客户未出席的情况下，从供应商或客户处收到同一活动的门票将被视为有名义价值的礼品。

合作机会

未经董事会同意，禁止员工、管理人员和董事利用公司财产、信息或职位带来的一切机会。任何员工、管理人员或董事不得利用公司财产、信息或职位牟取不正当的个人利益，任何员工不得直接或间接与公司竞争。员工、管理人员和董事有义务在有机会的情境下增进公司的合法利益。

非法支付

根据1977年的《反海外贿赂法案》或其他美国或外国法律，公司向美国或外国人士或公司支付的任何款项都是非法的，禁止此类付款。该禁令包括向政府官员或其代理人（国内或国外）支付任何款项，除非公司法律顾问告知款项合法且可接受。任何人向任何第三方支付未披露的佣金、回扣或贿赂以获取业务都是不可接受的。

非法政治捐款

公司资金和其他资产不得用于非法的政治捐款。该禁令包括任何政治贡献，除非公司律师另有建议。鼓励员工为自己选择的候选人和政党做出个人贡献。

资产使用与保护

所有员工、管理人员和董事应努力保护公司资产并确保其有效使用。禁止将本公司的任何资金或其他资产用于美国联邦、美国任何州或任何外国司法管辖区适用法律规定为非法的任何目的，或由本公司提供任何服务。员工、管理人员和董事不得将公司的员工、材料、设备或其他资产用于任何未经授权的目的。

正确核算

员工、管理人员和董事必须始终遵守本公司的财务会计、管理会计和审计程序的内部控制制度。所有记录必须准确反映并正确描述所记录的交易。所有资产、负债、收入和费用应及时、正确记录于公司账簿。

内幕交易

员工、管理人员和董事不得根据内幕信息买卖公司股票或提出建议。内幕信息是指公司外部人士通常不知道的可能影响公司股票价格的重要信息。

机密信息

员工、管理人员和董事不得直接或间接使用或披露公司的任何秘密或机密材料或数据，除非其在正常受雇期间中得到授权或法律要求。在员工受雇期间制作、编辑或交付给员工的任何笔记、备忘录、笔记本、图纸或其他文件均为公司的专有财产，员工在终止聘用时或在公司要求的任何其他时间必须移交给公司。虽然收集有关公司市场的信息是适当的，包括关于竞争对手、员工和高管的公开信息，但不应试图通过非法或不道德的手段获取竞争对手专有和机密的信息，包括导致竞争对手员工或第三方违反保密义务的信息。

发明、开发和改良

员工在受雇于公司期间构思的任何发明、开发和改良必须及时以书面形式向公司披露，在大多数情况下，这些发明、开发和改良将是公司的专有财产。员工在工作以外的时间开发的发明项目与公司的业务或研究无关，则不属于公司的财产。

反垄断合规

禁止违反美国联邦及其任何州的反垄断法或外国司法管辖区的类似法律的活动。员工、管理人员和董事必须遵守公司通过的所有反垄断合规政策。员工、管理人员和董事必须关注反垄断敏感领域，包括定价、中断与客户或供应商的现有关系、建立独家客户或供应商、捆绑销售、互惠等。

公平交易

员工、管理人员和董事在与竞争对手、供应商和客户的关系中必须遵守最高的道德标准。每位员工、管理人员和董事都应努力尊重公司客户、供应商、竞争对手和员工的权利，并公平对待他们。任何员工、管理人员或董事均不得通过操纵、隐瞒、滥用特权等信息，歪曲重要事实或任何其他故意的不公平交易来不公平地利用他人。

骚扰

所有员工都有权在无骚扰的环境中工作，公司禁止主管、同事、客户或供应商以任何形式骚扰员工。

安全

所有员工都有权在安全环境中工作，必须遵守所有安全规则和通用安全惯例。禁止在公司场所或工作时间内进行不安全的行为，包括不得持有或收受危及安全的物质。

提交给政府的报告

员工、管理人员和董事必须确保他们或在他们的监督下向任何上市机构或美国或国外的任何政府单位或机构（包括证券交易委员会和国税局）提交的任何报告都是真实、准确和完整的。公司首席执行官和首席财务官负责在本公司向证券交易委员会提交的定期报告中进行全面、公平、准确、及时和可理解的披露。因此，公司首席执行官和首席财务官应立即提请内部审计董事关注可能影响公司在公开文件中披露的任何重大信息。

环境责任

所有员工、管理人员和董事都必须遵守与环境保护相关的所有适用的联邦、州和地方法律法规，以及与公司在美国境外运营相关的任何要求。员工、管理人员和董事还必须遵守公司通过的所有环境保护政策。

产品完整性

公司的产品及其标签必须反映公司及其员工的诚信。公司所有产品的生产、标识和处置必须符合公司的高卫生标准，并符合所有公司规范和政府对产品成分和工艺的要求，以生产安全、健康、高质量和准确标识的产品。

差异化

公司欢迎员工、供应商、客户和其他与公司有业务往来人员的多样化。公司承诺为所有个人提供相同的职业成功机会，无论种族、宗教、国籍、年龄、性别或身体状况，所有员工都应分享并支持这一承诺。

公平就业

除了禁止骚扰和提供安全的工作场所，公司及其员工、管理人员和董事还必须遵守所有适用的就业法律。基于种族、宗教、国籍、性别、年龄、残疾或退伍军人身份的歧视将不被容忍。

对外贸易

参与外贸业务的员工应了解并遵守美国反抵制法规、美国贸易禁运条例以及适用于公司外贸业务的任何其他美国或外国法规的要求。美国反抵制法规禁止美国公司及其外国子公司签订支持未经美国政府批准的任何外国抵制的协议。美国贸易禁运条例禁止美国公司及其外国子公司与美国政府实施贸易禁运的国家以及这些国家拥有或控制的实体进行交易。

代表权

在有理由相信个人可能参与非法活动的情况下，不得将酌情处理权授予公司内部或代表公司的任何人。

纪律处分

虽然公司依靠每位员工、管理人员和董事自愿遵守本守则，但作为个人诚信的保证人,在适当情况下可采取纪律处分等措施。此类情况包括:违反本守则的行为;隐瞒有关侵权行为的信息;监督不足,不足以证明违反本守则时疏忽或故意无视本守则;对举报违规行为的员工的任何形式的报复。纪律处分包括暂停、终止、赔偿或刑事起诉。

报告非法、不道德或违反守则的行为

除了对可疑会计或审计事项或内部控制的关注或投诉必须立即直接提交董事会审计委员会,观察或意识到任何非法、不道德或任何违反本守则的行为的员工、管理人员或董事,应向监事、法律顾问或内部审计主管报告,或者向董事会审计委员会的任何成员报告。此外,员工、管理人员和董事可以使用为此目的设立的匿名"热线"报告任何违反或涉嫌违反本守则的行为,包括对可疑会计或审计事项的关注。热线电话号码为:1-800-750-4972。

当员工和管理人员对在特定情况下应采取的最佳行动有疑问时,鼓励他们与主管、经理或其他适当人员交谈。公司的政策是不允许员工对他人的不当行为报告进行报复。员工应配合对不当行为的内部调查。

守则的豁免

如果及时向管理层披露了潜在的利益冲突或其他与道德规范冲突的情况,且相关方已本着诚信原则行事,那么公司将尽一切努力解决这些情况。如果不太可能发生潜在冲突无法解决的情况,那么公司仅在适当的情况下才给予豁免。执行官和董事的任何弃权必须事先得到董事会的批准,并将根据法律或证券交易所相关条例的要求及时披露。

严谨的公司行为守则会明确规定公司允许和禁止的行为、针对违反守则的员工所采取的惩处方式,以及违反行为守则的通报方式(检举制度)。有关道德规范建设的研究文献指出,如果想要员工保持诚信,就必须对什么是诚信行为做出明确的规定并以身作则。在防范舞弊方面取得成功的公司能够对什么是诚信行为做出明确规定,这通常包括制定"行为守则"或"道德守则"。内容明确的道德守则规定了哪些是可以做的、哪些是不可以做的。要求员工定期宣读并签署行为守则,不仅能够强化员工对于正确行为和不当行为的认知,还可以强调这对公司的重要性。内容明确的行为守则能够遏制"合理化"行为或借口,例如"这件事其实没有那么严重""如果你真的知道我多么需要这些东西,就会了解我为什么这么做""我真的没有伤害到任何人""人多少都会做些不诚实的行为""我不过是暂时借用一下"等说法如果被摆出来和大家一起讨论,就不会被认为是正确的。如果员工能够理解企业的预期目标,也就相当于认同舞弊会伤害所有人、并不是所有人都会舞弊、企业不允许发生舞弊、舞弊行为的性质是恶劣的、不应未经授权批准就借用公司资源,等等。

对员工保持良好的心理期望

给予良好的心理期望是激励员工展现诚信的一项利器。我们用以下例子说明心理期望的作用。

请试想这样一个场景,一名四年级的老师潘瑞云(化名)开学第一天到教室上课，进教室之前，校长在走廊上拦住她说："潘老师，我想告诉你你班上的一些事情。我们让天资聪颖且好学的学生坐在教室的右边，让学习速度缓慢或没有学习动机的学生坐在教室的左边，我们认为这种座位安排方式将有助于你的教学工作。"

潘老师得知此事之后，开始了她本学期的教学工作，但实际上这个班上根本不是按照智力和学习动机编排座位的，左右两边的学生都是从智力和学习动机相同的一群学生中随机挑选出来的。这只是某项实验的一部分，目的是了解教师的心理期望是否会影响学生的学习过程与测试结果。

这是根据一项三十多年来进行多次的心理学实验改编的一个假想情境，但实验结果几乎相同。被老师认定为聪明学生的考试成绩比较好，而被老师认定为比较笨学生的考试成绩比较差。这并不是因为评分不公造成的结果，难道被认为资质较差学生的学习成绩就提高不了吗？原因到底是什么呢？

这实际上是心理期望的影响。教师受到暗示后会对所谓好学生另眼相待，有意无意地通过自己的行为将期望传递给学生。而这些学生也能通过老师的积极暗示，更加积极地回馈老师，以达成老师的期望。这种良性互动和循环的最终结果一定是双赢的。这种解释通常被称为皮格马利翁效应（Pygmalion effect）。斯特林·利文斯顿（Sterling Livingston）发表在《哈佛商业评论》（1988年9月）上的论文将这一现象扩展到管理领域：人们通常依照领导者的期望来行事。若期望值低，则实际绩效可能"不达标"；然而，若期望值高，则实际绩效通常也高。正如利文斯顿所言："这就好像存在一个能够引导下属业绩上升或下降以满足管理层期望的无形定律。"利文斯顿和其他人还发现，期望必须是真实的，并为高层所接受。研究指出：人们知道自己何时被欺骗。如果期望过高或者高层没有认真对待，人们就会知道；相反，经理在一个人真的存在问题时假装有信心和期望，他也会知道这一点。当最高管理层并不认真对待期望时，试图创造期望，特别是对诚信和道德的期望，只会损害他们自己的信誉。

透明和有效的沟通政策

透明和有效的沟通政策能够从两方面防范舞弊。一方面是许多人因找不到倾诉对象而舞弊。有时候，我们会把问题藏在心里，从而迷失了正确的方向，并忽略了做错事要承担后果，从而导致人们做出实施舞弊的决定。另一方面是公开的政策能够让管理层意识到员工面临的压力、问题及其采取的"合理化"行为。了解这些事之后，管理层就可以采取相应的舞弊防范措施。相关研究表明，大多数舞弊（在一项研究中为71%的舞弊）都是由实施者一人完成的。找个人谈一谈就可以防范此类舞弊。例如，一名贪污、盗用公司财产的员工回忆道："找个人谈一谈，告诉他你是怎么想的、你面临哪些压力，想一想舞弊后付出的代价，你这么做肯定得不偿失！"以下是米基（Micky）舞弊案件。如果公司当初实行了透明和有效的沟通政策，就很可能有效地阻止其舞弊。

米基是一家小型的水果包装公司的会计主管，他利用这个职位侵吞了公司212 000美元。质问他为何要这样做，他说："在公司里，从来没有人愿意和我倾心交谈,特别是公司的老板,他们和我说话总是居高临下,背后还说我坏话,对我的态度很差,这都是他们咎由自取。"

积极的人事制度和经营制度

营造积极向上的工作环境,让企业较少产生舞弊的第四种方法是建立积极的人事制度和经营制度。相关研究指出,人事制度和经营制度是区分舞弊高发环境与舞弊低发环境的两个关键因素。例如,对工作稳定性缺乏信心就与舞弊高发环境高度相关。其他一些与舞弊高发环境相关的人事制度与经营制度包括以下内容:

- 管理人员不关注或不重视诚信(没有以身作则);
- 薪酬过低;
- 未对员工的绩效表现予以充分认可;
- 强制设定和执行不合理的预算方案;
- 期望能够达到较高的生活水平,例如成为某个乡村俱乐部的会员;
- 企业内部的不公平现象;
- 未设置充足的费用账户;
- 专制或独裁的管理模式;
- 员工对公司忠诚度不高;
- 只重视短期业绩表现;
- 面临危机的管理层;
- 管理制度僵化;
- 消极的反馈与执行;
- 压制不同的意见;
- 升迁渠道不畅;
- 工作环境充满敌意或对抗情绪;
- 人员流动频繁或旷工现象严重;
- 现金周转不灵或出现其他财务问题;
- 管理方式落后,不具有前瞻性;
- 管理人员投机取巧、冲动、不够敏感、情绪化、人格特质强势;
- 互相对抗而非互助合作的关系;
- 教育培训的机会很少;
- 企业内部缺乏明确的职责权限;
- 企业内部缺乏有效的沟通。

上述情况构成了一个舞弊高发企业的内部环境。例如,危机或者急待完成的工作为实施舞弊提供了机会。当某个项目即将完成时,正常的控制程序常常被搁置或被忽视。再如,一味追求进度而忽视质量;即使是不完备的采购交易也能获得签字批准;费用在缺乏凭证的情况下很快能报销;会计处理不及时,而且无法补记;产品与材料进出频繁,很容易被操纵或错误摆放；工作权限与职责没有明确划分。一家财富 500 强公司的财务主管接受访问时曾谈道，他们公司上年出现三起重大舞弊，其中两起都是因为公司急于完成某些项目，造成的损失金额达数百万美元。

由上述原因引发的舞弊案件可以说不胜枚举。下面讨论两个典型案件：第一个案件是因薪酬过低而产生的舞弊；第二个案件则是因不合理的预期目标而引发的舞弊。

公司一名资深员工认为，自己的表现一直很好，自认为应该可以加薪，但公司没有这样做，他感到非常不公平。他目前的年薪是 30 000 美元，自认为应该上调 10%，于是他每个月从公司盗取 250 美元，正好是薪酬的 10%。他个人的道德观允许他盗用这么多钱，因为他认为这是公司亏欠他的，但他不能多拿一分钱，因为那样做是"不道德"的！

某个大型集团首席执行官告诉一名部门经理，下年度他所在部门的毛利必须增加 20%。经理感到无法实现上级强加的预算目标，便虚增部门的销售收入。在他看来，舞弊总比完不成任务强。

4.2.3 实施员工援助计划

营造诚信、公开与互助的氛围的第三项要素是实施员工援助计划（employee assistance program，EAP）。舞弊三角或三要素之一是感知到压力。在舞弊者看来，促使人们实施舞弊的压力通常是无法与他人分担或通过合法手段来解决的。如果企业能够提供给员工有效处理个人压力的方法，就可消除很多的舞弊发生机会。协助员工处理压力最常见的方法就是实施员工援助计划，主要协助员工处理并解决酗酒、毒瘾、赌博、理财、健康、家庭等个人问题。

企业如果能够成功将员工援助计划和其他支持性协助方案或服务相结合，的确有助于减少舞弊和其他不当行为的发生；其他支持性协助方案或服务的范围涉及员工的身心健康、培养团队合作精神、解决冲突、处理急难事件、绩效评估、咨询与引荐等。企业员工都很乐意享受这种福利，相关调查报告反映员工援助计划的确能够改善他们的生活、提高他们的工作质量。

大多数成功企业都将员工援助计划视为促成事业成功的重要因素，并视为对员工很有价值的一项福利措施。雇主们认为员工援助计划确实能够发挥影响力并改变现状。为什么？企业发现，如果及时为陷入困境的员工提供适当的协助，就能够减轻表现不佳的员工所造成的财务与人力成本负担。深受公司器重的员工也表示，员工援助计划曾帮助他们成功处理了一些棘手问题，包括个人健康、财务状况、婚姻关系、工作能力等。

很多研究热衷于分析员工援助计划的投资回报情况，但我们尚未取得能证实这项方案富有效益的确凿证据。我们用以下两个例子说明因没有实施员工援助计划而发生的舞弊：

一名未婚女子发现自己怀孕了，不想让父母和其他人知道这件事，由于急需现金，于是她从公司偷了 300 美元。当发现这样做不费吹灰之力时，她又故伎重演，直到东窗事发，她总共偷窃了 16 000 美元。

一家大型银行的职员贪污盗窃银行超过35 000美元。当被逮捕并问及为什么这么做时，她回答说自己的儿子染上毒瘾，每天要花近500美元购买海洛因，因为不忍看到儿子毒瘾发作时痛苦的样子，她才盗用银行的钱来满足儿子购买毒品的需求。

> **请记住>>>** 防范舞弊的重要工作之一是营造诚信、公开与互助的氛围。表4-1汇总了营造这种氛围的具体方法。

表4-1 营造诚信、公开与互助的氛围

营造诚信、公开与互助的氛围的方法	需要完成的步骤
任用诚信、正直的员工并给予舞弊认知教育培训	1. 查验应聘者履历与申请的信息
	2. 要求应聘者自行证明所提供申请书或履历上的资料属实
	3. 给予参与招聘工作人员相关培训
营造积极向上的工作环境	1. 实施严格的行为守则
	2. 对员工保持良好的心理期望
	3. 透明和有效的沟通政策
	4. 积极的人事制度和经营制度
实施员工援助计划	协助员工处理生活上遭遇到的无法向他人透露的个人问题

4.3 消除舞弊产生的机会

第2章探讨了舞弊三角，从感知有压力、感觉有机可乘与合理化行为三项要素探讨舞弊发生的导因。当压力、机会及合理化行为都具备时，舞弊发生概率会骤增；若缺乏三要素之一，则舞弊发生概率较低。因此，本节将讨论防范舞弊的第二项要素——消除舞弊产生的机会。

消除舞弊产生的机会有五种方法：(1) 完善的内部控制制度；(2) 防止员工与客户或供应商勾结串谋，让供应商和外部人员明确知悉企业的反舞弊政策；(3) 持续监督员工，并设置可匿名通报的举报热线（检举制度）；(4) 让员工建立受惩处的预期心理；(5) 执行积极的检查程序（舞弊审计）。上述的每一种方法都能够降低舞弊发生的可能性，整合这五种方法与先前讨论的营建良好的企业文化和工作氛围等环境要素，就构成一套全方位的舞弊防范方案。

4.3.1 完善的内部控制制度

遏制或防范舞弊最受认可的做法就是设计并实施一套健全的内部控制制度。美国内部审计师协会网站上有这样一段话：

> 内部审计人员全力支持管理层建立一种重视道德、诚信及操守的文化，并协助管理层评估用于遏制或减少舞弊的内部控制机制及其成效。

图 4-3 说明了企业评估风险以及后续实施各种控制措施以便将风险降到最低的过程。

图 4-3　评估风险与控制措施

COSO 委员会制定的企业内部控制框架主要包括：（1）控制环境；（2）风险评估；（3）控制活动；（4）信息与沟通（包括会计系统）；（5）与控制相符的监督程序。控制环境设定了企业内部控制的基本方针和指导原则，是管理层通过身体力行树立典范并沟通传达组织中各项活动来构建的。COSO 委员会在报告中指出，控制环境是其他内部控制要素的基础，为内部控制提供了制度和体系。控制环境的主要内容包括诚信、道德观、企业员工的能力、管理层的管理哲学与经营风格、管理层划分职责和培训员工的方式、董事会对内部控制的重视程度和指南。控制环境还涉及完善、严谨的人员任用程序、透明的组织结构和有效的内部审计。

构建良好的内部控制制度的一项关键因素是要有严谨的会计系统。会计信息是管理层和股东做决策的依据，会计系统提供的数据应当是经过正确估值、适当分类、授权与汇总后的信息。

适当的控制活动包含各种政策与程序，诸如资产保全控制、适当的授权审批机制、职责划分、独立稽核和充分的凭证与记录。其中，资产保全控制、适当的授权审批机制、职责划分属于防范舞弊的控制措施，又称预防性控制措施；而独立稽核、充分的凭证与记录则属于提供尽早侦查出舞弊机会的侦查性控制措施。符合这些要求的内部控制制度，有助于企业达成所设定的宗旨与目标，并能够减少舞弊的发生。

针对内部控制制度是否得到贯彻执行的监督机制，是防范舞弊的有力工具，也是侦查舞弊的有效方法。监督的方式包括通过内部审计确保各项控制活动都能按控制制度执行，定期或实时核对会计系统数据，等等。此外，隶属于上市公司董事会的审计委员会也是监督机制中的重要环节。

> **想一想**>>>　内部控制制度对企业来说很重要，这是毋庸置疑的，因为必须让员工及其他人按管理层或雇主的期望行事。但在其他组织中，内部控制制度也很重要吗？

如果企业的所有者和雇员均为同一人，显然不需要设置太多的内部控制制度。他既不会偷自己的财物，也不会恶劣地对待自己的顾客。然而，当企业的员工有成百上千人时，甚至只有两三名员工的企业都必须设置控制程序，以确保每个员工的行为合乎规定。

即使精心设计内部控制制度并贯彻执行，也难以保证达到绝对有效的程度。控制制度设计得再完美，其有效性也取决于执行人员的能力和诚信。例如，某企业的政策规定，所有收到的现金必须由两名员工双重清点。如果其中一名员工不了解工作规定，在打开信封清点现金时疏忽大意或没有专心清点现金，现金就很容易失窃和算错，而员工可能会以漏点现金的方式掩盖现金失窃。因此，只有两名员工都充分了解工作规定并专心清点现金，双重清点制才能发挥应有的作用。

由于内部控制制度存在固有的局限性，因此内部控制本身无法为防范舞弊提供绝对保证。寄希望于单纯用控制制度来防范舞弊，就像试图用后院里浇花的水管去扑灭摩天大楼发生的大火一样不切实际。然而，如果能与其他方法相结合，那么有效的内部控制是所有舞弊防范方案中不可或缺的重要环节。

企业在决定采用何种类型的控制活动时，首先必须厘清自身会面临哪些性质的风险，以及这些风险会产生何种类型的舞弊。控制活动可分为五类：（1）职责划分，指定两人共同负责一件事情或者将一件事情拆分成多个部分，使一个人无法独自完成；（2）设置适当的授权审批机制，只有经过授权或指定的人员才能处理指定事项；（3）设置资产保全控制装置，如上锁、钥匙、保险箱、设置围墙等，确保资产与记录的安全；（4）施行岗位轮换、强制休假、独立稽核等检查机制；（5）充分的凭证与记录，便于留下审计轨迹以便检查可疑活动。上述控制活动的前三项为预防性控制措施，后两项为侦查性控制措施，如表4-2所示。

表 4-2 控制活动的类别

控制措施类型	控制活动
预防性控制措施	1. 职责划分
	2. 授权审批机制
	3. 资产保全控制装置
侦查性控制措施	4. 独立稽核等检查机制
	5. 充分的凭证与记录

企业在确定控制活动并付诸实施后，还要建立监督与测试程序，以确保控制活动能够有效落实并发挥作用。事实上，《萨班斯-奥克斯利法案》第404条规定，所有上市公司必须聘请注册会计师对其内部控制进行审计，以确保不存在重大缺陷。

企业在选择采用何种控制活动时，还应当对各项控制活动进行成本-效益分析。例如，从减小风险的角度考虑，职责划分是最有效的控制措施，但其成本往往很高。对仅有几名员工的小型企业而言，职责划分可能不符合成本-效益原则，甚至因员工人数太少而根本无法实现。在这种情况下，企业可以采取成本相对较低的替代性控制措施或者补偿性控制措施。例如，在一家只有八名员工的小型服务型企业，企业主亲自签发所有支票并编制银行存款余额调节表以控制现金收支业务。

当出现舞弊时，问题的症结通常不在于缺乏控制措施，而在于管理层无视或逾越现有的控制制度。设想一下，一家小型银行被盗320万美元，这家银行的控制措施究竟发挥了怎样的作用？

银行的控制措施及其作用

玛乔丽（Marjorie）是一家小型银行的会计主管，负责所有凭证的处理和核对工作。在任职的 7 年间，她从银行共盗窃 320 万美元，约占银行资产的 10%。审计人员与管理层都知道她所在部门缺乏适当的职责划分，却认为银行实行了有效的替代性控制措施，以"合理保证"不会发生舞弊。银行一些替代性控制措施的具体内容以及玛乔丽钻空子的过程如下：

1. 根据规定，所有的存款与汇款业务都必须由柜台人员办理。尽管银行有明确的规定，但银行职员还是会替银行主管和自己处理汇款业务。大多数银行职员知道这种做法，但由于是主管交办的事项，也就没有考虑过其中的疏漏。

2. 根据规定，外部审计人员能够接触所有的凭证和记录。可是，玛乔丽办公桌旁边还有一个上锁的柜子，只有她才有那个柜子的钥匙。某次，一名客户投诉玛乔丽篡改他的对账单，因为该客户的相关资料全锁在玛乔丽的柜子里，所以银行告诉他，必须等到玛乔丽休假结束回来上班后才能处理。

3. 根据规定，审计人员可以就有关事项询问所有银行职员。玛乔丽却告诉她的下属不要与审计人员交谈，由此在审计期间，所有问题都是由她来回答的。

4. 根据规定，所有管理人员和职员都必须连续休假两周。应玛乔丽的要求，管理层同意她可以不执行这项规定。根据她在工作手册上的记载，"如果她休假两周，凭证就会来不及登记入账"。所以，她每次只休一天假，而且在她休假期间，没有人替代她完成其负责的工作。

5. 根据规定，总分类账原本应由填制总分类账以外的人来核对。为了逃避这项控制措施，玛乔丽让下属预先在 10 张或 12 张总分类账页上签名，这样就不必在员工忙碌之时再"打扰"他们签名了。

6. 银行职员原来应当履行适当的营业时间进出管控程序，目的是保护银行的安全。但为了方便银行职员进出，大多数银行职员身上都有钥匙。

7. 根据规定，银行应当设置有效的内部审计部门。可是在长达两年的时间里，该部门没有出具一份完整的审计报告，即使出具了审计报告，内部审计部门实际上也并未检查职员的账户或实施关键的控制测试，例如针对银行与联邦储备银行之间有关现金收入和支出的往来信函并未得到核查。

8. 根据规定，本行与他行的现金收支信函必须立即制作成缩微胶片存档。银行职员在三个方面上违反了这项控制措施。第一，信函经常未被立即制作成缩微胶片；第二，有时根本没有制作缩微胶片；第三，在制作缩微胶片之前，玛乔丽经常篡改信函的内容。

9. 内部审计部门和管理层并未定期检查员工的账户。在偶尔进行账户核查时，他们发现玛乔丽的账户存取交易额远超她的年薪水平，但没有人对此质疑。

10. 根据规定，银行职员若符合贷款条件可以按一般客户的身份向银行借款。银行曾经向玛乔丽一次性提供了 17 万美元的房屋抵押贷款，却没有要求她说明如何归还这笔贷款，以及她为何有能力购置这么昂贵的房子。

11. 根据规定，负责核验凭证与记账的员工不得经手自己处理的银行对账单。可是，在银行寄出对账单之前，银行职员经常抽出自己的存款凭证和取款凭证。

12. 根据规定，管理层原本必须复核重要的日报表，例如日资产负债表、大额或重大变动日报表以及透支日报表等。但是，银行经理要么根本不做核查，要么没有认真复核。资产负债表上就曾出现 300 万美元以上的单日巨幅波动。在大额或重大变动日报表上，玛乔丽账户曾有巨额款项存入，也支出过大额支票款项。透支日报表还显示，玛乔丽在银行工作的前 4 年，其账户曾出现 97 次透支记录。

如果该银行能够有效落实控制措施，玛乔丽的舞弊行为一开始就可能被发觉，甚至可以完全避免。由于银行的管理层和内部审计部门一直擅自逾越各项控制措施，以至于原本能够提供"合理保证"的内部控制措施最终却完全"无法保证"任何事情。

建立良好的内部控制制度是防范与侦查舞弊最有效的方式。只可惜，实践中很少有人会严格按内部控制程序的设计和规划执行。为什么？有时是因为管理层没有以身作则，导致员工会效仿管理层而漠视控制措施。有时虽然管理人员以身作则，并传达、沟通如何正确落实控制程序，但员工因不感兴趣、缺乏奖惩机制的激励、注意力不集中等而未能遵照执行。正如你所看到的，由于控制程序最多只能提供"合理保证"，因此它仅仅是全面防范舞弊方案的要素之一。

4.3.2 防止员工勾结串谋并告知供应商本企业的反舞弊政策

正如前文所述，约 71% 的舞弊是由一个人完成的，剩余的 29% 则是由多人勾结串谋共同实施的——这些舞弊不仅涉案金额较大，而且通常最难发现。与一人独自实施的舞弊相比，勾结串谋舞弊的案发过程比较长（舞弊者之间需要时间彼此熟悉，发展到一定程度才会相互勾结，"信赖"彼此可以共同合作）。如果企业安排某个员工长期独自与供应商接洽业务，那么出现贿赂与收受回扣的风险就会大大增加。在某案件中，采购人员只要稍微提高采购价格，就能获取相当于 2 到 3 倍薪酬的不法所得。勾结串谋型舞弊常见于采购与销售环节，即使企业制定了行为守则，当出现"天赐良机"时，员工也难免会实施舞弊。下面用 ESM 政府证券公司舞弊为例说明勾结串谋舞弊。

在 ESM 政府证券公司舞弊事件中，客户私下贿赂会计师事务所的合伙人，让知情的合伙人对虚假财务报表三缄其口，而客户这起会计报表舞弊的涉案金额高达 3 亿美元。这名注册会计师担任该客户的签字注册会计师超过八年之久，客户以 15 万美元的贿金作为其不揭露财务造假的报酬。如果会计师事务所没有让这名注册会计师担任这么久的签字注册会计师，他很可能就无法参与这起舞弊，也不至于让会计师事务所的形象和声誉受损。

有时候，一些原本无辜的供应商和客户也会被企业实施舞弊的主谋拖下水，因为他们担心如果不参与舞弊会破坏双方的业务关系。大多数情况下，这些供应商或客户刚开始只与企业有一两份业务合同的商业往来，他们通常是在受到胁迫的情况下才行贿或从事其他非法活动的。如果企业能定期致函给供应商和客户，向其说明企业禁止员工收受贿赂的制度，那么将有助于供应商和客户了解所接洽的采购人员与销售人员是否遵守相关规定。这些信函阐明了企业对员工的行为要求，这对防范舞弊非常重要。许多舞弊是在供应商和客户收到此类信函后才被揭发的。

一家大型快餐店发现，某个员工向供应商收取了20万美元的回扣。在调查之后，快餐店经理决定致函所有供应商，向他们说明快餐店禁止采购人员从供应商那里收受任何形式馈赠的政策。信函发出后，快餐店又发现了两起与采购人员相关的舞弊。

有效防范勾结串谋型舞弊的一项重要措施是在所有购货发票背面注明"保留检查权"字样，从而提醒供应商和客户，公司将保留随时检查与其业务往来凭证的权利。供应商和客户知道业务往来凭证随时会被检查，在行贿时就会所有顾忌。同时，注明"保留检查权"条款也是舞弊调查的一个有力工具。

4.3.3 监督员工并实施检举制度

没有人会在实施舞弊后将偷窃来的赃款存起来，绝大多数人会将赃款花在不良嗜好上，改变生活方式或者支付累积的欠款。如果管理人员和同事稍加留意，就能察觉舞弊者的生活水平大大提高，从而尽早发现舞弊行为。舞弊者通常会把赃款花费在一些奢侈项目上，他们会购买汽车、名贵服饰，购置新屋，参加豪华的旅游度假，购买昂贵的休闲设备（如游艇、露营车、私人飞机），支付自身工作以外嗜好的消费。接下来，我们再来看一看前文提及的银行会计主管玛乔丽的案例。

玛乔丽案

玛乔丽从1980年开始供职于这家银行。在任职的前4年，她通过债务整合贷款方案借到约12 000美元，同时共透支97次。接下来的7年里——她盗窃银行款项期间，其年薪一直不到22 000美元，但银行的管理人员和同事都知道她的下列事情：

- 参加过好几趟豪华邮轮之旅。
- 在高尔夫球场旁修建了一栋价值超过60万美元的住宅。
- 购置了一辆劳斯莱斯、一辆切诺基吉普、一辆奥迪、一辆玛莎拉蒂，且均在用。
- 购买了许多个人用品，比如昂贵的珠宝（包括16颗钻石与蓝宝石）、计算机、音响、影音设备、电子器材、雪上摩托车、高尔夫球车、赠送给同事与亲戚的昂贵礼物、皮大衣、日光浴床、名贵服饰等。
- 长期租用豪华轿车参加私人宴会。
- 在家举办多次奢侈宴席。
- 购置一栋别墅给婆婆。
- 购买了一件价值150万美元以上的琉璃艺术收藏品。
- 为了购买琉璃艺术收藏品，多次搭乘国内航班旅行。
- 家里装修得金碧辉煌、美轮美奂。

任何人只要稍加留意，就会发现玛乔丽的生活水平与她的收入极不匹配。终于有一名同事忍不住问她，为何能负担得起这么庞大的开支，她的理由是她丈夫继承了一笔 25 万美元遗产的三分之一。这确有其事。但即使她丈夫真的继承了 83 333 美元，也根本买不起一辆玛莎拉蒂，更不用说购买其他奢侈品了。

严密的监控机制有助于尽早发现舞弊行为，而且拟实施舞弊的人发现身边随时有人监督，也有助于遏制其舞弊行为。由于同事之间互相监督是发现舞弊行为一种有效的方法，2002 年通过的《萨班斯-奥克斯利法案》第 806 条规定，所有上市公司必须实施检举制度，让员工与其他人通过简易的方式通报可疑活动。

在前面介绍的多起舞弊案例中，那些怀疑可能发生舞弊或知悉舞弊行为的人，有些是因为害怕被打击报复而不敢挺身而出检举，有些则是不清楚检举的方式或方法。检举法律有助于解决这类情况。

即使在科技发达的今天，发现舞弊最常见的方式依然是检举。一项实证研究表明，在所有舞弊中，有 33% 是通过检举揭发的，而由审计人员发现的只占 18%。有家公司在一个年度中甚至发生了 1 000 多起舞弊，其中有 42% 是通过员工和客户的举报与诉讼发现的。完善的检举制度是防范舞弊极为有效的方法。当员工知道所在公司有一种简易的方式举报可疑的舞弊行为时，他们在实施舞弊时就不会那么肆无忌惮。

相关研究表明，以下因素是检举制度能有效发挥作用的要件：

匿名制度。企业务必向员工保证，举报可疑事件后不必害怕遭到打击报复。要让检举制度发挥应有的作用，举报人的身份绝对不能曝光。尽管现实中还是会出现恶意中伤的检举事件，但经过后续调查，通常可以轻易证实事情真相。

独立性。员工更愿意向与企业或舞弊行为相关方无关联的独立方报告不当行为。

便利性。必须向员工提供举报舞弊行为的各种渠道，可以通过电话、电子邮件、在线系统及书信等方式。这种做法可以确保包括基层员工、现场管理人员以及公司高管在内的所有员工，能够选择适合自己的方式匿名举报。

后续处置行动。企业通过检举制度收到的报告，一定要进行后续处置，且有必要陆续执行惩处和改善措施。这种处置方式可以体现举报制度的价值，并鼓励员工持续举报舞弊行为。

除了美国公司，美国政府机构以及许多国家的企业都实施了检举制度。

东芝公司的检举制度

东芝公司为了营造公开、透明的工作环境，除了促进公司内部日常沟通以防范舞弊，也在不断强化公司的检举制度。

东芝公司于 2000 年 1 月实施检举制度，收集公司内部违反行为守则的信息，特别是违反相关法令规章的行为，并通过自我认证系统处置不当行为。根据检举制度的规定，员工可以举报所发现的事项并寻求协助。东芝公司除内部设有专门的办公室之外，自 2005

年 1 月起聘请一家律师事务所帮助公司设置举报热线电话，主要工作是收集有关疑似违法行为的信息。2006 年 4 月，东芝公司还实施了供应商检举制度，专门接收供应商和商业伙伴举报的信息，让本公司能够防范采购人员做出违反行为守则的事。

2015 年 10 月，东芝公司在审计委员会设立新的举报热线，让员工能够直接向由独立董事组成的审计委员会通报。这条举报专线设立之后，即使最高管理层涉嫌舞弊，员工也可以顺利、安全地向上通报。审计委员会也有权了解举报热线收集的其他信息，并提供适当的指导与监督。

东芝集团下设的所有公司都已经实施检举制度，所有员工也都明白为了确保匿名举报持续有效，公司会保障举报人的人身安全。如果举报人本身就是被通报的对象（自我举报），那么本公司在决定内部惩处方式时会酌情考虑他自发举报舞弊行为的事实。

4.3.4 建立受惩处的预期心理

消除舞弊产生的机会的第四项要素是建立舞弊行为会受到惩处的预期心理。前面已经提及，遏制舞弊行为最有效的方法之一是让舞弊者害怕受到惩罚。在当今的商业与社会环境，仅仅解聘舞弊者不算是真正意义上的惩罚，所谓真正的惩罚是让舞弊者的家人和朋友都知晓其所作所为。舞弊者通常是初犯，他们会因所爱重的人知道自己的舞弊行为而感到莫大的耻辱。如果舞弊者仅仅是被解聘，那么他们通常会捏造自己被解雇的理由，例如"公司裁员""公司在精简机构""我再也无法忍受在那家公司上班"等，这样舞弊事实就会被轻描淡写地掩盖过去。需要注意的是，我们并不是鼓励雇主介入员工的个人生活；事实上，我们倡导的是一种反舞弊策略，它能够让涉及舞弊的员工根据法令的规定受到应有的惩处。

员工应当确知，舞弊行为将会受到严惩，并不是每个人都会实施舞弊，公司禁止未经授权借用公司的财物，等等。严厉的处罚政策对减少舞弊来说至关重要。虽然舞弊调查和法律诉讼通常既费钱又费时，而且诉诸法律后的新闻报道会对企业产生负面影响和不利后果，但从长远角度来看，提起法律诉讼符合成本-效益原则。不诉诸法律就意味着向其他员工传递这样一个信号：企业能够容忍员工的舞弊行为，舞弊者最坏的后果不过是被解聘。在当前个人隐私法律做出的规定和较高的人员流动率的环境下，单纯的解聘并不是遏制舞弊最有效的方法。正如完备的行为守则一样，严厉的处罚政策也有助于阻止想要实施舞弊的人"合理化"自己的行为。有人认为，那么多舞弊产生的导因，正是舞弊者常常没有受到惩处，即使受到惩处也非常轻微。

4.3.5 执行积极的舞弊审计

执行舞弊审计的企业为数不多。企业审计人员通常会执行财务报表审计、经营情况审计等，但只有在舞弊征兆相当明显的情况下才执行舞弊审计。积极执行舞弊审计的企业会使员工产生一种认知，那就是随时有人注意他们的一举一动。有效的审计程序会加深人们害怕非法行为被揭发的恐惧感,进而减少舞弊行为。第 5 章将介绍舞弊审计包含的四个步骤:(1) 明确识别舞弊风险因素;(2) 明确每个舞弊风险因素对应的舞弊迹象;(3) 编制审计计划,针对舞弊迹象和风险因素制定相关的审计程序;(4) 针对发现的舞弊迹象展开调查。例如,某家公司决定采用计算机审计技术对员工的电话号码和供应商的电话号码进行核对,结果发现电话号码相同的共有 1 117 组。这说明公司是从自己的员工那里采购产品和服务,也就是公司存在直接利益冲突的现象。

目前会计师事务所开始高度重视舞弊审计,原因之一是 2002 年 10 月 15 日美国注册会计师协会发布了《审计准则第 99 号——考虑财务报告中的舞弊》(SAS NO.99)。这项具体准则指出,除了强调提高职业谨慎,还必须集思广益地探讨各项舞弊风险;与管理层及其他人共同讨论是否知悉舞弊行为或舞弊征兆;使用管理层不可预期的审计测试程序;针对管理层逾越内部控制的情况,执行对应的专门测试程序。

发布《审计准则第 99 号》,是因为审计准则委员会①认为,只有强制审计人员明确考虑与共同探讨舞弊的相关情况,才能提高审计人员在审计财务报表过程中发现舞弊造成的重大错报的可能性。

大型会计师事务所及其他机构在审计财务报表的过程中,除了保持专业怀疑态度,通常还会指定专门部门负责侦查舞弊行为。随着科技的不断进步,舞弊侦查工作也比以往更容易实施。第 6 章将详细介绍各种科技方法在舞弊侦查工作中的应用。现在我们需要明确的是,积极主动的舞弊侦查活动不仅有助于尽早发现舞弊,而且让员工与其他人知道企业一直在侦查可能发生的舞弊行为。这也是遏制舞弊的一个强有力工具。

4.3.6 舞弊防范小结

本章主要介绍了防范和减少舞弊行为的措施:(1) 营造诚信、公开与互助的氛围;(2) 消除舞弊产生的机会。这两种措施及相关配套程序如图 4-4 所示。

执行上述措施和程序的企业,其舞弊将大大减少。某公司严格执行了上述建议措施,已经让舞弊造成的损失从平均每年 2 000 万美元以上减少为不足 100 万美元。

> **请记住** >>> 消除舞弊产生的机会有五种方法:(1) 完善的内部控制制度;(2) 减少员工勾结串谋的机会,向供应商与外部人士明确披露企业的反舞弊政策;(3) 监督员工并设置匿名举报专线(检举制度);(4) 建立受惩处的预期心理;(5) 执行积极的舞弊审计。在舞弊产生的机会被消除或减少后,拟舞弊者要有更大的压力与更多的合理化借口才会实施舞弊。

4.4 反舞弊综合策略

现在,我们将舞弊的防范、侦查、调查及后续处置行动整合起来,以构建一个反舞弊综合策略。正如前文所述,本书作者曾对财富 500 强公司的舞弊策略进行了调查,向这

---

① 审计准则委员会(ASB)后被公众公司会计监督委员会(PCAOB)取代。

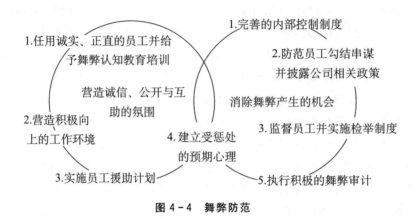

图 4-4 舞弊防范

500 家公司寄送了调查问卷，请公司主管舞弊防范工作的负责人给出回答。在回收的 242 份问卷中，有 62%（150 份回函）是由公司内部审计主管填写的，有 28%（67 份回函）是由公司安保部门主管填写的，另外约 10%（25 份回函）则是由公司人力资源部门主管填写的。许多填写问卷的人表示，自己所在公司并没有"主管舞弊防范工作的负责人"，他们是以个人名义去完成这份调查问卷的。

调查问卷回复者的职位类型各异，再加上许多回函都提到公司内部并没有"主管舞弊防范工作的负责人"，这是美国的舞弊防范工作现状的真实写照，确实令人担忧。企业因舞弊的发生而付出了沉重代价，但是在防范舞弊方面，似乎没有人认为这应当属于自己的责任。注册会计师坚持认为他们无法发现所有的舞弊，因为这不属于他们的职责范围，况且其确定的（错误）重要性水平一般会高于舞弊金额。① 内部审计人员辩解说，他们的职责是评估内部控制和改进经营效率，若偶然发现舞弊行为，则他们会进行调查和报告，但是防范与侦查舞弊毕竟不是他们的主要职责。绝大多数公司的安保主管认为，他们扮演的是舞弊调查者的角色，如果有人举报舞弊行为，他们就会展开调查，但他们的职责不包括侦查舞弊。经理人员通常认为，自己的职责是管理公司日常运营，甚至很少承认自己所在企业可能会发生舞弊，对他们而言舞弊行为是"别的企业"才会发生的事情。此外，即使真的发生舞弊，他们也不知道应该如何处置。员工是最适合负责防范与侦查舞弊的，但他们不清楚在发现可疑情况时应该如何处置或该向谁报告，而且他们也不愿意检举揭发同事。因为他们认为这不是明智之举，他们会为此感到内疚或害怕遭到打击报复。

正因为大多数企业对舞弊行为普遍持有"事不关己"的态度，所以像"亚克罗航空公司舞弊案"这类事件还会层出不穷。

---

① 注册会计师针对财务报表的审计，主要关注对财务报表产生重大影响的错报和漏报。有时，相对于被审计单位的规模来说，注册会计师可能认为数百万美元的错报是"不重要"的。

亚克罗航空公司舞弊案

杰里·沃特金斯（Jerry Watkins）在亚克罗航空公司（Ackroyd Airlines）任职已经超过十七年，在此期间，他经历过会计、财务与采购等职位。沃特金斯有三个孩子，两个儿子和一个女儿。这些年，他和家人一直积极参与小区及教会的各项活动，沃特金斯还是小学棒球队与美式足球队的教练，沃特金斯夫妇都是大学毕业生、全职工作，两人定下长远目标——三个孩子都能考上大学。虽然沃特金斯有让孩子上大学的计划，但全家的年收入几乎都花在日常开支上，能够攒下来的大学教育基金和其他基金所剩无几。

沃特金斯在亚克罗航空公司工作十五年后，大儿子顺利入读著名的常春藤联盟学校，他在学校的表现非常好。沃特金斯夫妻都以大儿子以及另外两个子女的优异成绩为荣。大约一年后，掌管全家财务的沃特金斯发现，他们无法负担大儿子的大学学费，更不用说另外两个子女未来的大学学费。自尊心很强的沃特金斯根本无法面对家庭财务状况不佳的事实，加上自己身上已经背负一大笔房贷和信用贷，他心里很清楚，家里无法再借到供孩子上大学所需的钱了。

发现自己身陷财务困境，沃特金斯想到盗窃亚克罗航空公司的款项。因为之前他曾听说，公司发生过几起侵吞资金的案件，但从来没有一名当事人被起诉，事实上公司只是将当事人调职。此外，沃特金斯还自我安慰说以后一定会把钱还回去。当时他担任采购经理，之前曾有一家供应商希望与亚克罗航空公司做业务，找他帮忙，他发现可以轻而易举地从这家供应商拿到回扣。沃特金斯一开始只敢收取少量回扣，然而持续一段时间之后，他发现自己越来越依赖这些额外收入，以满足包括儿子大学学费在内的所有财务"需求"。虽然收受回扣心里会有罪恶感，但沃特金斯很清楚，公司内部审计从不认为公司会发生舞弊。不管怎么说，他认为如果公司知道他有多么需要这些钱，就一定会体谅他的行为。他这种"借用"公款的行为可谓有百利而无一害：他的孩子不再因学费问题而丧失接受良好教育的机会，而亚克罗航空公司并没有真正发生损失。沃特金斯面临压力，又发现有机可乘，再加上"合理化"自己的不当行为，还有亚克罗航空公司根本不重视舞弊的防范与侦查，由此一名有十七年资历的员工从公司盗用了数十万美元。

需要引起我们高度警惕的是，沃特金斯的情况并不是个案。他从未在公司的行为守则上签过名，亚克罗航空公司的内部审计部门从未有意识地进行舞弊检查，也没有实施员工援助计划以帮助员工解决经济上的需要或其他问题。此外，正如沃特金斯所知，亚克罗航空公司从未对舞弊者采取过比解聘更为严厉的惩处措施。

4.5 组织和舞弊：通用模式

许多组织与亚克罗航空公司一样，都没有实施舞弊防范措施。由于很多组织根本不重视舞弊防范与侦查工作，以至于舞弊的防范、侦查与调查工作的责任归属总是模糊不清。

组织处置舞弊的通用模式也称缺省模式，如图4-5所示。

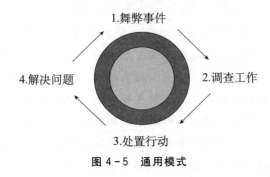

图4-5 通用模式

这一通用模式分为四个阶段。第一阶段，舞弊事件在没有进行正规的舞弊教育和采取其他防范措施的环境下发生。一旦发生舞弊，组织马上进入危机处置模式，因为组织迫切需要：（1）找出舞弊人员；（2）封锁消息、对外保密；（3）弥补相关损失；（4）尽量将事件对企业的负面影响降到最低程度；（5）从危机中走出来。

第二阶段是展开调查工作。安保部门和内部审计部门通常会在此时介入，大多数调查工作将围绕人员访谈和查检凭证与记录展开。调查工作不见得会有明确结果，但一定是旷日废时且可能所费不赀。

第三阶段是在调查工作告一段落之后，组织必须决定如何处置舞弊者。组织通常有三种选择：（1）不采取任何行动；（2）解聘或转调至其他部门；（3）解聘并提起诉讼。

第四阶段，组织将调查档案封存，问题基本清楚了，相关人员被撤换了（由此产生了额外成本），疏漏也被填补了，组织可能实施了一些新的控制措施，问题似乎得到了解决。至此，在通用模式下，组织不再进一步采取措施，直到再次发生舞弊事件。但遗憾的是，采取这种通用的应对模式，舞弊非但没有减少，还会不断地出现。现在，让我们来了解一个更好的反舞弊策略——洞察舞弊模式，如图4-6所示。

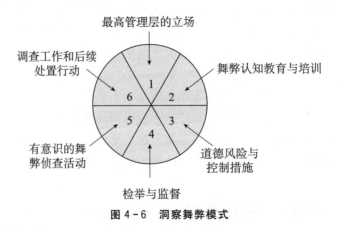

图4-6 洞察舞弊模式

（1）正如你所看到的，洞察舞弊模式包括六项要素。第一项可能也是最重要的是管理层、董事会和高管等设定一个正面的"高层立场"，即管理层对待舞弊的态度与方针。这包括两个步骤：①非常重视营造积极向上的工作环境，针对企业所有员工给予有效的教育培训，并倡导明确、严谨的企业行为守则；②管理层以身作则树立榜样并言行一致。

当企业管理层对待舞弊的态度，从"若舞弊的员工被起诉，则必须通知我们"变成"若舞弊的员工没有被起诉，则必须通知我们"，并将企业发生的舞弊行为以及安全问题、歧视问题、滥用毒品等均列为重大问题时，舞弊的规模与数量才会大幅减少。同理，管理层不可能一边自己从供应商或其他人那里享受优待或收受贵重的馈赠，一边又禁止员工做出同样的行为。

(2) 洞察舞弊模式的第二项要素是对员工进行舞弊认知教育与培训，使其了解舞弊的严重性，并让他们知道发现舞弊行为时应当如何处置。正如我们再三强调的，能够为企业节省大量经费的是防范舞弊，而不是发现舞弊或调查舞弊。因此，企业必须特别重视积极的舞弊认知教育与培训，而不是在已经发生舞弊损失的情况下再予以弥补。

舞弊认知教育有助于防范舞弊，并确保企业能够尽早侦查出已经发生的舞弊，从而控制舞弊给企业带来的经济损失，并将其对企业产生的负面影响降至最低程度。舞弊认知教育不仅要针对员工，更要让供应商、客户及外部人士都知道企业在反舞弊方面的期望与设定的行为标准。

(3) 洞察舞弊模式的第三项要素涉及道德风险评估和实施完善的内部控制制度。本章前面讨论过内部控制制度在防范舞弊方面的作用。需要注意的是，实施完善的内部控制制度意味着企业要对每一起舞弊事件进行深入调查以确定其产生的原因，并强调控制的执行以避免类似舞弊再次发生。

舞弊分析牵涉管理层、内部审计、企业安保、人力资源、内部控制与财务等部门，大家将共同分析和判断舞弊产生的原因和方式，分析对象是舞弊当事人、不完善或缺失的内部控制制度、诱发舞弊的环境及相关因素。这一步骤对制定有效的防范措施至关重要。相关部门聚集在一起，拟定适当的解决方案并不需要耗费很长的时间。显然，额外或新增的控制措施必须符合成本-效益原则，否则最终可能无法付诸实施。当然，如果决定不采用额外或新增的控制措施，那么这一决定应当建立在成本-效益原则的基础上，而且不能缺少适当的分析。

(4) 洞察舞弊模式的第四项要素是检举制度与监督程序。企业应当为舞弊检举提供便利的渠道或方法。如果是谋杀、抢劫银行或袭击他人，当事人的罪行就是十分明显的。然而舞弊大不相同，如果没有人发现表明舞弊存在的危险信号，精心设计的舞弊就可能隐藏多年而不被揭发。由于企业缺乏举报专线或其他通报机制，因此员工很少主动提供有关舞弊迹象的信息。这一点非常遗憾，因为员工是最有可能发现舞弊的人。监督是指内部审计、注册会计师和管理层共同监督审计与复核工作。如果员工和供应商知道公司实施严格的检举和监督制度，他们就不太可能实施舞弊。有效的舞弊防范措施包括在可能实施舞弊之人的大脑中形成其行为会被揭发的预期。需要注意的是，就防范舞弊的目的而言，舞弊行为能否真的被揭发或者舞弊者真的被逮捕并不重要，只要他们能这么认为就可以了。

检举制度还包括公告有关舞弊的所有事实给那些能够从中获利的人。所谓的公告，不是指将案件和所有相关细节刊登在当地的报纸上。实际上，在未定罪的情形下，这反而是很草率的愚蠢行为，因为这很可能构成诽谤罪。此处公告是指说明舞弊者和其他当事人的身份，并在公司内部的时事通讯或工作简报上予以公开，以供内部审计人员、安保人员、管理层和员工传阅。像这样对舞弊进行一般性通报具有重大的影响，因为这有助于员工了解自己所在企业发生了舞弊，而且这个问题恰恰是可以通过员工的努力加以防范的。

(5) 洞察舞弊模式的第五项要素是有意识地侦查舞弊。不论舞弊防范措施多么完善，组织仍可能发生舞弊。由于舞弊的规模或损失会随着时间的推移成几何级数扩大，因此尽早发现舞弊非常重要。比如，第 5 章讨论的舞弊侦查方法如果得到大力推行，那么不仅能够有效侦查出舞弊行为，还可以有效遏制舞弊。

(6) 洞察舞弊模式的最后一项要素是执行有效的调查程序和后续法律行动或解决方案。有效的调查程序是指组织已经制定的正式反舞弊政策，并指派专职人员负责调查工作的每一个环节。调查程序的主要内容包括：①由谁负责执行调查；②向管理层通报调查内容的方式；③是否应当报告执法人员以及何时报告；④由谁决定调查范围；⑤由谁决定调查方法；⑥由谁追踪调查可疑线索；⑦由谁负责访谈、检查凭证并执行其他调查程序；⑧由谁最终决定组织对舞弊的应对措施、处罚形式和控制制度等；⑨明确组织对舞弊者采取何种后续的法律行动。

对舞弊者不采取后续法律行动是不可取的。在可能的情况下，组织应当对舞弊者提起法律诉讼。严格的法律诉讼政策需要得到组织最高管理层的支持，而且如果有舞弊者未被起诉，那么一定要报告最高管理层。害怕因提起法律诉讼而对组织造成负面影响的时代已经一去不复返了。如今，大多数人都意识到舞弊是每个组织面临的严重问题；而且，越来越多的人知道采取严厉的法律诉讼政策的组织，其未来发生舞弊的概率会大幅降低，其盈利能力也会更强。

> **请记住 >>>** 每个组织或多或少都会发生舞弊。舞弊的多寡取决于组织针对舞弊认知的教育培训内容、高层对舞弊的立场和态度、风险评估程序与内部控制制度的完善程度、舞弊侦查方案的有效性、发生舞弊后执行的调查程序和后续处置行动等因素。

如前所述，利用舞弊者对处罚的畏惧心理是遏制舞弊行为的重要方法之一。实施法律诉讼制裁舞弊的成功组织，通常会聘请内部调查专家。这些组织知道，在执法机构和刑事审判体制超负荷运行的情况下，为了争取到执法人员与司法机关的配合，有必要自己先进行一次全面、彻底的调查（包括获取由舞弊者签名的供述）。

■ 重点内容回顾

- **了解如何营造诚信、公开与互助的氛围。** 营造诚信、公开与互助的氛围的三项要素分别为：(1) 任用诚实、正直的员工并给予舞弊认知教育与培训；(2) 营造积极向上的工作环境，包括有严谨的行为守则可依循、对员工保持良好的心理期望、实施透明和有效的沟通政策、制定积极的人事制度和经营制度；(3) 实施员工援助计划，协助员工处理个人面临的各种压力。

- **了解如何消除舞弊产生的机会。**消除舞弊产生的机会的五种方法分别为：（1）完善的内部控制制度；（2）防止员工与客户或供应商勾结串谋，让供应商与外部人员明确知悉企业的反舞弊政策；（3）持续监督员工，并设置可匿名通报的举报热线（检举制度）；（4）让员工建立会受到惩处的预期心理；（5）执行积极的检查程序（舞弊审计）。

- **理解如何营造积极向上的组织环境以减少舞弊的发生。**大多数企业没有制定全方位的反舞弊综合策略。事实上，多数企业在经历舞弊后，会立即进入危机处理模式，展开调查工作，并希望尽快解决舞弊事件；然后，等到舞弊再次出现时，再采取同样的模式应对。比较完整的洞察舞弊模式包括：（1）管理层、董事会和高管等设定一个正面的"高层立场"；（2）对员工进行舞弊认知教育与培训；（3）道德风险评估和实施完善的内部控制制度；（4）实施检举制度与监督程序；（5）有意识地侦查舞弊；（6）执行有效的调查程序和后续法律行动或解决方案。

- **理解积极的舞弊审计的必要性。**执行舞弊审计的组织为数不多。组织审计人员通常会执行财务报表审计、经营状况审计等，但只有在舞弊征兆相当明显的情况下，才会执行舞弊审计。企业要让员工产生一种认知，那就是随时随地都有人注意着他们的一举一动。有效的审计程序会加深人们害怕非法行为被揭发的恐惧感，进而能够减少舞弊行为。

- **理解制定反舞弊综合策略的重要性。**组织应将舞弊的防范、侦查、调查及后续处置行动整合起来，构建一个反舞弊综合策略。该策略能够有效减少舞弊，并营造积极向上的工作环境。

第Ⅲ部分 舞弊侦查

第5章 识别舞弊迹象 / 113

第6章 数据驱动的舞弊侦查 / 147

第 5 章

识别舞弊迹象

寄 语

尽管我们鲜少能目睹舞弊行为,但往往能观察到舞弊迹象或征兆。在本章,我们将介绍几种舞弊迹象,希望有助于你识别舞弊行为何时发生。一旦识别出这些舞弊迹象,我们就能及早侦查出许多舞弊行为。我们还将介绍不同的真实舞弊案件,以及如何揭露舞弊。

学习目标

在学习本章之后,你应该能够:
- 理解舞弊迹象如何有助于侦查舞弊;
- 了解并识别与舞弊相关的会计异常迹象;
- 熟悉有助于遏制与侦查舞弊的内部控制;
- 理解并辨识与舞弊相关的分析性异常迹象;
- 解释如何通过生活方式的变化来侦查舞弊;
- 讨论如何通过行为性异常迹象来发现舞弊;
- 理解将举报和投诉视为舞弊迹象的重要性。

现实的教训

埃尔金飞机制造公司（Elgin Aircraft）设有理赔处理和理赔支付部门，专门负责管理公司的健康/医疗保险计划。公司规定，理赔申请金额在5万美元以下的案件由公司自行处理；理赔申请金额超过5万美元的案件将移交给一家独立的保险公司处理。理赔处理部门负责审查理赔的各项必要文件，再将文件移交给理赔支付部门，由其核准并签发支票予以赔付。

公司员工有两种健康保险计划可供选择。第一种保险计划名为健康保障组织（HMO）计划，选择HMO计划的员工必须到指定的医师处就诊。埃尔金公司与一些医师签订了医疗服务协议，并以支付定额费用的方式聘请这些医师为员工提供医疗服务。第二种保险计划允许员工自行选择医师就诊，而不一定是公司指定的医师，但公司仅负担80%的医疗费用。

管理层认为公司的内部控制制度相当严谨。此外，各种类型的审计人员经常进驻公司检查各项业务，其中包括政府合同审计人员、国防部审计人员、注册会计师和外部审计人员。处理健康/医疗理赔时要求主治医师在申请书上填写详细信息，还要求医师所在科室出具有关诊疗费用的证明。理赔处理部门收到申请书后，会确认以下事项：

- 就诊患者是否为埃尔金公司员工；
- 诊疗内容是否在保险计划承保范围之内；
- 医师收取的费用是否符合理赔支付规定；
- 个人年度理赔累计金额是否超过5万美元，若是，则理赔申请将移交给保险公司处理；
- 提交申请的员工适用的保险类型，理赔申请金额的计算是否正确。

上述事项审查无误后，申请材料将移交理赔支付部门，由该部门直接付款给医师，员工不会收到任何款项。

一天，一名国防部审计人员看到，理赔支付部门经理让部门员工搭乘由私人司机驾驶的豪华轿车共进午餐。这名审计人员很好奇，该经理如何负担得起如此高昂的餐费，并怀疑这些午餐和豪华轿车的费用可能是由联邦政府支付的。这名审计人员与埃尔金公司分管财务的副总裁讨论此事，得知该经理是"公司最优秀员工"之一；他还了解到该经理在过去十年中从未缺勤过，而理赔支付部门的绩效考评成绩是全公司最高的。

出于对豪华轿车及其他种种迹象的疑虑，该审计人员展开调查工作。结果发现，理赔支付部门经理在过去四年中从埃尔金公司贪污盗窃了1 200万美元的款项，其舞弊手法是虚构了22名"特约医师"，并以一年之中索赔金额远远未达到5万美元限额的员工的名义向公司提交医疗费用理赔申请；她还伪造了一系列索赔表并将其提交理赔处理。理赔处理部门将批准后的申请资料移交理赔支付部门，然后由该部门向那些子虚乌有的医师支付款项。

舞弊是人们鲜少能目睹的一种犯罪行为。发现一具尸体且显然是他杀的，毋庸置疑，一定有人犯下了谋杀罪，因为那具尸体是看得见、摸得着的有力证据。同理，有人抢劫银行，根本不用争论是否属于抢劫罪，因为包括客户和员工在内的银行里的每个人都是抢劫案的目击者。大多数银行抢劫案的整个作案过程可能被摄像机录下来了，若有人对抢劫事件表示怀疑，则可以重复播放这些影像。然而，舞弊行为的特性让人不易明确察觉出犯罪行为，而是只能观察到舞弊迹象、警示或征兆。

5.1　舞弊迹象

个人生活方式的变化、证件或文件的遗失、总账的借贷不平衡、某人可疑的行为举止、不合理的勾稽关系或匿名举报电话等，尽管上述情况足以引起人们的怀疑，但它们只能算作舞弊迹象，并不是结论性证据。这些迹象可能会有不同的解释：继承遗产后生活方式发生改变；文件遗失有合法的理由；无意的错误造成总账借贷金额不相等；因家庭纠纷或个人问题而产生可疑的行为；分析结果不合理可能是源于未考虑经济因素变动的结果；匿名举报可能是嫉妒他人、心怀不满的员工或公司外部人士因过去的恩怨而向公司告密。

为了侦查舞弊，管理层、内部审计人员、员工和舞弊检查人员都必须先学会识别舞弊迹象或征兆（也称"红旗警示"），并调查这些迹象是由真正的舞弊行为引起的还是由其他因素导致的。令人遗憾的是，许多舞弊迹象根本没人察觉到；或者即便已识别，通常也没有去积极追查。如果能够经常注意舞弊迹象，许多舞弊就能被尽早侦查出来。

舞弊迹象可以分为六大类：（1）会计异常；（2）内部控制缺陷；（3）分析性异常迹象；（4）奢侈的生活方式；（5）异常的行为举止；（6）举报和投诉。本章将详细探讨这六类迹象，首先分析每类舞弊迹象是如何对埃尔金公司的管理层、审计人员等起到预警作用的。

会计异常是指会计核算过程中出现的不正常的程序或流程。埃尔金公司舞弊中出现了几起会计异常迹象。22名冒牌医师提交的虚假理赔申请书全部来自两个地址：一个是邮政信箱，另一个是公司理赔支付部门经理的配偶开设的公司（公司位于邻近的城市）。向那些子虚乌有的医师开具的支票也全部寄到上述两个地址；同时，全部支票款仅分别存入两个银行账户，而且背书都是手写，而不是印鉴。

没有发现这些异常现象的原因，可能是管理人员非常信任这名部门经理，而且审计人员仅核对申请书和已兑现的支票，并未追查下列问题：

- 理赔款项是否合理？
- 背书方式有效吗？
- 为什么支票收件地址和诊疗费账单寄出地址都是那两个呢？

财务报表审计人员和舞弊检查人员的主要差别在于，大多数财务报表审计人员仅仅检查凭证是否附有完备的附件等证明材料。而在侦查舞弊时，舞弊检查人员不仅要确定是否有附件，还要确定附件的真实性、凭证内容的正确性以及费用发生的合理性等。

埃尔金公司的审计人员忽略了公司的重大**内部控制缺陷**。首先，理赔支付部门经理长达十年没休假，也就没有贯彻定期休假或岗位轮换制度；其次，埃尔金公司的员工从未收到付款通知书，因而无法得知公司支付的款项是否为自己申请的理赔金；最后，向新的特约医师支付款项之前，公司从未进行调查或执行认可程序。

允许员工放弃休假，尤其是会计人员，始终是一项倍受质疑的内部控制缺陷。实施独立稽核制度是遏制舞弊的效果最佳的方法之一。岗位轮换、内部审计和强制休假都是独立稽核制度的不同表现形式。美国货币监理署规定，美国所有银行职员每年必须至少连续休假一周。当员工因休假而无法掩盖舞弊印迹时，许多舞弊行为随之曝光。在埃尔金公司案中，如果在经理休假期间让另一名员工代为处理付款业务，很可能早就发现地址相同、付款对象也相同的现象。

埃尔金公司另一项严重的内部控制缺陷是未通知员工其理赔申请款项已支付。公司支付给指定医师的医疗费用（包括子宫切除手术、扁桃体切除手术和胆囊切除手术等子虚乌有的医疗项目），如果员工能够收到对账单，就会发现自己根本没有接受过上述凭空捏造的治疗。那么，他们很可能会向公司反映，从而使公司更早地发现这桩舞弊。

令人遗憾的是，即使主管人员或审计人员发现内部控制存在缺陷，也不见得能够揭发这种舞弊行为，最多是建议修补缺陷，很可能完全没有想到舞弊者已经钻了内部控制缺陷的空子。能发现舞弊的审计人员与不能发现舞弊的审计人员最大的差别在于，前者在发现内部控制缺陷之后能够立即对薄弱环节是否被利用进行调查，并采取措施予以纠正；后者却忽视这一可能性。

埃尔金公司在向医师支付款项之前，应该调查其背景，以确定他们是否有合法的执业资格。正如与其他公司开展商业往来之前必须进行邓白氏检查[①]一样，公司应当通过诸如州医师管理委员会、医疗团体及其相关电话等资料，验证拟付款医师的执业资格的合法性。此外，在没有事先确保供应商或医师合法性且已获得付款授权的情况下，公司不得向新医师或其他提供者（或其他类型购买情况下的供应商）支付或授权其提供治疗服务。

分析性异常迹象是指财务数据之间或财务数据与非财务数据之间呈现不合理关系的现象，例如销售数量、产品组合或售价出现不寻常的波动。在埃尔金公司案中，一些分析性异常迹象本来应该使人们对是否发生舞弊保持警觉。例如，22名指定医师提供的医疗金额非常大。为什么4年中支付了高达1 200万美元的医疗费？这22名指定医师都没有取得州医师执业资格，但支付给他们的医疗费几乎超过支付给其他所有医师的总医疗费。另一项分析性异常迹象是外部的独立保险公司从未支付给这22名指定医师任何款项。换句话说，不管哪个年度，申请支付款项给这22名医师的员工的年度累计医疗费均在5万美元限额以下。最后，舞弊持续的4年期间，埃尔金公司整体的医疗费用大幅增加，约增

---

① 美国邓白氏公司（Dun & Bradstreet，D&B）是世界著名的商业信息服务机构，主要为客户提供商业信息、管控工具及专业经验，协助客户做出商业决策。此处，邓白氏检查主要侧重于商业信用调查。

长 29%。

埃尔金公司还存在很多员工**生活方式**方面的舞弊迹象。例如，经理经常带着员工搭乘豪华轿车出去吃午餐。埃尔金公司员工告诉国防部审计人员，该经理自行负担租用豪华轿车的费用，因为她非常富有，她还表示公婆留下一大笔遗产。同事们都知道，她住豪宅、开名车、穿高档服装和戴名贵珠宝。然而，没人好奇她这么有钱为何还要工作，而且她从不休假。虽然有钱人可能因热爱自己的职业而工作，但他们很少会放弃休假。

> **留意** >>> 分析性异常迹象是指数据间的关系不合理的现象，其中包括会计数据。需要注意的是，不能将分析性异常迹象与会计异常混为一谈，因为会计异常是指会计业务处理过程中出现的异常凭证或记录。

还有许多员工**行为举止**也能使人对舞弊的发生保持警觉。理赔支付部门员工经常开玩笑地说他们的经理具有双重人格[①]。她有时是这个世界上最和蔼可亲的人，有时却又莫名其妙地愤怒。与员工谈话后，审计人员得知近几个月以来该经理的情绪起伏越来越明显，频频出现情绪反复的情形。

在埃尔金公司舞弊事件中，没有员工主动质疑，没有员工察觉该经理有问题而出面举报她。拥有合法执业资格的特约医师的正常业务并未受到影响，所以他们也没有抱怨任何事情。事实上，在这起舞弊事件中，唯一遭受损失的只有埃尔金公司。

埃尔金公司舞弊之所以被揭发，归功于一位观察力敏锐的审计人员注意到一些舞弊迹象。在本章，我们将探讨了解舞弊的一般迹象如何有助于我们更有效地侦查舞弊。接下来，我们详细探讨六类舞弊迹象。

> **请记住** >>> 舞弊迹象可分为六大类：（1）会计异常；（2）内部控制缺陷；（3）分析性异常迹象；（4）奢侈的生活方式；（5）异常的行为举止；（6）举报和投诉。

5.2　会计异常

会计异常是指会计业务处理过程中出现的不正常凭证或记录。舞弊迹象中常见的会计异常包括原始凭证异常、会计分录异常和分类账异常。下面我们逐一进行说明。

5.2.1　原始凭证异常

原始凭证既可以是纸质的，也可以是电子的，包括支票、销货发票、订购单、请购单及验收报告等。以下是原始凭证上应当引起注意的警示信号或者说舞弊迹象：（1）缺少单据凭证；（2）长期留在银行存款余额调节表上的未达账项；（3）过多的贷项通知单[②]；（4）收款人或客户的名称或地址相同；（5）逾期应收账款增加；（6）日益增多的未达账项；（7）单据凭证上有修改痕迹；（8）重复付款；（9）支票的二次背书；（10）单据凭证

---

① 源于描述双重人格的经典电影《化身博士和海德先生》。
② 贷项通知单是一种用来表示因销货退回或经批准的折让而引起的应收货款减少的凭证。

的编号不连续；（11）单据凭证的字迹可疑；（12）只有单据凭证的复印件。

为了更好地说明上述警示信号如何表明可能发生了贪污盗用，我们列举三个真实的舞弊事件：第一个案例的做法是篡改原始凭证的复印件；第二个案例是逾期应收账款增加；第三个案例是贷项通知单过多。虽然我们只列举了三个案例，但仍然有很多舞弊是通过检查可疑的原始单据而被揭发出来的。

警示信号的含义

第一个案例：一名机警的内部审计人员在检查新设备采购资料时揭发了一起舞弊案。经过进一步调查发现，这是一起多人相互勾结串谋的大案。这名内部审计人员在检查存档的销货发票时，无意中看到一条细线穿过制造商发票文件中的复印信函，这提醒审计人员做进一步调查。在设备制造商发出信函的复印件上，制造商建议维修机械零件比重新购置设备的成本要低，信函中还列出维修费用明细；但采购人员为了索要佣金而选择购置新设备，因而删除了制造商建议采用维修方式的文字。

第二个案例：识别舞弊的起因是客户逾期应收账款增加。这起舞弊案发生于美国一家名列世界500强的公司，我们暂且称之为XYZ食品公司。马克·罗杰斯（Mark Rogers，化名）是XYZ食品公司应收账款部门经理，由于工作上的联系，他和公司的某个大客户关系很好，并利用这一关系诈骗自己的公司。为了收取回扣，他帮助该客户"管理"应付本公司的账款。罗杰斯让该客户在超过XYZ食品公司规定的付款期限之后才付款，而且未将客户的逾期账款列为过期款项或到期未付款项。由于该客户的应收账款金额庞大，在逾期30—60天后才收到款项，让XYZ食品公司损失约300万美元的利息收入，而该客户总共付给罗杰斯35万美元的回扣。一名警惕性很高的同事发现XYZ食品公司的应收账款周转率明显下滑，进而揭发了罗杰斯的舞弊行为。这名同事在编制应收账款账龄分析表时，发现该客户是应收账款周转率恶化的导因，后续的调查发现了这起收受回扣的舞弊。

第三个案例：舞弊的端倪是过多的贷项通知单。这起舞弊案是一家批发零售集散中心物流部门的仓库主管所为，涉案金额达5 000美元以上。该主管负责仓库的整体运营，还负责管理现金，以便向那些按发货收款方式结算的客户找零（单笔金额通常不会超过500美元）。根据制度的规定，该主管应当开具收据给付现取货的客户，并在发货日记账中记录收到的现金，经会计人员将客户订单和现金收据核对无误后，这笔交易即结算完毕。

在大约一年的时间里，该主管窃取小额的现金。他通过提交贷项通知单（上面通常注明"客户抬头错误""更正发票金额"或"其他原因"等）来冲销应收账款，从而掩盖自己的舞弊行为。若应收账款明细记录与贷项通知单核对无误，则这笔交易结算完毕。由于贷项通知单不需要二级复核，因此会计人员不会质疑仓库主管开具的贷项通知单。

起初，该主管一个星期只会开具两三张虚假的贷项通知单，金额合计约100美元，但几个月之后，每周累计金额增加到约300美元。他将小额贷项通知单和一些较大金额贷项通知单混在一起,制造出贷项通知单是随机开出的假象,以免会计人员起疑。

该主管的舞弊行为之所以会败露,是因为他无意中错误地注销了某一客户的应收账款,开具了一张贷项通知单,而这一客户刚好正在与公司商讨付款事宜。更凑巧的是,会计人员在调查这起交易时,该主管刚好在休假,无法掩盖自己的舞弊行为。由于该主管休假没有上班,负责应收账款的会计人员转而要求仓库经理协助调查这个问题,仓库经理在检查现金收据资料之后发现这确实是一起舞弊事件。

5.2.2 会计分录异常

会计是一门语言,准确地说是一门通用的商业语言,就像英语、日语一样。我们用以下会计分录来说明:

借:法律费用　　　　　　　　　　　　　　　　　　　　　　　　　5 000
　贷:现金　　　　　　　　　　　　　　　　　　　　　　　　　　　5 000

单纯从文字的角度看,这个会计分录说的是"公司向律师支付了 5 000 美元现金";而从会计语言的角度看,这个会计分录说的是"借记法律费用,贷记现金"。既了解字面含义又懂会计的人知道,这两种不同的表述其实说的是同一件事情。

会计语言和英语、日语或其他语言一样,都是可以操纵说谎的。以这个会计分录为例,你怎么知道律师真的收到 5 000 美元呢?或许是一名员工盗用了 5 000 美元,为掩盖自己的舞弊行为而将盗用的现金记录为法律费用。狡猾的舞弊者经常用这种手法来掩盖自己的舞弊行为,因为他们知道当会计期间结束时,编制的结账分录会将这笔根本没有发生的法律费用转销,这样审计线索就中断了,让人难以追查。如果公司需要固定支付大笔的法律费用,就更容易忽略这类金额较小的舞弊。为了识别会计分录所反映内容的真伪,调查人员应当对虚假的日记账分录保持敏锐的洞察力。

舞弊者一般会盗窃资产,如现金或存货。(没有人会盗窃负债!)为了掩盖其盗窃行为,窃贼势必会设法减少账上的负债或者所有者权益;否则,会计记录将会导致资产负债表不平衡,舞弊行为很快就会曝光。狡猾的窃贼知道,减少负债并不是一种高明的掩盖手法。例如减少应付账款,等于将企业欠付他人的款项从账上注销,供应商一旦没有收到企业欠付款项就会通知企业,之后展开的调查工作会让操纵会计记录的行为暴露。

狡猾的窃贼通常也知道,大多数所有者权益科目是不能篡改的。支付股利与费用会导致所有者权益余额减少,发行股票或取得利润会导致所有者权益增加,窃贼知道这些科目的发生频率相当稀少,任意篡改很快就会被发现,因此他们很少利用股利或股本科目去掩盖舞弊行为。此外,与股本和股利相关的交易都必须事先经董事会核准,并受到严密的监控。

企业会计报表,除资产、负债和所有者权益科目外,还有收入和费用两类科目。因此,窃贼在盗用资产时,可能会利用利润表的收入与费用科目。要使会计等式保持平衡,可以减少个别收入类科目的金额。可是,收入通常不是增加就是为零,很少会发生收入减少的交易，收入类科目项目一旦减少很快就会引人注意。因此，通过操纵会计记录掩盖舞弊行为的窃贼，通常采用增加费用的方式使会计等式保持平衡，增加费用会减少净利润，等于减少未分配利润和所有者权益，能够让会计等式保持平衡（见图5-1）。

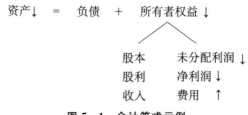

图 5-1 会计等式示例

增加费用来掩盖舞弊就必须做虚假会计分录。舞弊检查人员应当能够识别可能掩盖舞弊的虚假会计分录的信号。操纵费用类科目的另一个好处是在年底结转损益时，费用科目会被结转为零，从而中断审计线索。以下是会计分录中常见的舞弊迹象：

- 没有附件的会计分录；
- 调整应收、应付、收入或费用类科目的原因不明；
- 会计分录借贷双方反映的经济业务关系不明晰；
- 由平常不负责记账的人员编制会计分录；
- 临近会计期间终了时编制的会计分录。

我们用三起真实发生的盗窃案说明会计分录中出现的舞弊迹象。在第一起案例中，舞弊者为了掩盖自己盗用15万美元的行为，编制了没有任何附件的虚假会计分录。

约翰·多伊（John Doe）是一家小型银行的会计主管，在过去几年里，他通过致电往来银行支付个人信用卡账单的方法，从任职银行贪污盗用约15万美元。他编制虚假会计分录，将因盗用而短缺的金额确认为广告费用，从而掩盖自己的盗款行为。由于银行的广告费用总计金额非常大，但因多伊盗用而增加的广告费用金额相对较小，因此没有人质疑他编制的会计分录。另外，多伊是银行的会计主管，负责所有的会计工作，他甚至不需要伪造任何单据作为附件来支持会计分录。之后，他越来越贪心，终于在将某个客户重复支付的1万美元存入自己的个人银行账户时落入法网。当这名客户发现自己重复付款时，要求银行退还款项，经审计人员追查，这笔款项已存入多伊的个人银行账户。

如果有人对那些未附任何原始单据的会计分录表示质疑，多伊盗用公款的行为很快就会败露。如果多伊不是那么贪心，用第二种方法盗用公款，他就有可能一直逍遥法外。在第二起案例中，舞弊者在会计期间结束时，利用会计分录虚增林肯储贷银行的利润。

林肯储贷银行连续好几个季度都利用虚假会计分录大幅虚增业务收入，使得银行每季度的经营结果都是"扭亏为盈"。

在舞弊被揭发之后，负责审计林肯储贷银行的会计师事务所表示，有13笔交易共计高估超过1亿美元的利润。审计人员还表示，这是他们见过的最惊人的会计利润操纵。如果林肯储贷银行的审计人员和管理层能够识别这些临近会计期末所编制会计分录的异常，就可以尽早遏制这起大规模舞弊，投资人也不至于损失数百万美元。

在第三起案例中，废品管理公司利用期末账外调整分录来虚增利润。

废品管理公司首席财务官知道，公司聘请的外部审计人员只会审查年度财务报表，审阅季度报表的程序很草率。因此，他在每个季度结束时都会通过"账外调整分录"来虚增利润，即同时增加应收账款与营业收入。在一个年度中，若某个季度的账外调整分录累计金额非常大，他就会在下个季度期初冲销这些调整分录。年度结束时，虚增利润的账外调整分录都隐藏在复杂的合并备抵科目中。在会计报表舞弊中，利用不需要附件的账外调整分录（通常在会计期末入账）是很常见的舞弊类型。

5.2.3 分类账异常

分类账是"汇总了各个科目的账簿"。换言之，与特定科目（如现金或存货）相关的所有交易活动均汇总记录在分类账中。检查分类账上会计科目余额是否正确的方法一般有两种：一是检查所有资产科目余额的合计数是否等于所有负债和所有者权益科目余额的合计数；二是在收入与费用科目尚未进行期末结转时，检查这些科目的借方余额合计数是否等于贷方余额合计数。许多舞弊操作手法就是操纵客户的应收账款或供应商的应付款项。大多数公司都有应收款项与应付款项的总账，其余额应分别等于客户与供应商的明细分类账余额合计数。会计总分类账上常见的舞弊迹象有以下两种：

- 总分类账中借贷不平衡，即借方余额合计数不等于贷方余额合计数；
- 总分类账余额与客户或供应商的明细分类账余额合计数不相等。

第一种舞弊迹象意味着舞弊者通过会计记录掩盖舞弊行为是不充分的。例如，有人偷窃存货（资产），却未同时确认费用或减少负债或所有者权益的相应数额；在这种情况下，通过盘点得出的实际存货数量少于账面存货数量，即账实不符。另一个账面记录不平衡的例子是偷窃现金却未记录费用支出；在这种情况下，资产的合计数小于负债和所有者权益的合计数。

第二种舞弊迹象产生的原因是在没有更改总分类账户余额的情况下，操纵应收账款明细账、应付账款明细账的余额；在这种情况下，应收账款明细账、应付账款明细账的余额合计数不等于总分类账的余额。为了更好地说明总分类账中出现的第二种舞弊迹象，我们来看一下第一国家银行会计人员的舞弊行为是如何被揭发的。

第一国家银行会计人员的舞弊案

玛乔丽（Marjorie）利用两种舞弊手段从资产规模仅3 000万美元的第一国家银行盗窃了超过300万美元的款项。

第一种舞弊手段是从玛乔丽在第一国家银行开立的个人账户签发支票，支付购买艺术品、珠宝、汽车、家具及其他昂贵物品。随后，当联邦储备银行①将付讫的支票寄回第一国家银行时（现金流入通知函），她只减少银行活期存款总分类账户的余额，而并未减少其个人账户的存款余额。这一舞弊手段使得第一国家银行的活期存款总分类账户的余额小于所有活期存款明细账户余额的合计数。

第二种舞弊手段是从玛乔丽在其他银行的账户签发支票，再存到自己在第一国家银行的账户，然后在这些支票（现金流出通知函）被寄往联邦储备银行之前将其抽出。因此，这些签发的支票并没有减少她在其他银行开立的个人账户的余额。事实上，上述支票根本无法兑现，因为她的银行账户并没有足额的资金支付这些支票。这一舞弊手段使得玛乔丽个人活期存款账户的余额增加，但是活期存款的总账余额却没有相应增加。

上述两种舞弊手段都使得活期存款账户总账余额小于活期存款账户明细账余额的合计数。随着时间的推移，玛乔丽不断签发支票并将其存入银行账户，长期下来，总账余额与明细账余额合计数的差额越来越大。每到会计期间即将结束时，玛乔丽为了使自己的舞弊行为不被审计人员发现，会抽出之前用过的支票，将其混入现金流出通知函中寄往联邦储备银行。联邦储备银行采用自动处理流程，没有人会检查每一张支票，更不会有人发现它们已经被处理过好几次。事实上，某些支票完全不符合规定。在收到现金流出通知函后，联邦储备银行一般会立即将其中注明的总金额贷记第一国家银行在联邦储备银行的账户（增加余额），这项政策对玛乔丽实施舞弊更起到推波助澜的作用。等到第二天，联邦储备银行根据银行编码对上述支票进行处理，才有可能意识到这些支票并不是由其他银行开具的，而是由第一国家银行自己开具的，应当抵消前面所做的贷记第一国家银行账户余额的会计分录，这样就使得第一国家银行分类账的借贷无法保持平衡。但是，即使某天审计人员到银行检查会计记录，银行账簿的借贷余额也肯定是平衡的，因为差额暂时被"搁置"在联邦储备银行的账上了。由于会计报表上显示的是当天的余额，因此审计当日的会计记录会被刻意地调平以蒙蔽审计人员。

> **请记住** >>> 会计异常是指会计业务处理过程中出现的不正常凭证或记录。会计异常可分为三大类，包括原始凭证异常、会计分录异常和分类账异常。

如果有人注意到虽然账簿在本月末是平衡的，但在本月的其他时间无法保持平衡，这种舞弊行为很容易就会被揭发。银行经理每天拿到的日报表都会显示余额与财务报表余额有重大差异，却从未质疑这些异常的余额。此外，如果银行人员注意到其他的控制缺失或迹象，就也有可能发现这些舞弊行为。玛乔丽和其他银行员工在个性上有很大差异，她的生活水平与个人收入严重不符。此外，玛乔丽还篡改了自己的个人账户记录，该银行之前也发生过类似的舞弊，这说明银行的报告与业务流程并不完善。

---

① 联邦储备银行是银行的银行，也就是每家银行在联邦储备银行都有一个或多个账户。当从一家银行开出的支票由另一家银行发送给联邦储备银行时，联邦储备银行会增加存款银行账户余额，并减少开出支票银行账户余额。联邦储备银行会累积同一家银行的支票，再将支票连同本行现金流入通知函一并寄给该银行。将他行支票送往联邦储备银行托收所附的单据，称为他行现金流出通知函。

令人惊讶的是，直至联邦储备银行使用的扫描仪无法识别玛乔丽多次使用的一张支票，这起舞弊案才得以大白于天下。

5.3 内部控制缺陷

正如前面章节所讨论的，舞弊发生在感受到有压力、自认为有机可乘与合理化行为同时具备的情况下。许多人和企业都面临各种压力，也都会对此自圆其说。当企业内部控制制度缺失或被逾越时，舞弊三角之三要素即趋于完整，舞弊风险将大幅增加。正如第2章所讨论的，内部控制由控制环境、会计系统、控制活动或程序共同构成。常见的、易导致舞弊发生的内部控制缺陷包括：（1）未实行职责划分；（2）未实行资产的实物保护措施；（3）缺乏独立稽核；（4）缺少适当的授权机制；（5）缺少充分的凭证与记录；（6）内部控制制度被逾越；（7）会计系统不完善。

许多研究表明，在现行内部控制失效或被逾越的情况下，最有可能发生舞弊。下面分别探讨三个因内部控制缺失而导致舞弊的案例。第一个案例是因内部控制缺失，导致银行被一名客户诈骗超过50万美元；第二个案例是因内部控制措施严重缺失，导致舞弊持续长达七年之久；第三个案例是一家缺乏适当内部控制措施的小型建筑商舞弊案。

第二国家银行舞弊案

洛蕾恩（Lorraine）是第二国家银行的客户，曾于16个月前开户，账户进出金额动辄数十万美元，她自称是某知名富有家族的一员，开着保时捷轿车，穿着光鲜亮丽，而且深受分行经理的信任。某天，她向分行经理表示，需要开立一张525 000美元的现金支票；分行经理查阅其账户后发现账户余额只有13 000美元，当时便拒绝签发银行支票给她。之后，因为分行经理认为洛蕾恩是优质客户，而且洛蕾恩保证隔天就会补足差额，还是签发现金支票给她。结果洛蕾恩根本不是自己宣称的那种人，实际上，她是个曾盗用雇主500多万美元的窃贼，所有流入她银行账户的钱都是赃款，但雇主发现她的舞弊行为之后表示只要她能将钱还给公司就不会诉诸法律。于是，洛蕾恩为偿还雇主欠款而诈骗第二国家银行。

第二国家银行规定，金额在50万美元以上的银行支票需要双签，然而分行经理是个实权派人物，"命令"其助理在支票上会签。助理在未评估这项要求是否合理的情况下，按分行经理的吩咐签名。这样，相互独立签署现金支票的内部控制制度规定就被逾越而失去了应有的效力。在本案中，现金支票确实经过双签，但签名并不是两个人相互独立执行的。这件事情发生后不久，分行经理和助理同时被解雇。这名助理很后悔当初签字之前，没有进行独立判断和谨慎行事。

第二个内部控制缺失舞弊案是著名的霍克菲德案。美国联邦最高法院最后认定，为霍克菲德提供审计服务的安永会计师事务所的审计工作并无过失。

霍克菲德案

芝加哥第一证券公司总裁莱斯顿·纳伊（Leston Nay）诱使特定客户投资他负责的代管账户，谎称能够获得很高的报酬。事实上，这些代管账户根本不存在，纳伊将客户投资的资金全部挪为己用了。

这些交易并未按照第一证券公司与客户的正常交易模式进行。首先，与这些客户的往来联系全由纳伊独自一人负责，他制定一项邮件处理规则，规定与这些客户的往来信件只能由他亲自拆封；其次，在这些客户签发的支票上，收款人全部是纳伊；最后，第一证券公司总分类账上完全没有代管账户的记录，未列入向美国证券交易委员会申报的资料，也与这些客户的其他投资账户完全无关。直到纳伊自杀之后，这起舞弊案才曝光。

受害客户得知内情后立即向地区法院提起诉讼，根据1933年《证券交易法案》第10b-5的内容，指控为第一证券公司提供审计服务的安永会计师事务所是此次事件的教唆者与帮凶，索要损害赔偿。受害客户认为安永会计师事务所未执行恰当的审计程序，以致未发现纳伊制定的邮件处理规则及其舞弊行为。一审法院认为，安永会计师事务所有责任调查第一证券公司的内部控制制度，因为事务所已接受委托对第一证券公司进行审计并负责复核其提交给美国证券交易委员会的年度报告。

美国联邦最高法院推翻了一审法院的裁决，认为对第10b-5的解释应当是"蓄意欺诈、操纵或舞弊"。鲍威尔审判长在联邦最高法院的裁决书中写道："法律条文如此确切地提到操纵和欺诈及其实施的手段与方式，也就是我们通常理解的对蓄意犯罪的定义，而且从以往的历史来看，没有必要扩大该条文的适用范围。因此，我们不愿意将该条文的适用范围扩大到无意的过失行为。"联邦最高法院指出，在法律的某些领域，为了归咎责任，疏忽大意也会被认作一种蓄意的行为。

在本案中，纳伊制定的邮件处理规则是唯有他才能够拆封邮件，这本身就是一项内部控制缺陷。没有这项规定，纳伊的舞弊行为很可能更早地被揭发，投资人也不至于损失如此惨重。

小型建筑商舞弊案

第三个案例相当简单。数年前，本书作者之一（暂称为"A教授"）请一位建筑商建造一栋住房。房子完工后不久，A教授接到现在已经成为好朋友的建筑商的来电，他告诉A教授，公司的秘书兼会计盗用了公司1万多美元。A教授问建筑商舞弊的经过，建筑商说："她同时负责开立支票与调节银行对账单的工作。"她将支票开给自己，并在银行存款余额调节表上将这些支票列为调节项目，利用这种方式偷窃公司的钱。建筑商打算向贷款机构借钱，需要提供银行对账单，这才发现对账单上的金额与他自己知道的金额有重大差异。他发现有人盗用公司款项之后，打电话向A教授请教，询问该如何处理此事。A教授告诉这位建筑商，侵吞公司资产又没有被指控的人再次犯罪的可能性非常高，建议他解雇这名员工并提起诉讼。遗憾的是，建筑商并未采纳 A 教授的建议，后来这名秘书兼会计又盗用了公司 2.5 万美元。

小企业老板如果负担不起聘请多名员工的费用以确保做到有效的职责分工，就必须亲自负责以下三道程序：第一，亲自处理银行对账单，若还有精力和能力，则再亲自编制银行存款余额调节表；第二，通过支票或选定一张信用卡支付所有款项，以便所有交易都能留下记录，并指定专人负责操办银行电子转账；第三，如果用支票付款，那么所有支票均由老板亲自签名，不得授权他人代理。如果能及时处理这三道简单程序，企业就应该能防范很多的舞弊。

> **请记住** >>> 舞弊三角之三要素分别是压力、机会与合理化行为。许多人和企业都面临各种压力，也都会对此自圆其说。当企业内部控制制度缺失或被逾越时，舞弊三角之三要素即趋于完整，舞弊风险将大幅增加。

5.4 分析性异常迹象

分析性异常迹象是指程序或数据之间的关系异常或难以令人信服。例如，交易或事件发生的时间或地点异常；不是由平常负责人执行业务；采用的程序、政策或方法异常；交易的次数过多或过少、金额过大或过小；发生次数或频率过多或过少；与预期结果相差太多或太少。总的来说，分析性异常迹象是指不正常的现象或令人意外的结果。常见的分析性异常迹象如下：(1) 无法合理解释的存货短缺或调整；(2) 偏离既定标准；(3) 残次率大幅上升；(4) 采购量过多导致积压；(5) 贷项通知单过多；(6) 科目余额、比率或关系显著变动；(7) 实物的异常损耗；(8) 现金短缺或溢余；(9) 期后费用过多；(10) 无法合理解释的费用或补偿；(11) 高层人员流动过于频繁；(12) 财务报表数据间关系异常，例如，销售收入增加同时存货减少，销售收入增加同时应收账款减少，销售收入增加同时现金流量减少，存货增加同时应付账款减少，产量增加同时单位成本增加，产量增加同时废料减少，存货增加同时仓储成本减少。

我们以麦柏瑞（化名）舞弊案为例说明如何通过分析性异常迹象侦查舞弊。

麦柏瑞舞弊案

麦柏瑞是年销售收入超过 10 亿美元的企业集团，集团内部审计人员正在审计金属板部门。过去每次的审计结果都相当不错，只会出现少数需要改进的项目。本年的情况却大不相同，存货盘点结果虽无重大盘亏现象，但存货余额暴增。一年之内存货为何暴增 5 倍？由于内部审计人员怀疑其中肯定有问题，于是他们执行了"秘密调查"程序，结果发现集团金属板存货严重虚增。内部审计人员差点就被蒙骗了！金属板部门管理人员通过伪造记录来篡改存货数量。年底存货盘点之后，审计人员核对实际盘点结果，并将核对完毕的盘点报表存放在会议室的一个文件柜里。一名部门经理在半夜将伪造的存货记录表放入文件柜，其中有些存货记录表上的金属板数量高得离谱；这名经理还偷换了审计人员核验过的存货调节表，好让调节表上的合计数与造假的存货数量相符。

审计人员执行分析性测试之后才发现麦柏瑞舞弊的规模有多大。首先，审计人员将价值3 000万美元的金属板换算成立方英尺。其次，他们丈量存放存货的仓库容积，结果发现这座仓库只能存放报表金额一半数量的金属板，如果存货数量真像清单所列的那样多，仓库根本就容纳不下。再次，他们查验存货标签时发现，某些金属板1卷的重量高达5万磅，但是仓库里搬运存货用的堆高机，每台载重上限不到3 000磅。最后，审计人员核对存货验收记录时发现，订购单附件上的记录是30万磅，而验收记录却显示60万磅。

面对审计人员收集到的种种证据，这名部门经理承认他们为了虚增利润而大幅虚报存货价值。由于在编制金属板部门预算时，集团要求提高盈利水平，只有虚增存货才能达到预算目标。在本案中，存货的入账金额与入账重量和数量两两之间的关系完全不合理，但遗憾的是，很少有经理或内部审计人员想过要查验存货的实体特性。

> **想一想** >>> 在舞弊中，财务报表数据方面还会存在哪些异常关系呢？

有时，分析性异常舞弊迹象来自不合理的交易或事件，而非异常的数据关系，瑞格（化名）舞弊案正是这种情况。

瑞格舞弊案

唐恩（化名）是瑞格公司的业务经理，他的职位让他经常能够接触对各个供应商的付款业务。一名警惕性很高的会计人员发现了唐恩的舞弊行为。这名会计人员起初注意到有一些款项是支付给奥兹莫比尔（Oldsmobile）代理商的，可是公司为数不多的几辆汽车都是凯迪拉克（Cadillac）车系的。这名会计人员觉得很奇怪，为什么公司的汽车在奥兹莫比尔而非凯迪拉克的代理商那里维修？当然，他知道这两款车系都是通用汽车公司制造的，心想或许是因为奥兹莫比尔的代理商离公司更近吧，但查阅资料后发现事实并非如此。经过进一步调查，这名会计人员发现公司虽然向奥兹莫比尔代理商支付了车身毁损的修理费用，但没有向保险公司提出理赔，而且每个月付给奥兹莫比尔代理商的金额都是相同的。所有这些疑点综合在一起——与现有汽车品牌不同的代理商、车身受损却未申请保险理赔、每个月发生性质和金额都相同的修理费用，让他心生疑惑。综合这些异常迹象，他认为唯一合理的解释是公司与奥兹莫比尔代理商签订了定额的维修服务合同，由奥兹莫比尔代理商维修公司的凯迪拉克汽车。于是他继续调查，结果发现公司根本没有签署这种维修服务合同。进一步的调查结果显示，唐恩的女朋友在奥兹莫比尔代理商处工作，他给女朋友购置了一部轿车，每个月让瑞格公司以支付修理费的形式帮其还贷。

在本案中，警惕性很高的会计人员给公司挽回了约25 000美元的损失。遗憾的是，很多会计人员与审计人员很可能不会发现这种舞弊，他们很可能只将开给奥兹莫比尔代理商的支票和唐恩女朋友提供的发票相互核对，发现金额无误后就付款，而不会质疑这笔费用是否合理——为什么凯迪拉克汽车要交由奥兹莫比尔代理商维修。

识别分析性异常迹象一直是侦查舞弊的有效方法之一。某位资深舞弊调查人员正是凭借这一方法发现了舞弊。这一发现使得他对舞弊调查工作产生了浓厚的兴趣，并决定将舞弊调查作为自己的终生职业。时至今日，该事件仍然是利用分析性异常迹象发现舞弊的经典案例。下文就是使一个人职业生涯发生转折的经过。

小电影院的舞弊案

当时 18 岁的我是个"数字控"，直到现在仍然如此。对我而言，数学就像一门艺术，我从数字中发现数学的奥妙。当时我刚从南门高中毕业，等着开启大学生活。我到一家电影院当检票员以赚取生活费。虽然一个立志以数字为终生事业的人不会做这份工作，不过检票工作也不算差，我对数字的喜爱的确可以体现在这份工作上。就是因为喜爱数字让我逮到那个舞弊者。

检票是一件平淡无奇的工作，不太需要动脑筋，所以我就把心思花在别的地方。我开始关注收到的每一张电影票上的号码，如 57、58、59、60。售票员从整卷的电影票上一张一张撕下来卖，到我手上的这些票号，差不多都是连续的，如 61、62、63、64。当然，有时我会发现跳号情况，有一整段的票号本来应该较早出现，如 65、66、40、41、42，每次我上班期间都会出现这种情况，我觉得很奇怪、很好奇，想知道造成这些票号偶尔来回分配的原因是什么。数字的世界里有一定的顺序和逻辑，若出现明显不合理的情形，则其背后一定是有原因的。我开始在上班时间把这个谜题当成玩智力测验，特别注意每一次跳号的情况，后来发现每次在我休息时间结束后都会发生这种现象。我休息的时候，电影院石经理会代替我检票。仔细观察后我又发现另外一件事，售票员的休息时间都是紧跟在我的休息时间之后，石经理也会代替他的工作，而跳号的情况都是在这个时段发生。

在此之前，这种消遣性的观察工作只不过是我消磨上班时间的一种方式；但此时，我感到不安，开始怀疑其中是否有蹊跷。经过更仔细的观察与思考之后，我终于发现了石经理的舞弊行为。在我休息的时间他会暂时代替检票，在这一期间收到的电影票他不会撕成两半，而是收集起来；当他暂时代替售票员的工作时，再将刚刚私下收起来的电影票卖出去，并私吞收到的现金。因此，我看到的那些跳号的票号其实是第二次出现了。

尽管这是发生在小电影院的一起小型舞弊，但该事件告诉我们，如果有些事情看起来不太对劲，很可能就是真的有问题。如果检票员没有对数字那么痴迷，电影院经理的舞弊行为可能就不会曝光，因为与其他员工相比，经理是更受信任的人。相对于电影院一整天销售的电影票数量而言，他私吞的电影票数量其实不多，所以电影院老板并未察觉到电影院的利润大幅滑落；每天工作快终了时，会计人员根据出售的第一张到最后一张电影票的票号，计算当天的售票数量，再乘以票价后得出销售额，然后与收到的现金总额相互核对。显然，这两个数字总是相符的。电影院指派不同的人分别负责售票和检票工作的目的，就是为了防范这种类型的舞弊。但身为经理的石先生，在售票员和检票员两人休息的时段，分别暂代他们的工作，却没有人察觉其中存在的控制缺陷。

通过数字发现舞弊同样适用于会计报表。会计报表上数字之间的关系也是有迹可循的，而且对精通会计的人而言，会计报表仿若一本故事书，故事的内容只有相互串联、前后一致才能令人信服。如果会计报表的编制人员、审计人员、分析师和其他人员都像上述那位"数字控"检票员一样明晰报表上各数字间的关系，就能够更早揭发许多的大型会计报表舞弊。

小斯柏公司（MiniScribe）的舞弊事件是有关无法合理解释财务数据的典型案例。小斯柏公司位于科罗拉多州丹佛市，是一家计算机磁盘驱动器制造商，下文介绍小斯柏公司舞弊的始末，并分析为何公司的财务报表数字不合理。

小斯柏公司舞弊案

1989年5月18日，小斯柏公司发布公告称，由于销售收入和净利润严重虚增，公司公布的1986年、1987年和1988年前三季度的财务报表不具有可靠性。1988年，小斯柏公司被业界推选为个人计算机磁盘驱动器最佳企业。小斯柏公司公布的销售收入从1985年的11 390万美元（当年公司流失了最大的客户IBM公司），增长到1988年的61 030万美元。1985年4月，昆廷·怀尔斯（Quentin Wiles）担任小斯柏公司首席执行官和董事，希望能带领公司度过财务困境。虽然当时市场在走下坡路，价格也在惨跌，但在他的带领下，公司的销售收入与利润日益增长，但其实这些财务报表数字根本都是捏造的。业界都知道，怀尔斯擅长以严苛专制的管理风格让摇摇欲坠的公司起死回生。在小斯柏公司，他给每名主管设定严苛的业绩与利润增长目标，而且只准成功不许失败。为了达到怀尔斯定下的目标，公司所有的报表都被篡改过。一名营销经理表示，公司管理层曾告诉部门主管，必要时就把数字"做"出来。于是舞弊就从主管篡改内部数据开始，每个部门的主管都这么做。当时整个业界都受到经济不景气和低价竞争的影响，怀尔斯仍持续要求业绩增长，这种压力让部门主管们发明出各种舞弊花招，以使公司的财务报表数字看起来比实际情况好很多。下面是他们常用的一些手法：

- 将砖头作为产品打包装箱并发运，会计上确认为磁盘驱动器销售收入；
- 向仓库增发大量产品，会计上确认为销售收入；
- 瑕疵品不断重复发运，会计上确认为销售收入；
- 发运超过订购数量的产品给客户，等到财务报表发布后，超过的数量才办理退货；
- 低估坏账损失和坏账准备；
- 更改海外客户的发运日期，提早确认销售收入；
- 篡改审计人员的工作底稿。

上述舞弊手法的最终结果是公司的销售收入与净利润大幅虚增。1987年账上期末存货余额为1 200万美元，但实际上只有400万美元；1989年，公司冲销4 000万美元的净利润，以抵销各种虚增交易的影响。1990年1月1日，小斯柏公司向法院申请破产保护，当时账上负债是25 770万美元，而资产仅余8 610万美元。

诸多分析性异常迹象都表明小斯柏公司存在问题。首先，公司的经营业绩和整个产业的表现背道而驰。公司做假账期间，产品市场价格大幅下滑、销售持续衰退、同业竞争非常激烈，在同行业公司都出现经营亏损之时，小斯柏公司的销售收入和净利润却双双增长。公司大客户寥寥可数，而且已经流失苹果、IBM与数字设备公司（Digital Equipment）等多家大客户，也无法及时支付供应商款项。小斯柏公司铝制磁盘驱动器的主要供应商杜曼科技（Domain Technologies）就是因应收小斯柏公司的款项收不回来而陷入破产境地。

此外，小斯柏公司每个季度公布的数字和怀尔斯的预测非常接近，接近到实在令人无法相信，而公司管理层的薪金和奖金完全取决于经营业绩数据。在应收账款余额大幅增加的情况下，坏账损失和坏账准备的金额却远低于同业平均水平；账龄分析表的数据显示，很多陈年旧账几乎收不回来。销售收入一直在增长而存货并没有等比例增长，只要计算存货与销售收入的比率，就可以发现其中存在问题。事实上，小斯柏公司财务报表各项目之间的比率关系，在对照整个磁盘驱动器产业的趋势以及分析小斯柏公司的客户情况之后，都显示其中问题重重。遗憾的是，当人们注意到这些分析性异常迹象时，投资者、审计人员、律师以及其他很多人已经遭受巨大的损失。

有些研究论文在探讨是否可以利用分析性异常迹象来预测舞弊行为。例如，一项研究分析了管理层高流动率和公司财务困难与会计报表造假之间的关系。这篇论文根据1990—2000年美国证券交易委员会发布的《会计与审计起诉公告》（AAER）的分析结果，发现与未发生舞弊的企业相比，发生舞弊的企业通常出现财务困难与管理层流动率很高（分析性异常迹象）的情形。

审计人员经常运用分析性程序来搜寻舞弊迹象，但有时即使已经产生舞弊行为，财务比率也不会发生变化，因此分析性程序不见得一直奏效。世通公司舞弊案正是一例。世通公司的舞弊手法是蓄意将费用资本化，以抵销固定资产购置费大幅减少的情况，让不同期间资产增加的金额维持在同样的水平上。

> **请记住** >>> 分析性异常迹象是指异常的数据或比率。在运用分析性程序搜寻舞弊迹象前，应当先了解经济环境等因素对企业的影响，再据以设定自己对所分析数据的期望值。

世通公司舞弊案

2002年7月8日，安达信会计师事务所（Arthur Anderson）的科技、媒体与通讯产业部的前任全球资深合伙人梅尔文·迪克（Melvin Dick）在众议院金融服务委员会作证时表示："我们为了判断世通公司的财务数字是否异常，执行了许多分析性程序。我们还使用专业检查软件来分析世通公司会计报表上的各项目，结果并未发现需要采取额外检查程序的迹象。"

这段证词等于承认分析性程序未能查出史上规模最大的一桩管理层舞弊案。原因何在？诚然，我们无法得知安达信会计师事务所当时执行分析性程序的细节，但仍然可以合理推断会计师事务所的确运用了专业的检查程序。通过比较世通公司与其他七家通信类上市公司①的关键财务比率，可以说明该公司所面临问题的性质。这些关键财务比率包括与销售收入、费用和固定资产总额相关的五种比率，相关数据可以从这些公司向美国证券交易委员会申报的财务报表中查询得到。

如今我们知道，世通公司公布的 2000 年与 2001 年的销售收入、费用及固定资产都出现了重大错报。世通公司的两项财务比率——毛利率、成本与销售收入变动比率——都出现不断下降的趋势，但这不代表异常现象，因为在 2001 年，世通公司在八家通信类上市公司中的排名位于中游。世通公司各项固定资产比率的波动幅度更大，但在出问题的 2000 年与 2001 年，各项固定资产比率相对正常；要说这些财务比率有异常变动，反而是在做假账之前的年度（1996—1998 年）有所体现。

安达信会计师事务所可能注意到财务比率中某些波动的情形，但由于这些比率是根据由许多明细项目汇总后的合计数计算出来的，因此可能无法反映隐藏于其中的细微异常行为。我们只能假设安达信会计师事务所的确使用了专业检查软件，即先拆解数据，再做局部分析。然而，安达信会计师事务所仍然判定这些财务比率没有异常，原因何在？因为世通公司管理层已经将数字调整为与预期数字一样的水平。2002 年 7 月 22 日，在《密西西比商业日报》刊登的一则报道中，南密西西比大学会计系教授詹姆斯·克罗克特（James Crockett）指出，世通公司的资本支出水平一度相当高，但之后不再有这种大手笔的投资，而是利用费用资本化的手段掩盖其资本支出减少的现象以符合外界的期望。换言之，实际上过去的趋势已经无效，但管理层操纵数字，让人误以为趋势仍然合理存在。

5.5 奢侈的生活方式

大多数实施舞弊的人是出于经济压力才这样做的。他们有时是面临真正的经济压力，有时纯粹是贪婪作祟。舞弊者一旦满足了自身的经济需求，通常还会继续犯罪，把赃款用于提高生活水平。他们会购置新车、露营车或其他昂贵的消费品，旅行度假，重新装修房子或购置豪宅，购买贵重的珠宝或名牌服饰，不然就是将钱花在美食或其他日常生活方面。事实上，将赃款储蓄起来的人少之又少。随着舞弊者的胆子越来越大，其盗窃和花销的金额也越来越大，而这种挥金如土的生活方式很快就会让舞弊者出现入不敷出的情况。

我们用以下两个例子说明盗用公款的人的生活方式会出现怎样的变化。

案例一 凯伊（Kay）从雇主那里盗用了 300 多万美元款项。在七年多的时间里，她和丈夫一起设计了一个完美的舞弊方案。由于心里明白舞弊迟早会曝光，两人决定

---

① 这七家公司分别是 Sprint、AT&T、Nextel、Castle Crown、AmTelSat、U.S. Cellular 和 Western Wireless。

不生小孩。他们用赃款购置一栋全新豪宅和五辆豪车，包括玛莎拉蒂、劳斯莱斯、切诺基吉普与两部奥迪轿车，家中摆满名贵的艺术品和琉璃收藏品，拥有一艘游艇、几台高档计算机，还用现金支付了庭院的景观改造费用。他们经常邀请同事到家中享用美食，其中有从缅因州空运来的龙虾。然而，从来没有员工注意到这名同事生活方式上的变化，比如大家没有察觉到凯伊每天开不同的轿车上班，且每辆轿车都价值不菲。

案例二 兰迪（Randy）从朋友的小公司，也是他上班的公司，盗用了60多万美元。这家小公司一直存在现金周转问题，而兰迪开的是保时捷轿车，在山区有一栋小别墅，经常参加豪华的国际旅行。有一次，他甚至借给这个朋友16 000美元，以便公司能够继续经营下去。尽管兰迪的年收入不到25 000美元，公司老板却从未怀疑他的钱是怎么来的。

贪污盗窃公款的人都希望通过捷径获取成功表象。那些因侵吞公款而被捕的人中，很少有人会把贪污盗用所得公款留存下来。促使舞弊者盗窃的动机，似乎同样会促使他们立刻去享受犯罪成果，满足自己的私欲。换句话说，能够抑制自己欲望的人很少会贪污侵吞公款。

> **请记住** >>> 舞弊者通常挥霍无度，其收入根本无法负担生活支出，因此常入不敷出。生活方式的改变通常是主管、同事或其他员工非常容易观察到的舞弊迹象。

在所有的舞弊迹象中，最容易察觉的是生活方式的改变。这一点对于侦查员工或其他人是否在企业中实施舞弊非常有用，但对于侦查以企业名义实施的舞弊——诸如管理层舞弊——的效果并不佳。如果公司主管、同事或者其他人注意观察，就会发现侵吞公款员工的工作收入无法负担得起那样的生活方式。尽管生活方式迹象只不过是一种间接的环境证据，却比较容易加以验证。想要获取银行记录、投资记录和所得税申报信息是比较困难的，但是想要查阅个人财产记录、统一商业条例（UCC）文件以及其他相关记录以确定个人是否购置了财产或变更了留置权还是相对容易的。

5.6 异常的行为举止

心理学研究表明，人（尤其是初犯）在犯罪之后，其内心将充满恐惧和罪恶感。这些情绪将表现为一种所谓的"压力的心理反应"。舞弊者会做出一些异常且易于察觉的表现，如图5-2所示。

没有哪一种特定行为能够表明舞弊必然存在。然而，行为变化却是舞弊发生的信号。一向待人和善的人可能会变得令人心生畏惧，凡事都看不顺眼；平时逞凶好斗的人可能突然变得很温和。舞弊者本人也会发现自己的行为有变化。一名侵吞公款超过40万美元的女士表示："我很难不表现出来，我不敢直视任何人的眼睛。"一名盗窃15万美元的男子表示："有时候，我感到异常焦虑，独自一人连续工作12或14个小时；而在其他时间，

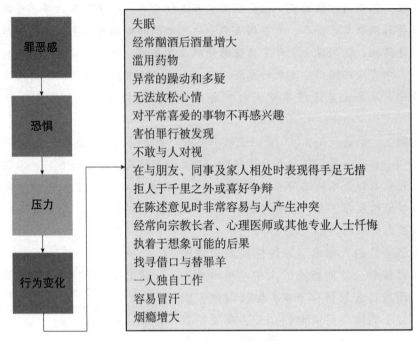

图 5-2 舞弊者行为方面的变化

我的心情则非常的郁闷沮丧。我曾经整整卧床休息了一个星期。"

下面介绍的疯狂埃迪公司（Crazy Eddie）舞弊案的主谋埃迪·安塔尔（Eddie Antar）在做假账后，变得非常独断专行，最后完全崩溃了。

疯狂埃迪是一家销售娱乐与消费电子产品的零售公司，下设的42家分店分布在纽约、新泽西、康涅狄格及宾西法尼亚州各地。总裁埃迪让自己的父亲、兄弟、叔叔、表兄弟以及父亲的表兄弟都到公司担任主管。据传闻，公司存货被高估6 500多万美元，随着舞弊规模越滚越大，埃迪也越来越专制蛮横。然后，因为无法忍受被逮捕和被指控的恐惧，他逃离美国，落脚以色列。最后，在当地被发现后被引渡回美国，为自己实施的舞弊入狱服刑。

由舞弊衍生的压力所导致的行为变化，还有另两个案例，一个是瑞金纳吸尘器公司的首席执行官唐纳德·希勒（Donald Sheeler），另一个是芝加哥第一国家银行的首席执行官莱斯顿·纳伊。尽管两人表现的行为各不相同，但他们都无法缓解舞弊所产生的压力。希勒在东窗事发之前曾向牧师忏悔，道出整起舞弊的来龙去脉；纳伊的行为更过激，留下一封说明自己诈骗投资人数百万美元的遗书后，选择走上绝路。舞弊产生的压力似乎无所不在。

压力如何改变舞弊者的行为

约翰逊海洋（Johnson Marine）公司专门承包美国东岸各项海洋作业业务，包括打捞坠海的飞机、铺设海底管线、检查水坝坝体、替保险公司打捞回收各项物品、执行搜寻与搜救任务等。公司的兼职会计里克·史密斯（Rick Smith）揭发了副总裁约瑟夫·西蒙斯（Joseph Simons）实施的一项重大舞弊。办公室经理聘请史密斯担任会计之后，西蒙斯告诉史密斯，自己是史密斯唯一的主管，唯有他的指示才能付款，有问题只能向他询问。史密斯很清楚，办公室经理非常惧怕西蒙斯。西蒙斯只把他当下属使唤，还不断地提醒他别多管闲事，否则别想待在这家公司。

史密斯上任后的第一项工作是登记应付账款明细账。经仔细检查各项资料后，他发现120笔明细账中绝大多数是错误的，于是花了一个星期整理并更正账上的记录，结果换来的却是西蒙斯的一通批评。西蒙斯要他把时间花在更有价值的工作上，不要纠结于琐碎的小事。后来，为了弄清备用金的使用方式，史密斯打开存放备用金的柜子，发现柜子里空无一物，而且过去五个月里完全没有编制备用金调节表，拨补备用金支票的金额与柜子里收据的总金额相差多达13 600美元。他马上向西蒙斯报告此事，西蒙斯却只让他在账上做调整分录以解决差额问题。

紧接着，史密斯发现公司的人身险保单有问题，其中两份保单的保额分别超过100万美元，受益人竟然是西蒙斯。史密斯又发现，公司的美国运通企业卡积欠大笔账款未付，即使收到逾期催缴通知，西蒙斯仍然禁止他支付这些款项。于是，史密斯向公司总裁询问此事，总裁告诉他公司并没有使用美国运通企业卡，但账上明确显示有超过5 500美元的应付账款。同样的问题也出现在德士古石油（Texaco）公司的账单上，即使收到催缴通知单，西蒙斯依然指示史密斯不要向其付款。史密斯后来才得知，公司仅使用雪佛龙石油（Chevron）公司的加油卡。

在复核应付账款余额时，史密斯发现有一笔TMC顾问公司的应付款项已挂账超过90天，他想找出相关资料，但档案里空无一物。史密斯意外发现，对方的地址是温莎街10号。两个星期前，西蒙斯要他寄潜水业务目录到自己家也是这个地址。于是，他把过去和TMC顾问公司的业务数据全部打印出来，发现过去几个月里，公司总共支付了5笔合计2万美元的款项给TMC顾问公司。他将这些材料报告给总裁，总裁请西蒙斯面谈。西蒙斯表示隔天会向总裁报告详细情况，之后却再也没有来公司上班。经调查发现，西蒙斯已搬到加利福尼亚州，但没有留下任何联系方式。

在本案中，西蒙斯的独断专行制约了办公室经理等人管理公司的事务。尽管办公室经理察觉到似乎出了问题，却从来没有机会查明真相。当备用金账产生问题时，西蒙斯总是不断责怪办公室经理，却不让他去调整备用金余额。事实上，西蒙斯常常借故责怪其他员工，后来回想起来，员工们才明白西蒙斯的独断专行原来是他掩盖自己舞弊行为和缓解犯罪压力的一种方式。

> **请记住>>>** 没有哪一种特定行为能够表明舞弊必然存在。然而，行为变化可成为舞弊发生的信号。人在犯罪之后常常会感受到恐惧与罪恶感带来的压力，这些压力使罪犯表现出异常的行为举止。

澳大利亚史上规模最大的一桩舞弊是HIH保险集团舞弊案。该案之所以多年未被揭发是因为一位高管的异常行为,这位高管不断胁迫他人按照自己的指示做事,几乎接近专制独裁的行为模式让他为所欲为。

HIH 保险集团舞弊案

HIH 保险集团是澳大利亚最大的建筑业保险公司,每年承保数千件的专业损害赔偿险、公共责任险、房屋责任险与旅行平安险等。集团 1968 年由雷蒙德·威廉姆斯(Raymond Williams)与迈克尔·佩恩(Michael Payne)共同创办。佩恩一直担任集团英国分公司的总裁,出于健康原因不得不减少工作量,进而在 1997 年卸任,1999 年起担任英国分公司董事长。从 1992 年到 1998 年 6 月,他还担任集团控股公司的常务董事;1998 年 7 月到 2000 年 9 月,他转任董事。

HIH 保险集团自 1968 年创建到 2000 年 10 月,威廉姆斯一直担任首席执行官。其他主要成员是乔治·斯图尔斯特(George Sturesteps)和特伦斯·卡西迪(Terrence Cassidy),分别在 1969 年和 1970 年成为集团高管,两人一直到 2000 年 9 月和 2001 年 3 月才分别卸任。

威廉姆斯是主导 HIH 保险集团管理层的人,虽然管理层中有许多人是与其共事超过二十五年的亲密伙伴,但他们都不敢向威廉姆斯提议改进集团经营方式或质疑他的动机与决策。澳大利亚政府将针对 HIH 保险集团舞弊的调查内容和结果汇总于皇家委员会报告,报告指出 HIH 保险集团最终垮台的原因是缺乏经营战略以及无人敢质疑决策者。报告还指出,当询问威廉姆斯与所有 HIH 保险集团董事会成员有关集团的战略目标或使命时,竟然没有人能够说清楚。虽然 HIH 保险集团是一家迅速成长的上市公司,但报告指出,威廉姆斯几乎是沿用集团刚成立时那种小公司的经营模式,即 HIH 保险集团基本上由他独揽大权,决定一切事务,将集团资源视为个人资源,任意逾越内部控制制度。

在由独断专行的首席执行官威廉姆斯主导的环境中,董事会在没有分析集团战略或评估经营风险的情况下实施了一系列不合理的扩张,耗资超过 30 亿美元。虽然皇家委员会报告指出了 HIH 保险集团垮台的许多次要原因,但将主要原因归结为 HIH 保险集团没有为未来的索赔提供适当的资金保障,所有相关人员都不了解资金短缺的严重程度。显然,HIH 保险集团的财务报表是因虚增利润、高估资产和低估负债而严重失真。根据皇家委员会报告,所有其他问题本质上都支持且助推 HIH 保险集团垮台。

外界一直认为 HIH 保险集团垮台的原因并非会计报表舞弊,而是由以下两项因素造成的:一是 HIH 保险集团的经营模式有问题,其计提的理赔准备金不充分;二是 HIH 保险集团的公司治理架构存在严重缺陷——永远都是威廉姆斯主导所有决策。

导致 HIH 保险集团公司治理架构失灵的原因在一些出现重大舞弊的企业中也很常见。首先,独立判断和决策能力不足;其次,未能有效识别和管理投资项目的风险,对上级总是隐瞒或过滤负面消息;最后,针对关键决策和问题缺乏质疑与分析。

这起案件使监管机构的有效性受到严重质疑。所有与 HIH 保险集团舞弊案有关的主管机关与人员都遭受了损失，几乎没有人能够全身而退。HIH 保险集团的公司治理与监督架构几乎全面失灵，系统内的制衡机制也未能发挥作用，且相关人员均未履行职责。

有时候，有些人实施了舞弊或犯了其他罪行却不会感到有压力，这一类人被称为反社会者或精神病患者。他们没有良知，不会产生罪恶感。下面的案例恰好印证了这一点：

> 杀人凶手马文·哈里斯（Marvin Harris）能够通过说谎测验，令两位全美知名的测谎专家困惑不已。他们很想知道这名伪造文书的犯人是如何通过测谎的。为了不让自己伪造文书的行为曝光，哈里斯策划了爆炸案并谋杀了两个人，因而被判重罪。他成功通过一次说谎测验，否认自己涉及爆炸谋杀案。
>
> 让测谎专家最不解的是，哈里斯并非勉强通过说谎测验，更确切地说他是顺利通过。在判断是否说实话的正负量表上，若得分为＋6，则明确代表受测者说实话，而哈里斯的得分是标准数值的两倍——＋12。显然，只有在一个人具有道德操守的情形下，测谎结果才是可靠的。这些专家其实搞错了，因为哈里斯根本没有良知，他对伪造文书和杀人之事根本毫无罪恶感。

5.7 举报与投诉

审计人员常因未能查出更多舞弊而遭受批评。因为舞弊具有隐秘性，所以要求审计人员发现所有的舞弊行为是强人所难的事情。让我们回顾一下前面介绍的舞弊（三角）要素，如图 5-3 所示。

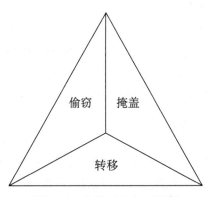

图 5-3 舞弊（三角）要素

"偷窃"是指对现金、存货、信息或其他资产的实际攫取，其方式可以是直接取走、通过计算机或电话实施等。"掩盖"是指舞弊者为隐藏罪行不让他人发现所采取的各种措施，其方式有篡改会计记录、故意错误盘点现金或存货、销毁证据等。"转移"是指出售所偷窃资产或变现并挥霍一空。正如前文所述，几乎所有的舞弊者获得的钱财都会被挥霍一空。

上述任何一项舞弊要素都有可能被发现，也是能够被察觉到的。有人会目击窃贼偷窃现金或其他资产的整个过程；有人可能会注意到会计记录被篡改或者现金或存货盘点有误。此外，舞弊者在转移贪污盗窃所得钱财时，不可避免地会改变自己的生活方式，而这种变化显而易见。

5.7.1 员工是侦查舞弊的最佳人选

在企业中，谁最有可能识别舞弊要素呢？当然，就偷窃行为这项要素来说，最容易发现舞弊的肯定不是审计人员。当企业的钱款被盗时，审计人员很少在现场，他们通常会花一个星期或更长的时间来执行定期审计，而窃贼通常不会在审计期间作案；反之，主管、同事或其他员工通常才是在偷窃行为阶段能够发现舞弊的最佳人选。

就掩盖行为而言，如果审计人员抽查的样本包括篡改的凭证、错误的盘点结果或其他为掩盖舞弊而制作的伪证，审计人员就有机会在这个阶段发现舞弊；同时，他们也可能会发现内部控制缺失或存在缺陷，或者分析发现数据之间的关系不合常理。尽管如此，企业的会计人员或一般员工仍然最有可能在掩盖行为阶段发现舞弊行为，因为他们平时与舞弊者朝夕相处，很可能会接触到其掩盖或隐瞒行为，而审计人员只有抽查到有掩盖行为的样本才能发现舞弊。

在转移行为阶段，审计人员也绝对不是发现舞弊的最佳人选。例如，假设有名员工之前开的是老款福特轿车，现在开的是一辆全新宝马或雷克萨斯轿车，审计人员根本无法识别员工行为变化。同理，即使有员工穿着名贵服饰、参加豪华度假旅游、购买贵重珠宝、购置一栋新房等，审计人员也无法判断该员工的这些行为是否异常，因为他们没有参考依据或背景数据来判断其生活方式是否发生变化。因此，在转移行为阶段，能够发现舞弊的最佳人选还是主管、同事或朋友。

尽管主管和同事是发现舞弊的最佳人选，但他们往往也是最不专业的，因为他们通常缺乏识别舞弊的相关培训，有时甚至不知道会产生舞弊。即便如此，许多舞弊的揭发都是来自员工、朋友、主管、客户等未受过专业培训的人的举报或投诉。例如，一家大型公司共查获超过 1 500 起舞弊，其中有 43% 是根据客户的投诉和员工的举报发现的。

5.7.2 举报与投诉是舞弊迹象

因为有些举报与投诉经核查后发现并不属实，所以举报与投诉只是属于舞弊迹象，而不是舞弊证据。此外，举报与投诉的人的真正动机为何，常常难以明确判断。例如，顾客可能认为自己被占便宜，因此投诉；供应商则因做不成生意，心生不满而举报假数据；员工举报的动机可能是恶意中伤、有私人恩怨或纯粹忌妒他人；配偶或朋友的举报可能是出于愤怒、不满或者为了离婚或勒索。因此，相关人员在收到举报与投诉材料后，应视之为舞弊迹象，小心谨慎地处理即可。在当事人被证实有罪之前，应当保留对其的看法。正如下面这个例子所述，举报的情况也可能是不属实的。

琼（Joan）在一家银行上班。一天，她告诉分行的业务经理，自己在两个星期前看到同事朱莉（Julie）将一沓钞票塞进衬衫里面。她声称自己因为此事，这两个星期以来一直辗转难眠，于是决定将此事报告银行。银行的内部审计人员和安全管理人员一连多天对分行的记录与金库进行了彻底检查。员工一片哗然，相互猜忌，一时间疑云四起。最终，舞弊调查人员发现朱莉和琼的男朋友关系密切，琼心生忌妒，进而举报捏造的材料。随后，琼辞去银行的工作。由于事情的原委比较特殊，还涉及个人隐私，因此分行管理层并没有向所有员工解释究竟发生了什么事。

很多因素会使人们犹豫不决，不敢挺身而出揭发自己知道的或怀疑的舞弊迹象。这些因素包括：（1）通常无法确知是否真的发生舞弊；（2）生怕揭发舞弊会遭到打击报复；（3）常遭到舞弊者的恐吓或威胁；（4）认为检举别人是不道德的行为；（5）在组织内部出面揭发舞弊不是一件容易的事。

在许多组织中，很多同事确切知道或怀疑舞弊已发生，却不敢挺身而出提供自己知道的情况。为什么？导致他们犹豫不决的原因有很多。

第一，通常很难明确判断舞弊确实发生。舞弊不像谋杀犯罪那样会有尸体或影像记录，因此潜在的可疑信息只能被视为舞弊迹象。员工可能发现某人的生活方式发生变化、行为举止怪异或在自家车库藏匿大量存货，但很少有人愿意冤枉别人。即使员工的怀疑有明确的依据，但这些迹象还是可能有合理的解释。

第二，知情人可能会因听说过有关告密者悲惨下场的故事而不敢提供线索。虽然这类报道常常匿名且多半夸大其词，但人们还是担心举报后自己会遭遇同样的下场。如前所述，《萨班斯-奥克斯利法案》通过之后，新的举报人保护法令也随之制定，旨在能够消除这种恐惧并保护举报人的安全。

第三，员工和其他人经常受到舞弊者的钳制，特别是当舞弊者身为上司之时，作为下属往往不敢质疑上司的所作所为。例如，一起欺诈案在有七名同事知道的情况下仍持续长达六年之久。舞弊者十分独断专行，以至于其他人害怕因质疑他而很快遭到解雇。

第四，许多人从小就被灌输这样一种思想——打小报告、说长道短是不道德的，由此认为告密也是不道德的。但是现在，我们应当重新审视这一社会信条。不告发舞弊者的人也将被视为说谎者，不许告密只是黑手党的规矩！为了更好地说明人们普遍不愿意成为告密者，请看下面这个案例。

斯科特案

斯科特（Scott）是一名初中生，选修了学校的单词提升课程。老师告诉所有学生，这门课的成绩评分标准是依据每个学生完成的作业量，而且每个学生必须独立完成，若几名学生共同完成则视为作弊，这门课的成绩按不及格处理。有天晚上，斯科特告诉父亲，这门课的成绩他最多只能得到"良"，若想得"优"就必须作弊。

他父亲问他："能告诉我这是怎么回事吗？"

斯科特说："嗯，就是这门课的成绩主要取决于个人完成的作业量。虽然老师说必须独立完成，但班上同学已经私下组成好几个小组，每个小组成员各自负责完成几个部分，再让其他组员复制已完成的部分，当成每项作业都是自己独立完成的。我一个人无法像有三四名学生小组的人一样，独立完成那么多的作业。有人找我一起做作业，但我不知道该如何决定。爸爸，你认为我应该怎么做呢？我应该为了得'优'而作弊，还是心甘情愿得'良'呢？"

斯科特的父亲深感无奈，即使他不愿意让斯科特作弊，却也不希望儿子吃亏，只能拿"良"的成绩。于是他建议儿子两者都不选，直接找老师告诉他发生的一切。斯科特马上说："我不能这样做！"父亲问原因，斯科特说："他们都是我的朋友，举报自己的朋友是不对的！"

第五，员工和其他人不敢挺身而出说出可疑的舞弊还因为组织没有为举报提供方便易行的途径。在大多数组织中，员工不知道当怀疑存在舞弊时应该向谁举报、怎样举报以及举报后将面临的后果。此外，员工还担心自己提供线索后，组织是否会对举报人的身份予以保密或者他人是否会知道自己的这种举动。

5.7.3 新法令保护举报人并促进舞弊侦查

作为2002年《萨班斯-奥克斯利法案》重要组成部分的举报人保护法令，已经让举报与投诉信息发挥了更大的作用。该项法令强制要求上市公司必须施行检举制度，并且必须向员工与其他人积极宣传这项制度，对上市公司遏制舞弊的作用相当明显。许多原本不会曝光的舞弊因实施检举制度而被揭发。此外，2010年的《多德-弗兰克（Dodd-Frank）法案》授权向举报人提供经济奖励。根据这项法令，当美国证券交易委员会对个案处罚金额达100万美元以上时，政府可以基于收到的罚金提取10%—30%作为举报人的奖金。2013年10月，美国证券交易委员会公告称，依据该项法令已经颁发的最大一笔奖金超过1 400万美元。

早在上述法令颁布之前，有些组织已经施行举报奖励和保密措施，并且成效显著。这些组织还发现，向员工提供简易的举报渠道有助于发现组织中的舞弊与其他问题。以多米诺比萨（Domino's Pizza）公司为例，该公司设置了一条举报热线，如果有哪位管理者给送外卖的司机只留出很短的时间，使得他们不得不超速行驶才能在指定的30分钟之内将比萨送到顾客手里，司机就可以通过这条热线向公司举报，而且保证举报绝对匿名处理。还有一家公司将舞弊和吸毒、妨碍人身安全、歧视、性骚扰等违法或不当行为列入禁止行为清单，并告知员工一旦发现这些行为应该如何处理。该公司还为新进员工举办讲座和研讨会；定期张贴有警示作用的宣传海报等；定期播放有关违法行为的视频；向员工分发可以放在钱包里的小卡片，上面列有目击他人违反行为守则可采取的措施。公司教导员工有关违法行为的具体内容，并通过小卡片加深印象。员工被告知如果他们怀疑存在舞弊，有以下五种方式可以选择：（1）向所在部门主管或主管的上一级报告；（2）拨打专线致电公司安保人员；（3）拨打专线致电公司内部审计部门；（4）拨打专线致电专门负责调查舞弊的人员，由他们将线索转达给公司管理层；（5）拨打免费热线致电外部的独立监察机构，由该机构对电话进行录音并保证匿名处理，然后负责将信息转达给公司相关负责人。

只有在开放、透明的环境下，员工才能毫无顾虑地举报已知或可疑的舞弊。但人们不能认为施行检举制度之后，便不需要营造这种环境。组织应鼓励员工，一旦发现已知或可疑的舞弊，应优先向所在部门的主管或其上级、内部审计部门、安保人员或者法务人员报告；并告知员工，如果对上述举报方式心存顾虑，那么还可以使用举报热线。

本书作者之一曾担任一家大型上市公司审计委员会主任委员，下面以该公司为例说明检举制度的施行方式。身为审计委员会主任委员，所有的举报信息都会直接送交他。一天，一名员工秘密提供一则信息，是关于公司的菲律宾分公司存货严重被高估。本书作者立即委派具备法务会计专长的律师和注册会计师展开调查，结果发现菲律宾分公司的存货被虚增1 400万美元，原因是菲律宾分公司总经理希望总公司高层认为他的业绩显著，但实际上菲律宾分公司的经营情况并非如此。

一些设置举报热线的公司已经侦查出大量原本不会被揭发的舞弊。这些公司还反映员工使用举报热线的频率很不稳定，也没有明显的固定模式，通过热线电话举报的数量忽高忽低；同时，举报内容大多属于人力资源问题而非舞弊相关问题。但我们要强调的是，设置举报热线为那些本来不愿意举报的员工提供了一种选择。

许多组织委托第三方负责管理举报热线，一些组织甚至奖励提供有价值信息的员工。虽然相关研究表明举报热线是发现舞弊的绝佳工具之一，但事实证明，如果能将对举报人员的奖励与举报热线结合使用，效果就会更好。

以下三起舞弊案是经由举报或投诉而被揭发的，分别为通用电器（GE）舞弊案、瑞威（Revere）安保公司舞弊案、安然舞弊案。

通用电器舞弊案

几年前，通用电器公司引擎制造部门领班格雷翰（Gravhan）在内部员工培训课上告诉一起上课的同事，通用电器公司正在钻政府的空子。他告诉在座的约30名同事，报送给主任办公室的工时卡上的工时数，与最后转交给政府的工时数并不一致；接着，其他几名领班也出面证实格雷翰的说法。虽然格雷翰在培训课上已经揭发这种不当行为，但他的上司仍持续逼迫他说服下属在工时卡上做手脚。他被告知，如果下属不愿在自己的工时卡上虚报工时数，这件事就由他来做。格雷翰表示拒绝，于是他的上司自行替他篡改工时卡上的工时数。格雷翰表示，这是在明目张胆地篡改工时卡。"他们（上司）直接用黑色或蓝色签字笔涂改工时卡上的工时数记录，常常会把超出预算范围的项目的工时数挪到工时数未超出预算的项目上，以保持成本在限额之内。"不愿配合篡改工时卡的领班必须将自己负责的工时卡全部送到部门经理罗伯特·凯利（Robert Kelly）手上，他会自行篡改工时卡上的工时数资料，凯利离职后，继任经理比尔·威金斯（Bill Wiggins）继续篡改工时卡与计费单。威金斯曾经告诉格雷翰，通用电器公司就是一块大馅饼，一起配合虚报工时数的人都可以分到一杯羹，而不愿意配合虚报工时数的人休想拿到任何好处。

在当时的通用电器公司，篡改工时卡和计费单行为已经成为常态。一名领班承认，在8个月中，他一个人就篡改过下属50%—60%的工时卡记录。格雷翰曾经告诉这名领班，篡改工时卡记录会害他去坐牢，但领班回复说，他只不过是奉命行事，而且根本不会有人发现这件事。最后，格雷翰认为必须把这个问题通报给有能力处理的人。他利用某个周末的时间，悄悄溜进秘书室，复印了大约 150 份篡改过的工时卡与计费单。之后的那个星期，他写下长达八页的信件，说明了正在发生的一切，并将信寄给引擎制造部门资深副总裁布赖恩·罗（Brian Rowe）。当天，通用电器公司便解雇了格雷翰。联邦调查局与国防部合同审计处的联合调查发现，通用电器公司虚报了价值相当于 720 万美元的工时数，这些工时全部分摊到了政府合同项目上。他们还发现，在格雷翰工作所在的车间，有 27％ 的工时数是在他供职的 3 年期间伪造的。

格雷翰的举报是通用电器公司舞弊行为被揭发的唯一导因。然而，格雷翰挺身而出揭发事情真相，公司却处处为难他。通用电器公司舞弊案凸显企业在处理举报人时常犯的一些错误。格雷翰已经知道周围发生了舞弊，通用电器公司惩罚并威胁他这个举报舞弊的人，正因为通用电器公司无法让人毫无顾虑地出面举报的做法，才让员工一直持续造假而不被发现。

第二起因举报而被揭发的是瑞威安保公司舞弊案，举报人是其竞争对手。

瑞威安保公司舞弊案

瑞威安保公司舞弊之所以被揭发，是因为其竞争对手实在难以忍受瑞威安保公司以极低的价格争夺客户的行为，进而偷偷安装摄影机取证。1992 年 12 月，竞争对手录下瑞威安保公司押运 1 亿美元到纽约联邦储备银行水牛城分行的运送过程，希望能够录到安保措施松散的证据，结果确实让他们如愿以偿。录像显示，驾驶员与安保人员将运钞车停在高速公路休息站餐厅的停车场上，虽然锁了车门，却无人留在运钞车上看守。运钞车的引擎并未熄火，而他们进入餐厅去吃饭了。竞争对手将这份录像送交负责承保这 1 亿美元押运作业的伦敦劳合社保险公司（Lloyds of London）。毋庸置疑，这份录像让劳合社保险公司认为，瑞威安保公司的内部控制不严密，"心怀叵测的人可以轻易开走这辆运钞车！"劳合社保险公司根据这份录像，委派调查人员对瑞威安保公司展开调查，结果发现瑞威安保公司还存在一些性质更为严重的问题。美国联邦政府主管机关根据这些证据，在某夜对瑞威安保公司总部开展了一次突击检查，发现堪称运钞安保产业史上规模最大的一宗丑闻：数千万美元现金不翼而飞，据说是瑞威安保公司老板夫妇罗伯特·斯卡瑞塔（Robert Scaretta）与苏珊娜·斯卡瑞塔（Susanna Scaretta）两人监守自盗。多家银行存放在瑞威安保公司的现钞共计 8 460 万美元，清点之后只剩现金 4 500 万美元。实际上，斯卡瑞塔夫妇积欠巨额赌债，他们利用瑞威安保公司作为非法赌金洗钱作业的据点。多家银行因这起舞弊案而损失惨重，其中花旗银行（Citibank）损失超过 1 100 万美元，海丰银行（Marine Midland Bank）的损失高达 3 480 万美元。

由于委托运钞的银行和伦敦劳合社保险公司没有进行充分、必要的监督，而且都没有定期检查瑞威安保公司的作业过程，因此这起舞弊能够持续多年而未被发现。如果没有竞争对手的举报，或许时至今日这起舞弊仍无人察觉。此外，瑞威安保公司一直将各银行委托押运的现钞混杂在一起，并没有分银行个别存放，即便有大笔现钞遭窃，在特定时间内他们手头上总有足够的现钞来蒙蔽任何一家银行的审计人员。这其实也是瑞威安保公司内部控制缺陷之一。

美国史上最有名的舞弊事件非安然舞弊案莫属。虽然它的出名有许多原因，但它将永远为人所知的一个原因是谢伦·沃特金斯寄给首席执行官肯尼斯·雷伊的匿名检举函。沃特金斯因发现安然内部出现严重问题而写下这封举报函。

安然舞弊案

安然是否已变成一个充满风险的工作场所？我们这些在过去几年里未能发财的人能否承担得起继续留任的代价？

首席执行官杰夫·斯基林的突然离职引起人们对安然会计不恰当性和计价问题的质疑。安然在会计上一直非常激进，尤其是在瑞普特（Raptor）交易和康达（Condor）避险工具上。安然的国际资产确实存在计价问题，并且安然能源服务公司采用的市值评估法也可能存在问题。

聚光灯将照在我们身上，因为市场无法接受斯基林已离开他梦寐以求的职业这一事实。我想计价问题是可以解决的，我们可以把它们与2002年发生的其他商誉减值合并起来报告。可是，我们怎样解决瑞普特和康达的交易？它们分别在2002年和2003年清算，我们将不得不用安然股票来清偿，而这是不可能不引起注意的。

在外行人看来，我们似乎是通过将商业资产卖给一个避险工具（即康达），而1999年确认从资产出售得到的8亿美元资金流，康达的资本来自我们承诺在以后年度向它发行的安然股票。那真的是资金流吗？还是通过发行权益证券获得的现金？

通过与瑞普特的互换交易，我们已经确认超过5.5亿美元的股票公允价值利得。而那些股票有很多已经严重贬值——艾维西（Avici）贬值98%，从1.78亿美元跌至500万美元；新电力（New Power）贬值80%，从每股40美元跌至每股6美元。互换的价值并不体现在瑞普特那里，安然将再次发行股票以冲抵这些损失。瑞普特是LJM[①]公司下属的一个实体，在外行人看来，很明显我们是在利用关联方隐瞒亏损，将来再以安然股票补偿那家公司。我对我们有可能曝出一系列的会计丑闻而非常忧心，如此我在安然的八年工作经历将变得一文不值，过去的成功将被商业界视为一场精心策划的会计骗局。斯基林出于"个人原因"辞职了，但我认为他过去做得并不开心，看着脚下的路，他知道这个烂摊子无法收拾，宁愿现在离职也不愿两年后蒙羞辞职。

我们的会计权威人士能否找到解开这些交易死结的办法？我一直努力想找出可行的办法，但总是摆脱不了一个大问题——我们分别在1999和2000年记录了瑞普特和康达的交

---

① LJM指安然财务主管安德鲁·法斯托（Andrew Fastow）以妻儿三人Lea、Jeffrey和Matthew命名的私人权益基金，专门买卖安然股票。

易,尽情地享受了高股价,很多经理卖掉了股票,然后我们在2001年试图冲回或弥补这些交易的利润。这有点像在某一年抢劫银行,过两年又试图还回去。做得是不错,但投资者受到了伤害,他们以每股70美元和80美元的价格购买了股票,希望股票能涨到120美元,而现在的股价是38美元或更低。我们已受到很多审视,可能会有一两个深知这些"有趣的"会计内情而又不满于"被调职"的员工会把我们拖入困境。

我们该怎么办?我知道这个问题不能在全体员工会议上讨论,但你能否做些保证,确保你和考西(Causey)会坐下来,认真、客观地了解瑞普特和康达在2002年和2003年将会发生什么?

问题摘要

瑞普特实体的资本来自LJM公司权益。该权益正面临风险;然而,这笔投资被瑞普特付给LJM公司的一笔现金费用完全抵消。如果瑞普特破产,那么LJM公司将不会受到影响,因为LJM公司并未承诺更多的出资。

瑞普特资本总额中的大部分是某种形式的安然的应付票据、限制性股票和认股权。

安然与瑞普特签订了几份权益衍生工具交易,以锁定我们所持的各种权益证券投资的价值。

正如在2000年披露的那样,我们确认了从权益衍生工具所得的5亿美元的收入,而这金额正好抵消标的证券市场价值的变化。

本年,随着股票价值的下跌,以此为基础的瑞普特资本总额也减少了,为了维持信用,我们被迫计提减值准备,这对我们按市价评估的头寸是极其不利的。

为了避免在2001年第一季度出现这样的冲销或减值准备,我们"改善"了瑞普特的资本结构,承诺发行更多的安然股票。我对第三季度问题的理解是,我们必须为这类权益衍生工具"追加"2.5亿美元。我知道有许多精明的人在关注这件事,还有许多包括安达信在内的审计师在为这种会计处理保驾护航。一旦交易曝光,所有这些弥补措施都保护不了安然。请回顾20世纪90年代末的废品管理公司问题——当时安达信在关于可疑会计处理的诉讼中支付超过1.3亿美元的赔偿。

会计最重要的基本原则是,如果你向局外人解释这种"会计处理",那么你能否影响他的投资决策?他会不会根据对事实的全面了解来买卖股票?如果会,那么你最好正确地披露,或者改变会计处理方法。

我认为会计报表附注没有充分解释这些交易。如果做出充分解释,投资者就会知道我们在关联方附注里描述的"实体"的资本很薄弱,权益持有者在这场游戏里一分钱都没花。这些实体的所有价值来自衍生工具(遗憾的是,此时衍生工具产生巨额损失)以及安然股票和应付票据的价值。看看互换的股票,我无法相信会有其他公司愿意以同样的价格或不要求高额溢价就与我们签订这样的权益衍生工具交易合约。换句话说,2000年5亿美元的收入实际上要低得多。低多少呢?

看来瑞普特是一种赌博,如果标的股票的价格表现出色,就没有赢家。如果安然的股价表现出色,发行给这些实体的股票就会减少,交易就比较不引人注目。所有的事态发展都对我们不利——那些股票，特别是汉诺威（Hanover）、新电力和艾维西都出现了不同程度的跳水。

我坚信公司高级管理层对这些交易有清晰、准确的认识，他们会聘请熟悉证券法和会计的无偏见的专家来审查这些交易。我相信肯尼斯·雷伊有权自己做出判断：交易被发现的可能性有多大以及一旦被发现对公司的损害估计有多大，然后在以下两种行动方案中做出抉择：

（1）被发现的可能性足够小，而估计损害太大。因此，我们想办法悄悄地、迅速地冲回、解除、注销这些头寸和交易。

（2）被发现的可能性太大，对公司的估计损害也太大。因此，我们必须予以量化，拟订止损计划并予以披露。我坚信，被发现的可能性将随着斯基林令人震惊的离职而大大提高，因为许多人正在寻找一杆冒烟的枪。

瑞普特奇怪现象摘要

1. 会计处理很可疑：

（1）安然确认了从关联方获得的来自权益衍生工具的 5 亿美元利得。

（2）关联方的资本薄弱，除了安然，没有任何实体因资本薄弱而承担风险。

（3）安然似乎是靠发行自己的股票来支撑其利润表利得。一个基本的问题是：关联方实体在与安然的权益衍生工具交易中损失了 5 亿美元，谁来承担这个损失？我找不到一个承担损失的权益或债权持有人。我们必须找出谁将损失这笔钱，谁将支付发生在关联方实体的这笔损失？

如果是安然用股票予以弥补，那么我认为我们难以用自圆其说的事实让美国证券交易委员会或投资者信服。

2. 实体的权益衍生工具交易看来不像是公允交易。

（1）现在看来，安然是在市价处于峰值时与关联方签订对新电力、汉诺威和艾维西的套期保值。从那以后，新电力和艾维西严重贬值，关联方摆脱不了这种风险。现实再一次对安然不利。

（2）我认为任何其他非关联公司都不会按这样的价格进行这些交易。这里还发生了什么其他事情？诱使关联方进行这些交易的报酬是什么？

3. LJM 公司和瑞普特被蒙上了一层神秘的面纱。员工们持续地经常质疑我们的恰当性。仅此就值得关注。

（1）杰夫·麦克马洪（Jeff McMahon）对 LJM 公司固有的利益冲突极其恼怒。他向斯基林强烈抱怨，并提出要让他继续担任财务主管就应该采取五个步骤。三天后，斯基林提出让麦克马洪担任安然产业市场的首席执行官，但未再与他谈论那五个步骤。

（2）克利夫·巴克斯特（Cliff Baxter，安然公司前副董事长，2001 年辞职，2002 年 1 月 25 日饮弹自尽）向斯基林和所有愿意听他话的人强烈抱怨安然与 LJM 公司交易的不当之处。

（3）重要投资部门的一名经理曾说："我知道这会毁掉我们所有的人，但我希望我们被逮住，因为我们是如此造孽的骗子公司。"重要投资部门用大量的资金与瑞普特做套期保值。这些人知道并且明白许多事情。当你问起这些交易时,你会得到很多类似的评论。员工们援引首席财务官的话说,他和斯基林有默契,LJM 公司永远不会亏钱。

4. 安然的法律总顾问能不能审查安然与 LJM 公司或瑞普特及其委托人之间的交易和金钱往来?他能审查 LJM 公司吗?能审查瑞普特吗?如果首席财务官说不行,这难道不是有问题吗?

瑞普特和康达事宜

1. 推迟填补董事职位的决定,如果现在的决定涉及首席财务官和首席会计主管的话。

2. 让吉姆·戴里克(Jim Derrick)和雷克斯·罗杰斯(Rex Rogers)聘请一家律师事务所,调查瑞普特和康达的交易,这样安然对调查结果就具有基于律师与客户关系的特权(因利益冲突而不能聘请安永会计师事务所——他们为一些交易提供出售建议)。

3. 由律师事务所从"六大"中聘请一家会计师事务所,但因利益冲突而不能是安达信或普华永道。安达信是安然的审计师,普华永道是 LJM 公司的审计师。

4. 调查相关交易及其会计处理,以及我们在未来承诺给这些工具的股票和应付票据等。比如在第三季度,如果不用发行更多的安然股票"改善"瑞普特3号的资本结构,我们与瑞普特 3 号(NPW)就会产生 2.5 亿美元的问题。顺便说一下,在第一季度我们"改善"了瑞普特 3 号的资本结构,承诺发行更多的安然股票,避免了一次重大的损失确认。

5. 制订清除计划。

(1) 最好的情形:如果可能的话,悄悄地清除。

(2) 最坏的情形:量化,开展公关活动,处理好内部关系。制订顾客安抚计划(不想步所罗门交易商店后尘的话),采取法律措施或割断行为,并予以披露。

6. 秘密询问以下人员,看看是不是我搞错了:

(1) 杰夫·麦克马洪;

(2) 马克·凯尼格(Mark Koenig);

(3) 里奇·白(Rich Buy);

(4) 格雷格·沃利(Greg Walley)。

为了修正原来的会计处理,我提供以下意见:

1. 我们已向瑞普特实体许诺潜在的安然股票权益,由于是潜在的,付出和收到的金额均为 0。正如考西指出的,假如这笔交易的当前经济状况意味着安然必须在将来发行股票,我们已将那些股票包含在完全稀释后的发行在外股票中,这只会影响 2002—2004 年的每股收益预测值。

2. 2000 年,我们的几种权益投资贬值了 5 亿美元。这些投资的公允价值已被调低,然而我们也确认了从与瑞普特的价格风险管理交易中赚取的利得,同时记录了相应的应向瑞普特收取的 PRM(指合作伙伴关系管理系统)应收款项。那是 5 亿美元的关联交易——是 2000 年息税前利润的 20%、税前净利润的 51%、税后净利润的 33%。

3. 信用方面要审查瑞普特的基本资本状况,审查可能需要发行的股票数量,确定瑞普特实体是否有足够的资本在权益衍生工具到期时偿还其欠安然的5亿美元款项。

4. 瑞普特实体技术上已经破产；已发行安然股票的价值等于或者略低于瑞普特欠安然的 PRM 应收款项。瑞普特从起始日到现在的利润表损失是5亿美元。

5. 那些亏空的权益和债权投资者在哪里？LJM 公司完全是现金交易制。5亿美元的价值来自哪里？它来自安然的股票。为什么我们没有将这笔交易记录为承诺给瑞普特实体的价值5亿美元的股票和我们在这些实体的价值5亿美元的"经济利益"？那样的话，就可以调低我们在瑞普特实体的价值。我们没有记录后者，因为这没有必要。技术上我们可以等下去，静候 2002—2004 年是否有佳讯。

6. 附注中的关联方部分试图解释这些交易。你不觉得一些利益相关方，不管是股票分析师、新闻记者还是套期基金经理等，都忙着探查斯基林离职的原因吗？你不觉得他们中最精明的人现在正审视着那些附注吗？我甚至可以听见他们在议论："看起来他们好像确认了从关联方赚取的5亿美元利得，从关于安然对关联方的或有出资的很难读懂的内容来看，我认为那家关联方是以安然股票为资本的。"……"不，不，不，你肯定理解错了。不可能是那样的，那简直太糟了，这是欺诈！安达信（审计师）肯定不会任由他们如此做的？""再去看一遍那些交易图表，肯定是别的什么事，但是得找出来。"……"嗨，万一你是对的，只是万一，试着找到一些内部人或者'离职'的前员工来证实你的观点。"①

因为这封检举函，沃特金斯与联邦调查局的科琳·罗利（Colleen Rowley）及世通公司的辛西娅·库珀（Cynthia Cooper）三人共同荣获 2002 年《时代》（Time）周刊的"年度风云人物"，事实正如其评论："这三位做的最正确的事，就是把分内的事情做好。"

> **多了解 >>>** 员工（如主管或同事）而非审计人员通常是侦查舞弊的最佳人选。只是，他们通常缺乏识别舞弊的相关培训。人们不愿意挺身而出举报舞弊的原因很多，但企业必须采取积极、有效的措施鼓励员工勇于举报潜在舞弊迹象或可疑行为。

■ 重点内容回顾

- **理解舞弊迹象如何有助于侦查舞弊。**一旦出现明显的异常舞弊迹象，应立即针对舞弊的源头展开调查。

- **了解并理解与舞弊相关的会计异常。**了解某些会计科目之间的关联性以及哪些是必要资料非常重要，这些都有助于判断舞弊产生的可能性。

- **描述有助于遏制和侦查舞弊的内部控制制度。**减少舞弊发生可能性的主要因素是职责划分和其他控制手段。

- **了解并理解与舞弊相关的分析性异常迹象。**了解财务报表中各项目之间的关系，从逻辑上思考财务报表数据的影响，将有助于侦查会计报表舞弊。

---

① 资料来源：https://www.justice.gov/archive/enron/exhibit/03-15/BBC-0 001/Images/9 811.001.PDF，美国司法部安然案证物档案资料，引用日期为 2004 年 6 月 1 日。

- **解释如何通过生活方式的变化来侦查舞弊。**发生舞弊的一项明显表征是员工在生活上挥霍无度、入不敷出。如果员工的生活突然变得非常奢侈，调查人员就应当分析其金钱来源。
- **探讨行为迹象如何有助于侦查舞弊。**舞弊者常常会表现出异常的行为举止。
- **了解通过举报与投诉识别舞弊迹象的重要性。**大多数舞弊案是由同事、主管或其他员工而非审计人员发现的。舞弊调查工作多半根据举报与投诉信息而启动。

第 6 章

数据驱动的舞弊侦查

寄　语

　　本章介绍对舞弊产生重大影响的、相对较新的一个领域——数据驱动的舞弊侦查。这种方法融合了不同领域的知识，包括舞弊、审计、调查、数据库理论和分析技术等。这种方法需要特殊的技能和知识，为那些愿意从多个不同领域掌握舞弊侦查方法的人提供了新的机会。当你学习本章时，请思考一下自己已有的技能，以及为掌握这种新的舞弊侦查方法还要学习哪些知识。

学习目标

在学习本章之后，你应该能够：
- 描述数据驱动的舞弊侦查的重要性，包括理解会计异常和舞弊的区别；
- 熟悉数据分析流程以及常用的数据分析软件；
- 了解数据访问原则，包括开放式数据库链接、文本导入和数据库；
- 掌握舞弊侦查的基本数据分析程序；
- 理解并分析 Matosas 矩阵；
- 了解如何通过财务报表分析侦查舞弊行为。

现实的教训

北卡罗来纳大学教堂山分校的报纸《北卡罗来纳日报》报道了一则新闻。

美国北卡罗来纳州一名审计人员的报告显示，一名近期退休的有 30 年工龄的大学教工被发现提供了一个死者的社会保障号码（SSN）……1 月，针对联合国儿童保健中心医院的审计显示，中心医院 17 名员工提供的 SSN 是假的，其中 8 人已被解雇，其余 9 人已辞职……北卡罗来纳州审计局办公室还调查了所在州的车管所、中央大学和司法部。审计人员米尔斯说："在车管所，我们发现了大约 27 000 个伪造的 SSN 以获得驾驶执照。"审计人员从被审计单位的薪资办公室获取 SSN，然后将这些 SSN 与社会保障管理局数据库中的有效数据进行交叉核对，最后发现了上述问题。

这个简单的例子展示了"数据驱动的舞弊侦查方法"的应用：将 SSN 与一系列有效数据或已知无效数据进行核对。不法分子购买非法的 SSN，然后用这些非法的 SSN 申领驾照和就业，这在美国某些地区几乎成了惯例。街头毒贩想要制作非法的社保卡，他们要么盗窃别人的身份，要么使用最近去世的人的 SSN。

美国社会保障管理局每个月都会公布一份失效的 SSN 清单，通常是由于其所有者已死亡。社会保障管理局还提供 SSN 验证服务。北卡罗来纳州审计局办公室和美国其他许多审计机构一样，订阅了定期 SSN 清单信息及其验证服务，可以访问社会保障管理局的相关数据库来查询和验证 SSN 是否存在非法使用的情况。尽管上例中的各管理部门对 SSN 的有效性进行了内部侦查，但犯罪分子仍能够使用虚假但内部有效的 SSN 获取社会保障待遇和申领驾驶执照。通过这种简单的数据库核对分析，审计人员就发现了数千起舞弊案件。

这个例子凸显了近年来流行的数据驱动的全样本舞弊侦查趋势，对许多人来说，包括本书作者，这代表了当今最前沿的舞弊侦查方法，学习并理解这种方法对未来从事舞弊侦查工作大有裨益。

6.1 异常和舞弊

几十年来，审计人员一直致力于通过分析数据来侦查舞弊和异常情况。个人计算机尤其是 Excel 电子表格程序和数据库管理系统，为审计人员提供了面向用户和便捷访问大、小型数据库的工具。

然而，需要注意的是，审计人员使用（且经常使用）的方法是基于传统的审计程序，如统计抽样、现场侦查和控制测试。尽管许多工具已经电子化，但许多审计人员仍然使用手工侦查方法进行技术分析。遗憾的是，这些传统方法更适用于发现异常而非舞弊。

6.1.1　会计异常

会计异常主要是由内部控制缺陷引起的，它们并不是有意的错误，只是因系统、程序或政策中的错误而引发的问题。例如，一个典型的会计异常可能是因打印机出错而重复支付发票。打印机出现问题（如纸张或碳粉已用完）但没有被发现，员工可能只是重复放入空白发票，从而导致重复支出现金。这是一个简单的错误，但它反映了内部控制系统缺陷的几个属性。

其一，会计异常不是故意的，并不一定意味着会发生舞弊，通常不会导致法律诉讼。除了薄弱的内部控制系统或需要受到谴责或训斥的员工，没有"罪犯"。

其二，会计异常通常均匀地分布在整个数据集中。例如，每次打印机出现故障，都可能出现发票重复支付的异常。如果打印机的纸张或碳粉问题大约每两周发生一次，这一问题导致的错误结果就会在相应时间间隔的日记账条目中出现。审计人员只需对数据集进行统计就可以发现会计异常，因为异常会较均匀地分布在整个数据集中。如果把整个数据集看作一个干草堆，异常的情况将在整个干草堆中均匀地分布，随机拿起一把干草就很有可能会发现隐藏在其中的异常。

但是，舞弊与会计异常不同。舞弊是人们故意规避内部控制制度的行为。舞弊者通过在数据库系统中虚构数据或篡改记录来掩盖其行为。舞弊的证据在交易记录中可能很难被发现，因为有时只有一两笔记录。舞弊不会在整个数据集中均匀分布，而是不规则地分布在数据集中的单个或有限区域。所以，侦查舞弊就像"大海捞针"！

6.1.2　审计抽样和舞弊

近几十年来发现异常一直是财务报表审计、内部控制审计和合规性审计的重要组成部分，审计抽样已经成为一种标准的、必要的审计程序。审计学教科书往往会用整个章节来阐释审计抽样。当审计人员想要发现分布在整个数据集中的规律性异常时，审计抽样是一个有效的审计程序。

然而，在"大海捞针"时，审计抽样效果并不令人满意。如果你按5％的比例抽样，就会有95％的机会遗漏少量的舞弊交易。审计人员在侦查舞弊时必须采取不同的方法，通常会尽量使用全样本分析，以确保能发现"针"。全样本分析无论是作为审计的一部分还是全面的反舞弊调查，其收益和成本都应该被纳入考量。如果有合适的工具和技术，全样本分析通常是舞弊调查的首选方法。

需要注意的是，当今的审计和舞弊调查中用到的几乎都是电子数据。通常来讲，计算机抽样分析和全样本分析在耗时上相差无几。当然，有些任务可能只需抽样分析即可。然而，运用计算机技术，许多任务不但可以进行全样本分析，而且不会显著增加成本和时间。

> **请记住** >>> 考虑到舞弊的性质，抽样可能会破坏计划周密的舞弊调查。

6.2 数据分析流程

舞弊侦查的数据分析需要重新设计方法才更有效。简单地将以前基于抽样的分析技术应用于全样本分析是一种次优选择。舞弊调查人员必须时刻准备着学习新的方法、软件工具和分析技术，以便熟练掌握数据驱动的侦查方法。

传统的舞弊侦查方法通常是被动的、反应性的。这种方法往往从收到匿名举报或侦查到异常时开始，因为调查人员只有得到一个明确的理由（舞弊论断）才会展开调查。

数据驱动的舞弊侦查具有主动性的特征。调查人员不再需要等待收到举报信息，而是使用头脑风暴法来搜寻信息和制订方案，然后实证舞弊。数据驱动的舞弊侦查（见图6-1）本质上是一种假设验证方法：调查人员通过假设和测试，用数据来支持所得出的结论。

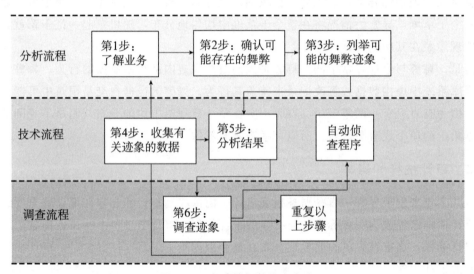

图6-1 主动性舞弊侦查方法

第1步：了解业务

主动性舞弊侦查流程从了解被调查的组织及其业务开始。每个组织的环境是不同的，即使在相同的行业或组织内，舞弊侦查流程也应不同。由于审计人员将对可能存在的方案提出假设，他们必须很好地理解组织及其业务的运作模式。同一舞弊侦查流程不适用于所有组织，甚至不适用于同一组织的不同单位。主动性侦查

> **想一想** >>> 在数据驱动方法中，舞弊侦查的六个步骤与传统的反应式方法有何不同？

作为一种分析方法，要求调查人员分析思考，而不是仅依赖通用的舞弊侦查或调查方法。调查人员必须了解每个特定组织及其业务流程，详细了解舞弊侦查全过程。

执行主动性舞弊侦查通常需要创建一个由不同类型人员组成的小组，包括业务行家、

舞弊检查员、数据库程序员、审计人员和其他感兴趣的个人等，以确保这项工作得到多种专业知识背景的人的协助。收集组织信息的方法如下：

- 参观组织、部门或工厂；
- 熟悉竞争对手的业务流程；
- 采访关键人员，询问他们哪里可能发生舞弊；
- 分析财务报表和其他会计信息；
- 审查内部流程文件；
- 与内部审计人员、安保人员共同工作；
- 观察员工履行职责的情况。

第 2 步：确认可能存在的舞弊

当小组成员充分了解组织及其业务之后，下一步就是识别和确认相关业务流程中哪些环节可能会发生舞弊。这一风险评估步骤需要了解不同舞弊的性质、舞弊如何发生及其表现出的迹象。舞弊识别的起点一般是将经营活动划分为单独的业务单元或业务循环。

大多数组织的结构庞杂，部门设置呈多样化，调查人员无法同时考虑多个类型的业务，因此有必要将经营活动划分为单独的业务单元或业务循环，这样有助于聚焦舞弊侦查流程。例如，检查人员可能决定直接关注生产制造部门、财会部门或采购部门。在本步骤中，舞弊检查人员将访谈业务参与人员，他们通常会提出以下问题：

- 谁是业务的关键参与者？
- 哪些类型的员工、供应商或承包商参与商业交易？
- 内部人员和外部人员如何沟通？
- 过去发生过哪些类型的舞弊？
- 哪些类型的舞弊是企业或以企业的名义实施的？
- 员工或管理人员如何单独实施舞弊？
- 供应商或客户如何单独实施舞弊？
- 供应商或客户如何与员工串通实施舞弊？

此外，在本阶段，舞弊侦查小组应当集思广益地讨论舞弊类型和潜在的舞弊者。在考虑各种舞弊可能发生的情况后，形成一份有待证实的舞弊行为清单。

第 3 步：列举可能的舞弊迹象

如前所述，舞弊本身鲜少被发现，人们通常只会观察到一些迹象。然而，舞弊迹象最终可能由非舞弊因素来解释，这让舞弊侦查人员更加迷惘，导致工作延误和增加额外开支。例如，某公司的应收账款正在以不切实际的速度增长。然而，这可能是由舞弊、客户存在财务困难或公司信用条件改变等多种因素所致。此外，没有经验证据表明某些警示信号明确意味着舞弊一定会发生（尽管警示信号越明确，舞弊发生的可能性越大），或者说某些警示信号的预测能力一定高于其他警示信号。

即使存在上述弱点，识别警示信号或舞弊迹象通常是主动性舞弊侦查的最佳方法，有时是唯一可行的方法。例如，由美国公众公司会计监督委员会（PCAOB）颁布的独立审计准则建议采用警示信号的方法侦查舞弊行为。尽管举报可以揭发最严重的舞弊行为，但这通常是舞弊已发展到一定程度，举报者迫不得已才采取这一措施。相反，主动性舞弊侦查则可以侦查出处于萌芽状态的舞弊。

如第5章所述，舞弊迹象可分为以下几组：
- 会计异常；
- 内部控制缺陷；
- 分析性异常迹象；
- 奢侈的生活方式；
- 异常的行为方式；
- 举报和投诉。

需要注意的是，在第3步之前，数据驱动的舞弊侦查方法纯粹是分析性的，既没有收集数据，也没有分析结果。第1—3步是通用的，适用于任何组织及其分支机构。这一战略性方法可以针对不同组织可能存在的多种类型舞弊进行全面和零基础的分析。

在第3步中，舞弊检查人员应仔细考虑在第2步中确定的潜在舞弊可能存在的迹象（警示信号），通过创建矩阵、树形图或头脑风暴图，将特定迹象与可能的舞弊关联起来。例如，供应商给采购人员的回扣可能会产生如图6-2所示的迹象。在现实中，这份迹象清单将根据被调查组织的具体情况而有所不同。

第4步：收集有关迹象的数据

一旦迹象与特定舞弊（类型）关联，调查人员就可以从公司数据库、网站和其他来源收集相关数据。虽然前面的步骤是一般性分析，但是针对每个组织，甚至组织中的每个业务单元或业务循环，寻找舞弊迹象的具体分析方法不尽相同。搜索和分析通常使用数据分析应用程序，或者利用客户端的自定义结构化查询语言（SQL）来完成。SQL作为一种标准化的编程语言，可以让调查人员很方便地从数据库中查询相关信息。

本步骤的最终结果是一组与上一步骤中识别出的舞弊迹象相匹配的数据。由于现实世界的数据含有噪声（这意味着它们包含各种错误），寻找舞弊迹象往往是一个迭代过程。例如，第一次按照某一算法运行的查询可能会产生数千个结果。由于大多数企业不可能发生成千上万的舞弊，通常有必要进一步分析结果，以发现其中的规律并识别不构成舞弊的情形。在这之后，舞弊检查人员通常会修正和重新运行分析过程，以排除非舞弊情形。第二次运行可能会产生几百个结果。随后的筛查和分析将进一步缩小范围，直至找到一组能够明确显示舞弊的指标。

第5步：分析结果

一旦异常被确定为可能的舞弊迹象，检查人员就会使用传统或数据驱动的方法进行分

分析迹象
- 产品价格上涨
- 较大的订单量
- 增加从优惠供应商的采购量
- 减少向其他供应商的采购量
- 产品质量下降

行为迹象
- 买家与其他买家、供应商的关系不好
- 买家的工作习惯意外改变

生活方式迹象
- 买家的消费水平超出年薪
- 买家购置昂贵的汽车
- 买家修建豪华的房屋

控制迹象
- 与一名买方或一名卖方进行所有的交易
- 与未经认可的供应商发生交易

记录迹象
- 1099S税表显示供应商是买方的亲属

举报和投诉
- 买方或卖方遭匿名投诉
- 供应商投诉不成功
- 采购产品质量遭投诉

图 6-2 回扣的警示信号

析。基于计算机的分析往往是最有效的调查方法,我们应尽量使用计算机算法进行筛选。舞弊线索调查通常在利用一般性分析不能得出结论的情况下才进行。舞弊检查人员往往需要内部审计人员和安保人员的协作与配合,在调查相关文件资料后与他们访谈,甚至还需要与组织外部人员交流。本章随后将介绍几种舞弊分析技术,包括发现异常值、数据分析、分层和汇总、时间趋势分析和文本匹配等。

数据驱动方法的优势之一是可重复利用。这种分析通常可以实现自动化操作并直接集成到企业管理系统,以提供实时分析、侦查舞弊迹象以及防范已知类型的舞弊,后续流程具有规模经济性,因为许多步骤可以重复利用。

第 6 步:调查迹象

数据驱动方法的最后一步是调查舞弊迹象,调查人员应继续使用计算机分析程序提供支持性证据和详细资料。

数据驱动方法的主要优点是调查人员可以控制舞弊调查的整个过程。数据驱动方法不是等待舞弊迹象凸显或其他指标变得异常甚至已经非常明显才有所行动，而是在舞弊迹象表现出萌芽状态时就展开调查。这种方法不是简单地将"鱼饵"抛入水中等待被"鱼"捕食，而是让舞弊调查人员潜入"水中"直接锁定潜在的"鱼"——舞弊。

数据驱动方法的主要缺点是，与传统方法相比，它的成本更高，也更耗时。由于第2步和第3步的集思广益过程通常会产生数百个潜在指标，完成第4步和第5步也可能需要较长的时间。

6.3 数据分析软件

近年来，舞弊调查人员可以使用的数据分析软件越来越多。数据分析在诸多领域被广泛应用，本章仅列举审计人员和舞弊调查人员广泛使用的数据分析软件。

- 加拿大ACL公司开发的ACL（审计通用语言）审计分析已被大多数会计师事务所采用，是全球审计人员使用最广泛的数据分析应用程序，是一个稳定、强大的数据分析平台。虽然ACL主要应用于审计领域（包括抽样等技术），但也提供舞弊分析模块。ACL还包含一个名为ACL脚本的编程语言，这让分析过程自动化成为可能。

- 加拿大CaseWare（快思维）公司开发的IDEA是ACL的主要竞争产品。在特性方面，IDEA与ACL非常相似，但接口略有不同，用户对ACL和IDEA各有偏好。与ACL类似，IDEA主要关注审计领域，但最近的版本包括越来越多的舞弊分析技术。IDEA的编程语言类似于Visual Basic（可视化Basic语言），这使分析过程自动化成为可能。

- Active Data是微软办公软件的一个插件，可以提供增强型数据分析。它基于Excel和Access开发，由此继承了微软办公软件的固有功能，如查询、报告、数值分析和可视化。对于习惯使用熟悉的界面与更便宜的ACL和IDEA替代品的用户来说，这是一个很好的选择。

除此之外，其他相关软件包括SAS、SPSS（内含用于舞弊分析的模块）等统计分析程序，传统的编程语言（如Perl、Python、Ruby、Visual Basic等），以及一些专门的数据挖掘平台（如RapidMiner、WEKA、Orange、KNIME等）。

6.4 数据访问

数据分析中最重要的（往往是最困难的）步骤是在适当的时段内按正确的格式收集正确的数据。对于时间和经费有限的舞弊调查人员来说，获取关键数据往往是一项艰巨的任务。例如，在一家公司中，IT（信息技术）部门识别出公司400多个潜在的数据库，这些数据库可能有助于数据驱动的舞弊侦查，调查人员花了很多天才将清单缩减为某些部门的数据库,最终将检索范围限定于两个主要数据库。

在过去的几十年里,大多数企业已经在关系型数据库上实现了标准化,特别是财务、薪资和采购系统。这种标准化为调查人员访问数据库提供了方便,如果调查人员掌握了表结构、字段类型、主要和外部关系以及查询语法的基础知识,就可以访问企业的任何数据。关于数据库的知识超出了本书的范围,但是对从事数据分析的调查人员来说,这是必须掌握的。目前许多计算机都安装了微软的 Access 办公平台软件,它是学习关系型数据库基础知识的一条很好的途径。想要进一步深入了解数据分析,大家可以通过阅读在线教程、参加入门级数据库培训课程或购买书籍来学习微软 Access 办公平台软件。

6.4.1 开放式数据库链接

开放式数据库链接(ODBC)是用于访问数据库的开放式标准应用程序编程接口(API),是前端分析工具和后端企业数据库之间的连接器。ODBC 是数据检索分析的最佳方式,因为:(1)它可以实时检索数据;(2)它允许使用强大的 SQL 语言进行检索和筛选;(3)它允许重复进行迭代分析;(4)它可以直接检索关系型海量数据。

ODBC 是微软公司开放式服务结构(WOSA)中有关数据库的组成部分,它建立了一组规范,并提供了一组进行数据库访问的标准 API。ODBC 已经包含在大多数操作系统中,只要在计算机上创建链接,人们就可以在计算机的所有数据分析应用程序中使用它。例如,Windows 用户可以在"数据源"下的控制面板中设置 ODBC 链接。

每个数据库供应商都会为自己的产品发布 ODBC 驱动程序,这些驱动程序可以从供应商网站免费下载。例如,在 Web 中搜索"Oracle ODBC drivers",就可以找到 Oracle 的下载页面,其中包含其大多数产品不同版本的驱动程序。在安装驱动程序之后,相应的快捷键就显示在控制面板上。

考虑到安全和隐私问题,许多 IT 部门不愿意提供 ODBC 链接。解决这一现实问题的办法是要求 IT 部门对数据库中的部分数据表设置只读链接。在确保数据不被篡改的前提下,这可以更有效地使用系统资源。

假设马克(Mark)要调查一家大型冰激凌公司的舞弊行为。由于不知道公司哪个环节可能会发生舞弊,他决定使用数据驱动方法进行调查。在公司的配合下,马克拟定了一份舞弊侦查计划和指标清单,并对此进行检索。以下是他建立 ODBC 链接的过程:

- 马克联系了 IT 部门,要求其提供一份有关公司数据库的清单及其说明;然后,他确定 genjournal 数据库涵盖了检索指标所需的大部分信息。
- 马克询问 IT 部门,genjournal 是何种类型的数据库。在得知这是 Postgre SQL 9.3.1 版后,他要求对方提供一个数据库的 ODBC 链接,经过一系列商议,他最终获得访问权限。
- IT 部门向马克提供了设置链接所需的服务器 IP 地址、用户名和密码以及其他技术信息。

- 马克登录 www.postgresql.org 网站找到对应的驱动程序，并将其安装到自己的计算机上；然后，他在控制面板中使用由 IT 部门提供的用户信息建立了链接。
- 马克打开分析应用程序并选择 genjournal 作为 ODBC 链接数据源；然后，他就可以查询 genjournal 列表中的舞弊指标。

6.4.2　文本导入

当使用 ODBC 直接访问数据不可行时，我们可以通过输出/输入程序进行数据转换。有多种文本格式的数据可以手工从一个应用程序（如数据库）复制到另一个应用程序（如分析应用程序），其中最常见的是每列数据记录为一行的纯文本文件（如扩展名为.txt 的文本文件）。文本文件中数据的每一列由分隔字符（如逗号、顿号或其他字符等）分隔。分隔文本的具体标志分为逗号分隔符（CSV）和制表键分隔符（TSV）两大类。具体使用哪一种文本分隔符，取决于数据本身的规则和数据输出者的偏好。

另一种用于转换数据的通用文本格式是固定宽度格式，也是以行格式记录数据。然而，它不使用分隔符（如逗号）表示分隔每一列，而使用空格将每个字段值放置到规定位置。例如，第 1 列可以分配 1—10 字段，第 2 列可以分配 11—17 字段，等等。若第 1 列中的值是"Abcorp"，则在末尾添加四个额外的空格，以占据整个数据的前 10 个字段。固定宽度格式通常比文本分隔符格式更容易被读者理解，但它的导入需要更大的工作量，因为必须向软件描述精确的列位置。这种格式的文本常见于以往的软件包和主机应用程序。

除此之外，还存在许多其他文本格式，例如在许多新应用程序中使用的"可扩展标记语言"（XML）和主要用于 IBM 大型机的"扩展二进制编码的十进制交换代码"（EBCDIC）。

ODBC 的导入通常比文本文件更快捷、更可靠。由于文本文件只包含纯文字，因此调查人员在导入前必须合理界定数据中列的类型和关系。在导

> **想一想** >>> 与文本文件导入相比，ODBC 有哪些优点和缺点？

入不同格式编码的文本文件（如 CSV、TSV 和 EBCDIC）时，应用程序使用不同的标准或自身程序存在错误也会导致文本导入失败。然而，由于 ODBC 链接通常难以实现，文本导入是一项常见的工作。

6.4.3　创建数据库

许多调查人员简单地将数据直接导入分析应用程序，很快就创建了一个简化的数据库。虽然大多数程序能够在多个数据表中存储数百万条记录，但是大多数分析应用程序的数据存储功能相对较差。数据库是存储数据的最佳方式，显然，创建数据库就是为了存储数据。每个应用程序的主要功能和侧重点不同，各有优点和缺点。

数据存储和分析的最佳操作实践是分两个阶段导入数据，包括调查人员在自己的计算机上创建数据库，或者在调查人员控制的服务器上创建数据库。分析前的查询工作可以将数据从企业数据库传输到调查人员创建的数据库，而不是直接在企业数据库的基础上运行分析程序。这些查询可以概括数据、转换数据类型和样本规模，并执行其他修改，使后

续分析更有效和更高效。当数据传输到数据库后，调查人员（通过 ODBC）就可以将分析应用程序链接到数据库执行数据分析程序。由于数据库是在调查人员的直接控制范围之内，因此它可以在不断改进的基础上提供更好的结果。

任何数据管理软件，包括微软的 Access，都可以用来创建数据库。以下是一些常用的、购置成本较低的数据库：

- MySQL 是一种关系型数据库管理系统，由瑞典 MySQL 公司开发，属于 Oracle 旗下产品。MySQL 是目前最流行的关系型数据库管理系统之一，在 Web 应用方面，MySQL 是最好的关系型数据库管理系统应用软件之一。
- PostgreSQL 是一种性能非常齐全的"对象-关系型数据库管理系统"（ORDBMS）。PostgreSQL 支持大部分的 SQL 标准并提供很多常用功能，如复杂查询、外键、触发器、视图、事务完整性、多版本并发控制等。
- SQL Server 是微软推出的一种关系型数据库系统，是一个可扩展的、高性能的、为分布式客户端或服务器设计的数据库管理系统，实现了与 Windows NT 的有机结合，提供了基于事务的企业级信息管理系统方案。

ACL 和 IDEA 所属公司为创建数据库提供了一整套解决方案。然而，这些软件价格通常比上面列出的数据库更高，但它们为各类应用程序提供了无缝链接。

6.5 数据分析技术

在数据被归集并存储在数据库、分析应用程序或文本文件中后，调查人员需要对其进行分析，以识别之前在业务流程标记的与舞弊迹象匹配的交易。由于全面掌握数据分析技术需要系统地学习完整的课程或教程，本节仅介绍舞弊调查人员常用的分析技术。我们建议读者将这些内容作为学习和掌握统计、金融、数据挖掘、计算机科学及其他相关领域更强大的分析技术的基础。

在执行数据分析时，针对某一项舞弊的调查方案必须考虑多个指标。假设一个人因严重头痛而去就医，医生在听取这个单一症状后没有进行额外检查，立即诊断其患有严重脑瘤并提出进行放射治疗。在这种情况下，很少有人会认为这名医生是称职的。舞弊调查与此类似。调查人员在数据分析中发现一个舞弊警示信号后，就会启动系统的测试流程以检测舞弊调查方案涉及的多个指标，然后进行相关分析以更好地了解可能发生的舞弊类型。尽管一些指标（例如员工与供应商的地址匹配）可以单独说明问题，但大多数舞弊调查方案需要考虑多个指标。

6.5.1 数据准备

数据分析中最重要的任务之一是妥善准备数据，包括数据类型的转换和确保数值类型的一致性。调查人员应确保数值列中所有数据均为数值类型，文本列中所有数据均为文本类型。例如，文本"1"加文本"1"产生文本"11"，很明显，这两个字符是简单地连接起来的。此外，当涉及比率的分析比较时，除以零或非常接近零的数值时一定要谨慎对待。

大多数软件均具有生成数据列概况的功能。这些概况主要包括各列的统计,如总数、均值、最大值、最小值、标准差、零值数目、缺漏值数目等。直方图及其他图示有助于深入分析数据。需要注意的是,信息技术人员在检索数据时也可能出错或失误,例如直接通过 ODBC 检索数据就是一种常犯的错误。在导入数据和准备数据的每个阶段,调查人员都应当手工核实部分数据以确保其准确性。

在分析时间趋势时,调查人员最常犯的错误之一是没有将时间标准化(若用图表示则为 X 轴)。生产管理软件通常在每次发生某些事件(如销售、采购产品或刷卡)触发时创建一个新的记录,例如一张数据表包含了第 1 天的 4 次购买、第 2 天的 0 次购买和第 3 天的 5 次购买。将这些交易排列在图上,时间刻度并不是预期的 1、2、3 等,实际刻度可能是 1、1.25、1.50、1.75、3、3.20、3.40、3.60 和 3.80 等。

> **请记住** >>> 不恰当的数据准备是数据驱动舞弊调查中最常见的问题。调查人员可以使用总量控制、个例侦查等方法来确保数据准备的正确性,以便后续进行数据分析。

为了正确地准备时间趋势分析数据,时间刻度必须按一定的时间值进行标准化,例如每日销售额、每周工时数等。在上述示例中,数据应转换为三个记录:第 1 天、第 2 天和第 3 天的采购量。这种类型的总结可能很难使用标准数据库查询和分析得出,但数据分析应用程序通常可以实现随时间的推移进行分析、汇总的功能。

6.5.2 数字分析

1881 年,美国天文学家西蒙·纽科姆(Simon Newcomb)无意中发现与数表的前几页相比后几页更容易被弄脏。1938 年,弗兰克·本福德(Frank Benford)将纽科姆的观察应用于各种类型的数据。根据本福德定律,在随机排列的数据中,首位数字以 1 开头的频率比以 2 开头的频率高,以 2 开头的频率比以 3 开头的频率高,以此类推。事实上,对于许多金融、财务数据来说,本福德定律都精确地预测了一组随机数中每组数的首位数字符合预期的分布模式。

表 6-1 显示了首位和次位数字的本福德定律的概率。由表 6-1 可知,某供应商的一组发票号码中,数字 1 出现在发票号码首位的概率为 30%,数字 2 出现在发票号码首位的概率为 18%,以此类推。本福德定律适用于自然发生的数字,例如发票总数和产品成本;但它不适用于指定或生成的有特定规律的号码,如预先编号的发票号码和社会保障号码(SSN)。本福德定律已被证明能有效地拟合湖泊面积、股票价格和会计数字等数据。

表 6-1 本福德定律的概率值

数字	出现在首位的概率	出现在次位的概率
0	n/a	0.12
1	0.30	0.11
2	0.18	0.11

续表

数字	出现在首位的概率	出现在次位的概率
3	0.12	0.10
4	0.10	0.10
5	0.08	0.10
6	0.07	0.09
7	0.06	0.09
8	0.05	0.09
9	0.05	0.09

一般而言,以上分布仅适用于首位数字或首位和次位数字,第三位数字和第四位数字的概率通常接近于零,以致无法得出结论。要得出某个数字出现在首位的概率,只需查找表6-1中的概率即可。想要统计首位和次位两个数字出现的概率,需要将表6-1中对应数字的概率相乘。

数字分析对舞弊侦查很有用,因为人为生成的数字通常不符合本福德定律。假设一名员工虚拟了一个供应商,并向自己所在公司发送供应商的发票。除非该员工事先机智地进行了数字分析,否则所有发票号码首位数字出现的次数很可能不符合本福德定律的分布。此类分析在识别虚假发票时很有用。

需要注意的是,真正的供应商开具的一些发票往往不符合本福德定律。本福德定律指出的数字分布规律只适用于大规模样本。进行数字分析的最佳方法是计算每组数据的平均概率,具体步骤如下:

第一步,在数据列最后添加一个新列,用于计算每列首位数字出现概率。例如,若分析对象是一组发票,则需要统计发票价格列中首位数字的出现概率(可以使用 Excel 中的"=left( )"函数实现)。若分析前两位数字,则将每个价格的首位和次位的数字都记录下来,在计算这两个位置的数字出现概率时需要将对应的概率相乘。

> **想一想** >>> 邀请一位朋友(他不会因阅读本文而产生某种偏好)在一张纸上写25个0—100的数字,然后统计首位数字的分布:有多少个1、多少个2,等等。这些数字是否符合本福德定律?它们很可能均匀地分布,而不是像本福德定律所指的较小数字出现的概率更大。

第二步,按供应商、员工、产品或表示逻辑组的其他列进行汇总。在得到每列数据的汇总数后,再利用 Excel 程序中的计数函数公式(例如 Excel 中的"=count( )"函数)统计首位数字的出现次数,最后用次数除以汇总数得到首位数字的出现概率。

第三步,按数字1—9的出现概率对结果进行排序,并与本福德定律的分布相比。那些概率不符合本福德定律的情况,可能需要进一步调查。需要注意的是,在任何情况下,所有数字的最大出现概率都是30%(首位数字是1的概率),而不是100%。

MBO 是一家市值数十亿美元的公司,现决定测试供应商发票金额是否符合本福德定律。首先,MBO 公司统计了820 651张供应商发票金额的首位数字,并根据本福德定律上限和下限的期望值绘制了统计结果,如图6-3所示。

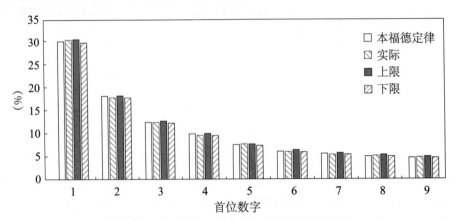

图6-3 所有供应商发票金额首位数字的分布

由图6-3可知,MBO公司统计的全部供应商发票金额首位数字的分布基本符合本福德定律的预期结果。事实上,除了数字2,其他数字的实际结果都在本福德定律的上限和下限之内。这种理想的结果可能会使很多管理者认为供应管理不存在问题,从而转向调查其他业务。幸运的是,负责这一分析的专业人士知道,仅仅因为整体结果看起来不错,并不能排除单个供应商偏离预期结果,从而可能表明存在舞弊。在后续分析中,MBO公司将每个供应商发票金额的首位数字与本福德定律的预期分布进行了比较,图6-4显示了4个供应商发票金额首位数字的分布的统计结果。

供应商1的比较结果看上去比较理想,应该没有舞弊嫌疑,因为实际发票金额首位数字的分布与本福德定律的预期结果高度一致。虽然图中没有显示上限和下限,但所有点的实际分布都在预期区间范围之内。

供应商2的发票金额首位数字的分布基本上遵循本福德定律,尽管结果并不那么精确。虽然这一结果基本符合本福德定律分布的形态,但存在的差异也足以令舞弊检查人员相信随后的跟踪调查结果不会有太大差异。

供应商3和供应商4存在舞弊嫌疑。发票金额首位数字的分布根本不符合本福德定律,舞弊检查人员应对这些结果保持高度的怀疑。供应商4尤其可疑,其发票金额首位数字的分布情况表明,有人可能试图使这些数字看起来是随机的。换句话说,有人试图使每个数字(1—9)出现在发票金额首位的概率相等。

运用本福德定律侦查舞弊的主要优点是实现和使用非常简便且成本较低。而且,由于将该方法应用于本公司的数据库(不是查询随后由内部人员或他人提供的数据),潜在的舞弊嫌疑人不太可能知道检查人员在试图侦查舞弊。如果舞弊者没有意识到有人怀疑而停止实施舞弊,那么他们肯定更容易被抓获。

当然,本福德定律也存在缺点,发现舞弊的概率就相当于用猎枪狩猎一样——当扣动扳机时,总希望能命中要害。回到MBO公司的例子,如果检查人员看到所有供应商发票金额的数字分布都如此完美地符合本福德定律就终止侦查,那么会发生什么样的情况呢?

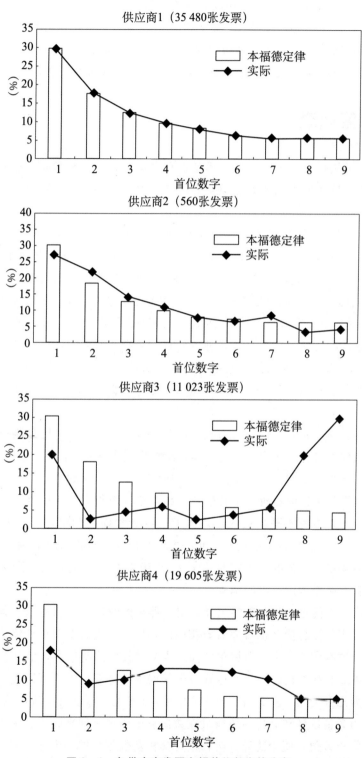

图 6-4 各供应商发票金额首位数字的分布

他们很可能理所当然地得出 MBO 公司没有舞弊的结论。

完全依赖本福德定律还存在另一个不足之处：本福德定律只宽泛地指出舞弊存在的可能性，但不能将可能性限定于一个确切的领域。在根据本福德定律识别出异常情况后，舞弊检查人员还必须进一步证实舞弊是否真的存在，并找出舞弊嫌疑人。

6.6 异常值调查

舞弊调查人员执行的另一个常见分析是识别异常值，也称离群值。通过关注异常值，调查人员可以很容易地识别出不符合规则的个案。本节介绍了一种识别异常值的统计方法，其还有助于了解每个异常值说明了什么问题。

为了说明统计的必要性，我们以一家采购扫帚的清洁公司为例。如果扫帚的采购价格高得异常，那么其价格具体是多少值得进一步调查。如果花 10 美元购买扫帚，那么很少会有调查人员对此展开调查。但如果扫帚价格是 25 美元甚至 100 美元呢？大多数调查人员对采购的物品会感到疑惑，但对是否需要进一步调查可能存在分歧。如果每把扫帚（假设是普通扫帚）价格为 1 500 美元呢？那么几乎所有的调查人员都会认为有必要做进一步调查。

问题的关键是，在判断是否有必要进行调查时会存在明确的数值，难点在于确定一个临界值。此外，数值的分布也会影响判断。例如，如果一个供应商的扫帚价格为每把 25 美元，而所有其他供应商的类似扫帚价格为每把 10 美元，那么调查每把 25 美元扫帚的供应商就很有必要。

统计量 Z 得分是识别异常值最有力且最简单的方法，其主要作用是测量样本的偏离程度，以及识别该样本与总体样本之间的差异。Z 值的计算公式为：

$$Z 值 = （样本值 - 总体均值） \div 总体标准差$$

其中，分子项计算每个数值相对于中心位置（相对于 0 而非均值）的距离，分母项的总体标准差是各数值与总体算术平均数的平均离差。统计学理论预测，68% 的数据的 Z 值在 -1 和 1 之间，95% 的数据的 Z 值在 -2 和 2 之间，99.7% 的数据的 Z 值在 -3 和 3 之间。在现实世界的数据中，个体的 Z 值有时等于 7、9 甚至 12。一般来说，当 Z 值的绝对值大于 2 或 3 时，就有必要做进一步的调查。

如果数据集可以简单地排序以突出异常值，那么此时计算 Z 值的意义何在？例如，一组发票按总价排序与按总价 Z 值排序有着相同的顺序。Z 值的作用在于能让调查人员感知个体偏离中心位置有多远。虽然数据集的描述也能够提供这些信息，但 Z 值是观察数据集的一种简便、可靠和标准化的方法。尽管一个数据集的金额范围为百万美元，另一个数据集的金额范围为几百美元，但 Z 值等于 1、2 和 3 基本上意味着所有数据较为集中。

对异常值的 Z 值统计和分析一般通过在数据表中添加一列来完成。这为调查人员提供了并排的原始值和 Z 值，便于统计分析，这是分析新数据集的一个好开端。

6.7 分层和汇总

分层是将复杂的数据集拆分成若干个数据组。例如，数据库中的列表包含供应商、员工、公司或客户等信息，在总括分析数据表时，数据规律或特点可能不容易察觉。以前面讨论的清洁公司为例，与采购有关的数据集不仅包含扫帚的采购信息，还包含清洁用品、制服和许多其他物品的采购信息。如果扫帚的价格通常是 15 美元，制服的价格是 85 美元，那么计算这两类商品的 Z 值甚至简单的均值是没有多大意义的。在进行数据分析之前，我们必须将数据集分成若干"子表"。在上例中，分层技术将数据分为扫帚表、制服表等。

对有些数据集来说，分层会产生上千个子表。虽然数据集的分层涉及分割表的处理，看起来困难且耗时，但使用 ACL 和 IDEA 之类的分析应用程序可以让处理过程非常简单。

汇总是分层的延伸。汇总不会生成多个子表（每个个体对应一个子表），而是对子表运行一个或多个计算，以生成汇总每个个体的单个记录。回到清洁公司的例子，假设调查人员想知道采购表中每种产品的平均价格，汇总函数将先按产品对数据集进行分层，然后计算每个子表的平均价格，然后得到一个包含两列（产品名称和平均价格）的单独表格。

汇总在不同的应用中采取的形式不同。基本汇总通常会产生一张单一结果的表，每个个体对应一个值。数据透视表（也称交叉表）是二维视图，一个维度中有个体，另一个维度中有计算结果。例如，针对 SQL Server 数据库，通过"SQL GROUP BY"命令执行基本汇总，这些计算仅限于基本统计数据，如均值、计数和标准差等。

> **请记住** >>> 分层和汇总是相似的分析方法，不同之处在于分层为每个分组提供记录细节，而汇总只提供基于总体的统计结果。

6.8 时间趋势分析

通过对价格、数量、成本或其他信息的时间趋势分析，有可能发现舞弊行为。回扣是抬高价格的一个典型诱因，因为这些舞弊当事人通常会变得贪婪：购买的产品越多、价格越高，总金额越大，从骗局中取到的回扣就越多。回扣舞弊会导致仓库中的制服积压，要么尺寸或款式不符，要么质量较差而无法使用。尽管制服供应量过剩，但采购者继续买进越来越多的制服，以增加回扣收入。对数量、价格（以购买金额衡量）或质量（以退货和投诉衡量）进行时间趋势分析有可能揭露这一舞弊行为。

在进行时间趋势分析之前，数据必须按时间标准化。这一数据准备工作在本章前面已有阐述。时间趋势分析的基本技术很简单，即针对每个个体绘制图形。例如，每种产品的价格随时间变化的图表将显示异常增长的产品。这可以在电子表格程序（例如 Excel）或更高级的分析应用程序中完成。

当数据量很大时，需要采用更先进的技术手段。假设前面的清洁公司的采购数据集包含3 000多种产品。很少有调查人员有时间或有能力手工创建和查看这么多图表。时间趋势分析是一种汇总分析技术，它以图形的形式描述某项数据的趋势或规则。通过对时间趋势分析结果进行适当排序，调查人员很快就会知晓图形中的异常部分，进而做进一步调查。

时间趋势分析有高-低图、平均趋势图和博克斯-詹金斯（Box-Jenkins）时间序列分析[①]等多种方法（请读者自行检索这些方法），但最流行的方法是回归分析。在时间趋势回归分析中，因变量是数据集中的某一列变量，自变量是时间（一般是每天、每周或每月）。回归分析广泛应用于多种场景，可以提供斜率和拟合优度。虽然针对个别案件的某一次回归在统计上可能并不显著，但它可以帮助调查人员确定需要进一步调查的领域。

图6-5是来自实际舞弊案件的时间趋势曲线。每个点代表员工一周时间内的总购买量。即使没有完整的上下文作为指引，我们也可以从图中看出一些蹊跷。

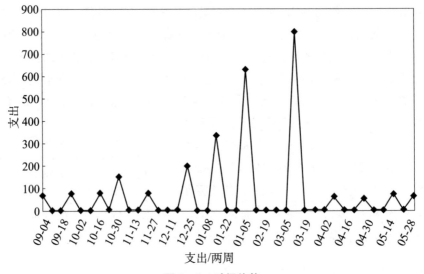

图6-5 时间趋势

第一，注意增长趋势。这可能反映了犯罪嫌疑人的贪婪、需求或成瘾的增加，或已经习惯于这种舞弊伎俩。

第二，很多周没有购买量。这可能是由于嫌疑人在测试系统、每月花费有限额、等待系统清除余额、需要主管批准等；也可能是由于嫌疑人受罪恶感的约束，每次偷钱后他或她会感到内疚，发誓再也不这样做，但随着压力在每次空档期间的减弱，他或她就会实施一次新的购买行为。在进行时间趋势分析时，一般忽略零值或低值，它们不在计算范围内。

第三，舞弊发生时间为12月至次年3月，在此时段两侧的其他时段舞弊行为相对较

---

① 博克斯-詹金斯方法是一种重要的时间序列分析技术，由美国统计学家 George E. P. Box 和 Gwilym M. Jenkins 在1970年提出。这是一种自回归移动平均（ARIMA）模型的建模和预测方法，可用于建立不同类型（包括季节性、趋势性和周期性等）的时间序列模型。

少发生。舞弊通常很少在调查期开始时发生、在调查期结束时停止。然而,采用数据驱动方法的调查人员一般会确定一个审计周期,如 6 个月、1 年等。哪个舞弊当事人在策划舞弊时会选定在确切的调查期内开始和结束而让调查人员轻松地发现舞弊?当感知到的压力、机会和合理化行为三者结合在一起时,舞弊就开始发生了。遗憾的是,舞弊通常会一直持续到被抓住或舞弊者转移到另一个职位。就像上瘾一般,许多舞弊者发现自己对从舞弊中得到的东西永远不会觉得满足。在许多情况下,来自舞弊的钱财会助长舞弊者对舞弊行为的成瘾性。尽管审计可能只持续一段时间,但调查人员必须考虑舞弊可能持续长达两年之久。当然,舞弊也可能只持续几个月,如图 6-5 所示,针对全年的趋势进行回归分析的结果对揭示舞弊发生期的作用不大。调查人员在分析这种情况的时间趋势时务必格外小心谨慎。

6.9 模糊匹配

舞弊调查的另一种常见技术是文本值的模糊匹配,即在数据库中执行搜索,找到与某些文本或条目接近 100% 匹配度的值。这种技术的典型用途是匹配员工和供应商的地址、邮政编码、电话号码或其他个人信息。一些员工在虚构成立一家公司时,会使用家庭地址作为公司地址。另一种常见的舞弊手段是虚构公司时使用类似现有公司的名称。如果 ABC Inc. 是一个真实的供应商,那么伪造的 ABC Corp. 的发票就不太会引人怀疑。例如,某公司员工通过虚构供应商(如 A&TT,名称类似真实供应商 AT&T)贪污了几十万甚至几百万美元后才被逮捕。这类舞弊看起来非常简单,但相当普遍,有时最简单的分析也会得到意想不到的结果。

虽然像这样错综复杂的关系看起来很简单,但要识别和发现它们实际上很难。主要原因是个人数据包含太多的不一致的描述方式,一些文本值也会有较多的变化。例如,假设犯罪人的地址是 925 South 700 East,Jackson,New Jersey 00035-4658。

以下是造假地址的书写方式:
925 S. 700 East,Jackson,New Jersey 00035-4658;
925 So. 700 East,Jackson,New Jersey 00035-4658;
925 So. 700 E.,Jackson,New Jersey 00035-4658;
925 S. 700 E.,Jackson,New Jersey 00035-4658;
925 South 700 E.,Jackson,New Jersey 00035-4658;
将上述的所有地址中的 New Jersey 改成 N.J.;
将上述的所有地址中的 New Jersey 改成 NJ;
将上述的所有地址中的 00035-4658 改成 00035;
其他变形。
匹配这些地址需要使用模糊匹配算法,最常用的是 Soundex 算法。
Soundex 是一种语音算法,它利用英文字母的读音计算近似值。Soundex 分值由四个字符构成，第一个字符为英文字母，后三个字符为数字。例如，"Maple"和"Mable"都有"M140"的Soundex分值，这表明它们听起来非常相似。实际的Soundex分值（如M140）是不重要的，重点是产生相同分值的单词或文本。通过计算并匹配地址或名称的Soundex分值，可以实现相关文本近似100%的匹配。

Soundex也存在一定的局限性。首先，每个字母的传统评分是针对英语的，许多应用程序不允许对汉语、西班牙语或其他语种重新设置评分。其次，Soundex算法忽略元音，只对辅音进行评分。最后，数字（比如地址中的数字）会对评分造成严重干扰。

另一种更强大的模糊匹配技术是n元模型（n-grams）。它通过比较两个单词中的字母序列，从而得到0—100%的匹配分值。例如，"Maple"有三个n元模型，即"Map" "apl"和"ple"。这种技术通过将每个单词分解为n元模型并比较匹配n元模型的数量来实现。如果两个单词在可能的12个匹配词中有3个匹配的n元模型，则匹配分值为25%。

n元模型在较大（通常超过20个字符）的序列中通常更合适。由于匹配的数量与每个单词分值呈指数关系，因此n元模型匹配可能耗费较长的时间。虽然中间数据库/表可以大大加快进程，但这种技术可能比Soundex等方法更复杂。尽管存在这些限制，但n元模型技术仍被视作首选，因为其评分非常直观且效果更好。当匹配分值大于或等于20%时，通常表示被比较的两个单词非常相似。

下面以拉斯维加斯系统研究与开发（SRD）公司为例说明模糊匹配。SRD公司的技术人员找出了被人质疑的个人和公司之间的非正常关系。他们根据员工数据库提供的关于住所、银行账户、电话号码和附属机构的信息与相关系统提供的信息不一致，可以确定犯罪活动或可疑关系，例如主管与直接下属有相同的家庭地址。

SRD公司运用模糊匹配方法快速搜索大量的数据源，用于确定组织内部的关系，从而：(1) 发现员工和供应商之间的潜在合谋；(2) 确定员工和客户之间的可疑关系；(3) 确定公司重复索赔的管理风险；(4) 搜寻与已知犯罪分子勾结的员工或客户。令人欣慰的是，这种技术的运行速度非常快，且几乎可以在任何环境下使用。例如，只需数秒时间，在航空公司柜台办理登机手续或购买机票的人就可以被识别出是否属于恐怖分子名单上的人，在商场购物的人就可以被识别出是否为开空头支票的人，在赌场下注的人就可以被认定是否为之前出老千被抓的人，申请驾照的人就可以被认定是否为欠缴子女抚养费的人，或者向你女儿求婚的人就可以被识别出是否有犯罪记录，等等。例如，SRD公司实施的三个案例有如下发现。

案例1：对一家拥有80多万名员工的大型消费品分销商的数据进行分析，结果显示564名员工与供应商或罪犯有关联，其中26名员工本身实际上就是供应商。

案例2：在拉斯维加斯一家大型度假胜地进行的合谋测试中，对超过2万名员工（包括现职和离职）、所有供应商、客户、内部逮捕及已知有问题的人员进行分析，发现24名活跃的客户是罪犯，192名员工可能与供应商有串谋，7名员工实际上是供应商。

案例3：对一个政府组织的大约1万名员工、7.5万名供应商和5万名已知有问题的人员进行分析，结果发现140名员工与供应商有串谋，1 451名供应商与安保问题有关联，253名员工与安保问题有关联，2名供应商造成安保问题，还有一些员工存在安保问题或者他们本身就是供应商。

6.10 实时分析

数据驱动的调查是发现舞弊的最有力的方法之一。它通常在调查期间或定期的审计期间执行，也可以直接集成到现有系统中对交易进行实时分析。

实时分析与传统会计控制的相似之处在于两者均在交易发生时同步工作，不同之处在于实时分析专注于每一笔交易是否存在舞弊（而不是准确性或其他属性）。实时分析需要不断地完善和更新指标，因为一旦指标被硬编码到现有系统中，它们很快就会过时或被规避。如果系统允许实时修改指标、删除效率低下的指标和添加新指标而无须重新编程，那么发现舞弊的概率是最大的。

为了更好地理解定期分析和实时分析的区别，我们来看下面这个例子。某家公司构造了多个运营监测指标，每个周末根据本周的相关数据计算指标值。公司的舞弊监测系统内置一个应用程序自动统计每个指标，并将结果汇编成PDF文档，然后在周一早晨上班前将结果通过电子邮件发送给安保总监，以便安保总监上班后能够快速浏览汇编文档，找出需要进一步调查的交易。

展示多个指标结果的一种方法是使用Matosas矩阵图表，如表6-2所示。矩阵列出了供应商投标的每个合同的相关记录，矩阵中的每列表示系统监测的一个指标。Matosas矩阵作为一种数据透视图，可以通过分析指标命中率来判断哪些合同有必要做进一步调查。它能够让调查人员将不同指标与不同方案结合起来。虽然表6-2所示的矩阵仅包含4个指标列，但现实中的矩阵可能包含50或100个指标列。

表6-2 合同投标的Matosas矩阵示例

合同编号	中标供应商	警示信号数	投标失败	品牌名称	最终中标者	顺序投标保函编号
100221	Direct公司	1	0%	70%	0%	0%
523332	Satyoo公司	2	0%	68%	0%	100%
351223	Dani公司	1	0%	72%	0%	0%
387543	Vnder公司	3	0%	70%	100%	100%

例如，"品牌名称"列计算了每份合同中需要品牌名称产品而非通用产品的百分比。在合同中指定特定品牌是一种常见的采购舞弊手段，采购人员在合同中填写某个供应商特有的品牌产品，以确保该供应商在采购竞标中获胜，而其他供应商无法满足合同要求，这样除目标供应商外，其他供应商均拒绝投标或被视为投标无响应。

纵向观察 Matosas 矩阵有助于调查人员不断改进指标集。例如，示例中的"投标失败"列指标意味着未命中投标的概率，可能需要细化以产生更好的效果；再如"品牌名称"列可能需要删除或修改，因为该指标过于笼统。类似"最终中标者"这样的指标似乎表现不错，因为它们在合同之间有很好的区分度。

6.11　分析会计报表

以上章节讨论的分析方法可用于不同类型的数据库，如采购、发票、考勤卡、设备使用或其他数据集。这些方法既可用于全样本分析，也可用于分析某类详细记录。针对具有高度概括性的会计报表进行数据驱动分析也是非常必要的，外部审计人员经常使用这一方法。本节主要探讨针对会计报表舞弊的数据驱动分析方法。

会计报表是会计循环的最终产品，它记录了一个组织的经济和会计交易的过程与结果，可被视为对某一特定时期内发生的所有交易活动的总结。

舞弊可能在整个会计处理过程中的任意时点发生——与交易相关的原始凭证、基于原始凭证的日记账分录、总分类账（日记账分录的汇总）以及最终生成的会计报表（以特定格式汇总的总分类账）。然而，除非舞弊金额巨大，否则它可能不会对汇总的会计报表产生重大影响，以至于难以侦查出。涉案金额较小的舞弊一般通过关注原始凭证或其他迹象来发现。

为了通过分析会计报表侦查舞弊行为，调查人员应将重点放在报表中那些无法解释的变化上。例如，在大多数公司，很少有客户在购买产品时支付现金；相反，他们通常按月用支票付款。因此，如果应收账款（客户欠公司的债务）没有增加，那么相应地，营业收入通常也不会增加。同样，收入的增加应伴随着销售商品成本的增加，存货采购的增加应伴随着应付账款的增加。此外，如果库存商品没有大幅增加，那么存货采购和应付账款也应保持不变。在任何情况下，无法解释的会计报表账户金额变化都必然成为关注的焦点。

要了解会计报表的变化是如何发出舞弊信号的，有必要理解三张主要会计报表的性质。大多数企业必须定期公布资产负债表、利润表和现金流量表。资产负债表是时点报表，它显示一家企业在特定时间点的资产、负债和所有者权益的余额状况（就像"快照"）。例如，2018 年 12 月 31 日编制的资产负债表仅仅反映了企业在当日拥有的财产和承担的债务。2019 年 1 月 3 日（三天后）编制的资产负债表可能显示了截然不同的数据。由于资产负债表是截至特定日期的时点报表，因此必须将其转换为变动性报表（比较报表），然后才能用于侦查舞弊。最后，对这些变化进行分析，以确定它们是否有意义或者是否代表应调查的舞弊迹象。

利润表反映一家企业一段时间内的利润、费用和收入状况。例如，2018 年度的利润表反映的是 2018 年 1 月至 12 月的利润、费用和收入。尽管利润表是表示一段时间而不是特定日期的报表，但它也不是变动性报表。与资产负债表一样，它也必须转换为变动性报表，才能作为侦查舞弊的有效工具。

资产负债表和利润表可以通过四种方式转换为变动性报表：（1）比较报表中的项目在相邻两个会计期间的余额；（2）计算关键比率并对其进行期间比较；（3）进行纵向分析；（4）进行横向分析。第一种方式比较报表中项目从一个期间到下一个期间的数值。例如，将一个时期的应收账款余额与下一个时期的应收账款余额进行比较，根据其他关联数据的变化判断应收账款变动是否与预期方向一致及其变动幅度是否合理。然而，由于会计报表的金额往往很大，难以比较，因此难以据此评估变动程度。

在运用第二种方式（计算关键比率，将资产负债表和利润表转换为比较报表）时，检查人员要计算关键财务报表比率值，并比较这些比率在不同期间的变化。例如，速动比率（也叫酸性测试比率）和流动比率用于评估公司的流动性；应收账款周转率和存货周转率用于评估公司的运营效率；债务股本比和利息保障倍数用于评估公司的偿付能力；利润率、资产回报率、权益回报率和每股收益用于评估公司的盈利能力。通过分析这些比率，可以看出企业的流动性、运营效率、偿付能力和盈利能力的变化是否符合预期，不合理的比率变化有可能是管理人员舞弊行为的结果。

通过财务比率值（相对值）来侦查舞弊比评估会计报表各项目数值本身（绝对值）的变化要容易得多。财务比率通常数值较小且容易理解，它能够反映关键变量的敏感性程度。此外，大多数常用财务比率的衡量标准众所周知，例如银行的资产负债率一般要求低于70%，银行的流动比率一般要求大于等于2。可用于侦查舞弊的常见财务比率及其计算公式如表6-3所示。

表6-3 常用财务比率的计算公式

财务比率	计算公式
1. 流动比率	＝流动资产÷流动负债
2. 速动比率（酸性测试比率）	＝（现金＋应收账款）÷流动负债
3. 应收账款周转率	＝销售收入÷平均应收账款
4. 应收账款周转天数	＝365÷应收账款周转率
5. 应收账款率	＝应收账款÷总资产
6. 坏账率	＝坏账费用÷平均应收账款或销售收入
7. 存货周转率	＝已售商品成本÷平均库存商品
8. 存货周转天数	＝365÷存货周转率
9. 已售商品成本率	＝已售商品成本÷销售收入
10. 库存率	＝库存商品÷总资产
11. 固定资产周转率	＝销售收入÷平均固定资产
12. 固定资产率	＝固定资产÷总资产
13. 销售退回率	＝销售退回÷销售收入
14. 债务股本比（杠杆率）	＝总负债÷股东权益

续表

财务比率	计算公式
15. 负债率	＝总负债÷总资产
16. 利润率	＝净利润÷销售收入净额
17. 每股收益	＝净利润÷总股数

第三种方式（使用纵向分析将资产负债表和利润表转换为比较报表）是将会计报表各项目的金额数值转换为百分比。对于资产负债表来说，先将总资产设定为100%，其他项目表示为其余额占总资产百分比的形式。资产负债表纵向分析的一个简单例子如表6-4所示。

表6-4 资产负债表的纵向分析

项目	2018年12月31日		2017年12月31日	
	金额（美元）	占比（%）	金额（美元）	占比（%）
现金	64 000	8	50 000	5
应收账款	96 000	12	100 000	10
库存商品	160 000	20	200 000	20
固定资产	480 000	60	650 000	65
总资产	800 000	100	1 000 000	100
应付账款	16 000	2	70 000	7
应付抵押贷款	80 000	10	120 000	12
应付债券	160 000	20	200 000	20
普通股	400 000	50	400 000	40
留存收益	144 000	18	210 000	21
负债及所有者权益总计	800 000	100	1 000 000	100

纵向分析是一种非常有用的舞弊侦查技术，因为百分比很容易理解。当花费1美元或1美元的一部分时，我们知道它代表的含义。如果全部花光，我们就知道已经支出百分之百。同样，在学校里，当考试得分为70%或80%或90%时，每个人都明白这些分数中哪些是好的、哪些是差的，百分比代表着什么。复杂的会计报表余额的变化可以很容易地通过将金额转换为百分比进行分析和评价。例如，在理解已售商品成本从48%增加到62%时，要比理解已售商品成本从862 000美元变化到1 034 400美元容易得多。

当使用纵向分析来理解利润表余额的变化时，销售额被设定为100%，其他项目以其金额占销售额百分比的形式来表示。通过纵向分析方法将利润表由金额形式转换为百分比形式的一个简单例子如表6-5所示。

表 6-5 利润表的纵向分析

项目	2018 年		2017 年	
	金额（美元）	占比（%）	金额（美元）	占比（%）
销售额	1 000 000	100	800 000	100
销售成本	600 000	60	400 000	50
毛利	<u>400 000</u>	<u>40</u>	<u>400 000</u>	<u>50</u>
费用：				
销售费用	150 000	15	120 000	15
管理费用	100 000	10	88 000	11
	250 000	25	208 000	26
税前利润	150 000	15	192 000	24
所得税	60 000	6	80 000	10
净利润	<u>90 000</u>	<u>9</u>	<u>112 000</u>	<u>14</u>

在上例中，销售成本从第 1 年（2017 年）占销售额的 50% 增加到第 2 年（2018 年）占销售额的 60%。这一变动能够得到合理解释吗？为什么销售成本的增幅会超过销售额的增幅？可能的解释包括：(1) 存货成本比销售价格上升得快；(2) 存货被盗；(3) 会计记录不正确。分析人员很容易就可以确定哪些（或其他）因素导致这种不寻常的变化。

第四种方式是运用横向分析将资产负债表和利润表转换为比较报表。横向分析类似于纵向分析，因为它也是将会计报表各项目的金额转换为百分比形式予以表示。然而，横向分析不是计算会计报表各项目的金额占总资产或销售额的百分比，而是计算资产负债表和利润表中各项目的金额从一个时期到下一个时期的变动百分比（变化率）。资产负债表和利润表的简单横向分析如表 6-6 所示。

表 6-6 资产负债表和利润表的横向分析

项目	2018 年（美元）	2017 年（美元）	变动量（美元）	变动率（%）
现金	64 000	50 000	14 000	28
应收账款	96 000	100 000	−4 000	−4
库存商品	160 000	200 000	−40 000	−20
固定资产	480 000	650 000	−170 000	−26
总资产	<u>800 000</u>	<u>1 000 000</u>	<u>−200 000</u>	<u>−20</u>
应付账款	16 000	70 000	−54 000	−77
应付抵押贷款	80 000	120 000	−40 000	−33
应付债券	160 000	200 000	−40 000	−20
普通股	400 000	400 000	0	0
留存收益	144 000	210 000	−66 000	−31
负债及所有者权益总计	<u>800 000</u>	<u>1 000 000</u>	<u>−200 000</u>	<u>−20</u>

续表

项目	2018年(美元)	2017年(美元)	变动量(美元)	变动率(%)
销售额	1 000 000	800 000	200 000	25
销售成本	600 000	400 000	200 000	50
毛利	400 000	400 000	0	0
费用:				
销售费用	150 000	120 000	30 000	25
管理费用	100 000	88 000	12 000	14
	250 000	208 000	42 000	20
税前利润	150 000	192 000	−42 000	−22
所得税	60 000	80 000	−20 000	−25
净利润	90 000	112 000	−22 000	−20

横向分析是聚焦会计报表项目余额变动最直接的方法。通过纵向分析,会计报表被转换成更容易理解的数值,然后进行不同时期的比较;通过横向分析,将不同时期的金额变动量转换为百分比(变动量÷前一年金额=变动率)。为了举例说明纵向分析和横向分析的作用,可参考某专家证人对ESM政府证券公司舞弊案的描述。

ESM政府证券公司舞弊案

我接到一个律师的电话,他请我担任一起重大舞弊案的专家证人。案件主角是ESM政府证券公司,该公司近期屡屡见诸报端。律师说,他辩护的那家大型会计师事务所因审计疏忽而被保险公司的审计委员会起诉,索赔约3亿美元。这起诉讼与会计师事务所对被审计单位投资于ESM政府证券的储蓄和贷款的审计有关。为了帮会计师事务所辩护,律师尝试了解舞弊的性质和程度,并希望就委托人(会计师事务所)在执行审计过程中是否存在过失形成独立意见。

律师请我帮助他分析会计报表以确定是否存在舞弊,若存在舞弊则可能发生在哪些账户。我使用了横向分析和纵向分析,转换后的会计报表如表6-7和表6-8所示。

根据上述会计报表分析,我得出三个结论:第一,若存在舞弊,则必然在"协议售后回购证券"(回购)或"协议转售证券"(反向回购)这两个账户中。我对这两个账户都不太熟悉,但只有它们的金额足够隐藏大规模舞弊。第二,我很好奇为什么这两个账户在4年中的3年里会有相同的余额。当我被告知这些账户实际上只是公司的应付账款和应收账款后,我更加担忧了。一家公司的应收账款余额即使在一年内也不应完全等于应付账款余额,更不用说连续三年了,这是完全没有道理的。第三,会计报表中的数字是随机跳跃的,每年都有很大的变化,某些变化方向甚至是相反的。然而,在一家业务相对稳定的公司里,只有微小且一致的变化才是常态。

我打电话给律师告知我的结论,并指出我不能确定会计报表是否存在舞弊,但有以上三个非常重要的警示信号。我还强调,如果存在舞弊行为,那么不是发生在"协议售后回购证券"(回购)账户中,就是发生在"协议转售证券"(反向回购)账户中。基于以上分析,我成为该案件的专家证人,但我并没有出庭作证,因为案件最后以不到500万美元的赔偿达成庭外和解。

表6-7 ESM政府证券公司会计报表的横向分析 单位:%

项目	第1—2年	第2—3年	第3—4年
资产:			
库存现金	1 684	−40	−67
银行存款	0	0	0
应收账款——经销商	−91	1 706	102
应收账款——客户	19.5	−48	−23
协议售后回购证券	−3	−44	205
应计利息	0	190	487
买入未售出证券	829	13	120
总资产	7.5	−38	183
负债及所有者权益:			
短期银行贷款	898	40	14
应付账款——经销商	−72	658	33
应付账款——客户	50	−64	158
协议转售证券	−3	−44	232
应付账款和应计费用	192	−100	55
应付账款——母公司和附属公司	279	−25	−4
普通股	0	0	0
补缴资本	0	0	0
留存收益	127	113	21

会计报表舞弊的例子比比皆是。这些舞弊有些是常规审计技术难以发现的,但可以运用横向分析或纵向分析来侦查。在某些情况下,无法解释的变化显而易见;而在另一些情况下,它们难以被察觉。遗憾的是,企业高管经常仅将比率、横向分析和纵向分析当作评价组织绩效的工具,却很少将其用于侦查舞弊。相比之下,审计人员更应综合运用此类分析方法,当发现会计报表中项目余额异常时,他们还必须与企业高管和持怀疑态度人员共同努力寻找答案。

表6-8 ESM政府证券公司会计报表的纵向分析

项目	第1年 金额(美元)	第1年 占比(%)	第2年 金额(美元)	第2年 占比(%)	第3年 金额(美元)	第3年 占比(%)	第4年 金额(美元)	第4年 占比(%)
资产:								
库存现金	99 000	0.000	1 767 000	0.001	1 046 000	0.001	339 000	0.000
银行存款	25 000	0.000	25 000	0.000	25 000	0.000	25 000	0.000
应收账款——经销商	725 000	0.000	60 000	0.000	1 084 000	0.001	2 192 000	0.001
应收账款——客户	33 883 000	0.024	40 523 000	0.027	21 073 000	0.022	16 163 000	0.006
协议售后回购证券	1 367 986 000	0.963	1 323 340 000	0.867	738 924 000	0.781	2 252 555 000	0.840
应计利息	433 000	0.000	433 000	0.000	1 257 000	0.001	7 375 000	0.003
买入未售出证券	17 380 000	0.010	161 484 000	0.106	182 674 000	0.193	402 004 000	0.150
总资产	1 420 531 000		1 527 632 000		946 083 000		2 680 653 000	
负债及所有者权益:								
短期银行贷款	5 734 000	0.005	57 282 000	0.037	80 350 000	0.085	91 382 000	0.034
应付账款——经销商	1 721 000	0.001	478 000	0.000	3 624 000	0.004	5 815 000	0.000
应付账款——客户	2 703 000	0.002	4 047 000	0.003	1 426 000	0.002	3 683 000	0.000
协议转售证券	1 367 986 000	0.963	1 323 340 000	0.867	738 924 000	0.781	2 457 555 000	0.917
应付账款和应计费用	272 000	0.000	796 000	0.000	591 000	0.001	1 377 000	0.000
应付账款——母公司和附属公司	33 588 000	0.020	127 604 000	0.084	95 861 000	0.101	92 183 000	0.014
普通股	1 000	0.000	1 000	0.000	1 000	0.000	1 000	0.000
补缴资本	4 160 000	0.040	4 160 000	0.003	4 160 000	0.004	4 160 000	0.000
留存收益	4 366 000	0.040	9 924 000	0.006	21 146 000	0.022	24 497 000	0.010
负债及所有者权益总计	1 420 531 000		1 527 632 000		946 083 000		2 680 653 000	

作为第三张会计报表的现金流量表本身就是变动报表，不需要再进行转换。现金流量表反映了企业一段时间内的现金流入和现金流出，其结构如图6-6所示。

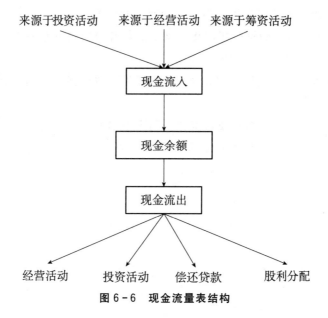

图6-6 现金流量表结构

现金流量表中不符合预期的增加或减少都可能是舞弊的警示信号，有必要做进一步调查。现金流量表关注的是现金流量的变动，可以通过分析现金流量表来回答以下问题：

- 现金流量的增长是否符合预期？
- 为什么应收账款会增加（减少）？
- 为什么库存商品会增加（减少）？
- 为什么应付账款会增加（减少）？
- 当原材料减少时，为什么应付账款会增加？
- 为什么要出售（购置）固定资产？
- 用于支付股利的现金来自何处？

■ 重点内容回顾

- **描述数据驱动的舞弊侦查的重要性，包括会计异常和舞弊的区别。** 抽样是发现审计期间账户异常的有效方法，但对侦查舞弊的作用有限。
- **解释数据分析流程的步骤。** 数据驱动的数据分析步骤为：（1）了解业务；（2）确认可能存在的舞弊；（3）列举可能的舞弊迹象；（4）搜索迹象；（5）分析搜索结果；（6）进一步调查迹象。
- **熟悉常用的数据分析软件。** ACL、IDEA及ActiveData等数据分析软件为数据驱动方法提供了工具和技术。

- **了解数据访问的原则，包括开放式数据库链接（ODBC）、文本导入和数据库。**大多数企业的数据库中都有大量的电子数据，可以通过 ODBC 和文本导入进行访问与分析。数据库为舞弊分析所使用的数据提供了高效的中间存储位置。
- **执行舞弊侦查的基本数据分析流程。**基本的舞弊分析技术包括数字分析、异常值分析、分层和汇总、时间趋势分析和模糊匹配。
- **解读并分析 Matosas 矩阵。**Matosas 矩阵提供了舞弊指标分析结果以及指标有效性的综合视图。
- **了解如何通过分析会计报表侦查舞弊。**利用不同财务比率对会计报表进行横向分析和纵向分析，可以发现财务数据中隐藏的问题和异常。

第Ⅳ部分 舞弊调查

第7章　盗窃行为调查 / 179

第8章　掩盖行为调查 / 199

第9章　转移行为调查 / 215

第10章　讯问方法和舞弊报告 / 231

第 7 章

盗窃行为调查

寄 语

通过本章的学习,你可以掌握多种舞弊调查方法,包括监视和秘密调查、监控与搜索计算机。在学习过程中,你应当思考每种方法适用的领域,并结合自己的情况考虑需要掌握哪些调查方法。

学习目标

在学习本章之后,你应该能够:
- 了解各种舞弊调查方法,以及何时使用每种方法;
- 讨论盗窃调查方法,以及如何使用它们来调查可疑舞弊;
- 了解如何使用弱点分析表协助调查;
- 描述监视和秘密调查的性质;
- 了解监控在舞弊调查中的有效性;
- 解释在舞弊调查中如何获取并运用实物证据(物证);
- 了解如何从手机、硬盘驱动器、电子邮件、社交网站和其他来源获取与分析电子信息。

现实的教训

2001年8月，麦当劳推出的兑奖游戏被曝存在舞弊。后来被证实，代表麦当劳运营"大富翁"游戏的西蒙营销公司对这起舞弊负有责任。据称，西蒙营销公司在促销期间骗取了麦当劳价值1 300万美元的奖金。

在佐治亚州劳伦斯维尔市的摩天大楼里，杰尔姆·雅各布森（Jerome Jacobson）花了近六年时间策划了有史以来最大的促销活动。身为西蒙营销公司游戏安全部的经理，现年58岁的雅各布森的工作就是周游全美，在各地麦当劳餐厅的软饮杯和薯条盒等物品上随机贴即开奖券，或在杂志和报纸中随机塞进即开奖券。然而，联邦调查局表示，雅各布森蓄意安排了整个兑奖过程。他设计了舞弊方案，侵吞有奖奖券，然后把它们卖给预先安排好的赢家，从每个百万大奖得主身上获得回扣。具体来说，雅各布森从13名100万美元奖金得主身上获得至少5万美元/人。在政府的长篇报告中，雅各布森被描述为一个狡猾的幕后操控者和舞弊头目，并从获奖人处获得回扣。雅各布森收买了至少2个同谋者，而这2人又收买了其他一批人。

作为协议回扣的交换条件，"获奖者"得到奖券和奖金。雅各布森还详细告诉他们如何掩饰自己的真实身份，以及怎样向麦当劳描述自己是在何时何地以何种方式获得奖券的。

根据联邦调查人员的调查，至少有17人以这种不正当手段获得了奖金。除13人获得百万美元大奖外，另有1人获得价值6万美元的1996年款灵蛇车，其他人则获得10万美元或20万美元的现金。

如果不是知情人将内情报告给联邦调查局，这一起由雅各布森策划的阴谋就可能还将继续下去。经法庭许可，联邦调查局对雅各布森及其同伙进行电话窃听和跟踪。与此同时，麦当劳也暂停发放奖金以协助联邦调查局调查取证。①

在前面的章节中，我们介绍了舞弊的防范和侦查。与舞弊行为的调查方法稍有不同，本章专门介绍盗窃行为的调查方法。图7-1列示了舞弊三角＋询问/讯问②法等调查方法。这是一个综合的调查模型，包括四种不同的调查方法：盗窃调查方法、掩盖调查方法、转移调查方法和询问/讯问调查方法。为满足特定的需要，虽然舞弊调查程序以各自独特的方式进行，但大多数调查均包含上述四种方法的某些要素。本章和后面几章将分别介绍这些方法。

---

① Gary Strauss, "Informant Key to Unlocking Scam Behind Golden Arche," USA Today (2001/8/24).
② "讯问"是法律用语，指用法律许可的方法审问犯罪嫌疑人；"询问"指针对一般性对象的访谈。

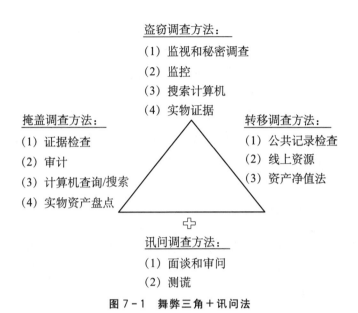

图 7-1 舞弊三角＋讯问法

7.1 调查时间的确定

在讨论舞弊案件应该收集的具体证据类型之前，我们应该先了解在决定是否调查时需要考虑的因素。正如我们前面所讨论的，舞弊调查只在舞弊的症状或迹象（警示信号）出现的情况下才会进行。这些警示信号的出现可能是因为有人提供了舞弊发生的迹象或线索（如暗示或投诉），或者可能来自对舞弊情况的主动搜索。一旦有了迹象，我们就必须决定是否进行调查。这个决定通常由审计人员、安保人员、人力资源管理者、律师甚至执法人员做出。如果你想从事法务会计工作，那么你很可能会成为做出这个决定的关键人物。在决定是否进行调查时需要考虑如下因素：(1) 迹象的感知强度，即它看起来是否真实；(2) 调查的预期成本；(3) 暴露或可能暴露的程度；(4) 是否调查向组织内部和外部其他人传递的信号；(5) 是否调查的风险；(6) 因调查或不调查而引起的公开曝光或名誉损失；(7) 可能存在的舞弊的性质。

例如，根据最新的法律规定，对首席执行官的舞弊行为不进行充分调查的风险，比对较低层级员工舞弊行为不进行调查的风险要高得多。风险差异主要来自以下几个原因：(1) 首席执行官的舞弊行为通常比低层级员工的舞弊行为更加严重；(2) 首席执行官的舞弊行为会影响企业的财务报表；(3) 首席执行官的行为容易带坏企业风气，使得下级员工跟风效仿。

通常来说，一旦有了迹象，最好的应对政策就是对潜在舞弊进行调查，以确定舞弊的实施者、舞弊产生的原因、如何进行舞弊以及舞弊带来多少问题，有时观察到的或引起怀疑的只是冰山一角，对迹象的调查还可能会冤枉舞弊嫌疑人。正如前面我们讨论过的，由于大多数舞弊的涉案金额随着时间的推移呈几何级数增长，因此最好的调查时机是在舞弊规模相对较小的时候，而非等到某个部门破产或给某个组织带来严重后果的时候。

一旦决定进行调查，调查人员就必须决定使用什么方法来收集证据。在决定使用何种方法时，优秀的调查人员会聚焦于对特定舞弊最有力的证据类型。比如，存货舞弊中通常包括转移被盗物品,因此调查人员会采用盗窃调查方法来寻找实物证据。对于工薪舞弊,比如超额加班费和"假"职工,将调查重点集中于掩盖则是上策。因为工薪舞弊中通常包括擅自篡改记录(即掩盖行为),其书面证据通常很容易被发现。然而,在涉及串通和收受回扣的舞弊中,尽管购货记录偶尔会显示价格上升或某个供应商的供货数量增加,但书面证据往往是不存在的,因此掩盖调查方法通常不适用于回扣舞弊案。针对此类舞弊,调查人员通常使用盗窃调查方法,如跟踪或窃听(例如前述麦当劳案),或者从公共记录或其他来源中收集转移证据以证明犯罪者的生活水平超过其收入所能承受的范围。询问/讯问法在所有类型的舞弊调查中均能发挥有效作用。

在调查过程中,保持客观非常重要。一方面,调查人员应当以专业的怀疑态度看待案件中的人和证据,试着揣摩言外之意,看看是否可能存在证据遗漏;另一方面,无须对案件中遇到的任何人和事均持怀疑态度。一名专业的舞弊调查人员应该在这两者中努力实现平衡,并在这种平衡中发挥良好的判断力。调查人员对调查结果负有保密义务,应该只与有必要知道内情的人分享调查发现。

7.2 启动调查

盗窃调查方法是指直接调查舞弊的行为,包括监视和秘密调查、监控、获取实物证据和收集电子证据等。经验丰富的舞弊调查人员在调查的初始阶段会比较谨慎,以防止引起怀疑,更重要的是避免牵涉无辜人员。因此,初始调查涉及的人较少,且避讳使用"调查"之类的词语,冠以"审计"和"询问/讯问"足矣。初始调查应该选用一些不会被视作正在进行调查的方法。随着调查工作的逐步展开,调查目标会逐渐指向犯罪嫌疑人,直到最后与其当面对质。图7-2形象地描绘了这一过程。

图7-2 盗窃行为调查示范

假设正在调查一个涉嫌收受回扣的采购员，你可以采取以下八个步骤：

第一步，检查私人记录，寻找显示其资产抵押及其他财务困境的证据；

第二步，实施"特殊审计"，检查价格的变化趋势以及从各个供应商那里购货数量的变化；

第三步，搜索嫌疑人的电子邮件和其他电子记录，以获取其与外部供应商来往的电子记录或其他与回扣有关的记录。

第四步，收集公共记录和其他信息，以了解嫌疑人的生活方式；

第五步，进行监视和秘密调查；

第六步，当面询问前任采购员和交易未成功的供应商；

第七步，当面询问现任采购员和嫌疑人的上级管理者（前提是上级管理者未被怀疑与嫌疑人合谋）；

第八步，同时询问/讯问涉嫌舞弊的采购员及供应商。

以上某些步骤在执行时不会引起怀疑。比如，在常规审计期间，安保人员、审计人员和舞弊调查人员也会检查私人记录。同样，检查购货记录和公共记录也不会引起怀疑，因为这些是常规的审计程序，并且可以场外执行。电子邮件、文件的搜索可以在公司服务器、而非嫌疑人的个人电脑上进行，硬盘中的信息可以在集中备份中搜索。若嫌疑人办公电脑的硬盘可以形成镜像文件，则可以在晚上员工不在岗时搜索。

成功的跟踪也不会引起嫌疑人的怀疑。嫌疑人只有在被当面质问时，才可能意识到自己正在被调查。即便如此，面谈程序通常从与嫌疑人无关的人开始，最后才审问嫌疑人。这种迂回的方式可以避免打草惊蛇，而且可以避免给其他员工带来不必要的压力。因为若案件曝光，则证据和当事人往往有办法"消失"。此外，这种方法还可以保护被调查对象，因为调查过程可能显示其无罪。

> **想一想** >>> 为什么先进行不引起怀疑的调查活动，而在调查接近尾声的时候讯问嫌疑人很重要？如果不这样做，会发生什么？

7.3 编制弱点分析表

在舞弊调查的初始阶段，调查人员需要对可能发生的舞弊行为、可能的舞弊者、舞弊动机以及舞弊涉及的金额提出假设。提出假设的一种方法就是编制弱点分析表。弱点分析表整理归纳了潜在舞弊包含的各种因素：（1）被盗用或丢失的资产；（2）有机会实施舞弊的人员；（3）盗窃调查方法；（4）掩盖的可能性；（5）转移的可能性；（6）可观察的警示迹象；（7）嫌疑人承受的压力；（8）舞弊的合理化因素；（9）关键的内部控制措施。例如，弱点分析表列示了银行客户存款丢失的舞弊调查中应当关注的因素（见表7-1）。

表 7-1 弱点分析表示例

什么被盗了？	谁有机会？	资产是如何被盗取的？	盗窃是如何被掩盖的？	资产是如何被转移的？	舞弊迹象有哪些？	可能的动机		关键的内部控制措施
						压力	合理化	
客户的存款	(1) 出纳员 (2) 营业员 (3) 审核员	(1) 输入经验证的信息 (2) 盗取支票并背书转让	(1) 销毁存款单 (2) 伪造签名 (3) 将款项存入自己的账户	各种方式	(1) 异常行为 (2) 异常生活方式 (3) 客户投诉	(1) 税收留置 (2) 购买新房 (3) 离异	感觉自己的收入太低或受到歧视	(1) 使用保护袋 (2) 身份证明 (3) 出纳员清点客户存入的现金
已发运的货物	收货司机	未收到货物	(1) 夜间运输 (2) 与废品混杂在一起	(1) 将赃物卖出 (2) 用作个人消费	(1) 未执行控制措施 (2) 未清点货物数量	(1) 购买新车 (2) 配偶失业	未得到晋升	货物验收报告
虚增采购价格	采购员	—	收受回扣	(1) 现金 (2) 雇用配偶	(1) 奢侈的生活 (2) 贱卖资产	保持生活水平	贪婪	实施采购招标

正如上述弱点分析表所示，可能已经被占用的资产（假设目前只有一个投诉，您不知道投诉的动机是什么）包括客户的存款。处理交易的出纳员、监督出纳员的营业员以及处理存款的审核员都有盗窃的机会。通过输入经验证的信息、盗取支票并背书转让等方式，盗窃人能够很容易地转移资产，并通过销毁客户的存款单、创建新的存款单或伪造签名来隐匿行踪。由于被盗资金涉及现金，因此存在多种资产转移方式。观察到的情况可能包括异常行为、异常生活方式或客户投诉。促使舞弊行为发生的压力可能包括对出纳员财产的税收留置、购买昂贵的新房，或者最近离婚。合理的解释可能涉及舞弊者的薪酬过低或受到歧视。关键内部控制措施可能包括不允许员工在自己的账户中存入现金、使用保护袋、出纳员遗漏认证操作或限制对计算机系统的访问。

> **请记住 >>>** 弱点分析表是一种分析工具，它包括被窃取的资产、有盗窃机会的个人、调查方法、掩盖和转移的可能性、可观察的警示迹象、压力、合理化和关键的内部控制措施。

弱点分析表适用于各种潜在舞弊的分析。在表 7-1 的弱点分析表中，我们还列示了存货被盗和虚增采购价格的舞弊情况。弱点分析表的优点在于促使调查人员对舞弊进行全面考察，并考虑可能存在舞弊的嫌疑人。

7.4 盗窃调查方法

7.4.1 监视和秘密调查

监视和秘密调查是指运用视觉与听觉进行调查的方法。监视是指基于纸质、胶片、磁带对盗窃的实物和行为进行观察与记录。通常来说,监视可分为三类:(1)静态或定点;(2)动态或跟踪;(3)电子监视。在调查大多数舞弊(包括会计报表舞弊)时,通常会使用某种形式的监视。

任何一个人都可以完成简单的静态或定点观察。在执行此类监视时,调查人员应当确定被监视的现场,预计现场最可能发生的事项,并详细记录嫌疑人的一切行为,或将其录制于胶片或磁带上。记录中应当包括观察日期、观察者姓名、共同目击证人、观察地点、观察地点到现场的距离、观察开始和结束的时间,以及在每个具体时间嫌疑人的行为。表7-2是监视日志的一个范本,本案中被监视者涉嫌收受回扣。

表7-2 监视日志的范本

日期/时间 2002年1月29日	事项
下午6时30分	在457 W. Arapahoe,Boulder公司的Flatirons乡村俱乐部开始监视
下午6时40分	唐(Tong)与一名身份不明的白人男子离开壁球场,进入更衣室
下午7时	两人离开更衣室
下午7时5分	唐和白人男子来到俱乐部餐厅,点了饮料。白人男子点了啤酒;唐点了橙汁
下午7时10分	两人开始点菜
下午7时25分	上菜。唐要了奶汤和三明治;白人男子要了土豆和牛排
下午7时30分	休息:监视暂停
下午7时36分	监视继续进行。两人仍在进餐
下午7时55分	唐去了洗手间;白人男子仍在用餐
晚上8时	唐从洗手间回来
晚上8时15分	两人点了两份饮料
晚上8时25分	白人男子叫服务生埋单
晚上8时30分	服务生将账单递给白人男子。白人男子未检查账单,将信用卡交给服务生
晚上8时35分	服务生回来,将付款清单交给白人男子,白人男子签字。服务生交给白人男子一张黄色的便条;唐没有任何付账的意思

续表

日期/时间 2002年1月29日	事项
晚上8时40分	白人男子从公文包中取出一个信封交给唐。唐十分喜悦地将信封装进自己的口袋。两人离开餐厅，分别驾驶奔驰和2002年款雷克萨斯离开
晚上8时45分	与服务生面谈。她出示了花旗银行金卡的付款单复印件，持卡人为巴拉德（Ballard），账号为5424-1803-1930-1493，银行卡将于2018年3月到期。餐费为78.65美元，服务生得到20美元的小费
晚上9时	监视结束

动态监视或跟踪——在麦当劳舞弊案中使用的这种方法比静态监视的风险大得多。在一起案件中，一名内部审计人员在跟踪一名嫌疑人时遭到枪杀。虽然通过监视获得的潜在收获很大——通常能够发现销赃人和行贿人，但失败的可能性和代价或财务成本也相当高，所以动态监视或跟踪最好由专业人员执行。

使用摄像机对员工进行监视是一种常用的方法。另一种监视方式——窃听则只有执法人员才能使用。电子监视在调查员工舞弊和许多高管犯罪上的作用可能有限，因为员工在工作场所拥有隐私权。然而，在回扣舞弊案（例如麦当劳案）中，如果有执法机构参与，这种方法就会非常有效。目前有些公司已建立对所有形式的电子监视的严格控制系统，包括摄像、电子邮件、窃听和搜索个人电脑信息等。然而，大多数公司规定，公司电脑上的所有数据（包括个人电子邮件和文件）都是公司的财产，可以用于调查可疑行为。在使用上述任何一种方法之前，请务必与法律顾问确认。

美国《宪法（第四修正案）》规定，只要不侵犯个人对隐私的合理期望，监视和秘密调查就是合法的。在启动任何形式的监视行动之前，都应该咨询法律顾问和人力资源部门人员的意见。此外，有关组织和机构还应就所采用的不同监视形式拟定严格的协议书，以保证监视得到有效控制，并在每次监视行动中都进行"人员适当性"测试。如果实施不当，监视带来的问题就有可能远大于其带来的收获。

只要没有进行"审前盘问"，秘密调查就是合法和正当的。秘密调查会耗费大量的时间和精力，在选择使用时一定要谨慎。通常在以下情况下调查人员才进行秘密调查：（1）可能存在大规模的串谋；（2）其他调查方法失败；（3）调查活动能够受到严格控制；（4）有充分的理由相信舞弊正在发生或再次发生；（5）调查活动严格遵守有关组织的法律和道德准则；（6）调查能够秘密进行；（7）发现适当的证据时会及时通知执法机关。

以下三个真实的秘密调查案件说明了风险的存在。在第一个成功的案件中，密探怀疑存在串谋，他取得宝贵的证据并将几名罪犯绳之以法。另外两个失败的案件说的是工厂内的毒品交易。没有任何一家公司可以容忍毒品交易，如果一名员工在工作期间购买并吸食毒品，而在回家途中发生车祸，公司就要对此负责。在第二个案件中，密探心生畏惧并退出调查。在第三个案件中，密探开始同情嫌犯，其工作也由此变得毫无价值。

随着技术的发展，许多公司正在使用数据库搜索和人工智能系统来提供监视或过滤大量数据，并识别可疑交易。这些是主动舞弊侦查方法的一部分，已在第 6 章讨论过。现在，人工智能程序不再跟踪个人，而是通过跟踪交易来发现其中不寻常或可疑的地方。据估计，信用卡诈骗每年造成的损失约 10 亿美元，或者说，每 100 美元的信用卡消费中就有 7 美分的损失。但这一估计值与 10 年前的峰值相比已大幅下降，主要原因是使用了功能强大的技术。这些技术就像监控摄像头一样，可以识别不寻常的消费模式。很多人都可能成为信用卡监控对象。回想一下，你是否曾经进行过大额交易或不寻常支付，然后信用卡公司联系你以确认交易是你亲自所为？这是因为根据你的消费和旅行习惯，信用卡公司的监控跟踪系统可以识别出这笔交易不寻常。

受安全、防范欺诈、提高服务质量等需求的驱动，用于监视和记录的应用程序的重要性与复杂性日益提高。例如，在电信系统中，信令传输协议（SIGTRAN）提供对数据库的访问和实时呼叫建立请求，包含有关位置、呼叫模式、目的地、持续时间和呼叫频率等非常详细的有用信息。这些数据通常被挖掘并用于从传统呼叫建立到计费的各种功能，而信令流量也可以被监控并用于提高服务质量、防范欺诈、合法拦截和计费。这些功能可以帮助服务提供商减少开支、保存资本和留住客户，还可以为电信供应商提供大量的信息来源，以便他们创建新的应用程序并从中获利。近年来，美国政府曾被指控窃听或窃取美国公民和其他友好国家领导人的电话与电子邮件。2013 年，美国国会就政府收集此类信息的适当性举行了多次听证会。虽然政府领导人说，这些信息有助于他们识别吸毒者和潜在的恐怖活动，但各种消费者权益保护组织认为收集这些信息是非法的。

美国金融业监管局使用的跟踪系统是电子监视的一个典型范例。金融业监管局是美国最大的证券业自律组织，它制定规章制度、监管并审查成员的活动、运作和监管证券市场，这些都是为了保护投资者权益。

金融业监管局通过协议监管美国所有主要股票市场的证券公司、专业培训活动、安全测试和资格许可。其中的市场监管部门负责监督所有活动，确保市场规则得到遵守，为市场参与者和投资者提供一个公平的竞争环境。金融业监管局的自动化系统根据标准化规则筛选所有的交易和报价，以防范和发现潜在的违规行为，并在适当的情况下采取监管行动。

舞弊侦查功能是通过规则和序列匹配算法实现的，这些算法用于侦查数据库中匹配的可能表明欺诈的实例。监视技术提供了用于描述数据间相关关系的可视化结果，以及允许多个用户审查和管理所生成的警示等功能。

无论是人工监视还是电子监视，观察某人的活动都是一种舞弊侦查工具，其试图在盗窃行动阶段捕获舞弊和其他类型的犯罪。使用这种方法的人并没有试图去了解掩盖或隐瞒舞弊行为，除非这些行为是真正的盗窃，就像信用卡诈骗一样。

7.4.2 监控

监控是指嫌疑人在调查期内受到严密的监督。在监控期间，某一活动将受到暂时的严格控制,使舞弊无法发生。正如前面章节所述,机会是舞弊产生的三大条件之一。当严密的控制使得舞弊机会不复存在时,我们就可以确认舞弊不存在。由于成本过高,公司通常不会在这个层面对正常的业务操作实施控制。然而在舞弊调查的过程中,监控期间与非监控期间的变化凸显了可能存在舞弊的领域。如果在监控前、监控期间和监控后都进行详细的记录,我们就可以从中获得舞弊是否发生的证据。图7-3勾勒了监控的整体框架。

图7-3 监控框架

> **留意** >>> 若使用不当或没有经过适当的培训,则监视和秘密调查可能会给你自己及你正在调查的案件带来麻烦。

以下是针对存货丢失舞弊案所实施的监控调查:

一名石油分销商遭受了占存货总量0.23%的存货损失。经理怀疑存在舞弊,但不能确定其发生的时间和方式。由于使用观察和其他调查方法无法收集到证据,经理决定采用监控的方法。在为期30天的监控期内,各项活动都受到安全人员和审计人员的密切监视。货物的进出一律接受检查;所有的记录都要验证;还要定期盘查存货和设备。在此期间,公司并没有发生存货损失。此后,通过对记录的详细分析,相关人员总结了监控期内发生的绝对变化、相对变化及合理变化。例如,两个服务站在监控前平均每星期只购买2 000加仑的汽油,现在却突然增加订货量。在30天的监控期内,每个服务站实际收到的汽油超过19 000加仑。此外,一名已工作23年但从未请过病假的领班却在30天内告假休息19天。在接下来的2—3个月内,严密监控停止了,但对服务站的严密观察仍在持续。在此期间,上述服务站每星期的汽油订货量又下降到2 000加仑的水平。通过使用夜间观察设备和摄像机发现,服务站故意漏记运抵的货物。两个服务站的业主接受了当面质询,其账簿记录也受到了检查。随后,他们被指控实施了长达2年、涉及62 000加仑汽油的舞弊。

上面介绍的监控措施发生在大公司,但这种方法同样适用于小规模企业。以下的例子就说明了这个问题:

马克拥有一家汽车发动机修理厂。修理厂有12个修理车间、12名修理工和1名会计(约翰)。马克对约翰绝对信任,将所有的会计工作(包括收入现金、现金送存银行、填写支票、编制工薪表和报税)都交由他一人负责。马克公司的客户数量年年增加,现金流量却逐年减少。马克对此十分不解,请教一个注册会计师朋友。这个朋友在进行了一系列的成本、数量和利润分析后,告知马克公司应该是盈利的,并暗示公司内部可能有人盗用公款。约翰是唯一有机会实施舞弊的人。在朋友的建议下,马克决定进行一项测试。首先,他复印了一个月的银行对账单和现金收支记录。接着,他告诉员工(包括约翰),他准备卖掉修理厂,买主坚持所有的会计记录都应接受为期一个月的审计。在这一个月中,注册会计师每天都负责收入现金、现金送存银行、填写支票并盘点零部件和存货。一个月后,马克告诉大家收购计划失败,他不打算卖掉修理厂。监控结束后的一个月,马克仍将所有的银行对账单和现金收支记录备份。令马克吃惊的是,客户支付的现金占全部收入的比例在监控前为7%,而在监控期则上升到15%,可在监控后又回落到7%。铁证如山,约翰承认自己盗用了公司的现金收入。分析显示,他盗用的金额达60万美元以上。

监控的成本可能十分高昂。在第一个例子中,它涉及雇用额外的安保人员和审计人员,并监控石油库存的流动。在第二个例子中,它涉及注册会计师的日常工作。只有在管理层批准的情况下才应当实施监控,且最好限于不影响企业持续运行的独立业务。最经常使用监控的领域应当是诸如贵重的存货这样的高风险领域、缺乏控制的商品验收和装载环节、缺乏控制的会计记录等。

在使用监控手段时,管理层必须准确地确定新增的临时控制措施,以便充分消除舞弊机会。管理层应当分析被监控单位的过往记录,包括正常损失、每日的交易数量和内容、非常规交易的数量和类型、交通运输工具每日进出工厂的情况等,以此作为考察基准。为了获得比较全面的信息,专家一般建议监控期持续至少14天。当然,在具体案例中,最佳的监控期取决于交易的频率和内容。

有时,监控也可能带来不利影响。比如,在一家公司的制造车间里,大批小型工具失窃。为了查出是谁偷走了工具,在工人下班离开工厂之后,公司对所有工人的饭盒进行了检查。这一举动引起了工人强烈的反感,严重影响了他们的工作效率,其带来的损失可能比失窃本身还要大。

> **请记住** >>> 监控是一种施加严密控制的技术,它使舞弊在一段时间内不可能发生。分析监控前后的差异,我们可以从中发现舞弊的概况和趋势。

7.4.3 实物证据

在某些情况下,实物证据可能是有用的,尤其是涉及存货盘点与查找丢失的存货。然而,在大多数情况下,实物证据(比如一颗子弹或一具尸体)与非舞弊类型的犯罪(比如谋财、谋杀、强奸和暴力抢劫)的关联性更强。舞弊行为很少出现或几乎没有实物证据,因此我们通常很难找到舞弊的实物证据。

要分析的实物证据包括存货、资产和被撬的门锁、油迹和水迹、油漆和污渍、划痕、车胎痕迹和指纹,以及电脑。比如,在调查1993年纽约世贸中心爆炸案时,联邦调查人员正是通过实物证据找到了犯罪嫌疑人。隐藏炸弹的肇事车辆是租来的,其轮轴上印的车牌号帮助调查人员找到了对应的出租车公司。当罪犯返回出租车公司领取押金并宣称车辆被盗时,联邦调查人员逮捕了他。

另一个利用实物证据发现舞弊的案例是著名侦探威廉·伯恩斯(William Burns)破获的一起假币制造案,他仅仅凭借一条线索就让案情水落石出。下面是他利用这条线索破案的经过:

伯恩斯发现，从美国运往哥斯达黎加的沙发里藏有近一百万假比索，而沙发的粗帆布套上印有以"XX"为前缀的四位代码。通过这条线索，他顺藤摸瓜地取得了大量证据，使案情日益明朗，最终将假币制造者送进监狱。整个调查过程如下：

1. 找到并拜访了粗帆布的制造商。
2. 了解粗帆布套上印制的代码的含义，以及如何才能找到那块特制粗帆布的买主。
3. 从一堆旧的、废弃的订单里找出那块特制粗帆布的货号。
4. 找到卖出那块粗帆布的零售商。
5. 向零售商询问出售粗帆布的情况，并了解到买主的特征：一名身材矮小、身穿黑色衣服、戴围巾的老妇人。
6. 找到买主（伯恩斯后来才知道她是为女婿买的粗帆布）。
7. 编个借口请零售商带他去拜访那名老妇人。
8. 查问了众多搬运公司，最后找到了那家将藏有假比索的沙发运往码头的搬运公司。
9. 询问了很多码头搬运工，最后找到了一名记得装运过沙发的工人。他还记得有一个皮肤黝黑、相貌英俊的男子对沙发的装运十分紧张，经常提醒他们要小心轻放。搬运工确信自己能认出那名男子。
10. 找到了搬运工描述的那名男子。
11. 发现那名男子（伯恩斯现在已经知道他的姓名）在装有假比索的沙发起航前已经坐船到达哥斯达黎加，陪同他的是一个以真实身份旅行的漂亮女士。
12. 查到了假比索模板的刻制者。刻制者正是乘船去哥斯达黎加的那两个人开设的工厂里石印工的儿子。该工厂主要印制反哥斯达黎加政府的文件和宣传材料。

7.4.4 电子证据

> 留意>>> 电子证据的收集是一项必须熟练掌握的技术方法。你可能需要一名计算机取证专家以协助调查工作。

近年来，电子证据作为一种物证，其使用率显著提升。电子证据的收集通常被称为计算机取证。如今，大多数舞弊调查均涉及计算机信息的搜索，电子邮件和电子交易凭证在法律诉讼或审判中可以作为证据呈供。在法庭上，任何书面或电子捕获的信息都是很好的证据。

以下案例说明电子证据可以成为案件的确凿证据：

一家公司的管理层怀疑员工（玛丽）和外部供应商（ABC公司）之间存在舞弊回扣。在案件的证据收集阶段，调查人员浏览公司服务器上的备份电子邮件来搜索玛丽的电子邮件，并发现一封可疑的电子邮件。这成为玛丽案的指控依据。

根据玛丽的供词，随着时间的推移，玛丽和ABC公司的关系恶化，以至于ABC公司不再给玛丽回扣。玛丽一直保存着从ABC公司购买的所有产品的详细记录，她编制了一份电子表格文档，详细描述了每笔交易中自己所得回扣的比例，以及ABC

公司向她支付的额外款项。电子表格底部加粗的结果表明玛丽觉得 ABC 公司欠她的钱很多。

随后,玛丽写了一封满含激愤情绪的电子邮件给 ABC 公司,抱怨他们在支付她回扣方面的疏忽,并把电子表格附在邮件里。调查人员在她的已发送邮箱中发现了这封电子邮件,这封电子邮件成为确凿的证据。

以下案例是通过电子证据证明一名员工无罪:

杰克是亚特兰大一家小型初创公司的电脑程序员。最近,他的行为变得越来越古怪。管理人员查看了他的电话记录后发现,许多电话是不寻常的。例如,在某个假期,杰克是办公室里唯一加班的人,管理人员发现他给波多黎各一家酒店的房间打了好几次电话,每次电话的通话时长都是几个小时,其中一次电话的通话时长甚至长达 10 个小时。

公司管理层怀疑杰克可能在出卖公司机密,他们猜测长时间的通话可能是因为需要将调制解调器连接到波多黎各,并通过调制解制器将数据转移到外部,而酒店房间可以为接收者提供一定程度的隐匿性。

某天晚上下班后,管理部门雇用一名专业的舞弊调查人员来检查杰克的个人电脑。舞弊调查专家使用一张启动光盘登录杰克的个人电脑以绕过密码验证,并防止电脑操作系统更新。随着调查的深入,从拍摄于海滩上的数码照片、电子邮件的通信内容来看,调查专家发现杰克与波多黎各的某个人有暧昧关系。虽然管理层不允许这种利用公司资源打私人电话的行为,但高管们意识到,杰克的行为并不涉及泄露公司专利或其他与工作相关的问题。于是管理层撤销了此案,杰克也免于舞弊嫌疑;但是,他因在工作中懈怠和未经授权使用公司电话而受到了相应的惩罚。

现在,电子媒体的种类繁多,收集电子证据的方法也因设备而异。例如,智能手机的固态内存有限,而计算机有大量的内存和硬盘。数据的云端存储通常会使访问数据变得更加困难,尤其是在没有指令或未得到可疑行为人书面许可的情况下。针对这些问题,假设你正在检查计算机硬盘驱动器上的数据,下文给出从硬盘驱动器获取电子证据的一般步骤。实际上,你可以针对所使用的特定设备或数据存储类型修改此步骤。

一般情况下,你应该与 IT 人员和法律顾问一起收集电子证据,因为正确执行这项任务需要大量的技术知识。例如,如果不恰当地访问一台硬盘驱动器,那么你可能会损坏它的数据或导致它在法庭上不被采信。此外,在没有专门取证软件的情况下,访问缴获的硬盘驱动器会引发文件时间和日志文件更新(即无意中修改了证据),最终导致证据无效。本章概述了应执行的步骤,这可以使你有效地与专业人士合作。

步骤 1:保护设备并执行初始任务

收集任意电子证据的第一步是查封设备或计算机镜像硬盘驱动器。通过查询公司政策和咨询法律顾问,确保你拥有获取或访问硬件的合法权利。当你访问硬盘驱动器时,请注意保管证据、标记等。当场给计算机设备拍照取证,并在现场安排中立的证人作证。

最近,在关闭计算机之前获取活动内存的快照变得很常见。本章后面介绍的计算机软件能够执行这一功能。需要注意的是，你对计算机采取的每一项行动都可能覆盖"空白"空间，并可能使硬盘成为法庭不予采信的电子证据。协助你的 IT 专家可能会支持或反对某些行为，这取决于所调查的案件和专业技术。他们可能会要求你使用特定的方法传输数据或在特定的云服务上存储数据。

完成上述步骤后，切断电源（或拔掉智能手机或笔记本电脑的电源）来关闭计算机。正常关闭计算机会覆盖硬盘中的一些重要数据，即大多数操作系统在关闭时会清除可能包含证据的重要磁盘缓存。而切断计算机的电源可以确保操作系统没有机会进一步修改磁盘内容。请记住，这是一般规则（一些现代化设备如果没有正确关闭，则可能会变得不稳定）。与克隆设备运行内存一样，切断电源的建议应根据设备和具体情况而定。

步骤 2：克隆设备并进行循环冗余校验[①]

在保管磁盘时，需要克隆整个硬盘驱动器为一个单独的副本并进行循环冗余校验（cyclic redundancy check，CRC），以验证其真实性。密封源驱动器和复制的数据就像你收集到的任何其他类型的物理证据一样，所有进一步的调查都基于克隆/复制的副本而进行。这一步非常重要，我们需要将计算机保持为初始状态。如果在分析过程中不小心修改了数据或破坏了数据，那么你可以创建新的克隆/复制副本并继续分析。在法庭上证明你未修改原始的硬盘很重要。

在克隆硬盘时，需要使用逐位复制的软件。一个完整的硬盘驱动器内含大量的"空白"空间，其中可能包含有价值的证据。当删除磁盘上的文件时，它的空间在磁盘索引中被标记为"空"，但数据实际上并没有从磁盘中删除，因为删除会占用额外的、不必要的空间。在将另一个程序写到磁盘的对应位置之前，利用特殊的数据恢复软件仍然可以访问甚至复原这些数据。这对舞弊调查人员来说非常重要，因为舞弊者可能会删除重要的文件以试图隐藏其舞弊行为。

这个原则适用于已删除的电子邮件、文本甚至照片。例如，一个名为 Snapchat（色拉布）[②] 的软件允许用户以"阅后即焚"的模式向彼此发送快速、临时的照片。接收方只允许查看照片几秒钟，然后照片就会被"删除"。然而，分析人士指出，Snapchat 只是"隐藏"了照片，而不是删除它们。此外，专门的取证软件可以通过多种方式还原这些文件。

循环冗余校验数字是基于磁盘或文件内容的计算（使用加密算法）结果。CRC 数字通过一定的算法计算得到，因此源数据中即使很小的变化也会产生显著不同的校验结果，在法庭上可以用来校验和证明数据在分析过程中没有受到影响或被破坏。通过校验过程和

---

① 循环冗余校验是一种根据网上数据包或计算机文件等产生简短固定位数校验码的一种散列函数，主要用于检测或校验数据传输或保存后可能出现的错误。生成的数字在传输或存储之前被计算出来并且附加到数据后面，接收方进行检验以确定数据是否发生变化。一般来说，循环冗余校验的数字都是 32 位的整数。

② Snapchat 是由斯坦福大学两名学生开发的一款"阅后即焚"照片分享应用软件。使用 Snapchat，用户可以拍照、录制视频、添加文字和图画，并将它们发送到自己在该应用上的好友列表。Snapchat 最主要的功能是所有照片都有一个 1—10 秒的生命期，用户拍照发送给好友后，这些照片会根据用户预先设定的时间按时被自动销毁，而且，如果接收方在此期间尝试截图，那么用户将收到通知。

数字，你可以证明：(1) 克隆的硬盘驱动器与原始驱动器完全匹配（通过在两个驱动器上运行 CRC 和比较）；(2) 硬盘从被保管起，存储的数据没有被修改。校验过程和数字有多种用途，例如它们确保数据包在从一台计算机传输到另一台计算机的过程中不会被修改。校验过程和数字与数据包一起计算并发送，接收设备重新计算 CRC 数字并将其与发送过来的数字进行比较。如果两者不同，就说明数据在传输过程中很可能被损坏，接收方会自动请求重新发送数据包。

目前主要使用的校验和数字计算方法是 MD5 和 SHA-1 算法，两种方法都经常用于取证。MD5 是一种较过时的算法，相比之下，SHA-1 更高级且更安全。表 7-3 中两个句子的 SHA-1 结果显示，仅仅改变两个字母就会产生截然不同的结果。无论输入数据的长度如何，SHA-1 结果总是相同的长度——一个通常以 16 为基数（十六进制）表示的数字。

表 7-3 SHA-1 算法

数据	SHA-1 十六进制结果
The fat cat sat	919d1cb454e3225455fd41c402b9f89ba5a0b8c8
The fat cat met	4458151a5f69f0911c2bb745b98eb843db12481e

步骤 3：手动搜索设备

由于应用软件使自动搜索变得非常容易，许多调查人员常常会跳过分析中最明显也最有效的步骤，即手动搜索硬盘驱动器。每个操作系统都有一个公共目录布局。例如，所有现代操作系统通常默认将文档保存在"文件"目录中，图表和照片保存在"图片"目录中，电影保存在"视频"目录中。人工手动搜索这些常见的位置让调查人员在搜索时可以利用人类的直觉。自动搜索虽然也很有用，但有时会忽略对搜索者来说很明显的近邻匹配。

需要搜索的磁盘公共区域通常包括：

- 计算机日志，如网络活动、开始菜单上的近期文件、网络收藏夹和浏览器历史记录。浏览器历史记录通常可以突出显示在线电子邮件账户、在线数据存储、常见搜索或可能存在的其他有用位置。
- 文件、图片、视频和相关的文件夹，大多数应用程序生成的数据保存在这些位置中。
- 回收站。
- 计算机周围的 USB 存储器、CD 或其他媒介。
- 许多应用程序（如 Microsoft Word 或 Excel）"文件"菜单中近期加载的文件。
- 聊天日志和电子邮件客户端缓存。

步骤 4：使用自动程序搜索设备

在人工手动搜索之后，调查人员应该对整个硬盘驱动器（包括"空白"空间）使用

"关键字"搜索和其他自动搜索。例如，在涉及 Dave Smith 和 Jan Johansen 交互的情况下，在同一文档中搜索这些人名非常有用。现代的调查软件可以通过关键字索引整个硬盘，这样搜索速度非常快。有些调查软件支持使用功能强大的模式匹配语言、关键字近邻搜索，甚至使用自然语言处理软件来理解句子并进行搜索。

此外，软件通常提供关于硬盘驱动器的汇总统计数据（文档数量、电子表格、最近打开的文件等），它们可以在硬盘上的各个图形文件的图片库等区域找到。

7.4.5 法庭用软件包

计算机取证正在飞速发展，涌现了一大批软件供应商，许多大学陆续开设了计算机取证方面的学位或专业教育。目前，新的取证软件层出不穷，其中 Guidance 公司[1]开发的 EnCase 平台和 Access Data 公司开发的法务工具包（Forensic Toolkit，FTK）[2] 一直被广泛使用。这些软件包能够引导调查人员完成前述描述的整个电子取证过程，并确保重要的步骤被正确地遵循。它们支持克隆/复制任务、CRC 计算和搜索文档等功能。

许多开源软件也可用于计算机取证。例如，在本章开端描述的案例中，调查人员使用 Helix 软件来调查拨打到波多黎各的电话。由于管理人员还没有准备好开始调查案件（例如移交计算机、复制数据等），调查人员需要使用启动盘（光盘或 U 盘）来启动计算机，这样可以绕过登录密码，并在操作系统未运行的情况下搜索驱动器。这些软件的发行版通常内含非常高级的密码破解工具，内含被称为正则表达式的搜索工具以及网络分析程序。这些开源软件通常不像 EnCase 平台或 FTK 软件包那样容易使用，而且在法庭上没有同等优先级；然而，在特定的条件下它们是非常有用的。

电子通信

电子通信，如电子邮件、短信、推特和其他在线帖子，往往被证明是嫌疑人和其他人之间通信的一个信息存储库。令人惊讶的是，仍然有许多人相信电子通信是安全的。一份单一的通信就有可能成为整个案件的关键证据。在当今电子媒体的世界里，调查人员在舞弊调查的过程中应当考虑检查电子通信。

如今，调查人员在调查过程中会对不同的沟通方式进行分析。针对不同的沟通方式，比如电子邮件、脸书、短信和贴吧，都有各自的信息收集方式。调查人员一定要与 IT 人员和法律顾问合作，合法地从这些来源收集数据（有些数据在没有搜查指令的情况下可能无法获得）。此外，调查人员还应考虑每个案件所处的社会文化氛围和通信细节。例如在某些国家，持有手机的人要多于拥有电脑的人，因此短信比传统的电子邮件使用得更多，

---

[1] Guidance 公司 1997 年成立于加利福尼亚州，2006 年 12 月 11 日重新在特拉华州注册，是数字调查解决方案的全球领先供应商。Guidance 公司的 EnCase 平台提供了一个调查基础设施，使客户能够搜索、收集、存储和分析电子信息，帮助解决人力资源问题、诉讼事项、涉嫌欺诈、可疑的网络端点活动，以及保护组织的数据资产。

[2] 法务工具包是国际著名电子取证厂商 Access Data 公司的核心产品。FTK 预先提供全方位的处理和索引，能够以"零时差"快速获取相关证据，大幅加快分析速度。FTK 凭借其独特的架构，可以被设置成分布式处理以及整合基于网络的案件管理和协助分析。

这可以为调查提供更好的信息来源。

在搜查过程中，调查人员应当更注重电子邮件，因为邮件副本经常存储在许多地方：发送邮件的计算机、两个（或更多）电子邮件服务器、接收邮件的计算机等。对于一些电子邮件服务器，消息一般只驻留在服务器上，扣押客户端的笔记本电脑将使得调查人员无法搜索电子邮件。此时，调查人员应当与 IT 人员交谈，以了解不同情况下所使用的电子邮件类型以及如何搜索它们。

在用户的浏览器中搜索网页版的电子邮件尤其困难。在这种情况下，所有的电子邮件都存储在运营商的网站上，调查人员可能需要搜查权限才能访问。然而，一些以缓存网页形式存储的信息仍可以通过关键字进行查询。事实上，用户可能设置了自动保存网页邮箱密码，将用户的网页浏览器转到网页邮件站点即可自动填写用户名和密码。这种方式的合法性以及本章讨论的所有方法都因国家和环境而异。同样，调查人员始终要与法律顾问核实，以确保调查方法既合法又合乎道德。

7.5 盗窃调查方法案例分析

为了总结本章内容并说明盗窃调查方法的应用价值，我们来阅读托马斯·巴克霍夫（Thomas Buckhoff）和詹姆斯·克利夫顿（James Clifton）在《注册会计师杂志》上发表的一篇题为《奇特的贪污：调查账外舞弊计划》的文章。

奇特的贪污：调查账外舞弊计划

"北国风云"是一家以脱衣舞男为特色的绅士俱乐部，其主要收入来源是服务费、食品、啤酒和烈酒的销售。最近，当地颁布一项法令，禁止"北国风云"提供特色娱乐活动。然而，俱乐部经理贝齐·史密斯（Betsy Smith）成功地向市议会申请并取得豁免，使得"北国风云"能够在无竞争的环境中继续经营。贝齐为俱乐部所做的大量努力为她赢得了店主的信任。在最初的舞弊调查采访中，"北国风云"的店主拉里·斯温森（Larry Swenson）说除了贝齐任何人都可能是犯罪嫌疑人。

因为这项豁免，俱乐部具有巨大的盈利潜力。"北国风云"不接受信用卡或支票，每天都有着巨额的现金流入，同时也伴随着巨大的风险，即员工们可能会想方设法地将收到的现金据为己有。

店主斯温森对俱乐部仅实现 10% 的利润率感到不满。他聘请两名舞弊调查人员来调查俱乐部没有实现预期 35% 利润率的原因。调查人员开展了舞弊调查，包括了解现金控制、形成舞弊假设、收集和评估证据、估计损失、协助提出索赔或指控，以及提出建议。

通过对斯温森等人员的采访，舞弊调查人员了解到的现金流入情况如下：

（1）顾客进入俱乐部而支付的 6 美元服务费，既没有收据凭证也没人专门清点人数。

（2）顾客向服务员订购食品或饮料，此时服务员的现金袋里有 40 美元，他用这笔现金向调酒师付款后再向顾客收款；下班时服务员需要将最初的 40 美元归还给经理，结余现金则作为小费。

（3）每晚营业结束之后，经理清点现金并关闭收银机，第二天早上再将前一天的现金收入存入银行。

（4）啤酒和酒类存货的数量变化与收银机记录的数量变化不符，收银机记录的收现账单也与银行对账单上的存款明细不符。

根据调查了解到的俱乐部内部控制情况，舞弊调查人员认为，员工实施盗窃更容易且风险较小。基于此，他们提出以下舞弊假设：

（1）收取6美元服务费的员工私占了部分服务费或者为他人入场免去了服务费；

（2）服务员和调酒师可以绕过收银台为顾客提供饮料，从而私吞所收取的现金；

（3）任何人（服务员、调酒师和经理）都可以直接从收银台取钱；

（4）除了可以实施上述舞弊手段，经理还能通过银行存款实施舞弊。

前两种账外舞弊行为被称为"撇脂"或"揩油"，本质上是销售未入账；后两种舞弊行为是账内舞弊，可以通过核对收银机收现记录和银行存款记录发现舞弊行为。然而，"北国风云"店内收银机打印带更换不及时，使得查询记录存在困难。

收集评估证据

针对上述提出的四项假设，调查人员采用间接调查方法——财务分析——对假设进行检验。如果员工确实从俱乐部偷钱了，那么实际的销售溢价率将低于预算率。因此，舞弊调查人员确定了啤酒和食品销售的实际溢价率，即啤酒以每瓶0.60美元的价格购入，然后以每瓶3美元的价格卖给顾客，加价400%；5美元的食品以12.50美元的价格卖给顾客，加价150%。根据销售成本和预期利润率，计算全年的预算收入并与实际收入进行比较。比率上的显著差异验证了舞弊假设——食品销售收入低于预算收入。调查人员采用间接调查方法估计并得出结论，每年因盗窃现金而造成的舞弊损失总额高达379 974美元。

经过上述分析，调查人员已经得知俱乐部存在严重的舞弊问题，接下来需要确定哪些员工实施了舞弊。卧底监视可以有效发现不诚实的员工。六名受过培训的舞弊调查人员假扮为顾客，每周花40个小时在俱乐部内观察员工的活动和行为。调查小组成员均拥有调酒师和服务员的从业经验。通过卧底监视，调查人员发现俱乐部中90%的员工（包括经理）经常光明正大地实施舞弊。因此，即使俱乐部给予的底薪较低、加薪幅度较小，员工们也从不抱怨薪资太低。事实上，好几名服务员和调酒师已经在俱乐部工作了很多年，对这种类型的俱乐部来说这是非常少见的。调查人员将调查结果发送给斯温森，尽管斯温森很担心，但在没有更充分的关于员工盗窃舞弊的实质性证据的情况下，他不愿意采取行动。

为了更可靠地确定舞弊损失并估计准确金额，舞弊调查人员进行了为期一周的监控。他们将监控期间收到和存入银行的现金与监控期前后的情况进行比较。监控作为一种间接的调查方法，能够有效地估计舞弊损失。监控成功的关键是让员工认为在此期间发生的任何盗窃舞弊行为都会被发现。在这种情况下，派遣同样的六名调查人员对员工进行为期一周的观察，以逐渐强化员工的感知能力。俱乐部的员工和经理被告知，调查人员将在这一周内确保从顾客那里收取的每一美元都在当天营业结束时存入银行,并计算消耗品存货的合理变化。在监控期内,调查人员直接观察员工处置现金的过程,核对存货变化与收银机记录,对现金实施监盘并查询每天的现金存款。

在监控期第一天,一名调查人员在监视时怀疑服务员从食品销售中牟利,于是突击盘点现金,并将存入收银台的现金与厨师准备的食物进行核对,发现那名服务员在开工的第一个小时就赚了 25 美元。铁证如山,该服务员对自己的盗窃行为供认不讳并被立即解雇。这个消息很快传到其他员工那里,他们意识到自己的行为确实受到密切监视。于是在余下的监视期内,调查人员没有发现其他员工舞弊。

在监控期的第一个晚上,8 300 美元的现金被存入银行——这是俱乐部成立 15 年来存入银行金额最大的一天。这件事发生在一个被认为"空闲"的夜晚(前一周的上座率接近峰值)。经理和员工们很快意识到,在一个"空闲"的夜晚创造这样一个记录对他们十分不利。这使得斯温森确信员工实施了盗窃舞弊,并想当场解雇所有员工,但调查人员说服他按原计划执行一周监控。为期一周的监控结果总结如下:

监控期间的现金总收入为 30 960 美元,而上周的现金总收入为 25 775 美元,全年周现金收入平均为 22 006 美元,监控周收入比平均周收入多 8 954 美元,比上周多 5 185 美元。上述差异表明,每年至少被盗窃 259 250 美元,最多被盗窃 447 700 美元(在调查结束并调整后,余下 9 个月的销售额比上年同期多约 30 万美元)。

斯温森不再怀疑他的员工实施了盗窃舞弊。正如前面提到的,斯温森很难相信经理也实施了舞弊,因为经理努力使俱乐部免受城市管理条例的限制;但显而易见,这些努力只是为了保护她的非法现金收入。

调查人员在监控期间对员工进行了面对面的询问/讯问。这样做的目的有两点:一是进一步增强员工在监控期间的被监视感,二是向员工提供举报舞弊行为的机会。基于之前的秘密监控结果和正在进行的监控,调查人员在采访中询问/讯问了一些具体的问题。虽然在询问中没有人承认自己实施了盗窃,但许多员工声称经理是主要的舞弊实施者。

在询问/讯问过程中,面对来自秘密监视、监控和其他员工回答询问/讯问的证据,贝齐承认在三年内私吞了俱乐部近 10 万美元现金,并签署了承认盗窃的书面声明。她在声明中详细列出了舞弊金额以及使用的各种舞弊手段(通过卖酒、银行存款、视频销售和送餐等手段进行舞弊),随附的汇总表按来源列出了自己侵占的资金。由于在处置账外舞弊时收集的证据大多是间接的,因此取得一份已签署的承认声明,大大方便了调查人员提请员工因舞弊所需承担的保险索赔或刑事指控。本案中舞弊调查人员代表"北国风云"提出索赔。

保险公司向"北国风云"支付了保险单规定的最高保险金额 50 000 美元。显然,考虑到这种现金密集型业务的风险敞口,保险公司提供的赔偿金额不足以弥补俱乐部的损失。根据保险公司的要求,舞弊调查期间收集的证据被移交当地执法部门以佐证起诉。最后,几名员工被判舞弊罪,他们和店主签下的侵占资金归还协议被强制执行。

■ 重点内容回顾

- **了解各种舞弊调查方法，以及何时使用何种调查方法。** 一旦对舞弊做出假设，就必须进行调查，以确定舞弊由谁实施、为何实施舞弊、如何实施舞弊以及舞弊造成的损失。针对舞弊的调查方法通常有四种：(1) 盗窃调查方法；(2) 掩盖调查方法；(3) 转移调查方法；(4) 讯问调查方法。这四种方法的有效性及优先度通常取决于具体的舞弊类型。

- **讨论盗窃调查方法，以及如何使用它们来调查可疑舞弊。** 盗窃调查方法包括直接调查盗窃行为（不掩盖或不转移）的舞弊诱因。这种方法的目的是抓住正在实施舞弊的行为人，具体包括监视、获取实物证据（如轮胎痕迹、被破坏的锁）和收集电子证据（如电子邮件、短信）等。

- **理解调查流程，充分利用弱点分析表。** 在舞弊调查的初始阶段，调查人员通常试图对谁实施舞弊、如何实施舞弊等问题提出假设。可以使用弱点分析表来分析潜在舞弊所包含的所有因素：被侵占的资产、舞弊动机、实施舞弊的可能手段、如何掩盖舞弊、资产转移、舞弊迹象等。通常，将这些因素结合在一起，就能初步判断是谁实施了舞弊。

- **描述监视和秘密调查的性质。** 监视和秘密调查是运用听觉与视觉进行调查的方法，通常包括观察和监听潜在的舞弊实施者。监视的方法包括静态或定点、动态或跟踪以及电子监视。

- **了解监控在舞弊调查中的有效性。** 舞弊行为的产生有三大要素：压力、机会和合理化行为。监控包括实施强有力的控制程序或观察以确保舞弊不可能发生，或者使得舞弊发生时会产生明显变化。监控可以让调查人员比较在实施控制措施前、在实施反舞弊措施时、在解除舞弊控制措施后的结果。监控允许调查人员比较舞弊发生和未发生时的变化结果（如利润、存货流动与收入等）。监控除了帮助调查人员了解舞弊行为是否发生，还有助于估计舞弊金额。

- **解释如何获取实物证据，以及如何在舞弊调查中使用实物证据。** 舞弊调查人员通常不太熟悉收集实物证据，如轮胎痕迹、划痕、污点、指纹等。因此，最常见的情况是舞弊调查人员协同执法人员或法律顾问来获取实物证据。常用的实物证据是实物资产，如存货等。

- **了解如何从手机、硬盘驱动器、电子邮件、社交网站和其他来源获取与分析电子信息。** 电子证据具有很强的实用性，但它对技术的要求较高，通常需要 IT 人员与法律顾问的协助。收集电子证据的基本步骤为：(1) 保护设备（手机、计算机等）；(2) 克隆设备并执行校验过程和计算 CRC 数字；(3) 手动搜索设备；(4) 使用自动化程序搜索设备。

第 8 章

掩盖行为调查

寄 语

本章以大家熟知的法尔莫公司舞弊案为引子。在阅读该案例和后续内容时,请思考舞弊者如何花掉所贪污的赃款。如果你有一条看似很容易赚钱的渠道,你会把赚的钱花在哪里?你认识的人会把钱花在哪里?作为一名调查人员,你如何发现这种交易行为?

学习目标

在学习本章之后,你应该能够:
- 阐述掩盖调查方法,并指出它们与舞弊的关系;
- 了解实物文件和电子记录在舞弊调查中的价值;
- 列举获取书面证据的不同方法;
- 了解如何进行发现抽样以获取书面证据;
- 解释获取难以取得的书面证据的拓展程序。

现实的教训

几年前，一些房地产有限合伙企业的普通合伙人为个人利益而挪用了数百万美元的投资款，实施了重大舞弊行为。这些普通合伙人盗用合伙企业的资金用于个人消费，并以合伙企业名义挪用投资人的资金购置房产供肯德基等快餐连锁店使用。这些建筑物由有限合伙人投资款全额支付，并按"三费净租赁"① 的方式租给业主经营者，这意味着承租人必须负责维护和缴纳财产税。为了挪用有限合伙人的投资资金，普通合伙人与合伙企业注册地距离较远的州的银行合作，这些银行以房产的产权为抵押贷款，并用贷款额支持普通合伙人的个人投资。

在执行审计程序的过程中外部审计人员发现，如果承租人不及时缴纳财产税，合伙企业的财产就可能面临风险。因此，审计人员在财产所在的每个县都进行了留置权搜查。令审计人员惊讶的是，他们发现位于亚利桑那州和得克萨斯州的不动产存在留置权且由堪萨斯州和内布拉斯加州的银行保管，但这两个州的合伙企业并不拥有任何不动产！对此，审计人员执行了相应的审计程序：向银行发送询证函以确定房产的所有贷款的性质和金额。回函显示，这些房产获得了总计数百万美元的贷款。在随后的调查中，审计人员发现普通合伙人存在舞弊行为。

有趣的是，审计人员发现的其中一项具体的舞弊行为是挪用资金。据推测，这些资金被存放在一个托管账户中，后被阿拉斯加州的一家产权公司用于建造一家新餐厅。普通合伙人告诉审计人员，产权公司持有320万美元，并向审计人员提供了发送询证函的地址。然而在向审计人员提供地址之前，一名普通合伙人飞到阿拉斯加州租了一个邮箱，用街道号码而非邮箱作为地址（在舞弊发生时，这些地址是合法的）。在询证函发出后，普通合伙人再次飞到阿拉斯加州用一个虚构的姓名完成询证函的确认，随后将函件发回给审计人员。如果没有进行留置权搜查和后续调查，审计人员就不能发现320万美元的托管账户和确认舞弊。现在，审计人员可以通过类似谷歌地图这样的软件来查找阿拉斯加州的地址，从而执行例外检查。例如，在谷歌地图的街景模式下点击相应地点，审计人员就能看到邮箱等建筑物的图片，进而确定产权公司的位置。

在上述案例中，几种获取书面证据的手段是发现舞弊的关键，包括留置权搜查、函证银行等，通过这些方法获得的书面证据可以揭示贷款以及来自托管公司的虚假确认。一旦有了托管公司的虚假确认和银行贷款文件，就有可能迫使舞弊者招供。审计人员遵循审计准则并揭发舞弊行为，有助于降低有限合伙人为弥补自身损失而起诉会计师事务所的风险。

---

① 除了水费、电费和租赁费，物业费、财产税、公用事业费、房屋结构维护保养与保险费等都由租户支付的租赁方式。

8.1 掩盖调查方法概述

监视、秘密调查、监控和实物证据都是调查盗窃的方法。这些方法在舞弊调查中使用得较少，因为它们的使用成本很高，而且比其他方法需要更多的专业知识。但是，对于某些舞弊特别是涉及有形资产的盗窃，这些方法往往能提供最有力的证据。掩盖调查方法则主要针对篡改书面证据的舞弊行为。这些书面证据包括采购发票、销售发票、贷款通知单、存款单、支票、验收报告、提货单、租赁清单、产权清单、销售收据、汇款单、现金支票和保单等。

8.2 书面证据

大部分针对掩盖的调查方法都涉及搜查被篡改的实物文件或计算机记录。对于目击证人和书面文件这两种证据，舞弊调查专家更偏爱后者。与目击证人不同，书面文件不会遗漏信息，不会被律师反复质疑或诘问，不会作伪证，也不会在不同情况下陈述矛盾的事实。在现代金融交易中，每一笔转账都涉及书面文件。由于大多数舞弊都涉及现金或银行存款，对于调查人员来说，书面文件是实用且十分有价值的证据。比如一张作废的支票就是一个很好的书面文件，在作废的支票上不仅可能留有指纹，还会提供很多有用的信息，如图 8-1 所示。

如果你正在调查回扣或伪造案，支票会帮助你找到经办交易的出纳员，而出纳员可以向你提供有关舞弊人员的重要信息。此外，支票还能提供交易全过程的书面线索。

书面文件构成了大多数舞弊案件的主要证据，调查人员必须了解处理书面文件所需的法律和常识。这些内容主要包括：①证据的保管链；②证据的标注；③证据的组织；④证据的协调；⑤原件和复印件的使用规则。

> 想一想 >>> 当涉及电子交易时，掩盖调查方法是否应当有所变化？

8.2.1 证据的保管链

从获取书面证据开始就应当建立严密的证据保管链，以便法庭取证。保管链一般是指对何时收到凭证、收到凭证后的处理和使用情况以及凭证脱离保管链的时间进行记录。辩方律师会不遗余力地向法庭陈述凭证已经遭到篡改，因此调查人员应当建立两份备忘录，一份记录取得凭证的时间，另一份记录凭证发生变化的时间。

对于基于计算机保存的电子证据，一些专业软件（如 EnCase[①] 和 Forensic

---

① EnCase 是 Guidance 公司研发的取证产品，拥有强大的脚本功能，支持二次开发，可增强取证分析的针对性，使个人技能得到较大程度的发挥，是政府执法机构常用的取证工具，也被司法、军队、监察等部门广泛使用。

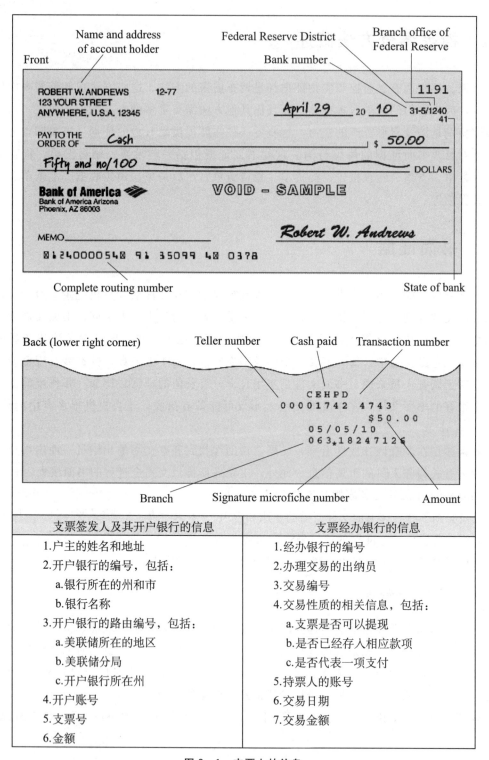

图 8-1　支票上的信息

Toolkit[①]）可以执行证据链的校验。封存在计算机、平板电脑、手机、闪存和其他设备中的电子证据也必须遵循传统的证据链规则。

8.2.2 证据的标注

在取得书面证据时应当进行标注，便于今后辨认。将书面证据放置于透明信封中，并在封套上记录取得日期和初始检查人员。复印文件，将原件装入信封并保存在安全的地方。在调查过程中使用复印件，不要将其与原件保存在一起。这一措施可以保护原件不受损害，以便今后在法庭上使用。

> **留意** >>> 证据链不完整是破坏证据甚至整个案件的最常见方式之一。

8.2.3 证据的组织

一起舞弊案件可能会牵涉成千上万张书面证据。例如在某个案件中，100名人员工作了整整一年才将证据关键词全部输入电脑，其中包含数以百万计的文字证据，以便法庭取证。在林肯储贷银行案中，法庭建立了一个有几百万份文件的文件库，以便律师、联邦调查局官员等人取证。在许多情况下，尤其是在大型案件中，证词、物证和其他证据都以电子文档的形式汇总。这些类型的数据库可以通过关键词、证人、主题和其他方式进行搜索。虽然文件和记录的硬拷贝仍在使用，但没有电子副本的硬拷贝则很少使用。

由于文件数量庞大，因此有必要一开始就对文件进行组织归类。舞弊调查专家对于什么是最有效的组织方式存在分歧。一些人认为应按照目击证人对证据进行分类，一些人偏重于按时间排列，另一些人则认为应依据交易归类。不论使用何种分类方法，证据库都应当包含以下内容：①文件的创建日期，②文件的来源，③取得文件的日期，④文件内容简介，⑤文件主题，⑥文件分类查询号（即诉讼律师检索文件的号码）。

> **请记住** >>> 无论使用何种组织方法，证据库中都应该包含有关文件的基本信息，如日期、来源、简介、主题和查询号等。

8.2.4 证据的协调

简单的调查案件一般只涉及几个人，此时调查组成员之间的证据协调方式是直截了当的。调查人员可以通过召开会议来共享所获得的证据和准备实施的计划，或者通过互联网（如云存储）来共享文件。

在涉及调查人员、法律顾问、会计师、专家证人和管理层代表的复杂案件中，证据的协调将变得困难。此时，调查分析软件能发挥应有的作用，它能运用链接分析功能直观地帮助调查人员快速理解复杂的场景，并将信息可视化。调查人员只需将指标输入中央数据

---

① Forensic Toolkit 即法务工具包，它可以恢复电脑、手机等设备的物理和逻辑采集，其图像设备文件系统可以提取设备机密（如密码、密钥和受保护的数据）并解密文件系统映像，支持带锁定支持和密钥串提取的逻辑采集，甚至可以设置备份密码，也可以快速提取媒体文件和共享文件。

库，软件就会自动执行链接分析功能并生成显示人员、地点和文件之间关系的图表。除此之外，这些软件还可以进行其他分析——从时间线分析到图表分析。通过对这些图表进行分析，调查人员能够很清晰地辨认案件中需要着重调查的对象。

> **想一想** >>> 哪些类型的案件应该使用调查分析软件？使用调查分析软件的成本是否合理？

8.2.5 原件和复印件的使用规则

原件是优于复印件的证据。事实上，根据司法规定，通常只有在四种情况下才允许在法庭上使用复印件（复印件被认为是辅助证据），而且法庭必须证实原件的确存在，复印件是原件的真实拷贝。

- 原件丢失或毁损，但并非出于故意，也不是因故意而企图使用辅助证据；
- 原件在反方手中，反方在得知后仍未交出原件，或原件所有者不在法庭的传讯范围内；
- 文件或记录由公共部门保管；
- 原件篇幅过长，无法进行详细查证，允许使用其内容摘要。

有时，审计人员和其他调查人员会因使用复印件而不能检查出舞弊。在 ZZZZ Best 案中，其中一名主犯据说是使用复印机的高手。一位知情人员透露，"他玩复印机就像著名的钢琴家 Horowitz 弹钢琴一样得心应手"。无论何时，调查人员都应当谨慎使用复印件。

8.3 获取书面证据

获取书面证据的最优办法是利用计算机查询会计数据库和其他数据库。正如第 6 章所讨论的，这些方法允许进行全样本分析，并能够从庞大的记录中找出证据记录。调查人员应该特别关注数据驱动方法的第 4 步（收集查询数据）和第 5 步（分析结果），以发现篡改和舞弊的记录。

另一种能有效获取书面证据的方法是传统的审计，包括发现抽样。这些方法特别适用于非电子证据，如已付款的支票或询证函回函。但书面证据的取得有时是偶然的，或经由举报取得。比如，审计人员和其他检查人员有时会因文件存在明显的篡改或伪造痕迹，或知情人揭发而偶然地发现舞弊行为的书面证据。但是，这种机会并不多见，也并不可靠。下面我们将列示几种更为可靠的取得书面证据的方法。

8.3.1 审计

审计人员执行七种类型的测试，形成七类审计证据：①机械准确性测试，即重新计算；②分析性测试，即合理性测试；③检查书面记录；④函证；⑤观察；⑥实物检查；⑦询问。因为收集书面文件是审计工作的中心环节，因此审计师可以收集到书面证据而又不引起怀疑。审计人员可以同时运用手工方法和计算机程序来获取书面证据。

本章开篇介绍的房产案例说明了审计程序如何提供书面证据。在该案中，审计人员向那些对合伙企业的房产拥有留置权的银行发送了询证函，而回函中包含了贷款金额、扣款日期以及未付款余额。在向金融机构进一步询问时，调查人员发现贷款发放文件的复印件上有借款人的签名和其他信息。一旦有了这些原始的贷款文件，证明舞弊行为和让舞弊人员坦白就变得相对容易了。

为了说明审计人员在舞弊调查中扮演的角色，除上述案例外，让我们回顾第 5 章提到的埃尔金飞机制造公司舞弊案。国防审计人员发现了几点可疑的迹象：①豪华高级轿车，即生活方式迹象；②嫌疑人无一次缺勤，行为迹象；③员工的索赔从未经过审核，即内部控制缺陷。因此，他怀疑索赔支付部的经理参与舞弊，并决定展开调查。经推断，审计人员认为最便捷的舞弊方式是虚构多个不存在的医生，并以那些一年之中索赔金额不多的员工的名义向公司递交医疗费用账单。于是，他收集了所有签发给医生的支票，以确认这些医生和索赔是真实、合法的。

审计人员知道，如果不对所有的支票进行检查，就无法得出舞弊存在与否的结论。他们也意识到，由于缺乏舞弊证据，他们没有理由对所有 6 000 张支票（编号从 2001 到 8000）同时进行检查。在权衡了检查的必要性和时间限制之后，他们提出三种选择：其一，检查其中一部分支票；其二，随机抽取样本并利用统计抽样原理检查支票；其三，利用计算机进行搜索，检查全部支票的某些特征。

如果审计人员选用第一种方法并详细分析 40 张支票，那么当他们查出有一张以上的虚开支票时，就能得出存在舞弊的结论。但是，如果 40 张支票都是真实、合法的，那么只能说明这 40 张支票不存在舞弊。如果不进行随机抽样并选用恰当的方法，就无法针对全样本得出结论，检查结果也就不可靠。

留意 >>> 在只有少数记录存在舞弊的情况下，抽样是有风险的。此时，应当尽可能使用全样本分析来规避这种风险。

8.3.2 发现抽样

在大部分情况下，收集书面证据的一种更好的方法是使用发现抽样统计方法。发现抽样能够使审计人员在抽样样本结果的基础上对全样本进行合理推断，如图 8-2 所示。

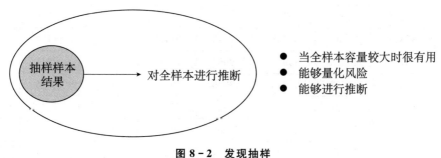

图 8-2 发现抽样

发现抽样是所有统计抽样方法中最易于理解的。审计人员只要会读图表，就能实施发现抽样。发现抽样讨论的是假定误差以既定的误差率存在于全样本中，在给定样本中至少查出一个误差的可能性。发现抽样建立在概率论的基础上,是一种属性抽样方法,有时也被称为停-走抽样。它包括两个步骤:(1)抽取并测试随机样本;(2)绘制表格,以便根据抽样样本对全样本进行推断。例如,假定审计人员决定采用发现抽样来检查签发给医生的支票。首先,审计人员使用随机数生成器或随机数表来筛选支票。随机数表的实例如表 8-1 所示。

表 8-1 随机数表(部分列示)

项目	(1)	(2)	(3)	(4)	(5)	(6)	(7)	(8)
1000	37039	97547	64673	31546	99314	66854	97855	99965
1001	25145	84834	23009	51584	66754	77785	52357	25532
1002	98433	54725	18864	65866	76918	78825	58210	76835
1003	97965	68548	81545	82933	93545	85959	63282	61454
1004	78049	67830	14624	17563	25697	07734	48243	94318
1005	50203	25658	91478	08509	23308	48130	65047	77873
1006	40059	67825	18934	64998	49807	71126	77818	56893
1007	84350	67241	54031	34535	04093	35062	58163	14205
1008	30954	51637	91500	48722	60988	60029	60873	37423
1009	86723	36464	98305	08009	00666	29255	18514	49158
1010	50188	22554	86160	92250	14021	65859	16237	72296
1011	50014	00463	13906	35936	71761	95755	87002	71667
1012	66023	21428	14742	94874	23308	58533	26507	11208
1013	04458	61862	63119	09541	01715	87901	91260	03079
1014	57510	36314	30452	09712	37714	95482	30507	68475
1015	43373	58939	95848	28288	60341	52174	11879	18115
1016	61500	12763	64433	02268	57905	72347	49498	21871
1017	78938	71312	99705	71546	42274	23915	38405	18779
1018	64257	93218	35793	43671	64055	88729	11168	60260
1019	56864	21554	70445	24841	04779	56774	96129	73594
1020	35314	29631	06937	54545	04470	75463	77112	77126
1021	40704	48823	65963	39659	12717	56201	22811	24863
1022	07318	44623	02843	33299	59872	86774	06926	12672
1023	94550	23299	45557	07923	75126	00808	01312	46689
1024	34348	81191	21027	77087	10909	03676	97723	34469
1025	92277	57115	50789	68111	75305	53289	39751	45760
1026	56093	58302	52236	64756	50273	61566	61926	93280
1027	16623	17849	96701	94971	94758	08845	32260	59823

续表

项目	(1)	(2)	(3)	(4)	(5)	(6)	(7)	(8)
1028	50848	93982	66451	32143	05441	10399	17775	74169
1029	48006	58200	58367	66577	68583	21108	41361	20732
1030	56640	27890	28825	96509	21363	53657	60119	75385

在使用随机数表选择要检查的支票时，审计人员必须确定：

（1）选号起点；（2）选号路线；（3）对选择范围以外数字的处理（在本例中指 2001—8000 之外的数字）；（4）由于支票的编号只有四位，确定选用五位数字中的哪四位数字。

假定审计人员选择左上角的数字 37039 为选号起点。选号路线为由左至右、由上至下，跳过选择范围以外的数字，并使用前四位数字进行筛选，选中的样本支票号分别为：3703、6467、3154、6685、2514、2300 等（样本量将在后面讨论）。随机选样能使审计人员针对全样本而非抽样样本进行推断。

一旦选定了支票样本，就可以运用发现抽样表（见表 8-2）针对支票得出结论。如果审计人员在样本中发现一张虚开支票，就可以 100% 地确认存在舞弊。如果未发现虚开支票，就必须查验全部的 6 000 张支票后才能完全确认不存在舞弊。若审计人员检查的样本量少于 6 000 张且未发现舞弊，则发现抽样能确定所承担的风险水平。换句话说，发现抽样使审计人员能够测定风险水平。如表 8-2 所示，如果审计人员检查了 300 张支票而未发现虚开支票，他就有 95% 的把握确定总体舞弊率不超过 1%，有 78% 的把握确定总体舞弊率不超过 0.5%，等等。发现抽样表建立在无虚开支票这一假设基础上，一旦审计人员发现一张虚开支票就可以 100% 地确认存在舞弊。

表 8-2 发现抽样表

抽样容量	全样本至少包含一个误差的概率 (%)							
	总体误差发生率 (%)							
	0.01	0.05	0.1	0.2	0.3	0.5	1	2
50		2	5	9	14	22	39	64
60	1	3	6	11	16	26	45	70
70	1	3	7	13	19	30	51	76
80	1	4	8	15	21	33	55	80
90	1	4	9	16	24	36	60	84
100	1	5	10	18	26	39	63	87
120	1	6	11	21	30	45	70	91
140	1	7	13	24	34	50	76	94

续表

抽样容量	全样本至少包含一个误差的概率（%）							
	总体误差发生率（%）							
	0.01	0.05	0.1	0.2	0.3	0.5	1	2
160	2	8	15	27	38	55	80	96
200	2	10	18	33	45	63	87	98
240	2	11	21	38	51	70	91	99
300	3	14	26	45	59	78	95	99+
340	3	16	29	49	64	82	97	99+
400	4	18	33	55	70	87	98	99+
460	5	21	37	60	75	90	99	99+
500	5	22	39	63	78	92	99	99+
800	8	33	55	80	91	98	99+	99+
1 000	10	39	63	86	95	99	99+	99+
1 500	14	53	78	95	99	99+	99+	99+
2 500	22	71	92	99	99+	99+	99+	99+

审计人员期望的置信程度越高，其承担的未查出舞弊的风险越小，需要检查的抽样容量就越大。总体规模对抽样容量的影响很小，除非抽样容量的占比足够大（通常大于10%）。此时置信程度高于表8-2所示，风险水平则低于表8-2所示。

即使运用发现抽样，审计人员也不能完全确定全样本中不存在舞弊。尽管发现抽样允许对全样本进行推断，但仍可能存在两个问题：（1）样本不具有代表性，即抽样风险；（2）审计人员检查了舞弊性样本但未发现，即非抽样风险。发现抽样允许审计人员量化风险和样本，直到他们能提供充足的证据证明舞弊确实不存在。

> **请记住>>>** 发现抽样是一种简单的、基于统计的方法，用于分析大样本中的子样本。它允许调查人员决定可接受的抽样风险水平。与所有抽样一样，只有在无法使用计算机进行全样本分析时才使用发现抽样方法。

发现抽样被广泛应用于审计和反舞弊。它能够有效地找出无意的错误和内部控制缺陷，因为无意的错误或内控制失效通常会随着时间的推移而定期发生，例如每当某个内部控制环节出现故障时发生。统计样本通常能很好地代表全样本。

舞弊行为的产生通常伴有数据的故意篡改。有时，篡改的数据会在数据集中有规律地出现。对于其他舞弊行为，舞弊记录可能只在有限的交易中出现，并不能代表总体。统计抽样在用于检查舞弊时可能会带来很大的风险，但在向第三方发送询证函等程序中，它是唯一可用的方法。发现抽样涉及抽样风险，因此在实践时应尽可能使用全样本分析，而使用计算机自动进行全样本测试是消除抽样风险的主要方法。发现抽样是一种重要的舞弊调查方法，但一定要对其使用的时间和情境进行评估。下面介绍一些重要概念。

发现抽样的书面记录

调查人员应当记录确定抽样容量的方法（即既定的总体误差水平和置信水平）以及选择样本的方法。也就是说，应当记录随机数表的出处（如书名或计算机程序名称），以及确定选号起点和选号路线的方法。如果在其他人检查了抽样方案或在抽样程序成为呈堂证供后需要扩展抽样容量，那么这种书面记录将是很重要的。

> **请记住** >>> 书面文件和电子记录是掩盖调查的信息来源，因为大多数掩盖方法都涉及篡改或操纵实物文件或计算机记录。

评估误差

如果调查人员选用发现抽样来查找误差，他们就必须确定误差究竟是产生于无意的错误还是有意的舞弊。比如在前面的例子中，发现虚假的支付行为就说明存在舞弊。然而，支票金额的误差可能产生于无意的计算或录入错误，也可能产生于故意的回扣舞弊行为。事先确定误差的组成和舞弊的定义将有助于进行此类评估。

抽样风险

调查人员需要了解发现抽样风险。抽样风险是指样本特征不能代表总体特征的可能性。想要降低抽样风险，调查人员可以增加抽样容量，或者使用随机数表或随机数生成器来筛选调查对象。

非抽样风险

调查人员必须考虑非抽样风险，即错误理解样本结果的风险。比如，调查人员可能未发现样本中包含的误差，或者将有意的舞弊误认为无意的错误，或者没有意识到文件是伪造的。非抽样风险无法量化，但可以通过仔细地规划、执行和评估抽样过程来降低。

8.4 难以取得的书面证据

8.4.1 常规方法

尽管现在的法律使取得书面证据变得更为容易，但仍有一些书面证据难以取得，最常见的三个例子是个人银行记录、纳税申报表和经纪记录。一般来说，我们可以通过传票、搜查令、自愿同意三种方法取得此类证据。传票是由大陪审团和法院签署的命令，不服从传票的指示将受到法律的惩罚。只有大陪审团和法院的代理人（通常是执法人员）才能通过传票取证，这也是在调查舞弊时需要与执法机关合作的原因之一。

图8-3是一张传票示例。正如你看到的，这是两家公司在一起民事诉讼中联合发出的传票，目的是提供从网站或网站托管服务中制作、接收、查看、下载或访问软件

"Run，Walk and Jump"或"runjump.zip"或其衍生产品的信息。其他传票看起来和这个差不多。也就是说，他们会确认是谁提出索要文件或信息的请求，请求的对象是谁，以及请求的确切目的是什么。每份传票必须由法官或法院专员签署后送达，这意味着传票通常由执法人员送达收件人。

美国地方法院
纽约特区
ABC 软件公司（纽约一家公司）
原告
vs.
WXYZ 软件公司（特拉华一家公司）
被告
第 8462359 号民事诉讼

传　票

您被要求在以下指定的地点、日期和时间出示并允许检查及复制您持有、保管或控制的所有文件。

文件请求
每一个制作、接收、查看、下载或访问"Run，Walk and Jump"软件或其衍生产品的人。

地点
日期和时间

I.M.S 律师事务所
2015 年 10 月 1 日
Skyline 路 2250 号
纽约，纽约 12121

签发官员签名和职务

原告律师
2015 年 10 月 5 日

签发官员的姓名、地址和电话号码
A.B.M
I.M.S 美国律师事务所
Skyline 路 2250 号
纽约，纽约 12121

图 8-3　传票示例

获得此类书面证据的第二种方法是取得搜查令。如果法官有恰当的理由相信书面文件与舞弊有关，他就会签署搜查令。搜查令仅限于执法人员使用，且一般用于刑事案件。

获取私人文件的第三种也是最常用的方法是当事人自愿同意。这种同意可以是口头的，也可以是书面的。图 8-4 是一个通过自愿同意的方式取得个人银行记录的例子。

> **客户同意与授权书**
>
> 我，奥诺尔·福克斯（客户姓名），已经阅读了文件附件部分对我权利所给出的详细解释。出于行政管理的要求，我授权 XYZ 公司信用合作社（金融机构的名称和地址）向迈克尔·布莱尔和罗伯特·雅各布斯公开以下财务记录：所有的银行账户记录，包括 2011 年 1 月 1 日至今的活期存款账户、储蓄和贷款账户。我了解自己有权在以上记录提供之前的任何时间收回这一授权，且这一授权仅在我签署之日起三个月内有效。
>
> 2015 年 8 月 16 日　　　　　　　　　　　　　　　奥诺尔·福克斯（客户签名）
> 　　　　　　　　　　　　　　　　　　　　　　318 E. 伯奇大街安娜堡 MI48 159（客户地址）
> 　　　　　　　　　　　　　　　　　　　　　　　　　　　　　　　迈克尔·布莱尔

图 8-4　客户授权书

通常来说，与舞弊嫌疑人的首次会面并不是要让其认罪，而是要获得其许可，以取得银行记录和经纪佣金记录。为了获得他们的许可，通常的做法是向员工或供应商发出解约威胁。

请记住>>> 一些难以取得的证据需要使用传票、搜查令或自愿同意。此类证据的例子包括基于互联网的电子邮件账户、个人银行记录、纳税申报表和经纪记录。

8.4.2　鉴定专家

在一些情况下，有必要确定文件是否真实。文件可能是真实的，也可能是伪造的。鉴定专家运用法务化学、显微镜技术和摄影技术等进行文件鉴定，以确定其真实性。鉴定专家能鉴定文件的签名与预留印鉴是否相符；文件是否伪造；文件内容是否有添加、删除、涂抹或影印的情况；笔迹是否真实；文件是否完整；文件的日期是否所标明的日期；两份以上的文件是否存在重大差异；文件中的某些页是否被替换；等等。表 8-3 列示了调查人员在检查有争议的文件和来源不明的文件时通常遇到的问题，鉴定专家能够帮助解答这些问题。

表 8-3　有争议的文件引发的问题

笔迹：	打印稿：
1. 签名是否真实？	1. 打印机的品牌和型号是什么？大概在什么年代使用这种品牌和型号的打印机？
2. 正文的笔迹是否真实？	2. 能否识别使用的是哪一台打印机？
3. 笔迹是否假冒？	3. 打印的内容与同一份文件上的手写内容或签名是否同时完成？
4. 无法识别的笔迹是谁所为？	4. 打印的日期是否和签署的日期一致？
5. 能否识别笔迹？	5. 谁负责打印？
6. 能否识别数字？	6. 打印的内容是一次完成的，还是后来又有添加的部分？是如何添加上去的？
7. 签名和正文，哪个书写在前？	7. 是否用原件进行了复印？
8. 能否识别伪造者签名？	8. 复印件是否真实？
9. 正文的笔迹或签名与文件的日期是否一致？	9. 能否从复写带上识别打印机和文件？

续表

改动和添加： 1. 文件后来是否被改动或添加了内容？是否有加页、撕毁、故意的折皱或污渍？ 2. 被改动或添加的原始日期或事项是什么？ 3. 何时进行的改动或添加？ 4. 谁进行的改动或添加？ 5. 身份证或其他证件上的照片是否被撕毁，或被其他照片替换？	时间： 1. 文件的实际存在时间是否与签署日期一致？ 2. 纸张、打印、墨迹、封铅的年份有多久？ 3. 是否有迹象表明文件的存放方式和地点？
复印件： 1. 复印件是否通过对其他文件影印得到？ 2. 复印机的品牌和型号是什么？ 3. 能否识别使用的是哪一台复印机？ 4. 该种品牌和型号的复印机在什么年代制造并使用？ 5. 复印件上是否有原件没有的内容，是否粘贴上去的？ 6. 原件上的某些内容是否未在复印件上翻印？ 7. 能否确定复印件的原件？	其他： 1. 能否识别打印的内容？ 2. 能否辨别支票打印机、计算器、邮件地址印刷机及其他机器？ 3. 邮件是否曾被打开又重新密封？ 4. 能否辨别订书机、胶水、大头针、回形针等装订器？ 5. 复印文件是否真实？是否为伪造的？如果是伪造的，能否找到原件？ 6. 伪造者用何种方法复印伪造的文件？ 7. 能否确定复印伪造文件的机器？

笔迹的特点：
1. 基本的书写习惯——顺时针、逆时针或直线——表明书写的方向、曲度、形状和斜度。
2. 倾斜——向前、向后或居中。
3. 带圈字母的弯曲形状、大小和比例。
4. 第一个字母或大写字母首划的书写习惯。
5. 开头及结束笔画的特点、长度及弧度。
6. 在特定字母组合中，字母间隔的距离。
7. 大写字母的书写方式，在开头和结束的字母上习惯添加的钩或点。
8. 书写是否流畅，或者可以看出抖动或犹豫的痕迹，有些字迹十分流畅，有些字迹则显得下笔犹豫且有故意涂改的痕迹。
9. 笔迹的力度、长度和宽度的变化。
10. 字母的比例和排列，大写字母与其他字母在长度、高度和大小上的异同。
11. 字母 t 交叉的方式；交叉的高度和斜度——靠近 t 的上部还是下部，是否垂直，潦草还是工整；字母 t 结尾的单词是否也有交叉。
12. 字母 i 上一点的位置。
13. 以字母 y、g、s 结尾的单词的末划的书写方式。
14. 开头或结束字母的书写方式，比如 a、o、b、d 和 g，这些字母中的圈是否密闭，是大还是小？
15. 在同一个单词中，字母之间是否有很大的间隔？比如，是否将 t 和其他字母隔开？是否将一个音节与其他字母隔开？
16. 字母 f、g、y 靠上或靠下的比例。
17. 所有字母的相对位置；字母和单词之间书写的统一性和间隔距离。
18. 行与行之间的距离。
19. 标点符号的使用方式及位置。
20. 在一个单词或句子书写完毕后，是否有笔离开纸面的痕迹。

> **想一想** >>> 什么时候聘请鉴定专家才是合适的？什么时候不需要聘请鉴定专家？

想要成为熟练的鉴定专家需要接受大量的专业训练。尽管大多数舞弊调查人员并非鉴定专家，但他们必须了解与文件检查有关的两个要点：(1) 何时需要聘请鉴定专家检查文件；(2) 调查人员对文件负有的责任。如果存在以下一种或几种现象，通常需要将文件交由鉴定专家检查：

- 有擦拭或化学笔（铅笔）涂改的痕迹；
- 有修改或替换的痕迹；
- 字迹伪造或字迹不自然；
- 使用两种以上不同的墨水书写；
- 被烧毁、撕毁或残缺的页面；
- 字迹旁有铅笔印；
- 有复印过程中留下的墨线；
- 有内容不一致或不连贯的痕迹；
- 其他可疑的迹象或异常情况。

在处理这些可疑文件时，舞弊调查人员负有以下责任：(1) 收集、保管、识别可疑文件；(2) 收集并能向鉴定专家证实比较样本（文件）的来源；(3) 将可疑文件和比较文件都交给鉴定专家。

目前美国有两家著名的鉴定机构可协助进行舞弊调查。第一家鉴定机构是联邦调查局可疑文件鉴定部，它开展专业的法务鉴定和检查。此项服务向处理民事和刑事案件的联邦机构、美国律师及美国军方及所有处理刑事案件的联邦州、市、县及其他美国境内的非执法机构开放。执法机构提供相关服务的所有费用，包括专家在审理案件过程中证明鉴定结果的费用，一律由联邦调查局承担。

对可疑文件的检查包括传统检查项目和比较分析，主要包括（但不局限于）笔迹和签名、被修改的文件、被烧毁的记录等方面。

第二家鉴定机构是一个私人组织，即美国法务鉴定师委员会（ABFDE）。下文是有关该组织的背景、目的及功能的介绍。

美国法务鉴定师委员会

长期以来，政府的司法和行政部门以及社会团体都需要合格的法务鉴定专家提供专业服务。美国法务鉴定师委员会正是在这种环境下于1977年应运而生的。法务鉴定师委员会以服务公众和促进科学进步为目的，提供法庭鉴定类服务。从目的、功能和组织上看，美国法务鉴定师委员会与其他科学领域的鉴定委员会十分类似。

法务鉴定师委员会的宗旨在于建立、提高并保持法务鉴定人员的执业质量标准，并批准符合委员会要求的自愿申请人为合格从业者。因此，委员会旨在建立一个面向司法部门及其他公众的、实用且公平的体系，考核并评价有志于成为法务鉴定专家的人员是否具备必要的资格和能力。

资格证书的取得基于两方面的条件：一是申请人受过专业的教育和培训，拥有相应的经历，取得相应的成就；二是正式考试的成绩。

委员会设立在哥伦比亚区，是一个非营利组织，其发起人是美国法务鉴定学会和美国可疑文件检查师协会。委员会的理事和会员有些是从指定的提名组织的候选人中选出，轮流担任职务，部分理事和会员可以长期任职。

8.4.3　互联网搜索

互联网搜索可以快速获取合格的可疑文件审查员。例如，搜索"可疑文件审查员"或"可疑文件审查"等关键词就会找到大量的相关网站。有经验的调查人员不会使用可疑或未经科学证明的方法，而是使用自认为最有效的方法，体现其对真理彻底且顽强的追求。同时，他们也要确保所使用的任何技术都是合理且公平的。例如，如果对一份文件或笔迹样本的真实性存疑，他们就会找一位有资格的鉴定专家，此人拥有自然科学学士学位，并在有经验的审查员的监督下拥有多年的鉴定工作经验。我们建议尽量聘请有资质的鉴定专家，而不是笔迹学家。笔迹学家一般通过家庭学习课程获得职位，但有资格的文件审查员（即鉴定专家）一般拥有学位并有多年的鉴定工作经验。

■ 重点内容回顾

- 阐述掩盖调查方法及其与舞弊的关系。掩盖调查方法包括针对篡改实物文件或计算机记录的舞弊行为。
- 了解舞弊调查中书面文件和电子记录的价值。书面文件和电子记录是掩盖调查的信息来源，因为大多数掩盖方法都涉及篡改或操纵书面文件或计算机记录。多数反舞弊专家更喜欢实物证据，而非其他类型的证据（如目击者），因为文件可靠且前后一致。
- 列举获取书面证据的不同方法。书面证据可以通过查阅实物或电子记录来获取，但必须遵循合理的证据保管链、证据标注、证据组织、证据协调、原件与复印件的使用规则。
- 了解如何进行发现抽样以获取书面证据。发现抽样是一种基于统计的简单方法，用于分析较大样本中的子样本。它允许抽样者决定抽样的可接受风险水平。与所有抽样方法一样，只有在无法使用计算机进行全样本分析时才使用发现抽样。
- 解释如何获取难以取得的书面证据。一些难以取得的书面证据需要通过传票、搜查令或自愿同意的方法取得。此类证据包括基于互联网的电子邮件账户、个人银行记录、纳税申报表和经纪记录等。

第 9 章

转移行为调查

寄 语

本章介绍舞弊者通过何种方式或途径花销所贪污的钱财。如果有一个看起来很容易的赚钱来源,你会在哪里大肆挥霍?你知道哪些销金窟?作为一名舞弊调查人员,你将如何发现这类消费?

学习目标

在学习本章之后,你应该能够:
- 明确为什么分析犯罪者如何转移并使用赃款是十分重要的;
- 了解联邦、州和地方政府机构的公共记录为何有助于寻找犯罪嫌疑人的财务"线索";
- 掌握如何通过网络获取信息,以便针对舞弊嫌疑人展开调查;
- 了解针对舞弊嫌疑人的财产净值计算为何有助于法庭取证和迫使犯罪嫌疑人招供。

现实的教训

法尔莫（Phar-Mor）[①]是一家零售企业，它是米基·莫努斯（Mickey Monus）1982年在俄亥俄州扬斯敦创立的。10年内，法尔莫共拥有300多家分店，遍布美国各州，其业务策略是低价销售家用产品和处方药品。法尔莫低廉的价格及迅速的扩张使得全球最大的零售商——沃尔玛都开始感到不安。

然而，这家看上去在美国发展极快的公司存在严重的舞弊。事实上，公司从未获得合法的利润。调查人员最终认定，法尔莫虚增了5亿美元的收入，莫努斯个人的非法收入多达数百万美元。

莫努斯过着奢侈的生活，而且做事很冲动。例如，他从收入中拿出1 000万美元资助一项被认为失败的篮球联队，并且为科罗拉多落基棒球队提供一部分启动资金，还私人组建一支专业的啦啦队——"全美女孩"。他用非法所得在高档酒吧里一掷千金，在高级乡村俱乐部打高尔夫球，填补信用卡透支和扩建豪宅。莫努斯给未婚妻买了昂贵的订婚戒指。他们在丽思-卡尔顿（Ritz Carlton）酒店的游泳池边举行了婚礼，新娘的礼服镶有18克拉的金网纱，价值约50万美元。莫努斯的挥霍无度体现在很多方面。有时，他会在下午3点走进办公室，然后说："我们去拉斯维加斯吧！"他说到做到，这时就会有一辆高级轿车载着他去凯撒宫，在那里有一间套房24小时为他准备着。

莫努斯经常给员工多达4 000美元去赌博。他的一名员工说："莫努斯生活在赌博和虚幻的世界里。"对莫努斯而言，生活就是一场赌博。[②]

在许多舞弊案件中，舞弊实施者挥洒金钱来享受"奢侈生活"。例如，某个罪犯承认自己贪污了320万美元，她被要求回答：你如何形容你在舞弊期间的生活方式？

她的回答是："奢靡。我驾驶昂贵的汽车，拥有一辆奥迪5 000 Quattro、一辆玛莎拉蒂Spider敞篷车、一辆切诺基吉普和一辆劳斯莱斯；我购买昂贵的油画、艺术品和玻璃工艺品；我会举办大型宴会，在宴会上供应价格不菲的牛排和龙虾；我为父母购买别墅；我乘游艇出海，四处旅游度假；我还购买了大量昂贵的服装、皮草、钻石和黄金首饰。"

> **请记住** >>> 除了少数例外，犯罪分子一般会花掉贪污所得赃款。正因为如此，观察消费模式是一项主要的调查技术。

莫努斯和这个罪犯的生活方式都是极端的，他们都有一个共同的特点：舞弊实施者很少将贪污所得钱财留存下来。

尽管大部分人开始贪污是由于出现了严重的个人经济危机（那个贪污320万美元的罪犯最初将赃款用于偿还债务），但在危机过后他们通常仍继续贪污，这些钱并没有存下来或进行投资，而是用于满足私人生活需求。因

[①] 有关法尔莫的大部分内容来自电视剧《如何偷走5亿美元》，由PBS影视公司在1992年播出。另一部分内容摘自《华尔街日报》的一篇文章（1994年1月20日）。

[②] Mark F. Murray, "When a Client Is a Liability", *Journal of Accountancy*, 1992（9）: 54-58.

此，调查的重点应当是确定犯罪者如何"转移"并使用赃款。如前所述，转移是舞弊三角和调查方法中的第三项要素。某些舞弊，如收受回扣，不会产生可疑的直接记录，要调查此类舞弊的盗窃和掩盖因素几乎不可能。因此，发现并调查此类舞弊最有效的方法是注意嫌疑人生活方式的变化及其财产的转移尝试。即使其他盗窃调查技术的运用已经取得了丰硕的证据成果，我们也应使用转移调查以夯实案件事实。

大部分转移调查包括收集公共记录和其他资料，以检查财产的购入、负债的偿还以及生活方式和财产净值的改变。当人们进行交易（如购买资产）时，一般会留下"财务线索"。即使在所谓的保密管辖区（如一些岛屿国家）也能找到财务线索，因为交易涉及多个政党、国家和金融机构。现金交易也可以反映一个人的财务状况，但现金很少用于交易——尤其是涉及巨额资金的交易。事实上，在金融机构进行的任何现金交易（如购买汽车、船只或房地产）或存款超过1万美元，如果被认为可疑，就会被要求向国税局和联邦调查局提交货币交易报告。此外，互联网的普及使得搜索犯罪者的购买记录比过去容易得多。有经验的调查人员知道如何追踪、研究和分析这些线索，并从中发现与舞弊相关的重要证据。

9.1 转移调查

实施转移调查的原因有两点：第一，确定贪污的程度；第二，收集证据，用于审讯和迫使犯罪嫌疑人供认罪行。一般来说，调查和发现舞弊最常见的技术是面谈，审讯则指旨在获取信息的问答环节。经验丰富的审讯人员通常会先让嫌疑人承认自己的收入全部是劳动所得——这不费吹灰之力。换句话说，嫌疑人通常会声明自己没有继承财产或非劳动所得。然后，调查人员通过揭示有关生活方式和消费的证据来证明其消费水平已远远超过收入水平。这时，嫌疑人将很难解释不明收入的来源，被逼入绝境的嫌疑人就会坦白和供认罪行。

要成为一名转移调查专家，舞弊调查人员需要了解：（1）存放有关资料的联邦、州和地方机构等组织；（2）私人信息来源；（3）在线信息来源；（4）分析赃款使用情况的财产净值法对确定舞弊数额的重要作用。图9-1展示了与调查人员有关的信息来源。

大量在线资源的出现使得转移调查的效率大大提高。近年来，一些在线资源得到了整合，并发生了很大变化。及时了解现有资源、认真规划和执行调查任务是有效且高效调查的关键所在。以下网站提供了有关如何进行调查和搜索的概述：

> **请记住>>>** 实施转移调查的原因有两点：第一，确定贪污的程度；第二，收集证据，用于审讯和迫使嫌疑人供认罪行。

- 如何调查：www.howtoinvestigate.com，这个网站提供了如何开展调查的信息。
- 国际调查资源：www.factfind.com，国际调查资源组织提供了有关公共和开源记录以及公司记录的信息。

● 法律资源中心：www.crimelynx.com，法律资源中心提供了大量的政府网站链接、刑事司法统计数据、记录以及其他有价值的信息。

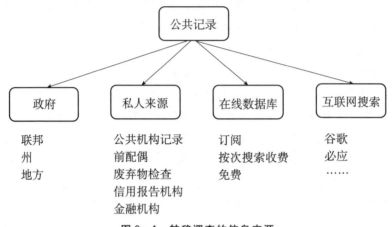

图 9-1　转移调查的信息来源

9.2　政府信息来源

联邦、州和地方政府机构会根据不同的法律规定保存公共记录，其中大部分资料是公开的，少部分资料受隐私法的保护，无法提供给公众。相比而言，联邦记录在舞弊调查中不如州和地方记录有用，但它们在某些情况下也能提供重要信息。受官本位的影响，获取联邦政府记录常常费时又费力。此外，一些私人机构

> 想一想>>>　为什么州和地方政府的信息来源要比联邦政府的信息来源更有用？

（如信用报告机构和公司）也会建立电子资料库，或者通过网络向公众提供有关个人生活方式和消费习惯的重要信息。

9.2.1　联邦政府机构资源

大部分联邦政府机构保存的信息能帮助舞弊调查人员展开调查。

国防部

国防部拥有所有军人（现役和退役）的记录，这些资料均由国防部服务中心保管。国防部同时还保管着威胁国家安全的危险人物的相关资料。国防部经常与其他联邦机构（如联邦调查局和中央情报局）互通信息。

军方的个人记录不是机密文件，它们能通过不断变化的地址帮你分析一个人的行踪。同时，这些记录还能帮你查出隐藏的资产，因为人们很有可能使用以前的地址来购置不动产和其他资产以隐瞒某些事实。国防部的网址是 www.defense.gov。

司法部

司法部是负责执行联邦刑法和民法的部门，保存着对罪犯侦查、起诉和撤诉的记录。

司法部包括美国检察院、美国法院和联邦调查局。毒品执法管理局在司法部中负责执行与毒品交易相关的法律。

联邦调查局是司法部的核心调查机构。凡不属于其他机构管辖的刑事案件均由联邦调查局负责，因此银行舞弊、组织犯罪、非法毒品交易均属于联邦调查局的调查范围。联邦调查局还负责美国境内的国家安全。

联邦调查局拥有几个数据库，其数据和资料均对州和地方的执法机构开放。最主要的一个数据库是国家犯罪信息中心，其保存的资料涉及被盗的车辆、汽车牌照、证券、船舶和飞机，被盗及丢失的枪支，失踪人口，通缉犯，等等。另一个数据库被称为州际鉴定索引（Ⅲ），作为国家犯罪信息中心的补充资料库，它保存着全美的逮捕和犯罪记录，同样面向各州和地方执法机构开放。

一些州也拥有与国家犯罪信息中心相似的数据库。要从这些数据库中获取资料，你必须出示身份验证信息，如社会保障号码或驾照。这些数据库通常不对私人侦探开放。如果我们想要使用这些数据库的信息，可以向当地执法部门请求协助。美国司法部的网址是www.justice.gov。

联邦监狱局

联邦监狱局管理全美范围内的联邦监狱、劳教所和社区教育中心，保存着在押犯人的详细资料。联邦监狱局的网址是 www.bop.gov。

国税局

国税局负责实施国家税务法规。但是，有关酒精、枪支、烟草和炸药的法规不属于国税局的管辖范围，它们分别由酒业管理局、烟草管理局和枪支管理局负责。国税局的资料不对公众开放。国税局的网址是 www.irs.gov。

特勤局

特勤局负责保护美国总统及其他联邦政府要员的安全，还负责调查制造假币、盗窃政府支票、州际信用卡犯罪和计算机犯罪。事实上，特勤局成立于1865年，它比联邦调查局、中央情报局或国家安全局的成立时间要早得多。它创建于亚伯拉罕·林肯遇刺之日，初衷是打击恐怖袭击。如今，它主要为美国的金融和支付系统提供安全保障。特勤局的网址是 www.secretservice.gov。

邮政局

邮政局是半官方组织，负责美国境内的邮递业务，并在居民使用邮政系统时保护信件的安全。邮政调查员是优秀的联邦调查员，他们负责调查利用邮递业务实施的重大舞弊案件，并且负责起诉违反邮政法规的犯罪者。邮政调查员与其他联邦、州和地方机构一样享有司法权。

邮政调查员对调查员工舞弊、投资圈套和管理层舞弊有着重要作用。在美国，舞弊的实施很难脱离邮政系统。因此，我们会发现贿赂、回扣以及虚假广告通常经由邮件传递；被盗窃的支票和现金一般也通过邮递存入银行。利用邮递业务实施舞弊十分常见，因此联邦邮政法规是联邦犯罪条例的重要组成部分。作为一名舞弊调查人员，你有必要了解邮政舞弊法规，并结识当地的邮政调查员。他们在各种舞弊调查中能提供极大的帮助。邮政局的网址是 https://postalinspectors.uspis.gov/。

中央情报局

中央情报局直接对美国总统负责。它负责调查美国境外的国家安全问题，而联邦调查局则管辖美国境内的国家安全。当案件涉及开曼群岛或其他保密管辖区的洗钱等国际诉讼时，中央情报局可以提供有用的信息。中央情报局的网址是 www.cia.gov。

社会保障管理部

社会保障管理部授权和管理个人社会保障号码（SSN）。该机构能够通过 SSN 查出罪犯的居住地。每个 SSN 都包含了地区信息（前三位）、群体信息（中间两位）和个人编号（后四位），因此社会保障资料对舞弊调查是非常有用的。一旦知道了个人的 SSN，就可以取得联邦、州、地方政府和私人的记录。此外，许多私人来源，如信用机构或"寻人启事"网站，使用 SSN 搜索效率更高。虽然这些网站通常不提供 SSN，但可以使用 SSN 进行搜索。政府每月公布"死亡人员"的 SSN 名单，包括那些已经去世的个人 SSN。这些号码有时被配偶、家人或不法分子用于继续领取福利或制作伪造的 SSN 卡。只需支付少许费用，私营公司就可以订阅 SSN 列表并获得每月更新服务。社会保障管理部的网址是 www.ssa.gov。

其他联邦政府机构的资料来源

还有很多其他的联邦政府机构的资料来源。上面的介绍只说明了可获得记录的信息来源的大致范围，要想了解更多的联邦信息来源，请登录"美国联邦政府机构指南"，网址是 www.govinfo.gov/。

9.2.2 州政府机构资料来源

一些州机构也保存着对舞弊调查有帮助的信息，下面仅列出其中的几个。

州司法局

各州的司法局与当地执法机关一起负责执行州立民法和刑法。大部分州司法局拥有专门的调查机构（类似于司法部的联邦调查局），如州调查局，这些机构保存着违反州立民法和刑法的犯罪人员的记录。州司法局（NAAG）的网址是 www.naag.org。

州监狱局

各州的监狱局负责管理州监狱和劳教所，它记录了所有在押犯人（包括获得缓刑和假释的犯人）的资料。州监狱记录可在联邦监狱局网站上搜索取得，其网址是 www.bop.gov。

9.2.3 州秘书处

州秘书处保存着各种类型的商业记录和按统一商业条例报送的文件。每家公司都必须向注册地政府上报有关文件。这些文件通常由秘书处办公室保管，记录了公司创立人、章程细则、登记机关以及初始的董事会和管理层。这些资料都是公开的，对于收集舞弊组织的信息十分有帮助。这些资料可以证实组织是否合法经营以及是否按时纳税，还提供合伙人、主要股东、董事会和商业联营等信息。这些信息有助于追查资产、分析利益冲突、识别虚假公司并确定其财务状况的变化。

州秘书处还保存着按统一商业条例报送的文件，包含动产抵押（非不动产交易）和私人贷款以及公司购买设备、家具、汽车及个人资产的信息。商业记录和按统一商业条例报送的文件能识别购入或租入资产的抵押品、贷款公司的性质、个人储蓄银行以及有关人员是否陷入经济困境等。有些商业记录和按统一商业条例报送的文件存放在县文秘处（根据各州的情况），大部分存放在州秘书处。商业记录和按统一商业条例报送的文件可以在全美秘书处联合会的网站上获取，其网址是 www.nass.org。

机动车管理处

驾照记录由机动车管理处保存，并且在大多数州都是公开的。驾照记录能让你了解有关人员的驾驶经历、驾驶地点、违规情况、姓名、出生日期、出生地点及相貌特征等。驾照记录可能是一个人 SSN 的来源。此外，在许多交易（如涉及伪造支票的交易）中，驾照号码可用于识别身份。每个州都有自己的网站，比如要查寻加利福尼亚州的机动车管理处信息，你可以登录 www.dmv.ca.gov。

人口统计局

人口统计局保存着人口出生记录。这些记录很难获得，而且通常是收费的，包含了关于一个人的出生日期、出生地和亲生父母的信息。大多数人对自己成长的地方有着亲和力，这些地区的本地记录可能会提供有用的信息。例如，犯罪者可能会通过购买私人土地或资助其童年所在城镇的公共项目来转移赃款。此外，了解犯罪者重要信息的个人可能也居住在其出生地附近。许多州有专门的人口记录网站，例如访问 www.odh.ohio.gov/vs 可以查看俄亥俄州的人口记录。

行业管理部门

大部分州设有行业管理部门或类似机构，负责管理各行业从业人员的执照。这类从业人员主要包括会计师、律师、银行家、医生、电工、管道工、承包商、工程师、护士、警察、消防员、保险经纪、主办保释人员、不动产经纪人、安保人员、证券承销商、投资银行家、教师、服务员（饮食行业）、旅行代理人等。

从业资格信息不仅能帮助你了解行业概况，还能让你了解有关人员的成员资格、专长、现工作公司的地址、以往的商业起诉、投诉和调查记录、职业证明等。

举个例子，假设你正在调查与第 5 章提到的埃尔金飞机制造公司类似的舞弊案，案件中可能存在虚构的医生。那么，查询相关州行业管理部门的执照记录，你能很快地证明那些医生是否确有其人。

9.2.4 县和地方记录

县和其他地方机构也保存着对舞弊调查十分有用的信息。然而，这些信息的可用性因州而异，也因县而异。下面列出一些保存县和地方记录的机构。

县文秘处

县文秘处保存着大量本地居民的记录，包括选民登记和结婚登记。这些记录通常有助于舞弊调查。比如，选民登记记载了选民的姓名、现在的住址、以前的住址、年龄、出生日期、社会保障号码、签名和电话号码（包括已登记在电话簿上的和没有登记在电话簿上的）等。即使某人未参加选举，其家人（如儿女或配偶）也可能参加了选举，因此选民登记记录仍然能提供有用的信息。

结婚登记记录通常保存在结婚所在地的县文秘处。结婚登记记载了夫妻双方的全名、各自的出生日期、社会保障号码、结婚时居住的地址（通常是其父母的地址）、驾照号码、护照号码、婚姻史及证婚人等。一旦获得了这些资料，你就可以进一步取得大量的其他数据和信息。

县土地办（公室）和税务评估办（公室）

这些机构保存着本县的房地产记录。获得房地产记录有两条途径：其一，可以在县土地办或契约登记办查找土地所有者的记录；其二，税务评估办保存的财产税记录也包含产权资料，通常按地址、产权登记、所有权人、卖方或买方进行索引。县土地办记录记载着资产、负债、抵押品持有人、托管人以及交易前后熟知当事人情况的有关人员。财产税记录记载着房产的类别、实际估价以及纳税人的现状。这些记录有助于识别购入的资产以及被犯罪者转移的留置权。

县治安办（公室）和其他机构

警察局、治安巡警处、缓刑和假释管理处记载的资料包括刑事控告、起诉状、审前报告、认罪书、押禁及缓刑情况等。

地方法院

各级地方法院都保存着违法者的记录，包括审前资料，如个人的学习经历、工作经历、特征信息、健康状况、曾受到的指控、离婚协议、财产处置协议、人身伤害诉讼案、财务索赔和起诉、舞弊索赔和合谋者、破产、遗嘱和遗嘱核验等。破产信息可以在各个网站上在线搜索，包括最近的破产案件、债权人列表、负债、资产等属性信息。这些记录能够显示被隐藏的资产。遗嘱和遗嘱核验提供的信息有助于鉴别犯罪者的资产及其来源。很多犯罪者声称其巨额资产经由继承而来，通过检查遗嘱和遗嘱核验书可以证实其声明是否属实。

发证机关

发证机关提供消防许可证（危险化学制品）、健康许可证（污染物）、升降机许可证、建筑许可证等相关信息。发证机关能帮助确定企业、租赁房屋、在建工程的性质和位置等。

9.3 私人信息来源

有经验的调查人员可以获得大量私人信息来源。比如，公用事业记录（煤气、电、水、垃圾处理和管道疏通）能提供用户的个人信息，从而能够反映有关人员是否在服务区内居住或拥有财产，并确定企业所使用的公共设备类型等。

调查人员还可以通过犯罪嫌疑人的前配偶来获取犯罪嫌疑人的财务信息。很多情况下，犯罪嫌疑人的前配偶提供的文件（如银行存款记录）往往会成为破案的关键。

另一种获取财务信息的方法是"废弃物检查"。这一看似奇特的方法往往能带来意想不到的收获。"废弃物检查"是指检查个人生活垃圾来获取可能的证据。需要注意的是，在垃圾未被丢弃前进行垃圾检查是非法的；然而，垃圾一旦离开犯罪嫌疑人的住宅、通道和围栏，调查人员就能随意、合法地进行检查。例如，在第一季度，经由这种检查通常能发现重要的纳税信息；在其他月份，通过这种检查也同样能找到信用卡、银行对账单及其他有用的线索。

即使是粉碎的文件也可以提供相关信息或线索。粗略地搜索互联网，你就会发现许多应用软件可以将粉碎的文档拼接在一起。用这些软件扫描残余的文档，用户只需等待软件将图像拼好即可。一些执法机构甚至聘请专家来手工拼凑被粉碎的文件。

最后，由于现在大多数文件都存储在电脑上，调查人员通常可以在犯罪嫌疑人的台式电脑、平板电脑或手机上找到原始文件。虽然用户可能会销毁纸质文件，但他们通常无法在电脑设备上执行相同的操作。调查人员经常能从被查获电脑内存的电子邮件和其他文件中发现重要的信息。有关这些类型的计算机取证的更多内容请参阅第 7 章。

> **想一想 >>>** 即使信息可以轻易获取，但也要确保你拥有合法的权利收集和使用这些信息。法律特别是涉及互联网的法律，仍在不断变化和发展，进入法律灰色地带可能会危及案件。

各种信用报告机构（也称"征信机构"）也保存着个人及组织的信用记录。信用报告机构分为两类：(1) 根据信用文件提供信用状况报告的机构；(2) 通过询问收集公共信息，并对信用状况进行报告的调查机构。信用报告机构主要针对零售企业进行信用状况报告。

信用报告机构通常拥有以下资料：
- 客户信息，例如地址、年龄、家庭成员和收入状况等；
- 会计信息，例如付款安排、购货类别和购买习惯等；
- 市场信息，例如针对客户的年龄、性别和收入水平所做的分析等；
- 当前和以前的员工信息。

信用报告机构保存的资料受到美国 1971 年出台的《公平信用报告法案》（FCRA）的约束。FCRA 旨在规范信贷、保险和就业调查活动。根据 FCRA 的规定，消费者信用报告机构在将有关信息提供给第三方的同时，也应将信息提供给当事人。若第三方信息可能给雇员带来不利影响，则应提前通知雇员。美国三大征信机构分别是：

- 益博睿（Experian），全球领先的信息服务公司，服务范围涉及海外企业信用调查、企业信用监控、企业尽职调查、企业信用评级、企业精准营销、企业信用管理、股东背景调查、信用风险管控、供应商评估等，网址为 www.experian.com。
- 艾可菲（Equifax），美国顶级信用评级公司，提供基于消费者和企业信息的综合数据库，包括信贷、电信、公用事业、教育、犯罪、医疗等的信用评级服务，网址为 www.equifax.com。
- 环联（TransUnion），创建于 1968 年，是美国著名的征信服务公司、决策与信息管理公司，2015 年 6 月在纽交所上市，定位为"全球领先的风险和信息解决方案供应商"，网址为 www.transunion.com。

2003 年，美国联邦政府通过《公平与准确信用交易法案》，在《公平信用报告法案》中增加了有关信息共享、隐私以及消费者披露权利的新条款，还限制了各州颁布比联邦法规更严格的法令。

金融机构（包括银行、经纪公司和保险公司）的记录是舞弊调查的重点内容。银行记录可以通过法院传票、搜查令、民事传唤等方式取得。金融机构在向外界提供数据资料时，通常会收取一定的费用。

> **想一想 >>>** 《格雷姆-里奇-比利雷法案》禁止人们使用虚假的借口从金融机构获取个人信息。这一规定在哪些方面产生了积极的结果？

在 1999 年《格雷姆-里奇-比利雷法案》（又称《金融服务现代化法案》）颁布之前，调查人员只能用虚假的借口从金融机构处获取个人相关资料。根据新法案，这一做法是违法的，但新法案允许银行和其他金融机构与他人共享客户信息。金融机构在出售或公开客户的私人信息之前，应先让客户选择是否愿意参与信息共享（信息隐私权）。然而，大部分客户不会提供书面通知来禁止银行出售私人信息的权利（选择退出）。

9.4 在线数据库

越来越多的在线商业数据库提供有用的信息。数据库可以基于订阅以收取一定费用，也可以允许无限制的免费搜索。有些数据库的资料可能会相互重复，但大多数都包含对案件有用的独特信息。例如，大多数调查人员认为在案件调查中，通过 Accurint（Lexis-Nexis[①]）、Clear（汤森路透）、TLOxp（环联）和其他调查网站进行搜索是标准做法。从多方收集信息是明智的，因为一个人的特定信息可能在这个数据库中，而另一个人的类似信息可能在其他数据库中。许多数据库保存着有关破产、法院记录、不动产、税收留置、统一商业条例相关文件以及其他重要的财务信息。下面按字母顺序列举了一些商业和公共

---

① LexisNexis（律商联讯）是世界著名的数据库，为全球许多知名法学院、律师事务所、高科技公司的法务部门所使用。该数据库链接 40 亿个文件、11 439 个数据库以及 36 000 个来源，资料每日更新。

数据库中最有价值的网站，以及每个网站可用信息类型的简要说明。

需要注意的是，由于互联网的动态特性，虽然这些网站的信息在发布时是最新的，但它们可能会随着时间而变化，经常被更新。

Accurint：www.accurint.com，Accurint 包含个人有关银行、人力资源、政府、执法、法律和媒体来源的信息。

Black Book Online：www.blackbookonline.info，从 Black Book Online 中可以搜索到有关破产、邮件丢失、公司、不动产、商业、死亡记录、州记录、联邦记录和其他有用的信息。

BRB Publications：www.brbpub.com，BRB Publications 是一个公共搜索引擎，提供数千个政府机构的链接。

Case Breakers：www.casebreakers.com，Case Breakers 提供一系列公共记录，包括商业报告、电话簿、就业前信息、机动车记录、许可证验证、县犯罪记录、市犯罪记录、州犯罪记录、未执行逮捕令、监狱记录、民事诉讼记录以及其他有价值的信息。

ChoicePoint：www.lexisnexis.com/risk/，ChoicePoint 包含数十亿条关于个人和企业的记录。

Clear：https://clear.thomsonreuters.com，Clear 是几个数据库的联合体，记录了数十亿条个人信息，包括财产记录、破产、与他人的联系等。

Dun & Bradstreet：www.dnb.com，Dun & Bradstreet 数据库包含企业登记信息，还会出版有关企业财务背景信息的指南。

Enformion：www.enformion.com，Enformion 在收取适当费用后会帮助进行背景调查和资产鉴定以及刑事记录核查，有关个人不动产、破产、税收留置、民事判决和犯罪记录的信息可在此网站上获得。

IRBsearch：www.irbsearch.com，IRBsearch 可帮助研究人员检索个人信息，允许通过姓名、地址、SSN 或电话号码进行搜索，搜索结果包括当前和过去的地址，以及可能的亲属、可能的同事以及邻居的地址和电话号码等。

LexisNexis：www.lexisnexis.com，LexisNexis（律商联讯）提供上千种全球发行的报纸、杂志、商业周刊、行业资讯、税收和会计信息、财务数据、公共记录、法规记录以及公司和管理层的数据。通过 LexisNexis 及其母公司的一系列收购，它已经成为可用信息的权威来源之一。LexisNexis 也是这里列出的许多其他网站的母公司。

National Driver Register（NDR）：www.nhtsa.gov，NDR 提供有关机动车驾驶员的信息，如驾驶员的驾照是否被吊销或废止，或者驾驶员是否出现过重大交通违规事件，如酒后驾车或毒瘾发作时驾驶车辆。

NETROnline：www.netronline.com，NETROnline 是进入州官方网站以及为获取公共信息而设立的税收评估办等机构网站信息的入口。这些公共记录包括合约附件、建造图纸、纳税数据、产权资料和索引等信息。

PublicData：www.publicdata.com，PublicData 包含大多数州的刑事、性侵犯者、驾

照、车牌、民事法庭和选民等信息。

Public Records：www.docusearch.com/free.html，Public Records 提供进入公共信息数据库的 300 多个超链接。

SearchSystems：https://publicrecords.searchsystems.net，SearchSystems 声称其是互联网上最大的免费公共记录数据库集合，它可能是为给定案件找到合适的在线数据库的一个很好的起点。

SEC's EDGAR Database：www.sec.gov/edgar.shtml，EDGAR 数据库对专业调查公司来说十分有用，它提供获取所有上市公司财务信息的途径。

Social Security Death Index：本指数由联邦政府和多家关联公司开发，提供公共安全管理局从 1875 年到最近年份的信息使用权。通过付费订阅，可以从政府直接下载更多的最新数据（通常截至最近月份）。

US Search：www.ussearch.com，US Search 提供即时人物查找、背景调查、民事和刑事记录查找以及在线信用状况报告。

> **想一想**>>> 这里仅仅列出众多在线资源中的一小部分。你还知道或者能通过搜索引擎找到其他信息来源吗？

9.5 互联网搜索

公开可用的互联网是一个越来越有价值的信息来源。虽然谷歌和必应这样的搜索引擎不会搜索汤森路透（Clear）、环联（TransUnion）之类的内部数据库，但会索引大量的公共网络，结果通常包括媒体访问量、企业网站和其他公共网站。实际上，公共搜索结果通常包含大量的个人信息，这是因为诸如"我在谷歌上搜索了乔·布朗，发现……"等搜索内容日益增加。为了说明搜索引擎所能提供的信息深度，我们以谷歌为例讨论几种高级检索技术。这些技术或方法也可以在其他搜索引擎上使用。

按短语搜索：将单词包含在引号中（例如，键入"埃隆·马斯克"而不是埃隆·马斯克[1]）会强制搜索结果更精确的短语。准确的短语是由紧挨着的单词组成的，而不是简单地放在一起。这在搜索罪犯的准确姓名时非常有用。更有效、更精准的方法是在引号中包含个人的姓名，然后加上一些关于这个人的具体信息，比如公司名称、城市或其他限制结果的信息。

减法搜索字词：假如你的初始搜索得到了大量的无效结果，那么在无效结果页面上找到的唯一字词前加一个减号来过滤你不想要的页面。例如，仅搜索"Paul Allen"会得到很多关于微软联合创始人的搜索结果。如果搜索"Paul Allen-Microsoft"，则会显示只包

---

[1] 埃隆·马斯克，1971 年 6 月 28 日出生于南非的行政首都比勒陀利亚，本科毕业于宾夕法尼亚大学经济学和物理学双专业，兼具美国、南非、加拿大三重国籍，拥有企业家、工程师、发明家、慈善家、特斯拉（TESLA）创始人兼首席执行官、太空探索技术公司（SpaceX）首席执行官兼首席技术官、太阳城公司（SolarCity）董事会主席、推特（Twitter）首席执行官、美国国家工程院院士、英国皇家学会院士、OpenAI 联合创始人等多重身份。

含"Paul Allen"而不含有"Microsoft"内容的搜索结果。

域名限制：谷歌允许搜索特定的域名。例如，如果你的主题很可能在德国的网站上找到，那么搜索"主题名"site:de 将只搜索以".de"（德国）结尾的域名。域名限制还可以将搜索结果限制在单个网站上，例如"Windows Update"site：microsoft.com，指限定在微软的网站上搜索 Windows 更新的信息。

缓存结果：谷歌在大多数搜索结果后提供一个"缓存"链接，即谷歌网站上的缓存结果页面。实际上，谷歌已经缓存大部分公众可访问的网站。当网站暂时不可访问或不再可用时，页面的缓存版本会非常有用。一个类似的服务，如互联网档案馆（www.archive.org），提供了网站以前版本的副本。

谷歌新闻："谷歌新闻"（Google News）所提供服务的作用有限，因为它只对网络上最近几天的新闻文章进行索引。这与律商联讯（LexisNexis）有很大的不同，后者提供网络内外新闻文章的历史存储库。

谷歌图片："谷歌图片"（Google Image）服务提供对互联网上发布的图片的搜索。当寻找嫌疑人与其他人或嫌疑人可能参与的活动的照片时，这些图片会很有用。

谷歌地球："谷歌地球"（Google Earth）服务以及其他类似服务在调查中变得越来越有用。"谷歌地球"显示了地球上大部分地区的卫星图片，你可以从中快速了解案件中的企业和房屋。例如，在一个案例中，"谷歌地球"显示了某处房屋（带有游泳池和大院子）的图片，而它建在一栋使用公共资金建造的公共建筑上。

9.6 财产净值法

调查人员在通过公共记录及其他途径获取有关犯罪嫌疑人消费和生活方式的资料后，通常就能确定赃款的金额。确定赃款金额最常用的方法是财产净值法，这是在个人资产（拥有的财物）、负债（欠款）、生活支出和收入等数据的基础上，通过以下公式计算财产净值：

- 资产－负债＝财产净值
- 财产净值－上期财产净值余额＝本期财产净值增加额
- 本期财产净值增加额＋生活支出＝收入
- 收入－已知来源的收入＝未知来源的收入

通过公共记录和其他资料来源，调查人员能够确定有关人员购入的不动产、汽车和其他资产。此类资料同时记录了留置权是否已解除，从而可以确定借款是否已清偿。调查人员利用公共记录，从庭院设计师、家具和汽车交易商那里获取的资料，以及通过传票收集到的信息，就可以合理估计出资产和负债的金额。

当取得收入时，人们可能会购置资产、偿还负债，或者提高生活水平，即增加生活支出（消费）。从所有收入中减去已知来源的收入（注意确认并扣除其他资金来源，如财产继承、赌博和馈赠等），就可以合理估计出未知来源的收入，即赃款金额。

> **想一想** >>> 在调查过程中，什么时候是计算财产净值的最佳时间？

在近几年的舞弊调查中，财产净值法在确定赃款金额中得到广泛应用。联邦调查局经常使用这一方法；毒品执法管理局也使用这一方法来确定可疑毒品商贩是否从非法的毒品交易中获取收益；国税局则用这一方法来确定税收舞弊案中未上报的应纳税收入。由于只计算已被查出的资产增加额和负债减少额，这种方法得出的赃款金额通常比较保守。财产净值法的缺点是：犯罪者通常将更多的赃款用于食品、珠宝、度假等奢侈消费，而这些方面都难以调查，也就未包含在财产净值的计算之中。财产净值法的优点是：计算出的赃款金额比较保守，通常能够作为呈堂证供；同时，这一证据还能促使嫌疑人供认罪行。审问嫌疑人最有效的方法就是出示确凿的证据，证明其收入不足以抵补支出和生活消费。当被问及某笔额外收入从何而来时，嫌疑人往往无法迅速解释这笔巨额收入的来源，当被逼得走投无路时，他们往往就会坦白。

为了说明财产净值法的应用，我们看看下面的案例所描述的内容。

邦恩咨询集团案

身为邦恩咨询集团（BCG）行政管理部门的行政秘书，海伦·威克斯（Helen Weeks）已经为集团服务近十年。她表面上的正直和敬业精神为她赢得了极高的声望，被视为出色的员工，并不断被委以重任。她负责项目可行性研究、客户文件保管、与公司外部的市场顾问进行研讨、编制付款凭单、通知会计部门所有往来账目的启用和销账等工作。

在海伦工作的前五年，杰克逊公司一直负责代理邦恩咨询集团的可行性研究和市场调查工作。这一合作关系因杰克逊公司被一家更大、实力更雄厚的咨询公司收购而终止。于是，海伦和主管选择一家新的公司来完成邦恩咨询集团的市场调查工作，海伦并未将与杰克逊公司解除合作一事告知会计部门。她的上级主管对她十分信任，授权她签发1万美元以下的付款单。海伦继续向杰克逊公司签发付款单，会计部门也继续向杰克逊公司付款。海伦以杰克逊公司的名义在银行开立了账户，并把支票全都存入该账户，而账户上资金被她用于个人消费支出。

假设我们正在调查海伦舞弊案。作为调查工作的一部分，我们检查了公共记录和其他资料来源，收集了海伦的相关财务资料，如表9-1所示。

表9-1　海伦的相关财务数据　　　　　　　　　　　　　　　　　单位：美元

项目	第一年	第二年	第三年
资产：			
住房	100 000	100 000	100 000
股票和债券	30 000	30 000	42 000
汽车	20 000	20 000	40 000
信用卡	50 000	50 000	50 000
现金	6 000	12 000	14 000

（单位：美元） 续表

项目	第一年	第二年	第三年
负债：			
抵押借款余额	90 000	50 000	0
汽车贷款	10 000	0	0
收入：			
薪金		34 000	36 000
其他		6 000	6 000
支出：			
偿还抵押借款		6 000	6 000
偿还汽车贷款		4 800	4 800
其他生活支出		20 000	22 000

利用以上资料，我们就可以通过财产净值法估计海伦盗用款项的金额，计算过程如表9-2所示。

表9-2 比较财产净值法　　　　　　　　　　　　　　　单位：美元

项目	第一年年末	第二年年末	第三年年末
资产：			
住房	100 000	100 000	100 000
股票和债券	30 000	30 000	42 000
汽车	20 000	20 000	40 000
信用卡	50 000	50 000	50 000
现金	6 000	12 000	14 000
资产总计	206 000	212 000	246 000
负债：			
抵押借款余额	90 000	50 000	—
汽车贷款	10 000	—	—
负债总计	100 000	50 000	—
财产净值	106 000	162 000	246 000
财产净值变动额		56 000	84 000
加：生活支出		30 800	32 800
收入总计		86 800	116 800
减：已知来源的收入		40 000	42 000
未知来源的收入		46 800	74 800

通过表9-2的计算，我们可以确定海伦在第二年至少取得了46 800美元未知来源的收入，在第三年至少取得了74 800美元未知来源的收入。上述资料可在法庭上使用，协助刑事定罪、民事裁决或对海伦做出判决，甚至可以促使海伦供认罪行。一个优秀的调查

人员在掌握这些证据以后，能够成功地让嫌疑人认罪。海伦首先会被要求陈述自己的收入和其他资金的来源。接着，调查人员会用证据证明，如果她没有额外的隐性收入，就不可能维持现有的生活水平并偿还负债。在事实面前，海伦很可能会供认自己的罪行。

■ 重点内容回顾

- 明确为什么分析犯罪者如何转移并使用赃款十分重要。了解犯罪者如何转移并使用赃款是一项重要的调查技术。一般而言，一个人很少盗窃，也不积极储蓄；相反，他很会花钱。通常情况下，调查或追踪他们如何花掉不义之财是发现犯罪者的最佳方法。人们在花钱时会产生财务线索，调查人员对此进行检查有助于发现舞弊行为。

- 了解联邦、州和地方政府机构的公共记录为何有助于寻找犯罪嫌疑人的财务"线索"。联邦、州和地方政府机构的公共记录是犯罪嫌疑人财务"线索"的重要信息来源。有许多联邦、州和地方政府机构的公共记录，如选举、驾照、房地产和财产税、公司登记、统一商业条例文件等记录，提供了人们消费的方式、地点和时间的信息。这些记录中的信息对调查舞弊非常有用。

- 掌握如何通过网络获取信息，以便对舞弊嫌疑人展开调查。私人信息渠道和在线信息是调查过程中的重要信息来源。如今，几乎每个人的信息都在互联网上留下痕迹，包括人们在哪家公司任职、在哪里生活过、财产税记录、就业情况、婚姻情况等。这些记录是非常有用的，是个人信息的即时来源。想要理解这些信息有何帮助，请转至谷歌并输入你认识的人的姓名，你会惊讶于参考信息量如此之大。

- 了解针对舞弊嫌疑人的财产净值计算为何有助于法庭取证和迫使嫌疑人供认自己的罪行。针对舞弊嫌疑人计算财产净值有助于法庭取证和迫使嫌疑人供认自己的罪行。财产净值法可以提供证据以证明某人的花销超过其已知来源的收入（薪金、遗产等）。财产净值为调查人员在审讯嫌疑人之前提供了很好的背景信息，提供了可以在法庭上使用的证据以支持个人花销远远多于其报告收入的事实，并且非常有助于迫使其承认贪污或盗用资金的罪行。

第 10 章

讯问方法和舞弊报告

寄 语

这是本书最长的章节，涉及一个极其重要的主题：面谈。如果有必要的话，你一定要花时间把相关内容分成几个部分，重点理解本章提出的一些概念。成功的面谈是优秀调查人员必须掌握的技巧。

学习目标

在学习本章之后，你应该能够：
- 了解面谈程序；
- 设计并进行面谈；
- 理解寻供型面谈的性质；
- 描述犯罪者使用的不同欺骗或说谎手段；
- 描述不同类型的诚信测试；
- 编制舞弊报告。

现实的教训

唐·雷斯蒂曼（Don Restiman）是翡翠公司的采购部经理。在任职的四年中，他向翡翠公司的一名供应商收取了40多万美元的贿赂。作为回报，他向供应商订货，并给供应商的女儿珍妮（公司的一名子虚乌有的"销售人员"）支付薪水。珍妮将收到的"薪金"存入她和父亲共有的银行账户。他们用这些钱购置了房产、汽车和其他贵重物品。公司管理层怀疑采购部存在舞弊，原因有：从供应商处采购的货物数量不断增加；不必要的购货；采购价格不断提高；采购价格远远高于同业竞争对手。

两名经验丰富的调查人员讯问了珍妮。他们首先问及她的"工作"性质。随着讯问的不断深入，从珍妮各方面的反应来看，她在说谎。她无法回答一些很简单的问题，诸如"你们公司的总部在哪里？""你办公室的地址和电话号码是什么？""你有哪些客户？""哪些同事与你的关系最密切？"等等。

面对显而易见的谎言，珍妮的律师要求和她单独谈话。律师告诉珍妮她正在作伪证，其后果会很严重。当他们回到审讯室时，珍妮承认她实际上并未被翡翠公司雇用，最终她在自供状上签了字。这份自供状协助调查人员对唐·雷斯蒂曼提起诉讼。

本章讨论如何通过面谈和各种类型的测谎手段来讯问证人或犯罪嫌疑人。

10.1 面谈概述

面谈是最常用的舞弊调查方法。面谈是为获取资料而专门设计的一系列"问答"。与一般对话不同，面谈内容和过程是经过精心组织的，并且具有很强的目的性，是针对了解被调查事件、人物和证据的人而提出的一系列问题。优秀的面谈专家能迅速将问题的矛头指向犯罪嫌疑人，并且通常能够迫使其供认罪行。面谈有助于：（1）获取构成犯罪主要因素的资料；（2）使案情有所进展，并收集其他证据；（3）促使受害人和证人合作；（4）获得相关人员的背景资料，并了解证人作证的动机。面谈的对象（受访者）包括受害人、投诉人、举报人、客户或顾客、犯罪嫌疑人、专家证人、警察、办公室文员、门卫、监督人员、配偶和朋友、供应商或前供应商，以及其他对调查有帮助的人。受访者可以分为三种类型：（1）善意的；（2）中立的；（3）敌对的。针对每种情形应采用不同的处理方法。

> **想一想** >>> 三种类型的受访者（善意的、中立的、敌对的）有什么不同？

善意的受访者提供的资料往往比预期的要多（至少看上去如此）。尽管友善的证人所提供的资料对调查工作有很大帮助，但经验丰富的调查人员也会考虑证人作证的动机。在大部分情况下，证人作证的动机是帮助调查。然而，有时他们主动作证的目的是报复犯罪嫌疑人或者让自己不成为调查人员怀疑的对象。

中立的受访者从面谈中既不会获益也无任何损失。他们出面作证不存在潜在的动机，往往能够提供最客观、最有用的资料。

敌对的受访者是面谈中最难对付的受访对象。他们与犯罪嫌疑人或犯罪行为通常有联系。对于善意和中立的受访者，调查人员可以在任何时候与他们进行面谈，而且可以提前预约；但是，对于有敌意的受访者，调查人员应采用突击面谈的方式，以防止敌对的受访者提前做好准备。

10.1.1 成功的面谈所具有的特征

成功的面谈具有一些共同点。面谈应该有足够的长度（时间）和深度（内容），以挖掘相关事实。大部分的访谈者从面谈中获取的信息量太少。成功的面谈会集中于相关资料的收集，而不会在无关的内容上空耗时间，因为冗长和无用的资料会使信息的收集与分析复杂化。

面谈应该在事发的第一时间进行，因为随着时间的推移，证人的记忆会变得模糊，一些关键的细节会被遗忘。成功的面谈应当是客观的，访谈者应当秉持公正和不偏不倚的态度来收集资料。

10.1.2 优秀的访谈者所具有的特征

优秀的访谈者具有一些共同的特征。其一，他们都很外向，善于与人交流。人们一般愿意与这样的人交谈、共享信息。其二，他们不轻易打断别人的讲话。受访者自愿提供的一些资料即使与要求回答的问题无关，也可能是与案情相关的信息。一名优秀的访谈者在整个面谈过程中应表现出对受访者所涉及话题的极大兴趣。

受访者（又称面谈对象、调查对象、证人、犯罪嫌疑人）应该了解访谈者仅仅是想获得有关资料，而不是想逼供。要让受访者明白这一点，最好的方法就是以一种善意友好的语气提问。如果访谈者以一种一本正经、矫揉造作或盛气凌人的态度进行面谈，那么他将很难获得有用的证据；相反，如果表现出一种和蔼、随和的态度，他往往就会收到很好的效果。如果受访者发现访谈者存在偏见，或仅仅想证实一个事先已得出的结论，受访者就会拒绝合作。因此，访谈者应当努力表现得公正、无偏。

优秀的访谈者还应当表现出良好的精神状态和敬业精神。访谈者应当准时，穿着职业化，并且公正地对待受访者。很重要的一点是，访谈者应该让受访者感到轻松、自如，而不是时刻感受到威胁。如果受访者发现自己成了被质问的对象，他就不会愿意合作了。

10.2 了解人们面对危机的反应

舞弊带来的危机，正如死亡和重伤一样，会使人们产生一系列类似的反应。了解这些反应有助于访谈者更有效地开展调查工作。图10-1展示了人们面对危机的反应过程。

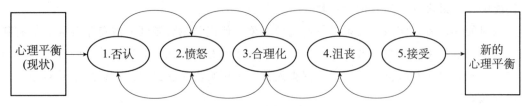

图 10-1 面对危机的反应过程

当听到意外的、令人震惊的消息时,人们的第一反应通常是否认。这一反应能帮助犯罪者从恐慌的心态中恢复镇静,以防出现过激的抵制行为。研究表明,生理和心理系统的平衡是人们保持正常行为的先决条件。为了防止意外事件打破心理平衡,最直接的方法就是否认并保持现有状态。因为处于否认状态的人在认知和情感上都不承认压力的存在,从而不会产生行为异化。这有利于人们调整自我,以适应新的现实。

否认有以下几种表现形式:表现出暂时的吃惊和茫然;拒绝接受这一事实;坚持肯定是弄错了;不明白说的是什么。否认能够减轻外界环境对人们精神的突然冲击。舞弊者对事实的否认能为他们赢得时间,从而篡改、损毁或隐藏重要的文件和记录。这一行为还会导致失去证人或证人被误导,以及丢失重要的书面证据。当否认无法再持续下去时,愤怒、怨恨、不满等情绪就会接踵而至。

人们通常难以妥善处理好愤怒的情绪,因为它表现在各个方面,而且随时可能出现。当人们无法回到原来的心理状态并由此感到沮丧时,就会变得愤怒;而且,他们会将愤怒的情绪发泄在亲人、亲戚、朋友和同事身上。有时候,犯罪嫌疑人也会将愤怒发泄在自己身上,从而产生负罪感,但这种情况并不多见。除了犯罪嫌疑人,在调查过程中,管理者和员工也会变得愤怒,对审计人员和调查人员产生敌视情绪,认为他们冷酷无情,就像古希腊人杀死带来噩耗的送信人一样。

愤怒阶段是舞弊调查最艰难的时期。愤怒的管理者和员工会侮辱、伤害、诽谤甚至毫无理由地解雇犯罪嫌疑人,其结果是往往因诽谤、人身攻击或毁约而导致法律诉讼。例如,一家快餐店的经理认为一名员工盗窃了店内的现金,于是当着顾客的面让警察把这名员工带走。后来证实该员工是无辜的,他对快餐店经理提起了控告,并获得了 25 万美元的赔偿金。在另一起案件中,受害人的愤怒情绪使得犯罪嫌疑人获得的法律赔偿比他偷窃的现金还要多。

在经历了愤怒阶段以后,人们开始试图为不合法行为寻找合理的借口。在合理化阶段,管理者相信自己了解舞弊产生的原因,并且认为舞弊者的犯罪动机是合理的。管理者会认为舞弊者并不是坏人,一定存在某种误会,应该再给他们一次机会。在合理化阶段进行的面谈通常是不客观的,不是掩盖了事实的真相,就是给后续的起诉带来了不利影响。给舞弊寻找合理的借口通常会使证据缺乏效力,导致诉讼失败、处罚过轻。这一阶段是人们试图回到原来稳定的心理状态所做的最后努力。

当人们为不合法行为寻找合理借口的努力失败以后,希望就完全破灭了。面对严酷的事实,管理者承受巨大的心理压力,表现为情绪沮丧,变得悲伤,开始对周围的一切失去兴趣，并试图远离这种环境。就像前三个阶段一样，沮丧也是人们为调整心理状态所必经的阶段。在沮丧阶段，管理者不再否认舞弊行为，也不再试图为其寻找合理的借口。他们的愤怒被失望和失落的情绪替代，或者感到尴尬，因为舞弊行为就在他们"眼皮底下"发生了。在沮丧阶段，人们变得退缩和不合作，不再愿意主动提供资料、协助调查，此时进行的面谈往往没有以后进行的面谈作用大。因此，访谈者在面谈时一定要充分考虑受访者的心理状态。

人们不断调整心理状态以适应"舞弊发生以后的生活"，往往会经历不同的行为阶段。小规模舞弊对人们心理的影响较小。伴有严重后果（如损失客户、公众曝光、失业威胁）的大规模舞弊往往会对人们的身心造成较大的伤害，否认、愤怒、为舞弊行为寻找借口、沮丧这几个阶段可能会循环出现，有些人可能在其中某个阶段徘徊，最后才能达到新的心理平衡。

最终，人们会达到一种既不沮丧也不愤怒的平稳状态，这时他们开始客观地认识已发生的事实。接受现实并不是一种愉悦的心理状态，人们承认事实，并且试图解决问题以继续向前。了解舞弊的事实以及舞弊者的动机会加速这一反应进程。在接受阶段，证人是最合作的，面谈也是最有效的。优秀的访谈者知道如何识别受访者所处的阶段，如果有必要的话，帮助受访者进入接受阶段，以便进行富有成效的面谈。

为了说明上述反应如何出现在舞弊调查中，让我们回顾第 5 章讨论过的一个案例。案例中一名批发零售中心的仓库主管偷窃了公司 5 000 美元现金。该主管负责仓库的运营，并管理备用金（金额通常为 25—500 美元），备用金专门用于给到仓库领取现金交货单并支付货款的顾客找零钱。公司制度要求主管向顾客出具现金收款凭证，并将凭证记录在零售部门的预订送货日志上。会计人员最后将现金收款凭证和顾客现金交货单进行核对并结束交易。

在近一年的时间内，该主管连续偷窃小额资金。他通过出具贷项通知单、减少应收账款来掩盖舞弊行为。贷项通知单上的说明通常是"入账错误""账单调整"或"其他"。账户金额根据贷项通知单的内容做相应调整。贷项通知单上不需要审批签名，因此会计人员从未怀疑该主管出具的贷项通知单。最初，他一个星期只出具两三张虚假的贷项通知单，总金额大约为 100 美元；几个月以后，这一数字变成一星期约 300 美元。为了不引起会计人员的怀疑，他总是让大金额、小金额交替出现，让它们看上去似乎是随机而非故意安排的。

舞弊行为之所以会被发现，是因为该主管错误地为一笔现销业务编制了贷项通知单。凑巧的是，当时这名主管正在度假，因此在会计人员问及此项交易时无法及时掩盖舞弊痕迹。负责应收账款的会计人员将此事报告给公司总经理，总经理展开了调查，在仔细检查了现金收款凭证后确定存在舞弊行为。

10.2.1　第一阶段：否认

总经理和仓库经理怀疑存在舞弊，由此开始着手调查仓库的备用金。考虑到问题的严重性,他们决定等主管休假归来后再采取进一步的行动。在这段时间内,两名管理者都感到焦虑不安,这种情绪严重影响了工作效率。他们认为仓库主管能给出合理的解释,毕竟他已经在公司工作了三年,而且是一名模范员工。

在调查结束以后,两名管理者都承认他们曾试图否认错误的贷项通知单是蓄意所为,因此没有利用该主管休假的大好时机获取充足的证据。按照公司的规定,总经理在发现可能的舞弊行为时应及时通知安保部门或内部审计部门。这两名管理者都很信任该主管,不断说服自己舞弊并不存在——所有的事件都只是一时大意造成的错误。在这名主管休假归来后,管理层请他对此做出解释。实际上,他们只是想请他就其管理的备用金给出说明。这名主管面对危机也进入了否认阶段——说自己不明白公司在说些什么。其实,如果此时该主管给出一定的解释,两名管理者就会感到很满意,也就会终止调查。

然而,这名主管否认存在错误的贷项通知单。管理层知道该主管在故意掩盖事实真相,就让他回去继续工作,并开始就此事展开进一步调查。从调查的角度看,让主管回到原工作岗位是一个很冒险的决定,因为他仍然掌管着贷项通知单和现金交易记录,能轻易销毁证据。比如,他可以通过"丢失"原始记录来掩盖舞弊行为。直到此时,管理层才请求内部审计部门协助调查。一周以后,内部审计人员才真正参与调查。

10.2.2 第二阶段:愤怒

在等待内部审计人员协助的一周内,两名管理者开始相信的确存在舞弊,决定重新审问这名主管,并发誓一定要找到答案。显然,这两名管理者已经从否认阶段进入愤怒阶段。在没有获得进一步证据的情况下,他们又约仓库主管面谈,并且要求他给出合理的解释。这一次,仓库主管什么也不说。一怒之下,两名管理者当场解雇了该主管。类似的解雇行为对调查工作和公司本身都是很不利的。其一,如果实际并不存在舞弊,公司就会因无理的解雇、侮辱或诽谤而受到起诉。其二,对犯罪者过于严厉的惩罚会失去与其进一步合作的机会。在本案中,管理层解雇这名主管的理由仅仅是几张错误的贷项通知单,他们在没有证实该主管有罪的情况下就将其解雇的做法很容易让公司陷入诉讼和赔偿的危机。

> **留意** >>> 在进行面谈时,你必须非常努力地确定受访者处于哪个心理阶段。忽视这些信息会极大地影响面谈的有效性。

随后的调查发现,一共存在100多张虚假的贷项通知单,金额超过5 000美元。管理层对这一数字感到十分惊愕!

10.2.3 第三阶段:交涉与合理化

在这名主管被解雇以后,总经理觉得这一决定或许太过激了,也许应该给该主管一次机会。同时,他也意识到这么做可能会使公司陷入诉讼危机。尽管重新雇用该主管违反公司的规定,但总经理仍然认为他能够"挽留"这名"有价值的"雇员。

面对值得信任的朋友(员工)欺诈公司钱财的事实,总经理不断为其寻找合理的借口,尽管这一理由根本就不存在。

10.2.4 第四阶段：沮丧

进入沮丧阶段，两名管理者的情绪由愤怒变为沮丧。当舞弊事实不断明晰时，周边员工的抱怨使他们的情绪愈加恶化。有趣的是，在这一阶段，两名管理者很少相互抱怨，而是将自己沮丧的心情隐藏起来，因为他们知道员工已经承受很大的压力，应当将事情平息下去。

10.2.5 第五阶段：接受

公司安保部门和内部审计部门通过调查发现以下事实：
- 仓库主管吸食可卡因，而且嗜酒，在被管理层质问后，他考虑过戒酒和戒毒。
- 仓库主管认为自己仅仅是向公司借钱，自己的确想把钱还给公司，却在不知不觉中就卷入舞弊的"阴谋"，他对自己在短短一年时间内就盗窃公司超过5 000美元感到惊愕。
- 仓库主管告诉公司安保人员，他的大部分生活费都用在吸食可卡因上，他因此而失去了家庭，如果再失掉工作，他就一无所有了。
- 在与管理层的交谈中，调查人员了解到，有些经理和员工近几个月中已经注意到仓库主管的异常行为，包括：情绪经常波动；工作急慢，经常缺勤；为了给其他同事留下好印象，请他们吃饭，而且在吃饭时不停地说话。

在了解这些事实后，两名管理者都接受了现实，承认了舞弊的存在。他们觉得自己又重新控制了局面，希望尽早解决问题，使公司恢复正常运行。

以上案例涵盖了人们面对舞弊危机通常会产生的反应。如果调查人员能够识别和了解这些反应，根据人们所处的不同心理阶段设计不同的面谈问题和面谈方式，并努力让受访者接受现实，就能取得更成功的面谈效果。

10.3 面谈计划

面谈应该按预定的计划进行，以保证达到预期目标。适当的计划能够使面谈取得更好的成效，同时节约时间。成功的面谈计划包括事先尽量多地了解违法行为和受访者的情况，并选择适当的面谈时间和面谈地点。

为了了解违法行为和受访者的有关情况，访谈者应该查阅相关文件，并获取以下信息：

违法行为
- 违法行为的法律性质；
- 违法行为发生的日期、时间和地点；
- 违法行为的表现形式；

> **想一想 >>>** 为什么仅透露收集到的部分相关证据而不是全部证据很重要？

- 违法行为的潜在动机；
- 所有可获得的证据。

受访者
- 个人背景资料，包括年龄、教育背景、生活状况及其他；
- 对调查的态度；
- 健康状况（生理和心理），比如是否酗酒和吸毒。

受访者的办公室一般是最好的面谈地点（有敌意的受访者除外）。这样，受访者可以随时提供文件、账簿和其他证据，同时也可以令受访者感到轻松随意。面谈地点应该没有或少有同事和电话的打扰。

意欲与善意或中立的受访者面谈，可以事先预约，并预留充分（甚至多余）的时间。在确定进行面谈以后，应该了解受访者需要的资料。注意，尽量一次只与一名受访者面谈。

面谈中的举止行为

在面谈的过程中，访谈者应尽量表现得专业、谦恭、有礼貌，并时刻注意语言得当。下面是一些相关建议：

- 在离受访者较近的位置坐下，中间不要间隔桌椅和其他家具；不要在房间内走来走去；
- 说话语气不要盛气凌人，不要认为自己比受访者聪明；
- 充分考虑受访者的个人情况，如性别、种族、宗教信仰和道德标准；
- 面谈时要表现得专业、有条理、友好，但不要太随意（记住，面谈的目的是找出事实的真相，而不是让受访者认罪）；
- 不要表现得过于专制，不要在面谈中主讲；
- 表现出同情和尊敬，在适当的情况下告诉受访者，任何人处在这种情况下都会做出类似的事；
- 注意自己的语言，不要使用专业术语；
- 对受访者的合作表示感谢；
- 在面谈过程中不要使用纸和笔；
- 用真诚的感谢来结束面谈。

10.3.1 面谈中使用的语言

恰当的语言在面谈中能起到十分重要的作用。优秀的访谈者应遵循以下建议：

- 问题简洁、直扣主题、清晰易懂；
- 提问要涉及实质内容，尽量避免是非性问题；
- 避免在问题（被称为引导性问题）中包含部分答案；
- 要求受访者就其结论提供事实依据；
- 阻止受访者谈论与问题无关的内容，要求其直接回答；

- 防止谈话脱离主题，避免让受访者在回答时避重就轻；
- 专注于受访者正在回答的问题，避免在此时准备下一个提问；
- 在继续提问之前，充分理解受访者对当前问题的解答；
- 掌控好整个面谈过程；
- 出示部分（而非全部）相关证据。

10.3.2 问题分类

访谈者的问题可以分为五类：导言型、询证型、评价型、结束型、寻供型。最常见的面谈——向善意或中立的证人收集证据的面谈，通常只需包括导言型、询证型和结束型三类问题。如果你有充分的理由相信受访者的回答不真实，就可以接着提出评价型问题。如果你能合理确证受访者就是犯罪者，就可以进一步提出寻供型问题。

导言型问题

访谈者提出导言型问题出于两个目的：一是开始面谈；二是促使受访者口头上同意合作。访谈者可以先简要陈述面谈目的，接着提出预先准备好的一些问题使受访者同意继续谈话。

询证型问题

一旦确定了面谈模式，就应进入资料收集阶段。在此阶段，通常会问及公开、秘密和引导性三类问题。每一类问题的提出都应遵循一定的逻辑顺序，以使面谈获得最大的成效。如果你有充分的理由相信受访者不诚实，就可以提出评价型问题；否则，便可以结束此次面谈了。

评价型问题

如果访谈者有充分的理由相信受访者不诚实，就会提出一些假设的、非指责性的问题。观察受访者对这些问题的反应，可以在一定程度上评价受访者的可信度。这一评价将决定是否有必要提出寻供型问题，以迫使受访者认罪。

结束型问题

通常来讲，在面谈结束时访谈者都会提出一些固定的问题，以再次确认事实、获取未发现的资料、寻找新的证据，并给对方留下良好的印象。以下三个问题通常可用于结束一次面谈：(1) 在你认识的人中，你认为我还应该与谁进行面谈？(2) 你认为还有什么被我遗漏的信息吗？(3) 有需要的话，我是否可以和你再次面谈？

寻供型问题

如果能合理确定受访者有罪，就应提出寻供型问题。寻供型问题的提出应遵循一定的顺序，一是排除无辜人员，二是迫使犯罪者认罪。但是，这类问题不应侵犯受访者的法定权利和隐私权。

10.3.3 交谈的要素

面谈是一种事先准备好的交谈，了解交谈的基本要素将有助于面谈的有效进行。两个或两个以上的人交谈时，会出现以下几种交流形式——它们可能会交替出现，也可能会同时发生。

表达自己的观点

交谈的一项基本功能是一人或多人表达自己的思想、感受、观点或心情，因此听众的反应会很大程度地影响个人观点的表达。能否调动受访者的自我表达欲望是面谈成功与否的关键。访谈者可以将这种表达欲望引导到关键性话题上，从而收集到重要的资料。没有经验的访谈者常犯的一个错误就是将自己对问题的认识强加到受访者身上。这样做会使受访者感到有压力，在回答问题时有所保留，无法自由地表达自己的观点。相反，有经验的访谈者懂得如何控制好自己的反应。

说服他人

说服与自我表达的区别在于，说服努力取信于人。在面谈时，说服这种交流形式也会起到一定作用。它通常用于说服受访者相信面谈的合法性。

安慰他人

交谈的另一项功能是使他人心情舒畅。在与朋友的交谈中，我们会通过讲述自己的观点和表达当时的心情来舒缓抑郁与压力。这种情绪的释放，又被称为情绪宣泄，常被用在心理会诊中。很多情况下，受访者内心的冲突和压力是促使其提供证据的原因。比如，盗用公款的人通常会有负罪感。有经验的访谈者懂得如何释放这种压力，从而使面谈取得进展。

仪式性谈话

有些谈话内容是仪式性的，这些谈话没有实质性内容，只是在交谈双方之间营造一种融洽的气氛。这些谈话包括"早上好！"和"今天好吗？"访谈者应该注意观察受访者对这类问题的回答，避免自问自答。访谈者要防止在仪式性谈话上停留过久，以免影响资料的收集。

信息交流

交流信息是面谈的中心目的。"交流"一词强调了信息的提供是双向的。访谈者通常会专注于信息的收集，而忽视与受访者进行适当的交流。尽管访谈者应该认真分析每一细节，但切忌过于"谨慎"。在交流信息的过程中，通常会出现两个问题：第一，访谈者认为重要的信息在受访者看来并不重要；第二，背景不同的人在交流时会存在障碍，这种障碍在陌生人之间进行交流时通常也会存在。

10.3.4 沟通的阻碍

要想成为一名专业的访谈者，你必须了解哪些是有效沟通的促进因素，哪些是有效沟通的阻碍因素，并且充分利用有利因素，将不利因素的影响降到最小。

沟通的不利因素或阻碍因素是指那些使受访者不愿或无法提供信息，从而阻碍相关信息交流的社会心理障碍。请认真研读以下八项阻碍因素。前四项因素通常使受访者不愿提供信息；后四项因素则会使受访者无法提供信息，尽管他们愿意与访谈者合作。

时间压力

受访者可能会因时间的关系而拒绝接受面谈。他们并不是不愿合作，只是不愿意将时间浪费在面谈上。出色的访谈者会成功地说服受访者，让他们相信接受面谈并非浪费时间。

自我受到威胁

在一些情况下，受访者不愿提供信息是因为感到自我受到威胁。当感觉自我受到威胁时，人们通常会有三种反应：压抑、否认和担心有损社会地位。

- **压抑**。人们面对这类威胁最强烈的反应是压抑自我。这种压抑不但表现为表面上不承认事实的存在，而且在内心深处彻底否认事实。当受访者说自己什么也不知道时，他们并没有撒谎，因为他们已经努力让自己"遗忘"（压抑）。比如，贪污者会努力压抑自己对犯罪行为的记忆，因为这不符合他们的道德准则。
- **否认**。面对自我威胁，人们的反应较温和，更常见的反应是在提供信息后却不愿承认，因为他们估计访谈者会不认同自己的说法。如果受访者觉得不会受到访谈者的指责，他们就会很愿意提供资料。因此，对受访者保持一种承认和同情的态度将有助于双方进行坦诚的交流。
- **担心有损社会地位**。有时，受访者害怕资料公开后会有损自己现在的社会地位和身份。访谈者可以保证对其提供的资料保密使受访者克服这一心理障碍。

礼仪习惯

当受访者认为自己的回答会包含一些不恰当的内容时，就会产生礼仪障碍。他们觉得如实回答会被视为无礼或不道德。比如，男性在女性面前谈论特定话题会觉得很不自然，反之亦然。同样，学生忌讳在老师面前谈论特定话题，医生在病人面前也是如此。通常来说，解决这一问题的方法就是选择恰当的访谈者和面谈环境。

精神打击

精神打击是人们在面对危机时经受的剧烈的情绪波动。这种情绪波动在受访者叙述亲身经历时会再次出现。在与犯罪者面谈时，其经常出现这类情况。访谈者可以通过谨慎地处理话题来克服这一障碍。

遗忘

沟通的另一大阻碍是遗忘。若面谈内容仅涉及当前的观点、信念或期望，则不存在这样的阻碍。随着时间的流逝，记忆的自然消退会促使人们的自我防御系统通过遗忘、添加或歪曲信息来重塑自我对过去的印象。

遗忘带来的障碍远比访谈者想象的大，它可能会使受访者忘记最简单、最明显的事实。有三种因素会影响人们对过去的记忆：第一，记忆的清晰程度取决于事发时当事人受到的情感冲击、事情的重要程度、当事人的参与程度；第二，现在距事发当时的时间间隔；第三，面谈的环境和访谈者的技巧。了解这些因素有助于预期将要出现的沟通阻碍。

混淆时间顺序

时间顺序的混淆通常出现在收集历史资料的面谈中，它是指受访者颠倒了事件发生的时间顺序。这包括两种形式：一是无法确定事件发生的时间顺序；二是无法确定某一事件发生的确切时间。

推理混乱

推理混乱是指由于推理错误引起的混淆和不准确。这一错误在两种情况下发生：归纳和演绎。归纳是指要求受访者对事实进行概括总结；演绎是指要求受访者就某类问题给出事实依据。

潜意识行为

通常来讲，面谈的目的还包括收集受访者的潜意识行为所传达的信息。潜意识行为可以分为三类：一是习俗或习惯；二是重复性反应，指在特殊情况下，一人对另一人潜意识行为所传达的信息立即做出的潜意识反应；三是剧烈的情绪波动，比如行为异常或行为并非对他人的反应。

10.3.5 沟通的促进

沟通的促进因素或有利因素是指促使交谈（包括面谈）更顺利进行的社会心理因素。我们有必要对促进因素有基本的了解。

满足期望

人们进行社会交流的一个重要目的是通过语言或行动传达对他人的期望，而他人会相应有意或无意地对此期望给予回应。这一行为表现出人类期望与群体一致、与社会地位更高的人一致的思想倾向。正是这种与群体的一致性使人们感到安全。

在面谈中，访谈者应表达自己对受访者的期望，包括对合作的期望以及对受访者诚实回答问题的期望。访谈者应分清提问和表达期望之间的区别，前者通过语言表达，后者则通过肢体行为传达。

得到他人认可

所有人都期望得到他人的认可和尊敬。社会交流建立在交换社会财富的基础上，人们进行某种"行为"是为了换取他人的认可和其他社会回报。这种认可可以从圈外人士的关注中获得，经验丰富、富有洞察力的访谈者会利用每次机会真诚地表达对受访者的认可。

利他主义

一些人会将个人利益上升为"更高的"利益和理想，通常表现为将个人目标融入集体目标。利他行为——无论是否公开——都能提升自尊感，这也是利他与哗众取宠的区别。利他主义思想是很多受访者同意合作的重要原因。了解受访者的价值取向将有助于访谈者利用各种策略和技巧激发受访者的利他主义思想。

理解和同情

每个人都期望得到别人的理解和同情。人们喜欢和他人一起分享快乐、悲伤、成功和失败。对理解的需求和对认同的需求是有差别的，后者通常要求取得成功和提升地位。在面谈中，如果访谈者以同情的态度与受访者交流，并在这种态度下转入关键问题，就会大大提高面谈成功概率。

新鲜感

有些人喜欢体验新鲜经历。尽管大多数人的生活无法达到精彩纷呈的境界，但每个人都向往逃离枯燥无味的日常生活，体验一份新鲜经历。一些受访者是因对访谈者产生好奇而接受面谈。在这种情况下，有经验的访谈者懂得如何介绍自己。不要认为面谈对受访者是一种新鲜经历就能满足受访者的需要了，对受访者来说，一种新鲜经历也可能是对自我的威胁，他们会害怕面谈给自己带来不良影响。这种恐惧心理往往在面谈开始时就能被察觉出来。这种恐惧感一旦消失，受访者就会发现面谈仍然不失为一次既新鲜又有趣的经历。

情绪宣泄

情绪宣泄是指人们通过讲述精神压力的根源来释放不愉快的情绪。人们在讲述令自己烦恼的事情后通常会感到轻松愉快。尽管每个人都了解自己需要释放精神压力，但我们常常会忽视他人的情绪宣泄。受访者在坦白事实后，通常会感到精神舒畅。人们需要得到理解、同情与需要情绪宣泄是紧密关联的，但它们并不是一回事。如果访谈者不愿倾听受访者的情绪宣泄，受访者就不会再愿意提供重要的资料。

价值取向

每个人都有自己的价值取向，每个社会也都存在一套构建社会秩序的设想、价值观念、行为解释和精神支柱。人们的价值取向使其在面对不协调的事实、设想和解释时常常会产生心理压力。这种压力是痛苦的，能够减轻这种痛苦是对当事人莫大的安慰。当面谈话题涉及受访者承受的此类压力时，他就很愿意滔滔不绝地讲述出来。

外部奖励

外部奖励是指受访者除了通过面谈获得的自我认可，还得到的其他物质奖励。如果受访者把面谈看作一种达到某种目的的手段，那么使用物质奖励会达到最好的效果。外部奖励包括金钱、就业机会和特权。需要注意的是，访谈者和受访者对外部奖励的看法不尽相同，受访者可能并不认为访谈者提供的某些物质奖励是外部奖励。敏锐的访谈者应了解受访者企图通过面谈获得哪些外部奖励。

> **想一想>>>** 为信息付费是一种外部奖励。一些专业人士可能会要求你为他们的面谈时间或信息付费。对此，你有哪些顾虑？这对你的案件有什么危害？什么时候合适，什么时候不合适？

10.4 面谈机制

10.4.1 导言型问题的作用

俗话说,良好的开始是成功的一半,而面谈的开始阶段往往是最困难的。在很多情况下,访谈者和受访者都是素未谋面的陌生人。访谈者的期望是:与受访者见面—陈述面谈目的—建立必要的融洽的关系—收集信息。访谈者通过提出问题来开始交谈,这些问题可以帮助访谈者了解受访者的反应。如果受访者不愿意接受面谈,在这一阶段就会表现出来。导言型问题有以下作用:

自我介绍

在面谈开始时,访谈者应进行自我介绍,包括姓名、所在的公司。访谈者要尽量避免谈及自己的职位,因为随意的交谈更有助于缓解受访者的紧张情绪。

建立融洽的关系

融洽的关系是指"和谐、统一、一致或亲切的关系"。换句话说,就是提问之前在访谈者和受访者之间建立相互交流的氛围。这种融洽的关系通常可以通过几分钟的"闲聊"建立起来。但是,访谈者不应将过多的时间浪费在"闲聊"上,因为交谈毕竟不是"闲聊"。

确定面谈主旨

在开始正式提问前先叙述面谈的目的,这样可以减轻受访者的疑惑、害怕和过度紧张情绪。叙述面谈的目的就是"确定面谈主旨"。

观察受访者的反应

访谈者应当能够熟练地分析受访者对问题的反应。社会学家认为,人们在交流时一半以上的信息是通过非语言方式传达的。因此,访谈者必须系统地(尽管事先并无准备)观察受访者在交谈中的各种反应。

访谈者应当运用系统的方法来观察受访者的反应。第一步,访谈者提出非敏感性问题,与受访者建立融洽的关系。第二步,找出自己与受访者的共同点,并在此过程中观察受访者的反应——这将成为后续在提出敏感性问题时观察对方反应的基准。如果受访者对不同类型问题的反应不一致,访谈者就应找出其中的原因。

详细说明面谈主旨

面谈主旨可能只与真正的面谈目的间接相关。面谈主旨是指使受访者尽可能地协助访谈者的工作。通常情况下,最有效的面谈主旨是寻求帮助,而几乎所有人都会通过帮助他人获得自我满足。

在大部分面谈中,访谈者都应尽力让受访者感到自己提供的帮助很重要。在这一阶段,受访者不应感到自我受到威胁,最有效的方法是使受访者感到对方没有对自我构成威胁并且对方的确需要我的帮助。在下面的例子中,假设你正在做自我介绍。

错误的示例

访谈者:"我叫_____,是公司舞弊调查小组的注册舞弊检查师。我正在调查一桩可疑的舞弊案,你也许能提供一些有用的资料。你在公司工作多久了?"

正确的示例

访谈者:"我叫_____,也是本公司的职员。我们以前见过吗?"
受访者:"我想没有。"
访谈者:"我正在完成一项工作,也许你能够帮助我们。你现在有时间吗?"

10.4.2 导言型提问的方法

在面谈中,访谈者应当让受访者感到自己与访谈者有共同点且心情轻松愉快。达到这一目的最好的方法就是使受访者感到访谈者是亲切的、友好的。

身体接触

在面谈之前与受访者握手能够使他感觉到你的亲切和友好。与受访者进行适当的身体接触有利于冲破心理障碍;但是,注意不要闯入受访者的私人空间,这样会让他们觉得很不舒服。

在面谈时,访谈者应当用肢体语言来加深信任,比如伸出双臂做手势,握紧双手,身体前倾表示感兴趣等。同时,他们还可以通过语言来建立融洽的关系,包括使用温和的词语、表示对受访者的赞同以及避免使用贬义词等。

确定面谈的目的

访谈者应当明确面谈的目的。显然,要想与受访者进行正式的接触,你必须给出确切的理由。面谈的原因和目的应该是概括的,而非具体的。具体的目的可以在以后陈述。这种概括的目的应当是便于访谈者解释且受访者易于接受的。一般来讲,这种目的越概括越好。例如,

访谈者:"我正在完成一项工作,我需要你的帮助。"或者"我需要你给予一些帮助来检查公司的会计程序。"或者"我正在收集信息,我希望你能帮我。"

不要一次与多人面谈

一个基本原则是每次只与一个人面谈,这是面谈中为数不多的原则性规定之一。一个受访者对事实的陈述总会影响其他受访者提供的信息。

私下面谈

另一个基本原则是私下与受访者面谈。面谈时最好避免受访者的朋友、亲戚或同事在场,因为当有其他人在场时,受访者通常不愿提供资料。

提出非敏感性问题

访谈者应该等交谈深入之后,经过认真的思考和准备再提出敏感性问题。在这一阶段,应该尽量避免使用感情色彩较强的词语(见表10-1),因为这些词语会使受访者产生抵触情绪,从而影响面谈的顺利进行。

表 10-1 词语示例

不宜使用	建议使用
调查	询问
审计	检查
面谈	提几个问题
盗用/偷窃/盗窃	工作上的一些不足和问题

取得合作承诺

未取得受访者的合作承诺是缺乏经验的访谈者常犯的一个错误。这一承诺十分重要,因为它通常决定了整个面谈的基调。该承诺要求受访者在面谈中给予积极的回应,保持沉默或仅仅点头示意远远不够。在开始面谈之前,访谈者就应当要求受访者做出承诺,并且要求其大声地答复。如果受访者第一次保持沉默,那么以另一种方式重复问题,直到他做出明确的口头答复为止。例如,

  访谈者:"我是公司的_____。我正在检查销售退回和折让,你可以抽出几分钟和我谈谈吗?"

  受访者:"好的。"

  访谈者:"我正在收集一些有关公司内部控制程序的资料,或许你能够帮助我。"

  受访者:(没有回答)

  访谈者:"如果可以的话,你愿意提供帮助吗?"

  受访者:"好的。你需要了解什么?"

过渡性陈述

在取得受访者的合作承诺以后,访谈者就应通过过渡性陈述来详细介绍面谈的目的。过渡性陈述应当说明调查的合法性以及选择受访者接受面谈的理由。过渡性陈述应当详细,而不要太简单。如果访谈者和受访者是同一家公司的雇员,受访者通常不会怀疑面谈的合法性。在用过渡性陈述阐述调查的基本性质后,访谈者应当再次取得受访者的合作承诺。例如,

  访谈者:"我正在了解有关销售退回的程序和运作模式。假如你能介绍一下你工作的基本情况,将会给我带来巨大的帮助。不知你是否愿意?"

在与陌生人交谈时,访谈者应该特别提及需要受访者的协助。访谈者可以通过多种方式达到这一目的。例如,

访谈者:"这只是例行公事。我正在收集有关公司销售程序的资料。我想你或许能提供帮助。你可以回答我几个问题吗?"

进一步取得承诺

在整个面谈过程中,尽量使用肯定式提问,因为人们更倾向于回答肯定式问题。例如,

访谈者:"可以吗?"或者"你愿意提供帮助吗?"或者"是这样。对吗?"

保持一定的距离

在面谈开始阶段,访谈者应该始终与受访者保持 4—6 英尺的距离。不要离受访者太近(3 英尺以内),因为这会使他们感到不舒服。

让受访者坐在便于访谈者观察的位置,这样你就可以观察到他身体的全部反应。一般来说,不要让受访者坐在桌子后面。

10.4.3 询证型问题的类型

询证型提问不是质问和责难,而是为了收集信息。大部分问题都属于此类。询证型问题在以下几种面谈中得到广泛应用:

- 了解会计控制系统的面谈;
- 收集书面证据的面谈;
- 了解有关企业运作和内部控制系统设置的面谈;
- 录用前的面谈。

询证型问题旨在取得公正的事实依据。优秀的访谈者会非常注意事实或行为之间存在的矛盾。所有的问题——包括询证型问题——按照提问方式可分为描述型、简约型、引导型、双重否定型、复合型、态度型六类。

描述型

描述型问题很难简单地用"是"或"否"回答,通常要求回答者进行大段的陈述。这类问题可以用几种方式回答。在面谈的询证阶段,访谈者应尽量使用描述型问题,因为这可以促使谈话更加深入。以下是一个描述型问题的举例:

访谈者:"你能解释一下销售收据是如何被系统处理的,包括谁完成它、谁使用它、副本保存在哪里等?"

访谈者:"请介绍一下你的工作。"或者"请介绍一下你们部门的运作情况。"或者"你怎么看待这个问题?"或者"请介绍一下这个程序。"

简约型

简约型问题的回答比较简单,通常为"是"或"否",或为金额、日期或时间。在面谈的询证阶段尽量少使用这类问题,而在面谈的结束阶段通常可大量使用。例如,

访谈者:"你在这里工作吗?"或者"这件事是在哪一天发生的?"

引导型

引导型问题是指问题中已经包含答案,提出引导型问题是为了进一步确证已知事实。尽管在法庭审理时不提倡使用引导型问题,但在面谈中这类问题能取得较好的效果。下面是一个引导型问题的举例:

> 访谈者:"在离开松下公司之后,你 1988 年 11 月开始在这里工作。是这样的吗?"

双重否定型

双重否定型提问是指问题中包含两个否定词。这类问题通常比较晦涩,容易引发误解,面谈中应避免使用这种提问方式。下面是一个双重否定型提问的举例:

> 访谈者:"你没怀疑过有些事不对劲儿吗?"

复合型

复合型问题不易理解,因为这类提问通常包含一个以上的问题,需要给出多个解答,面谈中应尽量避免使用这种提问方式。例如,

> 访谈者:"你在这里担任什么职务?你在这里工作多久了?"

态度型

你的态度不仅可以通过问题本身还可以通过提问方式表现出来。如果你想营造一种友好的气氛,可以试试使用以下提问方式:

> 访谈者:"你今天上午感觉如何?"或者"你喜欢运动吗?"

尽管你事先可能已经知道答案,但提出这种问题仍不失为建立良好关系的好方法。

10.4.4 询证型提问的顺序

通常来说,提问的顺序应该是从概括到具体、由已知推及未知。一种有效的方法是先叙述已知的信息,再提出与之相关的问题。数量和金额对于会计及相关舞弊事件十分重要,但证人通常不能回忆起准确的数字。访谈者可以通过比较已知数据的项目和未知数据的项目来帮助受访者回忆。例如,

> 访谈者:"本项目今年的金额大于去年的金额吗?"

提问技巧

熟练掌握提问技巧有助于访谈者得到预期的回答。例如,对同一问题有两种不同的提问方式:"我知道你参与了内部控制程序的制定过程,你能否介绍其构成情况?"以及"你是否参与了内部控制程序的制定过程?"显然,前一种提问方式要比后一种更能促使受访者承认相关事实并提供有用的资料。

为了促使受访者同意交谈并提供信息,访谈者可以采用特定的提问方式。例如,"因为你与此事无关,所以我想你不会介意与我谈谈这件事吧?"这种提问方式就比"你有什么理由拒绝与我谈这件事吗?"更能促使受访者与访谈者合作。

自由叙述

自由叙述是受访者对某一事件进行的有序描述，是对已知事实的快速总结。访谈者应当明确指出自己想了解的内容。为了防止受访者的谈话脱离正题，访谈者应当适当控制谈话的内容，或者适时打断（要有正当的理由）受访者的闲谈。但是在某些情境下，受访者漫无目的的谈话也能提供有价值的信息。

10.4.5 询证型提问的技巧

以下建议能够帮助访谈者在询证型提问阶段提高面谈质量：

- 在面谈开始时，不要提出令受访者反感的问题。
- 按照事件发生的先后顺序或特定的顺序提问。
- 每次只提出一个问题，并设定问题的框架，这样只需要一个答案。
- 提问方式应该直接，避免拐弯抹角。
- 给受访者充足的时间回答问题，不要急于求成。
- 帮助受访者回忆，但不要给受访者任何暗示——不要在表情、手势、提问方式、问题类型中暗含任何与答案有关的信息。
- 在必要的情境下重复你的问题。
- 确保自己完全理解受访者的回答；若不是十分明白，则让受访者及时给出解释。
- 让受访者有机会修改自己的回答。
- 区分事实和推测。
- 请受访者运用百分比、分数、时间和距离的估计对其提供的有关事实进行比较，从而进一步确保信息的准确性。
- 确保掌握了所有的资料，因为几乎所有的受访者都能提供额外信息。
- 在受访者叙述完一件事情后，问一些与之相关的问题。
- 及时进行总结，并向受访者确认所得出的结论。

10.4.6 询证阶段的记录

如前所述，如何把握记录的尺度是面谈中的重要问题。访谈者通常需要进行记录，且应分开记录每次面谈的内容。这样做有利于单独提供每次面谈的资料。但是，访谈者无须将所有内容都记录下来，只需记录有关信息就足够了。记录的内容太多不仅会影响面谈的进程，还会妨碍受访者提供资料。对于相关的引证应逐字逐句记录下来，对于直接引用的话则应该加引号。不要因记录而放慢面谈的进程。在面谈时只需记录下关键词，待面谈结束以后再补充具体内容。一般来说，记录应"过犹不及"。

如果有必要对面谈进行录音，录音就成了替代记录的较好选择。录音必须事先取得受访者的同意。通常来说，录音不会影响面谈过程。

保持眼神交流

在记录过程中，保持与受访者的眼神交流。眼神交流不但可以传达个人信息，而且可以营造一种和谐的氛围，有利于交谈中的信息传递。

> **留意** >>> 和面谈中使用的任何技巧一样，请务必事先加以练习以确保它能按计划进行。生疏或复杂的技巧如果妨碍了对话和提问，就会影响面谈效果。

避免记录个人意见

不要记录你对受访者的整体印象，因为如果在法庭上使用这些记录，将会影响证词的可信度。注意，在做记录时不要显得过于激动。在与犯罪嫌疑人和反方证人面谈时，不要标注信息的重要程度，也就是不要在记录中体现个人好恶。

避免编制问题列表

不要事先列出要提的问题，因为一旦受访者无意中看到问题列表，就有充足的时间来编造回答。但是，可以事先写出面谈所要涉及的要点。

记录结果

在面谈结束以后，及时记录面谈的结果。如果能够做到这一点，就无须在面谈过程中进行过多的记录。一些秘密面谈的记录通常在编制备忘录之后被销毁，但执法人员会保留详细的记录。所以，有任何疑惑的，可以向律师咨询。

10.4.7 观察受访者的反应

访谈者应当了解受访者在面谈中的各种行为表现。大部分的非语言线索可以分为四类：空间、时间、动作和辅助语言。

空间

空间交流是指利用空间来传达思想。访谈者和受访者既是空间行为的施动者又是受动者。在面谈中，访谈者和受访者应当保持适当的距离。"适当"的距离因文化的不同而不同。在中东地区，这一距离很短；在拉丁美洲，同性谈话相隔的距离要比北美洲短。通常来说，当面谈话题改变时，访谈者就可以发现受访者空间行为的变化。在受访者能自由走动的情况下，你会发现一旦涉及不愉快或敏感的话题，受访者就会向后退。

时间

时间交流是指利用时间来传达思想、态度和愿望。比如，如果受访者迟到，就说明他对面谈不感兴趣，或者想逃避此次面谈。

访谈者最常用的时间技巧是控制提问的时间。有经验的访谈者会控制停顿的时间及说话的语速，即面谈节奏；他们还会把握从受访者答完前一问题到提出下一问题的时间间隔，即沉默间隔。

面谈时声音的频率是营造良好氛围的主要非语言因素。如果访谈者心焦气躁，其语速就会加快，这反过来也会加剧受访者的紧张情绪。为了给面谈营造一种融洽、合作的氛围，访谈者应当尽量使用舒缓的语速和商量的口气与受访者进行交流。

动作

动作交流是指利用肢体动作来传达思想。尽管身体的姿势、手和腿的动作都可以展现人的心理状态,但访谈者更倾向于观察受访者的面部表情。如果访谈者能够看到受访者的面部运动和表情,他们就能做出更准确的判断。当你注视一个人的面部时,你通常会集中看他的眼睛。从受访者的眼神中,你能够判断他对面谈是期待还是排斥。当人们感到惭愧时,常常会垂下眼帘,回避他人的眼神。这一方面是为了逃避对方的谴责,另一方面是为了掩盖自己的羞愧和内疚。

辅助语言

辅助语言交流是指利用声音的音量、语音和语调来传达思想。书面交流和口头交流的一个基本不同之处就是,语言表达能够传达大量的非语言信息。比如,"不"并不一定真正意味着否认,其真实含义取决于"不"是如何表达出来的。

10.4.8 询证阶段的主题演绎

在面谈的询证阶段不应涉及任何指责性问题,因为这样的问题会使整个面谈陷入僵局。因此,访谈者应保证所提出的问题不会使受访者产生强烈的抵触情绪,并且提问顺序应该由非敏感性问题渐渐过渡到敏感性问题。如果受访者对某一问题感到不舒服,访谈者就应当转换话题,并在合适的时机以另一种方式重新提出。

一些受访者不会主动提供资料。访谈者在确定恰当的面谈主题后,应及时提出关键的敏感性问题。若在提问时访谈者能表现出自信以及对受访者做出诚实回答的期待,则会促使受访者提供有用的资料;反之,若访谈者提问时不够自信且语气软弱,则受访者通常不愿意提供资料。

10.4.9 过渡的方法

在介绍完成后,你要过渡到面谈的主体部分。这通常是由提出一个有关受访者本人或其工作的简单问题来完成。例如,

"能否请您介绍一下有关质量控制的工作?"

先提出背景问题

在受访者回答了过渡性问题后,访谈者应提出一系列简单的描述性问题,让受访者介绍自己的情况。例如,

访谈者:"你担任什么职务?"或者"你承担哪些责任?"或者"你担任这项职务多久了?"或者"你最喜欢自己工作的哪些方面?"或者"你最讨厌自己工作的哪些方面?"或者"你最终想为公司做些什么?"

观察语言行为和非语言行为

在受访者谈话时,仔细观察其语言行为和非语言行为。这帮助你为他们在压力较小时的行为建立一个基准。

提出非引导性（描述型）问题

描述型问题主要出现在面谈的询证阶段，访谈者在提出问题时不应带有指责情绪。请记住，最有效的问题是由一个微妙的要求构成的。例如，

> 访谈者："请你介绍一下有关_____的情况。"或者"请介绍一下你现在的工作流程。"或者"请介绍一下你们部门的需求链。"或者"你认为哪些程序能有效防止会计工作出现错误？"或者"请解释你了解的所在部门的检查和制衡（内部控制）系统。"或者"你认为你所在部门的哪些内部控制环节有待改进？"

在受访者回答这些问题以后，访谈者就能对有关情况有更详细的了解。若答复前后矛盾，则受访者会设法澄清这些矛盾。但是，在这一阶段，不要怀疑受访者的诚实和正直。

小心提出敏感性问题

"常规性"问题并不涉及面谈的重点，为了在面谈中收集到有用的资料，访谈者不应过度关注受访者回答的这类问题。在下面的例子中，访谈者正在与证人交谈，他试图问及公司可能存在的挪用公款的情况。他可以采用特定方式开始这一敏感性话题。例如，

> 访谈者："你的一部分工作是防止和发现浪费、舞弊和滥用职权，是这样吗？"或者"请介绍一下你对公司内部资产和资金浪费的看法。"或者"你认为公司的哪些部门容易存在滥用职权的情况？"

10.4.10 应对受访者的拒绝

受访者很可能会拒绝接受面谈。调查表明，如果受访者和访谈者素未谋面，那么在访谈者第一次通过电话要求进行面谈时，65%的受访者会拒绝。相反，如果受访者和访谈者之前认识，那么只有33%的受访者不愿意接受访谈。受访者越排斥面谈主题，越会拒绝接受面谈。

没有经验的访谈者有时会误会受访者拒绝接受面谈。在这种情况下，反而会使善意的受访者产生防范心理。要成功地完成面谈，访谈者必须克服这一心理。下面列举了访谈者可能会遇到的且应克服的障碍。

"我太忙"

在没有事先预约的情况下就与受访者联系，受访者可能会因工作太忙而无法接受面谈。"我太忙"也可能是一种借口，用来掩盖不愿接受面谈的真正原因，如懒散、自我受到威胁或者不愿与陌生人交谈。访谈者可以强调以下情况以说服受访者：

- 面谈很短暂；
- 你已经来了；
- 这个问题很重要；
- 面谈过程不会很长；
- 你需要帮助。

"我什么都不知道"

有时,访谈者刚说完面谈的目的,受访者可能就会通过这种方式加以拒绝。应对这种拒绝的常用方法是先在态度上接受,紧接着再提出一个问题。比如,受访者说"我什么都不知道",访谈者的回答通常是"我明白。那你都做些什么工作呢?"或者"好的,我理解你的想法。那么,你知道内部控制的有关情况吗?"

"我不记得了"

这种回答通常不是拒绝,而是表达谦逊和谨慎的心理。处理这种回答最好的方法是在受访者思考时保持沉默。受访者会说:"给我一点时间想一想。"如果受访者还是没有回忆起来,访谈者就应提出以下类似的描述型问题:

> 访谈者:"你可能已经不记得交易的具体内容了。你记得这笔交易的金额是否大于1万美元吗?"或者"即使你不记得具体细节也没有关系。你是否记得当时是什么让你反对这笔交易的呢?"

"这是什么意思?"

当受访者提出这样的问题时,他们通常想表达一种温和的拒绝。也就是说,他们试图将注意力从自己身上转到访谈者身上。提出这种问题也有可能是在为自己赢得思考的时间。还有一种可能,那就是受访者真的不明白访谈者的问题。处理这一问题最好的方法就是把它看作简单的提问;不要产生不满情绪,因为这样做会让情况变得更加糟糕。

10.4.11 不合作的受访者

访谈者不可避免地会碰到一些很不合作的受访者。下面列举了与这类人谈话最常用的四个步骤:

步骤一:不要反驳

有时,受访者会毫无理由地使访谈者处于尴尬的境地。实际上,人们拒绝合作的理由很多。面对受访者的恶意攻击,访谈者通常有三种自然反应:还击、放弃或者终止面谈。如果访谈者直接抵制这些反应,则最终会导致面谈失败,此时访谈者应采取与受访者预期相反的策略,有意识地确保自己不会以敌意对待受访者的攻击。

步骤二:消除敌意

访谈者常犯的一个错误是试图与不合作的受访者争论。千万不要这样做!相反,访谈者应尽力消除受访者的敌对情绪,这就需要采取受访者意想不到的一些策略。保持沉默的受访者通常认为访谈者会向他们施加压力,恶言相对的受访者则认为访谈者会进行某种反抗。在这种情况下,如果访谈者选择与受访者预期相反的策略,则往往能成功地消除对方的敌对情绪。访谈者应努力倾听、接受并认可受访者。

步骤三:改变策略

在一些情况下,访谈者只有通过改变提问的策略才能缓和敌对情绪。这就需要重述在受访者的回答中涉及的访谈者最关心的问题，常用的方法是询问受访者将采取何种措施来解决这些问题。

步骤四：强化肯定的回答

在与不合作的受访者交流时，访谈者通常会先描述事实，并试图让受访者认可这一事实。一种更好的做法是，先承认受访者的某一观点，并据此开始引申，将事实分开陈述，从而使受访者难以否认。这样做不至于让受访者陷入尴尬的境地。

10.4.12 易变型面谈

易变型面谈通常会使受访者产生强烈的抵触情绪。面谈对象通常是犯罪嫌疑人、同谋及其朋友或亲戚等。受访者的个性是多变的，有些受访者排斥一切官方人士，包括舞弊调查人员和执法人员。

生理特征

在易变型面谈中，受访者通常一开始就会表现出排斥和抵触心理——根本不会思考访谈者提出的问题；而且，他们往往会对访谈者十分粗暴和无礼。人们在情绪激动时通常会感到口干舌燥，因此会不停地舔嘴唇和吞咽唾沫。清嗓子也是人们情绪激动的一种表现。烦躁的情绪还表现为坐立不安、身体来回晃动和不停地跺脚。此外，压力的另一种表现就是大量流汗。

其他考虑

最好由两名访谈者共同参与易变型面谈，即数量优势原则。此外，两名访谈者还可以共同见证整个面谈的变化趋势。尽管在此类面谈中，访谈者仍需要就事件发生的时间、地点、人物、原因、经过提出问题并收集资料，但提问的顺序则有所不同。

面对可能存在的易变型面谈，访谈者应采用突击调查的方式。在很多情况下，要使受访者无法意识到自己将被提问，从而卸下警惕。如果访谈者没有进行突击调查，就可能出现受访者缺席、不提供证据或由同事甚至律师陪同的情况。遇到这种情况，访谈者应打乱提问的逻辑顺序，使受访者无法猜透面谈的内容以及后续将提出的问题。当受访者的戒备心极重时，这种谈话技巧尤其重要。

假定性问题往往比较舒缓，适合在易变型面谈中使用。比如，访谈者正在向犯罪嫌疑人的男朋友提问，"她是否做了此事？"——显得过于直接；相反，"她有理由做这样的事吗？"——这种假定性提问会比较容易被接受。

应对拒绝

受访者可能会编造很多拒绝接受面谈的理由。下面列举了常见的几种理由及其应对措施：

受访者："为什么我要和你谈话？"

访谈者：陈述你的目的只是想弄清问题，而他的帮助将会对调查工作产生非常重要的作用。

受访者:"你无法证明这些!"

访谈者:告诉受访者你并不是想证明些什么,只是在收集信息。

受访者:"你不能强迫我回答!"

访谈者:告诉受访者你不是在强迫他做什么事;你只想解决问题,你很感激他的帮助。

10.4.13 评价型问题

评价型问题旨在评估受访者的诚信度。只有当访谈者认为受访者的回答存在因欺骗而导致的前后不一致时,才会提出此类问题。

在受访者回答有关问题后,如果访谈者有理由相信其中存在蓄意的欺骗,就应提出一些额外的问题。访谈者通常采用以下方式开始提问:"我还想问一些问题。"访谈者不要透露提出评价型问题是为了达到收集信息以外的目的。

确定规范或标准

确定规范或标准是在提出关键性问题之前的阶段,而非提问时对当事人行为的观察。确定规范应该是所有面谈的常规程序。诚实的人和不诚实的人在回答问题时是有区别的。评价型问题是由访谈者给出的一些有悖于诚实的人道德行为准则的陈述,诚实的人通常会否定这些陈述,而不诚实的人则倾向于肯定这些陈述。

设计评价型问题主要是为了观察受访者对这些问题的反应——语言的或非语言的。访谈者应该认真分析并评价这些反应。以下是给予访谈者进行观察的建议:

- 使用你的触觉、视觉、听觉进行观察;
- 不要紧盯受访者,以防引起他的警觉;
- 要观察受访者全身的动作;
- 注意观察行为发生的时间和一贯性;
- 注意连续性动作。

在此基础上,访谈者可以对受访者的语言反应和非语言反应进行总体评价(不是单独评价),以确定是否提出询证型问题。但是,不要过度依赖评价型问题的结果。

10.4.14 测谎

每个人都会说谎,说谎的原因通常有两种:获得嘉奖或逃避惩罚。大部分人在说谎时都会承受一定的压力,身体总是试图通过语言或非语言的方式来释放这种压力,这些反应可以作为说谎的线索。

遗憾的是,欺骗的线索并不像匹诺曹[①]的鼻子那样可信。如果线索可靠,发现欺骗就会很简单。因此,线索需要通过比较进行检测,即需要校准。此外,说谎的人和讲真话的人都会展现谎言的检测线索,但是说谎者可能比他们说真话时展现得更多(或更少)的线

---

① 匹诺曹是意大利作家卡洛·科洛迪创作的童话《木偶奇遇记》中的小木偶,他每次说谎鼻子都会变长。

索（取决于线索形式）。正因为如此，识破谎言的专家们会寻找线索形式，并注意到在高强度询问/讯问下线索形式的变化。

在某些情况下，欺骗的线索是不可依赖的。例如，精神状态不稳定或服用药物的人不适宜进行面谈。同样，病态说谎者在说谎时可能不会表现出压力；一些老练的说谎者往往很熟悉面谈的技巧，不会表现出异常行为。青少年的行为通常也是不可信的。许多医学研究发现，说谎的风险很低，而且难以找到说谎的线索。相关研究表明，在高激励和违规的情况下（这两种情况都出现在舞弊面谈中），线索更明显、更可靠。注意，文化因素也很重要。比如，有些文化不鼓励眼神交流；虽然对许多人来说，减少眼神交流是一个可靠的暗示，但对有独特文化背景的人来说却并非如此。

学术研究表明，大多数人甚至那些自称能识破骗术专家的人（如警察），在利用语言线索和非语言线索识破骗术方面只比碰运气好一点点。这并不意味着这些线索是无用的。事实上，许多线索被证实是可靠的；而且，一些真正的专家已经掌握如何有效利用这些线索。然而，很多时候，我们的直觉或我们对识破谎言的练习很可能与研究结论背道而驰。有趣的是，那些研究真正"骗术"的人相信，专家技能的提升需要一个不断练习和反馈的学习过程。他们不相信通过一天的研讨会就能学会快速、简单地识破骗局的技巧；相反，反复地练习、认真地学习寻找线索的形式和差异，才会让你成为测谎专家。接下来，我们分别讨论用于测谎的语言线索和非语言线索，请特别留意已通过学术研究验证的线索。

语言线索和非语言线索

语言线索是与措辞、表达和对特定问题的回答相关的线索；非语言线索包括在回答问题时伴随的肢体动作和手势。大多数学术研究表明，语言线索比非语言线索更能预测谎言。例如，一项关于测谎线索的心理学研究的综合评述显示，许多线索并没有被证实是可靠的；重要的是，在那些看起来可靠的信息中，大约三分之二是通过语言表达的。同样，关于最善于识破谎言的人的研究表明，他们倾向于采纳语言线索而不是非语言线索。

最能说明哪种线索可以测谎的基本前提似乎是，所有人都想显得诚实，无论是说真话还是说谎。但是，可以预测试图表现诚实的说谎者与没有说谎压力之人的行为特征是不同的。例如，一个可靠的语言线索是，说谎者讲述的故事往往好得令人难以置信，而讲真话者讲述的故事则呈现一种正常缺陷。但要注意的是，当讲真话者担心自己不会被相信时，他或她会表现出与说谎者相同的线索。

关于谎言线索的研究认为，试图表现诚实的说谎者会呈现以下五个方面的行为：（1）情绪高涨；（2）不积极和不愉快；（3）被动地回应；（4）不太引人注目的故事；（5）较少缺陷。接下来，我们讨论较为可信的谎言线索。

情绪高涨。 关于几种语言线索和非语言线索以确定说谎的压力是否会导致紧张感的显著增强这一问题已取得一定的研究成果，最可靠的线索表明，相对于诚实的人，说谎者在说谎时瞳孔会扩大，整体情绪会高涨，声音紧张感会增强，音调也会升高。研究还发现，说谎者在谈论违法行为（比如舞弊行为）时，说话语速会加快，眨眼次数也会增加。重要的是，说谎者在思考故事时停顿时间可能会更长——假设他们没有时间来构造故事或借鉴其他经验；在说话时，他们会倾向于加快语速，这也许是为了弥补中间停顿的时间。

不积极和不愉快。说谎者往往会变得不那么合作，会说一些消极或抱怨的话语，其面部表情通常会表现得更不愉快。

被动地回应。说谎者对不重要的事实往往记忆犹新，而一旦涉及关键性问题就会推脱说"我不记得了"。另外，说谎者的讲话通常更短，而且他们回答的细节更少。有趣的是，不诚实的人在否认时更可能非常具体。例如，一名议员在回答是否犯下舞弊罪时会响亮地说"不，绝对不"；相比之下，不诚实的人更有可能用"不，我没有在 6 月 27 日盗取公司 1.5 万美元"这样的话语"修饰"其否认。其他常用的语言还包括"根据我的回忆"和"就我所能回忆起来的"，等等。通常来说，不诚实的人在说谎时更习惯于捂住自己的嘴巴。

不太令人信服的故事。这个方面可靠的线索最多。事实证明，相对于诚实的人，说谎者讲述的故事展现出更多相互矛盾的地方，故事逻辑经常是有缺陷的，而且故事内容也不那么可信。简而言之，它们听起来常常好得令人难以置信。有时候，不诚实的人会故意强调所述事件的真实性，他们会使用"我发誓""事实上"或者"坦白说"这类的表达。说谎者也可能试图通过"你可以去问我的妻子"或者"你可以去问我的上司"来提供人格证明，也可能通过更频繁地说"先生"或"女士"来强化对他人的尊重。

有趣的是，说谎者在讲述自己的故事时往往不太注重语言和声音的强调，同样会减少手势的使用，他们的眼神交流和肢体活动也趋于减少。他们还会给人留下一种对所有细节都不确定的印象，其描述显得更加冷淡、客观、回避或含糊不清。因此，他们传达给人的印象是模糊的，并且经常用被动语态而非主动语态说话。

当说谎者被指控参与某种活动时，他们的故事就不那么引人注目了。在回答时，不诚实的人否认得很无力。当诚实的人受到无端指责时，他们通常会变得愤怒，并且坚决予以否认，而且这种坚决的态度愈来愈强烈。相反，当这种指责被不断重复时，说谎者的否认语气会越来越弱，最后归于沉默。

一个有趣的非语言线索也与这方面有关，说谎者往往比诚实的人更习惯于抬起下巴，也许是为了显示自己的自信。他们还会更频繁地重复某个词语和短语，甚至会要求重复已提出的问题为自己赢得思考的时间。

讲述中较少一般性缺陷。在一般性对话中，个人经常以一种不完美的方式讲述自己的故事。例如，他们可能会忘记细节并在讨论中承认这一点；他们也可能需要返回纠正之前说过的话。那些担心被人发现说谎的人表现出的缺陷更少。

10.4.15　评价型提问的方法

在考虑了所有因素的基础上，如果访谈者怀疑受访者的诚信度，就应该提出评价型问题。请注意，这些问题的排列应由非敏感性问题慢慢过渡到敏感性问题。最初的几个问题是为了得到受访者的肯定回答。显然，并非在所有的情况下都要提出所有问题。

调查人员正在调查一宗现金失窃案。在与一名员工进行面谈时，受访者做出一些与事实不符的陈述，调查人员由此决定提出一系列评价型问题以观察其反应。

评价型问题示例 1

　　访谈者："国会最近通过一项新的法律，对不调查内部舞弊和滥用职权现象的公司处以罚款。此外，当人们盗窃公司财产时，公司实际上遭受了很大的损失。现在你能明白公司的顾虑吧？"

　　解释：大多数人都会对这个问题给出肯定的回答。如果回答是"不"，那么你应该对该事件做更详细的解释，并努力取得认同。若仍未成功，则你应当分析原因。

评价型问题示例 2

　　访谈者："当然，他们说的不是那些陷入困境的忠诚的员工，而是不诚实的人。但是，在大多数情况下，往往是普通员工偷窃了公司财产。你明白我说的是哪种人吗？"

　　解释：大多数人阅读报纸，由此对舞弊和滥用职权的问题会有所了解。访谈者通常希望受访者给出肯定的回答。

评价型问题示例 3

　　访谈者："大多数人实际上并不是罪犯，他们只是想保住自己的工作或生存下去，因为公司效益太差，无法支付给他们应有的工资。你明白我在说什么吗？"

　　解释：尽管诚实的人和说谎者都可能给出肯定的回答，但诚实的人往往会认为那些人仍然是罪犯。他们会回答："是的，我明白。但这并不能成为偷窃的理由。"

评价型问题示例 4

　　访谈者："在这里工作的人肯定不会偷公司的钱吗？"

　　解释：大多数人知道谁不太可能进行舞弊，可以是公司所有者或高层管理人员。但是，参与舞弊的人不太可能希望排除其他人，他期望尽可能扩大嫌疑人范围。

评价型问题示例 5

　　访谈者："为什么你会认为周围的某些人盗窃公司财物是正当的呢？"

　　解释：舞弊者通常会为自己的行为寻找合理的借口，因此说谎者比诚实的人更倾向于寻找以下借口："每个人都会这样做"或者"如果公司想让员工不偷窃，就应该提高员工的待遇"。相反，诚实的人会说："员工没有理由盗窃公司财物，这是不诚实的行为。"

评价型问题示例 6

　　访谈者："你认为我们应该如何处置犯罪的员工？"

　　解释：对于此类问题，诚实的人认为应该严惩罪犯；犯罪者则通常会说"我怎么知道？我无权处理这些事"或者"如果他们是优秀的员工，也许我们应该再给他们一次机会"。

评价型问题示例 7

访谈者:"你是否认为你们部门有一些员工会盗窃公司的财产,而他们之所以这么做是因为他们觉得这是正当的?"

解释:大部分人——诚实和不诚实的人——对此问题都会给出否定的回答。然而,犯罪者会倾向于回答"是",且不做任何解释;相反,当诚实的人给出肯定回答时,他通常会说明理由。

评价型问题示例 8

访谈者:"你有没有觉得自己有正当理由,尽管你没有利用自己的职位做到这一点?"

解释:大多数人——无论是说谎者还是诚实的人——都会回答"没有"。然而,不诚实的人更有可能承认自己至少"想过"这样做。

评价型问题示例 9

访谈者:"你认为你们部门哪些人可能会有违法行为?"

解释:不诚实的人通常会回避直接回答这一问题,他们会说:"如果想做的话,每个人都能找到理由。"诚实的人则会直接列举一些姓名,尽管他们不愿意这样做。

评价型问题示例 10

访谈者:"你是否相信大多数人在得知同事舞弊后会告诉公司经理?"

解释:出于正义感,诚实的人大多会报告犯罪行为,不诚实的人则会回答"不"。当被问及原因时他们通常会说:"不,我什么也不会做。他们不会相信我的。"

评价型问题示例 11

访谈者:"为什么你的一些同事认为你会做违法的事?"

解释:提出这一问题是想让受访者了解自己正受到怀疑。诚实的人通常会说:"不知道。"不诚实的人则试图解释:"我知道公司有些人不太喜欢我。"

评价型问题示例 12

访谈者:"如果你的违法行为暴露了,你最担心的是什么?"

解释:不诚实的人会说:"我不想坐牢。"而诚实的人则会反驳这一说法:"我什么也不用担心,因为我根本没有做过。"如果要求给出进一步回答,诚实的人通常最担心的是让朋友和亲人失望;而不诚实的人提到的往往是受到处罚。

10.4.16 结束型问题

以肯定的语句结束面谈是获取信息的面谈所必要的。

结束型问题示例 1

访谈者:"我想确定我获得的信息是正确的。让我们花几分钟来总结一下这次面谈吧。"

技巧：用简短的语言总结重要的事实。尽量使用一般疑问句，受访者只需回答"是"或"否"。

结束型问题示例2

访谈者："你认识他八年了，是吗？"或者"你知道她有经济问题，是吗？"或者"你怀疑——尽管不确定——她最近支付了大笔逾期账单，是吗？"

技巧：对于受访者提供的关键事实，还应问"你确定吗？"

技巧：访谈者如果想获得其他相关信息，就应主动向受访者询问，这表明访谈者想了解所有相关信息，不论这些信息对谁有利。访谈者应努力让受访者积极参与案件调查工作。"如果你在调查此案，你会怎么做？"这一技巧通常被称为"角色扮演"。另一种有效的结束型提问方法是："还有什么我没有问到而你认为对案件调查有利的事吗？"

技巧：询问受访者是否觉得在面谈中受到不公正待遇。在受访者拒绝合作或结束寻供型问题时，这一询问尤为重要。询问受访者是否还有其他要说的，给予他们最后的机会来陈述事实。另外，还应询问能否向他们提出其他问题，为以后的合作打好铺垫。

技巧：留下自己的名片或电话号码，并欢迎受访者随时来电告之相关问题。在一些情况下，还应让受访者保证对面谈内容保密。当然，如果受访者十分不友好，就不必这样做了。

结束型问题示例3

访谈者："在这种情况下，当事人的名誉可能会因流言蜚语而受损。我们都不想看到这样的事情发生。所以，在没有查清真相前，你能对有关情况保密吗？"

技巧：与受访者握手，对其抽出时间接受面谈及提供信息表示感谢。

10.4.17 寻供型问题

只有当访谈者认为受访者很有可能实施舞弊时，才能提出寻供型问题。这一判断的依据是受访者对所提问题的语言和非语言反应、实物证据、书面证据，以及其他谈话内容和证据。

在评价型问题和寻供型问题之间，应该有一个较好的过渡话题。这一过渡话题的作用是暗示犯罪者其罪行已经暴露。在这种情况下，访谈者通常应该找借口离开房间几分钟。若有指控文书，则应将复印件放在文件夹内并带回房间；即使没有也应该将一叠白纸置于文件夹内。访谈者回到房间后将文件夹放在桌上，然后开始讯问。例如，

访谈者："你还想说点什么吗？"或者"有些人说你……，这是为什么呢？"

将指控文书递给受访者，并要求其做出"评价"，此时不要出示全部证据或做更多的解释。在很多情况下，犯罪者当场就会认罪。如果没有，访谈者就应继续盘问。

问题的目的

提出寻供型问题至少有两个目的。第一个目的是区分有罪者和无罪者。有罪者在这一

阶段通常会认罪；无罪者除非受到威胁和胁迫，否则不会认罪。在某些情况下，只有通过这种方法才能区分有罪者和无罪者。

第二个目的是迫使犯罪者认罪。根据法律的规定，认罪应该是自愿的。但是，即使认罪是有效和有约束力的也不应高估其重要性，而应让认罪者签署一份有关其供认事实的书面声明。尽管口头招供记录和书面认罪具有同等的法律效力，但相比较而言，书面认罪更可信，它可以防止认罪者之后推翻供词。

准备

访谈者应在能够自主决定面谈地点时安排面谈，通常不要把面谈安排在嫌疑人的"地盘上"，而且最好是进行突击面谈。

面谈地点。在一个独立的私人空间进行面谈，将门关上，但不应上锁，也不应有其他物体阻挡受访者离开房间。这样做可以防止遭受"监禁审问"起诉——违背某人意愿将其扣押。

尽量减少外界的干扰。房间里最好没有画像、窗户或其他转移视线的物体。每隔6英尺摆放一把椅子，同时，不要让受访者坐在桌子后面。如前所述，这样做可以防止受访者建立起一种"隐藏自己"的心理防线。在面谈过程中进行记录时，也不应表现得过于明显。

其他在场人员。不要向嫌疑人提及其辩护律师可以在场；当然，也不能否认嫌疑人的这一权利。若律师在场，则访谈者应明确他（她）只是一个观察者，没有权利提问或表示反对。除受访者和两名访谈者之外，通常不允许其他人员在场。当然，如果受访者是工会成员，那么可以让一名工会代表列席。但是，由于这种方式向第三方"传播了"控诉，因此可能引起法律纠纷。而且，当有其他人在场时，很难使嫌疑人认罪，此时调查人员应当考虑能否不通过认罪的方式来查证案件。如果可以的话，则应完全剔除寻供型提问这一环节。

米兰达警告[①]。私人侦探通常不要求出示米兰达警告。只有在面谈结束后立即执行逮捕，才必须向嫌疑人出示这一警告。在法庭上将认罪书作为证据需要满足两个条件：（1）认罪是自愿的；（2）访谈者能够合理确信认罪是真实的。在这种情况下，通常需要向律师咨询。

主题演绎

人们很少主动认罪。然而，当人们发觉认罪的利大于弊时，通常会倾向于认罪。优秀的访谈者能够通过复杂且有技巧的手法说服受访者，使其相信认罪是最佳选择。

如果人们相信指控者对自己的罪行仍持怀疑态度，他们通常就不会认罪。因此，访谈者在寻供型提问阶段必须表现出绝对的自信，即便证据不够充分。他们在指控时，要将其

---

① 米兰达警告（Miranda Warning）又称米兰达权利（Miranda Rights），是美国刑事诉讼中犯罪嫌疑人保持沉默的权利，内容是我们在影视作品中经常会听到的："你有权保持沉默。如果你不保持沉默，那么你所说的一切都能够作为你的呈堂证供。如果你没有能力聘请律师，那么我们可以为你指定一名律师。你是否完全了解你的上述权利？"

作为一项已发生的事实加以叙述。调查人员不应问"你做了吗",而应问"你为什么要这样做"。以下是一个寻供型问题的举例:

> 访谈者:"这是你第一次从公司盗用资金吗?"或者"这是你第一次透支款项吗?"

无罪者不会承认这些事实,而让犯罪者认罪要花较长的时间且要有耐性。因此,只有在不受外界干扰和时间充裕的情况下,访谈者才能进行寻供型提问。不要对认罪者的罪行表现出厌恶、愤怒的态度或者进行指责,这样做就违背了让犯罪者认罪的基本策略,即最大限度地表现出同情和最少地表现出道德谴责。

随着寻供型提问阶段的进行,访谈者需要理解犯罪者如何证明或合理化其行为。这种辩护是为认罪者的行为寻找道德上可接受的理由。不要说嫌疑人是"坏人",因为这样一来人们通常不会认罪。在提问时,既要表现得坚定,又要表达出对犯罪者的同情和理解。尽量不要让嫌疑人做出否定回答,因为一旦嫌疑人否认事实,再让其改变供词就很困难了。

在符合以下条件的情况下,指控无罪者仍被视为合法:

- 指控者有合理的理由怀疑或断定嫌疑人违反了法律;
- 指控是私下进行的,指控者没有采取任何行动迫使无罪者认罪;
- 指控在合理的条件下进行。

但是,上述情况均需要向律师咨询。

10.4.18 寻供型提问的步骤

有效的寻供型提问应该有序地进行,下一个步骤如何进行取决于如何才能更好地让犯罪者认罪。因此,提问顺序应根据情况的不同而不同。

直接指控

指控不应仅仅由一个问题提出,而应是一段陈述。避免在指控中使用"偷窃""舞弊"或"犯罪"这样的法律定性词汇,同时,用简洁而有力的语言进行指控可以在心理上压倒对方。

> **错误示例**
>
> "我们有理由相信你……"
>
> "我们认为(怀疑)你可能……"
>
> **正确示例**
>
> 我们的调查已经清楚地表明你
> - 做了虚假的分录(避免使用"舞弊")。
> - 未经允许使用公司资产(避免使用"偷窃""盗用")。
> - 从供应商处获得一笔现金(避免使用"受贿"或"回扣")。
> - 没有说实话(避免使用"说谎"或"舞弊")。
>
> "我们的调查显示,很明显,你是唯一对此负有责任的人。"

观察反应

当被指控违反法律时，一些犯罪者会保持沉默。一些人即使对罪行予以否认也是很无力的，其否认通常只是一种喃喃自语。犯罪者通常不会直接予以否认，他们会列举自己没有犯罪的理由；相反，无罪者在被指控时通常会表现出震撼和吃惊，面对无理的指控，他们通常会很愤怒，坚决否认自己有任何违法的行为。

重复指控

如果嫌疑人没有强烈地否认指控，访谈者就应当以相同的语气和力度重复指控。

打断否认

犯罪者和无罪者通常都会对被指控的罪行加以反驳和否认。如果访谈者确信嫌疑人有罪，在此时打断其反驳就十分重要了。无罪者通常不会让访谈者成功阻止其反驳。

需要强调的是，犯罪者和无罪者都会直接否认，因此访谈者在寻供型提问阶段不应直接打断对方的否认。

错误示例
- "你这么做了吗？"
- "你应对这件事负责吗？"

正确示例
"你为什么要这样做？"

拖延

拖延这种方法在阻止和打断否认时很常用。不要与嫌疑人争吵，应尽量拖延其做出否认的时间。无罪者往往不会"停止"或让访谈者继续话题。例如，

访谈者："我知道你在说什么，但请让我先说完，然后你再说。"

中断

有时，访谈者必须不停地打断嫌疑人的否认。这一步骤很关键，访谈者应当适当提高说话的声调。

说理

如果上述方法都失败了，访谈者就应当尝试与嫌疑人说理，并使用在反驳嫌疑人托词时经常用到的一些方法（见下文）。在这种情境下，访谈者应向嫌疑人出示部分证据，但没有必要披露全部事实。

合理化解释

一旦提出了指控并阻止了嫌疑人的反驳，就应当开始为嫌疑人的违法行为寻找道德上可接受的合理解释。这一解释不一定是违法行为的基本导因，而是使嫌疑人能够从道德上说明其违法行为的任何可接受的合理原因，而并非仅从"坏人"的角度看待违法行为。

如果某种理由不适合就应继续寻找，直到找到一个合理的解释，然后认真研究这个理

由。需要注意的是，这一理由只能解释违法行为的道德后果而非法律后果。访谈者的所有陈述都不应让嫌疑人觉得自己与调查人员合作会导致自己承担法律责任。访谈者应当在掌控谈话与表达同情和理解之间实现一种较好的平衡。再次强调，不论嫌疑人被指控做出何种违法行为，访谈者都不应表现出吃惊、愤怒和谴责的情绪。

不公平的待遇

一般来说，实施违法活动（特别是舞弊）最普遍的一个理由是犯罪者试图得到公平的待遇。研究表明，员工的很多违纪或违法行为（包括偷窃）都源于对工作的不满。员工觉得"报复"是保护自尊的重要手段。敏锐的访谈者能够利用这一心理暗示嫌疑人其实他们是受害者。例如，

> 访谈者："我知道你做这样的事肯定是有理由的。你勤勤恳恳地工作以求得到一个好的名誉，但我想公司并没有给你应得的，对吗？"

> "我以前也遇到过类似的情况。我想公司应该为此承担责任。如果公司能公正地对待你，这种事情就不会发生了，是吗？"

不充分的认可

一些员工认为自己的努力完全没有得到应有的重视。同样，访谈者应尽力对此表达同情。例如，

> 访谈者："我对你的情况有所了解，看起来你为公司做出的贡献并未得到完全的认可，对吗？"

财务问题

内部违法者，尤其是高管人员实施舞弊通常是为了掩盖真实的财务状况——个人的或公司的。

行为失常

很多犯罪者认为自己的违法活动是一种行为失常，并不代表真实的自我。访谈者可以通过以下陈述说明这一理由：

> 访谈者："我知道这完全不像你自己。我相信若非你的生活陷入某种困境，这种事情是永远不会发生的，是吗？"

> "你工作一直很努力。我相信你通常不会做这样的事情，这不像你。你一定遭受到某种压力，是吗？"

家庭问题

有些人因家庭问题而犯罪，离婚、配偶不忠诚、儿女花销太大都可能导致个人陷入财务困境。特别是男性——社会习惯于将男性和权力联系在一起——通常认为只有财富才能带来尊重。相应地，一些女性实施白领犯罪是为了满足丈夫和孩子的需求。有经验的访谈者会通过以下方法很好地利用这一心理：

> 访谈者："我知道你最近遇到了一些家庭问题。离婚给你带来了很多困扰。我了

解这些麻烦出现时的情况，如果不是因为家庭问题，你就不会这么做的，是吗？"

"处在你这种地位且有良好修养的人是不会无缘无故地做这种事的，我了解你想为家庭创造更好的条件。我明白，换作是我，也很难向家人解释我们今年的生活将不如去年。这就是你做这件事的原因，是吗？"

原告的行为

如果嫌疑人不知道原告是谁，则暂时不要暴露原告的身份。如果嫌疑人已经知晓原告的身份，则可以通过指责原告为被告寻找理由。原告可能是同事、经理、审计人员、舞弊调查人员或其他人，有时还可将责任归咎于公司本身。例如，

访谈者："我想大部分责任应该归咎于公司。如果公司中发生的其他劣迹被揭露出来，你所犯的事就是小巫见大巫了，对吧？"

压力与药物、酗酒

员工有时会通过服用药物或酗酒来减轻压力。在某些情境下，压力会导致出轨行为。例如，

访谈者："我知道你的所作所为并不能反映你的本性。你的内心很乱。许多人遇到问题时都会借酒消愁，我以前很长一段时间也如此。当心里积压的事情太多时，所有人都会做出违背原则的事。你也出现这样的情况了，是吗？"

"你是公司中最受尊敬的人之一。我明白你在成功的同时也承受了巨大的压力！非常大的压力！非常人所能承受的压力！这就是你做这些事的原因，是吗？"

报复

与以上理由相同，报复也可能成为犯罪的动机。在这种情境下，访谈者可以试图把过错归结于犯罪者必须"报复"某人或某事的心理。例如，

访谈者："发生的事并不符合你的性格。我想你只是想要报复主管，因为他在一次职位升迁中忽略了你。换作我也会有同样的感受。事情就是这样的，对吗？"

"周围很多人都无视你为转变公司经营方向所付出的努力。我能够理解你的心理，你想'表现给他们看'，所以你才那么做的，对吗？"

将受害者非人格化

在涉及员工盗窃的案件中，一种有效的方法是将受害者非人格化。这是因为，如果受害者是公司或机构而不是个人，嫌疑人就比较容易处理所面临的道德困境。例如，

访谈者："这与从朋友或邻居家拿走东西是不一样的。我明白你的想法——'从公司拿走一些东西是可以的，但从同事那里拿走东西就不行'，是这样吗？"

减轻道德责任

在很多情况下，访谈者可以淡化违法行为的道德责任。需要再次强调的是，道德责任并非法律责任。优秀的舞弊调查人员和访谈者应避免做出可能被误解为减轻被告法律责任的论述。比如，不要说"从法律上讲这并不重大，只是一种技术违规"。相反，访谈者可

以试图减轻受访者的道德责任。将相关的两件事情放在一起进行比较是一种有效的方式。例如，

> 访谈者："这一问题并不意味着你就是坏人。你的行为与其他人的所作所为相比简直不值一提，不是吗？"
>
> "所有的事都是相对的。你的所作所为可能根本不及其他事情严重。你不是完人，对吗？"

利他性

声称某种行为是为了他人的利益，也可以用来转移某件事情的道德严重性。如果嫌疑人认为自己是一个有爱心的人，这一点尤其重要。例如，

> 访谈者："我知道你这样做不是为了自己。我已经认真调查了事情的来龙去脉，你是为了帮助别人才这么做的，是吗？"
>
> "你在公司里承担巨大的责任，很多人依靠你来获得这份工作。我明白你这样做是因为你认为此事对公司有利，是吗？"

真正的需求

在极少的情境下，舞弊是源于一种真正的需求。比如，嫌疑人要为患病的父母或孩子支付医疗费，或者遇到其他财务危机。在这种情境下，访谈者可以这样说：

> 访谈者："我不知道有多少人同时遭遇这么多不幸的事。我明白这对你生死攸关，对吗？"
>
> "和其他人一样，你必须生存下去。你处在这样的境地，很难寻求外界的帮助。为了生存，你只能这么做，对吗？"

10.4.19　反驳辩解

即使访谈者为嫌疑人的行为给出了合适的理由，嫌疑人仍会继续否认自己有罪。在访谈者成功阻止嫌疑人的直接否认后，他会转而提出若干理由表明自己并未从事犯罪活动。此时，访谈者应出示有力的证据，而犯罪者通常对调查人员掌握的证据很感兴趣。访谈者可以通过以下方法反驳嫌疑人的辩解：

出示实物证据

犯罪者通常会高估访谈者掌握的实物证据，访谈者应当利用并强化这一错觉。因此，访谈者应每次只出示一件实物证据，并且将关键证据放到最后。这种方法可以防止犯罪者一开始就估计到访谈者掌握实物证据的程度。当犯罪者不再否认罪行时，就可以停止出示证据了。

每出示一件证据，访谈者都应指明其重要性。在这一阶段，嫌疑人仍试图为自己辩解。与前一阶段相同，访谈者应提前加以阻止。一旦证明了嫌疑人的托词的虚假性，访谈者就可以继续话题。

讨论证人证词

讨论证人证词是反驳辩解的另一种方式。这样做的目的是在提供尽可能少的信息的同时，让被告感觉有很多可反驳其说法的证词。在理想的情境下，这会在嫌疑人的脑海中形成这样一种印象，即许多人处于与他们的说法相矛盾的位置。

再次提醒访谈者注意的是，不要提供太多有关证人的资料，以免被告认出证人。一旦被认出，被告就可能会胁迫证人修改证词，有时甚至对证人施以报复（这种情况比较少）。例如，

受访者："我不可能做这种事。如果要做必须事先得到主管的许可。"

访谈者："通常情况下是这样的，但问题是你的话根本站不住脚，已经有人向我透露了完全不同的情况。我能理解你想让我相信你，但你这样说只会弄巧成拙。若你愿意帮我，则其实也就是在帮你自己，你明白吗？"

提供选择

当嫌疑人的辩解被反驳后，他们通常会变得沉默或退却，有些人甚至会失声痛哭。此时，访谈者应该安慰他们，不要阻止他们释放自己的情感。在这一阶段，嫌疑人正在慎重考虑是否认罪。访谈者应该为嫌疑人提供两种选择，并迫使其选择其一。一种选择提供了道德上可接受的犯罪理由（正面理由）；另一种选择则有悖道德规范（负面理由）。不论嫌疑人选择哪一种，他们都会承认自己的罪行。例如，

访谈者："你这样做是想获得更多的金钱，还是因为经济困境？"

"你是因为贪婪才这样做的，还是因为公司没有给你公平的待遇？"

基本供认

不论嫌疑人回答"是"还是"否"，他们都做有罪陈述——基本供认。一旦做了基本供认，嫌疑人在潜意识里也就选择了认罪。上述选择中应先提出负面理由，再提出正面理由。这样，嫌疑人只需点头或回答"是"，而他们通常会否认负面理由。例如，

受访者："我那样做并非为了得到更多的金钱。"

"不，我并不贪婪。"

如果嫌疑人否认负面理由，访谈者就应当进一步强化正面理由。例如，

访谈者："那么，你这么做是为了摆脱经济困境？"

"这样说来，你是因为受到不公平待遇才这么做的？"

如果嫌疑人仍未做基本供认，访谈者就应当再次重复这一问题，直到他承认为止。有一点很重要，即访谈者得到的回答应等同于认罪。以上问题只需给出"是"或"否"的回答，暂时不需要提供解释。

强调犯罪的合理性

嫌疑人一旦做出基本供认，访谈者就应坚定其认罪的决心。接下来，面谈就可以进入口头认罪阶段，以获取违法行为的相关细节。在这一阶段，强调犯罪的合理化（上面提到的合理解释）可以减轻认罪者的心理压力，使其不会觉得自己受到鄙视。

口头认罪

当嫌疑人开始供述犯罪行为的具体细节时,面谈就进入口头认罪阶段。访谈者的工作是仔细地收集更多的信息,包括只有犯罪者自己知道的细节。访谈者通常可以通过三种方式获取犯罪细节:(1)按时间顺序;(2)按交易类别;(3)按发生的事件。具体采用哪种方式应视案件的具体情况而定。

在这一阶段,最好先确认有关犯罪行为的基础信息,如嫌疑人对金额的估计、同谋者和实物证据的存放地点。在确认这些基础信息以后,就可以按时间顺序了解具体细节。访谈者必须先让嫌疑人承认自己的行为是错误的,因为这对确定犯罪动机十分关键。

大部分认罪者虽然承认了罪行,但仍会在某些犯罪细节上说谎。如果在口头认罪阶段出现这种情况,访谈者就应记住这些不符之处并继续面谈,直到嫌疑人提供了所有的相关事实。如果这些不符之处对犯罪事实十分重要,访谈者就应在口头认罪阶段结束时加以处理或者待到书面认罪阶段加以纠正;若不重要,则可以将其忽略。

访谈者在口头认罪阶段应取得以下信息:

嫌疑人认识到其行为有错

如前所述,了解犯罪动机非常必要。认罪者不仅应承认其从事违法活动,还应供认其犯罪动机。这一信息可以通过以下方式取得:

> 访谈者:"现在如果你决定帮你自己,那么我也会帮你。我要问你一些问题来澄清事实。我明白,你的确这样做了,而且你已经意识到自己做错了,但实际上你并不想损害公司利益,对吗?"

只有认罪者知道的事实

一旦确认了犯罪动机,下一步就应该讯问只有认罪者知道的事实。这些事实至少应包括认罪者对犯罪次数和涉及金额的估计。访谈者的提问应该简短,方便认罪者回答"是"或"否"。

估计犯罪次数和涉及金额

在舞弊案件中,嫌疑人通常会低估犯罪次数和涉及金额,因为人们总是很自然地倾向于遗忘不愉快的事。访谈者应把嫌疑人提供的金额看作被严重低估的数字,如果他们回答"不知道",访谈者就应当从最大金额逐步减至较小金额。例如,

> 访谈者:"你认为这种事发生了多少次?"
>
> 受访者:"我没有任何想法。"
>
> 访谈者:"有100次吗?"
>
> 受访者:"没有!"
>
> 访谈者:"75次呢?"
>
> 受访者:"还是太多了。可能不超过2次或3次。"
>
> 访谈者:"你确定吗?"(如果被告的估计值太小,那么应当设法让他们承认一个较大的数值,但不要说嫌疑人是骗子。)
>
> 受访者:"可能3次,但肯定不会多于3次。"

舞弊动机

动机是犯罪的重要构成因素。犯罪动机可能是访谈者在前一阶段寻找的"合理解释",也有可能不是。最常见的回答是"我不知道",此时访谈者应进一步追问。如果仍得不到答案,那么姑且接受上述"合理解释"。以下是讯问动机一个例子:

访谈者:"我们已经讨论过你这么做的动机了。但是,我想听你用自己的话描述你为什么会这么做。"

舞弊开始的时间

访谈者需要了解舞弊开始的大概日期和时间,一般可以提出以下问题来获得这类信息:

访谈者:"我相信你应该记得第一次发生这件事的时间。"

受访者:"是的。"

访谈者:"请告诉我。"

受访者:"大概是去年1月中旬。"

访谈者:"我很佩服你有勇气说出来。你这样做是对的。请告诉我第一次发生的具体情况。"

舞弊终止

违法行为尤其是内部舞弊一旦开始,通常就会持续下去。也就是说,犯罪者在被发现之前通常不会终止违法行为。如果舞弊行为的确已经终止,访谈者就应确定终止日期。访谈者可以提出以下问题:

访谈者:"你最后一次这样做是什么时候?"

10.4.20 其他参与者

大多数舞弊者是独自作案——没有同谋。访谈者不应当直接问还有谁"卷入"舞弊,而应当问:

访谈者:"除你之外,还有谁知道此事?"

通过讯问"还有谁知道",访谈者不仅可以了解是否可能存在同谋,还可以了解是否可能存在知情不报者。要注意提问方式——不是"还有其他人知道吗",而是"还有谁知道"。

10.4.21 实物证据

访谈者应该向嫌疑人或认罪者索要实物证据,即便证据很少。很多情况下,通过舞弊所得的非法收入就存在犯罪者的私人银行账户里。访谈者应要求认罪者通过书面或口头认可的方式(书面方式最佳)主动提供银行账户记录以便进行检查。

如果其他有关记录也必须得到认罪者的许可方能获得,访谈者就应当在口头认罪阶段获得认罪者的许可。在某些情况下,也可以将这一步骤推迟到书面认罪阶段进行。访谈者可以通过下列问题索要实物证据：

> **访谈者：**"作为资料总结的一项重要工作，我需要获得你的银行存款记录或其他实物证据，你能理解吗？"
>
> **受访者：**"不理解。"
>
> **访谈者：**"好的，我只想记录事实并弄清剩余的问题。你已经决定告诉我一切真相了，包括涉及你自己的那部分。我想确认这些事实是公正且无偏的，以保证你没有代他人承担责任。我想说，你是非常合作的，而且想做正确的事，好吗？"（避免使用"证据"一类的词汇，或者提及"法庭"或"起诉人"）。
>
> **受访者：**"好的。"
>
> **访谈者：**"你的钱存在哪个银行？"（如果访谈者知道认罪者的银行账户不止一个，就应该问"除了第一国家银行，你还有哪些银行账户？"）
>
> **受访者：**"只有第一国家银行。"
>
> **访谈者：**"我们想要得到你的许可，以便在需要时获取你的银行记录。你的原始记录放在哪里？"（不要提出检查银行记录，只说需要这些记录。当他们对这一要求有异议时，允许他们反驳。）

收入的处置

访谈者应当了解所有非法收入的使用情况。通常来讲，这些钱会被用于奢侈的花销。但是，犯罪者往往认为其行为是正当的。因此，访谈者应当避免使用"高生活水平"一类的词汇或提出相关问题。例如，

> **访谈者：**"那些钱用在哪里了？"（让犯罪者自己做出解释；若他们不回答，则再提供备选答案。）

财产定位

在适当的情况下，访谈者应当了解是否有剩余财产以减少损失。不要问"是否有剩余"，而应当问"剩下了什么"。例如，

> **访谈者：**"还剩下些什么？"
>
> **受访者：**"不多，我把大部分钱用来支付账单和债务了，现在只剩下很少的钱和一部车。"

10.4.22 犯罪细节

在克服主要障碍之后，访谈者可以转向收集犯罪细节，通常应按事情发展的先后顺序提问。由于这些提问属于询证型，访谈者应当使用开放式、简短的提问方式，以使问题与回答之间相互独立。先不要出示实物证据，尽量让认罪者独立回忆犯罪细节。如果他们实在记不起来，再拿出证据帮助他们回忆。最好在将所有问题解决以后再进入下一个话题。为了了解犯罪细节，访谈者通常可以提出以下问题：

"谁知道这笔交易?"

"这些文件说明什么?"

"交易是什么时候发生的?"

"交易所得收入到哪里去了?"

"为什么要进行这笔交易?"

"这笔交易是怎样被掩盖起来的?"

访谈者不能担保豁免犯罪者的罪行。他们无权这样做,原因很简单:此类承诺可能会使犯罪者理解为讯问者是在诱导自己说出真相并交代罪行。

10.4.23 签署声明

口头认罪应浓缩为简短的书面声明(通常不超过两三页纸)。访谈者应负责编制书面声明(通常在面谈之前就准备好)并要求认罪者在上面签名。如果需要对书面声明进行修改,则可以用水性笔添加,并由在场人员签名,以保证书面声明的合法性和自愿性。

书面声明应包含以下内容:

认罪是自愿的

得到书面认罪十分困难。有关法律规定,认罪必须是完全自愿的。必须在书面声明中特别提及这一点。

动机

舞弊和犯罪绝非偶然发生。作为一项关键性证据,舞弊者应当认识到自己的行为是蓄意且错误的。访谈者应当用精准的语言清晰、明了地加以描述,比如"我误将公司资产归为己有"或者"我没有告诉任何人就借了公司的钱"。

书面声明中应当避免使用诸如"盗窃"和"偷窃"一类的词语,因为认罪者通常会拒绝签署含有这类词语的声明。以下列举一些建议使用的语句:

被替代的词	建议使用的语句
撒谎	我知道该信息/行为是不真实的
偷窃	为了一己私利误拿了_____的财产
挪用	将_____委托给我管理的财产错误地归为己用
舞弊	我故意告诉_____虚假信息,他/她/他们使用了这些信息

犯罪的大概日期

除非知道确切的犯罪日期,否则应该在日期前加注"大约"或"大概"。如果认罪者对日期不确定则应使用类似的词。

损失的大概金额

书面声明中应该指出损失的大概金额,也可以提供一个范围,比如"可能少于_____或者大于_____"。

犯罪的大概次数

犯罪的大概次数当然也可以提供一个范围。这个数字十分重要，因为它能够通过显示犯罪模式来帮助确定犯罪动机。

愿意合作

当认罪者认为书面声明中的语言描述对其有利（愿意合作和给予补偿）时，他们会比较愿意签署声明。例如，

"我愿意合作来弥补我的错误行为。我保证我会尽我所能补偿我的行为所造成的损失。"

犯罪理由

在书面声明中指明认罪者提供的犯罪理由，这有助于让认罪者相信书面声明已经做出对其最有利的描述，但要注意措辞不可减轻其法律责任。

错误示例

"我并不想那样做。"（这意味着缺乏动机）

正确示例

"如果不是迫于经济压力，那么我不会那样做，我不想伤害任何人。"

认罪者必须阅读声明

认罪者必须承认已阅读声明，并在声明的每一页上签名。访谈者可以故意在声明中加入一些错误信息，以使认罪者在阅读时注意删除错误信息并加入正确信息，要求认罪者签名确认。这种方法是否可行取决于认罪者遇到此类情况时是否会撤回声明并声称自己并未阅读过声明。

声明的真实性

声明中应特别指出其真实性，这样可以在起诉时增加书面声明的分量。然而，同时也应指出，声明中允许存在错误。例如，

"我已根据现有回忆，尽最大能力保证声明是真实和完整的。"

10.4.24 书面声明中的关键点

法律上没有规定必须由签署声明者起草声明。由于通常只有调查人员才知道如何正确起草书面声明，因此由认罪者亲自起草声明并非明智之举。书面声明的语言应该精准，并交由认罪者及时阅读并签字。不要"让"认罪者随意签名，而应该"指导"他们，即"请在这里签名"。尽管法律上没有特别规定，但是最好由两个人共同监督签名过程。

每项违法行为只能有一份书面声明。如果有遗漏的事实，那么可以以附录的形式补充在原始资料后面。出于法律方面的考虑，调查人员应该为不相关的犯罪行为编制不同的书面声明，因为犯罪者为达到同一目的可能多次犯罪。访谈者应当保存在面谈讯问阶段所做的记录，特别是与认罪相关的记录。有速记的记录也应妥善保管，这些记录也可用于查证

书面声明的正确性。在犯罪者认罪后，必要时还可进行附加调查。本章附录 A 就是一个书面声明示例。

10.5 诚信测试

最常用的讯问方法（也是所有调查方法中最常用的一种）是面谈。此外，至少还有三种方法可以检测一个人的诚信度：(1) 纸笔测试；(2) 笔迹分析；(3) 语音压力分析和测谎仪。

10.5.1 纸笔测试

纸笔测试[①]是检测当事人诚信度和道德标准的客观性测试，多用于挑选应聘人员，而非确定当事人是否有罪。纸笔测试的准确率为 50%—90%。较常用的测试通过《里德报告》(Reid Report)、人才选库 (Personal Selection Inventory) 和斯坦顿职前调查 (Stanton Survey) 进行，它们提出的问题诸如，

  正确/错误：1. 大部分人都有可能不诚实。
  正确/错误：2. 不诚实的人应该被送进监狱。

通过类似的问题，我们可以了解一个人的行为标准，从而判断他（她）可能给公司带来的风险。随着技术的发展，测试过程和结果分析都可以通过计算机来完成，从而更有利于筛选应聘人员和确定嫌疑人。纸笔测试被美国零售企业广泛使用。

10.5.2 笔迹分析

笔迹分析通过研究一个人的笔迹来了解其个性。近年来，这种方法的使用频率不断增加。笔迹分析适用于对员工的诚信度要求较高的行业，如银行业、制造业和保险业等。目前，美国有近 400 名笔迹分析专家为企业提供专业服务。然而，需要注意的是，很多舞弊调查人员对笔迹分析的可信度表示怀疑。

10.5.3 语音压力分析和测谎仪

语音压力分析通过特定的仪器来判断当事人是否撒谎。测谎仪比语音压力分析更复杂，它通过检测人的生理反应来分析其承受的压力，从而判断被测是否在说谎。测谎仪的原理是：人们在说谎时通常会有负罪感，这种负罪感会产生压力，从而导致其行为发生变化。测谎仪着重测量人的心律、血压、皮肤的反应以及呼吸的变化。语音压力分析和测谎仪都有可能得出错误的结论，因为它们会让无辜者也感到恐慌。此外，它们很难检测出精神变态的说谎者，这些人缺乏理性，即使说谎也不会产生任何压力。

美国劳工部颁布的《雇员测谎保护法》曾规定，自 1988 年起，禁止在私人部门的工

---

① 在纸上呈现标准化试题，受测者按题意用笔回答的测试，如各种学业成绩测试及团体智力测试、人格测试等。

作场所使用测谎仪。尽管测谎仍然是合法的调查方法，但调查人员必须满足十一项条件才能使用，其中一项是调查人员在执行测谎前必须告知嫌疑人他们有权拒绝。

语音压力分析和测谎仪的效果取决于执行人员的专业水平，由缺乏经验的人员执行此类测试的结果往往不靠谱。大部分专家认为，通过测谎的人也可能不是无辜的，而未通过测谎的人未必是有罪的。

> **想一想** >>> 你该如何在纸笔测试、笔迹分析、语音压力分析和测谎仪中进行选择？每种方法最好在什么时候使用？

10.6 舞弊报告

讯问嫌疑人通常是调查的最后步骤（在某些情况下顺序也可能不同）。在调查工作结束以后，应该着手撰写舞弊报告。报告应包含所有的调查发现、结论、建议和改进措施，明确调查记录中发现的与舞弊相关的人物、事件、地点、时间、经过及原因，并包含防止类似事件再度发生的内部控制改进建议等。报告内容不应包含对嫌疑人应受纪律或法律制裁的建议，即便调查能提供充分、合理的证据证明其有罪或同谋。

调查人员应确保在舞弊报告中对违法行为不使用指控性和结论性的语句。即使在调查中取得犯罪者或同谋者的主动认罪或管理层已经依据认罪做出纪律处分，这一认罪在法院裁决之前也不能作为有效的定罪证物。如果在报告中提及调查中获得的认罪书，那么应该特别指出取得的仅仅是对推定有罪的承认，而非对认定罪名的承认。舞弊报告中应避免使用主观的、煽动性的、中伤的或其他带有偏见的语言。为了保证客观性、真实性、公正性及无偏性，报告中应使用"推定的"违法行为或类似表达。如果调查结果支持推定违法行为，则应该使用以下语言：

- 调查发现了支持推定的合理、可信的证据。
- 调查通过一个反例证明了推定或怀疑的合理性。
- 调查通过合理的证据支持了推定。

本章附录B详细介绍了对一桩员工舞弊案的调查过程及形成的舞弊报告。这份完整的报告包含了对Ivan Ben Steelin的调查，他作为Silver Summit房地产公司采购代表，收受Red Hot房地产公司的回扣，并故意提高地产购置价格以牟利。

附录B报告记载的舞弊调查包含了四种调查程序。调查发端于公司首席执行官收到的一封匿名信。调查人员首先检查了嫌疑人的个人记录，包括执行了一项盗窃调查程序（在当地的一家餐厅监视嫌疑人）和几项隐匿调查程序（包括搜索公司数据库；计算每名采购代表的购房交易数；确定房地产代理商的数量、平均每英亩地价；与每个代理商进行的购买交易次数）。报告中记录了对公共信息的检查以及财产净值的计算。检查内容包括选民登记、结婚登记、州秘书处资料以及县级房地产和契约办的资料；还包含与公司人事经理、建筑商、公司秘书的中立面谈，与另一名房地产采购代表的友好面谈以及与一名涉嫌给Steelin支付非法报酬的房地产代理商的敌对面谈。对Steelin的讯问（目的是获取其银行账户记录）最终迫使他签署了书面认罪书。通过调查还计算出公司多支付给房地产代理商的金额（即损失）。

附录 B 的报告涵盖了舞弊调查中常用的调查程序和证据，建议读者仔细阅读。

◼ 重点内容回顾

● **了解面谈程序**。面谈可以分为三种类型：(1) 善意的；(2) 中立的；(3) 敌对的。面谈有助于获取舞弊形成因素的信息，引导进一步收集其他证据，促使受害人和证人合作，并确定证人的背景和动机。

● **设计并进行面谈**。面谈应该按预定的计划进行，以确保达到预期的目标。设计面谈中的举止行为、面谈中使用的语言、问题分类、交谈的要素、所提的问题及提问方法，注意沟通的阻碍和促进因素。

● **理解寻供型面谈的性质**。只有当你认为受访者很有可能实施舞弊时，才应执行寻供型面谈。这种面谈直接进行陈述和指控，目的是迫使犯罪者招供。

● **描述犯罪者使用的不同欺骗和说谎手段**。优秀的访谈者会观察受访者未诚实回答的迹象，通过语言线索和非语言线索来判断犯罪者是否说谎。

● **描述不同类型的诚信测试**。诚信测试可以帮助识别犯罪嫌疑人是否在说谎。熟悉纸笔测试、笔迹分析、语音压力分析和测谎仪的优缺点。

● **编制舞弊报告**。舞弊报告包含所有的调查发现、结论、建议和改进措施。在可能的情况下，舞弊调查应以行为人签署认罪书及准确计算偷窃金额和损失金额结束。必须仔细记录认罪和损失计算过程以及使用的舞弊调查技术以便民事、刑事和其他行动能够得到支持。

附录 A

书面声明范本

2015 年 12 月 14 日
爱迪生市，新泽西州

　　本人多米尼克·桑塔纳，自愿并无偿签署此项声明并交由梅杰斯电子公司的斯科特·贝尔富特。在签署过程中，我没有受到任何形式的威胁或得到任何形式的保证。

　　我是梅杰斯电子公司的出纳员。我的工作包括处理并记录现金支付、销售、销售退回和折让以及掌管现金。从 2015 年到现在，我从公司获取了 7 000 美元不属于自己的现金。

　　我获取公司现金的方法是：伪造商品退回凭证，模仿经理签名，再将虚假的销售退回录入电脑，然后取走现金。我与在仓库工作的男友杰瑞·加尔扎分享所得，他知道我的所作所为，而且多次帮我签发销售退回贷项通知单，制造商品退回的假象，很多时候，这一行为关联我的个人账户。我利用员工折扣购入电视机或其他商品，然后对外现销。之后，我再虚构一份电视机或其他商品退回的文件。

　　除了我的男友杰瑞·加尔扎，没有人知道内情。我知道我的行为是非法的，而且违反梅杰斯电子公司的规章制度。我这样做是因为我陷入了严重的经济困境，而且我妈妈得了重病。我对我的行为感到十分抱歉，我保证会补偿一切损失。我从公司拿走的部分现金存入了我在新泽西州爱迪生市第一国家银行的个人账户，账号是 43692417881。我同意贝尔富特或梅杰斯电子公司代表检查我的银行账户，并取得从 2015 年 1 月 1 日至今我在第一国家银行账户的账单、支票和存款记录的复印件。我已阅读以上声明。我保证上述声明内容的真实性和正确性，并在下方签名确认。

签名：_____　　　　　　　　　　见证人：_____
日期：_____　　　　　　　　　　日期：_____

附录 B

舞弊报告示例

对 Ivan Ben Steelin 的调查报告

Silver Summit 房地产公司

内部审计部（或公司安保部）

特殊案例卷宗

030369

Silver Summit 房地产公司

内部审计特殊案例卷宗
（IASCF）030369

关于 Ivan Ben Steelin

文件索引

项目	页码①
2018 年 1 月 2 日备忘录	1
2017 年 12 月 27 日收到的匿名信	2
与 Rebecca Monson 的面谈	3
个人资料卡片	5
检查选民登记和结婚登记的记录	7
检查科罗拉多州秘书处的记录	8
检查房地产记录	10
检查 Moore 县契约办记录	11
与 Jack Wells 的面谈	12
对 Ivan Ben Steelin 的财产净值分析	13
Silver Summit 房地产公司每英亩土地的平均购置价格	15
电脑查询 Ivan Ben Steelin 与房地产代理商的交易	17
与 Peter Principle 的面谈	21
与 Michelle Wang 的面谈	22
在 Burnt Oven 比萨店监视	24
与 Richey Rich 的面谈	26
与 Ivan Ben Steelin 的面谈	27
权利建议书	28
书面认罪	29
多支付给 Red Hot 房地产公司的估计金额	31

---

① 列示的是原卷宗的页码数。

Silver Summit 房地产公司

致：IASCF 030369
来自：Scott R. Bulloch
日期：2018 年 1 月 2 日
关于：Ivan Ben Steelin
主题：关于 Ivan Ben Steelin 的匿名信

2017 年 12 月 28 日，Silver Summit 房地产公司主席兼首席执行官 Vic Tumms 收到一封匿名信。这封日期为 2017 年 12 月 27 日的信件提到 Ivan Ben Steelin，内容不作更多解释。

2017 年 12 月 30 日，Scott R. Bulloch（Silver Summit 房地产公司内部审计员）、Vic Tumms 和 Sue U. Buttz（Silver Summit 房地产公司法律顾问）召开会议讨论了这封信的内容。

根据信件的内容，他们决定于 2018 年 1 月 1 日展开由 Sue U. Buttz 授权的调查。

信函原件由 Scott R. Bulloch 签字并保存于 IASCF 030369 中。

Silver Summit 房地产公司

2017 年 12 月 27 日
Vic Tumms 先生
Silver Summit 房地产公司主席
Vero Beach 大街 5511 号
科罗拉多州，丹佛市　84057

Tumms 先生：

我相信你应该调查购置经理 Ivan Ben Steelin 与 Red Hot 房地产公司的关系。我认为公司在河谷买下的 200 英亩土地所支付的价格远远高于市价，还有其他几项房产也是如此。

此致

一名忧心忡忡的同事

Silver Summit 房地产公司

致：IASCF 030369
来自：Scott R. Bulloch
日期：2018 年 1 月 3 日
关于：Ivan Ben Steelin
主题：与 Rebecca Monson 的面谈

摘要

Silver Summit 房地产公司人事经理 Rebecca Monson 在 2018 年 1 月 2 日提供了以下信息：Ivan Ben Steelin 从 2012 年 1 月 7 日开始被公司雇用，2017 年其年薪是 45 000 美元，主管是公司外事部副主席 Ra Nae Workman。

具体内容

Silver Summit 房地产公司人事经理 Rebecca Monson 2018 年 1 月 2 日在办公室接受了面谈。她的办公室位于科罗拉多州丹佛市 Vero Beach 大街 5511 号，电话号码是（999）555 - 3463。访谈者 Scott R. Bulloch 和 Sue U. Buttz 向 Rebecca 说明了自己的身份，并指出面谈是根据公司行为规范进行的"对不当行为的内部调查"。

人事资料显示：Ivan Ben Steelin，白人男性，出生于 1980 年 8 月 5 日，社会保障号码是 999 - 06 - 2828，住址为科罗拉多州丹佛市 North Ocean 大道 1156 号，电话号码是（999）225 - 1161。他从 2012 年 1 月 7 日起受雇于 Silver Summit 房地产公司。资料显示，Steelin 已婚，并抚养四个孩子。

Steelin 最初的年薪按公司外事部的投资分析师评级，为 38 000 美元。在进入公司时，Steelin 参加了管理培训计划，最早的主管为公司外事部副主席 Mickey Sheraton。

2014 年 1 月 1 日，Steelin 升任采购代表，仍然隶属于外事部。2017 年的薪金档案显示，Steelin 年薪升至 45 000 美元。

RaNae Workman 2017 年 8 月接任外事部副主席一职，成为 Steelin 的顶头上司。

资料显示，在到 Silver Summit 房地产公司工作之前，Steelin 曾受雇于密苏里州路易斯市 Rockwell 实验室。个人资料卡上写明他离开 Rockwell 实验室的原因是想离科罗拉多州的家近一些。

Silver Summit 房地产公司在雇用 Steelin 之前没有对其进行背景调查。

第一、第二、第三、第四国家银行曾在 2015 年 2 月打电话询问 Steelin 受雇于 Silver Summit 房地产公司的情况。公司人事部门在人事档案上将这些询问描述为外部机构询问员工情况。从 2015 年 2 月以后，没有其他机构询问 Steelin 的情况。

Rebecca Monson 提供了职工资料卡片的原件和外部机构询问的复印件（2 页），Scott R. Bulloch 签名并签署了日期。这些资料保存于 IASCF 030369，而 Rebecca Monson 留有复印件。

Rebecca Monson 被告知必须对此次面谈及内容保密。

个人资料卡片

雇用日期：2012 年 1 月 7 日　　　　　　　社会保障号码：999-06-2828
姓名：Ivan Ben Steelin　　　　　　　　　　出生日期：1980 年 8 月 5 日
受雇期间的住址：North Ocean 大道 1156 号，科罗拉多州丹佛市　80234
紧急联系方式：
James Clintock
北 8000 西 1145 号　　　　　　　　　　　　关系：岳父
科罗拉多州丹佛市　80231　　　　　　　　　(999) 555-7974
工作经历：
Rockwell 实验室
Market 大街 66 号　　　　　　　　　　　　 职务：销售代理
密苏里州路易斯市　63101　　　　　　　　　主管：Jeff Cole，销售经理
离职原因：想离科罗拉多州的家近一些　　　时间：2007—2011 年

Ethics 大学　　　　　　　　　　　　　　　 职务：邮递员
科罗拉多州丹佛市　80223　　　　　　　　　主管：Joseph Starks，邮政经理
　　　　　　　　　　　　　　　　　　　　 时间：2002—2006 年
离职原因：从 Ethics 大学毕业，并在路易斯市找到工作
其他相关信息：

Ivan Ben Steelin　　　　　　　　　　　　*2012 年 1 月 7 日*
签名　　　　　　　　　　　　　　　　　　 日期
仅供行政管理使用
背景资料：无
其他：无

外部机构询问
打印日期：2018 年 1 月 3 日
员工：Ivan Ben Steelin
文件号：528062828

日期	机构	联系	目的
2015 年 2 月 2 日	第一国家银行	贷款部门	确认雇用情况
2015 年 2 月 4 日	第二国家银行	未说明	确认雇用情况
2015 年 2 月 12 日	第三国家银行	贷款部门	确认雇用情况
2015 年 2 月 16 日	第四国家银行	信用部门	确认雇用情况

Silver Summit 房地产公司

致：IASCF 030369
来自：Scott R. Bulloch
日期：2018 年 1 月 4 日
关于：Ivan Ben Steelin
主题：检查选民登记和结婚登记的记录

选民登记

2018 年 1 月 4 日对选民登记记录的检查是为了确证从 Silver Summit 房地产公司人事部获得的有关 Ivan Ben Steelin 的资料。该记录证实 Steelin 的住址是科罗拉多州丹佛市 North Ocean 大道 1156 号，邮编 80234。社会保障号码、电话号码和出生日期均与 Silver Summit 房地产公司人事部的记录相同。

结婚登记

2018 年 1 月 4 日，在 Moore 县办公室对 Steelin 的结婚证进行了检查。Steelin 在 2001 年 7 月 1 日与 Clara Clintock 结婚，两人之前均无婚史。记录显示其岳父母 James Clintock 和 Jennifer Clintock 居住在科罗拉多州丹佛市北 8000 西 1145 号，邮编 80231——这是 Steelin 受雇于 Silver Summit 房地产公司期间的地址。

Silver Summit 房地产公司

致：IASCF 030369
来自：Scott R. Bulloch
日期：2018 年 1 月 5 日
关于：Ivan Ben Steelin
主题：检查科罗拉多州秘书处的记录

2018 年 1 月 5 日对州秘书处的检查是为了获取：
- 商业执照记录；
- 统一商业条例记录。

商业执照记录

无法确定 Steelin 是否在科罗拉多州申请过商业执照。对 Prentice Hall 全美数据库的计算机查询没有提供资料证明 Steelin 曾在美国其他州取得商业执照。

统一商业条例记录

关于 Ivan Ben Steelin，999-06-2828，科罗拉多州丹佛市 North Ocean 大道 1156 号的统一商业条例记录显示以下资料：

- Steelin 在 2015 年 11 月 12 日从 Ron's 船舶公司（科罗拉多州丹佛市 North State 大街 25000 号）购得一艘游艇。记录显示此次购船未贷款，尽管售价高达 23 000 美元。
- 2016 年 5 月 1 日，Steelin 在 Lund 家具店（科罗拉多州丹佛市西 1400 北 1200 号）购买家具。记录显示家具店提供了商业信用，总价值为 9 425 美元，以其购入的家具作为抵押。购买的家具包括：（1）44 英寸的三菱电视机；（2）三星家庭娱乐中心；（3）Broyhill 卧室用具。
- 2017 年 7 月 1 日，Quickie 汽车进口公司（科罗拉多州丹佛市 South State 大街 1400 号，邮编 80233）出租两部汽车给 Steelin。

汽车 1：奥迪 100，四轮驱动，VIN AUDI1234567891014

汽车 2：Subaru Legacy 货车，VIN SUBA1234567892024

直至租赁到期日，总租金为 45 000 美元，每月合计租金为 1 150 美元。

- 2017 年 7 月 13 日，Cellular Three 电话公司（科罗拉多州丹佛市 Martin 路 2200 号）销售商品给 Steelin。记录未显示交易不存在任何抵押，价值为 2 000 美元。
- 2017 年 12 月 19 日，Roger Tones 汽车销售商（科罗拉多州丹佛市学院南路 1275 号）卖给 Steelin 一辆汽车。Steelin 支付了一半购车款，另一半购车款由经销商提供贷款，以购入汽车作为抵押品。售出的汽车为大众 2000 帕萨特涡轮增压私家车，VINVW987654321123459，售价为 26 497 美元，贷款 10 000 美元。
- 2017 年 6 月 28 日，Bullard 珠宝公司（科罗拉多州丹佛市学院北路 1100 号）赊销商品给 Steelin。由美国珠宝信用公司提供信贷，抵押品为购入的商品。商品总价值为 8 200 美元，其中 4 000 美元为赊购金额。购入的商品为：（1）镶有 1.24 克拉钻石的戒指；（2）每只镶有 1.5 克拉钻石的一对耳环。

Silver Summit 房地产公司

致：IASCF 030369

来自：Scott R. Bulloch

日期：2018 年 1 月 7 日

关于：Ivan Ben Steelin

主题：检查房地产记录

2018 年 1 月 7 日，拜访 Moore 县土地办和税收评估办，以确定 Steelin 拥有的房地产及其价值。

县土地办

科罗拉多州 Moore 县的产权记录显示，Steelin 拥有的房地产包括：

- 位于科罗拉多州丹佛市 North Ocean 大道 1156 号的 1.1 英亩改良地产，邮编 80234。

县土地办的记录显示，Steelin 于 2015 年 4 月 4 日从 Red Hot 房地产公司购得此地产。记录显示该地产包括 1.1 英亩的土地和一栋单户家庭住宅，通过向第四国家银行贷款取得。记录上没有记录债务金额。

县税收评估办

Moore 县税收评估办的记录显示，Steelin 拥有的位于科罗拉多州丹佛市 North Ocean 大道 1156 号改良地产的计税基础为 275 000 美元。对此项产权的法律描述如下：

- 1.1 英亩土地，包括下水管道和供水系统；
- 4 100 平方英尺单户家庭住宅，根据 2015 年 5 月 1 日的建筑许可证 19883000 号修建。

记录显示，Steelin 目前正处于年度税收汇算阶段。

Silver Summit 房地产公司

致：IASCF 030369
来自：Scott R. Bulloch
日期：2018 年 1 月 8 日
关于：Ivan Ben Steelin
主题：检查 Moore 县契约办记录

2018 年 1 月 8 日，在 Moore 县契约办检查建筑许可证 19883000 号。

许可证显示：

- 许可证于 2015 年 5 月 1 日颁发给 Ivan Ben Steelin；
- 许可证上注明的指定承建商是 Well's Custom Homes；
- 许可证指明是在科罗拉多州丹佛市 North Ocean 大道 1156 号（邮编 80234）修建一栋单户家庭住宅。

记录还显示，此住宅于 2015 年 10 月 28 日通过建筑规范要求验收，可以入住。

Silver Summit 房地产公司

致：IASCF 030369
来自：Scott R. Bulloch
日期：2018 年 1 月 8 日
关于：Ivan Ben Steelin
主题：与 Well's Custom Homes 企业主 Jack Wells 的面谈

摘要
Well's Custom Homes 企业主 Jack Wells，电话号码为（999）222-1212，于 2018 年 1 月 8 日通过电话接受了面谈。Wells 透露他们为 Steelin 修建了位于科罗拉多州丹佛市 North Ocean 大道 1156 号住宅的收费为 240 000 美元。

具体内容
Well's Custom Homes 企业主 Jack Wells 在 2018 年 1 月 8 日通过电话接受面谈。访谈者 Scott R. Bulloch 向 Wells 说明了自己的身份，但并未告知此次面谈的性质以及自己的职位。

Wells 说普通住宅建筑的收费标准根据客户房屋的建筑面积而定，通常是每平方英尺 60—75 美元。

Wells 记得曾经为 Steelin 修建房屋，那是他们较早建造的房屋之一。他透露为 Steelin 修建住宅收取的费用为 240 000 美元。

Wells 说上述建造费用通过向第四国家银行贷款支付，在房屋通过建筑规范要求验收后收讫全部款项。

Silver Summit 房地产公司

致：IASCF 030369
来自：Scott R. Bulloch
日期：2018 年 1 月 9 日
关于：Ivan Ben Steelin
主题：对 Ivan Ben Steelin 的财产净值分析

摘要
2018 年 1 月 9 日，Scott R. Bulloch 和 Sue U. Buttz 对 Steelin 进行了财产净值分析。分析结果表明，保守估计 Steelin 先生 2014 年、2015 年、2016 年和 2017 年分别有大约

17 000美元、22 000 美元、34 000 美元和 23 000 美元的不明收入。

具体内容

2018 年 1 月 9 日，Scott R. Bulloch 和 Sue U. Buttz 对 Steelin 进行了财产净值分析。在计算 Steelin 先生的资产和负债的过程中使用了保守估计与插值法，计算依据是从公共记录、面谈和 Silver Summit 房地产公司人事资料中获取的资料。

财产净值分析表明，Steelin 先生 2014 年、2015 年、2016 年和 2017 年分别有大约 17 000 美元、22 000 美元、34 000 美元和 23 000 美元的不明收入。

附以上数字的详细计算表。计算表由 Scott R. Bulloch 签名确认，并保存于 IASCF 030369。

财产净值分析　　　　　　　　　　　　　　单位：美元

项目	2014 年	2015 年	2016 年	2017 年
资产：				
住房	275 000	275 000	275 000	275 000
汽车	5 000	45 000	70 000	70 000
游艇	23 000	23 000	23 000	23 000
家具及其他	10 000	20 000	20 000	28 000
总资产	313 000	363 000	388 000	396 000
负债：				
住房	240 000	240 000	240 000	240 000
汽车	0	45 000	55 000	55 000
游艇	0	0	0	0
家具及其他	10 000*	10 000	10 000	14 000
总负债	250 000	295 000	305 000	309 000
财产净值	63 000	68 000	83 000	87 000
净资产增加值	10 000*	5 000	15 000	4 000
生活费：				
抵押	24 000	24 000	24 000	24 000
食品等	15 000	15 000	15 000	15 000
汽车	0	12 000	15 000	15 000
总生活费	39 000	51 000	54 000	54 000
收入	49 000	56 000	69 000	58 000
来源已知收入（税后）	32 000	34 000	35 000	35 000
来源未知收入	**17 000**	**22 000**	**34 000**	**23 000**

资料来源：* 根据 2013 年的数据确定，但本表未提供 2013 年数据。

Silver Summit 房地产公司

致：IASCF 030369
来自：Scott R. Bulloch
日期：2018 年 1 月 11 日
关于：Ivan Ben Steelin
主题：Silver Summit 房地产公司每英亩土地的平均购置价格

摘要

分析外事部的记录是为了确定每名采购代表购入每英亩地产的平均价格。Steelin 的价格比其他三名采购代表的价格高 23—42 个百分点。

具体内容

Silver Summit 房地产公司有四名房地产采购代表。每名代表接受外事部副主席分配的采购任务、联系地产商并完成各自的采购任务。

采购任务在四名采购代表之间平均分配。记录显示，四名采购代表在 2014 年、2015 年、2016 年和 2017 年执行的采购交易数相同。

一项旨在收购科罗拉多州博尔德市北 2000 西 8000 号 55 英亩土地的采购方案（033189 号）显示了以下信息：

- 55 英亩土地分别被三个实体拥有。
- 三块土地分别由三个代理商负责，这三个代理商分别是 Red Hot 房地产公司、Johnson 房地产公司和 Monarch 房地产公司。
- 由 Steelin 与 Red Hot 房地产公司谈判；Peter Principle 与 Johnson 房地产公司谈判；B. J. Integrity 与 Monarch 房地产公司谈判。
- Peter Principle 购入 21 英亩土地，支付 12 000 美元；B. J. Integrity 购入 20.5 英亩土地，支付 10 500 美元；Steelin 购入 13.5 英亩土地，支付 10 000 美元。

根据各采购代表签订的合约，确定每英亩土地的平均购置价格。数据显示，Steelin 的采购价格比其他三名采购代表的采购价格高 23—42 个百分点。

附：根据外事部有关每英亩土地平均购置价格的记录进行的数据整理，由 Scott R. Bulloch 签名并签署日期，保存于 IASCF 030369。

Silver Summit 房地产公司每英亩土地的平均购置价格   单位：美元

采购代表	2014 年	2015 年	2016 年	2017 年
Abraham Honest	515	535	543	576
B. J. Integrity	570	523	517	516
Peter Principle	555	567	581	592
Ivan Ben Steelin	678	775	898	988

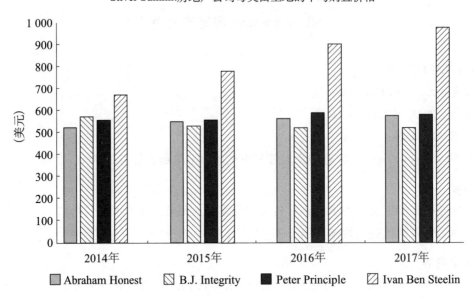

Silver Summit 房地产公司

致：IASCF 030369
来自：Scott R. Bulloch
日期：2018 年 1 月 13 日
关于：Ivan Ben Steelin
主题：电脑查询 Ivan Ben Steelin 与房地产代理商的交易

摘要

Silver Summit 房地产公司的大部分交易通过其核准的代理商进行。从 2014 年 1 月 1 日开始，Steelin 超过 50% 的采购交易通过 Red Hot 房地产公司执行。

具体内容

2018 年 1 月 13 日，电脑查询外事部的数据，以确定 Steelin 与 Red Hot 房地产公司的关系。

首先确定每名采购代表的总交易数。查询结果是，从 2014 年 1 月 1 日至今，每名采购代表均完成了 165 项交易任务。

从 2014 年 1 月 1 日开始，公司雇用了 11 个房地产代理商。这些代理商都位于科罗拉多州 Moore 县，他们负责代理的地产正是 Silver Summit 房地产公司争取的。如果某项地产不在这 11 个代理商的管辖范围之内，根据外事部的政策，采购代表就应该轮流与各代理商进行交易。这项政策的表述为：轮流与代理商进行交易有利于公平竞争，并且促使各代理商提供竞争性价格。

从 2014 年 1 月 1 日开始，每名采购代表都与这 11 个房地产代理商打过交道。但是，从 2014 年 1 月 1 日到 2017 年 12 月 31 日期间，Steelin 完成的 86 项交易都通过 Red Hot 房地产公司执行。也就是说，Steelin 负责的 52％的交易是与 Red Hot 房地产公司合作完成的。

有关采购交易的分布情况及相应图表由 Scott R. Bulloch 打印、签名并签署日期，保存于 IASCF 030369。

外事部数据库
采购交易的分布情况

2018 年 1 月 13 日

使用者：Scott R. Bulloch

检查日期：2014 年 1 月 1 日至 2017 年 12 月 31 日

房地产代理商	Abraham Honest	B. J. Integrity	Peter Principle	Ivan Ben Steelin
Red Hot	17	10	17	86
Johnson	16	11	12	8
Monarch	19	18	13	9
Rich	10	15	17	7
Martin	7	15	18	8
Labrum	21	19	11	7
Peterson	16	10	20	7
Century 46	22	20	14	9
Littleton	15	13	16	6
Selberg	10	15	16	6
Baker	12	19	9	8
合计	165	165	165	165

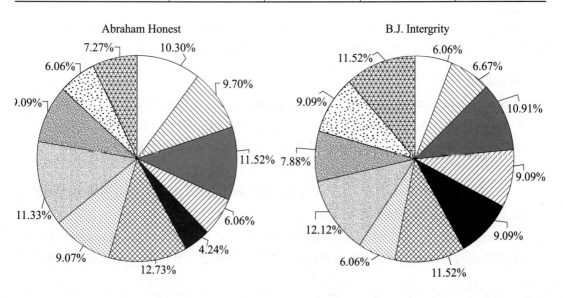

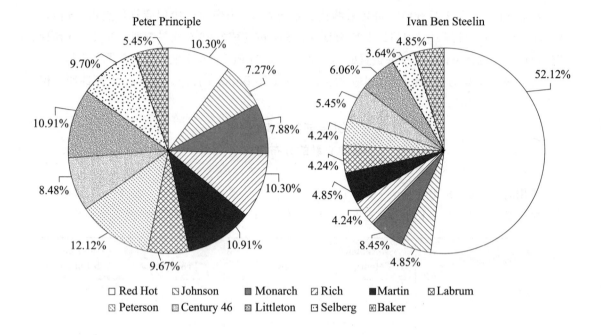

Silver Summit 房地产公司

致：IASCF 030369
来自：Scott R. Bulloch
日期：2018 年 1 月 20 日
关于：Ivan Ben Steelin
主题：与 Peter Principle 的面谈

摘要

Silver Summit 房地产公司的一名采购代表 Peter Principle 认为 Ivan Ben Steelin 与 Red Hot 房地产公司的交易是通过该房地产公司经纪人 Richey Rich 进行的。

具体内容

Silver Summit 房地产公司的一名采购代表 Peter Principle 2018 年 1 月 20 日在办公室（科罗拉多州丹佛市 Vero Beach 大街 5511 号，电话号码为 999-555-3463）接受面谈。访谈者 Scott R. Bulloch 向 Principle 说明了自己的身份以及面谈的性质——调查不当行为。Principle 先生提供了以下信息：

Principle 先生认为 Red Hot 房地产公司是一家积极上进的代理商，该公司的 Richey Rich 是他见过的最有抱负的经纪人之一。

Principle 先生说，Richey Rich 以前经常打电话给他寻求合作机会。Principle 在 2012 年 1 月成为公司的采购代表，Richey Rich 起初经常联系他，但在 Principle 成为采购代表

6个月以后，Richey Rich 就不再打电话给他了。

Principle 先生相信 Steelin 与 Richey Rich 在工作上保持着密切的关系。Principle 说自己曾经偷听到 Steelin 和 Rich 的谈话，Steelin 说会把生意给 Rich。

Principle 先生不了解与 Steelin 有关的 Red Hot 房地产公司的其他经纪人。

Silver Summit 房地产公司

致：IASCF 030369

来自：Scott R. Bulloch

日期：2018 年 1 月 22 日

关于：Ivan Ben Steelin

主题：与 Michelle Wang 的面谈

摘要

Silver Summit 房地产公司外事部秘书 Michelle Wang 说，Steelin 与 Richey Rich 约定于 2018 年 1 月 22 日下午 3 点半在 Burnt Oven 比萨店见面。

具体内容

Silver Summit 房地产公司外事部秘书 Michelle Wang 2018 年 1 月 22 日上午在办公室（科罗拉多州丹佛市 Vero Beach 大街 5511 号，电话号码为 999-555-3463）接受面谈。访谈者 Scott R. Bulloch 向 Wang 说明了自己的身份以及面谈的性质——调查不当行为。Wang 提供了以下信息：

Wang 负责接听所有打入外事部的电话。如果要找的人不在，Wang 就会在一张纸上记下对方的留言。Wang 说她一周内会接到好几个 Richey Rich 打给 Steelin 的电话。2018 年 1 月 21 日，Wang 在给 Steelin 的一条留言中写道：2018 年 1 月 22 日下午 3 点半在 Burnt Oven 比萨店与 Richey Rich 会面。Wang 提供了留言的复印件，复印件由 Scott R. Bulloch 签名并签署日期，保存于 IASCF 030369。

Silver Summit 房地产公司

致：IASCF 030369

来自：Scott R. Bulloch

日期：2018 年 1 月 22 日

关于：Ivan Ben Steelin

主题：在 Burnt Oven 比萨店监视

摘要

2018年1月22日，Ivan Ben Steelin 和 Richey Rich 在科罗拉多州丹佛市东 2750 南 1800 的 Burnt Oven 比萨店见面并共进午餐。他们见面的时间是下午 3 点半到 4 点 45 分。由 Steelin 结账，餐费为 14.5 美元，他支付了 20 美元，余钱给服务生作为小费。Rich 走之前塞给 Steelin 一张纸条。

具体内容

在与 Silver Summit 房地产公司外事部秘书 Michelle Wang 的面谈中，她透露 Steelin 与 Richey Rich 约定 2018 年 1 月 22 日下午 3 点半在 Burnt Oven 比萨店见面。

根据以上信息，调查人员从 1 月 22 日下午 3 点 15 分到 4 点 53 分在 Burnt Oven 比萨店进行了现场监视。

在监视期间，Steelin 与一白人男子（后证实为 Richey Rich）点了比萨和饮料。调查人员观察到，Steelin 和 Richey Rich 在交谈过程中曾在一个封面似乎是皮革质地的活页本上写字。

他们结束用餐后，Steelin 将 20 美元放在收款盘内。在他们起身准备离开时，Rich 递给 Steelin 一张纸条，Steelin 将其放进大衣左侧口袋里。

附记录更多细节的监视日志。监视日志（此处略）由 Scott R. Bulloch 签名并签署日期，保存于 IASCF 030369。

2018 年 1 月 22 日

在 Burnt Oven 比萨店的监视

监视人员为 Scott R. Bulloch

Silver Summit 房地产公司

致：IASCF 030369

来自：Scott R. Bulloch

日期：2018 年 1 月 28 日

关于：Ivan Ben Steelin

主题：与 Richey Rich 的面谈

摘要

Red Hot 房地产公司经纪人 Richey Rich 说，他的确与 Steelin 进行过几桩交易，但否认与 Steelin 存在任何不正当关系，也否认曾与 Steelin 在 Burnt Oven 比萨店用餐。

具体内容

2018 年 1 月 28 日，Red Hot 房地产公司经纪人 Richey Rich 在办公室（科罗拉多州丹佛市 South Canyon 大街 3000 号）接受面谈。访谈者 Scott R. Bulloch 向 Rich 说明了自己

的身份以及面谈的性质——调查不当行为。Rich 提供了以下信息：

Red Hot 房地产公司与 Silver Summit 房地产公司保持业务往来至少有五年以上。Rich 与 Silver Summit 房地产公司的四名采购代表 Steelin、Honest、Integrity 和 Principle 均进行过房地产交易。

Rich 说自己与 Steelin 只进行过数量有限的几笔交易，因为 Steelin 太"苛刻"。Rich 否认曾与 Steelin 在 Burnt Oven 比萨店见面，也从未在其他餐厅与 Steelin 见面。

Rich 否认曾向 Steelin 或 Silver Summit 房地产公司的其他采购代表行贿、提供回扣或赠送其他形式的礼物。Rich 说他怀疑有其他代理商（未提及名字）在收买 Silver Summit 房地产公司的采购代表。

Silver Summit 房地产公司

致：IASCF 030369
来自：Scott R. Bulloch
日期：2018 年 1 月 28 日
关于：Ivan Ben Steelin
主题：与 Ivan Ben Steelin 的面谈

2018 年 1 月 28 日，Steelin 在办公室（科罗拉多州丹佛市 Vero Beach 大街 5511 号，电话号码为 999-5555-3463）接受面谈。访谈者 Scott R. Bulloch 和 Sue U. Buttz 向 Steelin 说明了各自的身份以及他们正在调查采购代表与经纪人的不正当关系。

Steelin 被告知此次面谈的目的是获得检查其银行账户记录的许可。Steelin 说没有必要获得这一许可，他希望私下谈谈自己目前的困境。Steelin 被告知在自证其罪的过程中所拥有的权利，并签署了权利建议书（附复印件）。Steelin 同意在面谈过程中进行录像。Steelin 说家庭经济压力和岳父母的期望迫使他接受了 Red Hot 房地产公司经纪人 Richey Rich 的贿赂。面谈结束后，Steelin 自愿并无条件签署了有关自己与 Richey Rich 关系的书面声明。

Silver Summit 房地产公司

权利建议书*

地点：Sliver Summit 房地产公司，科罗拉多州丹佛市 Vero Beach 大街 5511 号
日期：2002 年 1 月 28 日
时间：上午 11 点 30 分

在我们提问之前，你有权了解自己的权利。

你有权保持沉默。

你所说的一切将成为呈堂证供。

在我们提问前，你有权与律师商量；在提问时，你的律师可以在场。

如果你没有能力聘请律师，有需要的话，我们可以为你指定一名律师。

在没有律师在场的情况下，如果你决定回答我们的提问，那么你仍然有权在任何时候停止回答。你也有权在任何时候停止回答问题，直至与律师交谈以后。①

放弃权利

我已经阅读本权利建议书并了解自己的权利。我愿意做出陈述并回答问题。我现在不需要律师。我明白自己的所作所为。我没有受到任何形式的威胁或得到任何形式的保证，也没有受到任何形式的压力和胁迫。

签字人：*Ivan Ben Steelin*	2018年1月28日
见证人：*Scott R. Bulloch*	2018年1月28日
见证人：*Sue U. Buttz*	2018年1月28日

时间：上午11点30分

* 不要求对普通百姓给出米兰达警告。但是，很多公诉人仍然愿意这样做。

Silver Summit 房地产公司

科罗拉多州丹佛市
2018年1月28日

本人 Ivan Ben Steelin，自愿并无条件签署此项声明，并将其交由 Scott R. Bulloch 和 Sue U. Buttz。他们已经分别向我说明了自己的身份：Silver Summit 房地产公司的内部审计员和法律顾问。在签署过程中，我没有受到任何形式的胁迫或得到任何形式的保证。

他们已向我告知，已经和正在进行的内部调查是为了确定我是否收受了非法财物，以及我作为 Silver Summit 房地产公司的一名采购代表是否违反了公司的行为守则。他们还让我了解到我是此次内部调查的唯一目标；此项声明可能会构成犯罪行为；若我愿意，则可以聘请律师。

2012年1月7日，我受雇于 Sliver Summit 房地产公司，并于2014年1月1日成为科罗拉多州丹佛市外事部的采购代表。

我承认我曾经接受科罗拉多州丹佛市 Red Hot 房地产公司经纪人 Richey Rich 给予的

---

① 即米兰达警告。

财物和其他报酬。截至 2018 年 1 月，我收到的现金总共约 115 000 美元。我还从 Richey Rich 处接受了价值 35 000 美元的地产，并在上面修建了自己的住宅。

Rich 给我金钱和土地是为了确保我继续从 Red Hot 房地产公司购置地产。在收取这些钱财时，我知道这一行为是违法的，并且违反了 Silver Summit 房地产公司的行为守则。我这样做是为了满足别人对我在经济上的期望。我为自己的行为感到深深的歉意，我愿意进行补偿。

Silver Summit 房地产公司中没有其他人参与并知晓我的行为。

我已阅读以上声明，包括本页和另外一页。我已在另一页上签字。我保证上述声明内容的真实性和正确性，并在下面签名。

Ivan Ben Steelin	2018 年 1 月 28 日
Scott R. Bulloch	2018 年 1 月 28 日
Sue U. Buttz	2018 年 1 月 28 日

Silver Summit 房地产公司

致：IASCF 030369
来自：Scott R. Bulloch
日期：2018 年 2 月 13 日
关于：Ivan Ben Steelin
主题：多支付给 Red Hot 房地产公司的估计金额

摘要

根据计算结果，从 2013 年到 2017 年，由于多支付给 Red Hot 房地产公司款项，导致 Silver Summit 房地产公司共损失约 436 568 美元。

具体内容

2018 年 2 月 13 日，调查人员估算了 Steelin 和 Richey Rich 的行为导致 Silver Summit 房地产公司多支付给 Red Hot 房地产公司的金额。

调查人员从外事部数据库中调取了 Silver Summit 房地产公司与其中四个代理商的交易数据，以推断从这四个代理商手中购置每英亩土地的平均价格（即平均成本）。

然后再用平均成本乘以从 Red Hot 房地产公司购置的土地数量，从而确定在过去五年内多支付的金额。

从 2013 年到 2017 年，总计损失金额约为 436 568 美元（附计算表）。

每英亩平均成本					单位：美元
	2013 年	**2014 年**	**2015 年**	**2016 年**	**2017 年**
Johnson	505.00	525.00	545.00	565.00	576.00
Labrum	508.00	520.00	541.00	560.00	573.00
Century 46	503.00	530.00	548.00	568.00	581.00
Monarch	510.00	524.00	545.00	567.00	575.00
平均成本	506.50	524.75	544.75	565.00	576.25
Steelin 与 Red Hot 房地产公司进行的交易					
支付的总价（美元）	130 500.00	176 280.00	240 250.00	332 260.00	414 960.00
获得的土地（英亩）	200.00	260.00	310.00	370.00	420.00
平均成本（美元/英亩）	652.50	678.00	775.00	898.00	988.00
预计土地成本（美元）	101 200.00	136 435.00	168 872.50	209 050.00	242 025.00
估计多支付的金额（美元）	29 200.00	39 845.00	71 377.50	123 210.00	172 935.00
总计损失额≈436 568（美元）					

注：2013 年 Steelin 虽未正式任采购代表职位，但实际参与房产购置相关事宜。

第Ⅴ部分 管理层舞弊

第11章 会计报表舞弊 / 299

第12章 收入与存货舞弊 / 329

第13章 负债、资产与未充分披露舞弊 / 357

第 11 章

会计报表舞弊

寄 语

　　本章介绍会计报表舞弊（也称管理层舞弊）。本章在分析过去 15 年间美国众多会计报表舞弊的基础上，探讨引发这些舞弊的共同因素。会计报表舞弊几乎总是涉及公司管理层，并且是满足内部或外部期望的结果。本章提供了侦查会计报表舞弊的一个基本框架，强调考虑运营管理和激励措施所处的背景。

学习目标

在学习本章之后，你应该能够：
- 理解会计报表在资本市场中的角色；
- 了解会计报表舞弊的本质；
- 熟悉有关会计报表舞弊的统计数据；
- 了解会计报表舞弊如何发生和被掩盖；
- 概述侦查会计报表舞弊的基本框架；
- 识别可能发生的会计报表舞弊；
- 解释公司管理层和董事、公司与其他主体的关系、组织性质、财务成果、运营特征等对评估会计报表舞弊风险的作用。

现实的教训

安然是一家专门从事电力、天然气、能源和其他产品营销的跨国公司，是世界上最大的综合性天然气和电力公司之一，曾是北美地区头号天然气和电力批发商。安然 1985 年正式成立。2000 年安然报告收入为 1 010 亿美元，据称为美国第七大公司。2000 年，安然员工近 21 000 名，在 40 多个国家和地区开展业务。

2001 年 10 月，安然被证实发生了大规模的会计报表舞弊，其利润、收入和资产被严重夸大。安然股价在舞弊曝光前曾达到 90 美元/股的高位，几天之内跌至不足 1 美元/股。2001 年 12 月，安然宣布破产，成为美国历史上规模最大的破产案之一。丑闻曝光，安然的许多管理者面临联邦政府的指控，其他关联公司的管理者也收到起诉书。美国证券交易委员会指控安然前首席执行官杰夫·斯基林和时任首席执行官肯尼斯·雷伊涉嫌舞弊；其他许多人也被指控涉嫌舞弊，包括首席财务官安德鲁·法斯托和首席会计官瑞克·考西（Rick Causey）。雷伊被判有罪但在宣判前死于心脏病。斯基林被判处 24 年有期徒刑。法斯托和考西也被判入狱。为安然提供审计服务的安达信会计师事务所曾因破坏证据罪被联邦政府指控妨碍司法公正。后来在 2005 年 5 月，美国联邦最高法院推翻对安达信的这些指控，但此时安达信实际上已经解散，因为它已失去作为会计报表独立审计提供者的声誉。

安然因重大会计错误不得不重述财务报表①，将三年（1999—2001）的利润削减约 20%，即约 5.86 亿美元。针对安然的许多诉讼都声称，其高管从"账外"合作中获得个人利益，而这家能源巨头则违反了基本会计原则。随着安然会计报表舞弊事件的曝光，安然的投资者损失了数十亿美元，他们的退休金计划也破灭了。

仅仅几个月后，就在安然舞弊案尘埃落定之时，另一起大规模舞弊案也曝光了。这家公司是通信行业的佼佼者——世通，它也由安达信会计师事务所提供审计服务。事实证明，世通的舞弊行为比安然的舞弊行为要严重得多，舞弊导致世通总资产虚增约 110 亿美元。此外，世通的舞弊手段比安然要简单得多。世通没有像安然那样进行复杂的交易，而是在首席财务官斯科特·苏利文（Scott Sullivan）的指使下，利用会计准则发生变更之机②，将已确认为经营费用的支出转至固定资产等资本性账户来虚增资产。与安然事件类似，世通的几名高管也被判犯舞弊罪，包括首席执行官伯纳德·埃伯斯、斯科特·苏利文和财务总监戴维·迈尔斯（David Myers）。与安然一样，世通在舞弊曝光后不久也申请了破产保护。总而言之，安然和世通的舞弊是 2002 年美国国会通过《萨班斯-奥克斯利法案》的主要推手，也是美国历史上最有名的两起会计报表舞弊事件。

---

① 财务报表或会计报表重述即会计报表的重新表述，是指企业在发现并纠正前期财务报告中的差错时，重新表述以前公布的财务报告。

② 美国财务会计准则委员会（FASB）2001 年 7 月颁布了第 142 号准则（商誉及其他无形资产准则），不再要求上市公司对商誉以及没有明确使用年限的无形资产进行摊销，而改为减值测试并计提减值准备。

11.1 会计报表舞弊问题

股票市场和债券市场是资本市场的重要组成部分。这些市场的效率、流动性和弹性取决于投资者、贷款人和监管机构对融资公司财务绩效的评估。公司会计报表在保持资本市场效率方面发挥着关键作用。会计报表信息的披露具有重要价值,它表明了公司的过去、现在和未来。大多数会计报表根据指导交易事项会计处理的一般公认会计原则(GAAP)来编制,公允地反映公司的财务状况、经营成果和现金流量。

遗憾的是,有时会计报表会蓄意地错误陈述公司的财务状况和绩效。错误陈述源于操纵、伪造或篡改会计记录。误导性的会计报表会给市场经济带来严重不利的经济后果,使投资者遭受巨大损失,让他们对资本市场失去信任或信心,也使得相关者的利益受损。

近年来的会计报表舞弊

2000—2002年,美国许多公司被曝存在严重的违法行为,包括会计报表舞弊,使公众对资本市场产生信任危机。这场危机导致所有上市公司股票市值缩水约15万亿美元。在探讨会计报表舞弊之前,我们先分析这段时间发生的一些违法行为,以便更全面地了解美国公司为何遭受如此严重的危机。这些违法行为主要包括:

- 操纵会计报表。例如奎斯特(Qwest)、安然(Enron)、环球电讯(Global Crossing)、世通(WorldCom)和施乐(Xerox)。在这些案件中,至少有20名管理人员串谋实施会计报表舞弊。
- 高管违规贷款和贪污挪用公款。例如阿德尔菲亚公司(Adelphia)创始人兼首席执行官约翰·里格斯、泰科国际公司(Tyco)前任首席执行官科兹洛夫斯基(Kozlowski)和首席财务官斯沃茨(Swartz)、世通公司首席执行官伯纳德·埃伯斯。
- 内幕交易。最著名的是英克隆制药公司(ImClone)创始人玛莎·斯图尔特(Martha Stewart)和萨姆·伍克索(Sam Waksal),他们因利用内幕信息从股票交易中获利而被判刑。
- 定向首次公开募股(IPO),包括旋转式交易和阶梯式交易。旋转式交易即给那些有交易机会的人提供IPO机会;阶梯式交易即给那些承诺随价格上涨而购买更多股票的人提供IPO机会,例如世通伯纳德·埃伯斯和安然首席执行官杰夫·斯基林。
- 首席执行官超额退休福利。例如德尔塔(Delta)、百事可乐(PepsiCo)、美国在线(AOL)、时代华纳(Time Warner)、福特汽车(Ford)、通用电器(GE)和IBM公司因给予退休首席执行官巨额福利而受到指责,这些福利包括不菲的咨询费、公司飞机使用权、行政公寓和女佣等。
- 给予高管超额补偿(包括现金和股票)。例如世通伯纳德·埃伯斯和纽约证券交易所前主席理查德·格拉索(Richard Grasso)在内的许多高管获得所在公司给予的巨额现金和基于股权的补偿。

- 交易费和其他有价交易的贷款。花旗银行（Citibank）和摩根大通（JPMorgan Chase）等金融机构向安然和世通等公司的高管提供了优惠贷款或交易费，以换取数亿美元的衍生品交易机会。
- 破产和资不抵债。美国史上十大企业破产案中有7宗发生在2001年和2002年。这7宗破产案分别是世通（第1名，1 019亿美元）、安然（第2名，634亿美元）、环球电讯（第5名，255亿美元）、阿德尔菲亚（第6名，244亿美元）、联合航空（第7名，227亿美元）、PG&E（第8名，215亿美元）和凯玛特（第10名，170亿美元）。这7宗破产案中有4宗涉及会计报表舞弊。

2006年，美国证券交易委员会调查了许多上市公司的股票期权回溯①事项。股票期权是允许高管以固定股价（行权价）购买股票的一种补偿高管的常用方法。如果股票价格高于行权价，则认股权持有人可以利用期权从上涨的股票价格中获利。通过回购股票期权协议，多家公司管理层以当年最低价格获得了股票。随后，管理层以更高的价格出售股票，从而通过价差获利。

学术研究开始关注股票期权回溯的原因是，他们观察到以一年中最低价格授予期权的概率远低于发生此类事件的频率。然而，许多公司授予期权的时机非常特殊，即期权日期恰逢股价触及年度低点（对一些公司来说，这种情况年复一年地发生），导致美国证券交易委员会对此类问题展开调查。

大约有270家公司承认回溯了股票期权协议。回溯股票期权以牺牲股东利益为代价，却为公司高管增加了数百万美元的额外薪酬，还导致了会计报表错报，随后还要进行会计报表重述。向高管提供追溯调整的股票期权的公司也违反了所得税规制，因为追溯调整日期的授予价格与实际授予期权之日的市场价格之差应为高管的应纳税所得额。

甚至在2008年，导致"大衰退"的次贷危机也伴随着大规模会计报表舞弊的发生。例如印度萨蒂扬（Satyam）计算机服务公司舞弊案。2009年1月，萨蒂扬创始人兼董事长马林加·拉贾（Ramalinga Raju）向印度证券交易委员会和股东承认公司伪造了数十亿美元的资产。关于萨蒂扬如何操纵会计报表的详细信息尚未公开，但我们确知公司现金余额虚增了至少10亿美元！除萨蒂扬外，2008年雷曼兄弟的倒闭也与会计报表操纵有关，该公司在破产前拥有约6 910亿美元的资产。直至当前，会计报表舞弊似乎仍然猖獗，这一灾难性问题并没有消失。

11.2 为什么会产生会计报表舞弊问题

上述每起舞弊事件都面临道德困境和道德妥协。前面章节讨论的有关人们实施舞弊的导因同样适用于会计报表舞弊。我们知道，舞弊三角中三要素——压力、机会、合理化行

---

① 股票期权回溯是指股票期权授予者观察过去某段时间的股票价格，从而将股票期权价格回溯到股票价格最低点再授予公司管理层，使管理层从中获利。

为共同促成了舞弊。舞弊可分为两大类：(1) 以组织为实施对象的舞弊；(2) 由组织实施的舞弊。无论是针对公司实施的舞弊（例如员工挪用公款），还是现在我们讨论的由公司实施的舞弊（例如会计报表舞弊），实际上舞弊三要素始终存在。

首先，每个舞弊实施者都面临某种自我感知的压力。可能导致会计报表舞弊的压力包括财务损失、未能达到华尔街的盈利预期、无能力与其他公司竞争；而且，股票期权形式的高管薪酬通常比任何其他形式的薪酬都要高得多——可能高达数千万美元。因此，高管在提升公司股票价格方面承受着巨大的压力，因为公司股票价格的小幅上涨可能意味着数百万美元的管理层业绩报酬。

其次，舞弊者必须有机会，否则他们无法实施舞弊。一方面，即使面临巨大的压力，坚信自己会被发现并受到惩罚的高管也很少实施舞弊；另一方面，认为自己有机会（实施或掩盖舞弊）的高管经常屈服于压力。实施管理层舞弊的可能机会包括弱势的董事会、失效的内部控制、复杂的关联方交易等。可以消除会计报表舞弊机会的主要控制措施包括独立审计和董事会。尽管管理层能够逾越大多数内部控制，但董事会中的审计委员会和独立审计师通过监督与检查可以防范部分会计报表舞弊。

最后，舞弊者必须通过某种方式合理化其行为。对公司高管而言，合理化舞弊行为可能包括诸如"我们需要保护股东并维持高股价""其他公司都采取激进的会计处理政策""这对公司有好处"或"这个问题只是暂时的，其不利影响将被未来的积极结果抵消"等。

舞弊三角提供了洞悉最近发生的道德妥协的原因。我们认为，有九个因素共同构成了我们看到的"完美舞弊风暴"。在分析过程中，我们会使用上文提及的舞弊事件。

11.2.1 因素一：经济的蓬勃发展

"完美舞弊风暴"的第一个因素是 20 世纪 90 年代和 21 世纪初蓬勃发展的经济掩盖了许多现存问题与不道德行为。在此期间，大多数企业似乎都实现了高利润，包括许多目前新兴的（很多时候是无利可图的）商业模式——网络泡沫公司[①]。蓬勃发展的经济态势使得舞弊者可以在更长的时间内掩盖自己的非法行为。此外，每笔交易仅几美元的"通过互联网投资"的出现，促使大量的新手和经验不足人士纷纷涌入股市，许多投资者做出了荒唐的投资决策。历史表明，世纪之交发生的被市场经济繁荣景象掩盖的舞弊行为，后期都将陆续被揭发。

蓬勃发展的经济也使高管们相信自己的公司比以往任何时候都更成功，并且认为公司的成功主要归因于良好的管理。相关研究表明，长期的经济繁荣会削弱公司了解成功原因的动机，从而增加得出错误原因的可能性。换句话说，在繁荣时期，许多公司并没有正确地总结成功

> **想一想** >>> 当前的经济态势是否类似于过去"完美舞弊风暴"时期的经济态势？

[①] 网络泡沫公司是指大多数业务在网络上完成的公司，这些公司通常使用流行的域名".dot.com"的网站。

的原因。管理层通常会因公司的良好表现而受到赞誉。当公司绩效下降时，董事会通常会期望在无须采用新的管理模式或措施的情况下获得与过去相似的业绩。管理层由于不能正确分析和总结过去成功的原因，因此错误地认为过去的管理模式和方法可以继续让公司重整旗鼓。当过去可能因外部环境而行之有效的方法失效时，首席执行官可能会感到压力越来越大。在某些情形下，这种压力极容易导致会计报表舞弊和其他违法行为。

11.2.2 因素二：道德价值观的沦丧

"完美舞弊风暴"的第二个因素是近年来发生的道德价值观的沦丧。无论人们使用何种标准衡量正直和诚信，不诚实行为似乎总在增加。许多研究表明，近年来学校的作弊行为大大增加。例如，无论是抄袭作业、考试夹带还是为找到工作而撒谎，这些行为近年来都大幅增加。虽然在学校作弊不一定与管理层舞弊直接相关，但确实反映了整个社会道德价值观的沦丧。

11.2.3 因素三：高管激励措施的错位

"完美舞弊风暴"的第三个因素是高管激励措施的错位。大多数发生财务舞弊公司的高管都拥有数亿美元的股票期权或限制性股票，这给管理层施加了巨大压力。为了使公司股价持续上涨，很多高管不惜以虚报会计报表业绩为代价。在许多情形下，这种基于股价的薪酬远远超过现金薪酬。

1997年，世通首席执行官伯纳德·埃伯斯的现金薪酬为935 000美元。与此同时，他还拥有数十万份股票期权，能够赚取数百万美元的报酬，并可以获得总计4.09亿美元的公司贷款。不合理的高管薪酬激励措施导致许多首席执行官的注意力从管理公司转向管理股价，从而形成舞弊性的会计报表。如前所述，除了管理股价，高管们还通过回溯股票期权来欺骗股东，以最大化自己的报酬。

11.2.4 因素四：分析师预期过高

"完美舞弊风暴"的第四个因素是华尔街分析师针对短期业绩设定的无法达成的预期，这与因素三密切相关。一般来说，公司董事会和管理层缺少可替代的绩效考核指标，事实上公司将达到"类似"公司的股价和华尔街分析师的预期作为考核管理层绩效的重要指标。这些基于股价的激励措施加剧了分析师预期所带来的压力。在每个季度，分析师都会根据所掌握的信息来预测上市公司的每股收益。高管们知道，达不到华尔街分析师预期的惩罚是相当严厉的，即使略微低于预期也会导致公司股价大幅下跌。

让我们看看在世纪之交发生的舞弊案。对于这家公司，华尔街分析师连续三个季度给出的每股收益估计如表11-1所示。

表 11-1 分析师的每股收益估计　　　　　　　　　　　　　　　　单位：美元

华尔街分析师	第一季度	第二季度	第三季度
Morgan Stanley	0.17	0.23	
Smith Barney	0.17	0.21	0.23
Robertson Stephens	0.17	0.25	0.24
Cowen & Co.	0.18	0.21	
Alex Brown	0.18	0.25	
Paine Webber	0.21	0.28	
Goldman Sachs	0.17		
Furman Selz	0.17	0.21	0.23
Hambrecht & Quist	0.17	0.21	0.23

根据上述估计，市场普遍预期该公司第一季度每股收益为 0.17 美元、第二季度每股收益为 0.21 美元、第三季度每股收益为 0.23 美元，而公司三个季度的实际每股收益分别为 0.08 美元、0.13 美元和 0.16 美元。为了达到华尔街预期的盈利水平，管理层在第一季度实施了 6 200 万美元或每股 0.09 美元的舞弊，在第二季度实施了每股 0.09 美元的舞弊，在第三季度实施了每股 0.07 美元的舞弊。针对本案的控诉内容（部分）如下：

> 本项计划的目的是确保公司始终符合华尔街对公司不断增长的收益预期。公司管理层知道，达到或超过华尔街估计值是决定公司股票价格的关键因素，由此开始着手确保公司每个季度都达到华尔街预期目标，而这与公司的实际盈利无关。仅 1998—1999 年，管理层就操纵公司营业收入增加超过 5 亿美元（税前），占公司报告总营业收入的 1/3 以上。

11.2.5　因素五：高负债率或高杠杆

"完美舞弊风暴"的第五个因素是舞弊公司存在巨额债务。这些巨额债务给高管施加了巨大的压力，他们被要求实现高收入以抵消高昂的利息费用，并满足债务契约和其他贷款要求。2000 年，安然的债务从 18 亿美元增加到 105 亿美元。同样，世通在提交史上规模最大的破产申请时也有超过 1 000 亿美元的债务。仅 2002 年，包括世通、安然、阿德尔菲亚和环球电讯在内的 186 家上市公司共计负有 3 680 亿美元债务而在美国申请破产保护。

11.2.6　因素六：关注会计规则而非会计原则

有些人认为，"完美舞弊风暴"的第六个因素是美国会计规则的性质。与许多国家（如英国和澳大利亚）的会计实践相比，美国一般公认会计原则的内容更加基于规则而非原则来制定。基于规则的会计准则的一个潜在结果是，如果客户发现规则中的漏洞并以一般公认会计原则未明确禁止的方式对交易进行会计处理，审计师就很难禁止客户利用这一规则进行会计处理。令人遗憾的是，在某些情形下，审计师甚至帮助客户发现会计规则中的漏洞，或者允许他们以违反会计原则但又符合会计规则的方式对交易进行会计处理。其结果是，公司往往利用特定会计规则（或缺乏具体规则）进行新的、复杂的财务安排，并作为决定采取特定会计处理方法的理由。

以安然为例，即使为其提供审计服务的安达信会计师事务所认为安然的特殊目的实体不合理，安达信也无法指出安然到底违反了哪项具体会计规则（会计准则）。一些人认为，安然案件的起诉和辩诉过程花费了这么长时间，其中一个重要原因是目前尚不清楚安然是否确实违反了一般公认会计原则和相关法律。

11.2.7　因素七：审计师缺乏独立性

"完美舞弊风暴"的第七个因素是一些会计师事务所的机会主义行为。在某些情形下，会计师事务所利用提供低收费的审计服务与公司建立"良好"关系，以便可以向客户推销更有利可图的咨询服务。在许多情形下，针对同一客户的审计费远远低于咨询费，并且会计师事务所感到独立性与增加利润的机会之间几乎没有冲突。尤其是增值服务会使一些注册会计师失去应有的职业谨慎，其最终沦为业务顾问而非审计师。安达信的情况尤其如此。安达信曾花费大量精力建立咨询业务，但最终将该业务拆分为一家独立公司。私下里，几位安达信合伙人承认，幸存的安达信及其一些合伙人曾发誓要分离"咨询"公司，而且已开始专注于这一目标。

11.2.8　因素八：贪婪

"完美舞弊风暴"的第八个因素是高管、投资银行、商业银行和投资者的贪婪。这些群体中的每一个人都受益于强劲的经济、众多有利可图的交易以及公司明显的高利润，他们都不想接受坏消息。因此，他们有时会忽视负面消息而从事不当交易。例如，在安然事件中，各商业银行和投资银行从安然有利可图的交易中获利数亿美元，还有数千万美元的贷款利息和费用。这些银行都没有就安然的衍生品或其他证券承销问题向投资者发出警告。《福布斯》杂志的一篇文章指出：直到 2001 年 11 月 8 日，即安然披露必须重新计算近五年的利润之日，安然的 15 位股票分析师中就有 11 位建议购买公司股票。安然的外部律师事务所也从安然的交易中分得一杯羹。他们不仅未能纠正或披露与衍生工具和特殊目的实体有关的任何问题，还协助安然起草重要的法律文书。此外，穆迪、标准普尔和惠誉三大国际信用评级机构均从安然那里收取了巨额的服务费用，它们也未提醒投资者关注特定问题。令人惊讶的是，就在安然申请破产的几周前——大多数负面消息已传出，安然股价降为每股 3 美元——这三家机构仍然对安然的债券给出投资评级。

11.2.9　因素九：教育的失败

"完美舞弊风暴"的第九个因素涉及教育的失败。教育失败的第一个原因是教育工作者没有重视给学生提供充分的道德培训，没有在课堂上向学生传授如何面对现实中的道德困境，导致学生毕业后没有能力应对在商业世界所面临的现实道德困境。

在一项涉嫌舞弊的计划中，参与者几乎囊括公司所有的高级管理人员，包括但不限于前董事长和首席执行官、前总裁、两名前首席财务官以及其他高级会计和业务人员。总的来说，可能有 20 多人参与了舞弊计划。如此多的参与者说明这个群体普遍缺失正确的价值观。

再看一个总会计师参与舞弊的情况。某公司首席财务官指使总会计师将收入增加 1 亿多美元。总会计师对这一要求的目的表示怀疑，但没有质疑；相反，为了达成首席财务官的意愿，总会计师不得不创建了一份电子表格，其中包含错误的日记账分录（共 105 页）。这种舞弊并不罕见。在许多此类舞弊案中，涉案人员事先没有不诚实的记录，但当被要求参与会计报表舞弊时，他们的选择是平静且自愿的。

教育失败的第二个原因是教育工作者没有向学生传授舞弊相关知识。本书作者已经为商科专业学生讲授了十多年的舞弊相关课程。根据我们的经验，大多数商学院毕业生有时意识不到自己被欺骗，绝大多数商科专业学生不了解舞弊的压力、机会和合理化行为这三要素以及表明可能存在舞弊行为的警示信号。此外，在目睹同事做出某些蹊跷的事时，他们的第一反应是否认同事会有不诚实的行为。

教育失败的第三个根源在于我们教授会计和商科专业学生的方式。有效的会计教育必须减少对教学知识本身的关注，而应将知识作为帮助学生发展分析技能的基础和背景。本书作者作为专家证人经历了很多舞弊事件，我们发现，会计师将自认为合适的知识和内容应用于特定的公司或不同的场景，后来才发现主题与他们所想的完全不同，并且他们完全忽视了会计处理所涉及的主要风险。

由于会计报表舞弊和其他问题会导致股票市值下跌和投资者信心丧失，美国的证券交易委员会、公众公司会计监督委员会、纽约证券交易所、纳斯达克和财务会计准则委员会等组织实施了一系列新的法律法规与公司治理改革。

11.3 会计报表舞弊的本质

与其他类型的舞弊一样，会计报表舞弊也涉及蓄意欺骗和设法掩盖。会计报表舞弊可能会通过篡改文件记录（包括伪造文件）来掩盖罪行。管理层、员工或第三方之间的串谋也可能会掩盖会计报表舞弊行为。同样，会计报表舞弊虽非显而易见，但仍有迹可循，即存在舞弊迹象。然而，并非所有的舞弊迹象都意味着存在舞弊，因为看似的舞弊迹象可能是由其他合理因素所导致，舞弊迹象的存在并不总是表明一定会存在舞弊行为。例如，文件可能会丢失、总分类账可能不平衡或分析关系可能没有意义。但是，这些情况也可能是由舞弊以外的其他因素所导致的结果。单据可能是正常遗失、总账可能是由无意的会计错误导致不平衡，而不合理的分析关系可能是潜在经济因素未被识别的结果。即使在收到涉嫌舞弊的举报时也应谨慎行事，因为举报人或投诉人可能会由于误解、出于报复而指控或虚假指控。

舞弊迹象难以按重要性顺序进行排序或构建有效的预测模型，因为警示信号所谓的重要性存在很大差异。当会计报表不存在舞弊时，可能会出现某些舞弊迹象；相反，当会计报表存在舞弊时，可能只会露出极少的蛛丝马迹。很多时候，即使怀疑有舞弊行为，其也可能难以被证实。在当事人没有认罪、文件或电子邮件没有明显的伪造痕迹、缺乏蓄意欺骗的有力证据、存在许多重复的类似不合理行为的情况下，很难判定是否有人实施了会计报表舞弊。由于难以侦查和证实舞弊，因此调查人员在进行舞弊检查、量化舞弊或其他与舞弊相关的活动时必须格外小心谨慎。

来自会计报表舞弊统计数据的发现

会计报表舞弊发生的确切数目我们无从知晓，但我们可以参考美国证券交易委员会发布的《会计与审计起诉公告》，估计会计报表舞弊数目。《会计与审计起诉公告》是上市公司发生会计报表舞弊后，由美国证券交易委员会发布的裁决公告。

某些机构和学者对《会计与审计起诉公告》进行了研究，其中最早也是最全面的一项研究成果是Treadway委员会发布的《财务报告舞弊国家委员会报告》。报告发现，尽管会计报表舞弊数目较少，但其造成的损失却是巨大的。Treadway委员会研究了1981—1986年发生的舞弊案，在此期间美国证券交易委员会的执法行动为119次。

1999年，COSO委员会发布了一份针对1987—1997年发生的会计报表舞弊的调查报告，从证券交易委员会在此期间通告的约300起会计报表舞弊案中随机抽取204个样本进行研究，得出的主要结论如下：

（1）舞弊平均持续约两年时间。

（2）最常见的舞弊手段是不恰当的收入确认、高估资产和低估费用。后续章节将详细介绍这些舞弊手段和其他舞弊方式。

（3）舞弊错报金额的平均数为2 500万美元，而中位数仅为410万美元。

（4）在72%的会计报表舞弊案中，涉嫌参与者为公司首席执行官。

（5）涉及编制虚假会计报表的公司的平均总资产为5.32亿美元（中位数为1 600万美元），平均营业收入为2.32亿美元（中位数为1 300万美元）。

（6）公司发生的会计报表舞弊通常会造成极为严重的后果。例如，申请破产的公司中有36%的公司在《会计与审计起诉公告》中被描述为"已倒闭"，或者在舞弊发生后被联邦或州监管机构接管。

（7）大多数会计报表舞弊公司未设立审计委员会，即使设有审计委员会，其每年也只召开一两次会议。这些公司的董事席位通常由"内部人员"霸占，独立董事很少。

（8）董事会由内部人和"灰色"董事（指与公司或管理层有特殊关系的外部人）主导，他们拥有大量股份；公司董事会并未聘请在其他公司担任外部董事或"灰色"董事的人员。董事之间、高级管理人员之间、董事与高级管理人员之间存在亲属关系相当普遍，就像权势显赫的要人之间也常常存在亲属关系一样。

（9）一些存在会计报表舞弊行为的公司在舞弊发生之前就已经出现净亏损或处于破产的边缘。

(10) 在舞弊期间，仅有不到 25% 的公司更换了会计师事务所。会计报表舞弊公司的外部审计师人数各异。为会计报表舞弊公司提供审计服务的大多数注册会计师并非来自前几大会计师事务所（即当时的"八大"或"六大"）。

在 1999 年 COSO 委员会发布调查报告后不久，证券交易委员会根据《萨班斯-奥克斯利法案》第 704 节①的规定进行了另一项研究。证券交易委员会审查了 1997 年 7 月 31 日至 2002 年 7 月 30 日开展的所有执法行动，主要涉及会计报表操纵、舞弊、审计失败或审计师违背独立性，记录了 164 个不同实体涉及的 515 项违反财务报告和披露事项，如表 11-2 所示。

表 11-2 违反财务报告和披露事项的数量

年度	数量
第一年	91
第二年	60
第三年	110
第四年	105
第五年	149

与以前的研究类似，COSO 委员会的审查发现，证券交易委员会在收入确认不当方面采取的行动最多，包括虚报销售、收入确认时间和金额不当；其次涉及费用确认不当，包括费用资本化或递延不当、准备金使用不当和虚减其他费用；其他类型包括企业合并的会计处理不当、管理层讨论和分析披露不充分以及资产负债表外披露不当。

COSO 委员会的审查还发现，首席执行官、总裁和首席财务官是最常参与会计报表舞弊的管理层成员，其次是董事会主席、首席运营官、首席会计官和财务副总经理。证券交易委员会还对 18 起案件中的会计师事务所及其注册会计师提起了诉讼。

这些发现与英格兰审计实践委员会（APB）得出的研究结论基本一致。APB 的研究发现，公司管理层实施了大部分的会计报表舞弊，并且会计报表舞弊行为并不涉及具体的财产盗窃，也不太可能被注册会计师发现；65% 的案件涉及误导性财务陈述，以提升股价或掩盖损失。

证券交易委员会发布的《会计与审计起诉公告》中记录的另一项由 COSO 委员会委托进行的舞弊研究，涵盖了 1998—2007 年的会计报表舞弊，主要研究结论包括：

(1) 与上一个 10 年期间（1988—1997）相比，在此 10 年期间（1998—2007），

---

① 第 704 节内容涉及执法行为：(1) 研究要求。证券交易委员会应该就在法案签署前 5 年中证券交易委员会进行的所有涉及违反证券法规的强制披露要求重述会计报表的执法行动进行评论和分析，辨别财务报告中最容易产生欺诈、不当确认、不当盈余操控（如收入确认和对表外特殊目的实体的会计处理）的地方。(2) 报告要求。证券交易委员会应该在法案签署后 180 天内提交报告给众议院的财经服务委员会以及参议院的银行、住房和城市事务委员会，并且基于这些发现对法规进行必要的修订。报告中应该包括关于推荐的或根据报告应加以必要关注的管制和立法步骤的讨论。

证券交易委员会调查的舞弊案件数量增加约18%,舞弊的平均错报金额从2 500万美元(中位数为410万美元)急剧增至约4亿美元(中位数为1 200万美元)。

(2) 涉及会计报表舞弊公司的总资产中位数从约1 600万美元增至近1亿美元。

(3) 超过89%的会计报表舞弊涉及首席财务官或首席执行官,其中约20%的涉案者在证券交易委员会审理两年后被起诉。

(4) 收入确认不当仍然是最常见的舞弊手段,占舞弊案件总数的60%以上。

(5) 与之前的研究相比,舞弊公司的董事会特征与没有被指控舞弊的相似公司的董事会特征没有明显的不同。

(6) 在舞弊发生之时,有26%的公司更换了会计师事务所;在舞弊发生期间,有60%的公司更换了会计师事务所;而在舞弊发生之前,有40%的公司更换了会计师事务所。

(7) 媒体对一家公司涉嫌舞弊的报道会导致公司股票价格异常下跌16.7%,而政府调查舞弊行为的消息会导致公司股票价格异常下跌仅7.3%。

除股价大幅下跌外,两项COSO委员会的研究均显示,发生会计报表舞弊的公司在违法行为曝光后不久便受到长期的严重负面影响,包括破产和退市。

2013年5月,美国注册会计师协会下设的审计质量中心(CAQ)发布了一份会计报表舞弊研究报告,涵盖了COSO委员会调查中使用的相同舞弊样本(即1998—2007年《会计与审计起诉公告》涉及的公司),还新增2008—2010年《会计与审计起诉公告》涉及的公司。CAQ重点关注涉案会计师事务所的执业情况。在这13年期间,有87起会计报表舞弊事件的外部审计师受到证券交易委员会的制裁。此项研究将主要的国际会计公司(即"六大"或"四大")和下一等级的会计公司(被标记为全国性会计公司)进行分类调查,其主要发现包括:

● 证券交易委员会的87项制裁涉及35家全国性会计公司(其中有9家被制裁公司由安达信会计师事务所审计),余下的52项制裁涉及非全国性会计公司,包括6宗审计师未执行审计程序的"虚假审计"案件。

● 对于除6宗虚假审计案件外的81宗案件,有24宗案件的审计师被证券交易委员会指控违背反舞弊法规,其余57宗案件被证券交易委员会指控审计程序执行不充分。

● 证券交易委员会指控的主要审计缺陷描述如下:

(1) 在73%的案件中,注册会计师未能收集到充分、适当的审计证据。报告将这一发现归结为两个原因:一是风险识别和评估不充分,其中33%的案件没有充分考虑舞弊风险;二是对识别出的风险没有实施充分、适当的应对措施(审计程序)。这一发现得到相关学术研究的证实,即审计师未能将审计程序与潜在风险充分关联。

(2) 在67%的案件中,审计师未能保持应有的职业谨慎、未能按照公认审计准则规定的程序执业。

(3) 在60%的案件中，审计师缺乏足够的职业怀疑态度。报告强调了审计师在审计的各个阶段保持职业怀疑态度的必要性。

(4) 在54%的案件中，审计委员会指出审计师未能获得与管理层声明相关的充分证据。这可能是由于审计师对管理层声明①缺乏足够的专业怀疑。

(5) 报告显示，证券交易委员会声称47%的案件发表了不恰当的审计意见。具体而言，标准无保留意见审计报告占58%，而其余的42%为附修饰用语的无保留意见审计报告，主要用于强调会计政策发生变更或存在持续经营问题。

关于审计师保持职业怀疑态度的必要性，CAQ报告指出，职业怀疑态度具有以下六个特征：

(1) 质疑态度，带有怀疑的探究倾向。

(2) 中止判决，在未获得充分、适当证据之前暂不判决。

(3) 寻求知识，渴望超越显而易见的事项进行调查，并希望予以佐证的欲望。

(4) 人际理解，认识到人们的动机和看法可能导致他们提供有偏见或误导性的信息。

(5) 自主性，自我决定、道德独立和坚定地自行做决定，不轻易接受他人的主张。

(6) 自尊，拥有抵抗说服行为并挑战假设或结论的自信。

当管理层试图掩盖会计报表舞弊时，这些特征都被认为是帮助审计师发现欺诈的必要条件。CAQ报告指出，在每年向证券交易委员会提交财务报告的公司中，审计师因会计报表舞弊而被处罚的只占一小部分。这可能是由许多因素导致的结果，包括证券交易委员会的监管不足或被审行业普遍存在类似问题。尽管被曝光的会计报表舞弊公司仅占所有公司的一小部分，但所造成的损害是巨大的，往往会给股东、债权人、员工、审计师和商业伙伴带来毁灭性的打击。让我们看看法尔莫（Phar-Mor）舞弊事件。法尔莫的舞弊行为造成了超过10亿美元的损失，成为美国第28大私人公司破产案。当时为法尔莫提供审计服务的是一家国际"五大"会计师事务所，其面临的索赔金额超过10亿美元，但最终以远远低于该金额达成和解协议。法尔莫舞弊事件很好地呈现了会计报表舞弊过程。

法尔莫舞弊案

米基·莫努斯（Mickey Monus）1982年开设了第一家法尔莫商店，主要经营各种家庭用品和处方药品，价格要比其他商店的商品低得多。法尔莫商店采用低价销售策略是可行的，因为商店通常在供应商愿意以最低价格提供产品时大批量购入并囤积货物，用莫努斯的话来说，"购买力是关键"。莫努斯创立法尔莫时还兼任家族式分销公司——泰高（Tamco）的总裁，泰高后被位于匹兹堡的巨鹰（Giant Eagle）连锁店收购。1984年，巨

---

① 管理层声明是指被审计单位管理层向注册会计师提供的关于财务报表的各项陈述，用于明确管理层对财务报表的责任，以及为注册会计师收集证据提供方便。

鹰连锁店总裁大卫·夏皮罗（David Shapiro）向法尔莫投资400万美元来扩大经营规模。然后，夏皮罗成为法尔莫的首席执行官，莫努斯担任总裁兼首席运营官。截至1985年，法尔莫已拥有15家商店。1992年，在第一家商店开业十周年之际，法尔莫已在美国32个州开设了310家商店，总销售额超过30亿美元。

对于法尔莫能以如此低的价格销售商品且仍能获利，竞争对手感到十分惊讶。按法尔莫当时的发展趋势来看，它极有可能成为第二个沃尔玛。实际上，沃尔玛创始人山姆·沃尔顿（Sam Walton）曾说，他唯一顾忌的公司就是法尔莫。

大约五年后，法尔莫开始发生亏损。莫努斯及其管理团队不甘心因亏损而影响法尔莫的成功形象，于是开始进行会计造假以隐瞒亏损，满足那些看好公司的人士的期望。联邦舞弊调查人员后来发现，法尔莫在1989年高估税前利润35万美元，而1987年是法尔莫真正获利的最后一年。

根据这些误导性会计报表，投资者以及包括分析师在内专业人士都将法尔莫视为利用零售热潮来获利的大好机遇。法尔莫吸引了包括西屋信贷公司（Westinghouse）、世界500强的美国零售连锁公司西尔斯·罗巴克（Sear Roebuck）、商场开发商爱德华·迪巴托罗公司（Edward de Bartolo）和知名投资银行雷达飞瑞公司（Lazard Freres）在内投资者的大量投资。本案检察官指出，广大投资者和银行基于法尔莫虚构的财务状况，对公司发展前景十分乐观，从而投入高达11.4亿美元的资金。

为了隐瞒法尔莫的现金流量危机，吸引投资者并让公司看起来有利可图，莫努斯及其下属帕特里克·芬恩（Patrick Finn）篡改了存货账户，低估销售成本、高估收入。莫努斯和芬恩使用了三种不同的方法：伪造账户余额、高估存货、滥用会计规则。除了会计报表舞弊，法尔莫管理层还挪用超过1 000万美元的资金，大部分用于支付对世界篮球联赛的赞助费。

在1985年和1986年（重大舞弊发生之前），莫努斯指示芬恩低估某些超出预算的费用，并高估那些尚未达到预算的费用，从而使公司经营看起来更有效率。尽管这些操作的最终影响相互抵消了，但公司对外提供的会计信息还是被严重歪曲。芬恩后来指出，莫努斯的这一看似无伤大雅的要求是后来进行大规模会计报表舞弊的先兆。

芬恩还通过虚增存货将法尔莫的实际毛利率从14.2%提高到16.5%。法尔莫委托了一家会计师事务所盘点商店存货。在第三方存货盘点者提交有关商店存货的详细数量和零售价值的报告之后，法尔莫的会计人员开始编制成本核算表重新计算存货成本，然后据此编制结转销售成本的会计分录。根据成本计算结果，会计人员会贷记存货以正确反映销售活动导致的存货减少，但未同时借记"销售成本"，而是记入所谓的"水桶账户"。为了避免审计人员的检查，每个会计年度末将"水桶账户"余额分配到各个商店的存货账户上进行转销。由于销售成本被低估、净收入被高估，因此法尔莫看起来好像以很高的利润率在销售商品。

法尔莫还通过向供应商承诺在商店不销售其

> **想一想** >>> 如果芬恩一开始没有按莫努斯的要求操纵预算费用，那么法尔莫的舞弊会发展到如此程度吗？这样的话，芬恩以后的职业生涯会有什么不同？

他竞争对手的产品来要求其支付巨额的"独家代理费"。某些供应商为获得这一权利，支付了总计2 500多万美元的"代理费"。莫努斯用这笔钱弥补亏损，并向供应商支付货款。莫努斯和芬恩并没有将这些款项在与供应商合同的有效期内分摊，而是确认为当期收入。因此，法尔莫才有可能在如此短的时间内对外报出如此令人振奋的财务成果。

会计报表舞弊案通常具有类似于法尔莫舞弊事件的要素。首先，公司的表现似乎好于同行，而投资者、分析师和所有者都期望公司业绩居高位。在某些时候，投资者、分析师或其他人的期望将无法得到满足，为满足高期望而采取行动的压力越来越大。此时是一个转折点，舞弊者踩在道德的滑坡上难以逆转，一不小心就从舞弊之山顶滑向谷底。正如萨蒂扬计算机服务公司首席执行官在承认自己的舞弊行为时所说的："这就像骑虎，害怕被吃掉而不敢下来。"

踏上滑坡的人是违反会计原则或规则的财务主管或行政主管。与最终曝光的舞弊金额相比，最初的违规金额通常很小。有时，个人能够合理地为自己辩护——只是在利用自己的会计知识以对公司和投资者有利的方式"管理盈余"。最初的违规行为被视为仅具有敲打性而非欺诈性，并且伴随着一种预期，即这是"一次性"事件，未来经营绩效改善时会得到纠正。在这一点上，财务报告负责人在解决经营问题的同时获得了利益、赢得了声誉。由于未来经营陷入困境使公司更难以抵御这一巨大压力，小规模的欺诈——舞弊性会计行为成为盈余的主要来源。此时，舞弊正在成长为一个需要持续防范的怪兽，这一变化过程就像"从涓涓细流汇集成一泻千里的瀑布"，最终，看似无害的"盈余管理"往往在短短几年内演变成一场洪灾，引发巨大的金融和经济灾难。

11.4 会计报表舞弊的动机

会计报表舞弊的动机多种多样。正如之前在"完美舞弊风暴"分析中指出的，有时舞弊者希望维持较高的股价或支持债券或股票的发行，有时舞弊者希望提高公司的股价或最大化管理层报酬；也有可能是因为高层管理人员持有大量公司股票或股票期权，股价的下跌会减少个人财富。

有时，分部经理会高估财务成果以达到公司预期。很多时候，经营一家公司的压力巨大，面对在经营失败和舞弊造假之间的抉择，管理层往往会选择舞弊。在法尔莫舞弊案中，莫努斯希望公司迅速成长，由此调低了300多种"对价格变化十分敏感"商品的价格。价格被大幅调低使得

> **请记住** >>> 2000—2002年，许多美国公司发生了会计报表舞弊。和大多数舞弊一样，它们都是在舞弊三要素——压力、机会和合理化行为——共同作用下促成的。"完美舞弊风暴"和最近发生的会计报表舞弊源于九个方面的因素：(1) 经济的蓬勃发展；(2) 道德价值观的沦丧；(3) 高管激励措施的错位；(4) 分析师预期过高；(5) 高负债率或高杠杆；(6) 关注会计规则而非会计原则；(7) 审计师缺乏独立性；(8) 贪婪；(9) 教育的失败。每起会计报表舞弊案都涉及高层管理人员，给投资者带来数百万美元的损失。管理层舞弊通常是缓解内部或外部过高预期压力的结果，并始于后期对它加以纠正的预想。然而，一旦做出妥协开始舞弊，你就没有回头路可走。

商品以低于成本的价格销售，这样每笔销售都会带来损失。这种策略或许帮助法尔莫赢得了新客户，而且每年都有十几家新店开张，但同时也给公司带来了巨大的损失。莫努斯不承认公司正面临亏损，而是选择掩盖财务状况，使法尔莫在投资者眼中变得更加有利可图。尽管会计报表舞弊背后的动机各不相同，但其结果始终相同——给公司、债权人和投资者都带来极大的损失。

11.5 侦查会计报表舞弊的基本框架

在侦查会计报表舞弊的过程中，识别已发生的舞弊或舞弊产生的可能性是最困难的步骤之一。为了正确识别舞弊，调查人员必须清楚地了解公司的性质、经营状况、所处行业及竞争对手、管理层及其激励机制，还必须了解公司的组织形式、与其他各方的关系以及其他有关各方对公司及其管理人员的影响。此外，调查人员和审计师在尝试侦查舞弊行为时应使用策略推理。

策略推理是一种预测舞弊者参与和掩盖舞弊的潜在方法的心理过程。由于外部审计师有责任发现重大会计报表舞弊，因此我们可以从外部审计师如何参与策略推理的角度进行推理分析。内部审计师、审计委员会、舞弊调查人员或其他人员在侦查潜在的管理层舞弊时，也可能使用策略推理。舞弊者很清楚审计师的职责是评价财务报表的公允性，他们会设法掩盖舞弊行为。因此，舞弊本质上是策略性的，管理层实施舞弊的倾向受到预期审计的影响；反之，审计师侦查舞弊的方法也受到管理层实施舞弊的倾向的影响。与国际象棋比赛类似，当对手方采取同样的行动时还要考虑对手方的潜在行动。如果审计师能够充分考虑管理层如何看待潜在的审计方法，那么侦查会计报表舞弊的尝试将是最有效的。此时的审计计划不同于侦查会计报表中无意错误所制订的审计计划。侦查会计报表舞弊这一战略思维涉及博弈论。博弈论研究博弈中个体的预测行为和实际行为，但前提是个体了解对手方可能采取行动的动机和信念。审计师针对被审计单位对审计的反应而采取对策的过程被称为策略推理。学术研究表明，有效的审计师需要运用策略推理来预测被审计单位的反应，但随着审计师考虑潜在策略行为的深入，这样做变得越来越困难。

审计过程存在多层次的策略推理。这些层次分别是零阶推理、一阶推理和高阶推理。零阶推理发生于审计师和被审计单位只考虑直接影响自己而不影响另一方的情境，此时审计师只考虑自己的激励因素，如审计费用、抽样成本和潜在处罚等。一阶推理是指审计师在进行决策时考虑直接影响被审计单位的因素。在这种情境下，审计师假设被审计单位使用零阶推理，据此制订考虑被审计单位激励的审计计划。例如，如果审计师预计被审计单位存在掩盖舞弊的情况，他就会相应地修订审计计划以揭示舞弊行为。需要注意的是，在一阶推理下，审计师不考虑被审计单位是否预测到审计师的行为，即假设被审计单位进行零阶推理。当审计师考虑额外的、复杂的情境（包括管理层如何预测审计师的行为）时，就会出现高阶推理。例如，使用高阶推理的审计师可能会执行额外的审计程序来调整审计计划，以应对管理层可能根据策略推理来掩盖舞弊的行为。在这种情境下，审计师假设被审计单位正在进行一阶或高阶推理。

毋庸置疑，高阶策略推理具有一定的难度。幸运的是，审计师仅利用一阶或二阶策略推理就可以实现对审计方法进行重大改进。目前，管理层通常能够准确预测审计师在独立审计过程中执行的程序，因为他们一般都知道审计师在以前年度的审计中做了些什么。在这种情况下，管理层会据此设计会计报表舞弊方案，此时审计师的常规审计模式将无法侦查出管理层的舞弊行为。优秀的审计师至少必须使用一阶推理来有效地侦查这种舞弊行为，从而导致审计师执行额外的审计程序，并采用管理层未曾预期的审计测试。学术研究表明，在比较审计计划与反舞弊专家的推荐程序时，参与策略推理会促使审计师执行更严格的审计程序。

在进行策略推理时，审计师应当考虑以下四个步骤或问题：

（1）管理层可能使用哪种方案或方式进行会计报表舞弊？例如，管理层是否有可能在将货物运送给客户之前就提前确认销售收入？

（2）使用哪些常规审计程序来侦查这些方案？例如，审计师经常检查运输单证以验证是否向客户发货。

（3）管理层如何规避常规审计程序以掩盖舞弊方案？例如，管理层可以将货物发往异地仓库而非客户所在地，以便能够向审计师提供已向客户发货的单据。

（4）如何修改常规审计程序以应对管理层的舞弊方案？例如，审计师可以收集有关货物接收地点的信息以确保其由客户拥有或租赁，或者与发运人员面谈以确定是否已将售出货物发运给客户。

仅分析会计报表本身是很难发现会计报表舞弊行为的，因而调查人员通常通过比较会计报表金额与实际金额来侦查舞弊。同时，要发现舞弊必须了解管理层所处的环境以及可能诱使他们实施舞弊的因素，调查人员有必要进一步检查不同

> **想一想 >>>** 审计师和调查人员修改了常规审计程序，并定期使用管理层难以预料的审计程序来查找舞弊行为，这将如何影响潜在舞弊者的犯罪行为？

会计年度的资产、负债、收入和费用的变化，将公司的经营业绩与同行企业进行比较。例如，

在 ZZZZ Best 公司舞弊案中，公司每个会计年度的会计报表看起来似乎是真实的。在检查了资产和收入在各个会计年度的变化，并且将会计报表中的资产和收入与实际的建筑物修复项目进行比较后，发现会计报表存在重大错报。更重要的是，ZZZZ Best 公司的发展速度非常快，据称其签订的商业合同比建筑物修复行业的利润要丰厚得多。在这种情况下，审计师认为公司的财务业绩好到令人难以置信的程度。

除了常规的会计报表分析（例如财务比率分析、横向分析和纵向分析等），研究表明审计师、投资者、监管机构或舞弊检查人员还可以利用非财务指标来评估舞弊产生的可能性。针对南方保健（HealthSouth）前首席执行官理查德·斯科鲁斯（Richard Scrushy）的审理过程很清楚地说明了这一点。当时检察官认为斯科鲁斯无疑知道南方保健的会计报表有问题，因为公司的财务指标与非财务指标存在明显的矛盾之处。检察官科琳·康利

（Colleen Conry）指出，南方保健的机器设备数量减少了，而收入和资产却增加了。在审理期间，康利曾质问斯科鲁斯："那对你来说不是警示信号吗？"康利指出，南方保健的会计报表舞弊风险很高，因为公司会计报表数据与其非财务指标不协调。充分利用财务数据和非财务数据是舞弊侦查框架的四个关键因素之一，我们将此框架定义为"舞弊风险矩阵"。

关于非财务绩效指标的学术研究表明，实施收入舞弊的公司将导致收入的增加与其非财务绩效指标之间不协调。该研究还指出，即使是基本的非财务绩效指标（例如员工人数），也可以表明公司的收入是虚假的。由于基本的非财务绩效指标是公开可得的，因此投资者、审计师和其他人员可以利用它们来识别舞弊风险。这使得舞弊者更难以掩盖其舞弊行为，因为他们必须同时操纵财务数据与非财务数据。一般来说，那些不与管理层合谋进行财务舞弊的个人会向舞弊检查人员报告非财务指标，这加剧了管理层在掩盖收入舞弊方面的挑战。鉴于以上分析，我们认为非财务绩效指标具有非常大的潜力，可能会成为舞弊的警示信号。

除了使用财务数据和非财务数据来评估舞弊风险，审计师还可以通过检查四个因素来识别舞弊风险，如图 11-1 所示。一是公司的管理层和董事，二是公司与其他机构的关系，三是公司的组织形式及所处行业，四是公司的财务成果和运营特征。舞弊风险矩阵是识别管理层舞弊风险的有效工具。尽管审计师和其他人员传统上几乎只关注会计报表以侦查会计报表舞弊，但这四个领域中的每一个都应被视为有效评估舞弊风险的重要因素。

1 管理层和董事	2 与其他机构的关系
3 组织形式及所处行业	4 财务成果和运营特征

图 11-1 舞弊风险矩阵

11.6 管理层和董事

正如前文的统计数据所示，公司高层管理人员几乎总与会计报表舞弊脱不了干系。与挪用和侵占资产不同，会计报表舞弊通常是公司高管组织并实施的，其行为通常代表公司的利益，而不是违背公司的利益。共谋通常是会计报表舞弊的重要前提，许多其他类型的舞弊（例如挪用公款）则不具备这一特征。由于会计报表舞弊通常涉及管理层的某些成员，因此必须对管理层和董事进行调查，以确定他们是否参与舞弊及其动机。在侦查会计报表舞弊的过程中，了解管理层及其动机与理解会计报表一样至关重要。舞弊调查人员应当对管理层的以下三个方面展开调查：

- 管理层的背景；
- 管理层的动机；
- 管理层对公司决策的影响。

11.6.1 管理层的背景

关于管理层的背景，舞弊调查人员应了解管理人员和董事曾经工作的组织及其担任的职务。使用谷歌或其他搜索引擎对关键人物进行简单搜索可以非常容易地得到结果。搜索引擎将迅速列出与关键人物的姓名有关的所有文档，包括个人任职履历、有关此人的代理声明、新闻报道及其所在公司相关的 10-K 文件（向美国证券交易委员会提交的公司报告）等。如果简单搜索未满足需要，调查人员还可以利用私人侦探或相关调查服务进行搜寻。

理解调查管理层背景的重要性的一个典型案例是林肯储贷银行舞弊案。在掌管该银行之前，首席执行官查尔斯·基廷（Charles Keating）因涉嫌参与俄亥俄州辛辛那提的金融机构舞弊而受到美国证券交易委员会的制裁，事实上，他向证券交易委员会签署了一份保证书，声称自己不会在其他金融机构担任管理职务。

另一个有关管理层背景调查的例子是比较仪系统公司。这是位于洛杉矶的一家指纹识别公司，于 1996 年被指控涉嫌证券欺诈。公司首席执行官罗伯特·里德·罗杰斯（Robert Reed Rogers）在芝加哥长大，大学主修化学专业，毕业后成为大学讲师，教授商业和经济学课程。后来，他在麦肯锡公司和利顿实业公司有过短暂的工作经历。在个人简历中，他夸耀自己曾取得辉煌的成就，声称自己是多家公司的创始人和总裁。但在罗杰斯的简历中有一段很重要的经历被遗漏了，即他在 20 世纪 70 年代中期曾担任 Newport 国际金属公司的总裁。Newport 公司参与了当时的贵金属投机热潮，声称对某些生产珠宝的采矿工序拥有"专有权"，并从来自纽约的投资者约翰（John）和赫塔·米纳（Herta Minar）那里获得 5 万美元的有价证券，作为保障启动资金安全到位的质押品。1976 年，Newport 公司因非法销售证券而遭到加利福尼亚州政府的传讯，并被勒令停止该项投资。米纳起诉了 Newport 公司，并获得了 5 万美元的赔偿。1977 年，法院签发了逮捕罗杰斯的拘捕令，罗杰斯因西崖（Westcliffe）国际公司被投资者起诉而未到庭应诉，他当时担任该公司总裁。毫无疑问，比较仪系统公司的投资者及其人员都会对这份有污点的"简历"感兴趣。

11.6.2 管理层的动机

激发管理层和董事实施舞弊的动机也很重要。他们的个人财富是否与公司休戚相关？他们是否承受了某种压力而迫不得已报告不真实的财务成果？他们的薪酬是否主要依据公司经营业绩而定？他们是否有引导华尔街产生越来越高期望的经历？他们是通过企业兼并历练还是通过内部锻炼而成长起来的？公司是否有必须遵守的债务契约或其他财务规定？管理层是否有被解聘或被撤换的风险？这些问题是充分理解管理层的舞弊动机而必须回答的例子。许多会计报表舞弊都是因为管理层需要报告正盈余或高盈余以支撑股价、公开发行股票或债券、满足监管要求或贷款限制条件。

11.6.3 管理层对公司决策的影响

了解管理层对公司决策的影响也相当重要,因为当只有少数人才能对决策施加影响时,舞弊更容易发生。相对而言,决策比较民主的公司产生舞弊的概率更小。大多数涉嫌会计报表舞弊的人是初犯,实施"初次"舞弊对他们而言是相当困难的。当必须有两三个人串谋才能实施舞弊时,舞弊产生的概率更小。当决策必须由多人共同做出或者董事会在公司治理中发挥积极作用时,舞弊也会变得相对困难。因此,规模较大、连续盈利的公司通常不会发生会计报表舞弊;相反,舞弊往往发生在规模较小的公司,这些公司中的一两个人几乎控制了全部决策权,而且董事会和审计委员会并没有发挥应有的作用。实际上,正是出于这个原因,纳斯达克和纽约证券交易所的公司治理标准要求大多数董事会成员必须独立于公司,并且某些关键的委员会(如审计委员会和薪酬委员会)必须由独立董事组成。

一旦管理层决定实施会计报表舞弊,所使用的具体方案通常由企业运营的性质和特征决定。虽然我们通常关注这些方案及其财务成果,但务必注意的是,实施会计报表舞弊的决定是由管理层和相关人员做出的。有关管理层和董事的一些关键性问题如表11-3所示。

表11-3 有关管理层和董事的关键性问题

了解管理层和董事会成员的背景
1. 公司的主要管理人员或董事会成员过去是否与其他公司有关联,是什么样的关系?
2. 管理层的主要成员是从公司内部晋升还是从公司外部招聘的?
3. 管理层的主要成员过去是否涉嫌参与违法行为?
4. 管理层或董事会的组成是否发生了重大变化?
5. 管理层或董事会成员是否频繁更换?
6. 管理层或董事会成员是否有犯罪记录?
7. 是否存在其他有关管理层或董事会背景的重大问题?
8. 大多数董事会成员独立吗?
9. 董事会主席与首席执行官两职是否兼任?
10. 公司是否设有审计委员会、薪酬委员会和提名委员会?
了解管理层和董事的舞弊动机
1. 主要管理人员的个人财富是否与公司休戚相关?
2. 管理层是否处于某种压力之下,迫使其达到预期盈利或其他财务绩效指标的要求;管理层是否致力于满足分析师、债权人或其他人员设定的过于乐观或不切实际的预期?
3. 管理层的报酬(奖金、股票期权)是否取决于公司的经营业绩?
4. 管理层是否需要履行重要的债务契约或受到其他财务约束?
5. 管理层的关键成员是否存在被撤换的风险?
6. 公司呈报的经营业绩是否在下滑?
7. 管理层是否过度热衷于维持或提高股价?
8. 管理层是否存在逃税的不良动机,并希望通过不恰当的手段使报告盈利最小化?
9. 是否存在其他有关管理层和董事会舞弊动机的重大问题?

续表

了解管理层和董事的影响程度

1. 谁是最有影响力的关键管理人员？
2. 公司是否由少数人支配？
3. 公司的管理风格是专制还是民主？
4. 管理层是集权还是分权？
5. 管理层能否有效传达并维持公司价值和经营理念，或者他们是否传达并维持不恰当的公司价值和经营理念？
6. 管理层是否未能及时纠正内部控制缺陷？
7. 管理层是否设定了过于乐观的财务业绩目标和过低的费用支出目标？
8. 管理层是否过多参与或影响会计规则的选用或重大会计估计的确定，或者能对类似事项施加重大影响？
9. 是否存在其他与管理层或董事会的影响有关的重大问题？

11.7 公司的关联方关系

11.7.1 与其他主体的关系

会计报表舞弊通常是在其他真实公司或虚构公司的协助下实施的。安然的舞弊行为主要通过所谓的特殊目的实体（SPE）或可变利益实体（VIE）进行，这些实体是为了完成特定任务而形成的商业利益组织。SPE 并不违法，但必须受会计准则的约束。相关会计准则规定 SPE 应当作为母公司的分部报告，而不是作为独立实体报告，且不与母公司合并报表。在当时，若 SPE 符合以下两个标准则被视为独立：（1）独立第三方投资者进行了实质性的资本投资，通常至少占 SPE 资产的 3%；（2）第三方投资确实存在风险。安然有义务合并不满足这些要求的实体的资产和负债。美国证券交易委员会的指控声称，安然的某些特殊目的实体本应合并到安然资产负债表。此外，首席财务官安德鲁·法斯托及其助手库珀（Kopper）和其他人利用他们对安然业务运营的影响，让 SPE 成为一种非法为自己和他人赚取数百万美元的秘密工具。特别值得一提的是，法斯托以自己的喜好设计安然的 SPE 并获利数千万美元。下面的案例讨论了组织利用自身与其他主体的关系来实施会计报表舞弊的情况。

来自关联方的舞弊案

1997 年，安然决定出售其在加利福尼亚风电场的权益。为了使风电场有资格获得对自身有利的监管待遇，作为电力公用事业控股公司的安然必须将持股权益减少到 50% 以下。但是，安然不想失去这一有利可图的风电场的控制权，于是首席财务官法斯托创建了一个名为 RADR 的特殊目的实体，并招募了"安然之友"（实际上是安然前主管库珀的朋友）作为外部投资者。由于这些投资者缺乏足额的资金，法斯托向他们提供了 419 000 美元的个人贷款，用于购买风电场。RADR 的盈利非常可观。法斯托的贷款收到了 62 000

美元利息，作为回报，库珀安排每年向法斯托的每个家庭成员提供 10 000 美元的"礼物"（将礼物金额保持在应纳税所得额以下）。由于法斯托为 RADR 的第三方投资提供了资金，并且法斯托和库珀明确控制了 RADR 的运营，因此 RADR 应纳入安然的合并会计报表范围。

1993 年，安然创建了一个名为 JEDI（绝地武士，以《星球大战》角色命名）的实体。鉴于加利福尼亚公务员退休系统（CalPERS）独立投资于该实体，安然有理由认为 JEDI 可以不纳入合并会计报表范围。然而在 1997 年，CalPERS 拟出售 JEDI 的一部分股权，从而成为非独立投资者。法斯托安排创建了 Chewco（也以《星球大战》角色命名），这是一家可以收购 CalPERS 的特殊目的实体。Chewco 和 JEDI 并没有获得不纳入合并会计报表的账外实体资格。首先，Chewco 不是独立的，尽管法斯托放弃了自己成为 Chewco 独立投资者的想法（根据首席执行官斯基林的建议，安然必须披露法斯托的投资），但他取代了库珀（实质上是由法斯托控制的安然高管）；其次，Chewco 对 JEDI 的投资没有"真正的风险"，而是通过两笔合计 1.9 亿美元银行贷款来资助的，这两笔资金都由安然担保。与 RADR 一样，法斯托授意库珀继续为其带来好处，包括向法斯托的妻子支付 54 000 美元作为她行政管理 Chewco 的报酬。

在另一案例中，林肯储贷银行利用关联方关系进行舞弊。林肯储贷银行与一些普通买家进行了虚假交易，以使财务业绩显得有利可图。一家房地产有限合伙公司与银行进行违规交易，以隐瞒其抵押贷款。与关联方进行交易存在一定风险，因为关联方之间的交易可能是不公允的。例如，ESM 政府证券公司管理层利用关联方关系创建了大量非合并关联实体进行会计报表舞弊，虚构了高达 4 亿美元的应收账款。

舞弊调查人员应当检查公司与所有外部机构的关系，以确定管理层舞弊的可能性。其中，特别应当考虑的关系是公司与相关组织和个人、外部审计师、律师、投资者和监管机构的关系。公司与金融机构和债权人的关系也很重要，因为他们会影响公司的财务杠杆。舞弊调查人员通常需要针对债权债务关系提出以下问题：

- 公司是否具有高杠杆以及与哪些金融机构合作？
- 公司将哪些资产作抵押或质押？
- 公司是否存在债务合同或其他限制性财务契约？
- 公司与金融机构之间是否存在异常关系（例如，向特殊地区的金融机构举债）？
- 公司与金融机构管理人员之间是否存在特殊关系？

11.7.2　与金融机构的关系

正如之前提到的房地产有限合伙公司，其位于威斯康星州的分公司在未经授权的情形下向位于另一个州（公司在此并没有经营业务）的银行申请了贷款。缘由是房地产有限合伙公司首席执行官与银行行长之间存在利益瓜葛，这种特殊关系被利用实施舞弊。房地产有限合伙公司曾伪造银行确认书寄给审计师。审计师在检查房地产有限合伙公司拥有的财产是否被留置时发现了这项贷款。由于银行行长隐瞒了贷款，因此房地产有限合伙公司资产负债表上的负债被严重低估。

11.7.3 与相关组织和个人的关系

舞弊调查人员应当检查包括相关组织和个人（如家庭成员）在内的关联方，因为与关联方进行"非常规交易"（通常是非真实交易）是实施会计报表舞弊的一条捷径。舞弊调查人员可以通过检查特定时期（如会计期末）发生的大额或不寻常的交易来识别此类舞弊迹象。舞弊调查人员应当仔细检查以下交易事项：

- 为公司带来收入或利润的大额交易；
- 关联方之间的资产购置和销售；
- 在会计报表中确认商誉或其他无形资产的交易；
- 产生营业外收入而非营业收入的交易；
- 关联方之间的贷款和其他融资交易；
- 异常或可疑的交易，尤其是大额交易。

11.7.4 与审计师的关系

公司与审计师的关系也很重要。如果公司近期更换了会计师事务所，管理层就应当对此给出合理解释。会计师事务所通常不会轻易放弃客户。会计师事务所与被审计单位之间审计委托关系的终止通常由以下事项引起：(1) 客户未能及时足额支付审计费用；(2) 审计师与客户之间存在分歧；(3) 审计师怀疑公司存在舞弊或其他问题；(4) 客户认为审计费用过高。尽管上述最后一个事项可能并不意味着潜在的舞弊行为，但是前三个事项很可能表明存在会计报表舞弊。因此，审计师被解聘或辞职，或者是首次接受委托的审计师（其往往难以发现会计报表舞弊），舞弊调查人员都应对此予以充分关注。需要注意的是，调查人员还必须关注上市公司是否按规定在提交给证券交易委员会的 8-K 报表中公开披露会计师事务所变更及其原因。

有时，舞弊调查人员需要特别关注会计师事务所决定承受更高风险水平的情况，或者以不同于其他会计师事务所的方式处置风险。例如，许多人认为 1990 年美国第七大会计师事务所 Laventhol & Horwath 的破产源于对风险的掌控不足。还有人认为，安达信会计师事务所的失败可归因于其审计客户的风险状况及其专注于向审计客户同时提供管理咨询服务。当然，安达信会计师事务所也有一些引人注目的审计失败案例，包括安然、世通、奎斯特、阳光、废品管理（WM）等公司。在调查公司是否存在会计报表舞弊时，你必须知道审计师是谁以及审计委托关系持续了多长时间。

11.7.5 与律师的关系

了解公司与律师的关系更加重要。审计师应独立于客户，但如果他们怀疑财务成果不恰当就可以解除业务关系；相反，律师是客户的辩护人，并不独立于客户。因此，如果公司未出现重大或明显的舞弊行为,那么律师通常不会与客户解除业务关系。此外,律师通常会对客户的法律问题、监管问题和其他重大事务保密。因此,公司更换律师事务所也是舞弊调查人员应当考虑的事项。遗憾的是,与更换审计师必须向证券交易委员会提交8-K报表不同,更换律师没有这样的呈报要求,而只要求公司根据需要自行决定是否对外发布公告进行披露。

11.7.6 与投资者的关系

公司与投资者的关系也相当重要,因为会计报表舞弊的目的通常是使投资者相信投资本公司的股票或债券有利可图。此外,了解投资者的数目和类型(公众公司还是私人公司,大额交易还是零散交易,等等)还可以帮助舞弊调查人员揭示管理层面临的经营压力。如果是公众公司,投资者和分析师就会对公司的经营状况予以密切关注,例如一些"短线"投资者总是千方百计地打听可能导致股价上涨或下跌的消息。如果投资者怀疑会计报表存在错报,就会主动与管理层、媒体甚至审计师联系,公开表达自己的担忧。投资者关注的信息与审计师收集的信息极其不同,有时舞弊迹象对投资者而言要比对审计师而言更为明显,尤其是仅关注会计报表的审计师。"短线"投资者有时是第一个发现会计报表舞弊并向市场披露舞弊行为的人。

第一个质疑安然财务报告可靠性的人是吉姆·查诺斯(Jim Chanos)。查诺斯经营一家备受推崇的空头对冲基金——Kynikos联合基金公司(Kynikos是希腊语"愤世嫉俗者"的意思)。查诺斯在2001年年初曾公开表示:"没有人能够说得清楚安然是如何赚钱的。"他指出,安然已经与"由安然高级管理人员运作"的关联方完成了交易,这明显存在利益冲突。查诺斯质疑有关LJM合作伙伴和其他合作伙伴的问题,但安然未给予任何回应。2001年3月5日的《财富》杂志上刊登了查诺斯撰写的一篇名为《安然股价是否高估》的文章,直指安然财务报告存在"暗箱操作"。遗憾的是,直到2001年年末,怀疑论者才开始抛售手中持有的安然股票,而投资者在过去六个多月中一直无视这一坏消息。最终,安然在2001年年末宣布破产。

11.7.7 与监管机构的关系

公司与监管机构的关系同样相当重要。如果被调查的是一家上市公司,舞弊调查人员就应当知道证券交易委员会是否曾对该公司发出裁决公告或"韦尔斯通知"①。例如,证券交易委员会根据《萨班斯-奥克斯利法案》第704节开展的调查报告指出,在1997年7月31日至2002年7月30日的五年间,证券交易委员会已发起515项执法行动,涉及869个指定方、164个实体和705个人。舞弊调查人员还必须了解公司是否已及时提交年报、季

---

① "韦尔斯通知"(Wells Notice)是证券交易委员会对在美上市公司提起民事诉讼前发出的非正式提醒,接到通知的上市公司在收到正式诉讼前可以和证券交易委员会进行沟通和协商。按照美国相关法律,自公司收到"韦尔斯通知"起,证券交易委员会就正式启动一整套的调查及申诉程序——韦尔斯程序。

报和其他报告。若公司属于银行等受监管行业，则需要了解其与相应的监管机构（如联邦存款保险公司、美联储和货币监理署等）的关系。这些监管机构是否对公司经营状况提出疑问？公司是否欠联邦政府、州政府或其他税收管辖区的税款？由于税务机关拥有追索权和有权采取制裁措施，除非公司存在严重舞弊或严重的现金流问题，否则公司通常不会拖欠税款。

表11-4列示了舞弊调查人员需要询问的有关公司与其他机构的关系的一些问题。

表11-4　有关公司与其他主体的关系的询问

公司与金融机构的关系
1. 公司与哪些金融机构保持着主要业务关系？
2. 公司向银行或其他主体的举债情况如何？
3. 贷款或债务契约或其他限制条件对公司是否产生重大影响？
4. 公司与银行的关系是否正常，或者与银行是否存在异常关系（如银行所处地理位置异常、与过多银行有业务联系等）？
5. 管理层或董事会成员是否与主要往来银行的管理人员有私人关系或其他密切关系？
6. 与公司有业务关联的金融机构是否发生重大变动？若是，能否给予合理解释？
7. 公司在避税港是否有重要的银行账户，或者在避税港是否开设了但未有实质性经营活动的子公司或分支机构？
8. 公司的重要资产是否已经作为风险性贷款的抵押品？
9. 公司与金融机构之间是否存在其他可疑关系？
公司与关联方的关系
1. 公司是否与超出业务范围、未经审计或者由其他审计师审计的关联方发生了重大交易？
2. 在会计期末或接近会计期末，是否存在大额、异常的交易使公司呈报的经营业绩得到明显改善？
3. 公司与关联方是否存在重大应收账款或应付账款？
4. 公司的绝大部分收入或盈利是否来自关联方交易？
5. 公司收入或盈利的绝大部分是否来自几笔大额交易？
6. 公司是否存在其他可疑的关联方关系？
7. 公司是否存在与其他公司的关系而导致大量的营业外收入？
公司与审计师的关系
1. 管理层是否与现任或前任审计师在会计、审计或报告问题上存在争议？
2. 管理层是否对审计师提出了不合理的要求，包括不合理的时间限制？
3. 公司是否对审计师施加了正式或非正式的限制，使审计师无法接触相关人员或资料，或者无法与董事会或审计委员会进行有效的沟通？
4. 管理层对审计师的态度是否专横？管理层是否试图影响审计师的工作？
5. 审计师是否发生了变更？若是，能否给予合理解释？
6. 公司与审计师是否存在其他可疑关系？
公司与律师的关系
1. 公司是否牵涉对公司经营业绩产生严重负面影响的重大诉讼？
2. 公司是否曾试图对审计师或其他人隐瞒诉讼？
3. 公司外部法律顾问是否发生变更？若是，能否给予合理解释？
4. 公司与律师是否存在其他可疑关系？

公司与投资者的关系
1. 公司是否正在发行债券或股票（首次或增发）？
2. 公司是否遭到投资者起诉？
3. 公司与投资银行、证券分析师或其他人员是否存在可疑关系？
4. 公司股票是否发生"卖空"现象？若是，能否给予合理解释？
5. 公司与投资者是否存在其他可疑关系？

公司与监管机构的关系
1. 管理层是否无视监管机构的存在？
2. 公司或高层管理人员是否被指控从事舞弊活动或违反证券法规的活动？
3. 公司是否向证券交易委员会报送财务报告？若没有，能否给予合理解释？
4. 公司是否存在会降低公司的财务稳定性或盈利性的新会计法规或监管要求？
5. 与国税局或其他税务机关是否存在重大税务争议？
6. 公司当前是否正在偿还包括工薪税和其他与工资相关的费用？公司是否应偿还其他负债？
7. 公司与监管机构是否存在其他可疑关系？
8. 证券交易委员会是否正在对公司的10-K报表、10-Q报表或其他文件进行调查？

11.8 公司的组织形式及所处行业

舞弊者有时通过构建一个易于隐藏舞弊的组织形式来掩盖会计报表舞弊。例如，安然利用复杂的未纳入合并会计报表的特殊目的实体（现被美国财务会计准则委员会称为可变利益实体）来掩盖巨额债务。另一个例子是林肯储贷银行，作为美国国民银行的分公司，其拥有超过50家子公司和关联公司，其中的一些子公司并没有明显的商业目的。该集团的舞弊主要是在每季度末通过将土地出售给名义买主来虚构所谓的"盈利"交易。为了诱使购买者参与交易，林肯储贷银行主动向名义买主提供贷款，贷款金额等于或大于首期付款额。这一违规的贷款交易很难被识破，因为林肯储贷银行是以另外一家公司的名义提供贷款的。林肯储贷银行正是利用这种复杂的关系作"烟雾"来掩盖违法交易。

林肯储贷银行舞弊案

在一项称为RA地产的交易中，林肯储贷银行以2 500万美元的价格向RA房地产公司出售了被称为"大陆牧场"的1 300英亩土地，获得了500万美元的首付款和2 000万美元的应收票据。在这样的地产交易中，一般公认会计原则要求至少支付20%的首付款，按权责发生制记录交易，进而确认利润。在这笔交易中，林肯储贷银行按数百万美元的销售收入确认了利得。然而，在预期出售的前五天，林肯储贷银行的一家子公司向RA房地产公司贷出300万美元。大约六周后，另一家子公司又向RA房地产公司贷出200万美元。基于这些交易，到底是谁支付了首付款？在陪审团看来，林肯储贷银行本身就已经支付了首付款，但复杂的组织形式掩盖了交易的真实性。同样的例子还有 ESM 政府证券公司，在这个案例中，ESM 政府证券公司成立子公司只是为了虚构对子公司的应收款项。

当组织形式呈现以下特征时通常容易发生舞弊：组织形式过于复杂、没有内部审计部门、董事会或审计委员会中缺乏或没有外部人、由少数人控制关联方交易、境外分支机构或新设子公司无明显的经营动机，等等。调查人员必须清楚地了解公司归谁所有，以防幕后操纵者利用公司从事非法或可疑活动。

调查人员也必须了解清楚公司所处行业。某些行业的风险相对来说可能更严重，发生舞弊的可能性也相对较大。例如在 20 世纪 80 年代，储蓄和贷款行业极具风险，以至于某些会计师事务所缺乏审计储蓄和贷款业务的能力与经验。最近，科技公司尤其是采取未经验证的创新商业模式的互联网公司，具有极大的经营风险，证券交易委员会的《会计与审计起诉公告》披露的舞弊行为最多的公司就属于此类。此外，调查人员还应当将公司的经营业绩与同行业类似公司的经营业绩进行比较。舞弊调查人员需要询问的有关公司组织形式和行业特征的一些关键性问题如下：

1. 公司的组织形式是否过于复杂，即公司是否存在无明显经营动机的法人实体、分支机构或合作企业？
2. 公司下属的独立商业实体是否有合法的经营目的？
3. 公司董事会是否主要由公司管理人员或其他相关人员组成？
4. 董事会能否独立地发挥积极作用？
5. 审计委员会主要是由内部人员还是由外部人员组成？
6. 审计委员会能否独立地发挥积极作用？
7. 内部审计部门是否独立，能否持续发挥积极作用？
8. 公司是否从事无明显经营目的的境外业务？
9. 公司是否为新创立的？
10. 公司的经营目的最近是否发生重大变化？
11. 内部控制制度是否得到充分的执行？
12. 公司是否聘用了优秀的会计人员和信息技术人员？
13. 公司是否面临激烈的竞争，其生产的产品在市场上是否已趋于饱和而使公司毛利率下降？
14. 公司所处行业是否正在走下坡路，即同行业公司经营失败的可能性不断增大，而顾客对行业产品的需求不断减少？
15. 公司所处行业是否正面临技术的不断进步或产品的更新换代？
16. 公司的经营业绩与同行业其他公司的经营业绩相比是相似还是完全不同？
17. 是否存在其他与组织形式和所处行业相关的重大问题？

11.9 财务成果和运营特征

通过详细调查公司的管理层和董事会、公司与其他主体的关系以及组织的性质，舞弊调查人员可以在很大程度上了解公司发生会计报表舞弊的可能性。对所有会计报表舞弊类型来说，无论被操纵的是收入、资产、负债、费用还是所有者权益，分析上述因素的程序基本相同。然而，通过分析会计报表和企业运营特征来确定风险类型，却因舞弊方案的不同而大相径庭。

舞弊调查人员可以直接分析会计报表来确定舞弊发生风险。在这一过程中，有经验的调查人员通常会采用一些非常规方法。如前所述，舞弊迹象通常是通过比较前后期会计报表相关项目金额的变动来揭示的。例如，相对于每个期间的项目余额只有很小增量变动的会计报表，每个期间的项目余额都有较大变动的会计报表更容易出现舞弊。再如，应收账款的突然急剧增加或者应收账款与销售收入的增长不协调通常也表明存在问题。另外，会计报表附注的内容也值得调查人员关注。很多时候，这些附注会强有力地暗示舞弊行为正在发生，然而审计师和调查人员可能会忽视它的存在。

在分析会计报表和运营特征来评估舞弊风险时，调查人员通常会将报表金额与同行业类似公司的报表金额进行比较，同时检查会计报表金额是否与实际一致。例如，如果会计报表显示公司有200万美元的存货，则这些存货必定放置在某个地方，根据存货的类型应该需要一定的空间来储存，或者必然存在相关设备以便运输并由相关人员进行管理。调查人员应通过现场观察实际库存或询问相关人员等方式，确定会计报表中存货金额的真实性。

在使用财务关系来评估舞弊风险时，调查人员需要了解客户业务的性质、公司账户的类型、公司特别容易发生的舞弊类型以及可能出现的舞弊迹象。例如，制造业公司的主要活动可以细分为销售和收款、采购和付款、存货和仓储、薪酬处理与融资业务，等等。为了识别舞弊，调查人员应当将一家制造业公司的业务活动划分为上述类似业务的循环，然后识别在每项业务活动中公司应当履行的职责、每一项职能可能存在的固有风险、潜在的滥用职权行为以及可能出现的舞弊迹象。

如前所述，除了考虑财务关系，非财务绩效指标对于侦查异常财务业绩也非常有价值。非财务绩效已被管理会计界认为是企业的最佳管理实践。例如，平衡计分卡是一种从财务、客户、内部运营、学习与成长四个角度关注财务指标和非财务指标的绩效评估方法。相关学术研究表明，即使用简单的非财务指标（如员工人数）也可以帮助企业确定是否存在会计报表舞弊。例如，如果某公司的收入在增长而员工数量却在减少，那么与收入和员工发展趋势保持一致的公司相比，该公司更可能存在舞弊。人们通常认为，使用非财务指标评估舞弊风险的价值基于以下假设：管理层虽然可以很轻松地操纵财务数字，但很难操纵非财务数据使之与财务数据保持一致。某些行业（如航空公司）已经开始收集非财务绩效指标并进行独立验证，这提高了分析比较财务绩效指标和非财务绩效指标来侦查舞弊的有效性。舞弊调查人员需要询问的有关会计报表和经营/财务成果的一些关键问题如下：

1. 会计报表项目和账户余额变化是否真实、合理？
2. 考虑到公司的性质、经营年限和规模，账户余额是否与实际相符？
3. 会计报表中的实物资产是否真实存在？其金额和数量是否与实际相符？
4. 公司收入或费用的内容是否发生重大变动？
5. 某一账户余额是否主要是由一笔或几笔大额交易所形成？
6. 在会计期末是否发生了使公司财务成果好转的重大交易，特别是那些异常的、复杂的或违反"实质重于形式"原则的交易？
7. 季度之间或月份之间的财务成果是否趋于一致，各期间是否存在虚假的交易金额？
8. 公司呈报的盈利和盈利增长是否产生了现金流量？
9. 公司是否必须不断地从外部获取额外的资金来保持竞争力？
10. 会计报表上的资产、负债、收入和费用所依据的会计估计是否涉及异常主观判断或不确定性事项，或者在近期内会发生重大变更从而影响公司财务成果的可比性？
11. 公司盈利能力增长速度是否异常，尤其是与同行业公司相比？
12. 公司对利率的变动是否特别敏感？
13. 公司实施的促销或盈利激励方案是否过于激进？
14. 公司是否即将面临破产或失去抵押品赎回权？公司是否存在被恶意收购的风险？
15. 如果报告的财务业绩不佳，那么是否会对公司尚未完成的重大交易（如企业合并或签订合同）产生不利影响？
16. 在某些管理人员为公司重大债务提供私人担保的公司，其财务状况是否在日益恶化？
17. 公司是否在"危机"模式或者缺乏谨慎的预算和计划下持续运营？
18. 公司收回应收款项是否存在困难？公司是否存在其他现金流量问题？
19. 公司是否依赖一两种关键产品或服务？这些产品或服务是否有可能很快过时或被取代？竞争对手能否更好地适应市场需求的变化？
20. 会计报表附注中是否包含难以理解的信息？
21. 会计报表附注的披露是否充分？
22. 公司的财务成果或运营特征是否存在可疑之处？
23. 公司的财务绩效指标与非财务绩效指标是否一致？

> **请记住** >>> 将会计报表中的数据与公司的实际特征以及管理层运营和激励所处环境进行比较，通常可以侦查出是否存在会计报表舞弊。舞弊风险矩阵的四个因素有助于识别管理层舞弊风险并了解公司业务运营所处环境。这四个因素分别是：(1) 管理层和董事；(2) 公司与其他机构的关系；(3) 公司的组织形式及所处行业；(4) 财务成果和运营特征。

重点内容回顾

- **理解会计报表在资本市场中的角色。** 会计报表是市场经济的基石,它让投资者、债权人和监管机构能够衡量公司业绩。

- **理解会计报表舞弊的本质。** 会计报表舞弊通常涉及公司管理层,其动机是迎合资本市场的预期,从而使公司股票价格达到或维持高位。会计报表舞弊通常是经过精心设计的骗局。九个因素导致20世纪末的会计报表舞弊风波:经济的蓬勃发展、道德价值观的沦丧、高管激励措施的错位、分析师预期过高、高负债率或高杠杆、关注会计规则而非会计原则、审计师缺乏独立性、贪婪、教育的失败。

- **熟悉有关会计报表舞弊的统计数据。** 多项研究表明,大多数会计报表舞弊案件存在诸多相似之处。例如,会计报表舞弊往往会持续几年才被揭发;收入确认不恰当、高估资产和低估费用是最常用的会计报表舞弊方法;高层管理人员通常会参与会计报表舞弊;在大多数发生会计报表舞弊的公司中,董事会和审计委员会的监督不力;会计报表舞弊公司的外部审计师人数各异。

- **了解会计报表舞弊是如何发生和被掩盖的。** 如果不采取某种形式的利润操纵,公司就无法实现投资者和分析师的高预期,此时往往会发生会计报表舞弊。最初的舞弊行为通常被认为是一次性事件,但随着压力的增大和经营目标无法实现,舞弊将与日俱增。

- **概述侦查会计报表舞弊的基本框架。** 当审计人员或调查人员使用策略推理来设计执行程序时,会计报表舞弊最有可能被发现,这种方法最有可能侦查常规程序下的掩盖行为。

- **识别会计报表舞弊风险。** 我们介绍了侦查会计报表舞弊的综合方法,并确定了四个不同的舞弊风险领域,包括管理层和董事、公司与其他主体的关系、公司的组织形式及所处行业、财务成果和运营特征。我们还强调了需要使用非财务绩效指标来助力侦查异常的财务业绩。

- **解释四个不同风险领域如何有助于评估会计报表舞弊风险。** 由于会计报表舞弊很少被观察到,调查人员必须寻找表明此类舞弊发生的警示信号。我们介绍了管理层特征、组织性质或形式、公司与其他主体的关系以及财务成果和运营特征,这些可以作为会计报表舞弊的"红旗",警示审计师、投资者或监管机构。

第 12 章

收入与存货舞弊

寄 语

2002年的《萨班斯-奥克斯利法案》要求证券交易委员会审查法案实施之前五年内（1997年7月31日至2002年7月31日）的执法情况，以便确定发行人财务报表中最容易被操纵而发生舞弊的重要领域。这项研究结果提供了本章和下章的会计报表舞弊案例的素材。本章重点介绍与收入和存货相关的会计报表舞弊（文中简称"收入与存货舞弊"）。在识别相关舞弊风险的基础上，调查人员应关注受潜在舞弊影响的相关交易和账户。本章还讨论了与收入和存货相关的舞弊迹象，以及主动搜寻舞弊迹象的方法和后续调查方法。

学习目标

在学习本章之后，你应该能够：
- 识别与收入相关的会计报表舞弊手段；
- 掌握搜寻与收入相关的会计报表舞弊迹象的方法；
- 理解与收入相关的舞弊迹象的重要性和调查方法；
- 识别与存货相关的会计报表舞弊手段；
- 掌握搜寻与存货相关的会计报表舞弊迹象的方法；
- 解释与存货相关的舞弊迹象的重要性和调查方法。

现实的教训

你可能从未听说过山登公司（Cendant），但你可能听说过它在2006年拆分之前拥有的一些酒店，包括速8（Super 8）、戴斯（Days Inn）、华美达（Ramada Inn）、豪生（Howard Johnson）和21世纪不动产（Century 21）等12个知名品牌。山登公司成立于1997年，由当时的HFS（饭店特许连锁系统股份有限公司）与CUC（美国国际旅游服务公司）两家公司合并而成。通过资源的整合，公司的目标是成为世界上最大的旅馆、租车、饭店、房地产特许经营商，业务涉及旅游、在线旅游服务、房地产、交通和金融服务等行业。2005年，山登公司位列《财富》杂志世界100强、全美公司50强。但是，当合并后HFS了解到CUC夸大了山登收入和利润使其看起来像一个迅速成长、高利润的公司时，山登成为令人敬佩的成功公司的期望很快就被颠覆了。小规模舞弊事件从1983年开始出现，随后迅速发展为大规模舞弊案。1995—1997年，CUC虚构了5亿多美元税前营业收入，许多高管被解雇并被起诉。1999年，山登公司同意支付28亿美元以了结股东诉讼，并向原告律师支付2.62亿美元法律费用。1998年4月16日，在舞弊行为曝光后，山登公司股票价格下跌了46%，使得公司市值一天之内蒸发了44亿美元。山登公司曾经是一家多元化的全球商业消费服务提供商，舞弊事件后已拆分为多个不同行业的小公司（尽管规模仍然相对较大），目前"山登"这一名称已被注销。

你可能听说过自1910年以来就开始生产家用电器的阳光公司（Sunbeam）公司。多年来，阳光公司制造了全美最好的一些家用电器，如电熨斗和弹出式烤面包机等。1996年7月，阳光公司聘请了绰号为"链锯阿尔"（Chainsaw Al）的阿尔伯特·邓拉普（Albert Dunlap）担任首席执行官兼董事会主席。这一绰号源于他是一位严苛的首席执行官，经常通过大规模裁员来挽救陷入困境的公司。邓拉普多次承诺要使阳光公司的财务业绩迅速好转，但直至1996年他仍无法兑现诺言。无奈之下，他求助于一系列舞弊计划以改善公司的财务业绩，包括创建"饼干罐"的准备金账户。这些准备金用来描绘一幅快速好转的图景，尽管这增加了阳光公司1996年的亏损，但虚增了1997年的利润，从而实现了扭亏为盈。当年，邓拉普指使公司确认了大量不符合会计准则要求的销售收入，阳光公司1997年报告的创纪录的1.89亿美元收入中至少有6 000万美元被认为来自会计造假。1998年年初，阳光公司采取了更加激进的措施来掩盖日益严重的财务问题。邓拉普指使公司在后期加速确认销售收入，并消除公司的某些销售记录以隐瞒尚未进行会计处理的商品退货。

12.1 收入舞弊

在会计报表中，最可能被操纵的报表项目是收入和应收账款。COSO委员会的一项研究表明，超过半数的会计报表舞弊涉及收入和应收账款。同时，这项研究还发现，最常见的操纵收入的手段是虚构收入，其次是提前确认收入。其他相关研究也得出类似的结论。与收入相关的会计报表舞弊盛行有两个主要原因：一是收入的确认需要职业判断而经常被滥用，二是利用收入和应收账款操纵净利润容易操作。

12.1.1 收入的确认需要职业判断而经常被滥用

组织的类型不同，其收入的类别也不同，每类收入要求特定的确认方式和报告程序。在发出货物或提供服务之前预收现金的公司（如经销商）与在发出货物或提供服务后收取现金的公司（如制造业公司）的收入确认方式有所不同。签署长期建筑合同的公司所使用的收入确认原则与通过小规模的分散工程获取收入的公司也不相同。在许多情形下，识别某些重大事项的收入确认时间并记录于会计报表是相当困难的，因为收入确认时点有多种选择，例如已经发货、完成服务、已收取款项、已履行服务义务等。

以一家勘探、提炼和分销石油（石油有现成的市场且易于估价）的公司为例。公司应当何时确认收入呢？是在开采出地下石油时，在原油或聚合油提炼成汽油和柴油等产品时，在石油分销到加油站时，还是在实际将精炼油出售给客户时？再看另一家公司，其主要业务是对制药厂开发的新药进行临床试验，以确定食品和药物管理局是否应当批准新药公开销售。假设公司与一家制药厂签订了合同，合同规定在六个月的时间内公司使用制药厂开发的新药对100名患者进行临床试验，并且每周对每个患者观察和检查一次。假设公司对每个患者每进行一次体检将获得制药厂支付的100美元报酬，六个月时间内每个患者将进行26次体检，共100名患者，由此公司通过履行这份合同可以得到的总报酬为260 000美元（每个患者检查一次100美元×26次检查×100个患者）。制药厂不希望每次对患者进行检查都要支付一次报酬，它要求公司只有在患者达到一定人数的情况下（在第25、50、75、100个患者接受检查后）才提交付款账单。在这种情况下，该公司应当何时确认收入呢？是在患者开始接受检查时，在公司向制药厂提交账单时，还是在所有检查完成时或者其他时间？

解决上述收入确认问题需要职业判断。在许多情况下，收入确认应当遵循稳健性原则，也可以由公司根据自身情况来决定。即使是财务专家也未对公司确认收入的时间及其运用的主要标准达成一致意见。会计职业界正在对复杂的收入确认问题展开讨论，因为这一问题已经成为会计报表舞弊诉讼案件的焦点。一方面，不同公司的收入确认和业绩评价标准存在差异，很难制定一种适用于各种情况的收入确认标准。在前文提到的石油公司案中，公司舞弊性地将装运上远洋航行船舶的石油确认为收入。在医学临床试验案例中，检测公司篡改与制药厂的合同（向审计师展示）以增加每个患者的报酬。另一方面，在确定何时确认收入以及确认多少收入时需要运用专业判断，这种固有的主观性给企图做假账的管理人员提供了操纵会计报表的机会。

12.1.2　利用收入和应收账款操纵净利润容易操作

收入舞弊如此频繁的第二个原因是利用收入和应收账款操纵净利润相当容易。ZZZZ Best舞弊案的策划人巴里·明克（Barry Minkow）曾经说过："应收账款是一个极好的账户。当你虚构了一笔应收账款，你就同时拥有了收入。当你有了收入后，你就有了利润。"增加净利润的一种简单方法是同时创造收入和相应的应收账款。此外，舞弊者还可以通过其他方式轻易地操纵收入和应收账款。例如，一家公司将本应在下期确认的收入提前到本期确认——通常称之为"提前确认收入"或"不当截止"。①

在长期建造合同中，这类情况更加普遍。因为长期建造合同按完工百分比法确认收入，而用这种方法确认收入必然要进行会计估计。此外，公司还可以伪造原始凭证来虚增销售收入，或者篡改或伪造用于确认收入的合同。在大多数舞弊案中，公司都会利用日记账分录来虚构收入和应收账款，并没有相关的原始凭证予以佐证。

近年来最严重的收入舞弊案之一是美国奎斯特（Qwest）通信公司舞弊事件。该公司后来与美国电信运营商世纪电信（Century Tel）合并，更名为世纪互联（Century Link）。

奎斯特舞弊案

奎斯特是一家总部位于美国丹佛市的电信公司，成立于1995年。1996年，美国通过了《联邦电信法案》，解除了跨行业兼并禁令，电信业全面放松管制，合并浪潮席卷全行业。奎斯特通过并购扩张于1997年成功上市，后来成为全美第四大电信运营商。2001年奎斯特拥有近57 000名员工，报告年收入为180亿美元，全年对3 000多万客户发送了6亿封电子邮件，每天2.4亿人次的通话量，拥有190 000英里的通信网络。1999年、2000年和2001年，奎斯特虚增了20亿—40亿美元的收入；仅2000年和2001年，奎斯特就冲销了22亿美元的收入。当舞弊行为被发现后，奎斯特的股价下跌了89%。四名前高管因涉嫌会计报表舞弊的12项指控被起诉：前首席财务官格兰特·格雷厄姆（Grant Graham）、前任副总裁托马斯·霍尔（Thomas Hall）和约翰·沃克（John Walker）、前助理内控师布莱恩·特雷德韦（Bryan Treadway）。奎斯特的收入舞弊方案包括以下内容：

以无正当商业理由交换（与其他电信公司）使用光纤束的权利，并确认为收入以实现

---

① 截止是审计师对所审计期间各类交易或事项所作的一种认定，是指会计事项处理的会计期间有误，即以资产负债表日为中心，将下期收入提前到本期确认，或者将本期收入推迟到下期确认。

预期盈利。这种被称为"套换交易"①的方法使公司增加了 30 亿美元的盈余。这些交易也涉及许多发生收入舞弊的其他电信公司,包括环球电讯、安然、福莱格(Flag)和英国大东电报(Cable & Wireless)等公司。

不正确地确认"开票持有交易"②收入,并伪造原始凭证以掩盖舞弊。2000 年第三季度与亚利桑那学校设施委员会(ASFB)进行了一项"开票持有交易",为了应付安达信的审计,奎斯特伪造了发货清单。

以正常价格的两倍出售设备,然后对出售设备提供的服务合同打折。由于比服务合同收入可以更早地确认销售收入,因此公司以 80%的利润率预定了超过 1 亿美元的收入。这种方法被称为"拆分交易"③。

利用会计准则的新规定,滥提商誉减值准备。奎斯特利用这种被称为"洗大澡"④的伎俩在 2002 年虚增了 300 多亿美元的利润。

"套换交易"销售是奎斯特使用最多的收入舞弊伎俩。2000 年和 2001 年核销的 22 亿美元收入中,大约有 15 亿美元来自互换闲置的 IRU 收入,而设备销售额仅占几亿美元。这种收入舞弊行为从多种途径被揭发,包括电信分析师、环球电讯和奎斯特的审计委员会和员工、证券交易委员会调查人员、司法部等。

12.1.3 识别收入舞弊手段

每家企业都应考虑与收入相关的舞弊风险,涉及收入和应收账款的错报。想要了解公司如何利用收入进行会计报表舞弊,我们首先应当识别能给公司带来收入的交易类型。绘制组织与客户的交易业务图对分析交易涉及的账户以及确定错报如何发生很有帮助。调查人员或审计师可以利用交易业务图来了解与组织收入相关的交易,如图 12-1 所示。

在绘制了公司的与收入相关的交易业务图后,为了识别会计报表舞弊手段,我们应当将涉及的账户与典型的舞弊手段联系起来。表 12-1 列示了各种舞弊手段中使用的交易类型。

---

① 交易双方互换闲置的不可废止使用权(IRU)资产,一笔套换交易被拆分为 IRU 的采购和销售两个环节,分别签订两份独立的合同。一份合同约定 IRU 的"销售",另一份合同约定 IRU 的"购买"。交易双方互为卖方和买方。交易完成后,卖方依据"销售合同"确认收入,买方依据"购买合同"确认 IRU 无形资产,并在一定期限内分期摊销。

② 这种交易方式允许卖方在满足一定条件的基础上,在货物发运之前确认销售收入。由于"开票持有"销售形式上不符合收入确认的基本原则,因此会计准则特别谨慎地规定了约束条件。例如,所有权的风险已经转移给买方;买方已经做出不可更改的购货承诺;买方而不是卖方提出交易以"开票持有"方式进行;等等。

③ 将原来应当属于分期确认设备销售和电信服务收入的一笔交易"创造性"地拆分成两份"独立"的销售合同,一份是立即确认收入的设备销售合同,另一份是服务提供合同。

④ 奎斯特利用美国第 142 号《商誉和其他无形资产会计准则》(SFAS 142)的新规定,将商誉和无形资产按年摊销改为定期进行减值测试,分别在 2002 年 1 月 1 日和 2002 年 6 月 30 日计提了 228 亿美元与 84.83 亿美元的商誉减值损失。

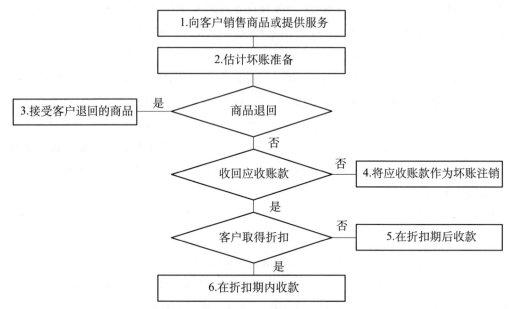

图 12-1 典型的与收入相关的交易业务

表 12-1 各种舞弊手段中使用的交易类型

交易	涉及的账户	舞弊手段
1. 向客户销售商品或提供服务	应收账款、收入（如销售收入）	1. 记录虚构的销售收入（关联方销售、虚假销售、附条件的销售、委托代销等） 2. 提前确认收入（不恰当的截止、不恰当使用完工百分比法等） 3. 高估销售收入（篡改合同、虚增销售额等）
2. 估计坏账准备	坏账费用、坏账准备	4. 低估坏账准备，从而高估应收账款
3. 接受客户退回的商品	销售退回、应收账款	5. 对客户退回的商品未做记录 6. 在会计期末后记录退回的商品
4. 将应收账款作为坏账注销	坏账准备、应收账款	7. 未注销坏账 8. 拖延注销坏账
5. 在折扣期后收款	现金、应收账款	9. 将银行转账业务作为客户支付现金予以记录 10. 操纵从关联方收到的现金 11. 记录虚假现金分录，如借记现金和贷记应收账款
6. 在折扣期内收款	现金、销售折扣、应收账款	12. 未记录给予客户的折扣

在讨论各种与收入相关的舞弊手段之前，我们简要介绍一些较常见的收入舞弊手段。

● 关联方交易。这是指由有一定关系（如家族关系、商业关系等）的两方或多方进行的业务交易或安排，这些关系在业务环境中会造成利益冲突。若不披露关联方交易，则舞弊时时会发生。

- "开票持有"销售。这允许卖方在满足一定条件的基础上，在货物发运之前确认销售收入。当收入确认条件（例如损失风险必须转移给买方）不能满足时，就会发生舞弊。

- 附协议销售。这是在正常交易之外私下约定条款和安排（如自由退货政策）的销售。这些协议涉及修改现有销售合同的条款或条件，从而违反收入确认条件，由此会导致舞弊。

- 委托代销。这是一家公司持有和出售另一家公司拥有的商品的交易。当委托代销确认销售不当时，可能导致收入和相应成本虚高。

- 填塞分销渠道。这是一种提前确认未来期间收入的恶性促销手段。卖方向买方（通常是经销商）提供优厚的商业条件，诱使买方提前购货，从而在短期内实现销售收入的大幅增长。如果未正确披露或说明销售的附带协议（如允许客户退货），或者没有建立足够的准备金（如预期会退货的销售），这种做法就可能意味着舞弊的发生。

- 截留挪用或挪用补空。这是一种故意错误地使用现金收入来隐藏虚构应收账款的做法。例如，针对 A 客户虚构一笔应收账款，将从 B 客户收到的账款记入 A 客户账户来表明已收到应收账款，再将从 C 客户收回的账款记为 B 客户的应收账款收回。

- 重新交易或刷新交易。这涉及将以前的销售日期更改为当前时点，以防止其成为无法收回的款项。

- 自由退货政策。这允许客户退货并在将来取消销售。这项政策使得难以估计当期应确认的收入金额。

- 分批装运。这涉及仅销售部分商品却确认全部销售额。

- 不恰当的截止。这是指在错误的时间段内确认销售收入，提前确认销售收入和推迟确认销售收入都被称为不恰当的截止。

- 售后回购。这是指在销售商品的同时，卖方约定日后重新购回所销售商品的销售。企业应当将此类交易视同融资活动进行账务处理。

所有这些舞弊手段都会导致高估收入和净利润。当然，反向实施舞弊也可能低估收入和净利润，但这种舞弊手段极为罕见，通常仅在公司希望调低收入或低估净利润以支付较少的所得税时才会发生。

了解公司可能使用的各种舞弊手段有助于识别舞弊迹象以及进行事前审计或调查，并进一步追查已识别的舞弊迹象，以确定是否存在舞弊。

12.1.4 识别收入舞弊迹象

与谋杀或银行抢劫不同，舞弊几乎无法直接观察到。公司的员工、客户、审计师和调查人员一般只能观察到舞弊迹象。为了侦查舞弊，调查人员必须能识别舞弊迹象或警示信号。如前所述，舞弊迹象（针对所有类型的舞弊）可分为以下六类：

1. **分析性迹象**。分析性迹象可以揭示经济事件、会计交易或财务和非财务关系的不寻常。例如，销售额可能太大、准备金可能太少、交易可能在错误的时间或由错误的人记录等。它们是意料之外或无法解释的，是与众不同或不可预测的现象。有时，它们好得令人难以置信。查找收入舞弊分析性迹象的一种特别有效的方法是将收入的变动与非财务绩效指标的变动进行比较。例如，与收入增长和业务规模或员工数量增长一致的竞争对手相比，报告收入增长速度快于业务规模或公司员工数量增长速度的公司更有可能记录舞弊性收入。

2. **会计或书面迹象**。会计异常涉及会计业务处理过程中出现的异常凭证或记录，包括原始凭证缺失、会计分录不平衡和分类账异常等类似现象。

3. **生活方式迹象**。将赃款储蓄起来的舞弊者少之又少，他们通常会把赃款用于提高生活水平。尽管规模较小企业的管理层舞弊和其他类型的盗窃通常表现为生活方式改变或异常，但是在大型企业的会计报表舞弊中，生活方式迹象通常并不那么明显，因为管理层一般通过间接方式从较高的股价中获利。

4. **内部控制缺陷迹象**。控制环境、会计系统或内部控制活动或程序中的缺陷非常严重，它们通常暗示着管理层凌驾或逾越关键内部控制制度。例如，当必须进行分工时，职责划分会被忽视或缺失；审计委员会设置缺失或难以发挥监督作用等。

5. **行为和语言迹象**。大多数舞弊犯罪者是初犯。在实施舞弊时，他们会感到内疚，从而产生心理压力。舞弊者会改变自身行为以应对这种压力或掩盖舞弊迹象。舞弊者行为上的这些变化以及语言反应通常是明显的舞弊迹象。

6. **举报和投诉**。舞弊迹象的最后一个类别是员工、配偶、供应商、客户及其他人的举报和投诉。尽管许多举报和投诉是由与舞弊无关的因素（如报复、寻求关注或其他）引起的，但是调查人员仍应高度重视这类迹象。

需要注意的是，在侦查舞弊时，调查人员应始终根据所处的环境来分析迹象或警示信号。管理层和外部审计师可能会看到相同的事情，但由于他们的背景和立场不同，对同一件事是否为舞弊迹象的判断结果可能不同。例如，管理层从某些交易中得知首席财务官不值得信任，因为首席财务官在各种问题上撒谎，但是审计师并不了解首席财务官的不诚实。然而，如果审计师和管理层都认为已在下期确认的收入应当提前到本期确认，那么这很可能是会计报表舞弊的警示信号。审计师遵循的审计准则要求其假定首席财务官既有罪又无罪，可以将问题解释为无意的错误，而质疑首席财务官诚实性的管理层则更可能怀疑舞弊行为已发生。

就收入舞弊而言，常见的舞弊迹象如表12-2所示。列表内容并不详尽，但提供了可观察的与收入相关的迹象。此外可公开获得的非财务绩效指标如表12-3所示。

表 12-2 常见的收入舞弊迹象

分析性迹象

1. 收入或销售额过高,尤其是相对于非财务绩效指标而言
2. 销售折扣太低
3. 销售退回太少
4. 坏账费用太低
5. 应收账款增长过高或过快
6. 坏账准备太少
7. 相对于报告收入,收回的现金太少
8. 在会计期结束时执行异常交易以增加收入
9. 收入组合或类型快速变化
10. 成本与收入的异常关系
11. 现金和应收账款的异常关系
12. 与收入相关的两个账户之间存在异常关系
13. 存在大量新的未知客户
14. 与收入相关的交易无完整记录或未及时记录或未正确记录
15. 在会计期末进行的、可显著改善财务业绩的收入调整
16. 大量不断增长的应收账款,但没有或很少从客户那里收到现金
17. 与售后回购交易金额非常相似的资产销售

会计或书面迹象

1. 账户余额没有相关凭证予以佐证,或者交易并未得到授权
2. 确认销售收入时缺少相关凭证(如运输凭证、销售发票、采购订单或销售合同等)
3. 无法取得原始凭证,只能取得复印件
4. 银行对账单或银行存款余额调节表上的重大调整项目没有合理解释
5. 与收入相关的分类账(如销售、现金收入等)不平衡
6. 收入记录与外部证据(如应收账款询证函的回函)不符
7. 由高层管理人员过账的非常规日记账分录
8. 临近会计期末编制的非常规日记账分录
9. 在不寻常的时间(如周末、深夜或假日)编制的非常规日记账分录
10. 非常规日记账分录中金额为整数或总体金额不符合本福德定律

内部控制缺陷迹象

1. 管理层忽视与销售和收款循环相关的重要内部控制
2. 新的、异常的或交易金额较大的客户未经过授权批准程序
3. 截止流程或其他关键会计流程存在缺陷

行为和语言迹象

1. 从公司管理层和员工那里得到的有关收入或分析性复核结果的回答不一致、不清晰或没有说服力
2. 不允许审计师接触设备、员工、会计记录、公司客户、供应商或其他可以提供收入相关审计证据的人员
3. 管理层对解决复杂的收入问题规定不合理的时间限制
4. 无故拖延与收入相关信息的提供时间
5. 管理层对审计师的询问给出虚假答复
6. 当被问及与收入相关的交易或账户时,管理层的反应十分可疑

生活方式迹象

1. 在盈余披露或其他特殊日期前后,公司股票交易大幅波动
2. 与实现盈余预测相关的大量奖金
3. 高管的个人资产净值与公司股票挂钩

续表

举报和投诉
1. 与收入相关舞弊的举报或投诉不断增加
2. 与公司有重大业务往来的公司披露存在收入舞弊

表 12-3 非财务绩效指标

1. 年产能	12. 分支机构数量	23. 销售人员数量
2. 已开发或未开发的天然气储量	13. 制造/研究设备数量	24. 服务设施数量
3. 电力使用量	14. 新租赁资产数量	25. 店铺数量
4. 产品出口量	15. 引进新产品数量	26. 子公司数量
5. 天然气使用量	16. 门诊次数	27. 租赁设施的数量或平方英尺（即面积）
6. 运输中的天然气量	17. 工厂或仓库数量	28. 服务人员数量
7. 总能源生产能力	18. 产品线或产品种类数量	29. 生产车间的面积
8. 业务部门数量	19. 生产设施数量	30. 办公室或仓库的面积
9. 客户数量	20. 产品数量	31. 配送中心的面积
10. 分销商数量	21. 研发技术人员数量	32. 地产的面积
11. 政府补贴合同数量	22. 零售点数量	33. 租用场地的面积

12.1.5 主动搜寻收入舞弊迹象

为了侦查会计报表舞弊，调查人员必须观察和识别舞弊迹象。在一些为人熟知的会计报表舞弊案中，审计师和调查人员都疏忽了本应被识别的舞弊迹象。在一些案例中，调查人员观察到舞弊迹象，甚至已经展开调查，却错误地接受管理层提供的看似合理的解释。在 2003 年曝光的南方保健舞弊案中，一位美国国会议员提出，监管机构和审计师早在 1998 年就收到有关南方保健会计问题的警示信号。2003 年 5 月，美国知名财经网站（TheStreet.com）上的一篇文章讨论了南方保健的舞弊行为。

南方保健舞弊案

一些批评家认为安永会计师事务所应对这场灾难——舞弊负有责任。他们说，安永不只一次忽视了有关南方保健的警示。本周星期三，调查这起舞弊丑闻的众议院发布了一份备忘录，并指出这份备忘录早在五年前就寄给了安永，其中"提供了指向舞弊的路线图"。

一份未签名的备忘录由南方保健股东传真给了安永，其中质疑："公司在 360 天内转移数千万美元的应收账款是如何做到的？一些医院为何没有计提坏账准备？阿拉巴马州的安永审计师是如何错过这些事项的？"

由路易斯安那州众议员陶津（Tauzin）主持的调查委员会要求广泛调查安永对南方保健的审计工作底稿并收集备忘录。在一份声明中，安永试图通过解释股东提出的问题"并没有影响南方保健财务报表的列报方式"来回应备忘录。

但是政府官员仍然持怀疑态度。陶津在给调查委员会主席的联合声明中说:"我们现在持有的证据表明,五年前,南方保健的监管机构——外部审计师安永甚至证券交易委员会——曾收到关于公司会计造假的警示。然而,几乎没有人买账!"

最近,一位前南方保健记账员曾警告安永,去年夏天公司存在潜在的会计舞弊行为。但是,审计师仍然未发现任何不当行为的迹象。

审计师或调查人员可以通过两种途径发现舞弊迹象:一是无意中发现舞弊迹象,即凭运气;二是主动搜寻舞弊迹象。在过去很长一段时间里,审计师和会计师主要靠运气发现舞弊迹象(样本异常、似是而非的舞弊证据等)。随着科技的发展以及从舞弊相关研究中汲取的经验教训,我们现在已经掌握多种技术方法来主动搜寻舞弊迹象。搜寻舞弊迹象的具体方法取决于舞弊迹象的类型。

搜寻分析性迹象

如前文所述,分析性迹象是诸如与收入相关的账户余额过大或过小、增长过快或过慢以及账户之间的异常关系。在寻找分析性迹象时,调查人员首先要回答的问题是:"相对于什么而言太高、太低或不同寻常?"这就需要一个参照点、期望值或与记录数量可比的某种合理的平衡或关系,然后就可以开始比较公司某一时点前后期会计报表中的变更和变动。在进行具体分析时,调查人员应当关注可疑关系的变化。

(1) 分析会计报表中各项目余额以及各账户之间的相互关系:
- 观察与收入相关的账户余额在各会计期间的变动(观察趋势);
- 观察与收入相关的各账户之间关系在各会计期间的变化。

(2) 比较会计报表数额与会计报表外部信息的关系:
- 将公司的财务成果和经营状况的变化趋势与同行业类似企业进行比较;
- 将会计报表中记录的收入与资产、其他财务信息或非财务信息进行比较。

表12-4总结了上述会计报表分析类型。

表12-4 会计报表分析类型

分析报表中各项目余额以及各账户之间的相互关系	查找各会计期间的收入和应收账款余额的不同寻常变动(趋势)	寻找不同时期与收入相关的各账户之间关系的异常变化
将报表数额以及账户之间的关系与其他数据进行比较	将公司的财务结果、趋势与同行业类似企业进行比较	将会计报表中的记录数额与财务信息或非财务信息进行比较

着眼于不同期间账户余额(金额)的变化。 对各会计期间的账户余额进行比较通常有三种方法。

第一种方法是关注报表数额本身的变化。这种方法并不十分有效,因为单纯观察原始数据来估计账户余额的变动程度是相当困难的,特别是当账户余额较大时。

第二种方法（相对容易）是进行横向分析。横向分析是指计算各会计期间账户余额的变动比率，即将第2阶段和第1阶段的余额之差除以第1阶段的余额得出变动比率。例如，如果一家公司在第1阶段的应收账款余额为10万美元，在第2阶段的应收账款余额为13万美元，则横向分析将得出30%的变动比率，即（130 000－100 000）/100 000＝30%。

第三种方法是研究现金流量表。为什么我们只对利润表和资产负债表进行横向分析，而不对现金流量表进行横向分析呢？原因在于横向分析将利润表和资产负债表转换为"动态报表"，而现金流量表本身已经是"动态报表"。现金流量表上的每一个数字都代表了各会计期间账户余额的变动。应收账款、存货、应付账款和其他有关账户数额的变动都在现金流量表上得到体现。因此，研究现金流量表就如同观察前后会计期间资产负债表和利润表中各账户原始数额的变动，不需要进行计算。在搜寻舞弊迹象时，检查现金流量表与比较各会计期间账户余额的变动同样有效，而且这种方法通常比重新计算前后期账户余额的变动更加容易。

收入相关账户之间关系的变化。检查各会计期间与收入相关的各账户之间关系的变化是发现分析性舞弊迹象的有效方法，可以通过两条主要途径实现：一是关注前后会计期间与收入相关的各财务指标的变化；二是运用纵向分析方法。以下是用于发现与收入相关的分析性舞弊迹象最常用的财务指标：

毛利率是将毛利润（也称毛利）除以销售净额得出的百分比。毛利润以销售净额的一定百分比来衡量成本加成，计算公式为：毛利率＝毛利润/销售净额＝（销售净额－销售成本）/销售净额。如果舞弊者通过高估销售额或收入（高估销售额是指在本期虚构销售额或提前确认下期销售额）、低估销售折扣或销售退回实施与收入相关的舞弊，毛利率就会上升。如果管理层通过高估存货价值、低估购货价值或其他方法来低估销售成本，那么毛利率也会上升。当公司的毛利率显著上升时，意味着公司可能发生舞弊行为。

销售退货率是衡量客户退回已售商品的比率，用销售退回除以总销售额计算得出。销售退货率太高，则意味着相当多的已售商品被退回；销售退货率过低，则表明存在舞弊或其他问题。在小斯柏公司舞弊案中，其主要舞弊手段就是低估销售退货。小斯柏公司将砖块当作硬盘驱动器并装箱运输，并同时确认收入。当客户将砖块退回时，这些砖块被隐藏起来而不登记销售退回，由此公司的销售收入和利润被大大高估。

销售折扣率与销售退货率相似，是衡量客户得到的销售折扣比率，用销售折扣除以总销售额得出。销售折扣率的非预期下降可能意味着客户在折扣期后付款（未享受折扣），或者在会计记录中没有记录销售折扣，即存在舞弊行为。

应收账款周转率是分析收入和应收账款的常用比率，用销售净额除以应收账款计算得出，用于检查公司收回应收账款的效率。实施收入舞弊最简便的手段之一是虚构应收账款及收入。如果应收账款周转率不等于1，在计算公式的分子项（销售净额）和分母项（应收账款）同时加上相同的数额就会使比率值发生变动。当应收账款周转率大于1时，虚增销售收入会降低比率值；当应收账款周转率小于1时，虚增销售收入会提高比率值。巨额的虚增收入和应收账款几乎不可能对这一比率产生影响。应收账款周转率的非预期变动表明可能存在舞弊行为。

应收账款周转期与应收账款周转率提供的信息相同，用365除以应收账款周转率计算得出。应收账款周转期的优势在于，它可以确定应收账款的回收速度，并且易于理解。虚增应收账款通常会延长收账期，原因十分明显——虚构的应收账款根本无法收回。

坏账准备率用不可收回的应收账款计提的坏账准备除以应收账款总额计算得出。坏账准备率提供了预期无法收回的应收账款比率。如果没有把无法收回的应收账款确认为坏账，那么应收账款（净利润）将会被高估。例如，在某个广为人知的舞弊案中，坏账准备率从发现舞弊之前的4％下降到不足0.5％。

资产周转率用销售总额除以平均总资产计算得出。资产周转率用于衡量公司"周转"资产的次数，或者公司拥有的每一美元资产所能产生的销售收入。当公司虚增收入时，该比率值会增大。与其他财务指标类似，资产周转率异常的大幅增长通常表明收入舞弊的发生。但需要注意的是，资产周转率对于判断收入和应收账款舞弊不如前述财务指标敏感。

营运资本周转率是衡量本期用于赚取收入的营运资本的指标，计算公式为：营运资本周转率＝销售额/平均营运资本＝销售额/（流动资产－流动负债）。营运资本周转率的显著增大可能是收入舞弊的征兆。与资产周转率类似，营运资本周转率对于识别收入舞弊不如前述指标敏感。

净利率是衡量公司销售利润水平的指标，用净利润除以销售总额计算得出。当发生收入舞弊时，公司往往是虚增收入而未相应增加费用。因此，虚增收入和净利润会使净利率显著增大。

每股收益是衡量公司盈利能力的常用财务指标，用净利润除以发行在外普通股股数计算得出。每股收益的显著增长表明可能存在舞弊行为，但不一定意味着存在收入舞弊。同样，每股收益是发现收入舞弊不敏感的财务指标之一。

需要注意的是，在运用上述财务指标搜寻舞弊迹象时，比率值的大小或方向通常并不重要，而比率值的变动及变动速度可能是指示舞弊迹象的关键所在，特别是当变动无法得到解释时。

> **留意>>>** 在分析财务指标时，比率值的变动情况比比率值的实际大小更为重要！

审计师利用会计报表搜寻舞弊迹象的第二条途径是将会计报表转化为共同比会计报表——百分比会计报表，并执行纵向分析。横向分析能有效识别账户余额的变动，而纵向分析则能有效识别报表内部各账户间关系的变化。横向分析通常每次只关注一两个账户间的关系，而纵向分析能够让你同时观察资产负债表或利润表上各账户之间的关系。

在运用横向分析、纵向分析和比率分析搜寻分析性舞弊迹象时，你应当了解何种情况下的变动值得关注。为此，调查人员针对比率或关系建立合理的预期或预测是分析过程的首要步骤。合理的预期或预测建立在对公司背景和经营状况、同行业其他公司情况以及影响行业经济状态充分了解的基础上。通常来说，某一财务指标的变动越显著（尤其是它与预期背道而驰），公司发生异常（可能是舞弊）的可能性就越大。即便如此，调查人员也不能仅凭分析性迹象就断定管理层涉嫌舞弊。分析性工具充其量只能识别需要进一步分析和调查的潜在问题领域或提供"环境证据"。

比较公司间会计报表信息。侦查会计报表舞弊的有效途径之一是将被调查公司的经营业绩与同行业其他类似公司的经营业绩进行比较。若两者相差悬殊或背道而驰，则通常预示有舞弊发生。例如，在权益基金舞弊案中，保险公司的会计报表显示其经营业绩相当出色，而且处于成长期；然而，当时整个保险行业十分不景气。再如，世通公司在实施舞弊时其业绩表现在电信行业中也异常出色。一般来说，经济环境和行业内部因素会对同行业公司产生类似的影响。在比较公司间会计报表时，调查人员可以运用横向分析、纵向分析、比率分析、比较现金流量表或其他报表等方法。需要指出的是，共同比会计报表有助于调查人员进行同行业公司之间的比较分析，可以使调查人员迅速察觉公司经营业绩的变动，并帮助其进行更深入的调查。

比较报表数额和实物资产。尽管将报表中记录的数额与实际资产进行比较是侦查舞弊的绝佳方法之一，但是对侦查收入舞弊而言，这种方法不如在侦查现金舞弊、存货舞弊和实物资产舞弊中那样有效。通常，非货币性资产无法通过收入数额进行检查。当然也存在例外情况，比如一家公司通过建筑施工（如房屋、桥梁或高速公路）来赚取收入，并按照完工百分比法确认收入。在这种情况下，调查人员可以检查在建工程，并根据项目的完工程度来确定收入确认是否合理。

搜寻会计或书面迹象

管理层实施舞弊的常用方法之一是直接将一个或多个日记账分录过账到会计系统（明细账和总账）。这些日记账分录通常会绕过正常的会计处理流程而直接进入总账，逾越了相关的内部控制程序。例如，在与销售有关的舞弊中，管理层可能会编制销售日记账分录以增加收入和应收账款。通常，当销售收入和应收账款增加时，销售明细账中会显示谁购买了商品或服务、购买日期、何时发货等信息，但销售总账不会显示这些详细的支持性信息。

大型公司每年可能有数百万条日记账分录。因此，搜索少量舞弊销售记录是非常有挑战的。但是，计算机系统和相关软件为搜寻这些舞弊记录提供了捷径。如前所述，可以使用归纳法或演绎法来查找这些记录。由于演绎法需要特别关注特定的业务和舞弊风险，因此我们将讨论一些常见的归纳法。

使用 Picalo、ACL 和 IDEA 之类的数据分析软件，舞弊检查人员可以轻松地从数百万条日记账分录中筛选出可能有舞弊特征的少数分录。例如，可以利用数字分析来查找不符合本福德定律的分录。此外，对分录进行分析可以确定它们是否在以下五个方面有异常：（1）谁录入分录；（2）分录的用途是什么；（3）分录何时过账；（4）在会计系统中过账分录的位置；（5）为何过账。例如，首席财务官在年底前的周日晚上录入一笔金额巨大且为整数的日记账分录，我们应对这笔分录表示怀疑。为什么？因为大多数公司都有一名或多名专职录入日记账分录的员工，而且他们通常在正常工作时间处理分录。此外，日记账分录的数额通常不是很大的整数。

使用归纳法分析数百万条日记账分录面临的挑战之一是你最终将获得数百甚至数千个假阳性（看起来不寻常但并非罕见）的条目。即便如此，这种分析技术仍然是一项突破，它使世通公司内部审计人员能够侦查到公司的重要信息。世通公司擅长计算机分析技术的内部审计师哲恩·摩斯（Gene Morse）在一次例行的资本支出检查中发现一笔既没有原始凭证支持又缺乏授权签字的5亿美元费用被确认为固定资产。摩斯进一步追踪后发现，高管以"预付容量"为借口，要求分支机构将原已确认为经营费用的线路成本冲回至固定资产等资本性支出账户，以此降低经营费用、调高经营利润，而这笔款项只是2001年世通公司17亿美元舞弊金额的一部分。最终，当世通舞弊案曝光后，公司被要求重述会计报表，调整金额高达110亿美元！

搜寻内部控制（缺陷）迹象

前面的章节已经详细讨论了识别内部控制缺陷的重要性，因为内部控制缺陷可能是舞弊存在的征兆。但是，对收入舞弊而言，我们还需要注意以下两个内部控制因素：

其一，在评估内部控制系统的充分性和适当性时，审计师通常能接受一定的"控制例外"，因为控制失败或缺陷可以在"将来"得到改善。我们曾讨论过，舞弊是由压力、机会和合理化行为三个因素共同导致的。当公司处于较大的经营压力而管理层认为这种压力只是短期的且在将来会得到缓解时，他们就可能寻找机会实施会计报表舞弊。通常，公司内部的某项控制缺陷、控制失败或关键内部控制环节被忽视都可以成为舞弊发生的契机。因此，舞弊检查人员不仅应关注控制失败在将来是否可以得到改善，还应了解其在过去是否曾被滥用。实际上，通过调查控制缺陷，有相当高的概率能够发现舞弊。

其二，在考虑会计报表舞弊时应特别关注控制环境因素。在很多会计报表舞弊案中，公司审计委员会或董事会的力量薄弱或根本不发挥作用，而且内部审计部门也形同虚设，公司内的一两名高级管理人员处于支配地位。审计委员会或董事会软弱无能，可能形成不重视伦理道德的控制环境。例如在世通公司，众所周知，高层管理人员会向下属传达这样的信息："内部控制很麻烦且不重要。"法律法规如2002年的《萨班斯-奥克斯利法案》的实施将有助于消除公众公司的这种情况。即便如此，仍有许多非公众公司存在会计报表舞弊，这些公司中的董事会、审计委员会和高管可能并未按照既定的组织结构设计要求运营业务。相关法规要求外部审计师评估被审计单位内部控制的有效性，这一点至关重要，但执行起来非常困难，因为管理层所处的控制环境可能会掩盖他们凌驾于内部控制之上的事实。

搜寻行为、语言和生活方式迹象

生活方式迹象通常有助于侦查员工个人舞弊，对侦查会计报表舞弊则作用不大，因为大多数会计报表舞弊能"美化"公司的经营业绩，但不能直接使舞弊者受益。当然，舞弊者可以间接获益，通过提高公司股价、履行有限制条件的合约等来实现。例如，通过高估的财务业绩而能够以较高的价格行使股票期权，或者基于虚假的财务业绩而获得更高的奖金。相反，行为和语言迹象则能够发挥很大作用。但是，舞弊检查人员和审计师往往没有充分利用口头询问和观察这些舞弊侦查工具。审计准则要求外部审计师在向管理层和其他人调查舞弊行为时应使用询问和观察程序。例如，美国审计准则 AU－C240① 的制定者认为，舞弊行为可以通过询问加以识别和侦查。具体来说，AU－C240 要求会计报表的审计师向以下人员询问可能的舞弊活动或警示信号：①管理层；②审计委员会成员；③内部审计人员；④其他员工。很多时候，层级较低的员工可能是揭示会计报表舞弊行为最有价值的信息来源，因为他们会参与其中的许多工作，更可能了解管理层的舞弊计划。

> **留意 >>>** 与员工个人舞弊相比，生活方式迹象对侦查会计报表舞弊的帮助作用通常有限。但是，行为和语言迹象在侦查会计报表舞弊中通常非常有用。

管理层想要实施舞弊而又不露蛛丝马迹是相当困难的，实际上，会计报表舞弊通常需要其他人参与其中，如会计师和相关员工。机智的舞弊检查人员和审计师通常会向公司内部人员询问以下问题。

- 你是否看到过任何暗示不正确或可能被视为舞弊迹象的信息？
- 你是否被要求编制你认为异常的会计分录，或者你对其合理性是否有疑问？
- 你知道这家公司有什么可疑的事吗？
- 是否有谁尝试进行盈余管理？
- 公司是否存在异常营业收入项目或非营业收入项目？
- 为什么收入或利润、折扣、坏账、坏账准备等的增长（下降）如此异常？
- 你认为是否应对某些人员予以特别关注？
- 公司有没有某些事情或人员让你彻夜难眠？
- 公司中是否有人对你的诚信或行为有疑问？
- 公司中是否有人给你起了不雅的绰号（如"滑头""不倒翁"等）？
- 你自己或你认识的人是否曾被管理层要求规避相关内部控制？
- 你是否知道年底有异常的销售交易？
- 你是否被要求做一些很难向外界解释的事？
- 你是否知道公司与供应商或客户存在账外交易或附带协议？

在许多舞弊案中，舞弊者千方百计想要摆脱犯罪的困扰而向其他人倾诉。他们很可能会"说漏嘴"，但这样的情况鲜少出现，因为没有人询问他们。舞弊检查人员和审计师应尽力与管理层和公司其他人员进行良好的沟通，而不应过度依赖会计报表。与涉嫌会计报表舞弊的高管进行频繁的沟通一般可以发现其自相矛盾的言行，从而有助于了解与会计报表披露信息不一致的情况。始终如一地说谎需要大量的精力和良好的记忆力，机警的舞弊检查人员或审计师应擅于分析回答中的矛盾之处。当然，我们不可能发现所有的谎言，毕竟我们不是相关领域的专业分析师。然而，通过闲谈或正式交谈来了解客户，发现谎言的

---

① 2002 年的《萨班斯-奥克斯利法案》授权美国公众公司会计监督委员会（PCAOB）为在委员会登记备案的注册会计师事务所编制和签发公众公司审计报告制定审计准则。PCAOB 成立之初将美国注册会计师协会以往发布的审计准则公告作为过渡性审计准则（简称"AU"），并逐步制定正式的 PCAOB 审计准则（简称"AS"）。

可能性会大大增加。

最后，我们来了解一下行为迹象。舞弊者特别是初犯的情绪一般会高度紧张。舞弊者希望找到一种方式来舒缓这种紧张情绪，而这种想法通常又会表现在行为上。尽管舞弊检查人员和审计师对公司管理层可能并不十分熟悉，无法识别其行为的变化，但是公司中其他人员则能够识别。在这种情况下，向公司其他人员询问通常可以发现某些舞弊迹象。

获取举报和投诉

如果想获取对收入舞弊及其他类型舞弊的举报和投诉，最有效的途径就是安排巡视员、开通不记名的热线电话或免费电话。如前所述，在美国，所有公众公司都必须制定举报制度，并不得打击报复举报人。对非公众公司而言，会计报表审计师和舞弊检查人员应积极鼓励客户制定并实施这一制度。在大多数公司中，有些人知道或怀疑舞弊行为正在发生但不愿挺身而出。在某些文化情境下，不愿提供有关舞弊线索的根源可能始于小学阶段，当时孩子们被教育看不起那些"打小报告"的人。某些人明明知道发生了舞弊，但可能出于以下考虑而没有揭发：

- 不知道向谁揭发或如何揭发；
- 不希望诬告别人；
- 担心成为"告密者"而遭受报复；
- 只是怀疑存在舞弊而没有确凿的证据。

开通热线电话对于获取有用的信息相当有效。如果公司已开通热线电话，舞弊检查人员和审计师就应当复核电话记录及相关复印件，检查获取了哪些类型的信息。此外，舞弊检查人员和审计师还应当严格调查对高层管理人员或其他关键管理人员的抱怨以及对有关会计报表舞弊的投诉。

> **想一想** >>> 使用匿名举报系统会存在哪些潜在问题？

12.1.6 调查收入舞弊迹象

作为舞弊检查人员，舞弊迹象可能会使你做出判断——"有理由相信可能发生了舞弊"。当你做出可能发生舞弊的判断后，若条件允许就应当展开调查。舞弊调查人员选用的调查程序及其使用的前后次序取决于他认为可能存在的舞弊类型和证据收集的难易程度。

> **请记住** >>> 在评估与收入或其他账户或流程有关的舞弊风险时，首要工作是确定相关的风险和迹象类型，然后积极搜寻舞弊迹象并展开调查。舞弊迹象通常存在于：(1) 分析性迹象；(2) 会计或书面迹象；(3) 生活方式迹象；(4) 内部控制缺陷迹象；(5) 行为和语言迹象；(6) 举报和投诉。与收入舞弊相关的科目有收入、应收账款、坏账费用、折扣和销售退回。一般来说，收入舞弊会高估收入，从而导致高估净利润。

12.2 存货和销售成本舞弊

除收入舞弊之外，常见的会计报表舞弊就是存货和销售成本舞弊。很多广为人知的会计报表舞弊案都涉及操纵存货和销售成本的舞弊手法。例如，在法尔莫舞弊案中，公司先高估存货价值，然后将存货在其下设商店之间来回转移，重复盘点高估存货数量。美国第二大连锁药店来德爱（Rite Aid）舞弊案也是利用存货和销售成本来实施舞弊。来德爱故意损毁无法卖出的药品，夸大破损和过时药品金额，从药品供应商处获得更多的豁免款以冲减销售成本和应付账款。此外，来德爱将开设新药店的费用在发生当期资本化，若最终决定不开新店则应冲销成本从而减少相关期间的利润，但来德爱仍然虚列为资产并进行摊销。

存货舞弊历来有之。几年前，《华尔街日报》刊登了一篇题为《更多公司进行存货舞弊，更多审计师被欺骗》的头版报道。要了解存货和销售成本舞弊频繁发生的原因，必须先对利润表有深入的理解。表12-5列示了典型利润表的计算结果以及存货高估的影响。

表12-5　存货高估对利润表的影响

利润表	若高估存货，则
销售总额	无影响
－销售退回	无影响
－销售折扣	无影响
＝销售净额	无影响
－销售成本	低估
＝毛利	高估
－费用	无影响
＝净利润	高估

从表12-5中我们可以看出，存货高估会导致销售成本被低估，净利润就会以相同的金额被高估（假设不考虑所得税的影响）。为了更好地理解存货对销售成本的影响，已售商品成本的计算过程如表12-6所示。

表12-6　已售商品成本的计算

销售成本	第1期：高估期末存货	第2期
期初存货	无影响	高估
＋本期购货	无影响	无影响
－购货退回	无影响	无影响
－购货折扣	无影响	无影响
＝本期待销商品	无影响	高估
－期末存货	高估	无影响
＝销售成本	低估	高估

从表12-6中我们可以看出，第1期期末存货的高估会影响第1期和第2期的销售成本，类似的手段包括高估购货退回或购货折扣。在这些选择中，高估期末存货往往是"实施舞弊最好的选择"，因为它不仅增加了净利润还增加了资产，从而使资产负债表看起来更好。

以上分析还说明了为什么高估存货是一种不持续进行就会很难掩盖的舞弊行为。在第

1期，当期末存货被高估时，销售成本会被低估，从而使毛利率和净利润被高估。但是，高估第1期的期末存货会成为第2期的期初存货，这意味着必须进一步高估第2期的期末存货，否则第2期的销售成本会被高估，从而导致毛利率和净利润被低估。这种从一个期间到下一个期间的抵消作用使得舞弊者必须高估第2期的期末存货，以抵消期初存货被高估的影响。这种复合影响的存在，使得狡猾的舞弊者往往还伴随实施其他类型的会计报表舞弊，而不仅仅是高估存货。在许多情况下，舞弊者认为他们这样做只是为解决暂时困难不得已而采取的一次性行为，并且未来将允许他们纠正这一轻率的行为。实际上，这种信念是一种幻觉，舞弊者正在斜坡上向下滑且很难回头。

12.2.1 识别存货舞弊手段

为了理解与存货相关的会计报表舞弊，我们遵循与收入舞弊相同的分析过程。首先，我们确定存货舞弊的风险类型；其次，讨论与存货相关的舞弊迹象；再次，考虑主动搜寻舞弊迹象的方法；最后，介绍针对舞弊迹象展开调查的方法。

常见的与存货相关的潜在舞弊手段包括：

- 重复盘点特定存货两次或以上。当公司将存货从已盘点的位置移动到未盘点的位置时，可能会导致这种情况。篡改库存数量也可能导致重复计量。
- 当公司在存货成本中增加诸如销售费用或管理费用之类的项目而不是将其确认为当期费用时，存货价值被高估，从而使应计为当期费用的项目资本化。
- 当公司提前或推迟确认存货、购货和退货，就会出现不恰当的截止问题。
- 使用错误的抽样方法可能会高估存货。当使用抽样或预测技术估算存货数量时，公司可能会刻意使用错误的方法来高估期末存货。
- 在收入舞弊中采用按订单付款方式销售产品，因买方在提交订单时未做好接收货物的准备而由卖方代为保管货物。如果卖方将代为保管的货物纳入盘点，就会导致存货、收入和应收账款被高估，而已售出商品的成本则被低估。
- 委托代销是指受货物所有人委托进行销售的一种行为。受托方是代理商，不拥有货物的所有权，如果受托方在年末实物盘点时将委托代销存货包含其中，就会导致期末存货被高估。

与收入舞弊类似，识别存货舞弊的一条捷径是用图表列示公司中各种存货交易类型。对于大多数公司而言，与存货相关的交易如图12-2所示。从图中可以看出，与存货和销售成本相关的交易有9项。表12-7列出了每项交易涉及的账户及其常见的舞弊手段。如表12-7所示，高估存货和销售成本有多种舞弊手段，其中一些手段比较常见，另一些手段则比较少见。然而，这些手段都可用于操纵存货和销售成本账户，并虚增净利润。反过来，公司也有可能通过低估存货和净利润进行存货舞弊，但这种情况比较罕见，它通常只发生在通过低估存货和净利润来达到少交所得税的私人企业中。

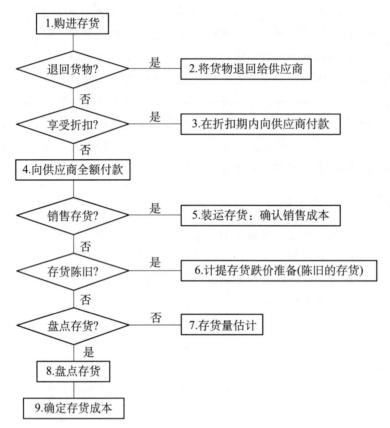

图 12-2 存货交易流程

表 12-7 相关账户及其舞弊手段

业务活动	涉及的账户	舞弊手段
1. 购进存货	存货、应付账款	少记购货 拖延记录购货（截止问题） 不记录购货
2. 将货物退回给供应商	应付账款、存货	高估购货退回 提前记录购货退回（截止问题）
3. 在折扣期内向供应商付款	应付账款、存货、现金	高估购货折扣 未将折扣从存货成本中扣减
4. 向供应商全额付款	应付账款、现金	参见第 13 章
5. 装运存货；确认销售成本	销售成本、存货	低估单位销售成本 未结转销售成本或未贷记存货
6. 计提存货跌价准备（陈旧的存货）	存货跌价损失、存货	对于陈旧的存货未予以注销或未计提存货跌价准备
7. 存货量估计	存货盘亏、存货	高估存货量（错误计量）等

续表

业务活动	涉及的账户	舞弊手段
8. 存货盘点	存货盘亏、存货	高估存货数量（重复盘点等） 应计费用资本化
9. 确定存货成本	存货、销售成本	使用错误的成本计量方法 存货数量和单价计算错误 记录虚构的存货

与虚增收入相比，高估存货较难实施。收入舞弊要高估利润表上的收入和资产负债表上的应收账款，不会对下一会计期间产生影响。然而，存货舞弊在高估某一会计期间"期末存货"的同时也会高估下一会计期间的"期初存货"，使得下一会计期间的净利润可能被低估。因此，如果管理层想要在以后的会计期间（多数舞弊涉及多个会计期间）继续高估净利润，就必须继续高估期末存货，而且高估金额必须能够抵消因上期末存货被高估而引起的本期净利润的减少。这样做势必会导致存货的错报金额更大，从而使舞弊更易被发现。当然，大多数会计报表舞弊发生于公司陷入绝境之时，舞弊者主要关注如何高估当期利润，并没有过多考虑以后会计期间可能会遇到的会计问题。

12.2.2 识别存货舞弊迹象

前述六类舞弊迹象同样适用于存货和销售成本舞弊。

分析性迹象
- 报告的存货账户余额过大或增长过快。
- 报告的销售成本账户余额过小或下降过快。
- 报告的购货退回账户余额过大或增长过快。
- 报告的购货折扣账户余额过大或增长过快。
- 与存货规模相比，报告的购货账户余额过小。

会计或书面迹象
- 没有及时或完整地记录与存货和销售成本相关的交易，或者不恰当地记录交易的金额、所处会计期间、类别或交易主体。
- 与存货或销售成本相关的交易没有相关凭证予以佐证，或者交易并未得到授权。
- 对期末存货和销售成本的调整极大地影响公司的财务成果。
- 与存货和销售成本有关的凭证遗失。
- 无法得到有关存货和销售成本的原始凭证，证明交易发生的只有复印件。
- 与销售成本相关的会计记录（购买、销售、现金付款等）不平衡。
- 存货和销售成本的会计记录与相关证据（如存货盘点）不平衡。
- 存货盘点结果和存货记录不一致。
- 货物验收报告和实际收到的货物不一致。

- 订货单、购货发票、货物验收报告和存货记录不一致。
- 向供应商购货未经审批。
- 盘点存货时发现存货丢失。
- 订货单或购货发票是复印件。
- 在邓白氏编码（全球通用的企业编码系统）中查询不到供应商的信息。
- 非常规的存货和销售成本日记账分录。

内部控制（缺陷）迹象
- 管理层忽视与购货、存货和销售成本相关的重要内部控制。
- 新的或异常的供应商未经恰当审批。
- 存货盘点程序存在漏洞。

行为或语言迹象
- 从公司管理层或员工那里得到的有关存货、购货或销售成本或分析复核结果的回答不一致、不清晰或没有说服力。
- 拒绝审计师或调查人员接触设备、员工、会计记录、公司客户、供应商或其他可以提供相关审计证据的人员。
- 管理层对解决有争议或复杂的存货和销售成本问题规定不合理的时间限制。
- 无故拖延提供存货和销售成本资料的时间。
- 管理层对于审计师提出的存货和销售成本及其他相关询问给出虚假答复。
- 当被问及与存货和销售成本相关的交易、账户或供应商时，管理层的行为或反应相当异常。

生活方式迹象
- 与收入舞弊类似，规模较大公司中与存货舞弊相关的生活方式迹象通常并不明显；规模较小公司的高管可以通过抬高股价或获取银行贷款来牟取私利，因而生活方式迹象通常比较显著。

举报和投诉迹象
- 举报和投诉表明可能发生与存货相关的舞弊。

显然，上述清单列示的迹象并不详尽，但它们代表了常见的存货和销售成本舞弊迹象。

12.2.3 搜寻存货舞弊迹象

观察舞弊迹象是侦查与存货相关的会计报表舞弊的关键所在。下面以美国知名的硬盘技术厂商小斯柏公司的会计报表舞弊为例说明存货舞弊迹象的识别。

小斯柏公司会计报表舞弊案

小斯柏公司管理层在财务人员和其他员工的帮助下高估存货，虚增净利润。由于利用了存货账户（存货误差在以后年度被抵销，使得错报金额越来越大），舞弊金额逐年增长。

第一年存货金额被高估 450 万美元,第二年增长到 2 200 万美元,第三年前两个季度就已经高达 3 180 万美元。

第一年,小斯柏公司高管暗中翻阅了审计师的工作底稿,获取了存货盘点表,表上列明了需要盘点的存货项目。利用上述信息,管理层虚增了不需要盘点的存货价值。第二年,管理层需要以更大的金额高估存货价值,他们使用以下三种手段:(1) 虚增"在途物资"账户的金额;(2) 将一笔价值 900 万美元的虚构存货从小斯柏公司的美国母公司转移到远东分公司;(3) 在会计期末之前,将收到的原材料记入存货,却没有记录相应的应付账款。第三年,小斯柏公司已陷入绝境,管理层的舞弊行径更加惊人,其中一种手段是将装有砖块的箱子贴上磁盘驱动器的标签并发运给两家分销商,同时记录为寄销存货。为此管理层甚至将自己编写的用于虚构存货的计算机程序命名为"做假账";该程序还收集从公司账簿上注销的废料,将其重新包装并作为库存添加到会计记录中。公司员工甚至准备了虚假的库存单以增加已记录的库存。

在第一年,小斯柏公司的舞弊可能很难被发现。如果管理层暗中翻阅审计工作底稿之后伪造计算机中的会计记录,舞弊就几乎没有被发现的可能。尽管相关人员的行为及谈话能够提供一些线索,甚至有人会投诉,但是在舞弊早期你根本找不到其他迹象来证明舞弊的发生。而且,第一年的舞弊金额只有 450 万美元,分析性迹象也不十分明显。

在第二年,随着舞弊金额增加到 2 200 万美元,而且管理层用各种不同的手段实施舞弊,舞弊迹象更加明显。例如,存货账户余额的大幅增多是明显的分析性迹象;同时,年底有大量的在途物资也显得很不正常。在存货、销售收入和销售成本的关系没有发生变化的情况下,为什么存货数量会有如此迅猛的增长?为什么将价值 900 万美元的存货从小斯柏公司的美国母公司转移到亚洲分公司?这些事实应当引起调查人员的关注。另外,将存货列为公司资产却没有记录相应的购货成本也是一种典型的舞弊迹象。考虑到这些可疑的年末交易,审计师和舞弊调查人员应当增加向管理层询问的次数,寻找机会观察他们的反应。此时,管理层对某一关键控制的忽视或者一两个投诉都有助于调查人员了解愈演愈烈的舞弊行为。

在第三年,将装有砖块的箱子发运给分销商,寄销的存货数量迅速攀升,使用"做假账"的计算机程序,这些都使得公司员工能够在日常工作中"无意发现"舞弊迹象。"商品"(砖块)被退回、客户投诉增加、越来越多的员工牵涉进来(因为可能会有更多的举报和投诉)、伪造存货盘点标签、将陈旧的存货重新记录为新存货,上述舞弊迹象暴露无遗,而且相当明显。

搜寻存货的分析性迹象

与其他类型的舞弊一样,与存货和销售成本相关的舞弊迹象可以通过两种方式获取:一是无意中发现,二是主动搜寻。搜寻分析性迹象的方法取决于舞弊类型。分析性迹象包括账户余额过大或过小,或者性质异常。在搜寻分析性迹象的过程中,调查人员首先要确定一个参考标准,例如相关的预期或者某些基础数据,并将其与账户金额进行比较。与收入舞弊迹象类似，搜寻有关存货舞弊的分析性迹象最有效的途径是检查会计报表。表12-8将以前讨论的搜寻分析性迹象的方法应用于存货舞弊。

表12-8　存货舞弊的会计报表分析

分析报表项目金额与相关账户余额的关系	分析存货和销售成本在不同时期之间的异常变动	寻找不同时期的存货和销售成本关系中的异常变化
将报表金额以及账户间关系与其他数据进行比较	将公司的财务状况和趋势与同行业类似公司进行比较	将会计报表中金额与非财务信息进行比较

各会计期间存货账户余额的变化。 回顾前述有关收入舞弊的讨论可知，分析各会计期间账户余额的变动主要有三种方法。第一种方法是关注会计报表金额本身的变动，但这种方法并不十分有效。由于会计报表的存货和销售成本金额通常很大，要辨别变动是否重要相当困难。第二种方法是研究现金流量表，以识别各会计期间账户余额的变动。研究现金流量表的优点在于账户"变动"金额已经在现金流量表上反映出来。第三种方法是横向分析，这是检查各期间账户余额变动的最佳方法。如前所述，运用横向分析可以比较各会计期间账户余额的百分比变动。通常，如果存货增长过快，或者各会计期间只有存货账户余额不断上升而销售成本的增长并没有反映销售收入或存货的增长，公司就可能存在舞弊。总之，任何异常变动都有可能是分析性迹象。

各会计期间账户间关系的变化。 与收入舞弊类似，关注各会计期间账户间关系的变化来发现舞弊主要有两条途径：一是检查前后期财务比率值的变化；二是将会计报表转换为共同比会计报表并进行纵向分析。在检查与存货和销售成本相关账户之间的关系时，最常用的财务比率如下：

毛利率（毛利/销售净额）。当公司高估存货账户余额时，销售成本通常会被低估，结果是毛利率会上升。因此，毛利率的大幅提升通常表明可能发生收入或存货舞弊。

存货周转率（销售成本/平均存货）。存货周转率有助于确定存货是否被高估、销售成本是否被低估。通常，高估存货会降低该比率值，因为计算公式中的分母项增大了；同样，低估销售成本也会降低该比率值。

存货周转期（会计期间天数/存货周转率）。存货周转期衡量销售存货耗用的平均时间。如果某公司的销售成本为500美元，平均存货为200美元，一个会计年度有365天，存货周转率就是2.5（500/200），存货周转期就是146天（365/2.5）。这意味着公司平均每146天"售出"存货。当公司高估存货或低估销售成本时，存货周转期的天数就会增加。

资产周转率、营运资本周转率、净利率、每股收益这四个财务比率同样有助于检查与存货和销售成本相关的舞弊。尽管它们不如上述三个财务比率敏感，但对于识别存货舞弊还是有帮助的。当存货在公司总资产中所占比重很大时，如果存货被高估，资产周转率的分母项就会增加，此时该指标是侦查舞弊的最佳指标。营运资本周转率是用一段时间的销售净额除以平均营运资本。当高估存货时，营运资本周转率的分母项就会增加，从而使比率值减小。同样,当存货构成流动资产的绝大部分时,营运资本周转率是侦查舞弊最有效的指标。净利率等于净利润除以销售净额,提供了衡量公司利润水平的方法。当存货被高估或销售成本被低估时,净利润会人为增加,从而使比率值增大。最后,每股收益是衡量公司盈利能力最常用的财务指标。当净利润被高估时,每股收益就会相应增大。需要注意的是,财务比率值大小无关紧要,真正应当关注的是各会计期间财务比率值的变化。

关注各会计期间账户间关系变化的第二条途径是将会计报表转换为共同比会计报表(百分比形式)并进行纵向分析。如果存货占总资产的比重或存货占销售额的比重持续增大,或者销售成本占销售净额的比重持续减小,公司就可能存在舞弊。下面以疯狂埃迪公司的会计报表舞弊为例说明纵向分析在侦查存货舞弊中的作用。

疯狂埃迪会计报表舞弊案

疯狂埃迪在电子消费行业极负盛名。它创建于1970年,在成立之初只是一家销售电视机、立体音响和其他电子产品的小商店,后来迅速发展成为拥有多家分店的电子产品销售帝国。《纽约人》杂志曾经投拍了一部动漫,这部动漫中所有的道路都通向疯狂埃迪。公司的广告在电视和广播中不间断地播放,吸引了大批消费者。当时,疯狂埃迪股票的交易价格为每股43.25美元。

但是后来,由于存货舞弊,疯狂埃迪在申请法院保护后宣告破产。当时公司中价值约6 500万美元的存货突然莫名其妙地失踪。新任管理层在接手并试图挽救疯狂埃迪时惊讶地发现,注销这6 500万美元的存货将会抵消公司以前年度取得的全部盈利。显然,在存货盘点的过程中,疯狂埃迪管理人员编制了虚假的存货盘点清单,虚增了存货,使得公司报告的期末存货余额和净利润明显偏高。这种表面上的高盈利和迅速上升的股价使疯狂埃迪创始人埃迪·安塔尔(Eddie Antar)通过抛售公司股票大发横财,敛取了6 840万美元。

存货舞弊会使存货账户余额不断增加,使毛利率上升、存货周转率下降、存货周转期延长。运用横向分析和纵向分析可以看出,存货的变动相当明显。实际上,当时疯狂埃迪内部已经显现大量的分析性舞弊迹象。

比较公司间的会计报表。 一般来说,储存大批存货需要较高的成本,尤其是当存货的价值过高、体积过大、过于笨重或需要特殊处理时更是如此。由于目前处理存货、储存存货以及为购置存货筹措资金都需要较高的花费,因此大多数公司会采取较为极端的方法,以使公司现有的存货数量维持在最低水平。例如,戴尔电脑公司几乎实现了零库存,只有客户发出订购单,才购买相应的零部件组装电脑。目前,投资者普遍认为公司储存大量存货是管理层不称职或经营缺乏效率的表现。因此,当呈报的存货账户余额增加时,调查人员有必要询问原因。

如果公司的竞争对手并未增加存货,公司存货水平的不断上升就尤为可疑。如果公司

> **想一想** >>> 公司保持较高存货余额的合理缘由通常有哪些？

的财务指标值与其他类似公司的财务指标值存在显著差异，也表明公司可能存在舞弊。调查人员可以通过横向分析、纵向分析、比率分析、观察现金流量表的变化以及会计报表金额本身的变动进行公司间比较。

在将存货账户余额及其变动趋势与同行业类似公司进行比较时，应考虑存货类型。如果在公司所处的行业中，存货变动比较频繁（如计算机或软件行业）、存货损坏率和陈旧率较高（如食品行业）、存货账户余额普遍不高，公司存货账户余额的不断增长就意味着其中可能隐藏着问题。当公司存货账户余额与以前年度的存货余额或其他相关项目的数额相比有不断增长的趋势时，你应当弄清究竟是什么原因使得公司与其他类似公司存在差异。如果不能得到满意的答复，就可以合理怀疑该公司存在舞弊。

比较报表数额与实物资产。 将会计报表上的数额与对应的实物资产进行比较是侦查存货舞弊的绝佳方法。在拉里贝线材（Laribee Wire）制造公司实施的舞弊中，会计报表上存货数额需要"三倍于公司储存场地的空间"才能容纳。在另一个案例中（参见第5章），审计师对会计报表上的存货余额持怀疑态度。为什么公司存货在一个会计年度内会增长五倍？审计师怀疑该公司存在舞弊行为，因而对公司存货进行盘查，结果发现管理层通过编制虚假会计记录而严重高估存货价值。他们掩盖舞弊的手段为：在审计师盘点了存货标签上记载的存货并将标签放在会议室后，公司管理层借机在晚上将伪造的存货标签放入文件袋并替换存货核对表，使其与伪造的存货标签上记载的数量一致。当对存货储存场地面积进行测量和分析时，审计师发现了这一舞弊手段。首先，审计师对价值约3 000万美元的金属薄片改用立方英尺进行计量，据此确定储存这批存货的仓库空间大小，发现仓库最多只能储存会计报表所记载存货数量的一半。接着，审计师检查存货标签，发现一些被卷成筒状的金属薄片重达5万磅。事实上，搬运这些存货的铲车根本无法举起超过3 000磅的重物。最后，审计师对呈报的存货余额进行检查，只找到重约3 000万磅的采购记录，但会计报表呈报的存货重量近6 000万磅。当审计师出示上述证据时，管理层不得不承认其高估了存货价值，因为不高估存货，公司的盈利水平就远远不能达到既定目标。

搜寻会计或书面迹象

与收入舞弊类似，管理层实施存货舞弊的一种常用手段是将存货的相关日记账分录过账到明细账和总账。检查人员可以使用诸如ACL或IDEA之类的数据分析软件来确定日记账分录是否存在以下五项异常：(1)谁编制的日记账分录；(2)分录反映的经济业务内容是什么；(3)分录是何时编制和过账的；(4)分录在会计系统中的位置在哪里；(5)分录为何由特定的人过账。

搜寻内部控制（缺陷）迹象

与收入舞弊类似，存货舞弊也比较容易实施。因此，要防范舞弊，良好的控制环境和控制程序十分关键。COSO委员会关于会计报表舞弊的研究发现，大多数涉嫌会计报表舞弊公司的规模相对较小，审计委员会没有发挥积极作用，且董事会主要是内部人员和"灰色"董事（在公司中拥有重大表决权且几乎没有担任过其他公司的董事）处于支配地位，或者董事之间、高管之间、董事与高管之间存在亲属关系。涉嫌舞弊公司的规模相对较小，这表明公司无法或不愿意实施高成本的控制措施，从而增大发生存货舞弊的可能性。

因此，舞弊检查人员必须详细检查与存货相关的内部控制制度，注意是否缺乏关键内部控制程序而给舞弊者提供了可乘之机。具体而言，舞弊检查人员应当重点关注以下内部控制程序：采购（请购单、订货单等）、验收（验收报告、实物控制等）、记账（购货发票、借项通知单等）、现金支出（支票等）、存货仓储（加工、装运等）、销售成本结转、存货成本计算（特别是制造业企业）、实地观察存货。在检查过程中，检查人员应当确保所记录的存货确实已收到或已完工，购货交易已在适当的会计期间予以记录且金额准确、分类恰当，并在适当的会计报表项目中反映。内部控制薄弱、不存在内部控制程序或相关人员忽视内部控制都是某种舞弊迹象。因此，检查人员应当时刻保持职业谨慎，对舞弊迹象展开认真的调查。

搜寻行为或语言、生活方式迹象

与其他会计报表舞弊类似，生活方式迹象对发现存货舞弊的作用并不显著，因为存货舞弊通常不会让舞弊者直接受益。但是，这种方法并非全无用处。通常，存货的金额和数量是由管理层一手操纵的。例如，如果管理层认为现有存货能够销售出去，就不会计提存货跌价准备。了解管理层意图的最佳方法是面谈或询问/讯问。审计师和舞弊调查人员应当详细讯问存货的性质、保质期限、销路、存货水平（增加或减少）、供应商的重大变更及其他特征等。管理层的回答应当是真实可信的，但情况往往并非如此。确定管理层是否撒谎的最佳方法是将了解的实际情况（如分析性迹象和书面迹象）与管理层的回答进行对比，分析两者是否一致并寻找原因。

搜寻举报和投诉

获取举报和投诉也有助于侦查存货舞弊。制造企业先要购入存货（原材料等），然后进行加工处理，最后装运和出售。在存货循环的过程中，会有相当多的人员参与其中。虽然这些人通常并不了解审计或舞弊检查的性质，也不清楚可能发生的舞弊，但通过向他们询问可以掌握的重要信息。为了理解询问和举报的重要性，我们来看一个案例：

> 任职于"四大"会计师事务所的某位外部审计师正在对一家喷水管制造公司的存货进行审计，公司部分存货已经陈旧且没有市场。但是，公司的财务总监和执行总裁告诉审计师存货状况良好，并且能够正常出售。第二天，审计师买了几份午餐，请仓库工人一起吃饭。在闲聊过程中，审计师向他们询问各种类型的喷水管如何使用等问题。仓库工人直率地告诉审计师，大多数喷水管已经无法出售，因为它们已经"没用"了。在会计师事务所的支持下，审计师坚持要求公司计提数百万美元的存货跌价准备。这一案例告诉我们，审计师应当与实际接触存货的人员进行交谈。

除了与实际接触存货的员工进行交谈，直接与供应商进行沟通，了解公司与供应商的关系也很重要。当然，检查人员不应干涉公司的业务，避免公司与供应商的关系陷入僵局

（否则检查人员可能会遭到起诉！），而供应商通常可以提供有关存货成本、购货金额等有价值的信息。同样，与公司的主要客户进行沟通，了解存货质量和产品退回的情况通常也能提供关键性证据，因为客户肯定了解砖块是否被当作软件装运或者存货是否定价过高。

需要注意的是，即使当今大多数公司都设有举报系统，但舞弊调查人员仍然必须积极搜寻举报线索。如前所述，一些员工怀疑存在舞弊，但由于害怕或缺乏有效途径而没有揭发。如果公司设有举报系统，调查人员就应当检查热线电话记录，从中搜寻是否存在对可疑存货的投诉。

> **请记住>>>** 收入舞弊和存货舞弊密切相关，因为收入是通过出售存货产生的。本质上，存货通常具有实物特性。识别这些实物特性并确保会计报表呈报的金额与实物特性（体积、重量等）匹配，这种方法能够验证呈报存货的真实性。同样，在处理存货舞弊时，重要的是要确定相关的舞弊风险和迹象，积极搜寻舞弊迹象并进一步展开调查。

■ 重点内容回顾

- **识别与收入相关的会计报表舞弊手段**。收入舞弊手段众多，并且可能涉及各种交易，包括虚构或高估销售收入、提前确认收入、未记录客户退回的商品、低估坏账准备、高估应收账款、不记录销售折扣等。收入舞弊主要是高估销售收入和应收账款，从而导致净利润和资产被高估。

- **掌握积极搜寻与收入相关的会计报表舞弊迹象的方法**。积极、主动搜寻收入舞弊方法的出发点是分析性迹象，重点关注会计报表表内和表外的变化。这可以通过分析会计报表中各账户的余额和关系以及将会计报表的数额或关系与同行业类似企业进行比较来完成。检查人员还应当搜寻其他迹象，包括会计或书面迹象、内部控制缺陷（尤其是控制环境）迹象、生活方式迹象、行为或语言迹象以及举报和投诉。

- **理解与收入相关的舞弊迹象的重要性和调查方法**。如果存在收入舞弊迹象，接下来的重要工作就是展开调查以确定舞弊行为是否的确发生。所使用的具体调查程序及其使用顺序取决于涉嫌舞弊的类型和收集证据的难易程度。

- **识别与存货相关的会计报表舞弊手段**。与收入舞弊手段类似，存货舞弊手段也很多，涉及各种交易。这些手段往往导致高估存货、低估销售成本，从而虚增净利润。存货舞弊迹象与收入舞弊迹象类似，即分析性迹象、会计或书面迹象、内部控制（缺陷）迹象、行为或语言迹象、生活方式迹象、举报和投诉。

- **掌握搜寻与存货相关的会计报表舞弊迹象的方法**。存货和销售成本舞弊迹象通常出现在存货、应付账款、现金、销售成本和存货跌价准备等账户中，调查人员可以使用各种财务比率来搜寻存货舞弊迹象。此外，将会计报表数据与非财务特征进行比较和分析也有助于搜寻潜在的舞弊行为。

- **理解与存货相关的舞弊迹象的重要性和调查方法**。与收入舞弊类似，对已发现的潜在存货舞弊迹象展开调查非常重要。审计师和舞弊调查人员应当询问员工与存货相关的交易或工作流程，询问/讯问管理层以证实报表数额与实际盘点结果，就有关问题或事项询问供应商和客户。

第 13 章

负债、资产与未充分披露舞弊

寄 语

本章通过几种其他类型的会计报表舞弊(包括低估负债、高估资产和未充分披露)来结束对会计报表舞弊的讨论。在处置这类舞弊时,我们将探讨如何识别舞弊风险以及如何主动搜寻和侦查舞弊迹象。尽管它们没有收入和存货舞弊常见,但其严重性是同样的。

学习目标

在学习本章之后,你应该能够:
- 识别低估负债的舞弊手段;
- 理解低估负债舞弊;
- 识别高估资产的舞弊手段;
- 理解高估资产舞弊;
- 识别未充分披露会计报表信息的舞弊手段;
- 理解未充分披露会计报表信息舞弊。

> **现实的教训**

阳光公司从1910年起就致力于家用电器的研究和开发，经过多年的摸索，终于研制出一系列优质的家用电器。

1996年7月，人称"链锯阿尔"的阿尔伯特·邓拉普（Albert Dunlap）开始担任阳光公司的执行总裁和董事会主席。他承诺在极短的时间内改善公司的经营业绩。但半年之后，这位新任执行总裁并没有创造所谓的经营奇迹。绝望之下，邓拉普只好通过舞弊来粉饰公司的经营业绩。

他开立了一个准备金账户，尽管这增加了阳光公司1996年的账面亏损，但会虚增1997年的盈利，使公司呈现良好的经营势头。1997年，邓拉普又授意公司确认了一笔销售收入，而这并不符合现行会计准则的规定，导致阳光公司1997年呈报的1.89亿美元盈利中至少有6 000万美元是通过会计舞弊虚增的。

1998年年初，邓拉普采取了更极端的舞弊手段来掩盖公司日益恶化的财务问题。他再次授意公司确认了一笔不符合现行会计准则的销售收入，同时还要求公司提前确认了以后会计期间的收入，并通过删除相关记录来掩盖商品退回。

2001年2月6日，依据《美国法典》第十一章的相关规定，阳光公司向位于纽约南区的破产法院提出自愿破产申请。公司股东指控邓拉普及公司高级管理人员虚增股票价值，最后邓拉普同意支付1 500万美元并与提起诉讼的股东达成和解，但诉讼案的民事审判仍在进行中。在诉讼中，阳光公司及公司高级管理人员被指控在1997年和1998年利用虚增的销售收入误导投资者；同时，公司高级管理人员还通过虚提股价来完成与户外休闲产品知名公司科勒曼（Coleman）、签名品牌公司（Signature Brands）和第一警报公司（First Alert）等的合并。因此，阳光公司需要重新报告邓拉普被解雇前六个季度的经营成果。

第12章讨论的收入舞弊和存货舞弊是最常见的会计报表舞弊。另外，还有三种会计报表舞弊也经常发生：（1）低估负债，即负债舞弊；（2）高估资产，即资产舞弊；（3）未充分披露舞弊。

13.1 负债舞弊

我们先来看一个低估负债案例。若干年前，"五大"会计师事务所的其中一家被指控在依据公认审计准则执行审计时未能发现会计报表舞弊。

杜瓦尔公司舞弊案

实施会计舞弊的公司——杜瓦尔（DuVall）房地产根据威斯康星州统一有限合伙公司法规筹办了一系列房地产有限合伙公司，其中规模最大也是发生舞弊最多的合伙公司有超过 5 000 名有限合伙人和 2 名普通合伙人。这家合伙公司主要从事商业不动产（包括便利店）的购置和经营。杜瓦尔公司以"三费净租赁"① 方式将所拥有的房地产长期租赁给全国性和区域性的零售连锁经销商。承租人主要是餐馆（包括家族式经营的快餐店），例如美国第二大汉堡快餐连锁店云狄斯（Wendy's）、哈迪斯快餐店（Hardee's）、乡村厨房餐厅（Country Kitchen）、苹果蜜（Applebee's）连锁餐厅、派派思炸鸡（Popeye's）、阿贝兹汉堡（Arby's）和乡村旅馆（Village Inns），还包括百视达（Blockbuster）影院和幼儿园等。公司有限合伙人投入的资金全部用于购置、建造房地产，而这些财产都没有被抵押。

两名普通合伙人也进行大额的不动产私人投资，而且需要巨额资金来维持投资。他们以杜瓦尔公司的财产作为抵押，向堪萨斯的一家银行（他们认为向该银行贷款不易被发现）借了数百万美元，从而使得合伙公司背负了巨额债务。

在审计过程中，审计师担心杜瓦尔公司使用的"三费净租赁"方式会带来巨大的风险，因为如果承租人无法及时支付本地的财产税或公用事业费，杜瓦尔公司出租的财产就有可能被留置。为了确定承租人是否及时支付相关税费，审计师全面检查了财产留置情况。审计师对调查结果大为震惊，他们发现杜瓦尔公司在亚利桑那州和得克萨斯州的财产已经被堪萨斯的一家银行留置。由于杜瓦尔公司在堪萨斯并未开展租赁业务，因此这一财产留置引起了审计师的密切关注。在审计师向公司管理层询问留置事宜时，他们的解释是，财产留置是银行贷款的附带条件，但由于贷款并未兑现，因此银行应当解除这一留置。为了证实管理层的说法，审计师向堪萨斯的银行寄发了询证函，内容如下：

> 我们的审计师在对杜瓦尔房地产有限合伙公司 1995 年的会计报表进行审计时，发现贵行持有公司位于亚利桑那州和得克萨斯州的房产留置权。据我们了解，上述留置是杜瓦尔公司向贵行贷款的附带条件，但公司声称贷款并未兑现。由于贵行尚未解除留置权，我们希望询证杜瓦尔公司在 1995 年 12 月 31 日的贷款余额。若当日杜瓦尔公司的贷款余额为零，则请加以说明。
>
> 希望贵行及时回复，同时请按询证函上注明的"电话号码"将回函复印件直接传真给"指定审计师"，回函请用随附的密封信封寄回。万分感谢贵行的协助。

审计师收到了银行执行副总裁寄回的注明填写日期为 1996 年 4 月 12 日的回函，内容如下：

> 本行对 1996 年 1 月 24 日收到的贵所询证函做如下回复：(1) 杜瓦尔房地产有限合伙公司不存在拖欠本行的债务；(2) 本行律师正在处理解除抵押留置权的相关事宜，因为本行了解到杜瓦尔公司并不打算使用其现有的贷款额度。

在接到银行回函之后，你可能会与这一案例的审计师有相同的想法，确信杜瓦尔公司不存在漏记的负债。但是，你的判断错了。请再次阅读这封回函。尽管审计师的询证函载明截止日期为 1995 年 12 月 31 日，但银行在回函中并未写明负债的截止日期，只是注明

---

① 三费净租赁是指由承租人负责支付财产税、维护保养与保险费、公用事业费等。租赁期大多为 14 年甚至更长。

回函日期为 1996 年 4 月 12 日，而杜瓦尔公司当日的负债余额已经发生变动。4 月 12 日银行账簿上未记载杜瓦尔公司有拖欠的债务，而到 4 月 13 日银行账簿上又重新记录杜瓦尔公司的债务。换句话说，杜瓦尔公司没有拖欠债务的情况只维持了一天——4 月 12 日。实际上，杜瓦尔公司合伙人强迫银行总裁和执行副总裁在 4 月 12 日将其债务转走，同时给审计师回函——这实际上是银行高层与杜瓦尔公司合伙人的串谋。当然，杜瓦尔公司的舞弊行为并非仅此一项，但这是其中最严重的。

低估负债的舞弊很难被发现。审计师在按照公认审计准则执行审计时，某些会计报表舞弊"易于发现或应当被发现"，某些会计报表舞弊则"难以被发现或不可能被发现"。以下因素使得审计师难以发现会计报表舞弊：

- 公司与外部人员串谋；
- 伪造票据，而公认审计准则缺乏相应的审计程序；
- 复杂的审计轨迹，只在未经审计的内部报告上揭示的舞弊；
- 管理层和其他关键人员说谎；
- 以正常交易形式呈现的舞弊；
- "知情者"拒绝透露相关资料；
- 账外舞弊，即公司账簿上不存在舞弊；
- 误导性的原始记录；
- 与会计报表账户余额相关的小金额舞弊。

13.1.1 识别负债舞弊手段

与收入舞弊和存货舞弊类似，调查负债舞弊的第一步是识别可能出现负债舞弊的交易。为实现这一目的，调查人员首先要了解被调查公司的类型，因为不同类型的公司拥有不同类型的负债，从而可能会出现不同的负债舞弊。表 13-1 列示了零售和批发公司涉及负债的六类交易。在分析这些交易涉及的账户时，调查人员应当留意低估负债的 19 种手段（某些手段比较类似）。

表 13-1 负债舞弊涉及的交易、账户和手段

交易	涉及的账户	舞弊手段
1. 购进存货	存货、应付账款	1. 将应付账款拖延到下期记录 2. 漏记购货 3. 高估购货退回和购货折扣 4. 提前记录应付账款 5. 付款过程存在舞弊，如开空头支票
2. 计提工资和其他应计负债	工薪税费用、工资费用、应付工资、应付工薪税、各种应计负债	6. 未记录应计负债 7. 拖延记录应计负债

续表

交易	涉及的账户	舞弊手段
3. 销售产品	应收账款、销售收入、预收账款	8. 将预收账款确认为销售收入
4. 提供服务、归还定金或承诺在未来回购	保险费、预提保修费和服务费	9. 未记录预提保修费和服务费 10. 少计负债 11. 将定金确认为收入 12. 未记录回购协议
5. 借款	现金、应付票据、应付抵押账款等	13. 以低于正常利率向关联方借款 14. 未记录负债 15. 在未经授权的情况下以公司资产抵押借款 16. 以债务豁免为借口注销债务 17. 宣称负债为个人债务而非公司债务
6. 计提或有负债	或有损失、应付损失	18. 未记录可能发生的或有负债 19. 已记录的或有负债金额过低

低估应付账款

表 13-1 列示的第一种舞弊手段涉及与采购相关的截止问题,尽管很多公司可能会存在误差金额不大的截止问题,但金额较大的报表错报极有可能是由舞弊引起的。在某一案例中,审计师发现了一笔漏记的、由年末采购业务形成的应付账款 2 800 万美元。由于管理层篡改了购货记录、银行对账单和相关文件,使得这笔负债看上去在年末已支付。

低估应付账款的舞弊还会导致采购和存货被低估,否则会计账簿就无法平衡。在 ZZZZ Best 案例中,巴里·明科(Barry Minkow)及其同事利用银行间自动转账和空头支票使得公司负债看上去已支付完毕(如同债权人已收到现金)。舞弊者通常使用以下手段低估应付账款:(1)不记录采购或年后才记录采购;(2)高估购货退回或购货折扣;(3)使负债看上去已被偿还或已得到豁免(在 ZZZZ Best 案例中,舞弊者当期记录了下期应偿还的负债)。上述低估应付账款的手段相当常见。应当注意的是,如果当期采购未被记录而相应的存货却纳入盘点范围并包含在期末存货中,那么高估的净利润即为漏记的采购额(不考虑税收的影响)。

低估应计负债

公司在会计期末应当记录的应计负债总额可达数百万美元,包括应付工资、应付工薪税、应付租金、应交公用事业费和应付利息等。如果漏记或低估上述负债,净利润就会相应地被高估。尽管舞弊金额不大,但实施起来相当容易。例如,某公司曾低估应付工薪税 210 万美元、应计工资 100 万美元。

将预收账款确认为收入

第三类可能被低估的负债是预收账款。有时,公司在提供服务之前或货物装运之前已收到客户汇来的款项，或者公司要求客户预先支付定金。当公司提前取得货款时，应当借记现金，同时将未提供的服务或产品确认为负债（预收账款），并在提供服务或发运产品（即偿还负债）后确认收入。通过预收账款低估负债是指公司在收到现金时而非提供服务后确认收入。将预收账款确认为收入能很好地粉饰会计报表，因为这样做不仅会低估负债，还会高估收入和净利润，从而使公司的经营前景看起来更为乐观。同样，将收取的定金（在未来可能需要归还）确认为收入也会达到高估收入、低估负债的目的。

低估未来债务

有些公司会低估预提的保修费和服务费。这类舞弊易实施，同样能达到低估负债并高估净利润的目的。例如，汽车制造商每销售一辆车就需要向客户提供一份保修单，比如3年保修期或3.6万英里以内行驶里程的保修单。根据配比原则，制造商为履行保修承诺而计提的相关费用（同时形成一笔负债）必须在销售汽车的同一会计期间予以确认。为了低估负债，制造商往往不确认这笔负债或者仅确认很小金额的负债。再如，一家温泉疗养连锁服务中心承诺，你入会后30天内不满意，公司将保证退款。假如公司在会员入会时确认会费收入但没有充分估计退款金额，继而没有计提足额的费用，那么公司的负债就会被低估。

在林肯储贷银行舞弊案（参见第5章）中，公司在完成土地销售时确认了收入，并向购买者承诺在两年之内以更高的价格购回土地。根据一般公认会计原则中"不动产会计"的规定，公司进行这种类型的不动产销售交易时不应当确认收入。同样，在ESM政府证券公司案中，公司记录了巨额的回购承付款，但该笔负债被虚构的对某联营企业的应收账款抵销了，而且联营企业未经审计。实际上，该联营企业是一家空壳公司（没有资产），ESM政府证券公司虚报应收账款是为了隐瞒其负债超过资产达4亿美元的事实。ESM政府证券公司在会计报表附注部分解释了公司承担的负债：

> 本公司与客户签订了回购（形成负债）和再销售（形成应收账款）协议，借此在短期内向客户销售或购买指定证券。1983年12月31日，本公司与联营企业签订了证券购买协议，前提是在未来以130 819.9万美元再销售该证券（属于应收账款，说明当本公司再出售证券时可获取现金）；同时还与其签订了证券销售协议，前提是在未来以94 435.6万美元回购证券（属于负债）。

会计报表上的金额显示，公司签订的回购协议总金额与再销售协议总金额相等。（这一巧合十分异常。试想，有几家公司会在连续三年内应收款项总额都与负债总额恰好相等？）因此，在将资产负债表上金额与附注部分进行比较之后，我们发现公司对联营企业的应收账款净额为36 384.3万美元（130 819.9－94 435.6），这与拖欠第三方的债务额完全相等。从中可以看出，负债被虚构的应收账款掩盖了。

无论未来的义务是公司需要提供服务还是对售出的产品提供保修、归还定金、回购证券，目的都是相同的——低估负债。在未来某个日期，公司必须支付或偿还现金，或者提供相应的服务，或者发送商品给客户。

未记录低估其他负债

杜瓦尔公司舞弊案说明了低估负债的一种手段——在未经授权的情况下以公司资产抵押借款。低估负债的其他手段还包括：

- 不披露或低估与关联方相关的债务（票据、抵押等）；
- 不披露在现有贷款额度下已经发生的借款金额；
- 未记录贷款；
- 声称债权人免除债务；
- 声称公司账簿上的负债是所有者或股东的个人债务，而不是公司债务。

下面的案例说明了舞弊者如何自以为是、铤而走险地低估负债。

液压秤制造商通用电气公司（GEC）的债务被低估。1983年，GEC面临约5 000美元的损失。公司管理层注销了一笔未偿还货款，并同时将这笔注销确认为收入。GEC声称债务已被免除，指出确认为收入是合理的。这笔交易将损失转化为近11.3万美元的利润。尽管这笔货款的供应商既没有免除债务，公司也没有偿付债务，但管理层还是将其注销。审计师无法确认交易的真实性，也无法通过其他审计程序予以证实。GEC会计报表确实在附注部分披露了这一事项，而审计师也发表了无保留意见。在舞弊行为被发现时，参与注销的管理人员为自己的行为辩护，声称"供应商没有要求付款"，因为它从未向GEC施压要求付款，并且继续与GEC开展业务。

漏记或有负债

一般公认会计原则指出，如果发生损失或付款的可能性"极大"，公司就应当将或有负债确认为负债；如果发生损失的可能性可以合理估计，公司就应当在报表附注部分披露或有负债；如果发生付款的可能性"极小"，公司就不需要在会计报表中提及或有负债。或有负债的错报主要表现在低估或有负债发生的可能性，或者不在报表中予以确认或披露。我们来看看辉瑞（Pfizer）制药公司的案例。

在一起民事诉讼案中，起诉人声称辉瑞制药未披露与其产品——Shiley心脏瓣膜有关的重要信息。这些重要信息包括辉瑞制药因Shiley心脏瓣膜而在多起诉讼案中败诉。据报道，早在四年前，辉瑞制药就了解到Shiley心脏瓣膜存在问题，从而不再出售该产品。但到那时为止，已有约60 000个瓣膜被植入人体。在公司被起诉前，已经发生389起瓣膜断裂事故。美国食品和药物管理局将其中248起死亡事故归因于Shiley心脏瓣膜失效。此外，辉瑞制药自己也承认通过手术植入心脏瓣膜有很大的风险。然而，辉瑞制药并没有在会计报表中确认这一极有可能发生的或有负债。

13.1.2 侦查（低估）负债舞弊迹象

与存货舞弊和收入舞弊相同，我们只介绍负债舞弊的会计或书面迹象和分析性迹象，不再详细讨论内部控制（缺陷）迹象。有关生活方式迹象，我们也不再赘述。但需要注意的是，当公司负责人利用公司资产牟取私利时，他们的生活方式变化通常表明可能发生舞弊。负债舞弊的行为迹象和投诉迹象与其他会计报表舞弊无异，本章也不再进一步讨论。但需要注意的是，公司管理层和员工对某一问题的回答不一致、不清晰或不合理，都可能成为舞弊迹象。

分析性迹象

低估应付账款的分析性迹象包括：应付账款的余额过小，采购或销售成本的金额过小，购货退回或购货折扣的金额过大。低估应计负债的分析性迹象包括：工资、工薪税、租金、利息、公用事业费或其他应计负债的余额过小。为了确定上述账户的金额是否"过小"，调查人员应将其与上期发生额、类似公司相应账户的金额进行对比，同时还应比较该账户与其他账户之间关系的变化。预收账款舞弊的分析性迹象包括：预收账款余额过小，本期收入过大。在此类案例中，调查人员应通过账户间的比较（例如，将预提保修费与销售收入进行比较）来判断是否存在低估负债的情况。

漏记应付票据和应付抵押款项的分析性迹象包括：利息费用和负债之间的比例关系不合理；负债大幅减少；大额的资产购置没有产生相应的负债；应付票据、应付抵押款、应付租赁费、应付退休金和其他负债账户的余额过小。

分析性迹象对于发现未记录的或有负债并不是十分有效，因为要确定一项或有负债是否应被确认为负债以及估计应确认的金额是相当困难的。通常，或有负债在前期并不存在，也就无法与前期数据进行比较。此外，估计或有负债未来应记录的金额也十分不易。

会计或书面迹象

在书面记录中出现的舞弊迹象包括：有供应商账单却没有相应的负债记录，在期初记录大额采购，将下期偿还的负债提前至本期入账，有验收报告但没有确认相应的负债，截止测试中发现的错误，等等。负债舞弊的书面迹象如下：

- 应当保存原件的采购记录却为复印件；
- 公司会计记录与询证函回函内容存在差异；
- 没有及时或完整地记录交易，或者记录的交易金额不正确；
- 负债分类或公司会计政策不明确；
- 交易或账户余额没有相关证据予以佐证或未经授权；
- 公司在会计期末所做的调整极大地影响公司的财务成果；
- 遗失相关原始凭证；
- 调节表上存在未加以解释的项目；
- 拒绝调查人员接触会计记录、设备、员工、公司客户、供应商或其他可以提供相关审计证据的人员。

某些账户通常包含特定的书面舞弊迹象。工资薪金账户能够揭示的书面舞弊迹象包括：未从员工薪水中预扣个人所得税；未向政府机关缴纳代扣的个人所得税；年末未计提应计负债；工薪税税率过低；实际支付工资的员工人数少于工薪记录上列示的员工人数；将员工的工资作为开办费予以资本化，或将某些应在当期确认的费用予以递延。利息费用被低估的书面舞弊迹象包括：存在未确认利息费用的应付票据；银行确认而公司未记录的票据；纳税申报表上被扣减但未在会计报表上予以记录的利息费用。其他的书面舞弊迹象还包括：合同和销售协议上的收入确认标准和确认时间与实际的收入确认方法和确认时间不一致；临近会计期末的大额重分类分录增加收入并减少负债；询证函回函上的收入金额与公司记录的收入金额不一致；确认的收入没有相应的发运凭证；在向客户开出账单之前确认收入；负债的入账时间或确认方法在前后会计期间不一致。

少记或漏记未来债务的书面舞弊迹象包括：确认的保修费或服务成本与销售合同或销售协议规定的金额不一致；对定金的会计处理不恰当；回购协议约定的金额、定金等与会计报表上披露的账户余额不一致；合同上注明的应当记录的负债与公司实际记录的负债不一致。以下情况表明，公司少记或漏记负债：存在经银行证实而未记录的负债；未记录的财产留置；合同上记载的贷款金额与会计报表上记录的金额不一致；未确认债务利息；存在尚未支付但已被注销的负债；重要的资产购置未导致现金减少或负债增加；在临近期末时偿还负债，在下年初又重新借入。

书面迹象是发现少记或有负债的最佳途径。少记或有负债的书面迹象包括：公司律师对诉讼案做出确认；不存在公诉案而支付律师费；公司会议记录提及的诉讼；与政府机构（如美国环保署、证券交易委员会）的往来信函；向起诉人或其他人员支付巨额款项；向证券交易委员会报送定期报表；前任审计师解除业务约定或出具非标准审计意见；与前任审计师、银行、监管机构和其他人员的往来信函。

13.1.3 搜寻（低估）负债舞弊的迹象

在杜瓦尔公司舞弊案中，审计师最初担心在"三费净租赁"方式下，某些承租人可能因无法支付财产税、公用事业费和其他费用而使公司的财产被留置，因而对公司资产进行了全面检查，进而意外发现了财产被留置的情况。换句话说，调查人员无意中发现了这一舞弊行径。如果调查人员主动搜寻舞弊迹象，就能够迅速地发现舞弊。

搜寻分析性迹象

主动搜寻分析性迹象是指寻找账户余额过大或过小等异常情况——异常变动，并进行比较。表13-2列示了搜寻负债舞弊分析性迹象的方法（与第12章讨论的搜寻收入和存货舞弊分析性迹象的方法类似）。

表 13-2　搜寻负债舞弊分析性迹象的方法

分析报表余额和账户间关系	比较报表金额和相关信息的关系
负债账户余额 （1）关注报表中负债金额的变化 （2）研究现金流量表 （3）运用横向分析	与同行业竞争对手进行比较 （1）将会计报表与同行业类似公司进行比较 （2）将公司的发展趋势与同行业类似公司进行比较
负债账户与相关账户之间的关系 （1）计算机检查相关比率值的变动 （2）运用纵向分析	与实际数额进行比较 （1）将报表数额与实际资产进行比较

账户余额的变化。在检查余额过小的账户时，调查人员应当详细复核所确认的全部负债，同时寻找漏记的负债。在分析各会计期间负债账户余额的变动时，最常用的方法是直接观察报表上负债金额的变动、研究现金流量表（列示实际变动金额，但并未分别列示每一个负债账户）、进行横向分析。在使用这些方法时，调查人员应当比较连续几个会计年度的账户余额，并特别关注已注销的负债、长期负债减记额的重大变动、本期未确认应计负债或确认的金额远远小于前期，以及在报表附注部分披露而未在会计报表中予以确认的或有负债。横向分析能帮助调查人员迅速确定负债账户的变动率，并分析这些变动率是否异常。例如，在 ESM 政府证券公司舞弊案中，一位审计专家横向分析 ESM 政府证券公司的资产负债表和利润表，发现负债账户和其他账户余额的变动率分别为 400％、1700％、250％等。这些都属于巨幅变动，特别是对本身余额就相当大的账户而言更显异常。因此，审计师断定有人操纵了会计报表。调查结果表明，管理层确实操纵了会计报表，倒轧账户余额使报表达到平衡。

在检查账户余额的变动时，调查人员应当明确每个负债账户都有发生舞弊的可能。因此，调查人员在考察横向分析结果时，应当仔细检查每一项负债并考虑最有可能发生的负债舞弊，然后确定账户余额的变动是不是负债舞弊迹象。例如，如果连续三个会计年度中公司长期借款余额从 210 万美元下降到 110 万美元，又回升到 210 万美元，那么你应当考虑公司是否在第二个会计期末偿还负债而在第三个会计期初又立即借回。同样，如果预提保修费和服务费的余额从 320 万美元下降到 220 万美元，后来又下降到 170 万美元，而同期的销售总额却不断攀升，那么你应当关注预提保修费是否被严重低估。要利用分析性迹象发现舞弊，审计师必须遵循谨慎且有序的检查程序：

- 考虑可能发生的舞弊类型；
- 了解可能发生的舞弊迹象；
- 确定舞弊迹象是否存在；
- 确定舞弊迹象是由舞弊行为还是其他因素引起的。

账户间关系的变化。利用不同会计期间各账户间关系的变化来识别分析性迹象是侦查负债舞弊的有效途径。表 13-3 列示了侦查负债舞弊的一些关键财务指标。

表 13-3 财务指标

负债舞弊	应检查的财务指标
少记应付账款	1. 酸性测试比率或速动比率（速动资产/流动负债） 2. 流动比率（流动资产/流动负债） 3. 应付账款/采购额 4. 应付账款/销售成本 5. 应付账款/负债总额 6. 应付账款/存货 　　每一项财务指标都应当计算多期的比率值，以便观察其变动趋势。上述财务指标关注的是应付账款账户与其他账户之间关系的合理性。前两个指标的上升和后四个指标的下降表明可能发生了舞弊

续表

负债舞弊	应检查的财务指标
少记应计负债，包括工资薪金、工薪税、利息、租金等	7. 各应计项目/应计提天数，并与前期的比率值进行比较 8. 各应计项目/相关费用 　　应计项目的金额取决于从会计期末到费用确认时点的时间长度。如果以前年度不存在该应计项目，或者与上年同期相比上述指标急剧下降，调查人员可以通过检查各种相关费用之间的关系（例如，工薪税费用/工资薪金费用）来了解是否存在少计负债的情况
少记预收账款	9. 预收账款/收入 　　很难找到一个有效的指标来揭示漏记或少记预收账款的情况；为了判断收入确认的时间是否合理，调查人员应当检查合同或销售协议并确定公司需要提供何种服务或发运何种产品
少记预提保修费和服务费及其他未来债务（如回购证券、归还定金等）	10. 保修费/销售收入 　　保修费或服务费的金额与销售额直接相关。要找到能够揭示定金、回购协议或其他类似债务被低估的财务指标更加困难
少记其他负债（如票据、抵押、租赁、退休金等）	11. 利息费用/应付票据 12. 长期负债/股东权益 13. 各种类型的负债/资产总额 14. 负债总额/资产总额 15. 退休金费用/工资薪金费用 16. 租赁费用/固定资产总额 　　应当针对不同的负债账户选取上述指标。调查人员应当询问：这个负债账户的余额与哪些账户相关？在各会计期间它们的关系是否发生变化？若发生变化，则原因是什么？
漏记或有负债	不存在适用的财务指标。调查人员必须搜寻书面迹象以发现未记录或未披露的或有负债

　　分析账户间关系的第二条途径是编制共同比会计报表并进行纵向分析。在使用这种方法时，调查人员应当计算每项负债占资产总额的比例（或占负债总额或股东权益总额的比例），并分析这些比例的变化。同时，调查人员应当明确会计报表中数额较大的负债账户余额通常变动不大，而数额较小的负债账户余额即使变动幅度相当大也很正常。调查人员应当在综合考虑其他变动率的基础上，了解每一项大幅变动的原因并判断是否异常。例如，购置大额固定资产却没有发生额外的长期负债就可能是异常迹象，特别是公司的现金账户余额较大；同样，负债减少但利息费用增加（或反过来）也相当少见。

　　与同行业竞争对手进行比较。通常来讲，比较公司间负债账户余额不如比较公司间收入、应收账款、存货和其他账户的余额有效。公司为经营活动融资主要通过三条渠道：盈余、借款和所有者（股东）投资。

　　确定每一条渠道应取得的融资额是一种管理哲学——没有统一的标准。例如，在计算机行业，惠普电脑（HP）很少举债，其经营资金主要来自所有者投资和公司盈余；而德州仪器（Texas Instruments）则主要通过借债来筹集资金。因此，将利息费用与债务的关系、保修费与销售收入的关系以及其他类似的关系在公司间进行比较颇为有效。检查人员应当特别关注某些比例，比如同行业内部其他公司记录的保修费用为销售收入的 3%，而该公司的保修费用只占销售收入的 1%。

与实际资产进行比较。 由于负债并不代表特定的资产，将负债账户余额与实际资产进行比较是相当困难的。一个例外是抵押贷款，它是由抵押品（特定资产）做担保所获得的贷款，检查人员可以检查被抵押的资产。注销一项应付抵押款或发现新建筑物未被抵押（公司的管理方式是抵押全部建筑物）是值得关注的舞弊迹象。

搜寻会计和书面迹象

书面迹象对于侦查负债舞弊非常有用。不同的负债项目具有不同的书面舞弊迹象。表 13-4 概括了负债账户最常见的舞弊迹象。检查人员可以设计计算机搜索程序，使用商业软件（如 ACL 或 IDEA）或通过专项查询来搜寻这些舞弊迹象。

表 13-4 负债账户的舞弊迹象

负债账户	舞弊迹象
应付账款	1. 在下一个会计期间偿还本期的负债，而该笔负债在本期末未予以确认 2. 盘点的存货数量超过采购量和期末存货数量 3. 临近会计期末的验收报告未附有相应的购货发票 4. 供应商账单上列示的金额未被记录为采购额 5. 询证函回函上列示的金额与购货记录不符 6. 截止测试时发现差异
应计负债	7. 存在应扣未扣的款项 8. 员工薪金未扣缴个人所得税 9. 收到供应商账单（公用事业费等）但未确认负债 10. 未计提利息的贷款 11. 未支付租金或其他租赁费的租入资产
预收账款	12. 临近会计期末的重分类分录增加营业收入、减少预收账款 13. 客户的询证函回函内容与公司收入记录存在差异
预提保修费和服务费、定金、回购协议——需要在未来提供服务、发送货物或返回现金	14. 客户协议或合同与公司确认的费用存在差异 15. 客户的询证函回函内容与公司确认的负债（回购协议等）存在差异 16. 因承诺保修而支付的款项超过预提保修费 17. 将定金确认为收入
需要支付现金的负债（应付票据、应付抵押款、退休金负债、应付租金等）	18. 到期负债尚未偿还，资产仍处于留置状态 19. 经董事会审批的贷款未被确认为负债 20. 经银行证实的贷款未被确认为负债 21. 未计提退休金 22. 支付租金而未确认相应的租赁负债 23. 在计算退休金负债时十分保守 24. 银行对账单上存在异常的大额贷款

续表

负债账户	舞弊迹象
或有负债	25. 董事会会议记录上有关或有负债的讨论 26. 在报表附注部分披露的或有事项 27. 支付大额的律师费 28. 律师回函中提及的诉讼案 29. 监管机构（如职业安全与卫生条例管理局、美国环保署、证券交易委员会等）的信函

负债形式多样且可能以不同的方式被低估，对观察到的舞弊迹象展开进一步调查是相当关键的。负债被低估的金额有时较小，有时则相当大（在 ESM 政府证券公司案中低估的负债金额为 3.5 亿美元）。

由于低估负债可能只涉及一两笔交易的漏记，因此检查人员必须详细侦查各种异常迹象，如未记录的留置权、非预期的贷款合同、注销的债务和银行证明文件上的非预期债务。在很多案例中，管理层会对某些情况给出解释，例如不存在留置或合同出错、债务实为私人承担或从未使用的信贷额度等，检查人员必须找到相应的证据支持上述解释。

请记住 >>> 低估负债舞弊很难被发现。低估负债舞弊的常用手段是漏报或隐瞒负债。然而，在一些重大舞弊中，舞弊者使用更复杂的方式操纵负债。与负债账户相关的异常分析性迹象或书面迹象有助于发现这些舞弊手段。财务报表分析侧重于账户余额的变动及其在不同时期之间的关系，将数据与同行业类似公司进行比较，并将报表数额与实际资产或非财务因素进行比较，对于主动搜寻舞弊迹象是非常重要的。

13.2 资产舞弊

高估资产舞弊的方式多种多样。大多数实物资产按历史成本减去累计折旧估值，因此资产可能会被不当地折旧或摊销。若资产发生永久性减值，则应大量减少资产的价值，并确认相应的费用或损失。一般公认会计原则针对不同类型的资产规定了相应的减值标准。如果减值资产价值未被正确估计，公司的费用或损失就会被低估，净利润会被高估。此外，费用支出可能被不当地资本化为资产，或者报告的资产价值可能出于特定原因被高估。

下面我们来看一下新泽西资源公司（NJR）和废品管理公司（WM）的资产舞弊案例：

NJR 是一家位于新泽西州的能源公司，据称因未计提和确认石油和天然气资产的减值而导致公司净利润虚增 630 万美元。此外，如前所述，WM 采用一般公认会计原则未规定的方法将填埋场开发支出的利息费用资本化，即将本应计入费用的项目确认为资产，并从年初开始逐期减少设备折旧费用，从而高估填埋场和其他资产的价值。

我们在第 10 章讨论了山登公司发生的收入舞弊。山登公司由 CUC 和 HFS 合并而成。1998 年，针对证券交易委员会对 CUC 会计报表可靠性的调查，山登公司递交了一份长达 200 页的报表，详细说明了 CUC 在合并之前会计报表错报程度及其使用的舞弊手段，包括不恰当的收入确认和费用资本化。

CUC 舞弊案

CUC 是一家会员制的消费者服务公司，向信用卡持有者提供服务。从报表上看，公司利润不断增长，而实际上这是 CUC 实施会计报表舞弊的结果。它的舞弊手段主要是将当期费用记为递延资产，并推延到以后期间确认。

CUC 在吸纳新会员入会时，将应当确认的营销费用予以递延。例如，CUC 提供一种"消费者便利"服务，顾客在成为会员后即可拨打 800 电话或使用网上服务来了解产品价格，然后选择是以"最低价"从 CUC 购买产品还是从别处购买产品。

CUC 声称其收入和费用的确认遵循配比原则，但事实并非如此。在很多情况下，CUC 在吸纳新会员时根据合同金额确认全部收入，却将发生的销售费用推延到未来期间确认。例如，CUC 吸纳新会员取得的收入在 1 月份已全部入账，但相关的营销费用在当年度 12 个月内摊销。CUC 采用的另一种舞弊手段是在会计期末将费用延期确认（在下一年度确认费用），从而达到高估净利润的目的。将费用推延是管理层的蓄意行为，而且使用范围相当广泛。

费用资本化是高估资产的一种手段。调查人员还应查找高估资产的其他舞弊手段。在讨论资产舞弊时，我们将使用在讨论负债舞弊时的顺序：先明确资产舞弊的类型，然后讨论舞弊迹象，最后阐述如何搜寻资产舞弊迹象。在很多案例中，判断资产是否被高估主要观察公司采用的会计政策是否恰当，以及管理层是否不当操纵资产。

13.2.1 识别（高估）资产舞弊

不同的公司拥有不同类型的资产。废品管理公司舞弊案是高估有形资产的一个典型例子。与负债一样，不同类型的资产可能以不同的方式被高估。表 13-5 列示了容易被高估的五类资产。

表 13-5 容易被高估的资产

被高估的资产类型	
类型 1	现金 短期投资 有价证券
类型 2	应收账款 存货
类型 3	固定资产
类型 4	长期投资 内部往来（并购）账户或交易
类型 5	无形资产 递延资产

不恰当的资本化或费用化

尽管大多数会计报表舞弊发生在规模较小、成立不久的公司中,但是当审计师审计规模较大、经营时间较长的公司时,对舞弊迹象也应保持警觉。我们应当注意,任何公司都有可能陷入经营困境。在公司处于经营困境时,管理层很可能通过实施会计报表舞弊来操纵经营业绩。为了粉饰会计报表,新成立的公司往往通过将开办费、广告费、研发费、营销费、工资费用计入无形资产来达到高估资产的目的。管理层会就此声称,由于公司正处于创办或发展阶段,理应将上述支出作为递延资产在未来期间予以摊销。对具体公司而言,这种做法可能是合理的;但在某些案例中,确认递延资产就带有明显的舞弊性质。上述费用支出是否应予以资本化取决于所发生的费用支出能否产生未来收入,以及这一未来收入是否足以抵补上述费用支出。

> **留意 >>>** 资本化的成本必须是为了产生未来收入而发生的,并且这些收入是企业很可能获取的。若成本不满足这些要求,则应在发生当期确认为费用。

我们来看看下面的案例。在这些案例中,公司受到起诉或被证券交易委员会警告。

CSC 舞弊案

计算机科学公司(CSC)开发了一种新型计算机系统——Computicket。对 CSC 感兴趣的投资者马克斯(Marx)分析 CSC 会计报表并了解到:CSC 并未将研发费用与当期收入进行配比,而是将其资本化。CSC 计划在系统走上正轨后(其创造的收入超过发生的费用)再将资本化的费用在一定时期内(假定在获取收入的期间)摊销。Computicket 系统的资本化成本高达 680 万美元。在一份呈报给证券交易委员会的报表中,CSC 声明将在以后期间对上述递延资产予以摊销。

然而,从一开始,Computicket 系统就没有达到 CSC 对其市场占有率的预期。同时,在设备安装的过程中还出现了问题,从而产生每月 50 万美元的亏损。此外,由于 Computicket 系统的启动还使公司损失了一份重要的合同。另外,CSC 曾尝试向不同客户以不同价格出售 Computicket,但没有成功。到 10 月和 11 月,由于 Computicket 成功的希望越来越渺茫,CSC 经讨论决定放弃这一系统。

投资者马克斯起诉 CSC,指控其违反证券交易委员会第 10b-5 条的规定。最后,法院判决 CSC 未披露 Computicket 系统陷入严重财务困境属于重大遗漏,严重误导了投资者。

由于本应从当期收入中扣减的费用要到未来期间才予以摊销,因而费用资本化可以增加净利润,增加额即为资本化的费用金额。在很多情况下,这些违反一般公认会计原则的资本化费用经过多年都没有被完全摊销。

13.2.2 滥用盈余管理

大多数带有舞弊性质的费用资本化是有预谋的。与许多会计报表舞弊手段类似,递延费用的不当资本化并不是一夜之间发生的。公司最初只是将界限模糊的费用资本化，随后管理层就会变本加厉地将那些远不符合规定的费用资本化。与其他会计报表舞弊一样，费用资本化一旦开始便无法停止，一开始看似无害的"盈余管理"逐渐发展到管理层将成本或费用资本化的程度，而这在本质上违反了一般公认会计原则。

当管理层采用激进的会计政策或方法时，会计报表舞弊就开始了，因为看似无关紧要的会计政策或方法的变更会给公司带来实现预期盈余目标所要求的利润。然而，舞弊很快就像在斜坡上向下滑一样，随着压力的增大速度会越来越快。很快，公司的运营无法满足投资者或贷款人期望的利润水平，而操纵会计数字是公司实现盈利的唯一希望。在某种程度上，公司必须将大量精力集中在管理舞弊上，以至于他们缺乏足够的精力来经营业务。

在这一点上，一开始看似无关紧要的会计数字调整已经发展到消耗整个公司资源的地步。实现财务目标的压力以及操纵会计来实现盈余目标的现实已经将管理层推到悬崖的边缘。遗憾的是，一开始走下坡路的公司最终往往会牵涉管理层以外的其他员工。很多时候，这些低级别的员工即使认为舞弊是错误行为也会随波逐流，而且认为最终要负责的是自己的上级。在这一点上，公司的道德价值观已经丧失殆尽，舞弊行为越来越严重，再也无法遏制。最终，在舞弊行为曝光后，包括股东和贷款人在内的许多受害者都会遭受巨大损失。公司不当资本化支出的典型案例是世通公司舞弊事件。

在对世通公司的起诉中，证券交易委员会指控世通公司在财务报表中高估了约90亿美元的收入。据称，世通公司将某些费用资本化为资产，不当地减少运营费用而高估收入。在一个供应过剩、需求萎缩的行业中，实现预期盈余目标的压力越来越大，世通公司从盈余管理逐渐转向会计报表舞弊，以提振财务业绩。具体而言，世通公司高级管理人员指使财务经理将某些"生产线成本"和"计算机成本"（应作为当期运营费用）转移到资产账户。这一做法导致公司严重低估了费用、高估了净利润，并使公司报告盈利与分析师预测相符。

在合并、收购和重组时虚增资产

公司在并购过程中同样会发生会计报表舞弊，其高估资产的手段主要包括：用市场价值代替账面价值；选择不恰当的实体作为买方；将账面价值在资产之间不恰当地分配，比如将较高的账面价值分配给那些需要长期摊销或计提折旧的资产或根本不计提折旧的资产，或者将较低的账面价值分配给那些短期内就能摊销完毕或已计提完折旧的资产。实际上，伯克希尔-哈撒韦公司董事长、世界知名投资者沃伦·巴菲特（Warren Buffet）在1999年3月写给股东的一封信中有这样一段话："在公司进行兼并或大规模重组业务时，大多数公司的管理者会有意操纵账户金额来欺骗投资者……在兼并过程中，执行审计的会计师事务所有时会指出公司可能存在一些（或相当多的）'会计魔术'。"下面我们来看看马里布资本（Malibu Capital）公司的案例。

LLW会计师事务所（Lehman、Lucchesi和Walkers三人合伙）接受马里布资本公司的委托，连续三年均担任其法定审计师。在此期间，马里布与科尔斯塔（Colstar）石油资本公司合并。马里布将科尔斯塔视为"被收购的公司",合并也被视为马里布"收购"科尔斯塔。在合并过程中,科尔斯塔的主要资产从11 055美元调增到1 342 600美元。而LLW会计师事务所对马里布资本公司的会计报表出具了标准无保留意见。根据一般公认会计原则,这一合并实际上应当是科尔斯塔收购了马里布。因此,科尔斯塔的资产不应进行调整。由于不恰当的会计处理,马里布资本公司的资产被高估了102倍。

在此案例中,科尔斯塔通过选择不恰当的实体——马里布资本公司作为买方而虚增了资产价值。此外,公司在并购过程中还会通过用市场价值替代账面价值来高估资产。马里布资本公司案例表明,在资产评估和公司并购的过程中,资产价值都有可能被歪曲和高估,若合并双方是关联方、公司处于财务困境则更是如此。

通过操纵内部交易也可以实施舞弊。关于这一点,我们来看看20世纪70年代后期发生的AFCO不动产投资骗局。

不动产投资骗局

AFCO刚创建时是一家对外出租牙科医疗设备的公司。公司在刚开始营业的两年里经营比较成功,还开设了几家新的分支机构,其中一家是房地产开发公司。房地产开发公司在犹他州北部的沙丁鱼峡谷买进1 000英亩地皮,并着手开发"英国古典"家庭度假胜地,冠名为"舍伍德山谷"。这个度假胜地开发了夏季和冬季的运动项目,以便全年营业。尽管度假胜地在夏季相当受欢迎,但到了冬季,由于大雪阻碍致使交通不便,度假胜地就失去了吸引力。为了寻求进一步发展并加大宣传力度,AFCO需要筹集大量资金,由此打算出售有限合伙人的位置(主要对象是内科医师和牙医)。

AFCO的其他开发规划包括在犹他州的西约旦市修建购物中心、综合公寓、医疗中心等。这个所谓的"格伦穆尔度假村"据说是犹他州规模最大的不动产开发规划,包括已筹划完毕的拥有1 400户住宅的社区、设有18个球洞的高尔夫球场和骑马设施等。

与"舍伍德山谷"相同,"格伦穆尔度假村"的开发费用也极其高昂。这项规划要想维持正的现金流量,必须拥有良好的销售业绩。但是,由于"格伦穆尔度假村"附近缺乏必要的基础设施,房产销路不佳,1 400户住宅只售出400多户,同时住户还抱怨公司承诺的环境改善措施从未兑现。

由于严重的现金短缺且无法再从银行贷款,AFCO的销售人员只好求助于"格伦穆尔度假村"内的中产阶级住户。最终,销售人员说服住户允许公司以其房产作抵押向银行借款,AFCO将向住户支付10%的资金使用费。二次抵押的利率约为20%,而AFCO实际向住户承诺30%的回报率。此外,AFCO还承诺:如果住户不希望以现金形式收回投资,公司会为其租用宝马或奔驰轿车,并提供相应的保养维修服务费。

这一投资听起来似乎合法,但AFCO承诺的回报并未兑现。这项投资只不过是一个"庞氏骗局",前期投资者获得的10%超额回报来自公司收到的后期投资款。联邦助理检察官称AFCO总裁为"近年来见过的最冷酷的骗子之一"。他奉承巴结了大约650个人(大部分是商人),让他们投入了 7 000 万美元的资金,成为 AFCO 阴谋的牺牲品。后来,AFCO 宣布破产,而投资者永远丧失了抵押品的赎回权,没有机会再收回资金。

为了诱导人们向 AFCO 投资,公司所有者通过舞弊来粉饰会计报表。请仔细比较表 13-6 的会计报表,"原始数据"列是存在舞弊的情况,"调整后数据"列是经过调整的数据。

表 13-6 AFCO 会计报表　　　　　　　　　　　　　　　　　　单位:美元

项目	原始数据	调整后数据
流动资产:		
现金	1 299	1 299
应收合同款(一年内到期的部分)	276 084	0
应收利息	124 197	0
流动资产合计	401 580	1 299
应收合同款(一年后到期的部分)	8 373 916	0
不动产投资	12 632 480	?
杰克逊度假村房地产(市场价)	10 832 480	
山丘房地产	1 800 000	?
资产总计	21 407 976	1 299+?
流动负债:		
应付关联方账款	27 000	27 000
应计利息	176 965	176 965
长期负债中一年内到期部分	902 944	902 944
流动负债合计	1 106 909	1 106 909
长期负债(扣除一年内到期部分)	12 781 668	12 781 668
递延所得税	3 041 729	3 041 729
或有负债		
所有者权益:		
普通股,票面价值 1 美元,核定为 5 万股,其中流通在外 1 000 股	1 000	1 000
资产评估增值	1 672 626	0
留存收益	2 804 044	?
股东权益合计	4 477 670	
负债和股东权益总计	21 398 976	
出售山丘房地产的收益	4 887 000	0
利息收入	324 197	0
收入合计	5 211 197	
利息费用	627 796	627 796
管理费用	27 190	27 190

（单位：美元） 续表

项目	原始数据	调整后数据
费用合计	654 986	654 986
税前利润	4 556 211	−654 986
所得税（联邦、州）	2 258 855	0
净利润	2 297 356	−654 986

在这个案例中，审计师对会计报表发表了否定意见，因为 AFCO 采用公允价值（市场价）而非成本对资产进行计价，而且资产主要是由应收关联方款项和应收利息组成。由于存在大量关联方交易，审计师无法确定交易是否受操纵。在本案例中，审计师出具的否定意见表明公司会计报表可能存在重大错报。事实证明，向关联方销售土地以及由此形成的收益、应收款项和相关利息都是虚构的。如果扣除虚构的应收账款，企业资产将仅剩 1 299 美元的现金和无法估计成本的不动产（它们按市价记录）。1 299 美元的真实资产与公司呈报的 21 407 976 多万美元资产相差甚远。

高估固定资产和自然资源

高估固定资产的手段多种多样，最常见的有将报废或已提足折旧的资产继续留在账上（不注销）、少计提折旧、高估残值、虚增固定资产价值（虚假购置或向关联方购置固定资产）或伪造不存在的固定资产。一家公司采用"估计的公允价值"作为资产的计价基础，但事实上这些资产早已提足折旧。

检查人员应当充分重视高估固定资产的舞弊。《华尔街日报》曾报道，众多的贝尔系公司（包括贝尔亚特兰大公司、SBC 通讯公司、纽约电话公司、南贝尔电话公司、南部贝尔公司等）无法确定总价值 50 亿美元电信设备的存放地点。这些公司是否实施舞弊有待进一步调查，但《华尔街日报》特别提到美国通讯委员会在对这些公司执行审计后，发现无法确定其中十分之一设备的存放地点，并建议公司注销这些设备。

林肯储贷银行丑闻

林肯储贷银行实施舞弊的主要手段是虚增外购资产的价值，然后将其以更高的价格转售给名义买方。这种手段会虚增资产价值，且在资产出售时使公司获得高额利润。上述交易常常出现在季末，从而使每季度都能呈报正盈利。在其中一笔称为"大陆牧场"的交易中，林肯储贷银行以高价购入土地并确认为资产。随后在 1986 年 9 月 30 日，林肯储贷银行向 RA 房地产公司（名义买方）出售"大陆牧场"，并取得 2 500 万美元收入，包括 500 万美元的现金和 2 000 万美元的应收票据。审计师很难发现的是，在这笔交易中林肯储贷银行的关联公司分别于 1986 年 9 月 25 日和 12 月 12 日给予 RA 房地产公司贷款 300 万美元和 200 万美元。实际上，林肯储贷银行只是"自己向自己支付牧场的首期款"。这一交易虚增了土地价值，最终虚增了收入、高估了应收账款。

舞弊者还可以通过少提折旧来高估固定资产。为了达到这一目的，公司可以使用的舞弊手段包括：购买使用年限较长的资产；将购买土地和建筑物的巨额成本全部计入不需要计提折旧的土地；估计较高的固定资产残值；不编制计提折旧的分录。

大多数公司并不拥有自然资源资产。然而，对于拥有这些资产的公司来说，自然资源资产很容易被高估。以荷兰皇家壳牌公司为例，2004年，公司公开承认其夸大已探明石油储量80亿桶，占公司石油总储量的41%。这对荷兰皇家壳牌公司的信誉是一个沉重打击，因为公司长期以来一直以专家管理、严谨的战略规划和保守主义文化而自豪。公司声称拥有193.5亿桶石油储量，但实际上只有113.5亿桶。即使按每桶50美元保守估计，这也意味着石油存货被高估约4 000亿美元。这起舞弊事件导致许多投资者提起诉讼，3名高级管理人员被处以超过1.5亿美元的罚款。石油储备与其他自然资源类似，通常很难确切了解其数量和价值。但是在荷兰皇家壳牌公司的案例中，这不只是一个估计误差，而是故意欺骗，目的是使公司的财务报表看起来更美好。

（高估）现金和短期投资（有价证券）舞弊

在一些有名的舞弊案中，有价证券被严重高估，而现金通常很难被高估，因为现金余额很容易被查出与金融机构确认的数额不一致。然而，情况并不总是如此。比如，在帕玛拉特舞弊案中，公司通过伪造银行存款询证函回函夸大了数十亿美元的现金；再如，印度萨蒂扬计算机服务公司被发现记录了超过10亿美元的虚假现金。与现金有关的舞弊一般是公司员工或供应商窃取的现金超过一定数额，从而使会计报表产生重大错报（管理层并不知情）。我们来看看以下案例：(1) 一家小公司的副总裁在16年时间内侵占了公司数百万美元的现金；(2) 一家拥有五家分行的小银行，其柜台操作员在8年内盗窃了700万美元；(3) 通用汽车的一名汽车销售人员侵占了公司4.36亿美元的现金。上述舞弊比较特殊——管理层毫不知情，这与我们现在讨论的舞弊不太相同。

通过高估有价证券来实施资产舞弊相对较容易，特别是在有价证券的交易范围不大时更是如此。"公开交易"的内涵比"公司证券在纽约股票交易所、美国股票交易所和纳斯达克上市"要丰富得多。很多面值较小、场外交易股票的公开交易量很小，在场外交易中也很不活跃。但是，这些股票的价格经常出现在"粉色报表"上，而这些"粉色报表"会每天分发给那些试图通过特殊方式来买卖股票的证券经销商和经纪人。确定上述证券的市场价值通常比较困难（确定未公开交易证券的市场价值更加困难），因此管理层很可能会通过高估证券价值来实施舞弊。在林肯储贷银行舞弊案中，公司虚构了其与关联方的交易，高估了作为流动资产列示的证券的价值。在另一个案例中，某公司对外进行了上百万美元的证券投资，而被投资公司的股东权益为负值，而且在投资的前五年每年都有几百万美元的亏损。由于这项投资基本上已丧失价值，因此相关证券应当予以注销。

另一种操纵资产和负债的方式是将负债从资产负债表中剔除，或者将问题资产从资产负债表中转移给另一个实体，并记录为对该实体的投资或应收款项。安然和其他公司就利用这种手段实施了大规模的舞弊。

PNC 舞弊案

与安然类似，PNC 金融服务集团也利用特殊目的实体从公司账簿中剔除表现不佳的资产。这起案件是美国证券交易委员会在对涉及特殊目的实体的资产负债表外安排和披露而采取的一次强制执法中发现的。证券交易委员会发现，PNC 违反了一般公认会计原则的规定，将财务报表中约 7.62 亿美元的波动性、问题性或不良贷款（金融机构的资产）和风险资本资产转移给 2001 年创建的三家第三方金融机构（被认定为特殊目的实体）。这些交易导致 PNC 的盈利被大幅高估。证券交易委员会的公告指出，PNC 应当将特殊目的实体纳入合并财务报表，因为它保留了所有权风险。另一个涉及表外债务的著名案例是阿德尔菲亚公司。证券交易委员会指控阿德尔菲亚故意将超过 23 亿美元的银行债务转移到未纳入合并报表范围的附属公司，从而漏记巨额债务。阿德尔菲亚的高级管理层通过虚构交易来掩盖债务，这些交易有虚假文件的支持，给人以公司已经偿还债务的错误印象。在最后一个案例中，2008 年 9 月雷曼兄弟公司提出了美国史上规模最大的破产申请。2010 年年初，一份长达 2 200 页的雷曼兄弟公司破产调查报告对外公布，调查发现雷曼兄弟公司一直利用被称为"回购 105"和"回购 108"的会计工具虚报经营业绩，隐瞒银行债务。例如在"回购 105"业务中，公司将 100 元资产抵押出去，出具财务报告之后再以 105 元的价格重新买入，这本质上是一种融资交易，但雷曼兄弟公司却将其确认为"销售"。这实质上是隐藏债务的行为，操纵资产负债表以达到降低杠杆率的目的。

高估应收账款或存货

在第 12 章中，我们讨论了如何通过虚构收入来虚增应收账款，以及如何高估存货和相应地低估销售成本。有时，为了高估资产或掩盖管理层对现金的侵占，公司也可能高估应收账款和存货。在 ESM 政府证券公司舞弊案中，管理层侵占了公司 3.5 亿美元的现金，然后虚构应收关联方款项来掩盖这一行为。在法尔莫舞弊案中，存货被高估，目的是弥补公司总裁莫努斯赞助世界篮球联盟所支出的现金。

资产舞弊手段概括

我们现在来概括到目前为止讨论过的各种资产舞弊手段，表 13-7 列示了常见的资产舞弊手段。

表 13-7 资产舞弊手段

高估资产	涉及的账户	舞弊手段
不恰当地将费用资本化	各种递延资产和无形资产账户	1. 可能被资本化的费用包括开办费、销售费用、工资薪金、研发费用、其他类似费用

续表

高估资产	涉及的账户	舞弊手段
并购和重组 操纵内部账户和交易	任何资产账户	2. 以市场价值而非账面价值记录资产 3. 选择不恰当的实体作为买方 4. 将成本在资产间不恰当地分配 5. 通过内部往来虚构资产或虚增资产价值
高估固定资产	土地、建筑物 设备 租赁资产改良投资 其他	6. 利用名义买方虚构资产的购置和销售 7. 高估从关联方购入的资产 8. 未计提折旧 9. 与公司外部人员串谋来高估资产，例如将存货成本分摊给固定资产
高估现金和有价证券	现金 有价证券 其他短期资产	10. 利用关联方来高估有价证券 11. 欠缺管理知识，由错报财务报表衍生的不恰当现金
高估应收账款和存货来掩盖管理层对现金的侵占	应收账款 存货	12. 高估应收账款和存货来掩盖侵占现金或其他资产的行为

13.2.3 识别和搜寻资产舞弊迹象

高估资产的舞弊迹象与低估负债的舞弊迹象极为相似。此外，高估资产比其他会计报表舞弊更易被发现，因为被高估的资产包括在资产负债表中，而被低估的负债并不在会计报表中出现。舞弊调查人员可以检查实际资产来搜寻可能存在的舞弊迹象。通常来讲，高估资产舞弊通过一两笔虚构的巨额交易来实现。

我们针对容易被高估的五类资产讨论资产舞弊。由于高估资产的舞弊手段千差万别，我们应重点关注相关的舞弊迹象，并主动搜寻这些舞弊迹象。在这里，我们不再讨论高估资产的内部控制缺陷迹象、生活方式迹象、行为迹象、举报或投诉迹象，因为这些舞弊迹象在几乎所有的舞弊中基本相同。我们将着重分析高估资产的分析性迹象。当然，这并不意味着其他类型的舞弊迹象不重要，在很多案例中，这些舞弊迹象往往更可靠、更易于发现。

不适当地将费用资本化

在识别舞弊迹象时，调查人员首先应当明确公司资产负债表上是否存在递延资产项目。如果存在就应当"假设公司存在舞弊，然后尝试证明舞弊并不存在"，即先将递延资产视为舞弊迹象，再证明对其资本化是合理的。这种做法比较常见，因为这些"无形"资产极易被滥用。调查人员应当询问以下问题：

（1）递延资产能否带来可辨认的未来收益？

（2）未来收入和利润是否有可能抵补所分摊的成本？如果能够抵补，那么在何时抵补才恰当？

（3）费用资本化是否符合一般公认会计原则（例如，大多数案例中的研发费用资本化就不符合一般公认会计原则）；在同行业类似公司中，该项费用是否也被资本化？

（4）公司管理层是否有操纵利润和"制造利润"的强烈动机？

（5）递延费用或无形资产如何估值？估值方法恰当吗？

分析性迹象。如果在公司资产负债表上递延资产所占比重与前期或同行业类似公司相比存在差异，那么这一差异即为舞弊的分析性迹象。如果递延资产构成资产总额的绝大部分，调查人员就应充分关注这一分析性迹象。其他需要关注的分析性迹象包括递延资产（如广告费）与利润表上列示的相关费用的比例关系。调查人员应特别关注那些将广告费全额资本化的公司。

搜寻有关资产舞弊的分析性迹象的过程与搜寻负债舞弊的分析性迹象的过程相同，列示如下：

- 分析资产账户余额的变动和变动趋势；
- 分析报表中资产账户之间关系的变化和变化趋势；
- 将报表中资产账户余额与实际资产进行比较；
- 将本公司报表与同行业类似公司报表进行比较。

应当注意的是，只有一小部分递延资产能够与实际资产进行比较。当然也有例外，比如当公司收购其他公司或开发新项目时，就可能出现大额的递延资产。因此，调查人员应当关注费用资本化的重大事件。在分析账户余额的变动趋势时，调查人员应当关注递延资产是否在毫无理由的情况下大幅增长。在公司建立之初，一般会有较多的开办费被资本化。然而，如果一家发展成熟公司的递延资产不断增长，则很可能是资产舞弊迹象，因为递延资产账户余额通常会随时间的推移而减少。

尽管账户余额的变动仅能提供有限的信息，但是检查各会计期间递延资产相关比率值的变动是相当有用的。同时，调查人员还应当将公司的会计报表和资本化政策与同行业类似公司进行比较。以下是调查人员应当关注的比率：（1）递延资产总额/资产总额；（2）递延资产总额/无形资产总额；（3）注销（摊销）的递延资产/递延资产余额。

计算上述比率在不同会计期间的数值，将有助于调查人员迅速确定递延资产占资产总额或无形资产总额的百分比是否上升，每年递延资产中有多大比例被注销或摊销。

搜寻费用资本化的舞弊迹象的最佳途径是与同行业类似公司进行比较。如果你的客户是唯一将某种费用资本化的公司，那么你完全有理由怀疑其可能存在舞弊。你应当考虑，该公司是否存在某种特殊情况使其将费用资本化更为恰当？如果无法得到明确、合理的解释，那么该公司极有可能通过高估资产来虚增盈利。

会计或书面迹象。与其他舞弊类似，资产舞弊的书面迹象也有多种类型：（1）与大多数会计报表舞弊类似的一般性迹象；（2）与费用资本化相关的书面迹象。一般性迹象表现为：

- 没有及时或完整地记录资产交易，或者不恰当地记录交易金额、所处会计期间、类别，或者误用会计政策；

- 资产账户交易或余额没有相关凭证佐证或未经审批；
- 年末的资产调整极大地改善了公司的财务成果；
- 遗失与资产相关的凭证；
- 资产交易没有相关的原始凭证予以佐证；
- 资产分类账不平衡；
- 会计记录与相应的证据或管理层的解释极其不一致。

与费用资本化相关的书面迹象包括：从相关方获取的发票不能合理反映费用的本质；年末的重分类分录或日记账分录减少了当期费用、增加了递延资产；发票上的费用支出金额与账面上确认的费用金额存在差异。

了解管理层是否存在高估资产的动机比搜寻书面迹象和分析性迹象更为重要。管理层可能有强烈的动机呈报高额利润；公司有可能刚成立不久，或者处在不适合将费用资本化的阶段；也许公司最近的财务状况和经营成果驱使管理者不得不实施会计报表舞弊。

并购、重组、操纵公司内部账户或交易

为了确定舞弊是否存在，了解并购计划或公司内部交易的背景比识别具体的舞弊迹象更为重要。为了确定在并购过程中资产是否被高估，调查人员应当考虑：并购公司使用的账户是否适当；考虑到并购双方公司的性质，并购会计处理是否适当；并购后的账面价值是否高于或低于并购前的账面价值，若是，则原因是什么；并购的动机是什么；是否选择了不适当的公司作为买方或被收购公司。此外，调查人员还应当了解公司管理层、并购双方公司的性质、被兼并公司是不是并购公司的关联方，以及公司合并前后的财务状况和经营成果。

分析性迹象。 分析性迹象对于确定并购和重组中出现的资产高估通常不是很有效。分析性迹象只是对变动趋势的比较，合并则是组合创办一家新公司。因此，调查人员无法分析报表中账户余额的变动以及账户之间关系的变化，但可以比较并购前后公司各项资产的比率值。通过观察各项资产的比率值，你可以迅速了解公司组织结构的变化。例如，如果无形资产总额占资产总额的比重从兼并前的平均10%变为兼并后的40%，我们就应予以特别关注，尤其是并购是作为合并而不是收购进行会计处理的。

将合并后资产与实际资产进行比较对侦查资产舞弊也是有帮助的。例如，如果呈报的资产价值显著增加，你就必须证实资产负债表上的资产金额未超过其公允价值。但是，要想找到同行业几家类似公司来比较报表账户余额是比较困难的。

会计或书面迹象。 调查人员在对公司并购进行分析时，首先应当确定其采用的会计方法是否适当，是否符合一般公认会计原则；然后检查具体交易的类型和金额是否合理。资产评估价值和账面价值的不一致是相当明显的书面舞弊迹象。另外，在合并后，资产的摊销期限或折旧期间被

> **留意 >>>** 舞弊调查人员应当仔细检查关联方之间的重大交易。管理层经常通过操纵这些交易来实施会计报表舞弊。关联方交易必须在财务报表附注中适当披露。舞弊者经常利用关联方交易来虚增收入和资产，或者从资产负债表中剔除债务。

延长了，调查人员也应当对此进行详细检查。例如，一家公司在合并后资产价值大幅增长，经调查人员进一步分析发现鲜为人知的被合并公司根本不存在，虚构公司只是为了"通过兼并"来粉饰公司的会计报表。

高估固定资产

高估固定资产有以下三种手段：
- 在非正常的资产购置交易中虚增交易金额；
- 资产未提足折旧或者资产报废或出现减损，但未被注销或计提减值准备；
- 虚构固定资产。

在著名的佩恩中央（Penn Central）铁路公司舞弊案中，旧矿山竖井里被废弃多年的机车继续以大额的账面价值列示于资产负债表。但实际上，这些"资产"早已废弃无用。因为很多通往矿山竖井的轨道已被拆除，连轨道上的枕木都被卖出去了。在另一个案例中，一家石油公司列报了一项大额的固定资产，而固定资产实际上是一家不再运营的炼油厂和计提的石油准备金。

分析性迹象。横向分析、现金流量表分析和比较各会计期间账户余额的变动，都可以揭示固定资产账户余额的变动。土地、房产、设备和其他固定资产账户余额的异常大额变动往往表明公司可能存在舞弊。以下比率可以用于检查固定资产与其他账户之间的关系：

(1) 固定资产总额/资产总额
(2) 个别固定资产账户余额/固定资产总额
(3) 固定资产总额/长期负债
(4) 各类资产的折旧费/应计折旧的资产
(5) 累计折旧/应计折旧的资产（按资产类别）

通过第（1）、（2）项比率，检查人员可以确定固定资产账户余额与其他资产账户余额的比例是否合理。第（3）项比率衡量公司的偿债能力，如果固定资产增加而长期负债并未增加，公司就可能存在舞弊，特别是当公司没有使用现金、有价证券或其他资产来购置固定资产时更是如此。第（4）、（5）项比率显示固定资产是否足额计提折旧。

进行多会计期间的纵向分析，可以说明报表中账户余额的变动率以及各类账户之间比例关系的变化。例如，如果固定资产占资产总额的比例从50％增至70％，但公司收入并没有如此大幅增长，我们就应当予以足够关注。

固定资产是有形的，因而你可以将账户余额与实物资产进行比较，以证实报表项目确实代表真实的资产且以适当的数额列示。某些复杂资产或公司特有资产很难估值，检查人员可以使用其他分析方法来解决这一问题。比如，在调查西尔斯（Sears）或沃尔玛（Walmart）等零售公司时，检查人员应当计算每家超市的资产总额，并观察其变动情况。你不会希望每家超市的资产大幅变动，除非公司创办更大规模的超市。你也可以询问以下问题：公司拥有这些类型的资产是否合理？能否确定资产的存放场所？当公司的组织结构没有发生大的变化时，资产是否可能出现大幅增加？

最后，将固定资产总额或个别固定资产占资产总额的比例与类似公司进行比较有助于确定记录的资产总额是否合理。例如，在比较两家汽车制造公司时，一家公司每50美元的固定资产可产生1美元的销售额，而另一家公司每100美元的固定资产才可产生1美元的销售额。你应当询问，这是什么原因呢？也许第一家公司的经营更有效率，或者第二家公司刚刚花费数百万美元更新制造设备，或者第二家公司高估资产……我们应该考虑到所有的可能。另一种有用的分析性测试是计算折旧率来估计折旧年限。如果一家公司固定资产的折旧年限是10年，而类似公司固定资产的折旧年限是20年，我们就要对此做进一步的分析。

会计或书面迹象。 管理层经常通过虚增关联方交易金额来高估固定资产。因此，检查人员应当确定大额固定资产的购置是否属于关联方交易。如果资产卖方是公司的关联方，检查人员就必须了解公司向关联方购买资产的原因以及记录的交易金额是否合理。检查人员应当询问以下问题。

- 购置的固定资产是否经过评估？
- 购置交易是否在年末登记入账？
- 交易是非货币性资产交换还是资产购置？
- 购置的资产是否为公司必需的？
- 书面记录与实物是否存在不一致？
- 公司账簿上记录的资产金额与供应商账簿上记录的金额是否存在重大差异？

高估现金和短期投资（包括有价证券）

如前所述，管理层要高估现金并使高估金额足以影响会计报表是有一定难度的。主要原因有以下两方面：第一，检查人员可以向银行和金融机构询证现金余额。掩盖此类舞弊需要公司与外部人员串谋，但这种情况相当少见，难度也较大。第二，与应收账款、存货和固定资产相比，现金期末余额相对较小（大额的现金侵占也会对公司会计报表产生重大影响）。

分析性迹象。 分析性迹象对于侦查现金和有价证券舞弊十分有效。检查人员可以检查现金和有价证券在不同会计期间的金额，以确定其变动是否合理。通常来讲，如果有价证券增加，现金会以相同的金额减少，因为证券一般是用现金购买的（假设不存在欠款或用其他资产交换证券）。检查人员还应当检查不同期间账户金额的变动以及账户之间关系的变化，常用的比率包括：

（1）流动比率＝流动资产/流动负债
（2）速动比率＝（流动资产－存货－预付款项）/流动负债
（3）流动资产占比＝流动资产/资产总额
（4）有价证券占比＝有价证券/流动资产
（5）现金占比＝现金/流动资产

这些比率有助于检查人员了解现金或有价证券与流动资产或资产之间的关系是否合理。现金和有价证券的余额可以通过向第三方询证来证实。通常来讲，现金的证明应由银行提供。对于有价证券，检查人员可以询问经纪人或查询财经数据库来确定其市场价值。

需要注意的是，将现金和有价证券与类似公司进行比较通常用处不大。即便是极为类似的公司，其现金和有价证券的余额也可能极不相同，因为它们可能使用不同的经营策略和支付模式。检查人员还可以向管理层询问。管理层应对现金或有价证券余额较大给出合理的解释，通常来讲，公司在年末不会拥有大额现金。

会计或书面迹象。 发现现金和有价证券舞弊的有效途径是分析其账面金额与银行、经纪人证实的金额是否一致。同时，检查人员还应关注公司是否无法出示有价证券。此外，当一家公司没有银行结算单和银行对账单，或者有银行对账单但没有银行结算单时，应当视之为一项危险迹象。检查人员还应关注公司是否在外地或境外的银行拥有存款或无实质业务特征的银行账户。例如，帕玛拉特（Parmalat）在财务报表上虚构的现金和有价证券本应由纽约的美国银行持有，尽管被审计公司位于欧洲。这些危险或异常迹象连同前面讨论的书面迹象都可以表明会计报表舞弊正在发生。

高估应收账款和存货（与收入或销售成本无关）

应收账款的高估通常伴随着收入的高估。同样，当存货被高估时，销售成本会被低估。但有时，高估存货和应收账款（或其他资产）可以掩盖对现金或其他资产的大额侵占。如前所述，法尔莫公司高估存货是为了掩盖总裁莫努斯对现金的侵占。同样，ESM 政府证券公司高估应收账款约 3.5 亿美元是为了掩盖三名负责人侵占现金的事实。

> **请记住** >>> 虚增资产舞弊手段主要包括：不恰当地资本化费用、通过操纵关联方交易和并购虚增资产、高估固定资产、错报现金和应收账款，以及高估应收账款或存货以掩盖盗窃。与其他会计报表舞弊类似，在调查虚增资产舞弊时，识别并积极搜寻舞弊迹象非常重要。

13.3 未充分披露

财务报表由会计报表本身项目（如现金是资产负债表的项目）和会计报表附注或其他文件（如"管理层讨论与分析"①或提交给证券交易委员会的 10 - K 报表）组成。

未充分披露是指公司发布带有舞弊性或误导性的说明或公告，而这些说明或公告不影响报表项目金额。也就是说，管理层在通过年报或其他媒体披露信息时，提供了不影响报表项目金额的错误陈述。披露舞弊也可能是由漏报引起的，即管理层没有披露必要的信息，或者他们隐瞒某些事实企图误导公众。

例如，证券交易委员会曾指控爱迪生教育集团（Edison Schools）的一名经理未充分披露有关业务运营的重要信息。证券交易委员会指控爱迪生教育集团未详细披露收入构成，部分资金未被用于支付教师工资和集团所管辖学校的运营费用。尽管爱迪生教育集团的收入确认没有违反一般公认会计原则，但证券交易委员会发现其在"管理层讨论与分

---

① 管理层讨论与分析（MD&A）是公司董事会报告的重要组成部分，要求管理层进一步解释和分析公司当期会计报表及附注中的重要历史信息，并从管理层的角度对下一年度的经营计划以及公司未来发展所面临的机遇、挑战和各种风险进行说明。

析"中违反相关规定，没有进行准确和充分的披露。

因为未充分披露并不影响会计报表金额，因而此类舞弊不存在分析性迹象。未充分披露是否存在书面舞弊迹象取决于披露舞弊类型。披露舞弊和负债舞弊、资产舞弊截然不同的是：负债舞弊和资产舞弊仅涉及几个固定的账户，而披露舞弊则可以涵盖所有的会计报表项目。因此，不同披露舞弊的舞弊迹象各不相同，要概括披露舞弊迹象是相当困难的。

披露舞弊的发生必然有诱因。如果不是承受巨大的压力和存在良好的契机，管理层不会故意实施披露舞弊。因此，检查人员在了解公司的管理层、组织结构、与其他各方的关系和经营稳定性时，应当保持足够的职业谨慎，认真检查报表各项目的数值以及在公司年报和其他资料中管理层的披露和陈述。

13.3.1 披露舞弊类型

披露舞弊类型有以下三种类型：

（1）通过新闻报道、采访、年度报告等对公司及其产品进行误导性披露；

（2）在"管理层讨论与分析"或者年报、季报、10-K报表、10-Q报表和其他报告中，对公司的非财务信息进行误导性披露；

（3）在会计报表附注部分对异常交易进行误导性披露。

对公司及其产品的误导性披露

有时，公司会利用新闻媒体对其产品进行误导性宣传。

误导性宣传

1996年6月，洛杉矶的一家小公司——比较仪系统被证券交易委员会指控实施了证券舞弊。在此之前，公众一致认为比较仪系统具有广阔的"发展前景"。公司声称能生产出易识别冒名顶替者的便携式指纹识别仪，并且相信此项"发明"一定能给公司股东带来巨额收益。为了让公众相信其编造的谎言，比较仪系统董事会主席兼首席执行官罗伯特·里德·罗杰斯（Robert Reed Rogers）在媒体面前总是显得信心十足；公司员工也总是衣着光鲜，尽管他们已经几个月没拿到薪资了；比较仪系统高级管理人员还不断在媒体面前展示神奇的"科技"。然而证券交易委员会声称，"科技"展示中使用的一种设备是比较仪系统窃取苏格兰发明家的科研成果。这一系列的假象促成了20世纪90年代规模最大的股票市场丑闻。证券交易委员会指控比较仪系统编造了一种根本不存在的产品，并借此在股票市场上套取了巨额资金。比较仪系统通过编造的谎言吸引了全世界的投资者。这家没有任何有价值的资产、没有自己的产品、拖欠29名员工多年工资、市值仅4 000万美元的公司，其股票是纳斯达克有史以来升值最快的，从每股6美分暴涨到2美元，而且其股票交易量占纳斯达克股票交易总量的1/4。最终，投资者发现比较仪系统根本就是一个"冒牌货"，就像他们声称其"科技"能够发现"冒牌货"一样。

1997年，Bre-X矿业的舞弊行为被揭发后，公司立即成为众矢之的。在此之前，Bre-X矿业声称在印度尼西亚婆罗洲发现了储量约7 100万盎司黄金、价值210亿美元的金矿。

通过媒体天花乱坠的宣传，Bre-X 矿业从一家位于 Alberta Calgary、成立近三年的小公司一跃成为总市值高达 45 亿美元的知名企业，股票价格的飙升也使公司高级管理人员迅速成为百万富翁。实际上，Bre-X 矿业根本就没有发现金矿，公司将黄金涂在从婆罗洲布桑矿场出产的矿物样本上，以此欺骗投资者。这是一宗蓄谋已久的管理层舞弊。因为从舞弊的严重程度来看，如果管理层不参与，那么这一舞弊行径几乎不可能操作。Bre-X 矿业随后在多伦多、蒙特利尔和纳斯达克同时上市。在舞弊行径被揭发后，公司股价一天之内狂跌了 80%。同时，Bre-X 矿业不得不公布停止对布桑矿场的开采计划。

比较仪系统和 Bre-X 矿业都谎报了公司的产品，前者从不曾发明指纹识别仪，后者也从未在婆罗洲发现大型金矿。这两家公司使投资者损失了数亿美元。当然，对产品进行误导性披露的不仅仅是这两家公司，很多公司都谎称自己拥有某种与众不同的产品。这些对产品进行误导性披露的公司与那些抢劫银行、利用伪造或盗取的身份证骗取钱财的"冒名顶替者"并无两样。

未充分或错误披露管理层讨论与分析和其他非财务信息

如今，公司的年度报告不局限于披露财务状况和经营成果，它披露的信息日益宽泛。很多公司的年度报告中开始包含管理层的各种公告，例如"管理层讨论与分析"、以前年度经营业绩图表、有关新产品和新策略的公告、发展计划及目标等。有时，管理层未能进行必要的披露，难以帮助投资者和债权人了解实际情况；有时，年度报告中的管理层声明则包含虚假披露或彻头彻尾的谎言。

20 世纪 80 年代初，纽约投资银行哈顿（Hutton）集团开发了一种现金管理系统，能够将哈顿集团分支机构收到的客户资金通过地方办事处的银行账户最终转账到纽约和洛杉矶的哈顿集团银行账户。现金管理系统要求分支机构在各自账户中计算每日交易净额，然后将账户中超过限定金额的部分全部转出。有时，分支机构会透支其账户以抵消在其他时间收到的超额款项。如果分支机构透支支票在交换过程中有延误，分支机构的补偿支票就可以通过向经常账户提款兑现，而经常账户的资金在每天营业结束时会得到补足并结平。

某些高层管理人员鼓励更广泛地使用开立补偿支票程序，从而增加哈顿集团的利息收入并减少利息费用，由此集团会计报表中的利息收入净额较大。哈顿集团在"管理层讨论与分析"中并未披露不断使用透支是公司利息收入净额显著增加的重要原因。此外，还有指控声称哈顿集团在"管理层讨论与分析"中并未披露下一会计年度减少透支的使用是公司当年度利息收入净额显著减少的重要原因。

哈顿集团利用现金浮游量和空头支票赚取了巨额收益，从而大大改变了公司的盈利状况。然而，管理层并没有在年度报告中对此予以披露。由此可见，管理层未对重大事项进行充分披露也会形成披露舞弊。

误导性的报表附注披露

第三类披露舞弊是指管理层在报表附注部分披露误导性信息或漏报关键性信息。根据会计准则和有关法规的规定，管理层必须在报表附注部分披露所有重要信息，以帮助投资者和债权人在正确理解会计报表的基础上做出合理的投资和信贷决策。但在某些情况下，管理层可能会漏报关键性信息或披露误导性信息。大多数误导性信息的披露会影响到会计报表账户余额，但也有例外。在本部分，我们着重分析不影响会计报表金额的误导性信息的披露。

最常见的附注披露舞弊是未披露关联方交易。一般公认会计原则和一般公认审计准则均要求审计师详细检查关联方交易。为了避免审计师开展此类详细检查，管理层可能不会在附注部分披露关联方。未披露关联方交易的一个例子是阿德尔菲亚公司。

证券交易委员会指控阿德尔菲亚公司与董事会成员、高管及其控制的实体进行了大量未披露的关联方交易。具体来说，阿德尔菲亚公司没有披露这些交易，或者在财务报表中歪曲这些交易的条款，共计超过3亿美元的资金在没有向投资者充分披露的情况下被转移给公司高管。2002年，阿德尔菲亚公司及其部分子公司申请了破产，公司高管也被戴上手铐送进了监狱。公司首席执行官兼创始人约翰·里格斯及前首席财务官蒂莫西·里格斯因欺诈分别被判20年和15年有期徒刑，两人于2007年8月开始在联邦监狱服刑。

披露舞弊通常表现为未披露以下事项：

（1）极有可能发生的、会给公司带来损失的或有负债；

（2）合同负债，包括对特定资产或负债的限制；

（3）贷款的相关信息；

（4）重大事项；

（5）难以获得的或有收益；

（6）重大会计政策及其变更；

（7）资产（包括有价证券）的市价下跌信息；

（8）有关退休金或其他长期负债的信息。

未充分披露或误导性信息披露必然是相关人员的故意行为。我们来看看百年纪念银行（Centennial Bank）舞弊案。

百年纪念银行创办于20世纪70年代。创办之初，银行资产总额仅为1 800万美元；10年之后，银行账面资产已达到4.08亿美元。1985年，审计师发现银行会计报表存在问题。1986年1月，联邦调查局开始对百年纪念银行进行调查，并发现大量的非法业务活动。百年纪念银行与其他储贷集团的高管人员串谋，向曾在银行工作的人员提供贷款。上述贷款违反了"禁止向相关人员提供10万美元以上无担保贷款"的联邦法规。百年纪念银行的高管在贷款活动中收受并花销了大量回扣。此外，百年纪念银行还进行高风险的投资活动，并在不动产交易中严重高估资产的价值，而上述信息从未在会计报表附注部分予以披露。

在百年纪念银行舞弊案中，其舞弊表现为未披露关联方交易。其他的披露舞弊还包括：对资产减损、或有负债和其他重大事项未披露或者披露误导性信息。在某些情况下，如在 ESM 政府证券公司案中，公司虽然在报表附注部分披露了舞弊信息，但由于披露方式过于隐蔽，大多数报表阅读者根本无法发现。

13.3.2 识别披露舞弊

识别披露舞弊比其他舞弊要难得多。实际上，没有相关人员的投诉或抱怨，想要了解所发生的披露舞弊相当困难。相比而言，披露误导性信息比未披露重大信息要容易发现。披露舞弊迹象因类型不同而迥异。例如，当出现对公司及产品的误导性披露时，舞弊迹象将与公司的性质、资产、组织结构、管理层及经营理念有关。

> **想一想 >>>** 投资者应当多长时间查阅一次年度报告的非财务信息比较合适？为什么阅读年度报告附注和其他非财务信息非常重要？

13.3.3 披露舞弊的迹象

一般来说，比较仪系统和 Bre-X 等案例中的舞弊迹象与投资圈套和庞氏骗局中的舞弊迹象是相似的。为了发现对公司及其产品的误导性披露，检查人员必须了解公司的财务状况、财务目标和风险承受能力。其他需要关注的舞弊迹象包括：公司的资产、收入或利润出现不现实的大幅增长；公司成立时间较短；无预料地增加神秘的高管人员；等等。以下问题有助于检查人员识别公司及其产品的真实性和合法性：

- 与类似公司的经营业绩相比，本公司的经营业绩是否合理？
- 公司是否缺乏现金？是否需要投资者立即投入大量资金？
- 公司是否利用税法漏洞或采用避税手段才取得经营成功？
- 是否存在未充分披露的事项，而该事项是公司取得经营成功的"独特"原因？
- 公司是否刚刚成立？
- 公司负责人有过哪些工作经历？他们成长于公司还是从外部招聘？在以前的工作单位中担任何种职务？
- 公司负责人是否曾卷入公司破产或丑闻？
- 公司提供的评估数据和财务公告是否真实？
- 公司的成功是否依赖于收受回扣、大量的营销宣传、向资金所有人提供某些特权、从事法律禁止的隐性交易？
- 公司历年的财务报告是否经过审计？若经过审计，则受聘会计师事务所的服务年限多长？审计师出具了何种审计意见？
- 公司的成功是否依赖于某些人员"独特"的技能（如预测商品价格的能力或特殊的营销技巧等）？
- 如果公司不再拥有具备"独特"技能的人员，那么将发生什么情况？
- 公司是否做过某种承诺？承诺能否实现？
- 公司的成功是否依赖较高的财务杠杆？
- 公司创立伊始，其负责人的生活是否过于奢靡？

- 公司及其董事会的性质是什么？公司是否设有审计委员会或内部审计部门？
- 公司最近是否准备上市？若是，则公司以往的财务状况如何？
- 公司最近发布的公告是否呈报了经营上的巨大成功或重大业绩？若是，则其能否证实公告的真实性？

比较仪系统舞弊案

在比较仪系统舞弊案中，根据公司最后向证券交易委员会呈送的年报，公司拖欠大约27项债务。根据法庭的判决，这些债务的本金与利息合计高达478 554美元。另外8项总价值30万美元的债务还存在争议。此外，首席执行官罗杰斯还随意挥霍公司股票，比如用股票支付兽医费、牙医费或法律服务费等。罗杰斯担任过几家公司的总裁，而这几家公司都曾有违法记录，其中一家公司声称拥有某种采矿工序的"专有权"。罗杰斯在担任另一家公司的总裁时，曾因未及时到庭应诉（投资者提起的诉讼）而收到法院的逮捕令。此后，罗杰斯在担任医疗保健公司的普通合伙人时再度被起诉。比较仪系统还经常拖延甚至根本就不向证券交易委员会呈报相关文件。事实上，供应商和顾客已停止与比较仪系统进行交易，而且公司曾一度从报纸的证券行情表上被除名。一名投资者称比较仪系统的资产负债表是"虚构的"，因为它只包括毫无价值的专利权等资产。

在另一起披露舞弊案中，一位教授的朋友曾询问某家公司的情况——教授所在的大学向这家公司投入了大量资金。朋友对这家公司的情况进行了描述，他说："公司声称，教授所在的大学将在短期内投入双倍的资金，另一位投资者也将投入等额的资金。"在对这家公司的情况有所了解后，教授觉得这与庞氏骗局十分相似。教授说："我不清楚这家公司是否实施了舞弊。但是我相信，如果一样东西它看上去像蛇、爬起来像蛇，那它很可能就是蛇。"他告诉朋友，这家公司具备投资舞弊的全部特征。后来，他的朋友继续调查这家公司，终于发现了著名的美国帽业巨头新时代（New Era）舞弊案。①

会计报表及其附注中的误导性披露

侦查披露舞弊的三条调查途径是：第一，搜寻会计报表中披露的信息与其他信息的差异。第二，询问管理层和其他人员有关关联方交易、或有负债和合同债务的信息。调查人员应单独向各层级的管理人员询问上述问题。第三，询问公司采用的会计政策。尽管这些问题都比较常规，但根据得到的答复是否一致，有助于判断管理层是否实施了披露舞弊。

识别未充分披露尤其是关联方的未充分披露的另一种方法是复核公司向证券交易委员会和其他监管机构报送的文件与记录；同时，还应了解本公司的管理者或董事在其他公司的管理层或董事会的任职情况。利用现有的数据库资料，检查人员完全可以搜寻到公司高

---

① http://www.christianitytoday.com/ct/7tc/7tc86a.html

管和董事的资料。你还可以利用 LexisNexis（律商联讯）[①] 等资料库对关键人员的工作背景进行搜索。寻找未充分披露的其他途径还包括检查公司的书面文件，如董事会会议记录、从律师处获得的信函和发票、银行和其他金融机构的询证函回函、合同、贷款协议、贷款担保、租约、与税务机关和监管机构的往来信函、退休金计划、销售协议和法律文件等。

在很多披露舞弊案中，审计师实际上已经接触到舞弊迹象，却没有将其判定为舞弊。为了侦查披露舞弊和其他会计报表舞弊，审计师必须认识到，会计报表上披露的信息与其他信息之间的差异往往就是舞弊迹象，而不仅仅是差错。如果某些事项看上去存在差错、不符合一般公认会计原则或具有异常特征，审计师就不应轻信管理层的解释。调查工作不应仅仅局限于检查交易、凭证等表面信息，而应深入了解交易发生的背景、原因及其披露方式。目前，从公共渠道获取有关公司的商业关系、管理层背景等信息并不困难。如果某些事项看上去相当可疑，你就应当独立地调查并收集证据，而不是听信管理层的一面之词。

> **请记住>>>** 未充分披露是指公司发布的带有舞弊性或误导性的说明或公告，这些说明或公告不影响报表项目的金额。披露舞弊有三种类型：(1) 通过新闻报道、采访、年度报告等对公司及其产品进行误导性披露；(2) 在"管理层讨论与分析"或者年报、季报和其他报告中，对公司的非财务信息进行误导性披露；(3) 在会计报表附注部分对异常交易进行误导性披露。侦查不充分披露有多种途径，包括查找财务报表中的披露和其他信息之间的不一致；查询关联方交易、或有负债和合同义务；查询公司提交给证券交易委员会和其他监管机构的文件和记录；等等。

13.4 其他类型的会计报表舞弊

虽然本书没有涵盖所有类型的会计报表舞弊，但我们讨论了其中最常见的类型。在结束关于会计报表舞弊的阐述之前，我们将介绍一些不太常见的会计报表舞弊类型。

13.4.1 非货币性交易的会计处理不当

大多数商业交易涉及现金或其他货币资产的交换，或者伴随着负债的产生。交换的资产或产生的负债通常为计量企业收到的非货币性资产或服务的成本以及从企业转出的非货币性资产的损益提供了客观依据。不涉及或很少涉及货币资产或负债的交易被称为非货币性交易。一般而言，根据一般公认会计原则，非货币性交易的会计处理应基于所涉及资产（或服务）的公允价值[②]，这与货币交易中的计量基础是一致的。非货币性交易会计处理不当的一个典型案例是关键路径（Critical Path）公司舞弊案。

[①] LexisNexis 是世界领先的法律和商业资讯服务商，它凭借优异的信息来源、先进的网络技术和专有的品牌资源，为法律机构、企业、政府与学术单位提供全面和权威的信息服务，并且定期发布法律、新闻、商业与税务等相关资料。

[②] 会计准则规定，企业发生的非货币性交易，应以换出资产的账面价值加上应支付的相关税费作为换入资产的入账价值。

证券交易委员会指控关键路径公司在多起交易中不恰当地确认收入，其中最大的一笔是易货交易。在这笔交易中，一家软件公司同意支付 280 万美元的价格买断一定期间的软件使用权，并额外支付 24 万美元的软件购置费，以换取关键路径公司同意从软件公司购买约 400 万美元的技术服务。证券交易委员会发现，关键路径公司在第三季度针对软件公司不恰当地确认了 309 万美元的销售收入。关键路径公司未能合理确定从软件公司购置的软件的公允价值，未按照一般公认会计原则的要求合理分摊和确认软件使用权收入。

13.4.2　往返交易的会计处理不当

2000 年年初，证券交易委员会对往返交易会计处理不当的公司采取了执法行动。往返交易（也称售后回购[①]）涉及针对同一产品预先安排商品销售和回购，目的是制造发生了业务活动和产生了收入的假象。一家家居用品连锁主题店——Homestore 有关往返交易会计处理不当的案例如下：

证券交易委员会指控 Homestore 的三名前高管从事舞弊性的往返交易，其唯一目的是人为增加 Homestore 的收入和利润。这些交易本质上是资金的循环流动，Homestore 通过这种循环流动将自己的现金确认为收入。具体而言，Homestore 先向供应商支付一定的服务或产品费用；接下来，供应商利用这些资金从两家媒体公司购买广告；然后，两家媒体公司作为其他广告商的代理再从 Homestore 购买产品。Homestore 在会计报表中将从媒体公司收到的资金确认为收入，这显然严重违反了一般公认会计原则。

13.4.3　境外支付款项的会计处理不当

环球电讯和世通曾被指控涉嫌违反《反海外贿赂法案》（FCPA），对境外支付款项的会计处理不当。FCPA 在 1977 年通过，旨在打击贿赂等商业腐败行为。此外，美国第三大电信公司南方贝尔和 IBM 公司也被证券交易委员会指控涉嫌违反 FCPA，即向外国政府官员支付款项并实施会计报表舞弊。

证券交易委员会指控南方贝尔在委内瑞拉和尼加拉瓜的子公司向当地官员行贿，违反了 FCPA。南方贝尔委内瑞拉子公司的高级管理层曾向 6 家离岸公司支付 1 000 多万美元，这些费用被公司不当记录为"诚意服务费"。此外，南方贝尔尼加拉瓜子公司的管理层向一名尼加拉瓜立法者的妻子支付记录为"咨询服务费"的款项，该立法者在自己主持的听证会上允许南方贝尔增持其在尼加拉瓜子公司的权益。

IBM 与阿根廷政府签署了一份数额为 2.5 亿美元的合同，涉及对阿根廷政府拥有

[①] 售后回购是指在销售商品的同时，销售方同意日后再将同样或类似的商品购回的销售方式。通常情况下，售后回购交易属于融资交易，商品所有权上的主要风险和收益没有转移。在会计处理上，收到的款项应确认为负债，有确凿证据表明售后回购交易满足销售商品收入确认条件的，销售的商品按售价确认收入，回购的商品作为购买商品处理；回购价大于原售价的差额，企业应在回购期间按期计提利息，计入财务费用。

的一家商业银行的计算机系统进行集成和现代化升级。据称，IBM 阿根廷子公司与当地一家国有商业银行签订了一份金额为 2 200 万美元的分包合同，子公司将其中约 450 万美元的资金转移给国有商业银行的几名董事，并将这些费用记录为第三方分包费。IBM 阿根廷子公司的高管涉嫌篡改采购合同和程序，并向财务人员隐瞒相关细节。

13.4.4 非一般公认会计原则财务计量的不当使用

非一般公认会计原则财务计量的不当使用可能会产生异常费用或利得，从而产生误导性的财务状况。这些由非一般公认会计原则财务计量产生的利得通常被称为"预期盈余"，或称"排除不良资产的盈余"（EEBS）。2001 年 12 月，证券交易委员会发布了一份关于预期盈余的警示性公告，随后针对此类事项开展了反舞弊执法行动。有两次执法行动涉及特朗普酒店（Trump Hotels）公司及其赌场度假村以及美国奢侈品在线零售商阿什福德（Ashford）公司。

证券交易委员会指控，特朗普酒店公司发布公告称，其第三季度预期会盈利，但在这一过程中公司采用不符合现行一般公认会计原则的方法计算预期净利润。尽管公告明确表示，计算结果不包括一次性费用，但没有披露其中的 1 720 万美元一次性收益。公告给投资者造成了一种误导，即公司在实际净盈余低于上年同期的情况下超出盈余预期，但实际上公司未能达到分析师预期。

主营高档手表等奢侈品的在线零售商阿什福德公司在与亚马逊签订的合同中，错误地推迟确认 150 万美元的费用，从而导致会计报表错报。具体来说，证券交易委员会指控阿什福德公司错误地将某些营销费用记录为折旧和摊销（以冲减产品成本），从而严重低估真实的营销费用，而这一做法直接改善了财务结果。在年终提交给证券交易委员会的 10-K 报表中，阿什福德公司对相关费用进行了重分类调整。

13.4.5 表外融资的不当使用

相对于表内融资而言，表外融资是一种不需要列入资产负债表的融资方式。具体来说，这是企业将筹措到的资金以及形成的资金不直接反映在资产负债表内，而将发生的费用以及取得的经营成果反映在利润表中的筹资行为。企业热衷于表外融资的原因在于它可以实现以下目的：调整资金结构，开辟筹资渠道；掩盖投资规模，夸大投资收益水平；掩盖亏损，虚增利润；加大财务杠杆作用；等等。表外融资安排涉及使用复杂结构（包括结构性融资、特殊目的实体或可变利益实体），以促进公司转让或获取资产。20 世纪 90 年代，包括通讯公司阿德尔菲亚、能源公司达力智（Dynegy）和安然在内的多家知名企业都涉及不当的表外融资安排，下面以安然为例进行详细讨论。

安然会计舞弊主要是通过特殊目的实体进行的。安然成立特殊目的实体纯粹是为了完成某些特定任务。尽管时至今日特殊目的实体仍是合法的，但它必须遵循会计规则的相关要求，明确哪些特殊目的实体它被视为较大公司的一部分，哪些特殊目的实体是不受母公司控制的独立实体。证券交易委员会指控安然的某些特殊目的实体未按规定纳入安然的合并资产负债表。此外,安然的首席财务官安德鲁·法斯托、迈克尔·库珀和其他人利用他们对安然业务运营和特殊目的实体的影响力,为自己和他人秘密、非法创造了数百万美元收入。1997年,安然决定出售公司在加利福尼亚州风电场的权益。然而,安然不想失去对这家盈利颇丰的风电场的控制。为此,法斯托创建了一个名为RADR的特殊目的实体,并招募了"安然之友"(实际上是安然前主管库珀)作为外部投资者。但是,由于这些投资者缺乏足额资金,法斯托为此提供了419 000美元的个人贷款用于购买风电场。RADR的效益非常可观。法斯托为库珀的贷款偿还了62 000美元的利息,作为回报,库珀每年向法斯托的每个家庭成员提供10 000美元的"礼物"(将礼物价值保持在应纳税所得额以下)。由于法斯托为RADR第三方投资提供了资金,并且法斯托和库珀明确控制了RADR的运营,因此RADR应当纳入安然合并报表范围。1993年,安然又创建了一个名为JEDI的实体。鉴于加利福尼亚公务员退休系统(CalPERS)独立投资于JEDI,安然有理由认为可以将JEDI不纳入合并报表范围。然而在1997年,CalPERS拟出售其在JEDI的部分股权,从而成为非独立投资者。法斯托又创建了Chewco实体,这是一家可以收购CalPERS的特殊目的实体。Chewco和JEDI没有获得不纳入合并报表的账外实体资格。首先,Chewco不是独立的,尽管法斯托放弃了自己成为Chewco独立投资者的想法(按照首席执行官斯基林的建议,安然根据法规必须披露法斯托的投资),但他取代了库珀(实质上由法斯托控制的安然高管);其次,Chewco对JEDI的投资没有"真正的风险",它是通过两笔1.9亿美元的银行贷款形成的,而这两笔资金都由安然担保。与RADR一样,法斯托授意库珀继续为其带来好处,包括向法斯托的妻子支付54 000美元作为其行政管理Chewco的报酬。

> **请记住 >>>** 其他会计报表舞弊主要包括:对非货币性交易、往返交易的不当会计处理;违反《反海外贿赂法案》的不当付款会计处理;对非一般公认会计原则的会计政策和表外融资的不当使用。

在结束对会计报表舞弊的讨论时,我们希望大家认识到,实施会计报表舞弊的手段多种多样。随着商业模式的演变和新会计准则的颁布,舞弊手段层出不穷,而且更加隐蔽,即所谓"道高一尺魔高一丈",由此发现会计报表舞弊的难度也在不断增大。为了揭示会计报表舞弊,我们应当主动搜寻分析性迹象、会计或书面迹象、行为和生活方式迹象、内部控制(缺陷)迹象、投诉或举报迹象;否则,我们就会与发现舞弊擦肩而过。

■ 重点内容回顾

- **识别低估负债的舞弊手段**。低估负债的手段包括低估应付账款、漏记应计负债、将未实现收入确认为已实现收入、漏记或少记未来债务等。

- **理解低估负债舞弊**。低估负债的舞弊很难被发现;然而,与负债账户相关的异常分析性迹象、会计或书面迹象有助于侦查此类舞弊。

- **识别高估资产的舞弊手段**。高估资产的常见手段包括：成本的不恰当资本化；滥用盈余管理；通过合并、收购和重组来虚增资产；高估固定资产；高估现金和应收账款；高估存货以掩盖盗窃；等等。

- **理解高估资产舞弊**。大多数会计报表舞弊公司都会试图高估资产，以使公司财务状况看起来更好。与其他会计报表舞弊类似，在侦查（高估）资产舞弊时，识别并积极搜寻舞弊迹象非常重要。

- **识别未充分披露会计报表信息的舞弊手段**。未充分披露舞弊可分为三类：（1）对公司及其产品进行误导性披露；（2）在财务报告的"管理层讨论与分析"和其他报告中对公司非财务信息进行误导性披露；（3）在会计报表附注部分对异常交易进行误导性披露。

- **理解未充分披露会计报表信息舞弊**。通过开展以下活动可以有效地侦查披露舞弊：查找会计报表中披露的内容和其他信息之间的不一致；查询关联方交易、或有负债和合同义务；查询公司提交给证券交易委员会和其他监管机构的文件与记录。

第VI部分　其他类型的舞弊

第14章　损害组织利益的舞弊 / 397

第15章　消费欺诈 / 416

第16章　破产欺诈、离婚欺诈和税务欺诈 / 447

第17章　电子商务舞弊 / 472

第 14 章

损害组织利益的舞弊

寄 语

本章将讨论其他类型的舞弊，重点是针对组织的舞弊，通常被称为职业舞弊。换句话说，职业舞弊是指雇员利用其"职业"在组织中实施盗窃的舞弊。这是迄今为止最常见的舞弊类型，几乎每个组织都会发生职业舞弊。本章涵盖了贪污和盗窃，通常称为资产挪用及腐败，是指雇员利用自身在商业交易中的影响力获得非法利益，违背他们对雇主的责任。

学习目标

在学习本章之后，你应该能够：
- 了解员工和其他人员实施职业舞弊的范围；
- 描述资产侵吞挪用的性质及其类型；
- 了解腐败的性质及其类型。

现实的教训

唐·贝斯特（Don Best）最初在西弗吉尼亚州惠灵市从事保险销售工作，但10个月后他因盗窃现金200美元而被开除。在打过各种各样的零工之后，他不得已搬到俄亥俄州，在当地的一家面包作坊担任会计。在那里，他又一次被发现盗窃现金。在偿还所盗窃的1 000美元现金后他被开除了。所幸的是，作坊老板并未将他的罪行向有关机构报告。然后，贝斯特又回到惠灵市，在一家青铜铸造商——惠灵青铜公司工作。不久之后，惠灵青铜公司总裁发现公司短缺了30 000美元现金，还遗失了几张退回的支票。公司进行了大规模的调查，并发现了大量伪造签名的作废支票。贝斯特受到了质询和审问，他承认自己盗窃了公司的现金。贝斯特必须在偿还被盗现金与进监狱之间做出选择，最后他说服父母将住房作抵押，再用筹到的资金偿还盗用的现金。因此，对贝斯特的有关指控并没有备案。

几个月之后，贝斯特来到宾夕法尼亚州，在罗宾逊管道清洁公司工作。贝斯特又一次盗窃现金而被发现。为了避免被起诉，他偿还了所盗窃的20 000美元现金。1974年，佳洁士公司聘用贝斯特担任会计师。在此期间，因工作专注且表现相当出色，贝斯特被公司评为优秀员工，并很快被提升为办公室经理。不久，贝斯特购置了新居、新车。1976年，当佳洁士的审计师发现公司有3.1万美元现金遗失时，贝斯特的恶行再一次被揭发。在坦白自己的盗窃行为之后，他承诺偿还所有被盗的现金。贝斯特承认自己填写了收款人为自己的支票，然后在支票复印件上记录为向供应商支付款项。为了掩盖行迹，他涂改了公司每月的银行对账单。贝斯特大肆挥霍盗用的现金，并用一部分现金偿还对惠灵青铜公司和罗宾逊管道清洁公司的欠款。

贝斯特声称自己以前从未盗用过现金，为自己的行为感到羞愧并诚心悔过，佳洁士公司为他聘请了律师。在佳洁士公司获得贝斯特房屋的留置权之后，他被秘密开除了。佳洁士公司总裁并不希望将这件事张扬出去从而对贝斯特的妻子和三个孩子产生不利影响，由此佳洁士公司并未向法院提起诉讼。

贝斯特随后又担任了俄亥俄州Steubenville一家连锁经营广播电视台——鲁斯特广播公司的会计师。1979年联合通信收购了鲁斯特广播公司，贝斯特由此来到匹兹堡，担任联合通信的新任总会计师。刚一上任，贝斯特立即着手盗窃公司的现金。在六年的时间里，他大约盗窃了136万美元现金，其中44.5万美元是他在1984年被提升为财务总裁后盗窃的。贝斯特的作案手段多种多样。其中一种是请求另一位准备外出度假的高管在几张支票上签名，理由是"以免"出现高管不在时公司急需额外现金支出的情况，这样他就成功地规避了每张支票上需要两人签名的规定。接着，贝斯特利用这些支票调出公司的资金并转入个人账户。贝斯特的生活过得相当奢侈，他又购入一套新房、几辆相当华豪的私家车、度假用的房产和极其昂贵的家具。

1984年12月，贝斯特的盗窃行为被发现。当时他正在度假，一名银行官员来电向公司询问一张收款人为贝斯特的支票。接着，公司着手展开调查，贝斯特承认盗窃公司的资金。1985年，作为与贝斯特达成庭外和解所提出要求的一部分，联合通信没收了贝斯特的大部分私人财产。离开联合通信之后，贝斯特被以前的一名同事聘用。之后，贝斯特接受了心理治疗。经过治疗，他认为自己已经摆脱盗窃现金的欲望。

贝斯特在接受采访被问及过去的经历时，他认为自己盗窃现金是一种疾病，就像酗酒和沉迷赌博一样，而根治这种疾病的方法是得到他人的尊敬和钦佩。他认为只有花钱才能让别人看得起自己。贝斯特说："一旦我开始盗窃现金，就再也无法停手了。"①

第14章将讨论职业舞弊，或员工、客户和供应商针对组织实施的舞弊。第15章将讨论消费欺诈，包括欺诈者骗取个人支付或蛊惑他人投资（通常称为投资泡沫或投资欺诈/舞弊）。第16章将集中讨论与破产、离婚、税务和洗钱有关的欺诈/舞弊。第17章概述电子商务舞弊，包括通过互联网和其他技术实施的欺诈/舞弊。这些章节将有助于大家认识和理解其他类型的舞弊。在思考各种类型的舞弊时，要时刻记住，舞弊者具有一定的创造性，他们每天都会设计新的诡计。本部分主要介绍一些常见的舞弊类型，以便大家能够研究和分析其他类型的舞弊。

> **想一想** >>> 除了上述介绍的舞弊行为，个人还可以对组织实施哪些其他类型的舞弊？

14.1 有关舞弊的统计资料

在本章中，我们大量引用约瑟夫·威尔斯（Joseph Wells）所著的《职业舞弊和滥用》（*Occupational Fraud and Abuse*）以及他的两项调查得出的结论：(1) 2016年注册舞弊检查师协会递交给美国国会的关于职业舞弊和滥用的报告；(2) 毕马威会计师事务所2013年的廉正调查。

2016年注册舞弊检查师协会向国会提交的"职业舞弊和滥用报告"涵盖了三种针对组织的舞弊：(1) 挪用资产，任何涉及盗窃或滥用组织资产的行为；(2) 腐败行为，任何人利用自身在商业交易中的影响力获取违背他们对雇主的责任的非法利益的行为；(3) 会计报表舞弊，编制一个组织的会计报表，使其看上去有利可图。由于会计报表舞弊已在前面章节阐述，本章将侧重于讨论资产挪用和腐败行为。

关于职业舞弊的统计数据来自经认证的舞弊检查师在注册舞弊检查师协会2016年调查报告中的2 410起舞弊案件。

- 职业舞弊和滥用行为给一个组织带来了巨大的损失。研究显示，职业舞弊造成损失的中位数为15万美元，近1/4的案件造成至少100万美元的损失。
- 这项研究的参与者估计，组织年收入中有5%是因舞弊而损失的。
- 职业舞弊很难被发现，其被发现的时长中位数为舞弊发生后的18个月。

---

① Bryan Burrough, "David L. Miller Stole from His Employer and Isn't in Prison," *The Wall Street Journal* (September 19, 1986): 1.

- 与其他手段（例如内部审计、外部审计或内部控制）相比，举报更有可能发现职业舞弊。
- 某些反舞弊控制措施对组织的舞弊风险有重大影响。反舞弊控制措施包括内部审计、突击审计，以及对员工和管理层的反舞弊培训。与没有实施反舞弊控制措施的组织相比，实施此类反舞弊控制措施的组织的损失更少。
- 举报者最有可能向直接主管或公司高管举报舞弊行为。
- 小型组织（员工少于100人的组织）遭受的损失中位数与规模最大组织遭受的损失中位数相同；但是，这种类型的损失可能对较小组织产生更大的影响。
- 职业舞弊造成的损失与行为人的地位密切相关。例如，与一般管理者实施的舞弊相比，所有者或高管实施的舞弊损失会更大。

2013年，毕马威会计师事务所基于3 500多名美国员工回答的"廉正调查报告"发现了类似的结果。调查发现，近四分之三的员工报告，他们在过去12个月内发现了不当行为；超过半数的员工报告，他们观察到严重的不当行为，这可能会导致"公众信任的重大损失"。毕马威会计师事务所还发现，实施主动的反舞弊措施（如举报热线和道德培训等），会大大减少针对组织的舞弊行为。调查还发现，对不当行为最常见的合理化解释之一是"不惜一切代价"实现战略目标。

> **请记住>>>** 注册舞弊检查师协会的"职业舞弊和滥用报告"和毕马威会计师事务所的"廉正调查报告"都表明，职业舞弊很常见，而且造成的损失高昂。这两项研究报告还指出，实施积极主动的舞弊防范和侦查措施，如举报热线电话、道德培训和内部审计，可以大大减少职业舞弊。

14.2 侵吞挪用资产

雇员、供应商和客户侵吞挪用组织资产的途径有三条：（1）在现金和其他资产转移到公司时将其侵吞；（2）盗窃公司的现金、存货和其他资产；（3）实施付款舞弊，即让公司为不存在的采购行为付款或者超额支付货款。对于上述每一类型的舞弊，舞弊者既可以独立实施，也可以与他人合谋共同实施。图14-1概述了侵吞挪用资产的类型。

约瑟夫·威尔斯设计的舞弊分类比图14-1所示的分类更复杂、更详细。他将侵吞挪用资产分为两大类：（1）现金的侵吞挪用；（2）存货和其他资产的侵吞挪用。然后，他又将现金的侵吞挪用细分为三小类：（1）盗窃，即未经雇主同意并违背组织利益的情况下故意拿走现金；（2）坐支，即在记录现金收支前将现金转移；（3）欺骗性支出。同样，他将存货和其他资产的侵吞挪用又细分为两小类：（1）滥用；（2）盗窃。图14-2说明了威尔斯分类方案的主要内容。注册舞弊检查师协会的研究表明，资产侵吞挪用是迄今为止最常见的职业舞弊形式。我们现在根据威尔斯的分类方案进一步讨论侵吞挪用资产问题。

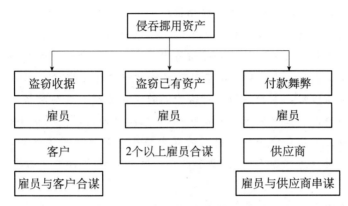

图 14-1 侵吞挪用资产的类型

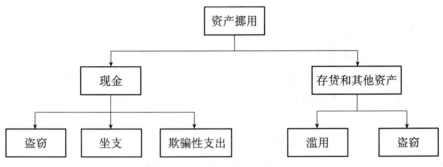

图 14-2 威尔斯舞弊分类方案

14.2.1 通过盗窃侵吞挪用现金

盗窃是指雇员或其他人员在记录现金收支之后窃取现金。盗窃比坐支更易被发现,因而一般并不常见。现金盗窃通常发生在舞弊者有机会接触现金的情况下,由舞弊者窃取库存现金(现金出纳机或保险柜内的现金),或窃取银行存款。如果盗窃现金的方式是在较长时期内每次窃取少量现金,那么这类舞弊更不易被发现。公司通常将遗失的小额现金当作"短缺"或"计算错误"而注销,并不认为存在现金失窃。例如,某银行每年由出纳员造成的现金短缺高达 300 万美元。在这些现金短缺中,有些确实是出纳员点钱时发生的错误,但很大一部分是由故意盗窃引起的;或者,出纳员可能意外地给了客户太多现金(当然,相对于出纳员给客户太多现金,当出纳员给出的现金太少时,客户更可能会通知出纳员)。作为现金盗窃舞弊的典型,让我们来了解珍妮(Jane)舞弊案。

珍妮舞弊案

珍妮是洛杉矶一家消费电子公司的会计员。虽然没有接受过正规教育,但她是一个全才。她最初担任应收账款核算员,后来又负责办理会计部门的零用金。珍妮负责将超过 3 150 美元——这是"库存现金"允许的最高限额——的现金存入公司的银行账户。

珍妮的职责包括接收现金、从零用金中支付杂项费用、登记现金收支。她每月末还为财务主管编写一份现金报告，财务主管据此将现金账录入会计系统。

珍妮处理的现金主要来自公司的配送中心。配送中心的顾客（其中一些是雇员）需要为商品、零件和杂项服务付款，虽然公司销售中只有一小部分是现金交易，但配送中心的雇员每周平均将1 000美元的现金通过信封转交给珍妮。除了现金，配送中心的雇员还把一份表格的副本交给珍妮，上面注明交付给珍妮的现金金额。这些表格由配送中心雇员签署，但珍妮不需要给他们任何凭证（包括收据），也没有任何雇员提出要核实现金的交付。

珍妮的主管每月末都会审查珍妮提交的现金报告，其中列明了顾客姓名、发票号码、顾客支付的现金、付款方式和现金余额等内容，所有超过3 150美元的现金应立即存入银行。

有一次，珍妮的主管发现现金报告中所有分录的借贷余额总数并不平衡，存在8美分的差异。通常情况下，这应该打回给珍妮让其改正。然而，珍妮在那天刚好请假，无法改正这个错误。珍妮的主管又把报告上列出的所有现金加总，但数额与珍妮在报告上显示的总额还是不相等，甚至差距更大。因为珍妮请假了，珍妮的主管为了确保录入公司会计系统的数额正确，就使用网上银行系统，寻找是否有与珍妮的现金报告相关的存款。令主管惊讶的是，她发现近几个月并没有现金的存入。这是个玩笑吗？珍妮的主管随后联系了一名银行代表并进行检查，看看这些存款是否意外地存入了公司的其他银行账户。但遗憾的是，没有这种存款。

珍妮的主管察觉到一定有什么问题，于是通知内部审计人员立即展开调查。在仔细检查公司的现金记录、珍妮的文件、会计分录和珍妮的电脑之后，公司发现珍妮在过去四年里从零用金中挪用现金超过15万美元。

14.2.2 通过坐支侵吞挪用现金

坐支是指在组织登记现金之前，通过某种形式窃取或转移现金。下面我们通过马文·卡尔佩珀（Marvin Culpepper）舞弊案来了解坐支过程。

马文·卡尔佩珀舞弊案

马文是穆夫勒公司的业务经理，他的主要职责是向顾客收取现金和负责将每日的现金余款存入银行。在穆夫勒公司，顾客可以通过三种方式支付汽车修理费：①支票，②现金，③信用卡。在六年的时间里，马文从用现金支付的顾客那里坐支了大约一半的现金收入。他从不把工作结果记录为已完成状态，借此掩盖盗窃行为。他从来没有从用支票或信用卡支付的顾客那里偷过钱，因为这些类型的盗窃行为很难掩盖。结果，马文从穆夫勒公司盗窃了60多万美元。

马文的盗窃说明了最基本的坐支诡计——从商品或服务的销售收入中窃取款项，但没有记录销售情况。当坐支发生时，存货成本往往会增加，而销售收入和应收账款将减少或保持不变。坐支的另一个例子是冰激凌店的收银员，他向任何一名顾客出售双勺冰激凌却不将销售金额记入现金账,或者记录的是单勺冰激凌的销售价款,从而窃取两者价差的现金。

更加复杂的坐支手段还包括:(1)记录虚假或高于实际的销售折扣来低估销售收入和应收款项;(2)侵吞挪用客户的付款,或者将应收款项作为"无法收回款项"予以注销;(3)盗用第一个客户的付款,将第二个客户交来的款项记入第一个客户的账户(拖延确认付款,称为重叠挪用);(4)与客户串谋以拖延付款时间或使付款金额少于约定金额。

《财富》杂志排名前500强的一家公司发生了一桩金额高达220万美元的舞弊案:一名负责催收应收账款的雇员对某位拖欠巨款的客户提供了超长的付款期限,而不向公司报告客户的拖欠款项行为。这名客户因拖延支付巨额款项而赚取了超过200万美元的利息。该客户和公司主管应收账款的雇员将这笔利息款进行了分赃,而受害公司却因此而失去了本应获得的应收款项利息,同时为弥补资金短缺还向银行贷款,由此支付了高额贷款利息。上述舞弊既属于坐支,也属于腐败行为。

14.2.3 通过欺骗性支出侵吞挪用现金

注册舞弊检查师协会发现,在侵吞挪用资产中欺骗性支出的比例最高。注册舞弊检查师协会将欺骗性支出分为六类,如表14-1所示。以下我们将讨论每一种欺骗性支出。

表 14-1 欺骗性支出

类型	行为描述	例子
支票	通过伪造或更改公司银行账户中的支票来窃取资金,或者窃取公司签发给另一个收款人的支票	• 员工窃取公司空白支票,由自己或共犯填写支取 • 员工偷取已签发给供应商的支票,存入自己的银行账户
收银机	员工在收银机上做虚假登记以隐瞒所窃取的现金	• 员工在收银机上消除销售记录并偷走现金
报销	向虚构的商品或服务付款、超额付款或以公司名义为个人消费付款,骗取公司支付现金	• 员工创建一个空壳公司,为不存在的服务开具发票 • 员工购买个人物品,提交发票给公司付款
费用	员工报销虚构或夸大的业务费	• 员工提交开支报告,报销私人旅行或虚构餐饮费等
工资薪金	员工提供虚假的薪金凭证而骗取公司支付工资	• 员工虚报加班工时 • 将虚构的员工添加到工资单中
电汇	通过欺骗性电汇从公司银行账户窃取资金	• 员工将公司资金电汇到个人银行账户

支票舞弊

常见的支票舞弊手段包括：(1) 编制虚假支票；(2) 截留收款人为第三方的支票，并据为己有。支票舞弊是一种特殊的欺骗性支出。在大多数欺骗性支出伎俩中，舞弊者通过提交虚假的凭证（如发票或考勤卡）骗取公司签发支票，将支票变现并据为己有。这类舞弊本质上是一种欺诈：舞弊者欺骗公司支付现金。支票舞弊却不同。在实施支票舞弊时，舞弊者可以通过假冒支票签发人、伪造背书或篡改收款人姓名来直接控制支票，为自己窃取现款。作为支票舞弊的典型，让我们来看看芭芭拉（Barbara）舞弊案。

芭芭拉舞弊案

芭芭拉是一家建筑公司的临时工，作为簿记员的她文静而勤奋，给老板留下了很好的印象，以至于在四个月后她被全职雇用，全权负责公司的财务工作，而且权力越来越大。但两个月后，芭芭拉从 ABC 建筑供应公司虚开一张 650 美元的支票，这是她众多欺骗性支票的首张，后来她承认共挪用近 900 万美元。六年多来，芭芭拉利用所盗窃钱财在三个州购买了房产、几十辆汽车和娱乐设施、一匹马，以及给朋友和家人的奢侈礼物。

在雇主发现欺骗行为之前，芭芭拉这名两个孩子的 40 岁母亲，拥有一座价值 50 多万美元的房子、10 匹纯种马和混血马、一座位于佛蒙特州的乡村庄园、一座位于缅因州的房产、一栋两层楼别墅，还购买了沃尔特·迪斯尼世界和巴哈马群岛的分时度假套餐。

芭芭拉向自己开出的首张公司支票用于支付房租。当时她丈夫失业了，他们租住的房子即将被房东收回。芭芭拉被聘为临时工，在赢得老板的信任后，她在公司的地位迅速提升。在巅峰时期，芭芭拉负责监督四家公司数百万美元的建筑和砖石业务。

芭芭拉一直被认为是一名稳健、保守的员工，文静且沉默寡言，很少从事监督工作。"我要做的是，先从公司银行账户开出支票，然后存入我的个人账户。"芭芭拉在法庭作证时说，"我把它们从一个账户写进另一家公司的账户，然后给自己开张支票。"盗窃所得钱财从来没有在芭芭拉的三个银行账户里待很长时间，当公司律师查封她的账户时，发现账户只有不到 5 000 美元。

除了购买房产，芭芭拉还用这些钱度假和送礼，几乎没有为自己存下多少钱。她默许丈夫沉湎于枪支、电动工具和各种车辆。他们拥有 4 辆雪地摩托、4 辆全地形汽车、6 辆汽车以及皮卡和多功能运动车，包括 1923 年版福特 T 型汽车、1986 年版捷豹轿车，还有一辆罕见的 1937 年版雪佛兰送货卡车。

被逮捕之时，她正计划为兄弟举办预算超过 24 万美元的婚礼。

收银机舞弊

收银机舞弊是一种成本最低的欺骗性支出手段。收银机舞弊包括两种基本手段：虚构退款和虚构无效交易。虚构退款是指舞弊者虚构一项商品退回，然后从收银机中取走商品退回款。由于收银机显示已经退货，因此这些付款看起来是合法的。对于舞弊者来说，这种舞弊手段的问题在于，虚构商品退回需要在账面上借记（增加）存货；如果存货并没有被真正退回就意味着所记录的存货金额被高估，公司在盘点存货时就有可能发现存货损失。一种类似但更难以被发现的舞弊是高估退款金额。在这类舞弊中，商品确实被退回，但退回商品的价值被高估了。例如，假如一名顾客退回价值为10美元的商品，而舞弊者记录的退回金额为15美元，此时他退还给顾客10美元而自己侵吞余下的5美元。

虚构无效交易与虚构退款相似，也是从现金收银机上窃取现金。如果现金收银机取消了一笔交易，交易取消凭证后必须附有顾客的收据复印件，同时还应有经理的签名。在虚构无效交易的过程中，出纳员在销售时保留顾客的收据，再将这笔交易注销。出纳员从现金收银机上取走顾客购买商品所支付的款项，就如同将其退还给顾客，然后出纳员再将收据复印件附在交易取消的凭证后。对于舞弊者来说，虚构无效交易也会产生与虚构退款相同的问题，即无法掩盖存货的遗失。让我们来看看收银机舞弊的例子。

收银机舞弊

一家医院收到一条匿名电话举报，声称停车场主管及其同谋正在从"即走即付"的三个停车场中盗窃钱财。这一举报受到重视，因为管理层发现上述地段停车场的月现金收入不断减少。医院的安保室和警方展开调查，但发现很难确定这些钱如何被偷以及损失金额。被召集协助调查的法务会计师很快发现一种盗窃钱财的模式，这种伎俩已经持续数年之久，使医院损失超过25万美元的收入。为了抓住罪魁祸首，法务会计师开始分析收银机记录。他们发现收银机记录在一天中的某些时段被移除或停用，而这些时段与该地段主管及其妻子工作的轮班时间吻合。法务会计师认为，如果员工想要盗取现金，他们将不得不暂停使用收银机收款，然后打开停车场大门手动收取停车费。人们一般认为若取消销售则收银机上不会出现任何记录，但法务会计师得知，员工并不知道每条记录都会被保存在所谓的收银机"Z"总数（统计日常交易总数量）中。通常，收银机记录应当没有任何空隙，但"Z"总数显示在夫妻俩工作的时间里每天的记录有超过100个空隙。

在被问及此事时，这对夫妇承认曾将现金收入囊中。由于收银机没有记录交易，他们认为盗窃行为无法被发现。

法务会计师随后发现这对夫妻的其他盗窃伎俩，包括挂"暂停营业"的牌子、堵塞停车收费表并取走硬币等。他们估计这家医院在三年中损失了大约30万美元。这对夫妻最终因舞弊罪名成立而入狱服刑，他们的担保公司也与医院达成和解。

报销舞弊

支票舞弊和收银机舞弊都是舞弊者直接从雇主那里窃取现金或支票。而在报销舞弊中，舞弊者则规避了从公司直接窃取现金或商品的风险。在实施报销舞弊时，舞弊者会提供假发票，或者篡改发票金额。尽管签发支票的相关证明文件带有舞弊性质，但付款本身仍具有法律效力。报销舞弊相当常见，而且会给组织带来巨大的损失。由于大多数公司在进货环节付款，因此利用报销舞弊可以掩盖大额资金被侵吞挪用。

> **留意** >>> 在任何时候，你向任何人支付任何费用都应该确保实际支付的金额是应支付的金额。在购物、付账单或刷信用卡时，你应该经常反复检查金额。有时供应商和其他人认为你不会注意到多收的费用，而有时错误是无意的。另外，在支付银行业务费、电话费、网络费时，你应该明确知晓支付的金额。在确保合理性和准确性之前，切勿支付任何费用。

报销舞弊最常见的三种类型有：（1）成立虚拟公司（空壳公司），由其向公司开具发票；（2）在供应商不知情的情况下，篡改或重复支付供应商账单；（3）利用公司的资金购买个人物品。虚拟公司（空壳公司）是虚构的实体，其创办的唯一目的就是实施舞弊。在很多情况下，虚拟公司只有一个杜撰的名称和收款地址。另外，由于支票的收款人是空壳公司，舞弊者通常会以该公司的名义开立银行账户，而自己则是公司委任的支票签发人。

某些舞弊者利用供应商开出的发票实施付款舞弊。例如，舞弊者可能对同一张发票签发两张相同金额的支票，并要求收款人将其中一张支票退回，而退回的支票款会被舞弊者侵吞。有时，舞弊者故意把款项支付给错误的供应商，再要求其退款；或者舞弊者向真实的供应商多支付款项，然后要求其将多付的款项退回。舞弊者也可能利用公司资金购买个人物品，以供个人拥有的公司、亲属或其他人员使用。下面是一个报销舞弊的例子。

报销舞弊

联邦大陪审团驳回了控诉四人参与自我交易计划的起诉书，这些人在担任纽约大主教管区的执行官和采购代理期间为自己牟取了 200 多万美元的非法收入。

根据美国曼哈顿地区法院提出的九项起诉，这些人凭借自己在机构商品服务公司（ICS）的员工或顾问职位的便利机会，向大主教管区的货物供应商收取了 120 多万美元。这些被指控者还将至少 100 万美元转给自己控制的空壳公司。

本案的受害者包括一家非营利机构和一家经营性学校、医院和修道院的宗教机构。

根据指控，这些人非法合谋诈骗大主教 200 多万美元。他们要求供应商向他们付钱——表面上是佣金。供应商向采购代理支付了 120 多万美元，然后采购代理私下与其他人私分了这笔款项。向机构商品服务公司收取的价款中包括已支付的佣金，这导致大主教管区为购买商品和服务超额支付了货款。此外，舞弊者通过自我交易计划从大主教管区挪用超过 100 万美元，他们将专门为大主教管区学校孩子们购买食物的资金转给自己拥有和控制的空壳公司。

费用舞弊

与报销舞弊类似，费用舞弊和工资薪金舞弊都是舞弊者在公司不知情的情况下通过伪造相关文件来实施的付款舞弊。在工资薪金舞弊中，伪造的文件一般有考勤卡、销售订单和费用清单等。费用舞弊是指员工向公司报销过多的业务费及其他费用，如餐费、住宿费和飞机交通费等。

费用舞弊四种常见类型包括：（1）混淆费用的性质；（2）高估费用；（3）虚构费用；（4）多次重复报销同一笔费用。第一类舞弊是将个人支出当作公司费用予以报销。例如，将个人旅游作为商务出差、将个人聚会作为工作餐、将个人的杂志订阅作为公司的期刊订阅。高估费用通常涉及篡改收据或其他证明文件，使得相关费用高于实际金额。舞弊者可能会使用计算机或其他工具来篡改收据上的金额或其他信息。如果公司不需要原始凭证作为入账依据，舞弊者通常就会将收据复印件附在费用清单后。在某些情况下，舞弊者还自己填写收据（如出租车费收据）金额，填写的金额往往高于实际支付的金额。虚构费用舞弊通常涉及创建虚假的支持文件，如虚假收据。随着计算机制表技术的不断发展，伪造虚假收据变得越来越容易。舞弊者有时可以从供应商或印刷商处取得空白收据，然后自己填写金额并报销。在上述四类费用舞弊中，比较少见的是多次重复报销同一笔费用。差旅费报销舞弊的一个例子如下：

> 一名员工在四年时间里向公司报销了 338 张个人旅行发生的机票费。这些机票的乘机人包括该员工的妻子和两个儿子，他们分别从美国前往亚洲，并且多次前往欧洲。还有一次亚洲之行正好处于感恩节假期，该员工用自己取得的公司信用卡预订机票并支付其他人的费用。

工资薪金舞弊

工资薪金舞弊在所有舞弊中所占的比重较小。注册舞弊检查师协会的研究发现，工资薪金舞弊给公司带来的损失只占全部职业舞弊损失的 1.9%。工资薪金舞弊主要分为四类：（1）虚构员工；（2）篡改工作时间和工资薪金数额；（3）佣金舞弊；（4）伪造工人赔偿金声明。其中，虚构员工舞弊给公司造成的损失最大。相关研究结果显示，虚构员工舞弊每发生一次所造成的平均损失为 27.5 万美元。在实施虚构员工舞弊时，舞弊者在工薪表上杜撰一些并未在公司工作的员工姓名，或者将离职员工的姓名保留在工薪表上。通过这种伪造人事记录或工薪表记录的手段，舞弊者就可以在发放工资时获取实际上并不存在的工资薪金。

舞弊者在策划工资薪金舞弊时，通常要完成以下四项工作：（1）将虚构员工的姓名添加到工薪表上；（2）收集出勤记录和工资率；（3）不使用直接转账的方式，将工资支票支付给虚构的员工；（4）将支票交给舞弊者或其合谋者。从工资薪金中侵吞挪用资金最常见的手段是多付工资，它占所有工资薪金舞弊的 55.4%。对于以工时制计算工资的员工来说，工资取决于两个因素：工作时数和小时工资率。因此，如果要虚增此类工资金额，舞弊者必须篡改工作时间或者工资率。由于实行薪金制的员工并非依据工作时间来获取报酬，因此舞弊者通常通过提高工资率来实施舞弊。

佣金是一种按销售人员或其他员工所完成交易金额的一定比率来计算的报酬。佣金根据所完成的销售额和佣金比率来确定，因此舞弊者通常使用以下手段来虚增佣金：（1）篡改销售金额；（2）提高佣金比率。最常见的佣金舞弊是篡改销售金额，所使用的手段包括：（1）虚构销售收入；（2）篡改销售文件上的价格来虚增销售额；（3）宣称销售业务是由另一名员工完成或在其他期间完成来高估销售收入。

某些佣金安排本身就是舞弊的诱因。例如，某项分级佣金计划规定：销售收入少于 10 万美元的，可提取 5% 的佣金；销售收入介于 10 万美元与 20 万美元之间的，可提取 7%

的佣金；销售收入超过 20 万美元的，可提取 10％的佣金。在这种制度下，销售人员有着强烈的动机使自己的销售收入超过 20 万美元，这样的话他们就能提取 10％的佣金。在这种情况下，如果销售人员实现的总销售额达不到 20 万美元，他们就可能虚构"额外收入"来帮助自己获得最多的佣金。

工人赔偿金不属于工薪账户，而属于保险费用。这是一项员工福利安排，向那些受工伤需要治疗的员工支付赔偿金。工人赔偿金舞弊最常见的手段是捏造工伤事故，然后从保险公司获取赔偿金。在某些案例中，舞弊者与医生串谋，由医生提供虚假证明，指出"受伤"的员工需要治疗，而事实上这种治疗根本没有必要。随后，舞弊者、医生以及"受伤"员工就共同私分保险公司支付的赔偿金。

工人赔偿金舞弊的主要受害者是保险公司，因为保险公司需要支付虚假的医疗费用；同时，公司也是受害者，因为医生的虚假证明通常会使公司将来要支付更高的保险费。下面是工资薪金舞弊的一个典型案例，涉及虚构工资单中的员工。

工资薪金舞弊

马克（Mark）是一家大型非营利组织的薪酬专家，而他艾滋病毒检测呈阳性，需要昂贵的药物来控制这种疾病。在两年的时间里，马克盗用了 11.2 万美元来支付医疗费用。尽管马克需要额外的现金，但他已经无法自救。马克的工作职责是将出勤信息发送到计算机系统，并编制工资发放单。添加和删除员工主记录则是由另一名工作人员执行的单独任务。作为一项额外的保障措施，主管批准所有工资可以直接存入员工的个人银行账户。绕过内部控制系统花了点时间，但马克通过以下措施成功应对了这些挑战：

首先，当添加和删除员工主记录的同事登录计算机系统时，马克从旁瞥到她的用户 ID 和密码，这使得马克能够向计算机系统中添加虚假"幽灵"员工主记录。由于减税计划仅适用于一定范围内的员工，因此马克每次在将虚构员工的姓名添加到系统主记录时，给它分配一个不在减税计划范围内的员工号码。这样，工资汇总报告（按员工编号升序排列，每周打印一次）在打印输出的末尾显示虚构员工，而这些虚构员工不会被纳入减税计划。

其次，马克输入虚构员工的虚假工资信息，同时将他们的薪金支付与自己的银行账户关联。根据过去与公司所在金融机构的往来记录，马克知道银行没有重复检查个人工资银行账户的惯例。

最后，为了克服最后的内部控制障碍（上级批准薪资支付），马克准备了自己的虚假薪资摘要给主管签名。因为马克被视为模范员工，所以主管没有仔细检查他的工作，也没有注意到舞弊性文档的打印字体与真实报告所使用的字体并不相同。

> **想一想>>>** 美国联邦政府对举报、揭发与政府相关舞弊行为的人给予极高的奖励。根据联邦法律，如果你知道个人、企业、城市、县或镇提供了虚假信息以便从联邦政府获取金钱或避免向联邦政府付款，你就可以提出索赔，也可以要求政府给予被骗取款项三倍以上的奖励。联邦法律保护你免受任何报复。那么，联邦政府为什么要针对揭发政府舞弊行为提供奖励？

高管现金舞弊

在继续探讨窃取现金以外资产的舞弊行为之前,你需要知道的是,过去几年一些高管经常利用付款舞弊手段掠夺公司大量现金,其中最有名的两类舞弊(也被称为公司抢劫案)是泰科(Tyco)国际有限公司首席执行官丹尼斯·科兹洛夫斯基(Dennis Kozlowski)、首席顾问官马克·贝尔尼克(Mark Belnick)和首席财务官马克·斯沃茨(Mark Swartz)舞弊案以及阿德尔菲亚公司的里格斯(Rigas)父子舞弊案。

泰科舞弊案

泰科舞弊案涉及三名高级别管理者严重的、自私的、秘密的不当行为。1996—2002年,科兹洛夫斯基和斯沃茨从泰科公司获得了价值数亿美元秘密的、未经授权的、不当的低息或无息贷款和补偿。科兹洛夫斯基和斯沃茨向泰科股东隐瞒了这些交易。后来,他们让泰科公司放弃了许多不当贷款的偿付,从中赚取了数千万美元。这些行为也瞒着泰科股东。此外,科兹洛夫斯基和斯沃茨与泰科公司进行了许多高利润的关联方交易,给自己带来了丰厚的溢价。同样,他们也未将这些交易或溢价信息向泰科股东披露。与此同时,科兹洛夫斯基和斯沃茨进行了大规模的资金秘密挪用,科兹洛夫斯基定期向投资者保证:在泰科公司,"没有任何东西隐藏在幕后",泰科公司的信息披露是"出色"的,泰科公司的管理层也"以专注于创造股东价值为荣"。同样,斯沃茨告诉投资者,"泰科信息披露的做法首屈一指"。从1998年到2002年年初,贝尔尼克从泰科公司获得了约1 400万美元无息贷款,以购买和装修自己位于中央公园西侧的一套价值400万美元的公寓,以及位于犹他州帕克城价值1 000万美元的滑雪小屋。然而,这些贷款都瞒着董事会、薪酬委员会。

科兹洛夫斯基、贝尔尼克和斯沃茨也在自己身上花了很多钱。令人震惊的支出之一是科兹洛夫斯基用公司资金为其第二任妻子凯伦(Karen)举办了一场派对。晚会在地中海撒丁岛举办,花费约200万美元(或每人平均7万美元),包括客人的旅费。晚会的策划备忘录删除了某些奢靡的部分,内容如下:

客人从晚上7点15分开始到达俱乐部。到达时,两个角斗士站在门口,一个开门,另一个为客人提供服务。派对上有一头狮子和一辆由一匹马牵引的战车,非常有震撼力。晚会上每隔几英尺就有角斗士站岗。客人进入泳池区,乐队正在演奏,乐队成员着装优雅别致。场上矗立着一个巨大的科兹洛夫斯基冰雕,在其脚下有很多贝类和鱼子酱。侍者穿着亚麻布衣,头上戴着花环。还有一个设施齐全的酒吧。泳池里有漂浮的蜡烛和鲜花。派对还租用了无花果树,整棵树灯火通明。晚上8点半,侍者开始为晚餐提供服务。餐桌上有令人难以置信的美酒和酒杯。乐队在晚餐期间继续演奏轻音乐。晚餐后,主持人在屏幕上播放节目,背景音乐与幻灯片同步。最后,猫王在屏幕上祝凯伦生日快乐,并致歉不能亲临现场。当视频开始淡出时,猫王正在舞台上和摇摆狗一起唱生日快乐歌。此时,一个巨大的蛋糕被推送过来。晚上11点半,灯光秀开始。人们在山上表演,烟火从高尔夫球场的两端传开。摇摆狗开始表演,派对中不断有高潮迭起的演出。

与泰科公司的情形类似,阿德尔菲亚舞弊案也是一起公司抢劫案(涉及掩盖舞弊而操纵财务报表)。阿德尔菲亚公司创始人约翰·里格斯被判处 15 年监禁，他的儿子蒂莫西·里格斯作为公司前首席财务官被判处 20 年监禁。在舞弊案发生五个月后的审判中，检察官指控里格斯父子合谋隐瞒阿德尔菲亚公司的 23 亿美元债务，窃取 1 亿美元现金，并向投资者谎报公司财务状况。检察官指控里格斯父子已经有效地利用阿德尔菲亚公司作为他们的个人储蓄罐，以此支付豪华公寓和高尔夫球的费用，并弥补个人的投资损失。

14.2.4 存货和其他资产的侵吞挪用

舞弊者主要通过两种手段来侵吞挪用除现金之外的公司资产：滥用（借用）公司资产和窃取资产。在这两类舞弊中，窃取资产比滥用资产更加恶劣。可能被滥用而非窃取的资产包括公司的车辆、储备物资、计算机和其他办公设备。舞弊者可能在工作时间利用上述资产处理个人事务。在众多案例中，舞弊者拥有的私人公司与雇主公司的经营性质相同，由此舞弊者的私人公司就可以利用雇主公司的设备，与雇主公司展开竞争。表 14-2 描述了针对组织的常见的非现金舞弊类型。

表 14-2 针对组织的非现金舞弊类型

类型	舞弊手段描述	例子
存货舞弊	任何涉及窃取或滥用库存、设备或用品等实物、非现金资产的计划	• 员工从仓库窃取存货 • 员工使用公司设备开展私人业务
信息舞弊	员工窃取或以其他方式挪用专有机密信息或商业秘密的任何计划	• 员工向竞争对手出售研发成果 • 员工向竞争对手提供商业秘密
证券舞弊	任何涉及盗窃或挪用股票、债券或其他证券的计划	• 员工窃取公司债券 • 员工从公司窃取股票期权

滥用公司资产是一个十分棘手的问题，窃取公司资产则更难以解决。因存货被窃取而造成的损失约数百万美元。舞弊者窃取公司资产的手段包括单纯的盗窃、暗中拿走公司财产或伪造公司凭证和记录等复杂手段。盗窃通常是舞弊者从公司拿走存货或其他资产而未篡改相应的账簿和记录以掩盖舞弊。大多数非现金资产盗窃舞弊并不复杂，舞弊者通常是那些能够接触存货和其他资产的员工，如仓管员、存货保管员和装运员等。

另一类常见的非现金资产盗窃是舞弊者利用购入资产等机会侵吞资产。为了不引起公司的怀疑，舞弊者通常用篡改内部凭证的方式侵吞公司资产。这类舞弊最常用的手段是舞弊者购置材料以完成某项工作计划，然后窃取材料。更为恶劣的舞弊手段则是由舞弊者完全虚构一项工作计划，并在计划中强调必须使用某项资产，而该资产正是他想要窃取的。

第三类非现金资产盗窃是舞弊者利用公司的购货和验收过程来实施舞弊。在购货舞弊中，舞弊者用公司资金购买个人用品。这类舞弊会给公司带来较大损失，因为公司不仅会损失购买商品所支付的现金，还会损失所购置的商品。此外，由于公司实际的库存商品不能达到账面上记载的数量，因此公司经常会发生缺货，从而引起顾客的不满。存货盗窃的两个例子如下：

新泽西运输公司的一名员工偷走了公司的存货，然后在互联网拍卖网站 eBay 上出售被盗物品。在调查阶段，这名员工试图隐瞒盗窃行为，并通过将被盗物品退回仓库和删除 eBay 上的购物网页来阻碍调查。

一家拥有数千英亩林地的大型造纸公司的两名员工拥有自己的创业公司，并与工作所在公司竞争。在为公司服务时，他们砍伐树木，并通过一个朋友把树木卖给公司的竞争对手。公司遭受两种损失：其一，它雇用的是没有生产效率的员工，因为这些员工在为他人工作；其二，砍伐下来的树木被卖给了竞争对手。

窃取信息也可能给组织造成巨大损失。以杜邦的科学家为例，据说他下载了 22 000 份敏感文件，并在准备与竞争对手合伙时访问了 16 000 份其他文件。根据美国特拉华州检察官办公室的数据，这些商业机密的价值高达 4 亿美元。犯罪者将面临最高 10 年的监禁、25 万美元的罚款和赔偿。

> **请记住** >>> 侵吞挪用资产是针对组织的常见舞弊类型。侵吞挪用资产可分为两类：侵吞挪用现金和侵吞挪用其他资产。窃取现金的三种方式是盗窃、坐支和欺骗性支出，常见的付款舞弊有六种类型。非现金资产可能被滥用或窃取。被盗的非现金资产通常是实物资产，如存货、储备物资、办公设备、信息和有价证券等。

14.3 腐败行为

前面我们讨论了侵吞挪用资产的舞弊。与侵吞挪用资产相同，腐败行为也会损害企业利益。实际上，白领阶层的腐败行为已经司空见惯，因为在商业圈中有一种根深蒂固的观念——只有向政府官员和企业管理人员"行贿"才能获得优先待遇。

腐败行为可分为四类：(1) 贿赂；(2) 利益冲突；(3) 敲诈勒索；(4) 非法馈赠。表 14-3 概述了 2012 年注册舞弊检查师协会报告的这些舞弊行为。

表 14-3 腐败行为的类型

类型	行为描述	例子
贿赂	任何人在不经委托人知悉或同意的情况下，为影响官方行为或商业决定而提供、给予、接受或索取有价财物	• 经理与个人在其中有财务利益的组织建立获利关系
利益冲突	员工、经理或高管在一项交易中拥有未披露的经济或个人利益，从而对公司产生不利影响	• 供应商向经理行贿以争取销售合同 • 员工收取合同担保金
敲诈勒索	以非法行为、暴力威胁、恐吓或经济胁迫为由强迫他人进行交易或交付财产	• 经理会根据隐瞒的礼物或奖金做出财务决定
非法馈赠	在未经委托人知悉或同意的情况下，个人为官方行为或商业决定提供、给予、接受或索取有价财物	• 供应商采取特定方式威胁高管

14.3.1 贿赂

贿赂是指通过提供、给予或索取财物等手段来影响官方行为。其中的"官方行为"是指向政府机构及相关人员赠送财物以影响其决定。当然，早期历史上臭名昭著的贿赂例子之一是背叛耶稣的门徒犹大。耶路撒冷的祭司长和长老给犹大三十块银子，要求犹大告知耶稣的位置，好将他捉拿处决。贿赂的另一个例子是20世纪20年代震惊美国的茶壶山丑闻案，被视为美国政治历史上最大和最轰动的贿赂案。在此案中，时任内政部长阿尔伯特·福尔未采用公开招标方式处理茶壶山以及另外两处美国海军油矿，而是以低价让石油公司承租。

大多数腐败行为涉及商业贿赂，即向公司管理者提供钱财以影响其决定。在商业贿赂中，雇员通常在没有得到雇主同意的情况下接受金钱馈赠。也就是说，他们私下获得"见不得光"的钱财，并通过影响公司交易作为对行贿者的"回报"。

贿赂通常可分为两大类：回扣舞弊和竞标舞弊。回扣是指供应商向购货公司采购员秘密支付的钱款，其目的在于利用回扣买通采购员，使其多支付货款。有时，供应商向采购员支付回扣只是为了让公司扩大购货量。供应商一旦支付了回扣，公司就丧失了对购货交易的主动权。一旦由供应商掌握了购货交易的主动权，公司就可能会以较高的价格购入产品，而且购入产品的质量也可能越来越差。

前面我们在讨论回扣舞弊时曾经提到一个案例，麦肯公司以1 100万美元的价款（选择供应商中开价最高的一家）购入一批警卫制服。这批制服质量低劣，根本无法使用。常见的回扣舞弊为：供应商向购货公司开具带有舞弊性质或金额虚增的发票，收受回扣的采购员会设法确保及时支付货款。员工收取回扣的方式可以是收取现金、低价购入供应商的产品、供应商聘用其亲属、供应商的聘用承诺或其他方式。回扣舞弊会对公司的采购业务产生较大影响。

竞标舞弊是指在竞标过程中，公司员工协助供应商赢得合同的串谋舞弊。竞标是供应商或承包商之间为赢得合同所展开的竞争，这一竞争过程为贿赂提供了良好的时机。在竞标会上，某一供应商比其他竞争者具备优势对其竞标成功相当关键，特别是"内部影响力"优势，能够确保供应商赢得合同。很多供应商愿意为取得这种"内部影响力"而付出代价。如何取得竞标成功在很大程度上取决于与供应商串谋的员工在公司中的影响力。员工在竞标过程中权力越大，就越有可能影响定标结果。竞标舞弊中的贿赂对象包括采购员、合同承办员、工程师和技术代表、工程或产品质量检验代表、分包工程联络员。简而言之，就是有权决定合同归属的人员。竞标舞弊的例子如下：

> 威斯康星州的四名建筑业高管被联邦大陪审团起诉，理由是他们涉嫌参与涉及上亿美元州道项目的投标操纵计划。这四名高管分别为两家不同的建筑公司工作。美国检察官办公室的起诉书称，1997—2004年，这四人在州道项目、高速公路、桥梁、街道和机场建设项目上低价竞标。

14.3.2 利益冲突

利益冲突是指公司的员工、经理或高级管理者从某项交易中能获得个人利益，但交易会对公司产生不利影响。与其他腐败行为类似，利益冲突也会损害公司利益。利益冲突通常是指员工的假公济私行为。在某些案例中，员工所从事的交易尽管不能使自己直接受益，但会使朋友或亲属受益。

在利益冲突舞弊中，员工从交易中获得的利益是非公开的。利益冲突案件的基本要素是舞弊者利用雇主的无知、遭受损失的公司对员工的不忠一无所知。如果雇主知晓员工在商业交易或谈判中的利益，那么无论安排对员工是否有利，都不会产生利益冲突。

利益冲突可以分为两类：购货舞弊和销售舞弊。常见的购货舞弊是公司员工（或其朋友或亲属）与供应商存在某种非公开的所有权关系或关联方利益。发票必须来自一家真正的公司，舞弊者在其中有经济或个人利益，并且这种个人利益关系必须对受害公司保密。

一起令人震惊的利益冲突舞弊是最近在美国发生的共同基金舞弊案。自20世纪20年代共同基金行业兴起以来，共同基金一直被认为是一种相对安全的投资工具。共同基金作为一种有限风险投资，用伟大的诗人和作词人鲍勃·迪伦（Bob Dylan）的话来说是"永远安全"，被称为"避风港"。但最近的消息表明，美国近7万亿美元规模的共同基金行业充斥着自我交易、利益冲突、非法行为和不当行为。基金不但允许选定的投资者优先非法交易，以换取更高的收费和其他形式的利润，而且基金内部人士（包括高级管理者和某些基金创始人）也从事类似的非法交易行为以谋求个人利益。大多数共同基金舞弊涉及其基本架构，比如共同基金公司允许特定客户进行非法交易，包括快速进出交易以及交易未能反映共同基金资产价格的信息。共同基金从事的非法交易舞弊涉及两种做法，即"市场时机"和"逾期交易"。由于共同基金有着特殊的估值方式，这些操纵性做法是可行的。具体来说，美国的共同基金在每天纽约金融市场关闭后下午4点估值一次。这一价格被称为资产净值，它反映构成特定基金组合的证券的收盘价，加上基金经理为基金持有的任何未投资现金的价值。因此，尽管共同基金的股票不断被买卖，但是股票交易价格在一天中不会改变。在下午4点之前下的订单在当天的资产净值上定价，在下午4点之后下的订单在第二天的资产净值上定价。自1968年以来，法律一直要求采用这种做法，即"远期定价"。

非法的市场时机是一种投资技术，涉及共同基金股票的快速进出交易。根据斯坦福大学的一项研究，市场时机可能每年给长期共同基金投资者造成约50亿美元的损失。快速进出交易与共同基金的长期投资前提背道而驰。进出交易利用这样一个事实，即共同基金的价格不能反映基金所持有资产的公允价值。市场时机的典型示例涉及持有日本股票的美国共同基金。由于时区不同，日本市场可能会在美国东部时间凌晨2点休市。如果美国共同基金经理使用基金中日本股票的收盘价格，在纽约时间下午4点得出资产净值，那么基金经理依据的是14个小时前的市场信息。如果在纽约交易日出现积极的市场走势，这是一个可靠的指示，表明日本市场晚些开盘时报价会上涨，那么基金过时的资产净值将无法反映预期的价格变化，由此产生被人为操纵的空间。由于资产净值不能反映当时共同基金持有的股票的市场价值,因此以"过时"价格购买日本基金的交易者实际上可以确保获利,即第二天以较高的资产净值出售股票来实现利润。由于人们早已认识到资产净值和公允价值之间的人为操作差异,共同基金制定了政策来防止投资者通过快速买卖基金而从过时的定价中获利。大多数共同基金招股说明书向投资者表示,基金监测、禁止和防止快速进出交易,因为这对长期投资者有害。尽管这种说法表示反对快速进出交易,但共同基金及其投资顾问仍允许进行此类交易以牟利。长期投资者向市场投机者转移财富所形成的损害——所谓的"摊薄"——来自长期投资者的利润。

逾期交易是一种比进出交易更恶劣的舞弊行为。根据法律的规定,逾期交易允许特定投资者在下午4点以后以当天的资产净值而非第二天的资产净值购买共同基金。人们把它比作今天押注昨天的赛马。因为基金的资产净值是在美国东部时间下午4点收盘后计算的,所以在此之前购买、出售或交换共同基金股票的订单会收到当天的资产净值。在美国东部时间下午4点之后下单的价格应该是第二天的资产净值。这一定价机制的立法目的是使所有投资者处于一个公平的竞争环境,在做投资决策时,任何投资者都不能从闭市后的信息中获利。但是,某些共同基金允许特定客户以上一个交易日的资产净值出售共同基金股票,从而利用有利可图的盈余消息。本质上,基于在美国东部时间下午4点之后获得的信息,这些特定投资者可以在第二天立即从股价上涨中获利。相比之下,在美国东部时间下午4点之后购买股票的所有投资者都要以第二天的资产净值为购买价。同样,任何以这种方式赚得的钱都是从共同基金的价值中转移出来的,因此这是投资者的钱财。共同基金可能允许这种情况发生,以换取在其他领域的对冲基金业务。这种令人震惊的逾期交易不限于个别案例,在整个行业都非常盛行,这使得某些投资者能够在下午4点的最后期限按当天的资产净值进行交易。违反共同基金规定的典型舞弊案是普特南(Putnam)投资舞弊案。

普特南是美国第五大基金公司,拥有2 630亿美元资产。在普特南投资舞弊案中,有四名投资基金经理从事市场时机交易,并从中获得巨额横财。另外两名基金经理对非亲自管理的基金进行市场时机交易,也收获了巨额回报。事实证明,早在2000年,普特南基金公司就发现了这个问题,但没有对此加以纪律处分。因此,美国证券交易委员会指控普特南基金公司及其基金经理犯有民事证券舞弊罪。据推测,普特南基金公司的一名高管向朋友提供非公开的投资组合信息,而该朋友又将这些信息提供给客户,这名客户借此在普特南基金公司的PBHG基金组合中进行快速进出交易。据推测,共同基金的高管们从短期交易中获利数百万美元。

> **留意** >>> 假设你是一所著名大学的教授,由于你拥有深厚的专业知识和经验,你有很多机会与商业组织进行磋商。这样的咨询是否存在利益冲突?你在商业实践中获得的宝贵经验是否有助于你成为一名更好的教师和研究员?像这样的潜在冲突在每种商业环境中都很普遍。作为员工或主管,你必须不断了解自己在做什么以及为你工作的人正在做什么。如果你(教授)利用大学的电话、计算机或秘书来协助你开展咨询业务,这是一种利益冲突吗?

14.3.3 敲诈勒索与非法馈赠

与贿赂和利益冲突相比，敲诈勒索与非法馈赠并不常见，而且金额通常较小。敲诈勒索与贿赂正好相反，供应商不是主动向公司员工赠送钱财，而是在公司员工与供应商串谋后向其勒索钱财。如果存在员工收受贿赂从而偏爱某个特定公司或个人这种可能，这种操作就可能会反转，变成员工主动向潜在的采购商或供应商勒索钱财。非法馈赠实际上是贿赂的一种，是指公司员工在做出有利于对手方的决策后收取的回报。非法馈赠是在交易被批准之后才实施的。

敲诈勒索与非法馈赠相似，即总是以非法行为、暴力威胁、恐吓或经济胁迫为由强迫他人进行交易或交付财产。勒索是一种刑事犯罪，当一个人通过胁迫或恐吓从另一个人那里获得金钱、财产或服务或者以身体或名誉威胁一个人交付财产时，这就构成了勒索。敲诈勒索是有组织犯罪集团通常采用的做法，虽然实际获得金钱或财产不需要实施犯罪行为，但以暴力或者提起诉讼相威胁（指要求支付金钱或财产以停止未来的暴力或诉讼）就足以构成犯罪。简单的四个字"交钱，否则……"就足以构成敲诈勒索罪。需要注意的是，以开玩笑的方式对他人进行敲诈威胁也是一种敲诈。

在美国，敲诈可以通过计算机系统、电话、邮件或任何"州际贸易"手段实施。敲诈勒索要求嫌疑人"自愿"和"知情"发送信息作为犯罪的要素。一旦信息发送（但不必发送给预定收件人）就可构成敲诈罪。现实中发生的许多知名的绑架与勒索案涉及许多富人和名人的子女。

> **请记住 >>>** 腐败有四种类型：（1）贿赂；（2）利益冲突；（3）敲诈勒索；（4）非法馈赠。利益冲突和贿赂是迄今为止最常见的腐败行为，而且往往很难发现。

■ 重点内容回顾

- **了解员工和其他人实施职业舞弊的范围**。职业舞弊包括挪用资产、腐败和会计报表舞弊。滥用资产是迄今为止最常见的职业舞弊类型。根据毕马威会计师事务所的调查结果，大约四分之三的员工注意到公司存在某种形式的资产挪用。

- **描述资产侵吞挪用的性质及其类型**。挪用现金的行为可以是盗窃、坐支或欺骗性支出。挪用现金以外的资产包括滥用资产和盗窃。现金被盗用的次数远远多于其他资产，最常见的现金盗窃类型是欺骗性支出。实物资产，如办公设备、储备物资、存货和有价证券是最常见的非现金资产类型。

- **了解腐败的性质及其类型**。腐败有四种类型：（1）贿赂，（2）利益冲突；（3）敲诈勒索；（4）非法馈赠。利益冲突和贿赂是迄今为止最常见的腐败行为。

第 15 章

消 费 欺 诈[*]

寄 语

到目前为止，前面章节讨论的舞弊受害者是企业及其股东。在本章，我们将注意力转向作为受害者的消费者（像你和我这样的普通人）舞弊行为，也称消费欺诈，包括身份盗用、投资欺诈等。在这类舞弊中，犯罪者在获取个人信任后会让其付款或转账。消费欺诈的泛滥严重影响国家乃至世界经济，例如造成2008—2009年全球经济大衰退的次贷危机，其根本原因是抵押贷款欺诈的盛行，虽然银行和其他金融机构能从中获利，但消费者承担了他们无法还清的债务。本章对于你的生活、经济交易以及保护自己的身份信息方面非常有用。

学习目标

在学习本章之后，你应该能够：
- 了解消费欺诈及其严重性；
- 理解身份盗用及其手段；
- 了解投资欺诈和其他类型消费欺诈。

---

[*] 本章中依习惯将 fraud 译作"欺诈"，它与前面章节中"舞弊"的含义相同。——译者注

现实的教训

18岁的高中生雅各布（Jacob）被迫接受了关于身份盗用的教育。他在参加课外俱乐部时，有人撬开他停在学校停车场的轿车，并偷走车上的钱包和音响。雅各布在父母的催促下向当地警方报案并提了一份报告。几天后，他的车修好了并且他也补办了新的驾照，恢复了自认为的正常生活。然而更糟糕的事还在后头，三天后雅各布发现自己银行账户里的1 800美元余额不翼而飞，并在几个月后收到信用卡账单。经过仔细检查，雅各布发现犯罪者不仅偷走了他的钱包，还盗用了他的身份。当他向信用卡银行报告身份被盗用时，发现自己的信用卡已被大量透支。雅各布让母亲向联邦调查局报告这起案件。然而联邦调查员告诉雅各布的母亲，声称身份被盗用是青少年用来为自己的消费辩解的常见借口，也是青少年让父母给他们更多零花钱购买毒品、唱片或其他青少年"必需品"的一种理由。联邦调查局告诉雅各布的母亲可以向信用卡银行申请一份费用清单，然后在雅各布的房间里寻找清单上的物品。雅各布的母亲按要求做了，但令她欣慰的是，她并没有在雅各布的房间里发现清单上的任何物品。经雅各布的母亲再次电话沟通后，联邦调查局终于决定立案调查。经调查核实，雅各布的身份确实被盗用。但非常遗憾的是，雅各布可能需要几年时间才能解决身份被盗用所带来的烦恼。

15.1 消费欺诈及其严重性

随着科学技术的进步和发展，消费欺诈的形式呈现多样化。消费欺诈是指受害者为消费者个人的任何类型的欺诈行为。例如，消费欺诈可能涉及电信诈骗、杂志订阅骗局、中奖骗局、外国预付款骗局（如尼日利亚预付款骗局）、假药、互联网拍卖欺诈、身份盗用和传销欺诈等。

到目前为止，我们已经讨论了员工舞弊、管理层舞弊、供应商舞弊和客户舞弊，还简要讨论了投资欺诈——消费欺诈的一种。在本章，我们将讨论其他类型的消费欺诈。我们关注消费欺诈的初衷是保护你及你的家人和朋友不成为受害者。前面章节所讨论的内容对准备在政府、企业、会计行业、法律行业、大学和医院等部门就业的人士大有裨益，而本章所讨论的内容将会影响每个人，无论你是否就业或从事何种职业。避免成为消费欺诈受害者的最好方法是接受相关教育和学习，本章可能成为你整个职业生涯中重要的学习资料之一。

> **留意>>>** 消费者永远不应该把自己的个人信息（如信用卡号或驾照号）给任何能接触到你的人。当然，你在打电话或进行交易时难免要提供个人信息，即便如此，你也应该格外小心谨慎。当诈骗犯盗用你的个人信息伪装成"你"时，这可能会毁坏你的信用，让你承担巨额债务，并在你试图说服执法部门和其他人时给你带来意想不到的麻烦。

消费欺诈是全世界面临的严重问题。2013年4月，美国联邦贸易委员会发布了第三版《美国消费欺诈调查报告》。调查报告估计，2011年全年被欺诈的成年受害者超过2 500万人（占成年人口的10.8%）。非洲裔美国人最有可能成为受害者，17%的人在2010年经历过一次或多次欺诈，这几乎是非西班牙裔白人欺诈受害者（9%）的2倍。西班牙裔白人比非西班牙裔白人更有可能成为消费欺诈的受害者。这项调查随机选择了3 600多名成年消费者，调查结果显示那些没有接受过大学教育、欠缺信息技术知识及负债累累的人更有可能成为欺诈的受害者；越小心谨慎、对风险容忍度越低的消费者，被欺诈的可能性越小；在过去两年中经历过"严重负面生活事件"（如离婚、家庭成员或好友死亡或失业）的人成为欺诈受害者的可能性是没有经历过此类事件的人的2倍以上。调查报告中界定的前五大消费欺诈类型包括：

- 减肥营销，估计有510万受害者；
- 有奖促销，估计有240万受害者；
- 未经授权收取会员费，估计有190万受害者；
- 未经授权的互联网收费服务，估计有190万受害者；
- 居家工作赚钱方案，估计有180万受害者。

被曝光最多的消费欺诈是减肥营销。减肥营销承诺不节食或不运动就能减肥，消费者购买后却发现这些承诺根本无法兑现。据估计，减肥营销在2011年影响了500多万美国人，在联邦贸易委员会的第二次调查中依然占据首位。有奖促销是第二大类常见的消费欺诈形式，在2011年约有240万受害者。有奖促销承诺消费者购买特定商品或参加展销会后会收到某些奖品，但实际上卖家根本不会兑现这些奖品。排在第三位和第四位的消费欺诈分别是会员费欺诈和互联网收费服务欺诈，2011年这两类服务各约有190万受害者在未经授权的情况下被收取费用。排在第五位的是居家工作赚钱方案欺诈，消费者参与这些项目后甚至无法得到承诺收益的一半。

> **请记住 >>>** 消费欺诈是以消费者为对象的欺诈行为。科学技术的发展使得消费欺诈比过去更普遍、更容易实施，预计超过八分之一的美国人可能成为消费欺诈的受害者。目前美国政府已经建立了几个数据库，旨在警示消费者已曝光的各种消费欺诈以免他们上当受骗，并在消费者不幸成为受害者时提供必要的帮助。

在过去的十多年间，世界各地的执法机构已经合作来联合打击消费欺诈。联邦贸易委员会主要负责处置美国的消费欺诈，并建立了名为"消费者哨兵"的投诉数据库，以跟踪来自150多个组织的消费欺诈和身份盗用投诉，可供美国和加拿大的执法合作机构使用。该数据库于1997年推出，目前存有数百万条消费者投诉。你可以访问网站www.sentinel.gov进行投诉，还可以从中了解消费欺诈的最新发展趋势，并获得有关消费欺诈的其他有价值的信息。

15.2 身份盗用

据联邦贸易委员会称，身份盗用是最常见的消费欺诈行为，每天都影响着成千上万的美国人。在过去几年里，向联邦贸易委员会的投诉中约有四分之一涉及某种身份盗用。身份盗用是指某人冒用他人的姓名、地址、社会保障号码、银行或信用卡账号、其他身份信息实施欺诈或其他犯罪的行为。在本书作者经办的一起案件中,汤姆(化名)度假回来发现妹妹珍妮盗用了自己的信用卡和身份,因为珍妮欠了一大笔钱,而汤姆拒绝为其还款。汤姆向警方报案并起诉珍妮,最终将她送进监狱,但汤姆发现自己住的房子因信用卡透支而遭没收。

身份盗用所导致的最糟糕后果可能不是实际的金钱损失,而是信用的透支和极难更正的被盗用信息。如果犯罪者设法将盗用身份获得的信用卡账单或显示未经授权付款的银行对账单寄送到受害者真实地址以外的虚假地址,那么在犯罪者对受害者的账户造成实质性损害之前,受害者都不会意识到自己被欺诈。与大多数欺诈一样,打击身份盗用最简单的方法就是防止其发生。一旦发生身份盗用,调查和解决它就会异常困难,而且耗时费力、代价高昂。

身份盗用欺诈可以用压力、机会和合理化行为的舞弊/欺诈三角来解释。很多时候,最有可能欺骗我们的人往往是我们信任的人。一些受害者不在家时会让他们信任的邻居帮忙收取邮件,一些受害者会信任餐厅服务员由其自行处理信用卡支付事项,还有一些受害者会信任保姆,或者把个人信息留在家人、朋友甚至陌生人可以看到的地方。

有些身份盗用欺诈会彻底毁掉一个人的正常生活。例如,一名犯罪者欠下超过 10 万美元的信用卡债务,却购买了房子、手枪和摩托车,并以受害者的名义取得了联邦贷款。他甚至打电话给受害者,嘲笑受害者被盗用身份信息却对此无能为力。在犯罪者最终落网后,受害者及其妻子花费了近四年的时间、超过 15 000 美元来恢复被透支的信用。犯罪者因在购买枪支时提供虚假身份信息而被判处短期徒刑,但从未就自己造成的损失向受害者赔偿。

> **想一想>>>** 你认为是否有可能从生活中彻底消除身份盗用风险?

15.2.1 身份盗用是如何发生的

犯罪者在窃取受害者身份时都会遵循一个共同的模式,为便于理解这一过程,我们提出"身份盗用循环"概念。尽管犯罪者实施身份盗用欺诈的方式略有不同,但大多数会遵循图 15-1 所示的循环。

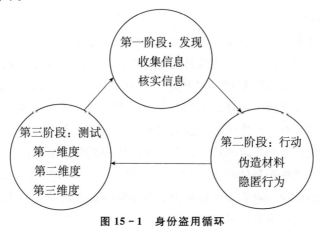

图 15-1 身份盗用循环

第一阶段为发现，包括：(1) 收集信息；(2) 核实信息。

第二阶段为行动，包括：(1) 伪造材料；(2) 策划掩盖或隐匿行为。

第三阶段为测试，包括：(1) 第一维度，小范围测试被盗信息；(2) 第二维度，大范围测试被盗信息，通常涉及人际互动，并且不太可能被发现；(3) 第三维度，在确信之前的测试起作用后，犯罪者实施更大范围的身份盗用。

第一阶段：发现

发现包括两个方面，即收集信息和核实信息。这是身份盗用的第一步，因为犯罪者采取的所有后续行动都取决于发现阶段的准确性和有效性。有效的发现为犯罪者实施身份盗用奠定了基础。犯罪者越精明，发现阶段的工作就会做得越好。在收集信息阶段，犯罪者会竭尽所能收集受害者的信息，常用的手段包括搜索住宅、个人计算机和垃圾投放点，进行网络钓鱼，侵入汽车或住宅，扫描信用卡信息等。

在核实信息阶段，欺诈者会使用各种方法验证收集到的信息。例如在进行电信诈骗时，犯罪者会冒充企业代表打电话给受害者以核实所收集的信息。尽管某些欺诈者刚开始可能并没有执行信息验证程序，但他们后续在欺诈过程中的某个时刻一定会进行核实。很显然，不核实信息的犯罪者通常要比核实信息的犯罪者更容易被抓捕。

第二阶段：行动

行动是身份盗用循环的第二阶段，涉及两种活动，即伪造材料和策划掩盖或隐匿行为。伪造材料是指犯罪者伪造必要材料或工具以欺骗受害者的过程。例如，利用已获得的信息，犯罪者可能会以受害者的名义申请虚假的信用卡、支票或驾照。虽然犯罪者目前实际上没有从受害者那里窃取任何资金，但他们已经积累了必要的作案"工具"。犯罪者为获取信息或工具而采取的任何行动后续都将用于冒用受害者身份信息来获取非法利益。

策划掩盖或隐匿行为包括采取任何步骤来掩盖或隐匿身份盗用过程中留下的财务痕迹。例如，欺诈者会设法篡改受害者的真实地址或电子邮件，以便让金融机构将信用卡对账单发送给欺诈者而非受害者。这些隐匿行为使欺诈者能够在不被察觉的情况下长时间实施身份盗用。

第三阶段：测试

测试是指犯罪者利用所盗身份获取非法经济利益的过程。测试有三个维度，被认为是身份盗用循环中最关键的阶段，因为这是欺诈者真正获取非法利益的阶段。

第一维度是指第一次实施欺诈，主要是为了测试欺诈方案和被盗信息的有效性。例如，欺诈者可能去加油站刷卡消费以判断偷来的信用卡是否真的有效。如果信用卡有效，欺诈者就会对身份盗用行为产生信心，进而实施更大范围的盗用；如果信用卡失效，欺诈者就会设法摆脱由此产生的后果的威胁，并且可以快速丢弃信用卡且不会造成任何影响。

第二维度是欺诈者在最初的测试成功后采取的行动，通常涉及与他人的面对面互动。如果信用卡在加油站能用，欺诈者就可能会尝试用它购买金额更大的物品，比如他可能去购物中心购买服装、音响设备或其他"大件"物品。

第三维度是指那些为犯罪者带来巨额利益的行动，发生在犯罪者对身份盗用有较大信心之后。例如，欺诈者可能设立电话账户、开立银行账户、获取汽车贷款或进行其他重大交易。第三维度对身份盗用者来说风险最大，其行为被曝光的可能性比其他任何阶段都大。

欺诈者在实施完成第三阶段的测试之后通常会丢弃正在使用的受害者信息，然后更换另一个受害者，再从发现阶段重新开始欺诈活动。下面是一个真实的案件：

乔治（George）已经离开美国好几年了，但仍然在美国保留了一套房子。当他决定卖房时却发现房子已经被租给了陌生人，有人盗用了乔治的身份信息收取租金。此外，盗用者还利用他的身份信息取得了房贷和商业项目贷款。

15.2.2 欺诈者如何将盗用信息转化为非法经济利益

一旦获得了个人信息，欺诈者就会利用这些信息获取非法经济利益。获取非法经济利益的一些常见方式如下：

（1）购买大件物品，如电脑、音响或电视等。欺诈者通常会使用伪造的信用卡或借记卡购买价格高昂且容易出售的物品，或者很快把赃款用于购买毒品或花费在其他恶习上。

（2）办理汽车、房屋或其他贷款。一旦确信所盗身份信息（通过成功的小额购买）有效，欺诈者通常就会以受害者的名义申请贷款，最常见的欺诈性贷款是汽车贷款。汽车虽然很容易被追踪（根据车牌或车辆识别号），但也很快会被出售或转让，这样就无法追踪到欺诈者。

（3）以受害者的名义办理电话或网络服务。欺诈者通常以受害者的名义办理电话或网络服务，这样做可以让银行、企业和其他人更容易相信他的身份。欺诈者还利用电话作为联系方式来买卖毒品、获取信息以窃取更多的身份，或者实施电信诈骗和其他欺诈计划。

（4）盗刷借记卡或伪造支票。欺诈者经常盗刷借记卡或伪造支票来窃取受害者银行账户里的资金。正如本章后面所讨论的，借记卡最大的风险之一是缺乏针对欺诈性交易的安全保障措施。这使得消费者在支票账户和借记卡账户中只保留少量现金变得极其重要，从而将损失降到最少。

（5）开立新的支票账户。欺诈者经常利用受害者的个人信息并以其名义开立新的支票账户。这些支票不仅会导致受害者发生资金盗窃问题，还会使受害者的信用和声誉受损。

（6）以受害者的名义申请破产。欺诈者有时会以受害者的名义申请破产，这会让受害者无法发现自己的身份已经被盗用，而且这种行为会导致受害者受损的信用和声誉需要数年才能恢复。

（7）谎报受害者姓名。众所周知，欺诈者会利用受害者的身份信息来保护自己不受损失。此外，如果欺诈者有犯罪记录，他就可能会以受害者的姓名购买枪支或其他难以获得的物品。欺诈者对警察谎报身份，多数情况下会因受害者没有犯罪前科而使欺诈者被释放；甚至欺诈者被法庭传唤但没有出庭，法院可能会签发对受害者的逮捕令。同样，要从联邦、州、地方和商业记录中清除受害者的非法交易记录可能需要数年时间。

(8) 开立新的信用卡账户。欺诈者通常会开立新的信用卡账户，这样他们就可以透支受害者的账户而不用承担还款责任。如果受害者的身份被成功盗取，开立新的信用卡账户是欺诈者诈骗受害者最简单的方法。

(9) 篡改受害者的通讯地址。欺诈者一般会篡改受害者信用卡账单的邮寄地址，这样可以防止受害者发现并使欺诈者能够继续使用受害者的信用卡和身份。因为收到信用卡账单的是欺诈者而不是受害者，所以欺诈行为得以继续。

15.2.3 受害者的身份如何被盗取

盗取受害者的身份并没有看起来那么难，欺诈者可以通过几种方法获得实施身份盗用所需的信息。美国司法部网站列出了犯罪者常用的盗取身份的几种方法：

(1) 欺诈者以合法员工、政府官员或与受害者有业务往来机构的代表的名义获取个人资料。

(2) 欺诈者监视你输入的信用卡号码和密码，即所谓的偷窥。

(3) 欺诈者在消费者的垃圾投放点搜寻——这种活动有时被称为"翻垃圾桶"。一个垃圾桶如果被放置在大街上，就会被认为是公共财产，任何人都可以在其中翻找东西。待批准的信用卡申请表、税务信息、包含信用卡信息的收据、社会保险收据或财务记录等是身份盗用者认为最有价值的信息来源。

(4) 当受害者支付账单时，欺诈者会从其信用卡中盗取信息。他们使用信息存储设备获取有价值的信息。盗取信用卡、驾照或护照上的个人身份或账户信息是一种高科技手段。一种用来捕捉这些信息的电子设备被称为"侧录机"，在网上以低于 50 美元的价格就可以买到。信用卡刷过侧录机后，卡上磁条中包含的信息就被读入并存储在设备或其链接的计算机上。

盗刷信用卡是实施信用卡诈骗的主要手段，在身份盗用中也越来越流行。盗刷信用卡是一个全球性的问题。某些国家被认为是信用卡购物的高风险地区。一名在法国的旅行者最近报告说，他的信用卡在泰国、吉隆坡和马六甲等地被刷了价值几千美元的商品。盗刷者很聪明也很狡猾，会尽可能地缩小侧录机等设备的体积且使其更隐蔽，从而很容易地在你不注意时盗取你的身份信息。

- 餐馆盗刷。据悉，许多盗刷者会雇用餐馆员工来盗取信用卡信息。类似的事件发生在北卡罗来纳州夏洛特市，当地一家知名牛排餐厅的两名服务员被指控从毫无戒备的顾客那里窃取了 650 多个信用卡号码，并以每个 25 美元的价格出售。
- 自动取款机或加油站盗刷。犯罪者胆大妄为地篡改 ATM 内置程序是很常见的现象。通常他们会在 ATM 卡槽中插入一个"卡套"装置，或者在加油站的刷卡槽中插入一个读卡器。ATM 防盗一直是英国的一大难题，据估计，平均每 28 台 ATM 中只有 1 台安装了防盗装置。在美国，加油站的信息盗取也是一个日益严重的问题。
- 员工盗刷信用卡。员工盗刷信用卡是指当顾客购物时，商场工作人员使用侧录机刷卡盗取信息的行为。他们会刷两次信用卡，一次是为了支付交易款，另一次是为了盗取信息。有举报称，当顾客在加油站开支票时，员工会在核对驾照的同时盗取信息。

盗取受害者的身份信息很容易。欺诈者使用多种方式获取所需的信息以实施身份盗取。一些比较常见的信息收集途径如下：

(1) 从企业收集信息。犯罪分子从雇主那里窃取信息，包括入侵企业的电脑，或者贿赂、欺骗有权获得机密信息的员工。例如，成千上万的"好订网"（Hotels.com）客户面临身份被盗的风险，因为最近一名审计人员偷走了一台存储客户信用卡信息的笔记本电脑；在华盛顿州贝尔维尤市，一名外部审计人员放在车上的有密码保护的笔记本电脑也被人偷走了。

(2) 偷盗钱包以获取机密信息或身份证明，几乎每个钱包里都存在有价值的个人信息。

(3) 入侵受害者住宅窃取他们的信息。

(4) 拦截邮件，包括银行信息、支票、信用卡信息、税务信息或预先批准的信用卡等。

(5) 在当地邮局填写"地址更换申请"，把受害者的邮件送到邮政信箱或其他地址。

(6) 监听。当消费者通过电话提供信用卡或其他有价值的信息时，犯罪分子会在附近位置监听窃取信息。

(7) 利用互联网窃取重要信息。这通常要使用一种高科技手段——网络钓鱼来实施，犯罪者利用垃圾邮件或弹出式消息欺骗消费者，诱使他们透露信用卡号码、银行账户信息、社会保障号码、密码或其他敏感信息。钓鱼者（网络钓鱼的欺诈者）会发送电子邮件或弹出式消息，声称来自与消费者打交道的合法企业或组织，如互联网服务提供商、银行、在线支付服务甚至政府机构。这些信息通常会声称，需要受害者"更新"或"验证"自己的账户，然后引导受害者登录一个看似合法的网站，诱骗受害者透露个人信息。

15.2.4 如何将身份被盗风险降到最低

有很多方法可以减小身份被盗的可能性。欺诈者获取个人信息的难度越大，欺骗他人成功的可能性就越小。降低身份被盗风险的有效方法包括：

(1) 保护你的邮件不被拦截。当你离家外出时，让美国邮政服务来保管你的私人信件。消费者可以拨打 1-800-275-8777 热线电话，把信件暂时存放在邮局的邮寄信箱或当地邮局，而不是放在住宅外面的邮箱里。

(2) 不使用预先批准的临时信用卡。欺诈者实施身份盗窃的一种显而易见的方法是，简单填写消费者通过邮件收到的预先批准的临时信用卡申请，然后将其寄送给金融机构。虽然许多人会销毁预先批准的临时信用卡，但这只是保护消费者免遭欺诈者的检查和利用，欺诈者仍然有机会在受害者打开邮箱之前窃取预先批准的信用卡申请。大多数消费者不知道的是，他们有权选择不接受预先批准的临时信用卡，消费者可以拨打 1-888-567-8688 热线电话，申请将自己的姓名直接从接受临时信用卡名单中删除。

（3）至少每年查收一次个人信用信息（信用报告）。《公平信用报告法案》（FCRA）要求美国三大消费者信用报告机构——益博睿（Experian）、艾可菲（Equifax）、环联（Trans Union）按消费者的要求每 12 个月向其提供一份免费的信用报告。《公平信用报告法案》提高了美国消费者向组织提供信息的准确性和私密性。美国消费者保护机构——联邦贸易委员会强制要求消费者报告有关组织执行《公平信用报告法案》的情况。信用报告的主要内容包括你的住址、如何支付账单、是否被起诉、是否有犯罪或申请破产等。全国性的消费者信用报告公司可以将报告中的信息与相关单位和个人共享，包括债权人、保险公司、雇主和其他评估个人信用的机构、就业机构或租赁企业等。关于如何获取免费信用报告的说明可以在联邦贸易委员会的网站上找到，也可以在互联网搜索引擎中输入"免费信用报告"等关键词或者访问信用报告机构网站来获取。

（4）保护社会保障号码。个人的社会保障号码对任何诈骗分子来说都是有价值的信息。如果欺诈者想要冒充受害者开立各种类型的新账户，他就必须知道受害者的社会保障号码。无论何时何地，消费者都应当把社会保障卡存放在安全的地方。如果和室友住在一起，保护这些信息就更重要了，虽然某室友可能永远不会偷窃别人的东西，但不能排除他的朋友、兄弟或姐妹会这么做。需要注意的是，我们信任的人最有机会实施身份盗用。许多组织仍然使用成员的社会保障号码作为身份识别手段，必须使用它才能访问组织内部网络。许多程序或网页设置了自动填充密码功能，这样用户下次登录就不必再输入密码了。但是这样做的风险隐患很大，明智的做法是确保这些密

> **想一想** >>> 欺诈者如何利用受害者的社会保障号码来实施欺诈？

码不容易被获取。许多州允许公民将自己的社会保障号码打印在驾照上，这样做也存在很大的风险隐患。我们建议永远不要把社会保障卡放在你的钱包里！

（5）保护个人信息。保护个人信息对每个人都很重要。雇用外部人员从事保洁、护理或其他家政服务的消费者，或者有外部人员在你的住所以任何理由活动时都要特别小心。一名注册舞弊检查师建议人们把最重要的文件放在冰箱内空的冰激凌容器里，他相信如果有人到自己家来，这可能是他最不会留意的地方。然而，对于普通消费者来说，一个上锁的保险箱可能就足够了。

（6）保护垃圾桶以防被盗。消费者最好撕毁无用的收据、保单、信贷申请表、医药费清单、作废支票、银行对账单、失效的信用卡，以及删除他们通过邮件收到的信贷邀约和任何其他来源的个人信息。请记住，消费者可致电 1-888-567-

> **留意** >>> 在垃圾清运车回收垃圾前，请确保不要把你的垃圾放置屋外太久，并且尽可能在丢弃文件之前把它们撕毁或销毁。此外，永远不要把你的邮件长时间保留在邮箱里。

8688 申请取消预选的信用卡优惠（请参阅前述如何取消预先批准的临时信用卡），购买碎纸机也是较为明智的选择。

（7）保护钱包和其他贵重物品。消费者应该把钱包放在衣服口袋里，不要把它放在车里或其他可能被偷的地方。对于消费者来说，始终要知道自己的钱包在哪里以及里面存放的东西是很重要的。个人应该只携带身份证件和经常使用的信用卡和借记卡。许多人不知

道自己拥有的信用卡数量，消费者应将信用卡数量限制为两三张，并将所有信用卡的24小时客服电话号码保存在手机通讯录中。这样，一旦信用卡丢失或被盗，受害者就可以迅速拨打电话给发卡银行以阻止所有交易。虽然借记卡不可以透支，但大多数借记卡缺乏针对欺诈的安全保护措施。与其相反，几乎所有的信用卡现在都附有防欺诈保险。在使用借记卡或信用卡之前，消费者应该意识到其中的风险，并尽量将风险降到最低以保护自己的利益。一个很好的做法是复印你所有的借记卡和信用卡正反两面放在钱包里备用。一些手机的应用程序也提供了存储这些信息的简单方法。通过这种方式，即使钱包被偷，你也能很快知道被盗物品的所有信息并能迅速通知银行、信用机构和其他组织。

（8）使用强密码。个人应当对借记卡、信用卡、银行账户和电话账户使用强密码，避免使用容易与自己个人信息联系在一起的密码，例如自己或家人的生日、父母的姓名、配偶的姓名、电话号码后四位、连续的数字（如1-2-3-4）或其他易被猜到的密码。许多组织在开立新账户时都会使用默认密码，消费者应尽快修改。许多个人对所有账户都使用相同的密码，虽然这样做可以防止自己忘记密码，但一旦欺诈者获得某个账户的密码，其他账户就可能都会被盗。例如，银行工作人员可能知道你的银行密码，如果其他账户的密码与之相同，欺诈者就可以无限制地访问你的大部分个人身份信息和银行账户。消费者不应对所有账户都使用相同的密码，并且应定期修改密码。

创建强密码的一种方法是在你记得住的长语句中以每个单词的首字母作为密码，然后在密码中穿插数字和其他字符让这些密码难以被破解。例如，林肯总统在葛底斯堡演讲中一句著名的话："87年前，我们的先辈在这片大陆上创建了一个新国家，它孕育于自由。"我们选取这句话每个单词的首字母组成一个密码"fsasyaofbfotcanncil"。然后，再添加一些数字和其他字符使这个密码更难以被破解，但也相对容易记忆。例如，插入你记得的日期，如1992年2月24日，再加上星号和感叹号，由此形成一个新密码："fsasy1992aof2bfotc24ann*cil!"——这个密码就非常安全。尽管如此，它也不应用于多个账户，特别是一旦这些账户被攻破就可能给你带来意想不到的麻烦。一些软件提供付费的强密码服务，并为多个账户加密和跟踪。这种软件非常有用，因为用户只需在自己的电脑上记住一个密码就可以关联数百个高度安全的密码。

（9）保护自己的住宅。消费者应该保护自己的住宅免遭欺诈者的入侵。一些欺诈者入侵民宅却不偷任何物品，受害者甚至可能不知道有人曾经到访自己的住宅。欺诈者会窃取所有需要的信息，盗取身份后离开。为了防止这种情况发生，最好是锁好所有的门窗并使用固定螺栓或双锁。安装警报系统也是不错的选择，如果认为警报系统太昂贵，那么消费者可以购买警报系统的贴纸、标志或盒子并放置在住宅外面，让窃贼以为房屋已经安装防盗系统。如果消费者正在使用带密码锁的自动车库门，那么需要注意的是在输入密码数字时确保没有被其他人看到。有时，欺诈者可能会等待几个小时偷窥他人输入密码数字。在常规的密码锁上，只要注意到有三四个数字比不使用的数字磨损得更多，就能很容易知道密码有哪些数字。最后，如果消费者在家里安装了婴儿监视器，他们就应确保自己没有被邻居或其他人监视。就像视频信号一样，婴儿监视器也能接收到其他监视器的频率。如果有人在安装婴儿监视器的房间里打电话，欺诈者就可能通过监视器监听电话并截获有价值的个人信息。

（10）保护你的电脑。规范的公司很少会利用电子邮件交流机密信息。如果个人对自己的公司账户有疑问，就应该及时联系所在公司加以解决。当消费者收到一封要求提供个人信息或财务信息的电子邮件或弹出式消息时，他们不应回复或点击消息中的链接。欺诈者甚至会利用"cookie"① 从消费者的硬盘上收集个人私密信息。需要注意的是，电子邮件并不是传递个人信息的安全方式。如果消费者需要通过网络发送重要信息，就应该对信息加密并识别网站以验证其真实性。许多网站在浏览器的状态栏上会有一个图标来显示网站是否安全。若一个网站以"https:"开头，则它要比以"http:"开头的网站更安全，"s"表示该网站是安全的。② 当然，没有任何网站是绝对安全的。

在网上使用信用卡时，消费者需要及时检查自己的信用卡和银行对账单。如果对账单晚到好几天，消费者就应联系所属银行，检查账单地址和账户余额。因为这是一个警示信号，说明某方面可能出了问题。虽然现在几乎所有的银行都通过互联网提供自动支付服务，但互联网交易并不是绝对安全的。本书一位作者最近与一家大型区域性银行的首席执行官进行了座谈。这位首席执行官承认，虽然他并不认为网上银行是绝对安全的，但银行管理层认为有必要跟上其他银行的步伐，由此也开始提供网上银行服务。客户不应该打开或下载电子邮件中的任何附件，除非知道是谁发送的以及发送目的。使用互联网的人都应该安装杀毒软件并让它更新到最新版本。钓鱼电子邮件中包含的程序可以在消费者上网时入侵电脑并追踪其行为。杀毒软件会监测计算机与外界通信的过程，并检查是否有系统文件遭到破坏或篡改。防火墙是阻止未授权通信的有效方法。宽带链接特别容易受到攻击，使用时要格外小心。如果消费者收到欺诈性电子邮件或可疑文件，切记不要打开邮件及其附件，建议直接转发到网站（www.ftc.gov）由联邦贸易委员会进行调查。

（11）拒绝共享信息。在美国，凡是在信用报告机构、银行等金融机构、保险机构、投资公司或抵押公司开立账户的人，其个人信息都有可能被出售给营销公司或其他第三方。根据美国《金融服务现代化法案》（Gramm-Leach-Bliley Act，也称《格雷姆-里奇-比利雷法案》），金融机构有权为盈利而共享个人信息。你有没有想过为什么你收到的服装广告比你室友多？或者你室友收到的信用卡推销广告比你的多？部分原因在于信用报告机构和银行等金融机构已将你的信息出售给营销公司。这些公司知道消费者在服装、食品、汽油和旅行上的花费，然后以最有效的方式向消费者营销。《金融服务现代化法案》还赋予个人选择不出售个人信息的权利，然而许多人并没有意识到自己拥有这项权利，大多数人甚至没有意识到自己的个人信息正在被出售、使用和传播。为了防止身份被盗和保护私密信息，消费者应该去开立账户的金融机构取消信息共享这一授权。

---

① "cookie"是一种能让网站服务器把少量数据存储到客户端的硬盘或内存，或者从客户端的硬盘读取数据的一种技术。它可以用来判定注册用户是否已登录网站，从而免去用户再次登录网站重复输入注册信息的烦恼。

② https 全称为 Hypertext Transfer Protocol over Secure Socket Layer，是以安全为目标的 http 通道，简单来讲，它是 http 的安全版，即在 http 的基础上加入 SSL。

15.2.5 起诉身份盗用者

盗用身份的犯罪者应受到民事或刑事起诉。为了确保诉讼成功,你需要收集充分、适当的证据来证明欺诈者的行为是蓄意欺骗受害者。这些证据材料包括基础数据和其他证明材料。在大多数身份盗用案件中,如果能收集到信用卡、汽车贷款、大额物品是用假冒身份购买的证据,证明身份冒用者的意图就相对容易了。

在第 1 章中,我们曾指出刑法是保障公共利益或社会整体利益不受侵犯的法律,一般针对整个社会的犯罪。犯罪者会因违反禁止某种行为的法规而受到州或联邦政府的起诉。每个州及联邦政府都制定了法律禁止各种形式的身份盗用。表 15-1 列出一些常见的关于身份盗用的联邦法规,这也是每个舞弊调查人员应该熟悉的。

表 15-1 关于身份盗用的联邦法规

法规	标题和代码	说明
《防止身份盗窃及假冒法案》	《美国法典》第 18 部分第 1028 节	这是针对身份盗用最直接、最有效的法规。身份盗用的猖獗以及身份盗用者很少或没有被处罚或惩罚的现实促成法案的颁布
《金融服务现代化法案》	《美国法典》第 15 部分第 6801—6809 节	法案于 1999 年通过,它禁止利用虚假的借口获取他人的个人信息(此前,以他人的身份向银行获取个人机密信息实际上是合法的)
《1996 年健康信息携带和责任法案》	《个人可识别健康信息的隐私标准》最终规则 45CFT 第 160 和 165 部分	法案自 2001 年 4 月 14 日起生效,旨在保护敏感的个人健康信息在未经病人同意或知情的情况下被披露
《1994 年驾驶员隐私保护法案》	《美国法典》第 18 部分第 2721 节	法案规范了各州机动车部门收集的个人信息的隐私和披露
《1974 年家庭教育权和隐私权法案》	《美国法典》第 20 部分第 1232 节	法案规定,任何接受联邦基金的机构披露任何个人的教育或个人信息都是非法的
《公平信用报告法案》	《美国法典》第 15 部分第 1681 节	法案规定了消费者个人对信用报告的权利,规范了消费者信用或报告机构对报告的制作、传播,以及对违法记录的处理等事项
《电子资金转账法案》	《美国法典》第 15 部分第 1693 节	法案为所有涉及使用信用卡或其他电子手段借记或贷记账户的欺诈交易提供一系列的消费者保护
《公平债务催收法案》	《美国法典》第 15 部分第 1692 节	法案旨在保护消费者的合法权益,防止消费者受到债权人不公平的债权行为的侵害
《公平信用账单法案》	《美国法典》第 15 部分第四十一章	法案限制客户信用卡未经授权使用后的客户责任

上述是较常见的关于身份盗用的联邦法规。在被定罪之前，犯罪嫌疑人必须由陪审团"排除合理怀疑"地证明有罪，然后才能由法官裁定量刑，之后等待他们的将是罚款或监禁。

15.2.6 身份被盗用后应采取的行动

在未来某个时候，你或你认识的某个人有可能成为身份盗用的受害者。如果你不幸成为受害者，那么立刻行动起来是最重要的，因为这样能够尽快、尽可能地挽回或减少损失。

在美国，身份盗用的受害者应立即联系联邦贸易委员会，或登录其网站（www.ftc.gov）或拨打1-877-438-4338热线电话。联邦贸易委员会有责任为身份盗用的受害者提供必要的帮助。他们不仅会向受害者提供有价值的信息，还将协助受害者联系执法机构和信用报告机构，以最大限度地减少其经济损失。

除了联邦贸易委员会，其他一些机构也能给身份盗用受害者提供帮助。当地的联邦调查局或美国特勤机构可以协助调查多种类型的身份盗用。如果受害者认为自己的邮件被重新定位，当地邮政检查服务机构可以帮助修复邮箱，并确定犯罪者是否利用邮件作为实施身份盗用的工具。如果受害者怀疑犯罪者可能盗用身份信息并做出税务违法行为，他应拨打1-800-829-0433热线电话联系国税局。如果受害者发现自己的社会保障卡被盗用，他应该拨打1-800-269-0271热线电话联系社会保障局。

由于身份盗用会直接影响受害者的个人征信，他应该立即联系三大信用报告机构——益博睿、艾可菲、环联。鉴于身份盗用的危害性极大，三大信用报告机构都设立了专职部门来帮助身份盗用受害者，并提供热线电话：1-800-397-3742（益博睿）、1-800-525-6285（艾可菲）和1-800-680-7289（环联）。

许多身份盗用涉及伪造支票，因此受害者应立即联系对应的支票核查机构。如果受害者的支票被盗用，或者犯罪者以受害者的名义开立银行账户，相关核查机构就可以帮助受害者恢复信用并协助其清算债务。如果知道某个商家收到了伪造的支票，受害者就应该确认该商家对应的核查机构并与其取得联系。目前核查机构有很多，表15-2列出一些较常见的核查机构及其联系方式。

表15-2 相关核查机构和电话

核查机构名称	联系电话
艾可菲征信服务公司	1-800-525-6285
检仪公司（CheckRite）	1-800-766-2748
国家处理公司（NPC）	1-800-526-5380
共享支票授权网（SCAN）	1-800-262-7771
电传检测公司（TeleCheck）	1-800-710-9898
交叉检测公司（CrossCheck）	1-800-552-1900
不良信用记录系统（ChexSystems）	1-800-428-9623

除了表15-2所列的核查机构，身份盗用受害者还应联系自己所有的债权人、开户银行等金融机构，确保其知悉自己身份被盗的情况。受害者可能还需要申请更改个人识别码（PIN）、银行账户、支票和任何其他个人身份识别信息。

15.2.7　身份盗用的真实案例

在结束对身份盗用的讨论前，我们希望你能明白身份被盗用之后将面临多么大的麻烦，而且要耗费很长的时间来恢复个人信誉。下面我们以一个真实受害者的亲身经历来结束这个话题。

身份盗用案

我多次告诉别人我是一名受害者。警察和执法机构应当告诫人们，身份被盗会让受害者情感上饱受痛苦、心理上蒙受羞辱、金钱上代价高昂。我已经耗费太多的时间来修复犯罪者对我造成的伤害。作为一名教师，我每小时的工资是35美元。在这次事件中，我损失了5 250美元。因为身份被盗用，我在商店结账时支票被拒、被店员羞辱，这让我的情绪变得非常糟糕。联邦贸易委员会应当可以证明我是受害者。

劳动节那天，我的钱包在芝加哥的一家咖啡店被人偷走。当我开车回家注销信用卡时，发现信用卡已经被人盗用。在注销信用卡时所在银行给予我很大的帮助，但是并没有人告诉我需要通知三大信用报告机构，警察也没有。

信用卡银行要求我注销伪造的支票，但是并没有建议我注销原来的账户重新开户。这两张伪造的支票是盗用者在同一天晚上伪造并在不同的地方使用的，一个地方是某赌博游船，另一个地方是大型杂货商店。很显然，第一个地方需要身份证件才能进入。我在塔吉特超市（Target）结算商品时，收银员拒收我的支票，此时我才得知有人盗用我的身份伪造支票。我当着收银员的面打电话给银行询问原因，相关人员告诉我，"我"在哈拉斯地区的一艘赌博游船上曾被拒付。我试图去解释，但对方让我第二天早上打电话给艾可菲支票服务公司由其解决。第二天我联系艾可菲公司后，对方却告诉我这个问题需要相关书面材料才能解决。

就在同一天，我收到艾可菲公司的收款通知书。我再次打电话试图解释，对方告诉我需要邮寄材料给他们，包括一份伪造支票证明（要求我在收到银行机构出具的伪造支票的复印件后填写，限时4天），并告诉我他们收到信息后可能需要30天的时间来清除我的记录。

与此同时，我无法在任何商店使用个人支票。然后，我收到一封电传检测公司寄来的关于在杂货商店使用伪造支票的通知书。我再次打电话解释并不得不再一次发送各种材料，还要再等上30天才能使我的信用记录恢复正常。这两家公司都没有建议我联系信用报告机构。

10月，多亏了塔吉特超市的收银员，她让我意识到有人以我的名义在超市开立了一个借记账户。收银员对这个新账户产生了怀疑，她发现开户的女子比申请表上填写的出生日期要年轻得多，她跟随那名女子和她的男朋友并记下了其轿车的车牌号。当然，这一切都发生在她收了989美元的音响设备和电子设备的购买款之后。

调查人员曾来电确认我有没有开户,他建议我联系信用报告机构要求提供个人信用报告,检查还有谁在查询我的个人信用情况。我联系了在机动车辆部门工作的朋友让她帮忙查找车牌号码,之后我打电话告诉了警察开户女子的姓名、地址和电话号码。但是负责这起案子的警察根本不相信我说的话。我曾告诉他,我在塔吉特超市有证人,然而他还是不相信。他对我说的原话是:"你根本不是受害者。"他还告诉我,实际上我并没有损失什么,受害者不是我而是信用卡发卡公司。我很震惊并问他为什么这么说,我的身份被盗用了,支票被伪造了,被犯罪者伪造了新账户,并且信用卡也透支了。他再次断言实际上我没有损失任何金钱,我又气又恼地挂掉了电话。

我按照调查人员的建议联系了信用报告机构。环联信用报告局很容易联系上,而且给了我很大帮助。我得到了自身份被盗用以来所有查询过我的信用的公司名称。环联公司业务代表甚至把每家公司的电话号码都给了我。我开始给每家公司打电话说明情况,后来我得知西尔斯(Sears)邮购公司为"我"重新开立了一个新账户并且被"刷爆"了4 000美元。杰西潘尼百货(J. C. Penney)因为"我"刚刚注销另一个账户而拒绝了新申请。斯普林特无线(Sprint Wireless)①给另一个"我"提供了一部手机,外加一项附加服务。我立即注销账户并一页一页地为每家公司填写所需的文件。

既然我目前的手机还能使用(未欠费),我决定再给经办这起案子的警察打一个电话。尽管我已经知道盗用者的姓名和地址,但我仍然束手无策,只能希望警察尽快帮我解决这些问题。结果他又一次告诉我,我并不是受害者。

我很泄气,但还有很多事情要做,于是我给益博睿信用报告局(以下简称"益博睿信报局")打电话。他们虽然比较难接触,但对我帮助很大。另一个"我"在蒙哥马利(Montgomery)百货公司和阿什莉·斯图尔特(Ashley Stewart)服装店(美国标志性的加大尺码时装品牌)这两个我从未听说过的商店疯狂地购买礼券。商店负责人沃德(Ward)告诉我,他们不能作废盗用账户购买的礼券,因为这不符合公司的制度规定,但可以冻结这个账户,因为账户消费额已经超过2 500美元的上限。当然,我必须填好所有的表格并附上支票伪造的证明文件。然而,另一个"我"现在却穿着从阿什莉·斯图尔特服装店购买的价值超过1 000美元的新衣服逍遥法外。我给服装店打了两次电话,对方才同意冻结账户并把表格发给我填写。现在,只剩下一家信用报告机构需要联系了。

联系益博睿信报局是一场噩梦般的经历,根本没有人接电话。我每天打20多个电话并尝试了所有可能的数字提示按键。后来,我寄了一封说明信函给他们,但10天内我没有收到任何回复,期间我一直试图给他们打电话。我寄了第二封信函,10天后还是没有回音。第三封我寄了挂号信,并告诉他们根据联邦贸易委员会的规定,他们应寄一份信用报告的复印件给我。终于,他们发回一张表格,要求我提供之前发送的所有信息。我填好表格后寄了回去。

---

① 斯普林特无线是一家全球性的通信公司,美国第三大移动电信运营商,主要提供长途通信、本地业务和移动通信业务。

我打电话向联邦贸易委员会投诉,他们却让我联系益博睿信报局,15天后我终于收到信用报告。我又一次给那些查询我信用的公司打电话。美瑞泰克科技公司(Ameritech)告诉我,在芝加哥的一个地方有人以我的名义安装了一部电话。更绝的是,普天信金融公司(Providian Financial)竟然不知道盗用者为什么要查询我的信用记录。信用报告列示了益博睿信报局的一个新电话号码,我按照电话号码打了过去,但仍然无人接听,这让我有时间检查自己的信用报告。

我发现益博睿信报局把新安装电话所在的住宅地址作为我的地址,即我的整个信用记录已经改变地址,但是我从来没有搬家。我等了30多分钟后终于有人接听电话,我告诉客服这是个错误的地址,并问他们是如何得到这个地址的,她告诉我是普天信金融公司寄给他们的。我有点困惑,请她解释一下。她说普天信金融公司已经询问过我,以便向我发送预先批准的临时信用卡申请。要知道,普天信金融公司根本没有我的记录,至少他们是这么说的。

我质问益博睿信报局为什么更改我的地址。她的回答是,只要他们从信用卡公司收到信息,就会增加或更改地址,这是信报局的一项规定。这意味着美瑞泰克科技公司把我的"新地址"卖给了信用卡公司,而信用卡公司正在向盗用我身份的人发送预先批准的信用卡申请。这对一个身份盗用者来说是多么容易的事啊!

如果不报警,事情就可能变得简单多了。我对负责案件的警察很不满意,于是打电话向他的上司投诉。警局向我保证一定会采取措施并给我重新分配一名负责人。但是新负责人打电话询问我有没有和其他警察联系,我真的不知道我能期望她帮我做些什么。三个多月后,我崩溃了。当我了解到芝加哥警局刚刚推出一项关于身份盗用的宣传政策之后,我才看到了一点点希望,我告诉当地媒体警局正在宣传这个政策,使他们迫于压力不再无动于衷。我告诉她我曾经给警局盗用我身份者的姓名和地址,甚至有证人能证明盗用者在芝加哥的一处住所安装电话,并询问我是否要开车一起去办案。他们却告诉我不能这么做,当他们最后接受我收集的证据并答应给我回复时,已经是12月20日了。

为了赶在这个犯罪者再次实施诈骗前采取一些挽救措施,我意识到如果盗用者以我的名义收取邮件而发送的地址是伪造的,这可能就属于电信诈骗。我给邮政检查员打了电话,在收到语音提示后留了言。第二天,一名调查人员给我回了电话,他告诉我调查身份盗用确实是他的工作,他已经从塔吉特超市那里获取了我的个人信息。三天之后我收到他寄来的一封信,要求我提供关于开户、欺诈性收费以及与信用卡公司通信的所有资料。那已经是三周前的事了。

更具讽刺意义的是,两周前,益博睿信报局曾给我发送信息,要求我确认邮政信箱地址的真实性。联邦邮局寄给益博睿信报局一份更正地址的通知后,益博睿信报局却发送信件通知我,出

> **请记住** >>> 身份盗用是以消费者为受害者的欺诈行为。身份盗用者从受害者那里窃取个人信息,如信用卡、社会保障号码等,然后冒充受害者,以受害者的名义进行消费并产生其他支出。身份盗用者会不遗余力地通过各种手段窃取你的身份,包括使用侧录机、翻垃圾桶、访问你的邮箱、网络钓鱼,甚至侵入你的住宅或汽车。虽然永远不可能完全消除身份盗用风险,但你应该采取一些防范措施,使自己比其他人更难以成为身份被盗的目标。

于信息准确性和保密性的需要,让我发送驾照复印件来验证我的身份才能更改地址。仅仅因为一家信用卡公司向一个未经核实的地址发送了一份信用卡申请,益博睿信报局便更改了我的地址;当联邦邮局给他们发送一个更正地址的通知时,他们却联系我予以确认,而非修正他们自己的失误。

15.3　其他类型的消费欺诈和投资欺诈

我们几乎用了整整一章来讨论身份盗用。在本节中,我们将简要介绍以消费者为目标的其他类型的骗局。

15.3.1　外国预付款骗局

外国预付款骗局已经存在多年,而且随着互联网的普及这种骗局变得更加普遍。遗憾的是,许多人已经成为这种消费欺诈的受害者。下面我们讨论较常见的预付款骗局。

尼日利亚预付款骗局

尼日利亚预付款骗局是外国预付款骗局形式之一,来自尼日利亚或其他(通常不发达)国家的个人通过电子邮件、传真或电话联系受害者,声称会向受害者提供数百万美元的资金。但问题是,为了顺利转移这些资金,受害者必须向欺诈者提供姓名和银行账号,甚至包括路由号码等。然后,欺诈者利用这些信息骗取受害者的钱财或进行其他类型的诈骗。图15-2显示了通过电子邮件收到的真实的尼日利亚预付款骗局。这封电子邮件是本书作者之一收到的,他每周会收到5封左右这样的信件。请注意,这封信包含了几乎所有欺诈性预付款的特征。

第一个特征是金钱承诺。这封电子邮件称,对于你提供的微不足道的帮助,你将得到"35 750 000美元的25%"即大约8 937 500美元的报酬,外加"35 750 000美元的5%"即大约1 787 500美元作为交易费用补偿。对于大多数人来说,帮助别人获得1 000多万美元酬金听起来实在激动人心。但需要注意的是,通常情况下某件事情听起来太好反而不是真的。这封欺诈性电子邮件的第二个特征是请求帮助。为了获得受害者的个人信息,欺诈者会欺骗受害者,以这样或那样的理由取得受害者的信任。欺诈者通常会说这是"一生一次"难得的机会。第三个特征,欺诈者会试图与受害者建立信任关系。欺诈者会用不同的方式使受害者产生同情心。在这个例子中,欺诈者提及丈夫的死亡以博取受害者的同情。第四个特征,与大多数请求一样,这封信指出需要"紧急援助"。几乎所有的欺诈性交易都会要求受害者立即私下做出反应。第五个特征,这封电子邮件让受害者觉得自己是唯一得到这个"特殊"机会的人。但实际上,每天都有成千上万的人收到同样的邮件。第六个特征,这封电子邮件指出,有必要在尼日利亚境外进行"面对面的会谈"。这一要求再次增强了内容的"真实性"。然而这样的会谈从来没有发生过;即使有,受害者也不知道欺诈

> 主题：请帮助我
> 发件人：maryam_abachal3@virgilio.it
> 收件人：XXX
> 亲爱的先生或女士：
> 　　我是哈佳·玛丽亚姆·阿巴查（Hajia Maryam Abacha），尼日利亚前军事元首萨尼·阿巴查（Sani Abacha）将军的遗孀，元首死于心搏骤停。在我们的一份名录中，贵公司是我已故丈夫生前密切合作者之一。因此，我决定私下与您联系，以便我能将账户中的 35 750 000 美元转移出境。
> 　　我个人向您紧急求助以转移这笔钱到你的国家，我确信这是安全的。由于受到尼日利亚政府的限制，我和我的家庭成员目前暂时不能离境，您可以和我或者我的律师联系。
> 　　在收到您同意协助我的回应之后，我的律师将安排您在尼日利亚境外进行面对面的会谈，以便更有效地完成这笔交易。如果您有兴趣，这些钱会通过外交安全公司的秘密金库分批转移到任何欧洲国家的您的账户。我们还想让您放心，与本交易相关的其他所有必要的手续已经办妥。
> 　　最后，我决定向您支付转移金额的 25% 作为报酬，外加 5% 用于补偿转移过程中发生的其他费用支出。我们计划在尼日利亚政府不限制我们出境自由之后，将余下的 70% 转移金用于购买股票。
> 　　期待您的回复！
>
> 　　　　　　　　　　　　　　　　　　　　　　　　　　　　哈佳·玛丽亚姆·阿巴查

图 15-2　尼日利亚预付款骗局

者的真实身份或会谈的真正目的。试图参加这种会谈的受害者可能会被绑架、被抢劫，甚至被杀害。与在网上认识的人见面总是有风险的。第七个特征，这封信的作案者声称是"尼日利亚前国家军事元首萨尼·阿巴查将军的遗孀"。几乎所有的欺诈性资金交易都会声称自己与外国高级官员有密切关系。许多欺诈性邮件还会附上官方文件，实际上这些文件都是伪造的，然而对许多受害者来说，这样的文件提高了欺诈者声称内容的可信度。通常，欺诈性预付款还会要求受害者提供银行账号，以表明受害者愿意接受付款。其他提议还包括要求受害者支付大笔"费用"来处理交易。一旦受害者回复电子邮件，欺诈者就会继续让受害者支付交易费，并且每次都告诉受害者这是最后一次需要支付费用。

其他外国预付款骗局

　　除了最常见的尼日利亚预付款骗局，其他类型的外国预付款骗局越来越流行。下面是一些其他类型骗局的例子，其中之一是"票据交换所骗局"。在这一骗局中，受害者会收到一封来自外国银行的伪造信件，声称银行在某个国家充当风险资本的票据交换所。

　　诈骗公司会诱导受害者投资外国某一风险投资公司以获得高额回报。为了给人们合法的印象，欺诈者会在美国开立银行账户。当受害者将钱转到该账户时，欺诈者会将钱迅速转移到境外。有些票据交换所骗局会以红利的形式返还投资者（受害者）部分原始投资，但这样的返利只是为了让受害者放松警惕并投入更多的金钱，最终结果是后来投入的金钱全部被转移并消失。

另一类型的外国预付款骗局是房产代售骗局，通常发生在出售房产或其他财产的交易中。当欺诈者看到出售房产或土地（或其他资产）的广告时，他们向可能的受害者发送信件，提出代表一家外国公司打算购买这些资产。当受害者同意向"特别经纪人"支付"预付款"时，他们就被欺骗了。在付款后，受害者将永远联系不上欺诈者。

还有一种欺诈是低价购买原油骗局，此时受害者会收到一个促销方案，声称能够以远低于市场价格的价格买到原油。然而，为了得到"低于市场价格"的权利，受害者必须支付特殊的注册费或许可费。一旦受害者支付了这些费用，卖家就消失了。

遗产税欺诈也是一种国外预付款骗局，目前正变得越来越流行，受害者主要是大学、慈善机构、非营利组织和宗教团体。这些组织会收到一封来自神秘"捐助者"的信件，对方表示有意捐献一大笔钱，但要获得这笔捐款就必须支付遗产税或政府费用。在支付了相关的税款或费用后，受害者就再也无法联系到捐助者了。

所有这些骗局都有一些共同特征。犯罪者都自称来自某个知名团体，并声称有机会获得大量金钱或财产。犯罪者有时会将这些钱财或其他资产的一小部分返还给受害者，在从受害者那里获得大量钱财之后他们会消失。实际上，犯罪者并非来自知名组织。

为了避免成为这类骗局的受害者，我们给出的建议是：如果事情听起来好得令人难以置信，它很可能就不是真的。或者换一种说法，"如果它看起来像蛇，爬起来像蛇，那么它很可能就是蛇"。一名舞弊调查员朋友给我们发了一封邮件，提及他给几个外国预付款骗局欺诈者寄送了邀请函。邀请函是一个会议的广告宣传，会议将在非洲的一家五星级酒店举行。会议主题是"如何提高国外预付款诈骗的成功率和获利率"。舞弊调查员说："那些欺骗别人的人会在高档酒店里开会，分享如何更成功地欺骗别人的心得和秘密，这不是很有趣吗？"

15.3.2　居家工作赚钱方案

几乎每个人都见过这样的广告："我在家做兼职，每周能挣 1 000—5 000 美元。"虽然并非所有居家工作方案都是非法或欺诈性的，但其中大部分是。你会在电话、聊天室、互联网、电话民意测验、汽车广告、传单、留言板以及其他各种沟通媒介中发现有人在推销骗人的居家工作赚钱方案。一份调查报告显示，从事这类诈骗的骗子每年能赚到大约 4 270 亿美元。

多层次营销骗局

很多人曾被邀请加入一个多层次（或网络）营销（传销）公司。如果营销渠道正规、组织者诚实，那么多层次营销就是一种合法的商业促销方式。事实上，这也是公司可以选择的一种营销方式。在大多数多层次营销方案中，公司代表是真实产品（比如面霜、保健品、洗涤剂和食品补充剂）的销售商，是合法业务的独立分销商。为了扩大销量，这些公司代表招募亲戚、朋友和他人加入营销网络推销产品。一般来说，分销商既可以通过销售自己的产品直接获利，也可以借助他们招募的人员的销售间接获利。

最常见的居家工作赚钱方案之一是欺骗性地操纵多层次营销。传销的形式有很多，其中一类被称为金字塔骗局或庞氏骗局，在这些骗局里只有虚构的产品和利润。正如本书前面所述，有史以来最臭名昭著的骗局是以查尔斯·庞兹命名的庞氏骗局，是 21 世纪初的大规模骗局之一。所以，金字塔骗局和欺诈性传销被统称为"庞氏骗局"。庞氏骗局式传销表面上看起来和正常的营销方案没什么区别。然而，庞氏骗局往往把精力集中在招募新成员而不是销售合法商品上。在传销的最初阶段，后期投资者的投资会用于支付承诺给前期投资者的回报。这些看似真实的回报使前期投资者兴奋不已，他们会把这项"投资"的"好消息"传播给更多的亲戚和朋友。然而，此项方案迟早会因传播太广而导致其被发现的风险增大，结果是后期加入的投资者越来越少或者欺诈者携款潜逃。由于没有新的资金投入来维持项目表面上的正常运作，骗局的内部组织结构迅速崩溃瓦解，最终只留下少数在金字塔顶端的真正赚钱的骗子，其他在底层的人会变得一无所有，这一传销过程如图 15-3 所示。

图 15-3 传销过程

那么，消费者如何将传销（包括庞氏骗局）与合法的营销区分开呢？

通常，投资者可以通过分析营销重点来区分传销与合法的营销。如果重点是招募新成员而不是推销产品，就有可能是传销。如前所述，传销通过吸引新成员向公司投资来赚钱，并借此给已投资的人带来红利，这就是猎头费，即组织为签约招募新成员而支付的费用。对于传销经销商来说，仅仅因签约新经销商而收取佣金是违法的，因为商品必须是分销过程的一部分。投资者在投资时应该远离包括猎头费在内的传销佣金。有些传销的组织形式很像一个矩阵，即只有当组织分销商的质量和数量变成"深度为 X 和广度为 Y"时，投资者才会得到报酬。这实际上是一个警示信号，表明组织的营销重点是招募新成员而不是推销商品。

前期垫付也可能涉嫌欺诈。非法的营销代表会要求分销商大量购入贵重的存货，因为其他人对这些商品没有大量需求，只有能赚大钱的承诺才会促使人们购买价格异常高的商品或服务。在这种情况下，如果所在组织发生崩溃，个人就会因无法出售自己的存货而招致巨大的经济损失。前期垫付手段在传销行业的广泛使用导致批评人士认为，估计只有不到百分之一的传销经销商能赚钱。

投资者应避免在任何高压情况下垫付款项或签订合同。对投资者来说，多花点时间分析商业机会总是明智的，这样你可以了解投资的内容和风险。许多诈骗组织会在特殊的投资商机推介会上诱导个人支付款项。欺诈者知道，如果他们不能在这类会场上物色到可能的受害者，就很可能再也没有机会。欺诈者的成功取决于他操控受害者情绪的能力，大多数诈骗犯都具备很强的人际交往能力，他们了解欺诈对象的心理，也知道如何获取自己想要的。那些诚实、无辜和轻信他人的人通常特别容易受到消费欺诈的影响。正因为如此，未受教育者和老年人以及不能独立生活尤其是依赖他人的人更容易受到伤害。

个人应该对那些做出不切实际承诺的商业机会持怀疑态度。例如，许多企业承诺只要很少或根本不付出努力就能获得异常高的回报。如果这些承诺是真实的，那么犯罪者根本不需要其他消费者的帮助或资金支持。合法的、成功的销售需要付出相当大的努力，对于任何做出与此相反承诺的企业人们都应引起警惕。传销的第一大特征就是承诺投资者将永远从他们未来下线（分销商）的增加中赚钱。然而，这不仅是公司注重招募新成员而非促销商品的标志，还是公司试图用蛊惑人心的话来"洗脑"成员的标志。没有人能保证任何投资会稳赚不赔，使下线不断增加的是投资者个人的努力程度。

"蛇油计划"是指承诺获得巨额利润或声称能销售猎奇产品的计划。企业承诺其产品具有特别或独特的功效，但不一定会真正兑现。世上没有灵丹妙药，如果企业承诺自己的产品能解决或治愈所有疾病，你就应该立即警惕起来。另一个警示信号是有望给投资者带来"先机"的公司。这是一个典型的让人们相信自己会赚钱的营销方案，仅仅因为他们相信自己是新项目的首批投资者之一。这些消费者被承诺会随着业务的增长而赚钱。然而，大多数投资者不知道的是，提供"先机"的公司很可能没有产品销售历史和业绩记录，由此很难确定新公司是否存在欺诈行为。对于首批投资者来说，占据"先机"则更有可能获得成功。无论传销人员在组织金字塔中的位置如何，他们都声称能为所有投资者提供相同的机会来赚取相同的利润。合法的营销模式通常已经持续好几年，并且有许多产品销售和使用跟踪记录。如果销售业绩没有追溯性，其风险就会很高，很可能是传销欺诈。考虑投资于传销的投资者都应联系商业监管机构和州检察机关，看看这家公司是否已遭到别人的投诉。有时，一个简单的互联网搜索也可以暴露传销组织。

国际多层次营销骗局

一些国家已经取缔所有类型的传销和传销组织，不管公司是否推销真实、有效的商品。之所以这样做，是因为相关部门认为，当无法招募到新分销商时，所有为招募新分销商而支付佣金的计划都将不可避免地失败。当一个传销金字塔崩塌时，它留下的是成千上万的一无所有的受害者，这将导致国家内部产生巨大的不稳定隐患。这种崩塌甚至会引致经济崩溃。20 世纪 90 年代初，阿尔巴尼亚由社会主义国家改制成为资本主义国家，推行企业私有化和贸易自由化以发展市场经济。然而不久，人们开始利用政治作为获取经济利益的手段，政治家成为拥有"先机"的第一批人。许多人意识到，通过犯罪他们也可以改善自己的生活——或许看起来是这样。犯罪者开始获得权力和金钱，政客们也需要这些钱来支持继续掌权。当时贫苦的阿尔巴尼亚人民受教育程度极低，缺乏发展资本主义经济的经验。阿尔巴尼亚很快成为一个被人利用的经济体，在那里一切都失去了法律的约束。歹徒绑架了许多人，数以万计的人民离开了这个国家。新的"自由"经济得以生存的唯一途径就是犯罪，而且这个国家的大多数人都不纳税。整个国家的经济很快就被传销吞噬，人们开始把自己仅有的积蓄投入传销计划。招募者向投资者承诺，他们会在经营上取得成功甚至会变得富有。许多阿尔巴尼亚公民没有工作，只是等待招募者的钱来到自己的手中——毕竟，这是招募者承诺的。阿尔巴尼亚政府官员默许传销计划持续下去，因为他们自己也会从中得利。传销计划变得越来越流行，以至于计划发起者都成了名人，他们被邀请参加各种政治聚会，其所作所为都被合法化了。某个诈骗组织甚至赞助了一支意大利赛车队。传销变成了一种狂热的活动，甚至教育程度较高的阿尔巴尼亚公民也热衷投资于此。遗憾的是，1997 年，传销计划的失败导致愤怒的阿尔巴尼亚人洗劫了自己的国家。从此，阿尔巴尼亚陷入了完全的经济混乱，传销的负面影响持续了很长一段时间。

连锁信、邮件填充、产品测评和工艺品组装

欺诈者还通过各种方式骗取受害者的小额钱财，连锁信、邮件填充、产品测评和工艺品组装都是他们常用的伎俩。

连锁信骗局通常始于轻信的消费者看到这样的广告："转发这封信给我们指定的人。""你所要做的就是寄给我们 10 美元的邮寄费和发票。按照我们的流程去做，你就会收到数千美元的回报！"然而，唯一从连锁信中受益的是少数神秘的连锁公司高层，他们会不断改变姓名、地址和邮箱行骗。他们有时会以坏运气为威胁，试图给消费者留下深刻印象，或者把自己描述为成功的专业人士，完全了解所谓的法律漏洞。任何这种连锁信方案都是非法的，本质上它是一个没有商品的传销。

邮件填充也是一种骗局，欺诈者在广告中承诺消费者只要邮寄信封就会赚钱。在回复这类广告后，消费者不会收到用于填充的信封，而是收到需要支付现金的请求以换取赚钱计划细节的促销材料。如果按照邮件内容去做，消费者就可能要花费几百美元的广告、邮资、信封和印刷费等。整个营销系统依赖于不断招募新人加入其中，这种骗局有多种变体，但所有形式都需要消费者在广告和材料上花钱。

产品测评可能是一种骗局，它从消费者收到不同产品的宣传册开始。宣传册一般允许消费者免费试用和评价其中展示的产品，并将评论发送给供应商进行评审。宣传册承诺，只要交纳少量注册费就能免费试用某种产品和发表评论。注册费通常为 10—25 美元。然而，回应这些广告的人在支付费用后，可能永远不会收到任何信息了。也有一些收到产品的测评人最终可能要支付数百美元的邮费和处理费，而收到的被测评产品的价值远远低于这些费用。

工艺品组装也可能是一种骗局。骗子承诺为不同的项目支付高薪，而这些项目包括任何东西，从木制日历到纸巾架，甚至包括发夹和节日装饰品。受害者通常需要支付高昂的材料、设备和培训等费用。欺诈者与受害者签署一份协议，要求受害者购买不必要的材料和设备，然后承诺支付给受害者所组装作品的酬劳。然而，最后欺诈者几乎总是拒绝向投资者支付报酬，声称受害者的作品"不符合标准"。遗憾的是，没有一件作品"达标"，最终留给受害者的是昂贵的设备和自己制作的作品。为了让受害者卖掉作品，他们必须自己寻找客户，下一轮骗局又开始了。

15.3.3 神秘购物骗局

骗子利用许多消费者实施一种名为神秘购物的骗局。在这种骗局中，欺诈者向受害者承诺提供一份工作，包括逛商场、参加演奏会、购物体验，然后记录其经历并提交报告。欺诈者承诺向受害者支付每小时10—40美元的报酬，外加免费使用某种产品的机会。虽然有些神秘购物广告是真实的、合法的，但大多数是非法的。在大多数情况下，受害者先被骗走19.95美元、29.95美元或49.95美元的"申请费"，支付后对方承诺提供一份聘用神秘购物者的公司名单。但实际上，这份名单只是百货公司的地址和联系方式的简单汇总。还有一些骗局要求消费者从指定的网站上购买商品，同时承诺将退还包括价款在内的一切费用。然而，在消费者购买商品之后，店主总是会找各种理由不予退款。青少年和大学生对兼职的需求很大，他们特别容易遭受这类骗局的欺骗。图15-4为我们呈现了三封神秘购物信的示例。一名大学生收到第一封信后提出了一些疑问，随后他又收到了第二封信和第三封信。

如果受害者没有回复第二封电子邮件，欺诈者就会迅速发送第三封电子邮件并提供更低的价格，这是典型的消费欺诈。他们会先设定一定的金额，如果受害者不愿意支付那么多钱，他们很快就会降价。同时，欺诈者还以提供灵活的时间安排、丰厚的报酬以及在高级饭店用餐等机会来吸引青少年和大学生。但事实是，神秘购物并不像听起来那样诱人，真正的神秘购物者一般是熟悉供应商、价格、产品或服务的经理，聘请其作为神秘购物者是因为他们在某个行业拥有多年的消费经验。因此，青少年或大学生收到这类信件，几乎可以断定这是某种类型的骗局。

15.3.4 电信诈骗

"这当然是真的！"电话那头的声音非常自信，"我一般不会亲自打电话，因为我有团队来做这件事。我们团队在这一行已经做了15年了，现在我手下有一大批员工，管理着600多个客户的6 000多万美元资金。说实话，我其实不需要这么多的客户，我就是想给你一个赚钱的机会。"上面的内容是美国典型电信诈骗的惯用说辞。欺诈者一般会在租来的办公室里训练销售人员如何物色并诈骗受害者。这些职业骗子会用不同的身份在各个城市流窜，在其他州和城市行骗来逃脱执法。他们会从杂志订阅者名单里挑选一些重点人员

> 亲爱的同学：
>
> 　　我这里有一个特殊的兼职工作机会，如果你希望每周只花几个小时担任神秘购物者来增加你的零花钱，那么请考虑一下这个提议。
>
> 　　神秘购物者就是那些假装是老顾客的人，他们秘密评论各家公司的产品和客户服务。大多数神秘购物者每周能赚150—400美元的酬金；此外，他们还可以在不同的商店购物，在最好的饭店用餐，免费看最新的电影。
>
> 　　所有费用都由聘用你的公司承担。更不可思议的是，成为一名神秘购物者，你可以得到免费的商品，也能报销所有的交通费。
>
> 　　我们提供给你的工作时间很灵活。成为一个神秘购物者，你可以很轻松地将日常活动和工作结合起来，因为你可以选择自己喜欢的任务，并且在方便的时间工作！
>
> 　　如果你有兴趣，请回复这封电子邮件，我会给你更多关于如何开展这项工作的信息。
>
> 　　　　　　　　　　　　　　　　　　　　　　　　　　　　　　　　　　麦克·蒙洛
>
> 　　当你回复邮件提出有关疑问后，接下来你会收到以下信件：
>
> 您好（学生的名字）：
>
> 　　谢谢你的回复！感谢你对神秘购物的关注！你将为那些需要你的评论服务的公司工作。我们是一家商业数据库代理商，你可以在这里找到所有正在寻求并聘请神秘购物者的公司。我们的工作人员正在联系、测试和推荐这些公司，会为你提供最优质的工作。你有任何问题，我们都会提供经过批准的申请表以及专业的帮助。今天我们将提供特别服务，只需29.95美元你就可以成为我们的终身会员。
>
> 　　你可以浏览我们的网站：http://www.（欺诈网站的地址）.com
>
> 　　请浏览常见问题解答，如果你还有疑问，我很乐意为你解答。
>
> 　　期待与你的合作！
>
> 　　　　　　　　　　　　　　　　　　　　　　　　　　　　　　　　　　麦克·蒙洛
>
> 　　如果你没有回复第二封邮件，接下来两周后你会收到以下回信：
>
> 你好（学生的名字）：
>
> 　　我想通知你一下，我们今天有特别促销活动。优惠有限！注册一个永久性账户只需14.99美元（标准会员费为30美元）。你对我们的项目表现出了兴趣，但或许标准会员费对你来说可能太高了，今天是你以半价加入我们的难得机会。
>
> 　　促销活动的网址：http://www.（欺诈网站的地址）.com
>
> 　　点击链接或在浏览器中复制粘贴即可。今天就报名！不要错过这个限时的难得机会！永久性会员资格只需14.99美元！
>
> 　　祝您好运！
>
> 　　　　　　　　　　　　　　　　　　　　　　　　　　　　　　　　　　麦克·蒙洛

图15-4　神秘购物信

实施诈骗。新员工被要求反复练习上面的说辞，并接受专门的训练来应对可能出现的情况，他们一般会用无风险投资、内幕消息和诱人的回报来蛊惑受害者。

据美国国家投资监管机构——北美证券管理协会估计，申信诈骗平均每小时会使投资者损失约100万美元。在过去的二十多年里，电话已经成为欺骗无辜受害者的主要工具。与网络或邮件相比，电信诈骗更能利用直接与人交谈的机会来分析受害者的心理；同时，缺乏面对面的接触给了骗子更多的机会来实施诈骗。欺诈者会冒充公司或政府人员，甚至有些年轻的欺诈者可以模仿中年权威人士来获得年长受害者的信任。欺诈者可以随时有针对性地打电话，他们会把精力集中在那些容易上当受骗的受害者身上。

电信诈骗案

2004年8月,飓风"查理"横扫了佛罗里达州,摧毁了无数房屋,数千人向政府申请救助款以弥补损失。一年后,飓风"卡特里娜"袭击了路易斯安那州新奥尔良市,成千上万的灾民寻求政府援助。诈骗者通常会采用两种方式,利用飓风与其他灾难来实施诈骗。

一种方式是,诈骗者给遭受飓风打击的灾民打电话,告诉他们为了领取政府救助款需要提供银行账号和其他个人信息。还没等灾民反应过来,他们的银行存款就被掏空了;然后,诈骗者会继续打电话,告诉灾民需要预先支付相关费用才能获得政府救助款,当灾民按要求转账后,诈骗者就悄悄地拿着钱消失了。飓风"查理"和"卡特里娜"只是骗子利用灾难与其他事件来确定受害者并实施诈骗的两个例子。

另一种方式是,用救济灾民的幌子募集捐款。例如,2010年1月海地发生了一场毁灭性的地震,导致数亿美元财产损失和数十万人伤亡,并严重影响岛上数百万人的生活。地震发生几天后,美国联邦调查局发布了一则防诈骗警告:"过去的悲剧和自然灾害已成为诈骗者募捐的幌子!"显然,诈骗者总是在别人的伤口上撒盐。

最容易遭受消费欺诈伤害的一般是未受过教育的人和老年人,其中老年人最容易成为电信诈骗的目标。其原因有:第一,许多老年人非常孤独,诈骗者利用这种孤独感来建立信任关系。第二,老年人即使被骗了钱财,他们也很少告诉家人和朋友或者报警。老年人一般不会承认自己是诈骗的受害者,因为他们担心如果报警,家庭成员就可能认为他们不能照顾自己从而剥夺他们独立生活的权利,进而被送进养老院。第三,老年人非常容易信任别人。很多老年人不相信有人会利用他们行骗,一旦上当受骗,他们往往就会陷入自我否认的状态。第四,诈骗者能够与受害者建立起牢固的联系,并在受害者拒绝支付更多的钱财之前多次欺骗他们。要知道,诈骗者通常是操控情感的高手,他们专注于操控人们的情绪,如贪婪、恐惧、兴奋和轻信等。

由于老年人受骗后不愿报警,因此与老年人交谈的家人和朋友应当更加小心谨慎。当你发现家庭中有人遭遇电信诈骗时,尽量避免直接质问此事。一些人以对抗或威胁的方式提出问题,结果导致家庭关系异常紧张,甚至到了不可挽回的地步。诈骗者甚至会操控受害者的情绪,让他们相信自己比家人更可靠、相信家人是贪婪的,只是想要他的钱。当与可能遭受电信诈骗的受害者沟通时,一定要避免使用"被骗"和"受害"或其他受害者可能会理解为对抗性或判断性的措辞。家庭成员应该间接和耐心地处理这种事。如果以一种敏感和尊重的方式接近受害者,他就不会感到被冒犯。与所有欺诈一样,打击电信诈骗的最有效方式是防范,而教育是最好的防范方式。因此,教育和提醒父母、祖父母或任何你认为容易受到电信诈骗影响的人非常有必要。记住,电信诈骗需要受害者的自愿参与,受害者可以拒绝或挂断电话来抵御诈骗者。

防范电信诈骗

除非你主动打电话,否则没有正当理由在电话中提供社会保障卡、信用卡或其他信息。如果有人向你索取社会保障号码或个人身份信息,你就应该警惕——这是不正常的。

欺诈者有时甚至冒充政府官员或企业代表来获取这些信息。在购物时，消费者通过电话提供信用卡或银行账户信息总是有风险的。消费者只有在实际购买商品进行交易时才应该提供这些信息。虽然购物商店是完全合法的，但是录入消费者信息的销售人员或业务代表可能会截获受害者的信用卡号码、有效期和验证码，并在以后利用这些信息实施诈骗。当电话营销人员无视你的拒绝，不厌其烦地推销产品时，你也应该警惕——有些事情不正常。合法的购物商店会推送关于产品或服务的详细信息给消费者，并给消费者足够的时间做出明智的决定，而不会强迫人们现在就付款购买。诸如"今天之后就不再有特价了！"或者"剩下的东西不多了，赶紧买吧！"这类说辞很可能是诈骗的信号。

杂志抽奖和中奖骗局经常也是通过电话进行的。欺诈者一般会要求消费者购买指定产品或支付费用才能获得奖品，但这是不合规甚至是不合法的。如果一个抽奖或竞赛需要预付费用，那么它很可能具有欺诈性。中奖骗局往往声称购物的次数越多或金额越大，中奖概率就越大。在过去十多年里，欺诈者向受害者承诺只要预付一笔费用就可以收回损失的钱财。通过这种手段从轻信的受害者那里诈骗更多钱财的行为越来越盛行。如果某人接到自称联邦调查局、司法部或任何其他政府机构的电话声称可以获得一笔款项，几乎就可以断定这个电话来自诈骗犯。联邦调查局和司法部只能经由拨款程序从国会那里获得资金，除此之外，任何联邦执法人员以政府机构或个人名义收费的行为都是违法的。如果有人声称代表官方机构打来电话，那么你应该立刻记下他们的姓名、工号和电话号码，然后打电话给本地的联邦调查局办公室来验证此事。

电话推销员会说尽好话让潜在的受害者信任他们，在操控受害者情绪来赚钱这方面，他们是专业高手。消费者永远不应该相信任何轻松赚钱的承诺。当有人向你承诺不用工作就能赚钱、信用不佳也能贷款或办理信用卡，或者提供任何无风险、稳赚不赔的投资时，你应该警惕起来。在通过电话进行交易时，最重要的是你要知道对方的身份。如果有人声称来自某个组织，你在提供个人信息之前，应该先拨打该组织的合法电话号码进行验证。如果不熟悉该组织，那么你可以从商业监管机构或国家消费者保护机构查询。即使有些曾被处理的组织没有被界定为欺诈性组织，它们以后仍然有可能被定性。为了避免被揭发，欺诈者往往每隔几个月就会开设一家新公司。因此，虽然我们没有查询到有人向商业监管机构投诉该组织，但这并不意味着它们一定是合法的。

如何拒绝电话营销

为了尽量降低电信诈骗的风险，消费者可以选择在"禁止来电"登记处申请注册来避免接到营销电话。这是一项由联邦政府提供的免费服务，消费者可以通过电话或互联网申请注册，登记处的电话号码是 1-866-290-4326 或 1-888-322-1222，也可以登录 www.donotcall.gov 网站注册。当消费者在"禁止来电"登记处注册后，消费者在过去 18 个月内申请、付款或购买过产品的公司仍然可以致电，之后消费者将不会接到推销的电话。这项服务的有效期限是五年，因此用户必须定期向登记处重新申请。这项服务会绑定申请人的电话号码，如果用户更换新号码就要重新注册。在签约服务、购买产品或与组织沟通时，个人通常会签署一份协议或授权书，允许组织联系他们或将他们的信息提供给营销机构。因此，在签署任何协议之前，你务必认真、仔细地阅读与了解所有的合同、订单和其他内容。一些营销机构会每三个月更新潜在客户的记录，因此有些机构在个人申请"禁止来电"服务后一段时间内不会骚扰他们。如果电话营销员拨打了登记表上的电话，他们就可能会被处以高达1.6万美元的罚款。一些非营利组织、慈善机构、政治组织和调查机构仍然被允许打电话给消费者，但是如果这些组织利用专业组织来筹集资金，他们就必须遵守"禁止来电"的相关规定。

电信诈骗涉及大大小小的交易

电信诈骗涉及的交易金额有大有小。金额大的诈骗交易往往是投资骗局，金额小的诈骗交易通常涉及抽奖、预付款或杂志订阅等。金额大的诈骗交易虽然给欺诈者带来了更多的非法利益，但是需要欺诈者付出更多的努力、冒更大的风险。大额投资骗局的涉案金额高达5万—10万美元，小额诈骗交易的涉案金额通常为10美元、15美元、20美元到几百美元不等。诈骗规模越小，受害者越容易上当受骗。一旦博得受害者的信任，欺诈者就会打电话给他们想方设法地实施诈骗。欺诈者每天都在创新，诈骗伎俩层出不穷。

15.3.5 投资欺诈

投资欺诈是指任何与股票、债券、商品、有限合伙、房地产或其他类型投资有关的欺诈行为。在投资欺诈中，欺诈者一般会做出虚假承诺或隐瞒事实来诱使人们进行投资。投资欺诈可能发生在商业组织的内部或外部，下面我们来看一个投资欺诈的真实案件，它涉及通用汽车金融服务公司（GMAC）与纽约长岛的一个汽车经销商之间的借贷业务。

汽车经销商约翰·麦克纳马拉（John McNamara）从通用汽车金融服务公司那里骗取了4.36亿美元。他先成立了一家名为凯伊工业的公司，开具发票证明他已经购买了货车，但其实货车根本就不存在。随后，他把货物运到通用汽车金融服务公司以获得每辆货车价值2.5万美元的30天期贷款。在七年的时间内，他总共申请了63亿美元的贷款，其中大部分用于偿还58亿美元的旧贷款，将4.36亿美元（约占贷款总额的7%）投资于房地产、金矿、石油和大宗商品。

虽然通用汽车金融服务公司认为自己贷款给了一个合法的汽车经销商，但实际上它陷入了典型的庞氏骗局。这类投资骗局与外部组织实施的骗局的唯一区别在于：它只有一个投资者，那就是通用汽车金融服务公司。

第13章提及的AFCO不动产投资骗局就是发生在商业组织之外、涉及众多投资者的一种投资欺诈。虽然公司看起来是合法的，但投资回报是基于夸大的财务报表和虚假的承诺，这一投资骗局只不过是传统庞氏骗局的一种变形。早期投资者从后期投资者的投资中获得回报，而后期投资者则从未得到回报。联邦助理检察官把不动产投资骗局的主犯称为"近年来见到过的最冷酷的骗子之一"。不动产投资骗局的主犯用花言巧语说服650多人的投资款约7 000万美元，其中不乏许多有名望的商务人士。他之后宣布破产，投资者投入的资金最终"竹篮打水一场空"。

2008年12月，伯纳德·麦道夫的两个儿子安德鲁和马克分别担任公司董事/总经理及法规部门主管,他们向管理局揭发,他们的父亲数十年来一直在策划和经营着巨大的庞氏骗局。据称,这是史上规模最大、持续时间最长的庞氏骗局。

庞氏骗局

伯纳德·麦道夫是纳斯达克股票市场的前主席。2009年3月,麦道夫的骗局曝光,他承认了11项联邦罪行并被判处150年监禁的最高刑期,目前仍在服刑,案件总共涉及180亿美元被骗资金。截至2010年,追回资金的价值预计仅占总涉案金额的1/10。麦道夫麾下投资公司的资产清算托管人欧文·皮卡德(Irving Picard)已经针对银行、支线基金、麦道夫的投资者以及其他被起诉从麦道夫骗局中获利的受益人提起了数百桩"追回诉讼"。然而,这往往要经历一个一个漫长而复杂的诉讼过程。

麦道夫骗局始于20世纪90年代,他宣称并承诺其投资方案会有10%—12%的回报率。最初他的客户来自与麦道夫打交道的犹太社区的富人。显然,麦道夫骗局就是前面提及的利用熟人诈骗。后来,很多对冲基金经理也成为他的客户,但是他们根本没有进行尽职调查就把投资者的资金全部交给麦道夫,其中一些对冲基金经理——包括通用汽车金融服务公司的前任董事长默金(Merkin)——作为投资者和麦道夫的中间人就筹集了数亿美元资金。据报道,法国基金经理蒂里·德拉维莱切特(Thierry de laVillehuchet)把自己管理的20亿欧元中的15亿欧元投向麦道夫的公司,因损失惨重、"无法应对随之而来的压力"而在美国纽约的办公室割腕自杀。麦道夫的投资者包括许多富人和名人,如明星莎莎·嘉宝(Zsa Zsa Gabor)和著名导演史蒂文·斯皮尔伯格,还包括其他慈善机构和大学捐赠基金的投资者,如耶希瓦(Yeshiva)大学商学院和纽约法学院的捐赠基金。

与许多庞氏骗局不同的是,麦道夫并没有宣称令人难以置信的过高回报率,而是策划一种自称为"可转换价差套利"的股票投资策略,无论是在经济繁荣时期还是在经济萧条时期都能获得稳定回报。20世纪90年代末,一名来自马萨诸塞州惠特曼城的量化投资者哈里·马科波洛斯(Harry Markopolos)首次质疑麦道夫的投资策略。当时他向美国证券交易委员会提交了一份详尽的报告,详细说明了他认为这种投资策略的回报不仅畸高且异常平稳(月回报率基本上为1—2个百分点)——这有违金融规律。他在报告中列出了证券交易委员会未能有效回应而引发的诸多警示。

除麦道夫之外,首个承认自己参与骗局的人是大卫·弗里宁(David Friehling)。他是麦道夫公司聘请的审计师,他以F&H会计师事务所的名义一直对麦道夫基金发表无保留审计意见[①]。F&H是一家由三个人组成的小型会计师事务所,雇用两名会计师和一名秘书。弗里宁后来承认,他根本没有实施审计程序就出具了审计报告。显然,弗里宁就像那些对冲基金经理一样,只负责收钱,根本不办事。由三个人组成的一家会计师事务所常年对庞大的基金进行连续审计,这本身就可能是最醒目的警示信号,或许应该由国际性会计公司来审计并发表审计意见才能令人信服。

---

① 即认为公司的财务报告在所有重大方面公允地反映了财务状况、经营成果和现金流量的审计意见。

导致麦道夫骗局曝光的导火线是 2008 年的严重经济衰退。当时许多人急于变现投资，而此时麦道夫无法满足大量的资金赎回需求。在这次经济衰退中，大量其他庞氏骗局也陆续曝光，其中很多虽然规模很小，但总体涉案金额仍高达数亿美元。例如，由美国得克萨斯州亿万富翁、斯坦福金融集团董事长罗伯特·艾伦·斯坦福（Robert Allen Stanford）策划的另一个大规模阴谋也在这个时期曝光，斯坦福被指控涉嫌 70 多亿美元的骗局。斯坦福声称，由于斯坦福国际银行拥有独特的投资策略，银行过去 15 年间保持着两位数的回报率。证券交易委员会执行部门主管曾指出："斯坦福伙同参与他旗下业务的亲朋好友，通过虚假承诺和编造历史回报数据，犯下这起大规模的诈骗案。"证券交易委员会的起诉书显示，斯坦福等人向购买定期存单的投资者宣称，客户的资金会投向流动性强的金融工具，但实际上大部分资金投向房地产、私募股权等流动性弱的领域。

像庞氏骗局这样的投资欺诈最终对受害者造成了毁灭性的打击。然而，现实中的投资项目仍存在许多警示信号或欺诈/舞弊迹象预示着欺诈的发生。考虑向实体机构或虚拟组织投入资金或其他资产的任何人，都应该特别留意以下与投资欺诈相关的迹象：

- 不合理的高回报率或承诺回报率；
- 不具备商业实质或缺乏企业运营细节；
- 早期就有较高回报的投资；
- 利用特殊的税法漏洞或采用避税方案；
- 新企业的负责人来路不明或缺乏以前经营情况的历史资料；
- 有破产或丑闻历史的企业；
- 采用未经核实的估值方案或会计政策；
- 项目依赖于回扣、复杂的营销方案、给予富人特殊优惠，或者受国内外法律影响而无法兑现交易；
- 财务报告未经审计或对已审财务报告发表否定意见[①]；
- 以持续通货膨胀或通货紧缩为假设前提预测回报率的投资，而这些有吸引力的回报率随着时间的推移是不切实际的；
- 投资的成功依赖于某人的"独特专长"，例如预测商品价格的不可思议的能力或异常出色的营销技巧；
- 情绪化的投资项目；
- 投资的证实或保证不充分；
- 依赖高财务杠杆获得成功；
- 投资者有大量未偿还债务；
- 业务相对较新，但其负责人的生活奢靡；
- 超出个人风险承受能力的投资；
- 把个人所有的储蓄孤注一掷地用于投资；

---

① 即认为公司的财务报告未能在所有重大方面公允地反映财务状况、经营成果和现金流量的审计意见。

- 无法赎回或及时变现的投资项目；
- 博取投资者同情而投入额外资金以帮助被投资公司渡过财务难关。

15.4 抵押贷款诈骗和次贷危机

如前所述，包括伯纳德·麦道夫骗局在内的许多庞氏骗局，之所以会在 2008 年前后曝光，主要导因之一是受全球经济大衰退的影响。这场全球经济大衰退促使投资者必须依靠储蓄生活，即他们必须从麦道夫和其他投资人那里赎回资金。此外，由于经济大衰退，有钱投资于这些计划的人越来越少。正是这些因素导致庞氏骗局瓦解，因为这些骗局必须保持高速、持续的增长，否则就会崩溃。需要注意的是，全球经济大衰退的根源是美国次贷危机[①]，牵涉多种形式的欺诈，包括一种被称为抵押贷款诈骗的消费欺诈，还包括由银行、房地产经纪人、资产评估机构、投资银行家、信用评级机构和消费者自己实施的其他欺诈性商业行为。

抵押贷款诈骗是指为了获得按揭贷款或超过可放贷金额的贷款而伪造资料或隐瞒事实的行为。在美国次贷危机期间，银行和抵押贷款经纪人会怂恿房贷人在特定情况下提供虚假的个人资料。抵押贷款诈骗不同于一般形式的消费欺诈，因为消费者同时扮演了欺诈者和受害者的角色。在许多情况下，消费者被鼓励或被默许进行欺诈，目的是获得他们无力负担的房屋贷款。最终，他们成为次贷的受害者，而银行靠着每笔住房抵押贷款 2% 的手续费而疯狂赚进数十亿美金。随后爆发的次贷危机，可以说是多重消费欺诈导致的大规模全球性经济后果。

总之，消费欺诈破坏了人与人之间的信任，扰乱了正常的社会经济秩序，给社会和个人带来了巨大的灾难与损失。从小的方面来看，个人由此丧失信誉或大部分的退休金或养老金；从大的方面来看，整个社会出现动荡和经济大萧条。本章的内容会促使你在进行任何交易时更加谨慎，让你不会成为消费欺诈的受害者。同时，我们也希望你能运用所学的新知识让你的家人和朋友避免成为消费欺诈的受害者。

■ 重点内容回顾

- **了解消费欺诈及其严重性。** 消费欺诈是指以消费者为受害者的任何类型的欺诈行为。消费欺诈主要包括身份盗用、投资欺诈和其他类型消费欺诈。在盗用身份欺诈中，欺诈者窃取受害者的身份，然后冒充受害者进行交易。在其他类型消费欺诈中，欺诈者使用各种各样的手段来赢得消费者的信任，并借此让消费者付款、投资或提供个人信息。科学技术的不断发展和进步使得消费欺诈变得更容易实施。

[①] 美国次贷危机也称次级房贷危机，是指 2008 年左右在美国发生的因次级抵押贷款机构破产、投资基金被迫关闭、股市剧烈震荡而引起的金融风暴。

- **理解身份盗用及其手段。** 身份盗用是一个日益严重的社会问题，欺诈者窃取一个人的身份，然后使用此人的信用卡或利用其个人信息来大肆举债、疯狂购物，并以受害者的名义进行其他经济交易。身份盗用者通过各种方式窃取个人信息，包括侧录机、翻垃圾桶、网络钓鱼、偷窥个人识别码或门锁密码，或入侵他人电脑。盗用者一旦窃取了个人信息，通常就会从简单的交易开始欺诈，然后实施更复杂、涉案金额更大的诈骗活动。身份盗用的受害者通常要耗费大量的时间和精力来恢复自己的信誉。

- **了解投资欺诈和其他类型消费欺诈。** 除了身份盗用，还有许多其他类型的消费欺诈，本章并没有涵盖所有欺诈类型。包括外国预付款骗局、居家工作赚钱方案、多级营销欺诈、投资欺诈在内的骗局只有一个目标，即赢得某个人的信任，然后利用这种信任来行骗以获取非法利益。任何听起来极好但不切实际的回报都可能是一种消费欺诈。

第 16 章

破产欺诈、离婚欺诈和税务欺诈*

寄 语

在本章，我们将讨论不属于职业舞弊和会计报表舞弊的其他舞弊形式，包括破产欺诈、离婚欺诈、税务欺诈和洗钱。读完本章后，你将熟悉破产法、民事和刑事中的破产欺诈法规，以及破产和离婚程序中主要参与者的活动。我们还将讨论常见的破产和离婚欺诈计划，包括破产性、欺诈性地隐瞒资产或收入。最后我们将讨论洗钱，如何利用洗钱实施欺诈，以及它与其他舞弊行为的关系。

学习目标

在学习本章之后，你应该能够：
- 了解在破产、离婚和税务案件中频繁发生欺诈的原因；
- 描述破产的性质，熟悉破产法规；
- 了解民事和刑事中的破产欺诈相关法规；
- 确定破产程序的关键参与者；
- 厘清不同的破产和离婚欺诈计划；
- 了解在破产和离婚案中，犯罪者如何掩盖与转移资产和收入；
- 理解税务欺诈并熟悉常见的税务欺诈手段；
- 了解如何利用洗钱实施欺诈。

---

* 本章中依习惯将 fraud 也译作"欺诈"或"诈骗"，它们与前面章节中"舞弊"的含义相同。——译者注

> **现实的教训**

多年前，企业界大亨罗伯特·布伦南（Robert Brennan）被指控实施了破产欺诈。陪审团裁定布伦南在申请破产前向联邦政府隐瞒了约450万美元的资产。诉讼持续了六周，包括19天的法庭辩论，联邦陪审员领教了拉斯维加斯幻影酒店赌场的高风险诉讼以及国际金融的复杂性。

因涉嫌参与埃尔兰乔（ElRancho）酒店赌场爆炸案，布伦南在拉斯维加斯变得臭名昭著。该案指控布伦南尽管欠下了数百万美元的债务，但仍然过着奢侈的生活，证词分别来自与布伦南交往的肥皂剧明星、天主教红衣主教、国际军火商，以及为布伦南的债券提供担保资产的前足球教练比尔·帕斯尔（Bill Parcell）。

57岁的布伦南受到13项罪名指控，最终有7项被定罪。陪审团确信布伦南将资产隐匿于海外，并且在申请破产保护三周后将自己在卡西诺赌场的筹码兑现，且未向联邦政府报告。此外，他驾驶私人飞机环游世界，花费10万美元以上。

投资者向布伦南提供了数百万美元的贷款，而就在这些贷款即将到期前，布伦南申请了破产保护。美国曼哈顿地区法官理查德·欧文（Richard Owen）判定布伦南的行为实属欺诈，要求他赔偿投资者的损失。美国证券交易委员会判定布伦南应支付的赔偿金额超过7 800万美元。这一裁决给布伦南带来了一系列挫折，在监管机构发现布伦南继续采用高压"锅炉房"策略①强行出售股票后，他被禁止涉足证券业。②

16.1 破产欺诈、离婚欺诈和税务欺诈概述

破产指允许债务人制订一个有序的计划来清偿债务或清算资产并分配给债权人的法律程序，其正在以惊人的速度增长。破产欺诈，就像所描述的，在美国有愈演愈烈之势。据估计，70%破产案件的破产申请书含有虚假的财务信息。离婚和税务欺诈案件也是如此。虽然没有实际的统计数据，但大多数涉及巨额资产的离婚案件都伴有欺诈指控。欺诈之所以在破产、离婚和税务案件中如此普遍，是因为在这三类案件中，资产总是从某人或某个机构转移给他人。在破产案件中，资产转移给债权人；在离婚案件中，财产会被分给配偶和配偶的代理律师；在税务案件中，资产归政府所有。为了防止资产的损失，涉案人员会试图非法隐匿或转移资产，使资产保持未知状态或无法被发现。在破产、离婚和税务欺诈中，将资产转移到离岸银行账户、亲属、朋友和其他藏匿之处的情况屡见不鲜。

破产和离婚欺诈可能会涉及刑事或民事诉讼。联邦调查局或其他执法机构经常对离婚

---

① 高压"锅炉房"是销售人员联系潜在投资者的呼叫中心的喻指。"锅炉房"策略是指销售人员运用高压销售策略，说服投资者购买包括投机性和欺诈性证券在内的证券的计划。

② Sun Staff and Wire Reports, "Vegas Casino Figure Jailed after Bankruptcy Fraud Conviction," Las Vegas Sun (April 17 2001).

和破产欺诈进行调查。带有民事性质的破产和离婚欺诈案件由破产法院或离婚法院指定的受托管理人、审查员、债权人和债权人委员会进行调查，税务欺诈案件则通常带有刑事性质。

16.1.1 舞弊审查员在破产和离婚案件中的角色

审计师和其他舞弊审查员在破产欺诈案件、离婚欺诈案件的调查取证，以及税务欺诈案件的作证方面都可以发挥重要作用。美国国税局调查税务欺诈的部门称为刑事调查科。

舞弊审查员在离婚和破产案件中可以担任的角色包括：
- 在破产案件中担任调查员或受托管理人；
- 在破产案件中调查债务人的财务状况，并为债权人委员会编写破产调查报告，或者代表债权人委员会执行上述事项；
- 在破产案件中协助美国司法部、受托管理人办公室、受托管理人审查小组和其他机构的工作；
- 在离婚和破产案件中帮助债权人追回资产；
- 在离婚和破产案件中，作为私人调查员对隐匿的资产或相关人员的生活方式进行调查。

破产和离婚欺诈可以分为以下类型：
- 欺诈导致破产或离婚。当舞弊/欺诈行为导致企业资产大量缩水时，大部分企业会因无法偿付债权人和投资者而申请破产。同样，当配偶中一方发现另一方实施了欺诈时，他们会因不再信任对方或为挽救自己的声誉而提出离婚要求。欺诈行为可能包括向他人隐瞒资产、窃取资金或其他资产、歪曲交易业务以实施会计报表舞弊等。
- 利用破产和离婚进行欺诈。在破产和离婚的过程中，法院通常会规定一个协商期，在此期间不允许债权人向债务人或配偶中一方向另一方索债。某些债务人或配偶正是利用这段时间来实施欺诈的。例如，他们将资产转移给其他组织或个人，以逃避破产清偿或财产分割。
- 利用破产或离婚掩盖舞弊。这类舞弊通常会导致债务人或配偶一方的会计账簿或财产记录被销毁、失真或缺失。

当舞弊调查人员调查"舞弊导致破产或离婚"时，他们通常会关注企业在破产申请之前或配偶在提出离婚之前的舞弊行为。这些舞弊行为有些属于前面章节讨论过的舞弊类型。

16.1.2 税务欺诈

税务欺诈可以针对任何征收税款的政府或其他组织，包括联邦政府、州政府、地方政府或其他税务机关。因此，税务欺诈的类型大都相似。我们仅讨论针对美国政府及其税收征收机构——美国国税局的税务欺诈行为。国税局是美国财政部的一个分支机构，美国人与之直接打交道的次数要比其他任何公共机构或私人机构都多。例如，每年国税局都要处理约 1.75 亿份纳税申报表。据国税局估计，2015 财年将征收约 3.3 万亿美元的税收。

美国的税收制度基于自愿遵循原则，这意味着每个公民都有责任及时提交纳税申报表，并确定和支付正确的税款。幸运的是，大多数美国人都意识到依法纳税是他们应尽的责任和义务。但遗憾的是，某些美国人并不诚实，故意不缴或漏缴税金，这实际上已构成税务欺诈。需要注意的是，税务欺诈不同于合法的税收最小化策略（税务筹划）。任何一个国家的公民都应当依法纳税，故意少报应纳税所得额或者故意虚报（无依据地）减免税属于违法行为，构成税务欺诈。

如果国税局怀疑个人或企业少缴或漏缴税款，国税局的税务合规审计师就会对这些个人或企业的纳税申报表进行审计。一旦审计后发现的确存在少缴或漏缴税款的事实，审计师就可以提起民事诉讼或直接对其罚款，更为严厉的是将案件移交国税局的犯罪调查部门。

国税局的审计师接受过税务欺诈方面的专门训练，知道常见的税务欺诈手法，主要包括使用虚假的社会保障号码、设置两套会计账簿、隐瞒收入，或者在单身时声称有一个盲人作为被扶养人。尽管接受过舞弊调查方面的培训，但审计师通常不会怀疑这些行为。因为税法很复杂，多数纳税申报表可能会存在一些错误，所以在大多数时候审计师只是怀疑而不会认为一定存在税务欺诈。

16.1.3 欺诈和刑事调查科

纳税申报表上的一个不小心的错误可能会给你带来的罚款比率约为20%。虽然这很严重，但这一处罚远远没有对税务欺诈的惩罚严厉，后者的这一比率为75%。疏忽和欺诈之间的界限并不总是泾渭分明，即使对国税局和法院来说也是如此。国税局下设的刑事调查科主要针对故意违反自愿提交纳税申报表，未正确缴付所得税或消费税的纳税人。这些行为对税收管理和美国经济都构成了重大威胁。

刑事调查科的主要工作是针对各种类型的税务欺诈和洗钱犯罪进行调查，涉及来自各方面的经济实体，包括小企业主、个体经营者和大公司。刑事调查科的主要任务是调查潜在的违反《境内收入条例》（Internal Revenue Code）的犯罪行为和相关的金融犯罪，以增强人们对税收系统的信心并遵守税收法律。刑事调查科的特别探员受过"追踪资金"方面的训练，能够结合会计技术和执法技能来调查金融犯罪。美国境内所有合法和非法的收入来源都在国税局刑事调查科的调查与管辖范围内。

表16-1列举了与税务欺诈相关的法规。表16-2总结了2011—2013年刑事调查科开展的税务欺诈调查情况。

表16-1 与税务欺诈相关的法规

法规	法规性质	描述和处罚
《美国法典》第26部分第7201节	试图逃税或欠税	除法律规定的其他处罚外，任何人故意企图逃避或违反本部分规定的任何税款缴纳均构成重罪，一经定罪： ● 对个人处以不超过5年的监禁 ● 对个人处以不超过25万美元的罚款或对公司处以50万美元的罚款 ● 或两者并处，并承担诉讼费

续表

法规	法规性质	描述和处罚
《美国法典》第 26 部分第 7202 节	故意不收取或支付超额税款	除法律规定的其他处罚外,本部分要求征收、说明和支付任何税款的任何人,故意不征收或如实说明和支付此类税款的,均构成重罪,一经定罪: ● 对个人处以不超过 5 年的监禁 ● 对个人处以不超过 25 万美元的罚款或对公司处以 50 万美元的罚款 ● 或两者并处,并承担诉讼费
《美国法典》第 26 部分第 7203 条	故意不提交纳税申报表、不提供信息或不纳税	根据本部分要求支付任何估计税款或税款,或根据本部分授权制定的法规要求进行申报、保存任何记录或提供任何信息的任何人,故意不在法律或法规要求的时间内支付此类估计税款或税项,提交此类申报、保存此类记录或提供此类信息的,除法律规定的更严厉的处罚外,犯有轻罪,一经定罪: ● 对个人处以不超过 1 年的监禁 ● 对个人处以不超过 10 万美元的罚款或对公司处以 20 万美元的罚款 ● 或两者并处,并承担诉讼费
《美国法典》第 26 部分第 7206 节第 (1) 条	欺诈和虚假陈述	任何人故意编制和签署任何申报表、声明或其他文件,该申报表、陈述或其他文件包含或经书面声明验证,而书面声明是做伪证且其认为在每个重大事项上都是真实和正确的,应犯有重罪,一经定罪: ● 对个人处以不超过 3 年的监禁 ● 对个人处以不超过 25 万美元的罚款或对公司处以 50 万美元的罚款 ● 或两者并处,并承担诉讼费
《美国法典》第 26 部分第 7206 节第 (2) 条	欺诈和虚假陈述	任何人故意协助或协助、促成、咨询或建议根据境内税收法规或与境内税收法规认定的任何事项有关的任何文件、宣誓书、索赔或其他文件的准备或陈述,这些文件在任何重大事项上是欺诈性或虚假的,无论此类虚假或欺诈行为是否在被授权或要求提交此类申报表、宣誓书、索赔或文件的人员知情或同意的情况下发生,应被判重罪,一经定罪: ● 对个人处以不超过 3 年的监禁 ● 对个人处以不超过 25 万美元的罚款或对公司处以 50 万美元的罚款 ● 或两者并处,并承担诉讼费
《美国法典》第 26 部分第 7212 节第 (A) 条	试图干涉境内税收法律的管理	任何人贿赂或通过武力试图恐吓或阻碍任何以本部分的官方身份行事的美国官员或雇员,或者以任何其他方式贿赂或武力阻碍、试图阻碍或阻碍本部分的正当管理,一经定罪: ● 对个人处以不超过 3 年的监禁 ● 对个人处以不超过 25 万美元的罚款或对公司处以 50 万美元的罚款 ● 或两者并处

续表

法规	法规性质	描述和处罚
《美国法典》第18部分第371条	串谋犯罪或诈骗联邦政府	如果两人或两人以上密谋以任何方式或出于任何目的对联邦政府或其任何机构犯下任何罪行,并且其中一人或多人采取任何行动以实现阴谋为目的,则每人: ● 对个人处以不超过5年的监禁 ● 对个人处以不超过25万美元的罚款或对公司处以50万美元的罚款 ● 或两者并处

表 16-2 2011—2013 年美国国税局刑事调查情况

项目	2013 年	2012 年	2011 年
已展开调查（起）	5 314	5 125	4 720
检方建议（起）	4 364	3 701	3 410
起诉书/通知（起）	3 865	3 340	2 998
定罪（起）	3 311	2 634	2 350
宣判（起）	2 812	2 466	2 201
监禁的概率（%）	80.1	81.5	81.7

下面我们参阅刑事调查科发布的五个税务欺诈实例。

实例1：前国税局员工因欺诈和逃税罪名被判刑

在明尼苏达州的明尼阿波利斯市，前国税局员工瓦伦西娅（Valentia）被判处33个月监禁，随后被监管释放3年，并被勒令支付605 203美元的赔偿金。瓦伦西娅承认实施了邮件欺诈、电信诈骗和逃税。瓦伦西娅在法庭上承认，她利用自己受托管理人的身份，将祖母的绝大多数资产转移到自己名下。瓦伦西娅挥霍耗尽了祖母的财产，卖掉了76英亩的农场和家当，洗劫了祖母的银行账户，还将祖母的人寿保险收入约4.1万美元存入自己的银行账户。

实例2：诈骗必能宝（Pitney Bowes）公司的三名员工被判入联邦监狱服刑

在康涅狄格州，威斯涅夫斯基（Wisnieski）、奥托（Otto）和威尔逊（Wilson）三名被告因承认参与邮件欺诈计划、提交虚假的所得税申报表而被判刑。其中，威斯涅夫斯基被判37个月监禁，奥托被判21个月监禁，威尔逊被判18个月监禁。同时，三人还被判处3年监管释放，并被罚款5 000美元。威斯涅夫斯基是必能宝公司的部门助理总监，为了自己和奥托、威尔逊的利益，蓄意在必能宝公司的会计记录上做虚假分录。奥托和威尔逊在同一个部门工作。这些虚假记录表明，必能宝公司从被告的收入中多扣了联邦和州所得税。作为舞弊计划的一部分，被告控诉必能宝公司的预扣税款被错误地夸大，并要求必能宝公司退还多缴的税款。

由于被告通常不会就全部被夸大的扣缴税额要求必能宝公司退回款项，公司仍会在规定的时间内向国税局支付从每个被告的工资中扣缴的税款。此后，被告将提交年度联邦个人所得税申报表。由于必能宝公司向国税局支付的预扣款项远远超过被告实际工资的应交税款，被告获得大量的退税款。在该计划期间，被告提交的纳税申报表实质上是虚假的，因为它们没有将被告因欺诈计划而将从必能宝公司偷来的钱作为收入。

在这项欺诈计划中，威斯涅夫斯基从必能宝公司获得 49.2 万美元的非法收入，而且漏缴超过 11.2 万美元的联邦所得税；奥托从必能宝公司获得超过 35.1 万美元的非法收入，并且漏缴超过 7.8 万美元的联邦所得税；威尔逊从必能宝公司获得 17.7 万美元的非法收入，并且漏缴超过 3.7 万美元的联邦所得税。

实例 3：姐弟俩从事国际洗钱而被定罪

在华盛顿州西雅图市，董女士和弟弟董某（均为化名）被判串谋洗钱罪，并立即分别被判处 4 年和 3 年监禁。两名被告入狱后，均被判处 3 年监管释放。此外，法院还没收两人 100 多万美元现金和不动产。根据法庭文件，董女士以 MYA 公司的名义经营一项利润丰厚的转账业务。MYA 公司主要为西雅图的越南人社区服务，至少在其他 13 个州拓展了 20 多个分支机构和业务分部。在两年多的时间里，董氏姐弟利用各种银行账户转移了 1 100 多万美元的大麻贩运所得，以掩盖属于或打算用于经营大麻生意的资金的性质、地点、来源和所有权。董氏姐弟被指控实施多项违法活动，包括故意不记录银行转账、伪造商业记录、洗钱、偷税漏税以及从美国走私货币到加拿大。

实例 4：某医生因逃税被判 41 个月监禁

在佐治亚州雅典市，布拉德福德·布朗（Bradford Brown）博士因逃税被判入联邦监狱服刑 41 个月。在审判过程中，检方证据表明，布朗在两年多时间里没有将所有的医疗收入存入自己的商业账户，从而逃避至少 120 万美元收入的所得税。实际上，布朗把收入存入他从未向会计披露的银行账户。布朗负有总额超过 100 万美元的纳税义务，而国税局仅征收了 4 192 美元税款。除了入狱服刑，布朗还被勒令支付 4 万美元罚款，并支付超过 300 万美元的赔偿金。

实例 5：因涉案金额超过 300 万美元的税务欺诈而被判刑

在西弗吉尼亚州查尔斯顿市，帕特里夏·格里菲斯（Patricia Griffith）因逃税被判处 27 个月监禁，并被罚款 6 000 美元。格里菲斯在认罪书中承认自己从卡纳瓦谷放射公司盗用了 300 多万美元，但没有向国税局报告这些非法所得。仅在一年内，格里菲斯就贪污了 40 多万美元，并涉及 12 万美元的纳税义务。

一些常见的税务欺诈包括：(1) 故意少报或漏报收入；(2) 虚报应纳税扣除额；(3) 保留两套会计账簿；(4) 在账簿和记录中做虚假分录；(5) 将个人开支列为业务开支；(6) 申报虚假扣除项；(7) 掩盖或者转移资产或收入；(8) 洗钱。

上述税务欺诈中最常见的是故意少报或漏报收入。一项政府调查发现，大部分个人收入少报或漏报是由个体经营的餐馆老板、服装店老板和汽车经销商实施的，其次是电话推销员和销售人员，接着是医生、会计师和理发师等。在税务欺诈犯罪者中，过度支出与业务相关的费用（如汽车使用费）的个体经营者通常排在第二位。

16.1.4 刑事调查科的调查职业

与联邦调查局一样,在国税局刑事调查科工作意味着你是政府雇员,是地方、州和联邦执法机构网络的工作人员。国税局与司法部、联邦调查局、海关、缉毒署、邮政调查局、联邦总监察长、联邦检察官及联邦执法局密切合作。许多联邦机构通过追踪犯罪嫌疑人的资金线索来破获犯罪活动,最终可能会发现许多违反税法的犯罪行为;同样,通过税务欺诈调查过程发现腐败、贪污、勒索甚至谋杀等其他严重犯罪活动并不罕见。

> **请记住 >>>** 美国的税收制度基于自愿遵循原则;大多数美国人都会依法纳税,但也有一些美国人故意不缴或漏缴税款,这实际上构成了税务欺诈。刑事调查科是国税局调查税务欺诈的重要部门。国税局的特别探员需要具备会计知识和执法技能来完成税务欺诈与金融犯罪调查。

要想成为初级刑事调查特别探员,首先你必须是美国公民且年龄不超过 37 岁。你还必须完成四年制的学业课程或学士学位课程,并且至少完成 15 个学分的财务会计课程学习,外加金融、经济学、商法、税法等密切相关领域的 9 个学分,或者你必须拥有一个教育和经验相结合的整体资格要求,如注册会计师。受过更多教育或拥有更丰富经验的人可以在刑事调查科中担任更高级别的职位。

16.2 离婚欺诈

在美国,每年有超过 100 万起案件是为了解除婚姻关系。两个人共同努力维系一段婚姻,制订长远的生活计划,付出真诚的努力,但是现在决定分手,宣布美好的愿望已经成为泡影,双方要走进另一种截然不同的生活,这常常会引起强烈的情绪波动。如果涉及未成年子女,那么其中的复杂性更深化、情感波动更强烈。因此,和谐分手的很少,取而代之的是离婚大战。

在某些情况下,当离婚法律程序启动后,友好的分手很快就会演变为一场全面争执。从本质上讲,法律体系是一种对抗性的法律制度。从伦理上讲,离婚律师只能为离婚一方辩护和服务,而现实中双方律师相互对抗,每个人都试图为自己的当事人争取最好的结果,即便是和蔼可亲的夫妻很快就会发现自己陷入一场法律纠纷,再加上法庭诉讼进程,原来的参与者往往发现他们的关系和初衷早已无法辨认。无论是在离婚期间还是离婚之后,许多人都觉得自己被离婚程序或诉讼欺骗了;特别是经济上接受接济的配偶可能会开始质疑离婚计划或和解协议是否公平,另一方是否隐瞒有关资产的存在或价值等重要信息。

离婚诉讼中的大部分辩论和大量的判决前离婚动议都是为了撤销或重新判决而提出的。这并不奇怪,因为分歧和动议的依据往往是另一方的欺诈行为。所以,我们有必要探讨离婚欺诈的步骤。与所有舞弊/欺诈行为一样,试图证明有离婚欺诈的一方必须证实:(1)另一方做出虚假陈述,这通常是事实之一;(2)被告知道或相信陈述是虚假的,或者不顾后果地对事实漠不关心;(3)被告意图诱导原告以某种方式行事或不作为。大多数离婚欺诈诉讼由两项指控引起：（1）原告配偶声称被告隐瞒资产，以便不进行财产分割；（2）财产分割不公平。

离婚欺诈的防范、侦查和调查方法与前几章讨论的方法没有什么不同。然而，最重要的是要知道，在离婚案件中，个人有时会不遗余力地隐藏资产。我们将在本章后续讨论破产时进一步分析资产隐藏方式。如前所述，离婚和破产欺诈都是为了隐藏和保护资产。

离婚案件参与人

离婚通常由相互不满的配偶提出，配偶双方都认为自己受到某种程度的"委屈"或"伤害"。离婚案件相关方包括丈夫和妻子、双方代理律师和离婚法院。当一方指控另一方实施了离婚欺诈（如隐藏或非法转移资产）时，指控方代理律师通常会雇用调查人员查找被隐藏资产的位置。调查方法包括监视、搜寻公共记录和查阅私人记录。调查人员发现的证据应由律师递交给离婚法院。大多数离婚欺诈案件涉及民事诉讼，但如果有证据表明配偶一方实施了舞弊，执法人员就可以要求展开调查，并将其纳入刑事案件的范围。

> **请记住** >>> 美国每年有超过 100 万份离婚申请。通常，离婚会导致夫妻财产的分割。有时，离婚中一方会向离婚法庭隐藏资产，以避免在离婚协议中分割资产。在离婚中隐藏资产等行为被视为离婚欺诈。

16.3 破产欺诈

尽管本书的大多数读者可能熟悉离婚这一现象，但许多人并不熟悉破产是如何运作的。因此，我们先解释与破产相关的重要概念。然而，由于实施离婚和破产欺诈的动机与计划相似，我们在本节讨论的大部分内容也适用于离婚欺诈。

如本章开篇所述，破产欺诈在美国是一个日益严重的问题。破产法院是美国地方法院的一个分支机构，也是美国政府的一个关键组成部分，因为破产申请对国家和地方经济具有重要影响。个人（债务人）申请破产或系统内的专业人员滥用破产法规会破坏整个经济系统的完整性，这些滥用或腐败行为会大大降低债务人恢复偿债能力的可能性。

从破产中骗取的钱财永远不会落入有资格享有的债权人和投资者的腰包。随着破产欺诈事件的频繁发生，债权人和投资者对自己的利益能否得到保护已经失去信心。这种信心的丧失可能会通过收紧信贷、提高利率和随后的行为对经济产生连锁反应。

多年来，破产及相关破产欺诈的数量一直在增加。最近，参与破产法规制定的专业人士看到，申请破产的个人或公司的耻辱感有所减弱，破产救济比以往任何时候都更容易为人们所接受。伴随着这种看法，美国不断变化的经济环境导致过去十多年里破产申请数量大幅增加。

随着向破产法院提交的破产申请数量的增加，相应的司法和行政活动也不断增加，政府可用于执行司法程序的时间和资源越来越少。此外，越来越多的破产案使破产法院的基础设施资源变得更加紧张，以至于法院难以对破产欺诈者量刑定罪。

> **想一想 >>>** 为什么在破产欺诈案和离婚欺诈案中隐瞒资产如此普遍？

在美国登记的大多数破产案是以完全清算的形式进行的。关于联邦调查局破产欺诈调查的分析表明，最常见的破产欺诈方案是使用不当的破产申请，如利用离婚欺诈以扣押债务人的资产。隐瞒这些资产使其不被清算或不转移给债权人以清偿债务。

尽管向破产法院隐瞒资产是一项精心策划的舞弊计划，但我们可以通过多种方式来加以识破。例如，《破产条例》（第七章）指出，某人列示的资产额远远少于负债额。尽管这种情况在大多数破产申请中比较典型，但最终结果并非如此。债务人的破产申请被驳回后，债务人继续过着奢侈的生活。邻居举报了这些债务人，声称债务人向破产法院隐瞒资产，包括游艇、劳力士手表和乡村俱乐部会员资格等。后来经调查发现，债务人的确没有将这些资产列入破产申报表，目的是避免其资产全部被清算。

在企业实体申请破产保护的情况下，隐瞒资产的可能性更大。例如，一名企业主声称自己的公司适用于《破产条例》（第十一章），因为公司面临严重的现金短缺。然而，就在申请破产之前，这名企业主将大量现金和其他资产转移给家庭成员以及由其控制的外部关联企业。很显然，债务人这样做旨在保护这些资产不被出售或清算。

破产欺诈还涉及破产代理服务、重复申报、虚假陈述、受托管理人欺诈、律师欺诈、伪造申报、贪污、信用卡欺诈等形式。其中，破产代理服务和重复申报是最突出的破产欺诈形式。破产代理服务在人口贫困或移民的大城市越来越普遍。这项服务旨在避免个人被赶出他或她的住所，通常是租客，而不是房主。当某个人遭遇财务困难时，第一个联系他的"债权人"通常是他的房东。代理服务商会在报纸上刊登广告，或者有意在目标社区张贴海报，宣传他们提供的"打字服务"等项目将如何帮助债务人在面临被驱逐时保住住所。在债务人一筹莫展之时，代理服务商为个人提出破产申请。这项服务的收费高昂，并且流程会拖延好几个月，此时债务人误以为代理服务商正在为他们提供满意的服务。但实际上，这项服务正在剥夺债务人所剩无几的积蓄，并且债务人最终仍不可避免地被驱逐。

> **留意 >>>** 面临被驱逐苦恼的房客往往是破产代理服务欺诈的受害者。和许多破产欺诈不同，实施破产代理服务欺诈的不是面临破产的个人，而是代理房客提出破产申请的服务商。这种欺诈会收取高额费用，使那些房客陷入更深的经济绝望之中。

在现实中，多重破产申报（重复申报）欺诈也大行其道，它有两种形式：

- 使用真实的个人识别码在不同的州申请破产；
- 使用假名或其他州的社会保障号码申请破产。

通常，债务人在两个或两个以上的州申请破产时，每份申请所列出的资产和负债几乎相同。债务人被解除债务，并在这一过程中从一份特定申请书中留下一些资产。如害怕被抓，则债务人只需前往另一个州，提交另一份破产申请。

16.3.1 《破产条例》

有关组织或个人在无力清偿债务、资不抵债时，可以向法院提出破产申请。地方法院收到破产申请后，经初审将申请提交给破产法院。破产具有以下作用：使债务人可以从债务重压中解脱出来；赎回抵押品；使债权人不会因其他债权人不公平的催收行为而遭受损失。破产申请允许债务人制订清偿债务或清算资产计划，并以公平对待债权人的方式将收入所得分配给债权人。申请破产后会形成一个独立的实体或"遗产"，它由债务人的全部财产或收入组成，这些财产或收入将用于清偿债务，偿债后剩余部分由破产法院接管。

《美国法典》第11部分（U. S. Code，Title 11）是有关《破产条例》的内容，是用于规范破产程序的联邦法规，其中列出破产类型。第11部分的第一章、第三章和第五章包含适用于所有破产的一般性规定，第七章、第十一章和第十三章的规定适用于特定类型的破产。

第11部分的第七章和第十一章的适用范围是企业或个人。第七章中的破产是指企业完全清算或"终止经营"。在这种情况下，全部资产均变现并用于清偿债务，但通常变现金额只够归还所欠债权人的部分债务。与此不同，第十一章中的破产则是债权人给予破产实体一段时间来整顿经营活动、改善财务状况，使破产实体能够以改组后状态重新开展经营活动。第十三章中的破产是允许达到某一标准（例如经营收入及债务少于100万美元）的个人进行重组（与第十一章类似）。根据第十三章的规定，债务人必须在规定的期限内定期向债权人偿还债务。如果第十一章或第十三章中的重组没有达到预期效果，法院就会进行裁决或直接执行第七章中的规定。

在《美国法典》第十一章的案例中，一旦破产法院批准企业的重组计划（或清算计划）或个人偿债计划，债务人和债权人就要履行法律规定的相应义务。只有重组计划中确认的债务才继续有效（重组计划中规定了债务的金额、偿债时间和偿还方式）。资产变现后，变现收入应当按破产法规确定的先后顺序依次向债权人清偿。例如，获担保的债权人通常比未获担保的债权人享有优先求偿权。

16.3.2　民事和刑事破产欺诈法规

刑事破产欺诈案件通常由美国检察官办公室向案件管辖地的地方法院提起诉讼。在刑事案件中，检方必须提出充分的证据证明欺诈的存在。定罪可能导致监禁或其他刑事处罚。《破产条例》中与刑事欺诈有关的章节内容如下：

（1）隐藏资产、虚假宣誓和索赔以及贿赂（《美国法典》第18部分第152节）。本节规定，任何人"明知而欺诈"地做出以下任何行为均为犯罪：

- 向债权人或破产受托人、托管人或其他负责保管债务人财产的法院官员隐瞒债务人财产。
- 在破产案件中做出虚假宣誓或陈述。
- 做出虚假声明、证明或陈述的，将受到伪证罪的惩罚。比如在破产申报表中故意隐瞒财产和债务，法院可以从无法解释的虚假陈述中推定涉嫌欺诈，除非债务人能够证明虚假陈述是无意的错误。
- 对债务人财产提出虚假的索赔证明。债权证明是债权人向破产法院提交的文件，说明对债务人的债权性质和金额。债务清偿计划考虑了"允许的"索赔，即破产法院认定有效的索赔。债权人可能是这一罪行的始作俑者。

- 在提交破产申请后，以"意图违反《破产条例》的规定"为由，从债权人那里获得大量财产。
- 在破产案中，以给予金钱或财产、提供报酬、补偿、奖励等作为好处或承诺。
- 以个人身份或作为个人或企业的代理人或官员，在考虑涉及自己或其他人或公司的破产案件时，转让或隐藏他人的财产，或"意图推翻《破产条例》的规定"。
- 在申请破产时或在申请破产后，掩盖、销毁、毁损、伪造与债务人财产或财务有关的任何记录信息（包括账簿、记录和文件等）或做虚假记录，向托管人、受托人或法院其他官员扣留与债务人财产或财务有关的任何记录信息（包括账簿、记录和文件等）。

显然，上述法规旨在针对申请破产个人的欺诈行为。需要注意的是，尽管与离婚有关的刑事法规不像破产法规那样具体，但离婚案件中的罪行通常也可以向刑事法院起诉。

（2）对债务人财产的侵占（《美国法典》第 18 部分第 153 节）。本节适用于破产受托人、托管人、律师或其他法院官员，以及法院官员聘请的为债务人财产提供服务的任何人。本法令禁止上述人员"故意和欺诈性不当使用、贪污、花费或转移"属于债务人的任何财产，或隐藏、销毁任何文件。本部分旨在惩罚那些在破产过程中滥用或转移资产的人。例如，一名法院指定的受托人因在剩余资产分配给债权人之前从债权人资产中窃取了 1 500 万美元而被定罪。同样，许多受聘协助离婚案件的律师也因挪用离婚夫妇的财产而被起诉。

（3）官员的不当利益和行为（《美国法典》第 18 部分第 154 节）。本节禁止托管人、受托人、执法官或其他法院官员在知情的情况下：

- 直接或间接购买在破产案件中担任官员的债务人的任何财产；
- 拒绝允许利益相关方检查当事人所负责的与国家事务有关的文件和账簿；
- 拒绝允许受托人检查与当事人负责的地产事务有关的文件和账簿。

本节针对那些被任命或聘请来公平解决破产案件中的财产利益冲突。例如，本节规定，法院指定的个人因支付不合理的低价而购买债务人的财产是违法的。

（4）破产欺诈。本节规定，做出以下行为以实施或掩盖非法计划属于犯罪：

- 提交破产申请；
- 在破产程序中提交文件；
- 在提交破产申请之前或之后，就正在进行的破产做出虚假性或欺诈性陈述、索赔或承诺。

《美国法典》中本节的内容"包罗万象"，涉及禁止与破产相关的其他类型的欺诈行为。

16.3.3 民事破产法规

如前所述，刑法主要致力于"纠正错误"或将舞弊者绳之以法，或强迫其支付罚款；民法的目的则在于为找回被盗用资金而要求相关人员支付货币赔偿。破产案件通常需要经过美国破产法院的民事诉讼程序。如果原告因被告的不当行为（如欺诈性质的资产转移）而蒙受损失，他们就有权要求赔偿。原告（通常是受托管理人）只要能提供明确且有说服力的证据，被告（通常是债务人或关联方）一般要支付民事赔偿，具体的赔偿金额取决于所涉及的罪状。《破产条例》中与破产欺诈民事赔偿最相关的几部分内容如下：

留意 >>> 区分刑事和民事破产欺诈非常重要。刑事破产欺诈案通常由美国律师协会提起诉讼，同时联邦政府必须就案件予以相应的证明，以判处入狱服刑或支付巨额罚款。民事破产欺诈案在美国破产法院审理，旨在寻求经济救济或追回被盗资金。

（1）违法行为导致债务清偿撤销。《破产条例》第1144部分规定，如果第十一章提及的破产重组计划是通过舞弊手段得以批准的，就应当撤销重组计划及相应的债务免除或清偿。同样，《破产条例》第1328（e）部分规定，如果通过舞弊手段获得第十三章提及的债务免除或清偿，就应当撤销该债务免除或清偿。第1144部分和第1328（e）部分并没有对上述提到的"舞弊"做出具体规定，但指出舞弊包括故意的欺诈和违法行为。例如，若债务人为免除债务而谎报财产金额，则应当撤销其债务免除。

（2）舞弊性质的转移。《破产条例》第548部分将舞弊性质的转移定义为"在破产申请生效前一年内发生的资产转让或形成的债务"，包括：①旨在妨碍、拖延或欺骗债权人的转移活动。例如，债务人将财产转移给亲属以逃避债务清偿。②在下列情况下，以低于公允价值的金额转移资产：

- 债务人无法清偿债务，或者在实施资产转移之后资不抵债；
- 债务人的所有者权益在实施资产转移之后将变得异常小，例如债务人经常在实施资产转移之后拖延支付账单；
- 在明知无法到期偿还的情况下，债务人试图或被认为试图承担债务。

在《破产条例》中，上述规定非常有用，因为债务人掩盖资产或将资产以低于市场价值的金额（通常涉及回扣）出售给亲戚或朋友相当常见。

16.3.4 破产程序参与者

对舞弊调查人员来说，了解破产程序中关键参与者的角色非常重要。破产程序参与者有破产法院、受托管理人协会、法院指定的受托管理人或受托管理人审查小组、审查员、债务人、债权人、调解人（破产执行人或代理人）等。

破产法院

破产申请通常提交给美国破产办公室，由地方法院受理和监督。处理破产案件的法官负责听审案情、批准重组计划、裁定破产费和解决纠纷。离婚法院在离婚案件审判中与破产法院执行相同的职能。

受托管理人协会

受托管理人协会是美国司法部下属的一个代理机构，主要有以下职能：

- 监督和管理破产案件；
- 任命受托管理人、审查员和第十一章提及的债权人委员会；
- 监督受托管理人；
- 复核雇员申请和费用申请；
- 就债务人的财产权益和债权人的利益等事项出庭作证。

在美国的 21 个地区中，每个地区都设有受托管理人协会及其助理机构。每个地区的受托管理人协会办公室通常配备以下人员：

- 律师。主要负责复核费用申请；提议任命受托管理人和审查员；提议转换破产类型、驳回案件及其他起诉。他们代表着受托管理人协会。
- 破产分析人员。主要负责复核经营报告和其他财务信息，确保案件符合《破产条例》的要求，并保护债务人的财产。
- 专业调查机构。一些地区设有专业调查机构，主要负责调查破产案件中有关犯罪行为的投诉。

法院指定的受托管理人或受托管理人审查小组

法院指定的受托管理人或受托管理人审查小组通常是会计师事务所、律师事务所或个人，他们负责鉴证并集中管理债务人的财产，并以合理的方式分配给债权人。在《美国法典》第 11 部分第七章的破产判例中，法院指定的受托管理人或受托管理人审查小组应行使的职责在第 704 节有详细的规定，具体如下：

（1）收回债务人的财产并将其变现，及时处置资产，以实现利益相关者权益的最大化。

（2）对所有收回的财产提供相关说明。

（3）按照《美国法典》第 11 部分第 521 节第（2）(B) 条的规定，确保债务人提交其愿意保留或放弃财产的声明。

（4）调查债务人的财务事项。

（5）在必要时检查索赔证明，并对不合理的索赔提出异议。

（6）在适当时对债务人的偿债活动提出异议。

（7）在法院批准的前提下，向利益相关者提供资产及资产管理的情况说明。

（8）在允许债务人继续经营的情况下，负责向法院、受托管理人协会和政府税收征管机构定期提供有关公司经营情况的报告与概要，包括收支表等受托管理人协会或法院要求的信息。

（9）编制总结报告，并向法院和受托管理人协会提交财产管理的最终说明。

在《美国法典》第 11 部分第十一章的破产判例中，法院指定的受托管理人或受托管理人审查小组的职责在第 1106 节有详细规定，具体如下：

（1）执行上述第（2）、（5）、（7）、（8）项条款规定的职责。

（2）在债务人无意持续经营的情况下，负责按照《美国法典》第 11 部分第 521 节第（1）条的规定提交财产清单、计划表和书面陈述。

（3）除法院做出特殊规定之外，负责调查债务人的资产、负债、经营活动和财务状况，债务人持续经营的意愿，以及与破产案相关的其他事项。

（4）及时履行以下职责：

- 对按照上述第（3）项执行的调查结果提交书面报告，内容包括债务人在资产管理中出现的舞弊、欺诈、无能、错误、管理不善或违法行为；
- 将上述报告的复印件或内容概要提交给债权人委员会或股东权益保障委员会、受托管理人协会以及法院指定的其他类似机构。

（5）按照《美国法典》第 11 部分第 1121 节的规定，及时提交重组计划，或者说明受托管理人未及时提交重组计划的原因，或者建议将案件转换成《美国法典》第 11 部分第七章、第十二章、第十三章中的破产案或直接驳回诉讼。

（6）在债务人未提交纳税申报表时，根据债务人的会计记录及相关信息，向政府机构（需向其上报纳税申报表）提供相关资料。

（7）在重组计划得以批准实施后，根据法院的要求或在必要时上报计划备案。

受托管理人通常会听取对债务人实施欺诈的指控。在《美国法典》第 11 部分第十一章的破产判例中，法院之所以任命受托管理人，通常是因为债务人被指控实施了欺诈。受托管理人调查欺诈的职责和权利包括在第七章规定的破产判例中调查债务人事项以及：①调查债务人的经营行为、资产、负债和财务状况，以及债务人的经营状况和持续经营的意愿；②提交《美国法典》第 11 部分第十一章规定的破产判例中的书面报告。如果受托管理人经调查后掌握了足够的证据，证明存在破产欺诈，就应当将调查结果报告提交给检察院。

受托管理人在调查过程中有获取信息的权利，由此其可以向债务人的律师和会计师索要相关资料。作为债务人的代理人，受托管理人甚至可以取消律师和客户之间的委托协议。同时，受托管理人还可以查阅刑事司法机构保管的债务人相关记录。

审查员

审查员（通常是舞弊检查师或舞弊调查人员）是由《美国法典》第 11 部分第十一章中审理破产案件的法官任命的，负责调查债务人的欺诈行为。审查员应当及时开展调查，并向法院和其他利益相关者报告调查结果。审查员有权索取会计记录和相关证据来协助调查。一般来讲，他们不能参与经营、制定决策或提出重组计划；但是，法院可以扩大调查人员的职责权限，令其执行受托管理人或拥有所有权的债务人的工作。

债务人

债务人是《美国法典》第 11 部分第十一章中提及的申请破产的主体，它可以是个人，也可以是实体。强制进入破产程序的债务人称"被指控的债务人"。

在破产程序中债务人的主要职责是在尽可能维护自身权益的基础上清偿债务。个体债务人经常通过掩盖资产或编制虚假会计报表来实施破产欺诈，而企业债务人则通过高估负债和少报资产来实施破产欺诈。

债权人

债权人对债务人拥有索赔权。《破产条例》规定债权人委员会可以代表债权人的整体利益。在《美国法典》第 11 部分第十一章的破产案例中,债权人委员会有权调查债务人的经营行为和财务状况以及其他与案件相关的事宜。

调解人

调解人也称执行人或代理人。调解人通过执行以下职责来协助受托管理人的工作:保护债务人的设备和资产、明确债务人资产的位置、获取会计记录、开立新的银行账户、调查资产盗用情况、安排资产变现等。

16.3.5 舞弊调查人员与破产诉讼流程参与者的关系

《破产条例》第 327 节第(a)条允许受托管理人在法院批准的情况下聘请律师、会计师或其他专业人士来代表或辅助受托管理人。同时,《破产条例》第 1103 节允许债权人委员会在法院批准的情况下聘请律师、会计师或其他代理人为委员会服务。尽管《破产条例》并没有对此做出具体规定,但破产法院可以授权审查员聘请注册舞弊检查师甚至注册会计师和其他专业人士来协助调查工作。舞弊检查师和注册会计师在进行舞弊调查的同时,还可以提供咨询和其他会计服务。

专业人士在从债务人的财产资金中获得报酬之前,必须按照《破产条例》第 327 节的规定依法接受聘用且必须由法院批准聘用。《破产条例》第 330 节规定了专业人士获取报酬的条件以及聘用期间的具体要求。

债权人可以聘请独立于法院的注册舞弊检查师、注册会计师或其他专业人士来调查破产欺诈。在这类案件中,债权人通常不需要经过法院的批准就可以直接向调查人员支付报酬。在某些情况下,如果案件属于刑事诉讼,债权人就可以向法院申请由州政府负担调查费。

在破产诉讼过程中,舞弊检查师或调查人员的聘用期必须由经办破产案件的法官批准。只要调查人员从债务人的财产中获取报酬,无论是由债务人、受托管理人、拥有所有权的债权人、债权人委员会还是股东聘用调查人员,均需要经过法院的批准。但是,在极少数案件中,调查人员是向个体债权人或股东直接提供服务并直接取得报酬的,在这种情况下上述要求并不适用。

舞弊调查人员在接受聘用后,应当准备一份宣誓书。宣誓书由律师代表聘方(如受托管理人、审查员或债权人委员会)递交给法院,作为聘用申请的一部分。宣誓书同时也是一份法律文件,是对调查人员提供真实证词的保证(做伪证将受到处罚),并且必须经过公证。不同地区对宣誓书的具体内容和详细程度有不同的要求。

对专业人士提供的服务加以规定相当重要。美国受托管理人协会要求对专业人士所提供的服务进行分类，同时对其提供服务的范围进行扩展。在这些服务中，一类是诉讼咨询，包括舞弊调查或法务会计；另一类是资产分析和收回，与欺诈性质的资产或财产转移有关。

对专业人士所提供服务的内容应有较详细的规定，但详细程度主要取决于处理破产案件法官的偏好。在确定报酬时，法官应当将专业人士实际提供的服务内容与授权批准的服务内容进行比较，他通常不会允许对未经授权的服务支付报酬。

一旦聘请舞弊调查人员的要求得到批准，就应由律师代表聘方编制聘用申请书，申请书主要依据宣誓书中的信息以及与调查人员的商讨结果编制。

一旦聘用申请获得批准，法官就会授权调查人员提供相关服务。调查人员应当在开始工作前获得经法官签名的授权文件。

> **请记住** >>> 近年来，与破产相关欺诈的数量一直在增加。破产欺诈主要指在申请破产时隐瞒资产。隐瞒资产欺诈约占破产欺诈的 70%，其目的在于防止资产被清算或转移给债权人。《破产条例》（即《美国法典》）第 11 部分，是规范和管理破产程序的联邦法律，它细分了各种类型的破产。破产案件可能涉及民事诉讼，通常在美国破产法院审理，破产程序的关键参与者具有不同的作用。

16.4 有预谋的破产欺诈和离婚欺诈

最常见的两类破产欺诈包括在破产过程中或申请破产前发生的有预谋的破产和资产的非法掩盖。资产的非法掩盖在离婚案件中也相当常见。

有预谋的破产包括多种形式，每种形式均涉及有目的地获取货款或赊购存货，以及对债权人或供应商隐瞒收入，或在清偿债务前隐藏存货。当债务人宣布无力支付债务并申请破产时，债权人会发现已经没有剩余资产来抵偿债务了。欺诈者对债权人和供应商隐瞒了收入或存货，从而恶意逃避了债务的清偿。据政府部门的统计资料估计，债权人每年因有预谋的破产而遭受的损失近 10 亿美元。

欺诈者在实施有预谋的破产欺诈时，通常会创建一家新公司或者利用现有公司。在第一种情境下，欺诈者会创建新公司并合法经营一段时间，以便在银行和供应商（赊销产品）中树立良好的信誉。新公司可能会取一个与某知名企业相似的名称，并以此误导银行和供应商，使其相信公司正与知名企业或其分支机构从事交易活动。同时，新公司会故意向供应商或债权人提交误导性的会计报表以粉饰其财务状况和盈利能力。

在第二种情境下，欺诈者会悄悄收购一家拥有良好声誉或信用等级的公司。信用等级评估机构通常并不会注意到公司所有权或管理层的变更。然后，欺诈者就依靠公司良好的信誉向供应商赊购产品、从银行取得贷款。

在上述两种情境下，欺诈者都会向供应商赊购大批产品，并取得银行贷款。开始时，欺诈者一般会及时支付货款，为公司建立良好的信誉，以促使供应商给予更大金额的赊购。为了能够向供应商支付货款，欺诈者通常会向银行借款或者以极低的价格向串谋者销售商品（商品通常能够很快地以成本价售出）。此后，欺诈者赊购更多的产品，并不再向供应商支付货款。他们将存货隐藏起来，以备将来出售或秘密地以低价变现。如果欺诈者获得银行贷款，他们就会将部分或全部收入记入"空壳"公司的银行账户。

随后，欺诈者会宣告因无力支付债务而申请破产，或者终止经营并卷走资金。公司从账面上看已经丧失了偿债能力，因为极低的销售价格或变现价格减少了公司的利润和现金流量，即将销售收入记入隐蔽的"空壳"公司的银行账户而减少了资产和现金。当然，公司对贷款人和供应商的负债仍然存在。如果欺诈者在没有申请破产的情况下携款潜逃，未获清偿的贷款人和供应商就可能会对公司提出强制性的破产申请。但是，无论在何种情境下，贷款人和供应商都会发现公司几乎没有资产可用来清偿债务。

在实施有预谋的破产时，欺诈者从一开始就计划好使公司资不抵债，随后申请破产或者逃之夭夭。需要注意的是，如果没有提出破产申请，欺诈者就不能被指控实施了破产欺诈。几乎所有的有预谋的破产欺诈均涉及掩盖资产（存货、收回货款取得的现金）和销售收入。

有预谋的破产很难被发现。一家公司宣称无力偿付债务并申请破产，债权人并非总能察觉无力偿债是故意实施欺诈的结果。以下迹象或许可以表明公司的破产是有预谋的：

（1）公司的地址是一个邮政信箱，其电话号码是一个自动答复机（调查人员应当注意邮政信箱可以以街道地址的形式出现）。

（2）新公司的所有者和管理者来自不同的州，或者公司的所有权关系或公司类型含糊不清。

（3）管理层突然发生变更，特别是这一变更没有引起公众的注意。

（4）无法证实公司的信用状况，或者公司在提供有利的信用证明方面表现得过于迫切（这些证明可能是伪造或串谋的结果）。

（5）赊购产品的数量和欠供应商的货款突然异常大幅增加。

> **请记住** >>> 有预谋的破产是有计划实施的破产欺诈，在这种情境下，个人或企业会故意取得贷款或赊购产品，并在债权人得到清偿之前隐瞒资产或收入。在申请破产时，债权人往往因债务人故意隐瞒资产而无法收回到期债务。

（6）存货突然消失，而且没有合理的解释。

（7）公司的"顾客"向来在享受不合理折扣的基础上购买商品。

16.5 在破产或离婚中欺诈性地掩盖[①]资产或收入

尽管有预谋的破产是破产欺诈的一种特殊形式，但是隐藏资产或隐瞒收入在破产和离婚过程中相当常见。在本部分，我们将讨论债务人资产或离婚配偶财产的构成要素（即什么样的资产和收入容易被掩盖）、掩盖方式和调查程序。

---

① 这是指舞弊三要素中的掩盖行为，这里指隐藏资产和隐瞒收入。

16.5.1 债务人或离婚配偶的财产

当一家公司或个人（包括拥有非公司制企业所有权的个人）根据《破产条例》第七章、第十一章、第十三章的规定申请破产，或者配偶一方提出离婚起诉或卷入离婚诉讼时，财产分配问题就会出现。财产是指由破产法院或离婚法院控制的、债务人或离婚配偶拥有的、用于清偿债务的资产（在某些案件中是收入）。《破产条例》第七章中的破产判例是将资产变现，并以变现收入清偿债务。第十一章和第十三章中的破产判例是将部分资产变现或转让给债权人以清偿债务，并允许个人或组织保留剩余资产，用未来的收益偿还债务。在离婚案件中，配偶双方共有的财产在清偿共同的债务之后进行分割。

通常，债务人的财产或离婚配偶的财产包括破产申请日或离婚申请日所拥有的全部财产和申请日之后从上述财产中获得的收入。例如，一项财产可能包括申请日所拥有的一栋建筑物，以及在提出申请之后收取的建筑物租金；或者，一项财产也可能包括申请日已经存在的应收账款在申请日之后收回。

16.5.2 有关资产掩盖的破产法规

《美国法典》第 18 部分第 152 节将债务人在破产过程或计划申请破产时故意和带有欺诈性质的资产掩盖或伪造凭证、记录和报表视为犯罪。如前所述，《破产条例》规定，应当撤销通过欺诈（包括隐藏资产、蓄意歪曲记录或报表）实现的债务免除或清偿。即使债务人的行为没有被判定为刑事舞弊/欺诈或民事舞弊/欺诈，被掩盖的资产或收入仍要作为债务人的财产来清偿债务。

16.5.3 掩盖资产或收入的方式

正如前文指出的，资产或收入的掩盖属于常见的破产欺诈和离婚欺诈。

掩盖资产或收入的一些方式如下：

(1) 将收回的应收款项转移给其他公司（通常是关联方）。

(2) 将存货运往其他场所或以极低的价格销售给关联方或其他申谋者。

(3) 将资产或收入转移给由债务人或离婚配偶一方控制的其他公司。这种转移可以通过改变资产的所有权、将收入存入其他个人或公司的银行账户或支付虚构费用来完成。

(4) 在债务人公司的账簿中没有记录销售额，销售收入已被转移。

(5) 支付款项给虚构的个人或供应商，并将所支付的款项转移给债务人或离婚配偶一方。同样，虚构对申谋的供应商或个人付款，或者不记录购货折扣，将多付的款项转移给债务人或离婚配偶一方。

(6) 通过高估费用来蓄意低估来自受债务人控制组织的收入，或者债务人公司向所有者支付过高的报酬。

(7) 债务人的个人支出由公司支付，却错误地记为公司费用。

(8) 债务人或离婚配偶一方的账簿、记录及其他财产信息被损毁或隐匿。

(9) 未披露自身在合伙企业、公司或诉讼程序中享有的权益。

16.5.4 掩盖的迹象

表明可能存在资产或收入掩盖的舞弊迹象包括：

(1) 将财产转移给或支付大额款项给关联方或个人，如公司内部人员、股东或亲属。

(2) 资金在银行账户之间频繁、异常地转移，特别是在公司账户与个人账户之间的转移。

(3) 通常应通过银行账户结算的交易（如销售、采购等）却频繁使用现金进行交易。

(4) 向特定供应商支付异常的巨额款项，而且无法给出合理解释。

(5) 资产异常或快速地减少。

(6) 公司或个人面临的经济环境无法解释其经营损失的不断增加。

(7) 会计报表或纳税申报表的记录与正式的破产申请表或离婚案记录不一致。

(8) 将款项转移到允许开立匿名银行账户的免税区。

(9) 记录遗失、不准确或遭到损坏。

16.6 欺诈性转移

《破产条例》第548节将舞弊性/欺诈性转移定义为"在破产申请日之前的一年之内进行的资产转移或发生的债务"，包括：

(1) 旨在妨碍、拖延债务清偿或欺骗债权人的资产转移活动。例如，债务人将财产转移给亲属来逃避债务清偿。

(2) 在下列情况下，以低于公允价值的金额转移资产：

- 债务人无法清偿债务，或者在实施资产转移之后将无法清偿债务；
- 债务人的所有者权益在实施资产转移之后将变得异常小（例如，债务人经常在实施资产转移之后拖延支付账单）；
- 在明知无法到期偿还的情况下，债务人试图或被认为试图承担债务。

定义的第（1）部分构成了事实欺诈（事实欺诈必须有明显的舞弊动机），第（2）部分构成了推定欺诈［只要满足第（2）部分中的任何一个条件，即认定欺诈成立］。一年的截止期限适用于任何类型的欺诈性转移，但是在破产案件中，如果州法规适用，它就可以指定更长的截止期限。

> **请记住** >>> 有许多方法可以掩盖资产或收入；但是，也存在许多可能隐藏资产或隐瞒收入的迹象。离婚和破产法规有助于减少这类欺诈行为。

我们应当注意欺诈性转移可能是出于欺骗债权人的动机，也可能不是。若证明欺诈性转移的真实动机是欺骗债权人，则适用第901节规定。此时，破产法院可以宣布资产转移无效，并将非法转移的资产/财产用于清偿债务。

16.7　虚假指控的民事责任

在破产案和离婚案中，舞弊调查人员面临的一个重要问题是，他们可能因虚假指控而承担民事责任。债务人和离婚配偶通常会质疑调查人员提交的报告。在这种情况下，调查人员会发现自己处于十分被动的位置。因此，调查人员应以极大的谨慎确保所有的报告结论都有恰当的证据予以佐证。没有证据支持的结论通常会使调查人员面临被指控的风险，从而进一步引发高成本的民事诉讼。

> **请记住** >>> 舞弊调查人员应始终有证据支持涉事人涉嫌欺诈的指控。在没有证据支持的情况下，虚假指控可能会导致舞弊调查人员承担民事责任。在涉及破产欺诈和离婚欺诈的案件中尤为如此。

16.8　洗钱

如前所述，洗钱是常见的税务欺诈手段之一，并经常伴随着其他欺诈手段。美国司法部将洗钱定义为：犯罪人通过银行或其他金融机构将非法获得的钱财加以转移、兑换、购买金融票据或直接投资，从而掩盖和隐瞒这些钱财的存在、非法来源及非法性质，使非法财产合法化的行为。"洗钱"一词意味着源自非法途径而"肮脏"的钱财被"清洗"，让人觉得它是合法的。

对于金额超过10 000美元的可疑交易，金融机构和其他组织必须填写货币交易报告；对于低于10 000美元但金额可疑的现金交易，必须填写可疑活动报告。例如，如果有人连续存入的几笔款都在5 000美元和10 000美元之间，或者说对存款进行结构化安排，刻意使其不超过10 000美元，那么也可能会被要求填写可疑活动报告。对于货币交易报告，只有在触发申报金额的条件下才填报；对于可疑活动报告，只有在可疑的行为、存款模式或支出触发限定条件的情况下才填报。银行、汽车经销商、房地产经纪人和任何其他收到大量现金的组织都必须向美国国税局提交货币交易报告和可疑活动报告，国税局通常会与其他联邦执法机构共享这些报告的信息。

洗钱通常是将赃款（比如通过贩毒、钻石黑市、剥削童工、恐怖活动或卖淫等非法活动产生的钱）变成合法来源的"干净"资金的过程。然而，一旦非法资金的来源被掩盖，它就可被用于任何目的。企业和个人一般通过在境外设立"空壳"公司或信托公司进行复杂的交易来洗钱。洗钱的犯罪者通常是贩毒者、贪污犯、腐败的政客和公职人员、黑帮分子、恐怖分子和骗子。因此，洗钱不仅可能与毒品贩和黑帮有关，还可能与因洗钱而被起诉的知名人士和组织联系在一起。

洗钱与破产欺诈、离婚欺诈或税务欺诈有何关联？让我们来看看关于洗钱的指控。

在美国，一些竞选政治职位的候选人不被允许接受公司竞选捐款。例如，在得克萨斯州，一个大陪审团判定美国国会议员汤姆·迪莱存在洗钱的行为。检方指控，迪莱隐瞒了来自公司的捐赠资金，这些资金最终落入得克萨斯州共和党候选人手中。在这项洗钱计划中，公司先将捐款从得克萨斯州汇往华盛顿特区共和党全国委员会总部，然后由其将资金转回得克萨斯州开展竞选活动。尽管迪莱坚称自己在这些指控中是清白的，但他的两名助手和竞选活动最高贡献者承认了包括密谋、电汇、税务和邮件欺诈以及公职人员腐败在内的犯罪事实。

16.8.1 洗钱过程

洗钱过程（见图 16-1）包括三个阶段：处置、离析和融合。在处置阶段，洗钱者将"脏钱"存入合法的金融机构，手段通常包括向银行存入款项，购买汇票、国债、保险或股票等。这是洗钱过程中风险最高的阶段，因为大额现金存款会触发警示信号，所在银行必须向政府报告大额现金交易的细节——货币交易报告。

离析阶段是洗钱方案中最复杂的一步，其目的是使赃款难以被追查。离析涉及开展各种金融交易，从而使人难以跟踪资金动向。离析可能包括在不同国家的账户之间进行电汇，也可能包括多次的银行间转账、存款和取款以不断改变账户中的金额；将赃款兑换成新货币、购买高价值物品（如房屋、汽车、珠宝等）以改变资金的存在形式。

> **想一想>>>** 毒品交易和恐怖活动等大多数非法活动都是以现金交易方式进行的。为什么犯罪分子把现金存入金融机构很重要？

在融合阶段，资金以一种似乎来自合法交易的形式重新进入经济体。这项交易可能涉及出售在离析阶段购买的资产（如房产），或者将资金交给洗钱者本应"投资"的企业。一旦这些赃款作为"干净"资金重新进入经济体，洗钱者就可以将从这些经济体中获得的收益用于个人消费。如果不存在前面两个阶段的记录和线索，我们就很难在融合阶段破解洗钱计划。

16.8.2 打击洗钱活动的努力

由于洗钱活动经常发生在许多国家的边界，没有任何一个政府实体有权加以制止，因此打击洗钱活动需要国际合作。金融行动特别工作组是一个致力于在全球范围内打击洗钱活动的政府间组织。早在1990年，金融行动特别工作组就发起一项打击洗钱活动的倡议。该倡议针对不断猖獗的洗钱活动，就进一步打击参与洗钱计划的恐怖组织提出相关建议。金融行动特别工作组的一些建议措施已被国际货币基金组织与世界银行确认为打击洗钱和恐怖活动的国际标准。

金融行动特别工作组敦促其成员不要与不遵守相关建议的国家或地区打交道。金融行动特别工作组的有关建议详见网站（http://www.fatf-gafi.org）的数据中心，涉及以下类别：

- 客户尽职调查和记录保存；
- 报告可疑交易和合规情况；
- 制止洗钱活动和资助恐怖活动的其他措施；
- 对未充分遵守金融行动特别工作组规则的国家或地区应采取的措施；
- 监管与监督。

第 16 章 破产欺诈、离婚欺诈和税务欺诈

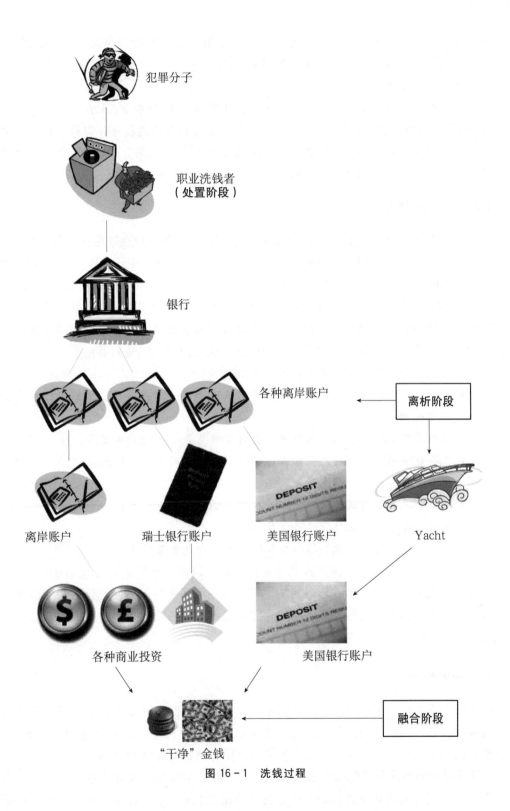

图 16-1 洗钱过程

随着洗钱形式的不断改变，金融行动特别工作组也在不断修订建议以反映最新情况。联合国、国际货币基金组织、世界银行等国际组织一直致力于打击洗钱活动，而金融行动特别工作组基于所提出的建议确立了国际标准。

《美国法典》第 18 部分第 1956 节、1957 节以及第 31 部分第 5316 节、5324 节的内容均与洗钱有关。这些法规涉及洗钱工具、资金进出美国的运输或转移，以及来自特定非法活动的交易。其中，第 18 部分主要侧重于洗钱和敲诈勒索，第 31 部分侧重于记录和报告。除了联邦法规，个别州和地方政府也制定了禁止洗钱的相关法规。

16.8.3 侦查洗钱活动

与会计报表舞弊相比，洗钱对财务报表的影响很小，外部审计程序往往不太可能发现洗钱行为。由于洗钱通常与其他非法活动有关，针对洗钱的调查往往可以揭发其他欺诈/舞弊或非法行为，因此调查人员能够通过揭发洗钱活动而发现参与多项非法活动的众多犯罪者。

参与洗钱的形式多种多样，因此针对某种洗钱形式没有确切的侦查方法。警示信号可能表明存在洗钱行为，但仅仅一个指标往往不能证明可疑交易就是洗钱，若多个警示信号多次出现则表明洗钱发生概率更大。可能表明存在洗钱的警示信号如下：

- 购买大型资产或用现金支付定期费用；
- 以他人（如合伙人或亲属）的名义购买财产，或者在要约、交割文件和存款收据上使用不同的姓名；
- 以公司名义购买个人自用财产，公司日常业务不包括此类交易；
- 在签订合同时使用邮政信箱或一般快递地址，而不是家庭地址；
- 拥有昂贵的财产，但支付手段不合法，从而出现无法解释的个人财富迹象；
- 从事可疑的银行交易活动，如过度使用银行本票或汇票；
- 某项业务无法产生持续的合法收入；
- 某人在谈及自己的职业时讳莫如深，但似乎过着奢侈的生活。

如前所述，洗钱活动往往伴随着其他非法活动，因此这些警示信号也可能与之对应。由于洗钱的方式方法很多，单一地寻找特定警示信号可能无助于揭发洗钱活动。因此，洗钱调查人员应当熟知各种洗钱手段和方式，充分理解不同的警示信号，并了解与之相关的非法活动，只有如此才能发现洗钱行为。

■ 重点内容回顾

- 解释为什么欺诈在破产、离婚和税务案件中如此普遍。许多人希望在保留资产的同时尽量减少债务。因此，他们往往会掩盖在离婚或破产案件中可能被剥夺的资产或收入。税务欺诈之所以盛行，是因为人们过于激进地试图将纳税义务降到最小。
- 描述破产的性质并熟悉破产法规。破产是一项法律程序，允许债务人制订一个有序的计划来清偿债务或清算债务人的资产并将其分配给债权人。《美国法典》第十一章是有关《破产条例》的内容，是用于规范破产程序的联邦法规。

- **了解民事和刑事中的破产欺诈相关法规。**这些法规明确规定了哪些行为构成破产欺诈。法规还禁止破产过程中关键参与者的具体行为。
- **确定破产程序的关键参与者。**关键参与者在破产过程中扮演不同的角色。这些关键参与者包括破产法院、受托管理人协会、法院指定的受托管理人或受托管理人审查小组、审查员、债务人、债权人和调解人。
- **厘清不同的破产和离婚欺诈计划。**破产和离婚欺诈计划通常涉及故意隐藏资产或隐瞒收入。有预谋的破产也是一种欺诈计划。掩盖资产和收入的手段有很多种。
- **了解在破产和离婚案中,犯罪者如何欺诈性地掩盖与转移资产和收入。**犯罪者常常通过向另一个实体(通常是关联方)转移资金、将存货运送到其他地点、不报告公司实现的销售收入、向虚构的个人付款等方式来掩盖资产和收入。
- **理解并熟悉税务欺诈及其手段。**税务欺诈是指故意违反自愿申报所得税和正确缴纳税款的法定义务。最常见的税务欺诈包括少报或漏报收入、多报应纳税扣除额、保留两套会计账簿、在账簿和记录中做虚假分录、将个人开支列为业务开支、申报虚假扣除项、掩盖或转移资产或收入、洗钱等。
- **了解如何利用洗钱实施欺诈。**洗钱活动往往与其他非法活动有关。通过非法手段获得的"脏钱"只有"清洗"后,人或企业才能在市场上自由使用这些金钱。调查洗钱活动往往会同时揭发其他非法活动,反之亦然。

第 17 章

电子商务舞弊

寄 语

电子商务舞弊是当今商业活动面临的严峻挑战之一。在阅读本章时,请思考防范和侦查电子商务舞弊所需的技能。许多人会发现这是一个令人兴奋的专业领域,因为它具有高度的技术性,是舞弊理论的现代应用。侦查电子商务舞弊的专门技术有别于其他舞弊技术。本章是调查电子商务舞弊的概述,是未来更深入学习和运用相关技术的起点。

学习目标

在学习本章之后,你应该能够:
- 了解电子商务舞弊风险;
- 采取相应的措施防范电子商务舞弊;
- 侦查电子商务舞弊。

现实的教训

詹姆斯、维杰和恩姆三人在 MBA 学校通过团队合作成为挚友。毕业后，他们决定一起创业。经过认真考虑和详细研究，他们创办了一家销售反垃圾邮件软件的在线商店。第一年的营业额很少，生意有倒闭的危险。市场营销专业的维杰联系了谷歌、必应和其他几家搜索引擎，并购买了与特定搜索词相关的广告。

最初，广告促销进展得很顺利。广告投放的开始几周，广告促销产生了 1%—2% 的点击率，这意味着当广告链接出现在搜索结果页面时，有 1%—2% 的用户点击链接。维杰知道，每次有潜在客户点击广告链接时，他都要支付几美分给网站，但他觉得这一成本会在向客户销售反垃圾邮件软件中被大大冲抵。

然而，一个长假过后，维杰发现他发布的广告点击率从原来的 1%—2% 一下子飙升到 35%—40%！起初他很高兴，但后来他意识到一定是出了问题，因为整体销量并没有变化，网站流量仍保持相对稳定。

维杰意识到自己是"点击率欺诈"的受害者。虽然公司名称是化名，但这起欺诈事件来自一家拥有数家大型搜索引擎的真实公司。点击率欺诈是指竞争对手或无利益关系人重复点击广告链接，却无意在目标网站购买产品或服务。这种欺诈的实现主要是使用自定义脚本，并利用机器人快速生成大量点击。这些机器人使用匿名器和伪造的用户代理来模拟不同的 IP 地址进行操作，欺骗搜索引擎，让其认为每一次点击都是一个独特的用户所为。如果任由点击率欺诈持续下去，就可能会给企业带来数万美元甚至数十万美元的损失。①

近年来，技术革命为舞弊者提供了实施舞弊、掩盖舞弊和转移不当收入的新手段。以电子商务为例，电子商务是指通过信息技术和电子通信网络来交换商业信息并进行无纸化交易。互联网的发展具有划时代的意义，因为在 6 000 万人中普及收音机用时超过 35 年，普及电视机用时超过 15 年，而在 9 000 万人中普及互联网只用时 3 年。互联网现在被大多数家庭、企业和移动设备广泛使用。当杰克·韦尔奇（通用电气前首席执行官）被问及互联网在公司运营中的重要性时，他回答"如果让我说的话，那么互联网应该占据首位"。②

这场技术革命为犯罪者提供了实施和掩盖欺诈行为以及转化不义之财的新方法。它向监管者、教育者和舞弊调查人员提出了新挑战，要求他们必须跟上技术和文化的发展。消费网和电子商务网络存在新的机遇。本质上，电子商务③使用信息技术（IT）和电子通信网络来交换商业信息、进行无纸化交易。尽管大多数消费者主要使用 Web 浏览器访问互

---

① www.vnunet.com/News/106 245

② Nanette Byrnes and Paul C. Judge. "Internet Anxiety," Business Week (June 28 1999).

③ "Preventing and Detecting Fraud in Electronic Commerce Systems," The E-Business Handbook，：2002：315 - 338，Boca Raton FL：St. Lucie Press.

联网,但企业在互联网上通过电子商务链接、虚拟专用网络和其他专用线路可实现相联。例如,即使你从当地商店购买东西,每次使用信用卡也会发生互联网交易,尽管你可能没有直接使用互联网,但与你打交道的企业会在幕后利用互联网完成这笔交易。大多数企业对互联网的依赖程度很高,许多舞弊调查人员都会被咨询与电子商务舞弊有关的信息。

在本章中,我们将讨论电子商务舞弊的特征、电子商务的特定舞弊风险以及如何防范电子商务舞弊。同时,我们还将简要介绍如何侦查电子商务舞弊。但是,舞弊调查并不属于本章的讨论范围,因为调查电子商务舞弊的方法与调查其他舞弊的方法是相同的。一旦你了解这个新的舞弊领域的固有风险,你就会知道应从哪里展开侦查,以及如何让拥有IT技能的法务专家参与这个过程。

> **想一想** >>> 互联网如何改变了你的日常生活?你每次使用互联网时都会采取哪些安全防范措施?

17.1 电子商务中的舞弊风险

电子商务存在特定的舞弊风险。"新经济"的特征之一是互联网的广泛使用,它给电子商务舞弊制造了"压力"和"机会",与其他类型的舞弊相似,当同时具备压力、机会和合理化行为时,电子商务舞弊就会发生。表17-1列举了使电子商务舞弊风险不断增加的因素。

表17-1 电子商务舞弊风险因素

压力
• 公司的高速发展需要大量的现金
• 合并或收购需要"改善"呈报的财务业绩
• 借款或发行股票促使公司"做假账"
• 新产品还未打开销路,需要加大营销力度
• 试运行阶段的商业模式需要大量现金
机会
• 安保系统的开发滞后于商业模式和技术创新
• 复杂的信息系统增加了控制难度
• 大量的信息交换引发了身份盗用风险和身份识别风险,如非法监控和未经授权的访问
• 交易双方不直接接触使得罪犯更容易冒充或伪造身份
• 缺乏实物形式的设备或设施使得伪造网址和商业交易更容易
• 交易双方不直接接触使得通过伪造公司背景和经营状况来欺骗顾客变得更容易
• 资金的电子转账使得大额欺诈/舞弊更容易发生
• 串谋使得利用盗用或伪造的信息来实施舞弊变得更容易
合理化行为
• 减少客户和供应商之间的直接接触
• 顾客及供应商欠缺对对方的了解
• "新经济"思想认为传统的会计方法不再适用

17.1.1 组织内部的电子商务风险

许多严重的电子商务舞弊风险往往存在于组织内部。如果犯罪者能够越过防火墙和安全检查机制获得计算机访问权限，入侵系统、窃取资金和信息就会变得很容易。拥有内部访问权限的犯罪者可以找到绕过 IT 控制和安全机制的方法，最严重的问题之一是被授权用户滥用权力。例如，程序开发人员和技术支持人员对他们创建与维护的系统通常拥有管理权限。当系统投入使用后，程序开发人员和技术支持人员的访问权限常常被遗忘删除，这会让他们在未来几年内可以自由、无限制地访问公司数据库。一项调查发现，超过 1/3 的网络管理员承认曾窥探人力资源记录、裁员名单和自定义数据库。另一项调查显示，88% 的管理员在被解雇后会窃取敏感数据，33% 的管理员表示他们会窃取公司的密码列表。

盗窃钱财通常是传统舞弊的首要目的。在电子商务环境中，盗窃数据更为常见。首先，数据可以通过交易转化为现金。例如，被盗的客户个人信息可能被出售或滥用，个人也可能被勒索。其次，信息是可复制的，犯罪者能够简单地复制数据，而不是像传统舞弊那样破坏数据。盗窃数据留下的痕迹往往很少，因为数据源仍保持完整和可用状态。数据的可复制性是电子商务舞弊长时间不被发现的原因之一，除非定期仔细监控访问日志，否则公司不会注意到数据复制行为。再次，数据可以方便、快捷地传输到世界上任何地方。如果犯罪者使用手机或其他私人网络链接来传输数据，侦查这种行为就会非常困难。最后，许多管理人员缺乏防止和检测数据被盗的技能与意识。因此，公司 IT 主管和数据服务供应商必须了解电子商务基础设施中数据可能被盗的关键点。

即使犯罪者无法以个人名义访问特定的系统，他也可以盗用他人的密码来实现访问。密码通常是许多系统的致命弱点，因为密码选择权属于最终用户，系统无法完全控制。犯罪者经常会尝试输入一些常见的密码，如母亲的姓名、孩子的生日、地址、爱好或其他个人信息。黑客经常运用社会工程学[①]来获取密码。社会工程学涉及诱使人们泄露信息，而不是直接入侵计算机系统。例如，黑客更可能采用的方法是冒充技术支持人员，发送精心伪造的电子邮件向用户索要登录证明，或者向用户发短信以获取敏感信息而非利用系统的弱点。即时通信、博客、脸书、贴吧和其他社交媒体为犯罪者提供了丰富的信息来源。

黑客会不断诱导用户提供"更多一些"敏感信息。遗憾的是，有些用户认为这个请求是可信的。例如，黑客可能会打电话给目标用户并冒充技术支持人员，像下面这样的陈述会让用户处于焦虑和不安的境地，然后黑客会一步一步引导用户上当并提供信息。

你好！我是 415 房间的技术支持人员。我们一直在监视您的账户，最近好像有黑客试图访问您的账户。如果黑客成功登录您的账户，他就会搜索您的电脑、密码和公司财产记录。这种事情一旦发生，我们在保护您账户安全方面就无能为力了。现在让我们验证一下您的用户名和密码。请问您的确切用户名和密码是什么？

[①] 世界知名的网络安全组织 Imperva 将社会工程学描述为：通过人际互动完成的各种恶意活动，它运用心理操纵手段诱使用户犯安全错误或泄露敏感信息。

即使公司要求员工定期更改密码，许多员工也可能会通过在旧密码的末尾添加数字或字符来应对这一要求。员工可能会把自己的密码本放在办公桌抽屉里，或者把密码写在便条上，甚至贴在电脑显示器上。在日常生活中，用户需要记住账号和密码的情况越来越多，从内部系统到互联网站点，从电子邮件客户端到应用程序登录，个人可能会重复使用相同的密码。如果犯罪者获取了一个相对不受保护的系统的用户名和密码，他就可以利用这个用户名和密码访问其他更安全的系统。

员工之间的未加密通信通常也会带来安全威胁，许多员工对此并不了解。例如，虽然加密的电子邮件访问已经存在几十年了，但许多用户仍然使用未加密的协议来查阅邮件。用户一般会定期登录和查阅新电子邮件，这样犯罪者就有机会检测密码和渗透系统。在大多数网络传输中，电子邮件文本是不加密的，即便用户使用的是与服务器加密的链接。除非电子邮件文本已使用安全/多用途网际邮件扩充协议（S/MIME）或其他技术加密，否则电子邮件将以纯文本形式从发送方的服务器传输到接收方的服务器。"嗅探"是指记录、过滤和查看网络传输过程中的信息，从电子邮件等未加密通信中收集信息的常用方法。在大多数网络中，黑客运行免费的应用程序就可以完成"嗅探"。图17-1显示了其中一个抓包软件（Wireshark）的屏幕截图。需要注意的是，这些应用程序除了用于黑客攻击，在保护网络安全等方面也有合法用途。

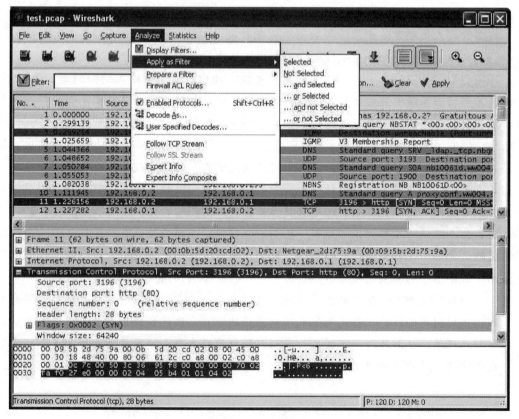

图17-1 抓包软件

尽管防火墙、垃圾邮件过滤器和杀毒软件在一定程度上保护了组织免受外部攻击，但员工笔记本电脑和移动设备仍存在难以管理的风险。例如，员工每次出差过程中都会将笔记本电脑链接到不受保护的网络，如酒店和其他商业网络。在这些网络中，电脑可能会暴露在病毒、间谍软件和黑客面前，而它们在工作网络中通常是不存在的。此外，如果笔记本电脑被盗，其中的信息就为犯罪者提供了重大机会。最后，当员工从出差地或家里回到办公室，将笔记本电脑从未受保护的网络链接到受保护的公司网络时，病毒、特洛伊木马和蠕虫等病毒就能绕过防火墙而成功入侵受保护的区域。

一种针对商务旅行者的诈骗被称为"航空诈骗"。在这个骗局中，黑客会前往机场等商务旅行出发地，用自己的笔记本电脑设置互联网接入点。这些网络站点和普通的无线网络看起来并无差别，其他人也可以链接。当商务旅行者打开笔记本电脑时，他们的无线网卡会自动链接到这些"免费"互联网接入点。许多商务旅行者认为自己链接的是机场的光纤网络，但实际上他们是在通过黑客的电脑传输和交换信息。当商务旅行者浏览互联网、查看电子邮件、使用公司网络时，黑客就会"嗅探"出密码和其他重要信息。

最近，USB闪存驱动器以及便携式外置硬盘的出现、手机内存的增容给网络安全带来了新的威胁。这些大容量设备便于用户从内部网络快速下载大量信息。由于它们可能构成网络安全威胁，许多军事设施已经禁止使用这类装置。例如，当iPod（苹果公司的数字多媒体播放器）首次面市时，电子商店的顾客通常会将iPod立即链接到演示电脑上，然后快速窃取微软Office之类的软件。现代网速的提升和iPod的快速接口，使得窃取数百兆字节的数据只需几分钟即可完成。

人为蓄意破坏行为也会带来重大的IT风险。拒绝服务链接、删除文件以及对设备的物理破坏都是带有情绪的员工破坏内部系统的方式。人为蓄意破坏行为造成的后果显而易见，但要界定这种行为究竟是故意的还是无意的则很难，有时往往需要几周或几个月。

17.1.2 组织外部的电子商务风险

互联网为外部黑客提供了获取有价值信息的重要机会。黑客受到相对的保护，因为他们跨越国际边界，而且大多是匿名的，使得追踪和起诉他们变得非常困难。即使侦查后提起诉讼，最终的判刑也通常很轻，这对潜在的攻击者几乎没有什么威慑作用。例如，19岁的杰弗里·李·帕森斯释放了部分疾风病毒进行蠕虫攻击，后被判入狱18—37个月。安娜·库尔尼科娃病毒的创作者简·德维特在荷兰被要求完成150小时的社区服务。这些黑客设置的病毒感染了数以百万计的电脑，在全球范围内造成了巨大的经济损失。

2009年，黑客阿尔伯特·冈萨雷斯——一名28岁的年轻人——在某地盗取了1.3亿美元。用SQL攻击①的方法绕过公司防火墙，窃取信用卡和借记卡信息。他攻

---

① SQL攻击是指web应用程序对用户输入数据的合法性没有判断或过滤不严，攻击者可以在web应用程序事先定义好的查询语句的结尾添加额外的SQL语句，在管理员不知情的情况下非法操作，以此实现欺骗数据库服务器并执行非授权的任意查询，从而进一步得到相关信息。

击了几家公司,包括连锁便利店、信用卡制作商和连锁超市。联邦探员在突击搜查他的住宅时,发现了埋在后院的设备、枪支、昂贵的珠宝和110万美元的现金。2010年,冈萨雷斯因盗窃行为被判处20年监禁。

像这样的案件经常出现在新闻媒体上。2013年感恩节购物期间,黑客窃取了目标公司4 000多万张信用卡号码、7 000多万个地址和电话号码。在这起诈骗案中,窃贼们破坏了目标公司的收银机。在随后的几周里,超过90起针对该公司的诉讼被提起,目标公司仅在展开欺诈/舞弊调查的前三个月就花费了6 100万美元。

在当今电子商务环境下,计算机病毒受到高度重视。病毒可以分为三类:第一类是附着于现有计算机程序的病毒。这类病毒在20世纪80—90年代非常猖獗,至今仍然存在,但已很少被黑客使用。第二类是计算机病毒,可能是目前网络面临的最大威胁,它是指在独立程序中通过直接传输、电子邮件或其他机制传播的蠕虫病毒。黑客利用社会工程学而非技术手段让用户传播恶意程序。回想一下,你有没有收到过所谓的"紧急"邮件,要求你点击附件?这些附件通常以下载系统补丁、跟踪信息包或有趣图形的形式出现。尽管它们看起来像正常的文件,但实际上是程序,它们会感染你的电脑,并通过给你的联系人发电子邮件来传播。过去几十年来,病毒通常是用复杂的汇编语言编写的,而现在中级程序员使用相对简单的语言(如Visual Basic或Java Script)就可以编写网络蠕虫程序。

第三类病毒可能隐藏在特洛伊木马中。特洛伊木马病毒是一种伪装性很强的计算机程序,其特征与特洛伊木马[①]一样,看起来挺正常,却会在用户不经意间破坏或窃取用户的计算机系统数据,特别是用户的各种账号和密码等重要且需要保密的信息,甚至控制用户的计算机系统。一些操作系统和软件(如Windows、Microsoft Outlook和Internet Explorer等)的广泛使用,为病毒、蠕虫和特洛伊木马提供了大量传播机会。

近年来,间谍软件已经成为重要的网络安全问题。这类恶意软件类似于特洛伊木马,除了安装用户下载或购买的常规软件,还会安装监控软件。例如,音乐和视频分享软件与网站是间谍软件的重灾区。这些软件与网站的脚本可能安装了监控器,会将用户的在线行为发送给利用所收集的个人信息而获利的公司。一些间谍软件可以从内部目录和文件中提取财务或其他敏感信息,并将其发送给外部实体。

网络钓鱼是黑客从员工那里获取个人或公司信息的常用方法。网络钓鱼者以开拓性的独特方式向用户发送电子邮件或弹出式消息,要求用户回应并提供个人信息。例如,黑客可能向公司员工发送类似技术支持的电子邮件。如果有百分之一的员工用自己的密码或其他信息给出回应,黑客就有可能在公司采取防范措施之前访问公司网络后台。虚假网站是诱骗用户提供个人信息的另一种方法。PayPal上一个众所周知的骗局是向许多客户发送带有类似PayPal网站链接的电子邮件。点击该链接的用户将会看到一个登录页面——模拟

---

① 这一名称来自希腊神话特洛伊战争中出现的木马。攻城的希腊联军佯装撤退后留下一只木马,特洛伊人将其当作战利品带回城内。当特洛伊人为胜利而庆祝时,从木马中钻出来一队希腊兵,他们悄悄打开城门,放进城外的希腊军队,最终攻克特洛伊城。

PayPal 真正的登录界面。当用户试图用自己的用户名和密码登录时，就会无意中将这些信息发送到诈骗者设计好的站点；然后，用户又被重新定位到常规的 PayPal 登录界面，他们会再次尝试登录。许多用户在第一次尝试时从未意识到自己登录了冒名顶替的网站。

诈骗者会更改电子邮件题头（邮件发送的路由信息）或 IP 地址中的信息。犯罪者只需更改标题中的信息就可以隐藏身份，从而允许未经授权的访问。由于电子邮件是最早基于网络的应用程序之一，它的协议中的安全措施较少。电子邮件题头由电子邮件客户端创建，非常容易伪造。大多数用户每天都会收到垃圾邮件，其中很多都是伪造的电子邮件题头。

伪造身份是电子商务面临的另一个重大风险。为了进行电子交易，交易的每一方都需要确保对方声称的身份是真实的。在传统的电子数据交换（EDI）环境中，这种威胁不太受关注，因为传统的 EDI 使用相对有限的接入点、专用线路以及已建成扩展网络的提供商作为中介。然而，真实性是电子商务中通过公共电子渠道进行交易的一个重要问题，尤其是身份盗用已被认定为一种犯罪行为。公钥和私钥加密技术是防止身份伪造的最好方法之一，但是高级黑客也可以通过欺骗手段来破解它们。

> **请记住** >>> 电子商务系统中的舞弊/欺诈风险非常高。由于作案者的策略瞬息万变和新的机会不断涌现，电子商务舞弊在未来仍然是一个严峻的问题。

结构化查询语言（SQL）攻击和跨站点脚本（XSS）攻击带来了许多站点无法处理的风险。在 SQL 攻击中，黑客在线提交表单中的常规数据之后发送数据库命令。由于许多后端系统只是将命令从 Web 表单中转录到数据库，因此附加的数据库命令由公司数据库执行。此命令可能会插入未经授权的记录，从而为黑客提供访问权限，或者它可能只是删除有通用名的表格（如用户表、客户表）。XSS 攻击是一种利用 JavaScript（一种函数优先的轻量级、解释型或即时编译型的编程语言）和其他浏览器命令攻击网站数据的方法。当用户的浏览器在解释这些命令时，就会发生未经授权的行为。常见的例子是将用户重定向至虚假网站，以及劫持用户标识号（Cookie ID）进行未经授权的访问。

如第 16 章所述，传统商业中最常见的欺诈行为之一是破产欺诈或有预谋的破产。最简单的形式是犯罪者成立一家企业，赊购存货，然后低价出售，最后在付账前携款潜逃。在电子商务中，有预谋地实施破产尤为严重。犯罪者没有租用实体店铺，只是建立一个虚假网站（成本大大降低），然后通过虚假网站获取机密信息或进行欺诈性交易。虚假网站看起来像真正的银行、在线经纪人或零售商的网站，并从毫无戒备的客户那里收集身份信息和信用卡号码，或者犯罪者利用虚假网站执行他们从未打算支付费用的商业交易。

电子邮件和 Web 访问可能会被劫持，因为互联网主机名的细微差别经常被互联网用户忽视。例如，"computer.com"和"computer.org"是两个完全不同的主机名，很容易混淆。如果这两个名称由不同的实体拥有，一个网站就可能会模仿另一个网站，欺骗用户让他们以为自己在处理原有网站的相关事宜或电子邮件。许多企业会买下类似自己公司名称的所有域名，其中包括拼写错误的域名，这与同时注册类似商标的做法一样，目的在于防止别有用心的人模仿建立网站进行诈骗。

电子商务系统中的舞弊/欺诈风险很大。尽管许多人理解贿赂和回扣等传统的欺诈方法，但他们并没有充分意识到网络欺诈行为人所使用的方法和伎俩。值得庆幸的是，用户越来越了解网络和电子商务舞弊/欺诈的类型。例如，大多数商业用户和学生现在都知道他们不应该打开来自陌生发件人的电子邮件附件。然而，由于犯罪者的手段瞬息万变，再加上不断变化的网络协议和技术带来的新机会，电子商务舞弊/欺诈在未来仍然是一个严峻的问题。

17.2 防范电子商务舞弊

在传统商业环境下，防范舞弊的主要方法是减少或消除激发舞弊的因素——压力、机会和合理化行为。但在电子商务环境下，由于缺少直接接触，通过减少"压力"并消除"合理化行为"来防范舞弊是比较困难的，因此企业只能尽力避免与正承受巨大压力或管理人员缺乏诚信的公司进行交易，此时防范舞弊的最好方法是通过适当的内部控制来减少舞弊产生的机会。

电子商务安全最大的谬误之一是一种被称为"隐藏式安全"的防范措施，它试图通过安全漏洞、加密算法和流程机密来迷惑攻击者。许多管理者错误地认为，系统只有在复杂到足以让攻击者望而却步的状态下才是最安全的。采用"隐藏式安全"策略的公司实际上根本没有采取安全措施，而是希望攻击者不会发现自己。这就像历史神话中的迷宫一样，越是晦涩难懂越会加剧黑客的挑战欲望！20世纪70—80年代初期，计算机行业对隐藏式算法和模糊安全性的尝试均以失败告终。例如，在互联网上搜索Word Perfect 或 Microsoft Excel 等程序的密码破解程序，由于这些程序未设置强大的加密措施，密码破解者比比皆是。

> **留意** >>> "隐藏式安全"策略听起来很有吸引力，但实际上是无效的。与其冒险通过隐藏来实现安全性，不如实施积极的、能经得起时间考验的具体安全措施。

相比之下，只有那些经过算法和严格审查并经得起时间考验的安全策略，才能真正实现安全。例如，三重DES[①]和AES加密算法[②]已经使用了几十年，但是它们仍然被普遍认为是安全的，因为理论上它们是可靠的。据我们所知，这两种算法目前都没有被破解。我们常用的HTTPS（以安全为目标的超文本传输协议）上的安全Web连接（如链接到银行或信用卡站点所使用的协议）就是基于这些稳健的算法，实践证明它们是有效的。相对于基于私有的、未经测试的算法的安全措施，采用虚拟专用网络和其他基于公共的、经过测试的算法的安全措施更安全。当然，我们并不建议公司在主页上公布安全措施；相反，我们更强调安全措施经得起时间和实践的考验。

---

① 三重DES是一种对密钥加密的区块密码，相当于是对每个数据块应用三次数据加密标准（DES）算法。由于计算机运算能力的增强，原版DES密码的密钥长度变得易被暴力（即加强攻击）破解，而三重DES提供了一种相对简单的方法，即通过增加DES的密钥长度来避免类似的攻击，而不是设计一种全新的区块密码算法。

② 密码学中的高级加密标准（Advanced Encryption Standard，AES），又称Rijndael加密法，是美国联邦政府采用的一种区块加密标准。

17.2.1 控制环境

在电子商务环境中，防止舞弊的最佳方法之一是尽量减少舞弊产生的机会，通常通过实施适当的内部控制来实现。在传统商业中，内部控制包括五个要素：（1）控制环境；（2）风险评估；（3）控制活动或程序；（4）信息和沟通；（5）监控。在电子商务中，前三个要素往往是最重要的。因此，我们下面仅讨论控制环境、风险评估和控制活动。

公司内部控制是否有效，关键在于管理层的态度——高层语调。如果最高管理者认为内部控制是重要的，组织中的其他人员也会认真遵守既定的控制措施。如果员工清楚地看出管理层只是口头上说说而已，而没有给予实质性的支持，内部控制对企业的约束就几乎不可能实现，舞弊行为更容易产生。因此，为了防范电子商务舞弊，公司必须尽最大可能地建立并遵循良好的内部控制制度。另一个关键的策略是，清楚地了解与公司开展电子商务的合作伙伴的控制措施。电子商务环境中控制环境的一个关键组成部分是设计和使用系统的人员。如果 IT 部门和其他员工有能力且值得信赖，那么即使其他控制措施缺失，诚实、高效的人也能以身作则，交易的可靠性仍然能够得到保障；相反，不诚实的人可能会把一个有效的内部控制系统搞得一团糟。

请记住 >>> 在内部控制有效性中，"高层语调"是最重要的因素。

7.2.2 风险评估

风险评估是指识别与电子商务伙伴进行交易可能产生的风险。评估的重点是交易双方公司的控制环境，包括识别信息和资金电子交易过程中存在的风险，从而使公司具备适应电子交易特殊要求的控制程序。这些程序可以有效抵制数据盗用、数据监控、未经授权破译密码或调取资料、伪造和隐瞒身份、假冒顾客身份、建立虚假公司网站、非法入侵电子邮箱或网站等风险。

风险评估的一项重要内容是入侵侦查。专门从事入侵检测的部门时刻捕捉网络和安全信息，并向管理层报告其发现。通常，安全审计工作包括对客户的技术、流程、控制措施和其他因素的调查。例如，罗伯特·雷得福德（Robert Redford）在电影《运动鞋》（1992）中就从事侦查公司网络安全一类工作。

7.2.3 控制活动

正如前面所讨论的，控制活动是指采取必要措施应对风险和舞弊的政策与程序。我们知道，控制活动主要包括以下五项内容：

- 适当的职责分离；
- 交易和活动的适当授权；
- 充分的书面文件和记录；
- 对资产和记录的实物控制；
- 对业务的独立稽核。

适当的职责分离

在电子商务环境下，严格的职责划分有助于确保交易授权和交易执行的相互分离。在购销交易中最常见的舞弊通常是回扣和贿赂。如果公司某个员工与供应商或客户的关系过于密切，收受或支付回扣的行为就有可能发生。严格的职责划分有助于防范贿赂，原因在于公司员工无法完全操纵整个交易过程。

交易和活动的适当授权

适当授权是电子商务的另一项关键控制措施。最常见的授权控制是密码、防火墙、电子印鉴以及生物特征识别系统，每一笔交易都必须经过适当授权才能执行。

密码是电子商务系统防护的重要组成部分，但也是一个薄弱环节。为什么？因为密码是由人设置的，密码一旦泄露，交易就有可能在未经授权的情况下执行。为了防范舞弊，公司应当明确规定选取密码、修改密码和解密的有关政策。在电子商务环境下，使用密码是防范舞弊的最佳控制方式之一。

另一项授权控制是电子印鉴。正如书面文件上的签名可以作为交易授权的依据，电子印鉴能够使交易执行者确信交易有效。电子印鉴有助于防范伪造身份的舞弊，因而日益受到重视。

生物特征识别系统是电子商务系统防护中最有发展前途的领域之一，它利用人体自身的生物特征来加强对接触电子商务系统的控制。因为每个人都具有独一无二的生物特征（例如视网膜、指纹、声音、脸型和笔迹等），科学家们正在致力于开发能够精确鉴定身份的专业设备。交易授权能否得到承认取决于特定生物特征是否与已有的参照模板一致。

充分的书面文件和记录

书面文件和记录（例如销售发票、采购订单、辅助记录、销售日记账、员工考勤卡和支票等）是确认和汇总交易的实物凭据。在电子商务中，这些文件以电子形式呈现。由于缺乏相应的纸质书面凭证，因此电子商务环境为舞弊提供了新的契机。书面文件和记录都是典型的侦查性控制，而不是防范性控制。它们能够留下审计轨迹，使审计师和舞弊调查人员能够利用其搜寻可疑行为。尽管大多数计算机系统生成的交易记录可以形成交易轨迹，但是掌握计算机技能的犯罪者仍有办法将交易凭证从计算机上消除。

由于大多数传统的文件控制程序在电子商务环境下不能有效发挥作用，因此必须建立适应电子商务系统的控制程序。在电子商务环境下，主要的交易和文件控制就是加密，以免机密信息（如支票、购货及销货交易）被监控或被窃取。公钥加密能够确保信息在网络上安全地传输，由此被广泛地应用于数据防护和隐私保护。在公钥协议中，信息交换双方有两类密码，一类密码分配给特定人员，另一类密码则相对保密。这两类密码的功能通常是相反的：如果一类密码是用于"加锁"信息的，另一类密码就必须用于"解锁"信息。因此，如果公共密码用于"加锁"信息，那么只有拥有另一类密码的人才能浏览这些信息。同样，如果公共密码能用于"解锁"信息，要给这些信息"加锁"就必须获得另一类密码。公钥加密主要是用于保护隐私并保证网络信息的真实性。

对资产和记录的实物控制

如果（会计）记录（电子形式或书面形式）的安全未能得到充分保证，就有可能遭遇盗用、毁损或缺失。实行会计核算高度信息化处理的公司必须尽其所能地对计算机硬件、程序和数据文档进行防护。针对计算机硬件、程序和数据文档进行防护以免发生舞弊的内部控制措施即为实物控制。实物控制主要用于保护计算机设施，例如给机房、计算机上锁，为软件、数据文档提供充足、安全的存储空间。除了保护计算机软件的安全，构成电子商务系统的硬件和软件同样必须施加实物控制。我们必须警惕的是获得授权接触计算机的员工也有可能会在未经授权的情况下执行交易或者窃取机密信息。一般情况下，电子商务系统的防护措施必须相当严密，只有极少数获得权限的人才能接触。

许多公司聘请第三方供应商（通常称为应用程序服务供应商）提供数据存储和应用程序服务。因为公司整体业务都必须基于数据安全，所以这些公司通常非常重视系统的安全性。这些供应商提供 24 小时监控服务以及有效的密码和加密管理，它们通常位于被认为"安全"的地理区域，不受停电、政治动荡、飓风或地震等自然灾害的影响。对许多公司来说，服务供应商提供的额外安全服务价值相对于所付出的成本是值得的。不管公司的安全防范措施如何，实物控制是首要考虑的因素。最近，异地安全服务的转折点是基于云架构的数据分布，如谷歌的应用程序引擎①、亚马逊的 3S 服务②。这些服务将数据分布于美国多个州，可以提供高速访问和高可靠性。使用这些技术的公司已经意识到这些新方法在舞弊风险和保护方面的独特优势。

> **请记住 >>>** 防范电子商务舞弊的最佳方法之一是通过健全的安全措施和可靠的控制系统来减少舞弊发生的机会。

对业务的独立稽核

与传统商业一样，对电子商务业务的独立稽核主要是审查内部控制的其他四个要素。对内部控制进行独立稽核是为了应对内部控制活动的不断变化。除非有专门人员观察和评价员工的表现，否则员工可能忘记遵循或根本没有遵循控制程序，或者在执行过程中粗心大意。如果企业不存在内部控制，发生舞弊的可能性就会大大增加。

在电子商务环境下防范舞弊，独立稽核是相当重要的。公司也应当经常对其电子商务伙伴展开例行检查。检查范围可以从简单的邓白氏认证③扩展到对公司及其员工的充分调查。登录 LexisNexis 和其他财务数据库或在互联网上快速地搜索，通常能够看到提醒公司在参与电子商务交易之前应当注意的问题。

---

① 谷歌的应用程序引擎是一种可以在谷歌基础架构上运行网络应用程序的平台，它可根据访问量和数据存储需要的增长轻松扩展，个人将不再需要维护服务器，只要上传应用程序，它就可立即为用户提供服务。

② 3S（Simple Storage Service）即简易储存服务，由亚马逊公司利用其网络服务系统提供网络线上存储服务，是一款功能强大的云存储服务，具有高可靠性、高可扩展性和高安全性等优势。

③ 邓白氏认证即邓白氏编码认证，它是一个独一无二的 9 位数字全球编码系统，是国际通用的企业身份识别码，被广泛应用于企业的识别、商业信息的组织及整理，并可以帮助识别和迅速定位邓白氏全球数据系统。

电子商务舞弊，特别是小规模公司发生的电子商务舞弊通常是由高层领导者实施的，而且所实施的舞弊一般是出于维护公司利益的考虑。因为管理层经常会牵涉舞弊行为，所以我们必须对管理层、董事或交易伙伴进行调查，以确定其是否存在实施舞弊的动机以及是否已实施舞弊。为了防范舞弊，了解公司管理层或交易伙伴及其交易行为的动机是相当重要的，以下三个项目必须进行检查：（1）背景；（2）动机；（3）决策影响。管理层和董事过去曾任职于哪些公司？是什么真正驱使公司领导者实施舞弊？他们的个人价值与组织利益密切相关吗？他们是否因承受压力而不得不呈报虚假的经营成果？他们的报酬是否主要基于经营业绩？公司是否正面临必须履行的债务契约或存在其他财务约束？了解管理层影响决策的能力也是相当重要的，因为如果组织中只有一两个人拥有决策权，管理层实施舞弊就相对更加容易。

17.3 侦查电子商务舞弊

在第6章，我们介绍了数据驱动的舞弊侦查，先识别出可能发生的舞弊类型，然后运用相关技术方法来搜寻舞弊的迹象。也就是说，舞弊调查人员应当：（1）了解组织的业务及经营状况；（2）识别经营过程中可能出现的舞弊；（3）确定最可能出现的舞弊迹象；（4）使用数据库和信息系统搜索上述迹象；（5）分析结果；（6）调查上述迹象，以确定它们是由舞弊还是由其他因素引起的。

> **想一想** >>> 如何使用数据驱动的舞弊侦查方法来侦查电子商务舞弊？哪些数据源可用于发现潜在的电子商务舞弊？

使用数据驱动的舞弊侦查方法来侦查电子商务舞弊也是可行的。实现此类舞弊侦查的最佳方法之一是运用科技来抓取科技舞弊。许多黑客的工具最初是用来排除网络故障和抓获犯罪者而非入侵系统的。对专门调查电子商务舞弊的人来说，了解犯罪者使用的工具和方法极其重要。充分了解网络服务器、电子邮件客户端和服务器以及诸如 Nmap[①]、Airsnort[②] 和 Wireshark[③] 之类的入侵程序，对于抓捕犯罪者和保护系统至关重要。想要成为电子商务舞弊调查专家，你必须选修一些 IT 课程、计算机网络和网络安全课程。当今的许多企业服务器和互联网基础设施都是基于 Unix 架构的，舞弊调查人员必须了解 Unix/Linux 操作系统；同时，客户端的应用程序通常是基于 Windows 的，由此了解 Windows 的安全优势和弱点也很重要。

用 Perl、Python、Ruby 和 Bash 等语言编写的计算机脚本可以监视日志和系统是否存在潜在入侵。目前网络上有各种入侵检测系统对外销售，每个组织都应当充分利用它们来监控信息系统的运营及安全性。

在电子购货系统中引入自动查询功能并不难。有了自动查询功能，我们就可以检查不

---

① Nmap 是一款非常强大的主机发现和端口扫描工具，也是网络安全必备的安全工具，还能运用自带的脚本来完成漏洞检测，同时支持多平台运作。
② Airsnort 是一种在 Wi-Fi 802.11b 网络上解密 WEP 加密的免费工具，支持 Linux 和 Windows 平台。
③ Wireshark 是一种网络封包分析和截取软件，其主要功能是尝试捕获网络包并显示网络包尽可能详细的情况。

同供应商供货比例的变动、商品价格变动、商品退回数量（说明商品质量较差），同时也可以将上述指标在不同供应商之间进行比较。系统还会对这些指标进行综合分析。例如，系统会自动查找从涨价最快的供应商手中增加的购买量。此外，我们还可以编写特定程序，当某一变动超过一定限度时，使计算机自动提供相关信息。例如，我们可以自动查询某一期间一定范围的价格变动。

电子商务的优势在于交易信息存储于数据库，我们可以运用多种方法对其进行分析。这使得电子商务舞弊比以往更容易被发现。发现电子商务舞弊的难点在于，能否正确识别可能发生的舞弊类型及其舞弊迹象。由此可见，虽然电子商务使得舞弊更易实施，但它同样使得舞弊更易被揭示。

正如本章前面所讨论的，应该使用严格的、经得起时间考验的安全策略，而不应使用"隐藏式安全"策略，并尽量使用虚拟专用网络、防火墙、公钥和私钥基础设施、强加密和其他安全措施，并随时进行监控。

> **请记住** >>> 使用经得起时间考验的安全策略将有助于防范电子商务舞弊。数据驱动的舞弊侦查方法是发现和调查电子商务舞弊的极好工具。

除了技术手段，社会防范和侦查也很重要。企业应定期进行社会审计，涉及监督用户如何与系统进行交互作用。企业员工有必要接受电子商务舞弊方面的培训，以便他们能够注意到舞弊迹象。例如，克利福德·斯托尔（Clifford Stoll）在自传《布谷鸟的蛋》（*The Cuckoo's Egg*）一书中，以第一人称叙述了自己在劳伦斯-伯克利国家实验室寻找一名入侵美国军事系统的计算机黑客的经历。斯托尔的调查始于系统审计日志中仅有的 0.75 美元的差异！用户需要接受基本的计算机知识培训，尽管计算机异常看起来并不重要，但它们通常可以突出反映更深层次的问题。正如员工举报热线可以为传统的舞弊案件提供信息一样，如果员工了解要调查的内容，那么举报热线在电子商务舞弊中也很有用。

■ 重点内容回顾

了解电子商务舞弊风险。 电子商务为舞弊及其侦查带来了新的挑战和机遇，电子商务舞弊风险也可以用压力、机会和合理化行为来解释。由于互联网经济消除了对物理访问和人际交往的需求，电子商务给组织内外部和消费者带来了巨大风险。

防范电子商务舞弊的措施。 防范电子商务舞弊涉及减少或消除激发舞弊的因素——压力、机会和合理化行为。使用公共的、经得起时间考验的安全程序是最好的安全措施；"隐藏式安全"防范措施被大多数专业人士视为虚假的、无效的。

侦查电子商务舞弊。 企业之间通常通过电子商务系统进行交易，而电子商务舞弊就产生于其中。数据驱动的舞弊侦查方法能够有效地发现这类舞弊，因为它关注电子商务系统流程所涉及的交易和日志文件。

第Ⅶ部分　处置舞弊

第18章　后续法律行动 / 489

第 18 章

后续法律行动

寄　语

在学习前面章节之后,你对各种舞弊行为应该有了更多的理解。本章将讨论美国的司法体系和诉讼程序,包括法院系统、针对舞弊提起诉讼涉及的民事和刑事法律补救措施,以及舞弊检查人员在法律程序中的作用。对于不在美国工作的人来说,本章也有助于他们理解法律后续行动所涉及的基本原则。

学习目标

在学习本章之后,你应该能够:
- 了解美国司法体系的主要内容;
- 了解美国民事诉讼程序;
- 了解美国刑事诉讼程序;
- 描述专家证人的性质与作用。

现实的教训

2001年5月12日的《洛杉矶时报》刊登了一桩舞弊案件。

  美国联邦调查员突击搜查了地球连线（ELNK）公司的联合创始人里德·斯拉特金（Reed Slatkin）的办公室，并说服联邦法官冻结了他及其经纪人的银行账户，以防止他藏匿投资者的资金或销毁相关文件。这些行动将投资者指控斯拉特金实施16年之久庞氏骗局的民事诉讼演变成刑事案件。联邦调查局和国税局的调查人员从斯拉特金位于圣巴巴拉郊区旧宅的改装车库中找到了大批文件箱，其中存放了自20世纪90年代初以来他所有的股票交易和资金管理文件。此外，调查人员还从斯拉特金位于新墨西哥州圣达菲市的财务部门取走了大量文件。与此同时，美国证券交易委员会要求加利福尼亚州的一名地区法官冻结斯拉特金的资产，声称他自1986年以来一直在实施舞弊性投资计划。这项请求得到批准。斯拉特金的律师表示，他的当事人会"全力配合"调查。斯拉特金通过律师向现场调查人员提供了计算机硬盘和密码，美国证券交易委员会表示，斯拉特金提供的投资者账户报表和年终总结表明其投资了许多公司的股票。针对斯拉特金及其经纪人的银行账户的调查显示，斯拉特金用后期投资者投入的1 000万美元资本中的一小部分支付早期投资者的分红，以此周而复始。

  本文作者之一曾担任某起大型庞氏骗局诉讼案件的专家证人，该骗局前后共持续约八年时间，涉及大量企业和受害者，涉案总金额达数亿美元。骗局最终曝光，经调查之后案件犯罪嫌疑人被定罪和监禁。此外，检察院对犯罪嫌疑人以及不知情的企业和个人提起了若干民事诉讼。骗局曝光之后，州政府机构、联邦调查局和其他政府机构以及地方执法部门立即展开了调查，并在确认犯罪事实之后查封了罪犯的资产。涉案的后续各类民事诉讼案件持续了长达十二年之久。

  舞弊发生后，调查人员和受害者应采取行动予以反击。比如，向其他员工隐瞒舞弊事实、调离或解雇舞弊者以及要求法律赔偿。当然，这些行动应该在确认调查已经结束，犯罪者的身份、舞弊手段、涉案金额及其他重要事实明确之后实施。在本章中，我们将讨论各种可获得的法律补偿，首先了解美国联邦及各州司法体系，然后介绍相关民事和刑事的舞弊审判，以及舞弊调查人员应当熟悉的审判要素。

18.1　司法体系

  关于美国各种类型的法律渠道，你首先应当了解联邦和州法院的工作程序。美国的司法体系由相互联系的独立法院组成。在美国，州法院和地方法院几乎负责处理所有类型的案件。州法院只受美国宪法、州宪法和各州法律的管辖。

  在美国，通常由州法院和地方法院处理舞弊案件。联邦法院只负责处理超越州法院和地方法院处理权限的案件。因此，联邦法院审理的舞弊案件一般会涉及联邦法律或者牵涉多个州。

18.1.1 州法院

尽管美国各州法院的组织形式存在一定的差异,但其一般性的组织结构是相似的,如图 18-1 所示。

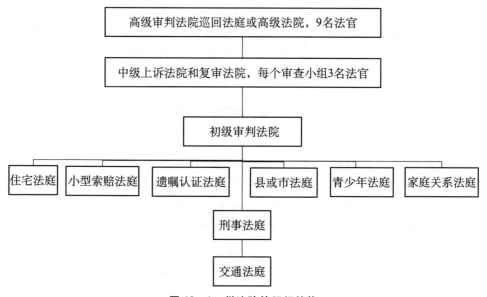

图 18-1 州法院的组织结构

初级审判法院主要负责审理小宗刑事案件以及预审特定金额(通常为 10 000 美元)以下的民事案件。初级审判法院类型各异,包括审理有关住宅、房东与房客之间纠纷的住宅法庭,允许自然人对他人提起诉讼且手续费较低的小型索赔法庭,负责遗产分配的遗嘱认证法庭,等等。此类诉讼最初通常由初级审判法院审理。

高级审判法院主要审理大宗刑事案件以及特定金额(通常为 10 000 美元)以上的民事案件。初级审判与高级审判的区别在于涉案金额和严重程度不同。

若原告或被告对审判法院的审判结果不满,则可以提起上诉。案件的第一次复审通常由中级上诉法院或复审法院执行。如果原告和被告对复审结果满意,就不再进一步上诉。

州级的最终上诉由州最高上诉法院受理。该法院复审下级上诉法院做出的审判,其审判结果为终审判决。

18.1.2 联邦法院

图 18-2 列示了联邦法院的组织结构。联邦法院执行联邦法律和法规。破产法院主要审理破产诉讼,税收法院主要审理涉税案件,其他涉及联邦法律或法规的舞弊案件(如电信诈骗、敲诈与腐败、银行业、证券法规等)则由美国地方法院审理。这些法院依据联邦法规来审理刑事和民事案件。如果被告或原告对地方法院的判决不满,他们可以向 12 个巡回法院中的任意一个上诉。联邦一级的最终上诉由联邦最高法院受理,它负责复审上诉法院的判决。

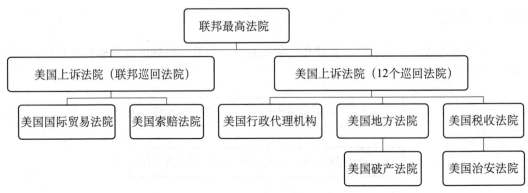

图 18-2 联邦法院的组织结构

上诉法院的工作程序举例如下：

1994 年，阿拉斯加州 Anchorage 陪审团责令埃克森（Exxon）公司向渔民赔偿 50 亿美元，作为"埃克森·瓦尔迪兹"号油轮在 1989 年向阿拉斯加威廉海峡倾倒 1 100 万加仑石油所造成损失的补偿。原告称，蔓延 1 500 英里海岸线的黑色"石油带"损毁了当地许多财产，而且污染了渔场和狩猎场。埃克森公司对审判结果表示不满，并提起上诉。美国第九号巡回法院三名法官组成的审查小组认为原判是合理的，但判决的赔偿金额过高。上诉法院责令初级审判法院重新裁定赔偿金额。

18.1.3 舞弊的民事审判和刑事审判

舞弊者可能会受到民事起诉和刑事起诉。在通过调查获取充分证据后，受害公司必须决定是诉诸刑事诉讼、民事诉讼、双管齐下还是不采取任何行动。在大多数情况下，受害公司不会提起刑事诉讼或民事诉讼，因为这会产生高额的诉讼费用和引起不良的社会效应。因此，受害公司一般仅解雇舞弊者，并向忠诚保险公司提出索赔（有时，忠诚保险公司会对舞弊者诉诸法律行动）。即使受害公司向法院提起民事诉讼，案件通常也会在开庭审理前达成和解。在刑事案件中，为了避免冗长、耗费不菲的审理，公司通常会请求在庭下达成和解。

刑法是处理损害公共利益（通常是整个社会利益）的违法行为的法律。舞弊者因违反法律而被联邦或州法院起诉。若舞弊者的刑事罪名成立，则他们通常会被判入狱或支付罚款以及向受害者支付赔偿金。当然，必须有充足的证据证明舞弊者的行为有罪；陪审团还必须对舞弊者的罪名做出一致裁决。

> **留意** >>> 刑法和民法的不同之处在于，刑法是为了纠正公众的错误或对社会的犯罪而制定的，民法则涉及纠正个人的错误。要在刑事审判中给一个人定罪，证据必须符合"排除合理怀疑"的标准。然而，在民事审判中，原告只要"在证据方面占优势"，就可从被告那里获得补偿。

民法是保证个人权益遭受侵犯时获得赔偿的法律，主要用于规范人与人之间的权利和责任。当一方为获得财产补偿而起诉另一方时，民事诉讼程序就启动了。民事诉讼的目的是确保对遭受损失的个人或组织提供补偿。

与刑事案件不同，民事案件的陪审团不需要

12名陪审员但人数不能少于6人，陪审团也不必做出一致裁决。民事案件通常由法官而非陪审团听审。为了胜诉，民事案件原告必须"在证据方面占优势"。也就是说，支持原告的证据必须稍稍多于被告。在民事案件和刑事案件的审理过程中，双方通常会传唤专家证人出庭作证，为一些因过于专业而使陪审团或法官难以理解的问题提供解释和意见。舞弊调查人员和会计师通常会被聘请为舞弊案件的专家证人，以计算和证明损害赔偿金额、舞弊性质以及当事人是否有行为疏忽并实施舞弊。

> **请记住** >>> 美国既有州法院系统，也有联邦法院系统。州法院处理美国几乎所有类型的案件，包括大多数舞弊案件，而联邦法院只处理涉及美国宪法、联邦法律、破产或税收的特定案件。民法和刑法的不同之处在于，刑法处理的是公共性质的犯罪，民法处理的是对侵犯私人权利的行为提供补偿。

18.2 民事诉讼程序

民事诉讼要遵循一定的程序，其基本程序为：(1) 调查和申诉；(2) 调查取证；(3) 申请和协商；(4) 审判和上诉。

尽管在某些案件中，基本诉讼程序可能有重合（例如，调查可以在申请阶段进行），但大多数舞弊案件的审理都要遵循以上程序。

18.2.1 调查和申诉

民事诉讼的起点是舞弊案件当事人聘请律师。在正式通知律师之前，舞弊调查人员应当已收集案件的相关重要信息，比如舞弊是如何发生的、舞弊金额、受到指控的舞弊者等。

在诉讼开始时，原告应当提出"初始申诉"或"控诉"。控诉应当指出案件中的违法行为及其造成的损失。法院会针对控诉做出动议或答复。动议是针对原告的控诉提出反对意见、指出案件的缺陷，并要求提供补救方法。补救方法包括驳回部分或全部指控。答复是指驳回控诉或受理控诉。在某些情况下，民事案件中的被告可能会提出反诉，诸如性别歧视、种族或年龄歧视、侵犯个人权利等。例如，被告可能会宣称自己因性别歧视而失业，目的是转移陪审团的注意力。

18.2.2 调查取证

调查取证是在审理开始之前，当事人律师获取对方资料的法律过程。由于调查取证耗时耗费，因此这可能是诉讼过程中最困难的阶段。律师一般通过询问、获得确认、取得传票或举行听证会等方式获取相关文件资料。在此阶段，反舞弊专家通常作为专家证人出席。

要求获取相关文件

这是指律师要求从诉讼案的另一方获取与案件相关的资料，包括银行对账单、财产证明、持有的股票、会计记录及其他重要文件。律师这样做主要是为了避免在审理时对方出示自己未审查过的文件。要求获取的文件应当是具体、与案件紧密相关、可辩护且必需的。舞弊调查人员对案件相当了解，可以提供必要的帮助，比如评价对方提供的文件是否符合要求。要求获取相关文件通常是在调查取证的初始阶段进行，这样可以使律师有充分的时间在取得证人或咨询顾问的证据之前查阅所有相关文件。在当事人双方得到法院的回复之后（回复不存在反对意见），双方律师应当安排时间交换文件，为双方提供便利。

询问

询问是指为了从对方获取资料而提出的一系列书面问题。舞弊调查人员应当记录所得到的答复，并确保其与审判时提供的证词一致。一般情况下，对询问的答复必须在30天内做出。如果没有得到及时答复，法院就可以发布强制性命令，要求当事人立即做出回答，同时要求未遵守规定的一方在接到命令时支付本应由另一方负担的费用和成本。询问内容涉及人事、文件、组织性质及其他。有时，律师会得到诸如"这一要求过于烦琐"或"这一违法行为不可能出现"等答复。

获得确认

获得确认是指要求当事人另一方承认与诉讼案件相关的某些事实。这些事实可能与文件的真实性或事实的准确性有关。例如，要求当事人一方承认公司是在某一特定时期的某一特定州成立的。在提出确认要求后，对方必须在一定期间内做出答复。如果得不到及时答复，法院就可以发布强制性命令，要求当事人立即做出回答，同时要求未遵守规定的一方在接到命令时支付本应由另一方负担的费用和成本。

传票

传票是以法院名义发布的书面命令，要求证人提供证词、在审判时作证或向行政机构报告。传票程序要求收到传票者提供与案件相关的文件。法院工作人员或律师有权代表法院开出传票。传票通常是从证人（并非诉讼当事人）处获取资料和文件的唯一途径。例如，传票可用于要求经纪公司提供有关当事人的账户记录。在特定情况下必须通过传票来获得证据，并与反方提供的资料进行对比。如果证人认为被告篡改了银行对账单，传票就可以直接发给银行，要求银行提供银行对账单复印件。

举行听证会

听证会是指在正式审判前进行的取证。举行听证会时，法官通常不在场。听证会没有法庭审判正式，但同样要遵守法院的各项规定。双方律师可以通过听证会获取证据和专家证人的证词。

对于有经验的律师来说，听证会是重要的取证渠道。他们会敏锐地注意到证人对问题的反应。如果证人没有事先做好充分的准备，律师就可以趁机抓住把柄，或者取得在正式审判上无法得到的供认。律师还可能设"陷阱"，使证人无法回忆起对己方不利的证据。

证人在提供证词前要宣誓。法庭记录员负责记录证人的回答，并整理为笔录。证人可以阅读相应的笔录，并进行必要的修改。在正式审判时，笔录可能被当众宣读。例如，如果证人在听证会上和正式审判时提供的证词自相矛盾，就可以通过宣读笔录削弱陪审团对证人的信任度。在某些案件中，听证会上的证词可能被录音，并在正式审判时播放。

舞弊调查人员会帮助己方律师准备在听证会上向对方证人提出的问题。舞弊调查人员有时还会参加其他证人的听证会，尽管无权提问，但他们在休庭时可以通过书面短笺与律师交流。参加反方专家的听证会对舞弊调查人员尤其有价值。在听证会上，他们可以获知未在专家的书面报告或工作底稿中详细披露的信息和意见。舞弊调查人员能运用自己的专业知识确定反方专家的证词是否涵盖所有的结论，以及得到结论所使用的方法和相关证据。对于证人来说，在某些方面听证会比法庭更难应付。例如，在法庭上作证时，专家证人一般只接受反方律师的询问。经验丰富的专家证人在听证会上作证会采取"防守型"策略，而在法庭上作证会采取"进攻型"策略。

> **想一想** >>> 为什么证人在庭外取证采取"防守型"策略而在法庭上采取"进攻型"策略会更好？

18.2.3 申请和协商

在调查取证期间，反方可能会要求法官对某些问题做出裁决。例如，被告可能在案件审理之前申请执行即决裁判①。在申请即决裁判时，律师要求法院驳回全部或部分的诉讼请求，因为无法获取有关重大舞弊事实的真实证据。在调查取证阶段，证人可能被要求对所提供的相关证据进行宣誓（陈述者宣誓在法律上可用作证据的书面陈述）。

> **请记住** >>> 每起民事案件都涉及四个基本阶段：(1) 调查和申诉；(2) 调查取证；(3) 申请和协商；(4) 审判和上诉。每个阶段所获得的信息或采取的行动是不同的。上诉通常涉及指控审判存在法律缺陷。

协商和解

当事人双方可能在诉讼的任何阶段通过协商达成和解。如果达成了和解，案件也就顺利解决了。协商和解并非正式的法庭审判程序。舞弊调查人员在协商和解过程中可以发挥一定的作用，因为他们可以帮助双方化解分歧。多数民事案件最后都达成了和解。

18.2.4 审判和上诉

如果案件无法通过申请和协商得到解决，就会进入审判阶段。在审判开始前，双方律师与法官会面，就有关诉讼的基本问题协商达成一致，例如需要提供的文件以及审判持续时间等。在大多数情况下，诉讼双方均有权要求进行陪审团审判。只有在双方一致同意的情况下，才能执行陪审团审判程序。

舞弊调查人员提供的证据主要是为了帮助陪审团了解案件涉及的专业问题。此外，舞弊调查人员还可以帮助律师准备向反方专家或证人提出的问题。

在执行陪审团审判时，由法官确定法律议题。在进行裁决时，法官会"对陪审团做出指示"。这意味着法官会指导陪审团在判决过程中所应用的法律条文。陪审团做出裁决之

---

① 即决裁判又称即决审判、简易判决，是英美法系国家一种有特色的民事诉讼制度，允许法官可以不经开庭审理而直接对全部或者部分案件做出实质性的、有约束力的判决。

后的一定期间内，当事人双方可以提出申请要求撤销全部或部分裁决，或者要求法官重新审理。如果上述申请被驳回，裁决就开始生效，当事人双方可以在规定的时间内提起上诉。

上诉通常与法律事项相关，而与案件的舞弊事实无关。上诉通常是向更高级别的法院提出，因审判过程中的某些法律问题而要求推翻裁决或重新审判。例如，在审判过程中提供了不恰当的证据或者法官就某个或多个法律议题对陪审团做出了错误的指示。

18.3 刑事诉讼程序

刑事诉讼程序与民事诉讼程序完全不同，因为刑法体系为被告的权利提供了更多的保障。这些保护措施主要源自美国宪法的三个修正案，分别为第四号修正案、第五号修正案和第六号修正案。刑事诉讼的每个阶段均受制于案件管辖区域的法规。联邦法院制定了专门的《联邦证据规则》和《联邦刑事诉讼程序规则》。大部分州法院也遵循联邦法规，极少有改动。下面讨论刑事诉讼过程的一般步骤。

18.3.1 提出刑事指控

在调查人员掌握足够证据后，受害方可以决定是否提出刑事指控。如果决定提出刑事指控，受害方应当与舞弊发生地的律师联系。律师与当地警方进行协调，以便签署逮捕令或传票。如果案件涉及联邦罪行，那么还应通告美国检察院。

18.3.2 逮捕并指控被告

政府代理人在搜查相关场所或逮捕公民时，必须遵守美国宪法，包括第四号修正案和第五号修正案。

第四号修正案

第四号修正案是为了保护被告避免遭遇不合理的搜查和逮捕，要求在搜查或逮捕被告时应有充分的理由。充分的理由是指所获取的证据能使理性的第三方相信被告实施了犯罪。这些理由虽然不十分确定，但绝非猜测或怀疑。如果获取的证据不满足这一要求，就不能在审判过程中使用。但是，雇主及其聘用的调查人员在企业内部进行的搜查通常不适用第四号修正案的规定，除非他们在搜查过程中带有明显的偏见或疏忽。在舞弊案件审判中，雇主获取的资料通常能够直接提交给政府作为证据。但是，如果被告律师能够证明调查人员实际上是以律师代理人的身份收集信息，他就违背了禁止不合理搜查和逮捕的规定，政府就不能使用相关信息。

第五号修正案

第五号修正案向被告提供以下保护：

- 在被告被判处极刑（可能是死刑或其他刑罚）之前，要求由大陪审团提出起诉；
- 防止某人因同一罪名而被审判两次；

- 给予被告拒绝认罪的权利，通常指"基于第五号修正案进行辩护"；
- 要求各州使用恰当的法律诉讼程序；
- 禁止各州在没有提供合理补偿之前占用私人财产。

如前所述，政府代理人在逮捕相关人员之前必须有充分的理由。某人因犯罪而被逮捕通常有以下三条途径：

(1) 目击证人（市民或警察）在未获得逮捕令的情况下逮捕罪犯。
(2) 在发布逮捕令（为获得逮捕令，必须初步说明充分的理由）之后逮捕罪犯。
(3) 在大陪审团提出起诉后逮捕罪犯。大陪审团审理的目的是确定是否存在充分的理由；在舞弊案件中，通常由大陪审团提出起诉。

18.3.3 预审

如果被告是依据逮捕令而被捕的，那么根据被告律师或原告与法官联系的先后次序，将进行预审或者由大陪审团审理。预审的目的是确定是否存在"充分的理由"来指控被告而非证明其罪名是否成立。在预审过程中，很可能出现谣言和非法获取的证据，因此被告律师可以代表被告对原告证人进行盘问。被告盘问的主要目的是证明原告掌握的证据不足以支持"充分的理由"。如果没有足够的证据证明"充分的理由"，指控将被驳回，被告将被释放。但是，一旦政府收集到更有说服力的证据，依然能就同一罪名重新起诉被告。

18.3.4 大陪审团

由于预审能使被告在不出示证据的情况下获取诉讼案件的相关信息，因此诉讼案较少进行预审，通常由大陪审团提起诉讼。一旦由大陪审团对被告提起诉讼，就意味着"充分的理由"已经成立，不需要再进行预审。但是，被告可以申请获取在预审过程中能够获取的全部（或者大部分）信息。

大陪审团通常由社区选举的16—23人组成，他们都要宣誓，并对案件进行秘密商讨。大陪审团听取证人和原告提供的证据，还有权传讯证人、查阅文件、对藐视法庭的行为做出判决、要求被告支付罚金或判决其入狱。大陪审团可以查阅相关证据，包括在审判过程中没有提及的证据。大陪审团在查阅不利于被告的证据时不需要正式通知被告，也不允许被告复核证据、与原告对质或提出辩护证据。被告在接受大陪审团审判时，其律师不能在场，但被告可以定时离开陪审团和法庭并与律师就案件进行商讨。被告在接受大陪审团审判时仍拥有自我认罪的权利。大陪审团必须由至少12名陪审员一致同意才能提起诉讼，但起诉并不意味着定罪。在审判过程中，被告受第六号修正案保护条款的保护。

第六号修正案保护条款只与审判相关，它为被告提供以下权利：

- 接受短时间的公开审判；
- 由公正的陪审团进行审理；
- 在案发所在的州和地区进行审判；
- 遭到指控时应得到通知；

- 与控方证人对质；
- 说服证人参与审判；
- 聘请律师。

18.3.5 传讯/审讯

在舞弊案件的审判过程中，大陪审团通常会在被告被拘留前传讯被告。被告会收到传票，上面列出审讯的时间和地点。被告也有可能被逮捕并被直接带至审讯现场。审讯过程中会宣读对被告的指控。被告可能会认罪、不认罪或进行无罪申诉（被告不认罪但又放弃申辩）。若被告不认罪，则进入审判程序，同时可获得保释。若被告认罪或进行无罪申诉，则立即进行判刑。

18.3.6 调查取证

刑事审判前的调查取证与民事审判前的调查取证有很大区别。刑事审判中，只有在特殊情况（如证人生病或死亡）下才举行听证会。根据《联邦刑事诉讼程序规则》第16条的规定，被告应获取以下资料：

（1）政府拥有的、由被告做出的相关声明的复印件；
（2）被告以前犯罪记录的复印件；
（3）全部文件、资料、测试结果、专家证人的书面报告、其他将在审判过程中引用的证据或被告辩护所需的必要证据；
（4）证人以前所做的相关声明的复印件。

> **想一想** >>> 在法律程序的调查取证阶段，为什么对立双方会合作，提供他们打算在审判中引用的证据信息？

如果被告要求原告提供上述第（3）条的全部或部分项目，那么他们也必须向原告提供相同的项目。但是，被告不需要自认其罪，只要提供审判过程所需的证据即可。

18.3.7 审前申请

与民事审判相同，在刑事审判之前，被告可以向法院提出申请。申请通常包括：

- 驳回指控；
- 禁止使用非法获取的证据。

18.3.8 审判和上诉

在州法院，舞弊案件在进行刑事审判之前有时会先进行民事审判，因为原告有可能在受害方发现舞弊证据后再进行调查。在这类案件中，由受害方的律师通知进行调查的地方律师。地方律师可能在受害方获取足够的证据支持"充分的理由"后才起诉被告，还可能在刑事审判中使用这些证据。但是，在联邦法院，通常先进行刑事审判。先进行民事审判对原告有利，因为被告在民事审判中的供认可用于刑事审判。同样，在民事审判中，受害方在调查取证时更有可能接触到被告的相关文件。如果被告在民事审判中未提供必要的证据，他们就可能被判藐视法庭或支付罚款。

> **请记住** >>> 刑事诉讼程序与民事诉讼程序有很大的不同，因为刑事司法系统包含了对被告权利的更多保护。刑事诉讼基本程序包括：(1) 提出刑事指控；(2) 逮捕并指控被告；(3) 预审；(4) 传讯/审讯；(5) 调查取证；(6) 审前申请；(7) 审判和上诉。

证据的要求

刑事审判中，被告在定罪之前通常被假定无辜。在大多数管辖区域，尽管民事案件不要求陪审团做出一致裁决，但陪审团对刑事审判的裁决应当是一致的。刑事审判对定罪证据的要求比民事审判高。民事案件要求诉讼一方"在证据方面占优势"（通常解释为超过50%）；刑事案件则必须证明被告的犯罪嫌疑"超出合理水平"。

上诉

在陪审团裁决之后，被告就可以提出撤销裁决的动议。若不成功，则被告可以决定继续上诉。上诉通常向更高级别法院提出，因审判过程中的某些法律缺陷而要求推翻裁决或重新审判。

舞弊实施者当然要对自己的行为承担法律责任，然而，协助实施舞弊的第三方是否要承担责任？这是一个有争议的法律问题，可能会对公司以及与涉及会计报表舞弊公司有业务往来的人产生严重后果。第三方参与舞弊通常被称为协助和教唆。许多人认为，在舞弊案件中，第三方应该为协助和教唆舞弊承担责任。

第三方参与舞弊

例如，最高法院的一起案件就涉及股东是否可以起诉协助实施舞弊的第三方。1994年，最高法院裁定，与上市公司合作的第三方不能被公司股东以协助和教唆欺诈罪起诉。然而，查特通信（Charter Com.）公司股东正在起诉摩托罗拉（Motorola）公司和科学亚特兰大（Scientific Atlanta）公司，称其协助查特通信公司虚增财务业绩。

这一法律问题在业界受到广泛关注。最初，密苏里地方法院援引1994年最高法院的判例，驳回了这一诉讼。随后，股东向第八巡回上诉法院提起上诉，结果败诉。接下来，他们向最高法院提起上诉，最高法院裁定协助证券发行人误导投资者的第三方不承担损害赔偿责任。这一裁决支持了早期司法实践对法律的解释，但也有效地对原告施加了更严格的抗辩要求，并收紧了证券案件中与损害赔偿相关的规则。本案意义重大，因为它不仅完整地展现了一起案件经历的所有诉讼过程，还解决了一个由舞弊而衍生的法律问题。

18.4 专家证人

专家证人是指凭借教育、培训、资质、技能或经验被法官认可，能够成为案件或法庭专家的人。专家证人是唯一能在诉讼中提出意见而非陈述事实的证人。在审查专家证人的过程中，法官会裁定专家证人是否有资格就有关事项在法庭上作证。诉讼案件中的专家证人的小时报酬为几美元到几千美元不等，具体收费金额取决于他们的资历、能力和受托内容。

第一次作为专家证人出庭作证可能会让你感到忐忑不安，但如果你顺利完成且表现良好，那么你将得到更多的机会。例如，本书作者之一曾在几十起重大舞弊案中担任专家证人。近期，他收到的聘请他担任专家证人的邮件列示如下：

聘请专家证人

实例 1

我是 FTI 咨询公司纠纷咨询服务部门的一名工作人员。我的客户想聘请一名专家证人针对一起纠纷案件中软件收入确认原则发表意见。我在分析部门工作期间了解过您的专业技能。如果您有兴趣了解这个案件，我可以把原告的诉求和被告的回应发给您，希望可以和您进一步讨论相关细节。期待您的回信。

实例 2

您好！本公司想要聘请一名法务会计师参与诉讼的相关内部调查。这些诉讼涉及某些离职员工的舞弊问题，但据离职员工所说，他们离职前曾与公司存在工作待遇方面的分歧和争议。如果您对这起案件没有兴趣，我也完全理解；但我还是想征求您的看法，因为您是法务会计方面的专家，并且我也期待与您一起工作。

实例 3

您好！非常感谢您昨天和我讨论有关公司的案情，我非常感谢您能担任这起案件的专家证人。附上案件报告供您审阅。

实例 4

您可以和我进行简短的电话沟通吗？我们想和您讨论有关庞氏骗局的一个诉讼问题。这起案件与我们之前接触的诉讼案件有很大不同，而且完全是在您的专业范围内。如您下周有空，我很想有机会和您讨论一下。

实例 5

我在某起案件中了解到您作为专家证人所提供的意见对案件的审理很有帮助。我的某位同事目前正在协助一家大型汽车租赁公司应对美国证券交易委员会针对会计差错的调查。本案律师想征求您的意见，希望您能够对该公司的会计差错与财务报告造假是否存在相似性发表看法。

实例 6

希望您一切都好！这封邮件的内容与我们目前正在处理的一起庞氏骗局诉讼案有关，涉及一家大型金融机构和破产（财产）受托人的纠纷。受托人对从金融机构购买的某些资产和相关信贷额度的欺诈性转让提出了质疑，并对金融机构的协助和教唆提出了索赔。律师想邀请您在法庭上解释庞氏骗局的典型特征以及为什么它们很难被发现等专业知识。期待与您的合作，如您有时间，请联系我。

一些经济咨询或分析公司和律师事务所设有专门从事诉讼支持与专家证人的部门。一些较大的咨询公司包括IMS专家服务、安诺析思（Analysis Group）、维通利华（Charles River）、FTI咨询公司、汤森路透（Thomson Reuters）等公司均提供专家证人服务。一旦你有了成功的经历，机会就会接踵而来。本书作者曾多次为"四大"会计师事务所辩护，并与一家跨国律师事务所合作，同时还是一家大型经济咨询公司的专家顾问。

成为一名专家证人极具挑战。首先，充分的准备是不可缺少的，你必须探究案件的事实真相，因为你不可能在睿智的律师和专家的眼皮下虚张声势地针对某个案件发表专业意见。准备工作包括阅读诉状及其回应、证人证言，研究相关文献和法条，分析思考案情和时间线，尽你所能地去了解案件事实等。在大多数情况下，专家受聘要求评估损失或责任，或者两者兼而有之。损失评估是指对诉讼一方遭受的损失进行估算，包括既定损失、机会成本（若没有发生舞弊，则原告利用这笔钱能够获得的收入）和利息损失（损失金额从舞弊发生之日到现在的利息）。计算损失可能是一件极其复杂和费时的工作。责任评估也相当棘手，因为你要就谁该负责、谁实施舞弊、谁应该发现舞弊、谁负有某种责任提出意见。

很显然，专家证人不是律师也不是犯罪者的审判人。然而，鉴于舞弊调查人员的背景及其对舞弊性质、舞弊警示信号和舞弊三角的了解，他通常可以成为有价值的专家证人。本书作者曾作为专家证人，帮助委托方在一些大规模案件中获胜（即使败诉，所支付的赔偿金也非常少）。在这些案件中，本书作者针对发现警示信号的人的背景、是否应该更早发现警示信号、是否应该防止舞弊发生等问题发表了专业意见。

专家证人在探究事实时，往往（并非总是）有必要准备一份书面报告——取决于受托内容。作为一名专家证人，宣誓作证是最具挑战性的。在宣誓作证时，对方律师会抓住一切机会质问你，其目的是想预判你在审判时打算说什么，然后他们会想方设法阻止你并限制你能说的和将要说的，逼迫你违背誓言，并不择手段地让你在法官或陪审团面前出丑。己方律师在场是为了针对对方提出的不公平质问提醒法官或陪审团注意，即使这样，专家证人宣誓作证也是异常艰难的。经验丰富的专家证人一般会认为证词是反击对方的第一道防线，他们会仔细聆听对方的问题，然后以冷静和友善的态度予以回应。

大多数案件可能在审判前达成和解。如果己方证词占优势，并且对方自认为很有可能败诉，他们就会满足于能得到的任何东西。如果己方认为和解的代价相对于法庭判决结果更有利，通常也会主动选择和解。在许多案件中，舞弊调查人员都可以成为优秀的专家证人。本书作者曾作为专家证人出庭作证，对诸多案件发表专业意见，包括会计报表舞弊、庞氏骗局、供应商和客户舞弊、破产、隐匿资产的离婚、涉税、商业估值、会计伦理和其他金融舞弊等案件。

下面举两个案件说明专家证人在舞弊诉讼中的作用。

第一起案件涉及大型庞氏骗局，专家证人是被告（被告不是肇事者，而是原告律师用来试图收回资金的一些无辜公司）的损害赔偿责任认定专家。专家证人耗费了几百个小时深入研究案情，证明了下列事实：

- 早期的受害者（原告）实际上因骗局而致富；
- 原告（受害者）应该意识到这实际上是一场庞氏骗局；
- 如果原告能够意识到这是庞氏骗局，他们就不会参与，损失也就不会发生；
- 受害者（原告）的早期经历能够让他们了解一些非常明显的警示信号——这些信号可以预示骗局的发生并将每个人的损失降到最少，但一直被他们忽视；
- 这些警示信号合理地解释舞弊何时何地被谁发现、直接抑或间接发现、被发现后应采取哪些措施。

这位专家证人还开展了一项法务会计调查，在一家咨询公司的协助下检查了银行对账单和其他记录，以"跟踪资金、交易和货物流动"。他收集了与盗窃、掩盖和转移有关的证据，由于被告和原告律师进行了积极的沟通，这些证据非常全面。最后，他利用自己的法务会计专业知识评估了所有证据的证明力，从而对谁应承担责任发表了令人信服的意见。在咨询公司的协助下，专家还使用不同于原告专家计算损失的方法，得出实际损失及其判决前的利息损失。

第二起案件涉及针对一家大型跨国公司审计人员的舞弊索赔，原告指控审计人员没有及时发现公司的舞弊行为。审计人员在执行财务报表审计时，应当遵循公认审计准则。十项公认审计准则由三项通用标准、三项现场工作标准和四项报告标准组成，具体内容如下：

18.4.1 通用标准

（1）审计工作应由一位或多位经过技术培训，并精通业务的审计人员执行。

（2）对一切与业务有关的问题，审计人员均应保持独立的精神状态。

（3）审计人员在执行审计和编制审计报告时，应恪守应有的职业谨慎。

18.4.2 现场工作标准

（1）审计人员应当充分计划工作安排，并对助理人员予以适当的监督和指导。

（2）审计人员必须充分了解被审计单位及其环境（包括内部控制），以评估由错误或舞弊导致的会计报表重大错报风险，并据此设计进一步审计程序的性质、时间和程度。

（3）审计人员应当通过检查、观察、询问、函证等方法获取充分和适当的审计证据，以便对被审计会计报表发表意见提供合理的基础。

18.4.3 报告标准

（1）审计人员必须在审计报告中指出财务报表是否按照一般公认会计原则编制。

（2）审计人员必须在审计报告中指出本期采用的会计原则及其是否与上期保持一致。

（3）除非在审计报告中另有说明，否则财务报表中信息的披露均应被视为合理和充分。

（4）在审计报告中，审计人员应当就整体财务报表发表意见，或者声明不能发表意见。当不能发表总体意见时，应当在审计报告中说明原因。在任何情况下，审计人员的姓名一旦与财务报表关联，他就应说明自己的工作性质以及所承担责任的程度。

当审计人员未能发现财务报表的重大错报或舞弊时，上述审计标准很容易被用来指控审计人员欠缺足够的技术和熟练程度［通用标准第（1）项］、没有保持应有的职业谨慎［通用标准第（3）项］、没有实施足够的计划、监督和指导［现场工作标准第（1）项］、没有收集到足够的证据［现场工作标准第（3）项］，或者没有充分披露信息［报告标准第（3）项］。

对于管理层伪造凭证、撒谎和串通合谋，即便高质量的审计也不总是能够发现会计报表舞弊。当然，在这类案件中，原告和被告的一般性辩词如表 18-1 所示。

表 18-1 原告和被告的辩词

原告辩词	被告辩词
（1）审计的主要目的是侦查舞弊，而这些审计人员不合格——不是审计人员，那么是谁呢？ （2）如果他们做好本职工作，就会侦查出舞弊行为。 （3）如果审计不能侦查舞弊，那么审计又有什么用呢？ （4）在这个案例中，他们没有遵守十项审计标准的一半。	（1）审计人员执行了高质量的审计。 （2）即使是高质量的审计也不总是能侦查出舞弊。 （3）这是一种复杂的舞弊行为，其他所有的审计人员都很可能发现不了它。 （4）如果涉及伪造、撒谎和串谋，那么没有人能侦查出舞弊。

在此类案件中，反舞弊专家使用以下论据来帮助会计师事务所以很小的代价达成和解：

（1）这是遵循公认审计准则的财务报表审计，而不是舞弊审计，两者有很大区别。

（2）会计记录（数量、汇总等）的性质使审计人员不可能面面俱到。

（3）即便最符合公认审计准则的审计也不总是能够侦查出舞弊，特别是涉及伪造、撒谎和串谋的舞弊。

（4）还有很多人（包括管理层）有更好的条件来发现舞弊警示信号。

（5）只有后见之明的偏见，才会认为审计人员应该侦查出这些舞弊行为。

（6）审计人员也是受害者，作为客户的被审计单位总是竭尽全力地欺瞒审计人员。

（7）编制财务报表是管理层的责任，而不是审计人员的责任。

（8）无论审计人员询问多少问题或多少次，客户都会再次说谎，或者再次伪造文件。

（9）管理层和董事会也参与了这场舞弊（一名重要员工挪用公司的一笔款项，导致财务报表存在误导性陈述）。

（10）舞弊涉及的金额相对于财务报表总量来说并不重要。

（11）双方存在信息不对称。

（12）会计师事务所执行并遵循公认审计准则对财务报表实施审计（以下简称"GAAS 审计"）。

在一起价值数十亿美元的大型会计报表舞弊案中,律师预设了一个模拟陪审团,律师和专家可以在单向隔断玻璃窗后观察。在会计师事务所合伙人举证说明已执行高质量的审计后,模拟陪审团以 11:1 的投票结果支持原告。在原告代理律师陈述案情后,模拟陪审团以 12:0 的投票结果支持原告。在庭审阶段,反舞弊专家提出这不是舞弊审计而是遵循公认审计准则的会计报表审计的论点,并指出 GAAS 审计和舞弊审计在目的、方法和成本等方面存在很大差异,GAAS 审计人员不应被要求遵循舞弊审计标准,最终陪审团以 12:0 的票数支持原告。

最后,那些了解舞弊和会计并愿意接受业务精湛的律师挑战的反舞弊专家,往往可以成为优秀的专家证人。同样,优秀的反舞弊专家也乐意与业务精湛的律师合作。律师解决法律专业问题,其工作范围很窄。反舞弊专家专门从事取证和舞弊调查。当律师参与舞弊案件时,他们会带着自身的专业知识来到反舞弊专家的"院子",在准备充分的情形下,优秀的反舞弊专家能够为律师提供莫大的帮助。作为反舞弊专家,你不应该做任何可能有损声誉的事情,包括接手你没有把握的案件、对案情不熟悉或准备不充分,或者沦为当事人的"雇佣枪手"。

目前,很多文章都在讨论如何成为一名好的专家证人。记住,要成为一名成功的专家证人,充分的准备是最为重要的。不论专家的执业水平如何,如果他们不认真了解案情、不做充分的准备,其意见的可靠性就会大大降低。很多专家认为,在提供证词或审判、接受询问等阶段,除了充分的准备,还应当遵循以下"要"和"不要"等注意事项,如表 18-2 所示。

> **请记住>>>** 专家证人通常是因自身独特的经历、教育或培训而能够在法庭上提供专业意见。专家证人必须通过"预审"程序才能被视为有资格。专家证人可以证明犯罪的性质和情节或遭受的损失。对于专家证人来说,最重要的是只能就涉案的专业问题发表意见,而不能对法律问题(如有罪或无罪)发表意见。

表 18-2 各阶段的注意事项

在提供证词或审判阶段的"要"和"不要"
1. **要**仔细聆听并关注每一个质问。
2. 回答之前,**要**充分理解质问并认真思考,**不要**仓促作答。
3. **不要**妄加猜测或草率作答;当你不明白问题或不知道答案时,**要**实话实说。
4. **要**针对问题作答;**不要**进行无关的评论或提供其他信息。
5. **不要**对声明或评论做出答复,而**要**只对问题做出答复。
6. 回答**要**令人信服;**不要**含糊其词或过分谨慎。
7. **不要**背诵答案;**要**用自己的语言组织答案。
8. **要**诚实地回答问题;**不要**刻意寻求问题的最佳答案。
9. **要**大声且清楚地回答每一个问题,因为肢体语言(如手势或点头)无法被记录下来。
10. **要**谨慎地回答假设型提问,确保自己了解假设前提并作为答复的一部分重复假设前提。
11. **要**"解读"己方律师持反对意见的潜在含义,他们可能是在提醒你回答该问题的风险。
12. 在根据某些证物作答之前,**要**认真检查这些证物。
13. **要**解释你的结论所依据的全部假设,并随时准备应对反方律师的质问。

续表

在审判阶段的其他"要"和"不要"

1. **要**注意,你的个人品格和执业水平与提供的证词一样会影响陪审团的判断,甚至比证词的影响力更大。
2. **要**自然大方;如果你伪装自己,那么陪审团很容易察觉。
3. **要**尽量表现得权威、自信、实事求是、认真、果断、有礼貌、真诚、坦诚、直率、公平和自愿。
4. **不要**表现得自大或好争辩。
5. **要**注意保持独立性,避免偏见或过度偏袒当事人。
6. **要**注意律师提出的问题,回答问题时双目**要**注视陪审团。**不要**忽视陪审团对你所作回答的反应;**要**注意陪审团的肢体语言。
7. **要**尽快纠正你所犯的任何错误。
8. **要**根据陪审团的受教育程度来回答和解释问题,尽量用平实的语言,尽量**不要**使用专业术语。
9. **不要**让陪审团感到厌烦;**要**用清晰、富含感情的语言来回答,避免使用冗长的语句。
10. **要**尽量提高音量;**要**使用停顿或一些手势来强调关键点。
11. **要**用适当的声调和语速来回答问题,力求使陪审团清楚地理解你的回答。
12. 除非己方律师同意,**不要**向证人提供笔录、工作底稿或其他材料。
13. **不要**试图替律师完成工作。你的工作只是诚实并敏锐地回答和解释专业问题,己方律师会处理好法律问题。
14. 即使你受到诘难也**不要**用眼神向己方律师、法官或其他人员求助。

在接受询问阶段的"要"和"不要"

1. **不要**动怒、发火或产生敌对情绪,这实际是反方律师设下的陷阱。
2. 即使反方律师占据优势也**不要**紧张,这种情况是意料之中的;你所能做的就是将损失降到最小。
3. 回答**不要**模棱两可;**不要**与反方律师争辩。
4. 无论问题多难,回答时都**不要**含糊其词或模棱两可。
5. 当反方律师表现得过于友善时,**要**加倍小心,他们可能想让你放松警惕。
6. 当反方律师试图激怒你时,**要**镇定,**不要**失态,你的镇定自若会赢得陪审员的同情和欣赏。
7. 简单回答"是"或"不是"会使人产生误解,**要**使用"是的,但是……"或"不是,但是……"的方式加以解释或提出限制性条件。
8. **要**注意自己的语言所反映的信号,如果你的回答经常出错,则表明你已经疲惫或失去应变能力。此时,应向法官建议暂时休庭。
9. **不要**允许反方律师诱导你回答超出自己专业范围的问题。
10. 作证时**要**坚持自己的立场。
11. **不要**被反方律师诱导你成为其支持者;也**不要**过于偏袒己方观点,这会使你在陪审团眼中丧失独立性。

■ 重点内容回顾

• **了解美国司法体系的主要内容。** 美国有州和联邦法院系统。州法院处理美国几乎所有类型的案件,包括大多数欺诈案件。联邦法院只处理美国宪法或联邦法律授权的案件。州法院由初级审判法院、高级审判法院和上诉法院组成。联邦法院系统包括破产法院、税收法院、地方法院、上诉法院和最高法院。

• **了解民事诉讼程序。** 民事案件涉及四个基本程序:(1)调查和申诉;(2)调查取证;(3)申请和协商;(4)审判和上诉。

- **了解刑事诉讼程序。**刑事诉讼程序与民事诉讼程序有很大不同,因为刑事司法系统对被告权利有更多的保护。刑事诉讼的基本程序包括:(1)提出刑事指控;(2)逮捕并指控被告;(3)预审;(4)传讯/审讯;(5)调查取证;(6)审前申请;(7)审判和上诉。
- **描述专家证人的性质与作用。**专家证人是对某一专业领域有独特的经验、教育或培训并能就此提供意见的个人。本质上,这个人有资格就某个特定的专业问题发表意见。

附录

会计报表舞弊的相关准则

本书中有三章的内容涉及会计报表舞弊。由于会计报表舞弊会带来巨大的损失且造成严重的社会影响,因此近年来监管部门十分关注这一问题,由此也引发有关财务报表公允披露的审计准则及相关公告的出台。本附录回顾与会计报表舞弊相关的准则和公告,以使读者掌握与会计报表舞弊紧密关联的重要背景知识。下面列示的准则和公告按时间顺序排列。

审计师侦查会计报表舞弊的责任:简要历史脉络

21世纪初期,审计职业界一致认为侦查舞弊是执行会计报表审计的主要目的之一。正如审计学家 Carmichael 和 Wilingham 在1971年出版的《审计概念与方法》(*Auditing Concepts and Methods*) 中提出的,侦查舞弊是审计师历史上固有的职责,可以追溯到16世纪早期。直至20世纪30年代,大多数审计师仍强调审计的一个主要目的是侦查舞弊,著名审计学家 Mautz 和 Sharaf 在1961年出版的《审计哲理》(*The Philosophy of Auditing*) 中指出:"直到最近,'独立审计的一个主要目的是防范并侦查舞弊及其他违法行为'这一想法仍被广泛接受。"《蒙哥马利审计学》(公认的首部审计学教材)的早期版本指出,审计有三个目的:(1) 侦查舞弊;(2) 侦查技术性差错;(3) 侦查原则性错误。

直到20世纪30年代后期,审计职业界的认识才发生了显著变化,侦查舞弊不再是会计报表审计的目的之一。这一转变最终促成了《审计程序公告》第1号"审计程序范围"的出台,《审计程序公告》第1号包括以下内容:

> 在对外公布会计报表时,应同时公布独立审计师出具的审计报告(即审计师发表的审计意见)。独立审计师实施的常规审计程序并不是为了发现全部的侵吞挪用资产行为,因为这不是审计的主要目的(尽管实施常规审计程序经常能够发现侵吞或挪用迹象)……独立审计师必须详细检查全部交易,详尽了解所有项目发生欺诈或舞弊的可能性。这会使大部分公司承担过高的审计费用,这一审计费用使公司由此获得的收益小于付出的成本,给公司带来沉重的负担。

自《审计程序公告》第1号发布以来,审计职业界试图以更加精炼和清晰的语言表达独立审计师对侦查舞弊的责任，同时还计划制定准则，使报表使用者知晓审计师对侦查舞弊只承担有限责任。20世纪50年代后期，《审计程序公告》第1号以及审计职业界遭到社会各方的攻击，迫使美国注册会计师协会开始重新审视审计师的职责。1960年，美国注册会计师协会发布了新的审计准则，即《审计程序公告》第30号"独立审计师在检查会计报表时的职责和功能"。很多会计执业人士认为《审计程序公告》第30号未对报表使用者关注的问题给出回答，因为它并没有增加有关审计师侦查舞弊责任的新条款。《审计程序公告》第30号针对审计师侦查违法行为的责任规定如下：

> 为对会计报表发表意见而实施的常规审计程序并非主要或特别为揭露侵吞挪用和其他违法行为而设计（尽管常规审计程序可能发现侵吞挪用和其他违法行为）……同样，尽管现实表明管理层的故意错报与执行常规审计程序的目的十分接近，但常规审计程序无法确保发现故意错报行为。

尽管审计准则强调审计师应当"意识到舞弊发生的可能性"，但它同时指出，审计师对于设计相关测试来侦查舞弊仅承担极小的有限责任。

尽管法院倾向于认为审计师应对未能侦查出的舞弊负责，但只是在经历权益基金案后才真正确定《审计程序公告》第30号的规定不充分。

审计师职责委员会（科恩委员会，大部分会员并不是美国注册会计师）则得出一个完全不同的结论。科恩委员会1978年发布的一份报告指出，审计师的工作成效与报表使用者预期之间的差距（审计期望差）越来越大。科恩报告旨在进一步发展并明确独立审计师的适当责任，包括侦查会计报表舞弊的责任。科恩委员会认为：

> 审计师有责任查找舞弊，并且应当被公众期望能够侦查出舞弊（这些舞弊通常能够通过审计程序得以揭示）。报表使用者有权假定经审计的会计信息不会因舞弊的发生而变得不可靠……审计程序的设计应当能够合理确保经审计的会计报表不存在重大错报。

《审计准则公告》第16号"独立审计师侦查差错或违法行为的责任"于1977年发布。该公告承认，独立审计师在按照独立审计准则执业时，负有查找舞弊的责任。《审计准则公告》第16号的规定如下：

> 独立审计师依据独立审计准则进行会计报表审计的目的是对会计报表是否按照一般公认会计原则的规定公允地反映财务状况、经营成果和现金流量发表意见……因此，根据独立审计准则，独立审计师有责任在审计的固有限制下，设计适当的审计程序来查找（重大）差错和违法行为。

尽管《审计准则公告》第16号要求独立审计师"查找"舞弊，但并未要求审计师"侦查"舞弊。在《审计准则公告》第16号发布之后，审计师仍不愿意接受或承认对侦查舞弊负有重大责任。与《审计程序公告》第1号和第30号类似，《审计准则公告》第16号也包含"保护性和限定性"的措辞。例如，"审计的固有限制"和"除非审计发现了相反的证据，否则可以合理确信某些声明或在审计过程中取得的记录和文件是真实的"，这些措辞为审计师不主动侦查舞弊提供了正当的理由。

财务报告舞弊委员会的报告

1987年10月,财务报告舞弊委员会(Treadway委员会)发布了一份具有划时代意义的报告,再次将商业社会的注意力集中到会计报表舞弊问题上。与科恩报告不同,Treadway委员会在讨论会计报表舞弊时涉及更多的在财务报告过程中起关键作用的人员。Treadway报告包括49条建议,分别涉及公众公司的高级管理层和董事会的职责、独立审计师和独立审计职业、证券交易委员会和其他监管机构、执法部门以及学术团体等。此外,Treadway委员会还指出很多可能导致会计报表舞弊的因素。

尽管本书未详细介绍Treadway报告,但我们强烈建议读者阅读并了解报告内容。Treadway报告指出了大量可能导致会计报表舞弊的因素,并为美国注册会计师协会和其他组织的研究活动提供了依据。自Treadway报告发布以来,审计职业界也做了大量的研究工作,目的是使发生会计报表舞弊的可能性减到最小。这些研究主要探讨了审计师、管理层、董事会和审计委员会在编制会计报表过程中应发挥的作用。

审计师的职责——《审计准则公告》第53号

Treadway报告发布之后不久,美国注册会计师协会下设的审计准则委员会发布了《审计准则公告》第53号"审计师侦查并报告差错和违法行为的责任",旨在加大审计师发现重大会计报表舞弊的责任。《审计准则公告》第53号修改了有关审计师责任的规定,要求审计师"设计的审计程序能够合理确保发现差错和违法行为"。美国注册会计师协会制定本公告的目的是缩小在侦查会计报表舞弊方面审计师所能提供的保证与报表使用者期望之间的差距。《审计准则公告》第53号要求审计师对发现重大违法行为提供合理保证,从而在《审计准则公告》第16号的基础上扩大了审计师的职责范围。

公共监督委员会1993年的特别报告

《审计准则公告》第53号发布之后,美国注册会计师协会证券交易部下设的公共监督委员会在1993年发布了一份题为"公众利益:审计职业界面临的问题"的特别报告。此份报告主要是为了回应社会公众对注册会计师的信任程度不断降低、公众普遍认为审计师有责任侦查管理层舞弊而大部分审计师并没有达到这一要求的现状。公共监督委员会认为,经审计的会计报表的公允性和可靠性对美国经济的稳定至关重要。特别报告建议通过增强审计师侦查舞弊的意愿和能力并完善财务报告程序来改善与加强审计职业界的执业效果;同时要求在《审计准则公告》第53号的基础上进一步制定指南,帮助审计师评估舞弊产生的可能性,完善审计程序以确保审计师的独立性和职业精神,并完善对公司的监管措施。公共监督委员会特别重视开发审计职业界侦查管理层舞弊的潜能。

美国注册会计师协会理事会1993年的报告

1993年,美国注册会计师协会理事会发布了题为"满足未来财务报告的需要:审计职业界对公众的承诺"的报告。在报告中,美国注册会计师协会理事会表达了保持美国财务报告体系在世界上领先地位的决心,鼓励有关组织踊跃提出意见和建议,以帮助审计师侦查由舞弊引起的重大会计错报,还鼓励财务报告过程的每个参与者——管理者、咨询顾问、监管机构和独立审计师——勇于承担各自的责任。

美国注册会计师协会证券交易部的提议

在上述两项报告发布之后,美国注册会计师协会开始着手研究如何通过侦查财务报告过程中的舞弊来提高财务报告过程的诚信度。美国注册会计师协会证券交易部还成立了防范和侦查舞弊工作小组。工作小组在 1994 年发布了题为"审计客户的承接与续签程序"的文件[①],强调了理解审计业务约定中的风险要素是决定是否接受新客户、是否与旧客户续约以及管理随之产生的"审计风险"的关键。

审计效果审查小组

根据美国证券交易委员会主席的要求,公共监督委员会任命了由 8 人组成的审查小组,专门负责检查当前的审计模式和审计效果。审查小组针对如何提高审计效果提出了建议。其中一条建议是:"由于会计师事务所缩小了审计范围、降低了测试水平,而且没有跟上经济发展的步伐,审计执业界应当特别关注财务报告/会计报表舞弊问题,包括以非法的盈余管理形式出现的舞弊。"他们建议审计准则增加"法务式"现场工作程序。开展这一工作程序的前提是可能存在欺诈、合谋、无视内部控制制度以及篡改文件等舞弊行为。审计师在这种情况下应当执行旨在侦查舞弊的实质性程序。审查小组建议审计师检查非标准会计分录,并分析会计报表期初余额以了解会计估计、会计判断或其他事项。这些建议有两个作用:一是增大了审计师侦查出重大舞弊的可能性;二是更大程度地审查舞弊的掩盖环节,从而间接地遏制舞弊行为。[②]

《审计准则公告》第 82 号

1997 年,美国注册会计师协会发布了《审计准则公告》第 82 号"会计报表审计中对舞弊的考虑",以回应社会各界要求改进审计指南的呼声。《审计准则公告》第 82 号有助于缩小审计师执业效果与报表使用者"期望"之间的差距。但是,要达到这一目标,必须满足两个条件:(1) 审计师及时侦查出更多的舞弊,也就是鼓励审计师开展舞弊侦查;(2) 能够让报表使用者认识到,审计师不应当对侦查所有的会计报表舞弊负责。尽管很多人对第一个条件持乐观态度,但几乎没有人相信第二个条件会得到满足。

尽管《审计准则公告》第 82 号向前迈出了一大步,但它并没有像公众所希望的那样缩小期望差距,现在它已经被《审计准则公告》第 99 号取代。

---

① http://www.aicpa.org/members/div/secps/lit/practice/943.htm
② The Panel on Audit Effectiveness: Report and Recommendations, August 31, 2000, c/o The Public Oversight Board, One Station Place, Stamford, CT 06920. Download at: http://www.probauditpanel.org.

《审计准则公告》第 82 号明确了注册会计师在侦查舞弊方面的责任,并为执行会计报表审计的人员提供了指南。《审计准则公告》第 82 号主要为审计师在下列情况下考虑舞弊产生的可能性提供指南:
- 保持应有的职业谨慎(通用准则第 3 号);
- 审计计划阶段(外勤准则第 1 号);
- 评价内部控制(外勤准则第 2 号);
- 收集充分、适当的证据来支持审计意见(外勤准则第 3 号)。

《审计准则公告》第 82 号仅适用于依据公认审计准则执行的会计报表审计,体现了美国注册会计师协会在处置舞弊问题上所付出的努力。

《审计准则公告》第 82 号比以往的舞弊准则更为全面。尽管它并没有改变审计师的总体责任——"合理确保会计报表不存在重大错报",但它更明确地指出审计师必须采取措施来侦查舞弊。下面列出本项准则的主要规定,这些规定旨在消除以往的舞弊相关准则中存在"含糊不清"的地方,并帮助审计师更好地发现由舞弊引起的重大会计报表错报。

1. 《审计准则公告》第 82 号是首部专门针对舞弊制定的审计准则;以往的审计准则通常针对"差错和违法行为"。

2. 《审计准则公告》第 82 号是首部使用"舞弊"这一专业用语的审计准则;以往的审计准则在提到舞弊时通常使用较模糊的专业用语"违法行为"。

3. 《审计准则公告》第 82 号更明确地指出审计师在整个审计过程中对侦查舞弊的责任,而且这一责任并不因审计业务的终止而消失;以往的审计准则并没有明确规定审计师在审计业务结束后的责任。

4. 《审计准则公告》第 82 号要求审计师记录自己如何评估在审计过程中遇到的舞弊风险;以往的舞弊准则并未要求进行具体的记录。《审计准则公告》第 82 号工作小组成员认为在很多情况下,书面记录会促使审计师的行为与准则要求保持一致。

5. 《审计准则公告》第 82 号要求审计师记录自己在审计过程中对发现的舞弊风险所采取的对策;以往的审计准则几乎没有提及应当如何记录、评价或解决舞弊风险。

6. 《审计准则公告》第 82 号强调在接受客户委托时审计师要保持"职业谨慎"。

7. 《审计准则公告》第 82 号指出审计师必须考虑的风险类型(对风险因素的举例数目超过 30 个)以及对已发现的风险因素可采取的应对措施。

8. 《审计准则公告》第 82 号要求审计师向管理层询问有关舞弊风险的事项,例如管理层认为公司最可能出现何种类型的舞弊,以及他们是否了解公司内部发生的舞弊。

《审计准则公告》第 99 号:会计报表审计中对舞弊的考虑[①]

《审计准则公告》第 99 号为审计师在根据公认审计准则执行会计报表审计时应履行的与舞弊相关的责任设立了标准。《审计准则公告》第 99 号并没有改变审计师计划并执行审

---

① http://www.aicpa.org/members/div/auditstd/consideration of fraud.htm

计以合理确信会计报表不存在由差错或舞弊引起重大错报风险的责任。但是，《审计准则公告》第 99 号为审计师履行与舞弊相关的责任设立了标准并提供了指南。《审计准则公告》第 99 号的内容概要如下：

对舞弊及其特征的描述。本部分描述了舞弊及其特征，包括在会计报表审计中发现的舞弊。

审计小组成员讨论由舞弊引起重大错报的风险。本部分要求审计小组成员在审计计划阶段讨论被审计单位由舞弊引起重大错报的可能性，同时强调保持适当职业怀疑的重要性。

获取必要信息以识别由舞弊引起的重大错报风险。本部分要求审计师收集必要的信息以识别由舞弊引起重大错报的风险：

(1) 询问被审计单位的管理层和其他相关人员；

(2) 考虑在审计计划阶段执行分析性程序的结果（《审计准则公告》第 99 号同样要求审计师执行与收入相关的分析性程序）；

(3) 考虑舞弊风险因素；

(4) 考虑其他相关信息。

识别由舞弊引起重大错报的风险。本部分要求审计师利用收集到的信息识别由舞弊引起重大错报的风险。

在评价被审计单位内部控制的基础上评估已识别的风险。本部分要求审计师评价被审计单位的内部控制状况，并在此基础上评估已识别的由舞弊引起重大错报的风险。

风险评估结果的应对。本部分要求会计师针对风险评估结果提出应对策略，包括：

(1) 影响总体审计执行方案的应对策略，即总体对策；

(2) 具体对策，包括审计程序的性质、时间和范围；

(3) 针对管理层无视内部控制的舞弊制定特别审计程序。

评价审计测试结果。本部分要求审计师在整个审计过程中都要对由舞弊引起重大错报的风险进行评估，并在审计终结时评价所执行的审计程序和观察到的结果是否会影响风险评估。本部分还要求审计师考虑已识别的错报是否表明存在舞弊，若存在，则审计师应进行评估。

就舞弊事项与管理层、审计委员会和其他人员进行沟通。本部分对审计师就舞弊事项与管理层、审计委员会和其他人员进行沟通提供指南。

记录审计师对舞弊的考虑。本部分描述相关的书面记录要求。

管理层、董事会和审计委员会的职责。尽管审计师在侦查重大会计报表舞弊中扮演了重要的角色，但是 Treadway 委员会 1987 年的报告指出，防范和在初期侦查会计报表舞弊是编制会计报表的被审计单位的责任。舞弊性会计报表是由管理人员编制的，他们蓄意错报会计信息来欺瞒股东、投资者、债权人甚至审计师。因此，Treadway 报告包含了对公众公司的几项建议，尤其指出了高级管理层、董事会和审计委员会的职责。Treadway 报告要求所有公众公司建立健全内部控制制度，以合理确保会计报表舞弊得到防范并在早期进行侦查。Treadway 委员会特别呼吁制定有关内部控制的补充指南或完整指南。

1992 年的 COSO 报告

1992 年，COSO 委员会发布了"内部控制：概念框架"报告，旨在回应社会各界对建立更好的内部控制制度以帮助高层管理人员管理企业的呼声。COSO 报告指出，内部控制制度有助于被审计单位实现经营业绩和盈利目标、防止资源流失，并帮助被审计单位确保财务报告的可靠性。COSO 报告：

- 为高层管理人员、董事会成员、立法者及监管人员提供了内部控制的概念框架；
- 定义了内部控制概念，描述了内部控制体系的构成，并为管理层、董事会和其他人员评价内部控制制度提供了标准；
- 为需要公开披露内部控制的被审计单位提供了指南；
- 收录了一些有助于进行内部控制评价的材料。

美国主要股票交易所对审计委员会的要求

通常，审计委员会由董事会成员组成，负责监督财务报告的编制过程。在美国，三个主要的证券市场——纽约股票交易所（NYSE）、美国股票交易所（AMEX）和纳斯达克（NASDAQ）——均对审计委员会的组成提出了要求。纽约股票交易所要求上市公司设立全部由外部董事组成的审计委员会，美国股票交易所则没有此项强制性规定。[1] 纳斯达克规定，纳斯达克上市公司的大部分审计委员应为外部董事（作为纳斯达克小额资本市场[2] 发行类公司，其审计委员会中外部董事的数量没有此项强制性要求）。上述对审计委员会的要求到 Treadway 报告发布为止仍适用。但是，20 世纪 90 年代，许多与公司治理过程相关的监管措施被纷纷采纳。例如，联邦存款保险公司对审计委员会的组成提出新要求，规定某些大型存贷款机构的独立董事必须包括具备银行从业经验的人员。[3]

公共监督委员会咨询审查小组的报告

1994 年，公共监督委员会发布题为"加强独立审计师的职业水平"的报告，鼓励董事会在财务报告过程中发挥积极作用，并要求审计职业界将董事会——股东的代表机构——视为客户。咨询审查小组督促公共监督委员会、证券交易委员会和其他机构采取措施来鼓励公司采纳其建议，如增加董事会中外部人士的人数、缩减董事会规模，以加强董事会的独立性及其对股东的责任。除了加强董事会监控管理层的作用，咨询审查小组还建议审计师先与审计委员会交流，再与董事会沟通，并从审计师的角度对公司的经营状况、财务报告政策和实务提出意见。

---

[1] http：//www.sec.gov/rules/sro/ny9 939o.htm
[2] 纳斯达克小额资本市场（简称 NSCM）是纳斯达克专为成长期企业提供的市场，其财务指标要求没有全美市场上市标准严格，但共同管理标准是一样的。公司上市开盘价 4 美元/股以上必须维持 90 天，之后不得低于 1 美元/股，否则就要降级到柜台交易告示板；反之，若公司运营良好且股价升至 5 美元/股以上，则可申请到全美市场交易。
[3] 有关信息可在联邦存款保险公司网站获取：http：//www.fdie.sow/regulations/laws/rul6/20008500。

公共监督委员会 1995 年的报告

公共监督委员会在 1995 年出版的《董事、管理层和审计师：保护股东利益的同盟》中指出，管理状况良好的公司应当形成这样一种环境：独立审计师、管理层、审计委员会和董事会在财务报告过程中及时发挥应有的作用并相互制约。

在安然"倒塌"之后，社会各界对会计职业及其管理和监督职能产生了极大的争议。由于受到公共监督委员会的批评，这份报告在 2002 年 3 月 31 日被废止。[①]

独立性准则委员会

为了加强审计师的两项职能——确保财务信息的可靠性、提供有关审计委员会和董事会的资料，1997 年审计职业界和证券交易委员会共同成立了一个新的私人部门——独立性准则委员会，为执行上市公司审计业务的审计师制定有关独立性的规则和指南。然而，独立性准则委员会并没有对审计职业界造成太大的影响。

2002 年的《萨班斯-奥克斯利法案》

前述努力促使审计职业界更加关注财务报告中的舞弊，并努力减小舞弊发生概率。然而，这些关注都没有 2002 年《萨班斯-奥克斯利法案》带来的影响深远。该法案彻底改变了公司在舞弊防范、舞弊侦查和舞弊调查方面的格局，大大增加了审计师、董事会、审计委员会、管理层和其他人员的责任。1933 年和 1934 年的证券交易法规的出台促成了美国证券交易委员会的成立并确立了证券交易报告制度，《萨班斯-奥克斯利法案》则是自此之后最重要的证券立法。如前所述，你应该已经认识到它的重要性。任何对防范、侦查或调查舞弊有兴趣或在上市公司工作的人都应该熟悉该法案的内容。

---

① http://www.smartpros.com/x33441.xml

Supplements Request Form (教辅材料申请表)

Lecturer's Details（教师信息）			
Name: (姓名)		**Title:** (职务)	
Department: (系科)		**School/University:** (学院/大学)	
Official E-mail: (学校邮箱)		**Lecturer's Address / Post Code:** (教师通讯地址/邮编)	
Tel: (电话)			
Mobile: (手机)			

Adoption Details（教材信息） 原版□ 翻译版□ 影印版 □ _____	
Title: (英文书名) **Edition:** (版次) **Author:** (作者)	
Local Publisher: (中国出版社)	
Enrolment: (学生人数)	**Semester:** (学期起止日期时间)
Contact Person & Phone/E-Mail/Subject: (系科/学院教学负责人电话/邮件/研究方向) (我公司要求在此处标明系科/学院教学负责人电话/传真及电话和传真号码并在此加盖公章.)	
教材购买由 我□ 我作为委员会的一部份□ 其他人□[姓名:　　　　] 决定。	

申请方式一：填写以上表格，扫描后同时发送至以下邮箱：

asia.infochina@cengage.com
em@pup.cn

申请方式二：扫描下方二维码，通过微信公众号线上申请教辅资料

如需**英文课后习题**，请扫描下方二维码： 　　　　　如需**其他英文教辅资料**，请扫描下方二维码：
关注 "北京大学经管书苑" 微信公众号， 　　　　　关注 "圣智教育服务中心" 微信公众号，
点击菜单栏的【在线申请】—【教辅申请】， 　　　点击菜单栏的【教学服务】—【获取教辅】，
选择并填写相关信息后提交即可。 　　　　　　　　选择并填写相关信息后提交即可。

北京大学出版社经济与管理图书事业部　　　　　　　Cengage Learning Beijing
电话：010-62767312　　　　　　　　　　　　　　　电话：010-83435000